共筑"融合·智慧·绿色"都市交通圈

——第29届海峡两岸都市交通学术研讨会论文集

江苏省科学技术协会
江苏省综合交通运输学会　编

东南大学出版社
·南京·

图书在版编目(CIP)数据

共筑"融合·智慧·绿色"都市交通圈：第29届海峡两岸都市交通学术研讨会论文集／江苏省科学技术协会,江苏省综合交通运输学会编. — 南京：东南大学出版社,2021.9

ISBN 978-7-5641-9695-0

Ⅰ. ①共… Ⅱ. ①江… ②江 Ⅲ. ①城市交通系统－中国－学术会议－文集 Ⅳ. ①U491.2-53

中国版本图书馆CIP数据核字(2021)第194914号

共筑"融合·智慧·绿色"都市交通圈——第29届海峡两岸都市交通学术研讨会论文集

编　　者	江苏省科学技术协会　江苏省综合交通运输学会
出版发行	东南大学出版社
社　　址	南京市四牌楼2号　邮编　210096
出 版 人	江建中
责任编辑	咸玉芳
网　　址	http://www.seupress.com
电子邮箱	press@seupress.com
经　　销	全国各地新华书店
印　　刷	江苏凤凰数码印务有限公司
开　　本	889 mm×1194 mm　1/16
印　　张	38.75
字　　数	1142千
版　　次	2021年9月第1版
印　　次	2021年9月第1次印刷
书　　号	ISBN 978-7-5641-9695-0
定　　价	680.00元

本社图书若有印装质量问题,请直接与营销部联系。电话(传真):025-83791830

前　言

海峡两岸都市交通学术研讨会由上海市科学技术协会、台北市交通安全促进会于 1993 年共同创办，迄今已在两岸不同城市连续举办了 28 届。研讨会经过近三十年的发展，现已成为两岸交通运输领域合作时间最长、学术层次最高、跨学科跨专业最广、系列成果最为丰硕的学术会议之一，被列为中国科协重点对台交流项目。

2021 年 10 月 16 日—18 日，由江苏省科学技术协会、上海市科学技术协会和台北市交通安全促进会共同主办，江苏省综合交通运输学会、上海市交通工程学会、淮安市科学技术协会、淮安市综合交通运输学会等单位联合承办的第 29 届海峡两岸都市交通学术研讨会在江苏淮安举行。研讨会以"共筑'融合·智慧·绿色'都市交通圈"为主题，聚焦都市圈交通一体化、智慧赋能现代交通、公交优先绿色出行等议题，共谋两岸都市交通之有效改善和提升，共推两岸都市交通产学研各相关单位的交流与合作，共促两岸都市交通建设与发展。本届研讨会会期 3 天，主要由开幕式、主题报告、论文交流、建言献策会和专业考察参观等环节组成，来自海峡两岸交通运输领域相关科研院所、高校、企事业单位、行业管理部门的专家学者、科研人员、专业技术人员、行业管理人员等共 300 余人参加了研讨会。

本届研讨会论文征集工作于 2021 年 2 月在两岸同步启动，经宣传发动、收集论文、专家评审、综合评审等环节，共评选出 77 篇优秀论文编入论文集，其中大陆 52 篇、台湾 25 篇，涉及都市圈交通一体化、轨道交通多网融合、站城一体化、智慧交通、交通治理现代化、人文交通、公交优先、慢行交通、出行信息服务等众多专业领域，集中展现了两岸学术界、产业界及管理部门在都市交通规划、设计、科研、管理等方面的新技术、新理念、新方法，对于提升研讨会学术水平，加强两岸交通科技领域合作交流具有重要意义。

目　录

第一篇　都市圈交通一体化

江苏省三大都市圈空间结构及交通需求特征比较研究　　　　　　　　邓润飞　郑逸飞　仲小飞 / 3
"四网融合"理念下江苏沿江城市群轨道交通网布局规划　　　　　　　　　　　　　　孙　宝 / 11
区域轨道交通协同发展及标准一体化研究　　　　　　　　　　　　　　　　汪其超　游友佳 / 16
都市圈内枢纽城市区域交通发展策略研究——以上海大都市圈西北翼枢纽城市太仓为例
　　　　　　　　　　　　　　　　　　　　　　　　　　　　　　李　铭　黄　伟　周　进 / 22
浅谈轨道交通"四网融合"发展方向　　　　　　　　　　　　　　　　　　　　　　金蔚宇 / 29
站城融合理念下的综合交通枢纽设计——以淮安东站为例　　　　朱治邦　周　涛　陈　飞 / 32
"全面 1 小时"背景下构建多层次轨道交通体系的思考——以江苏沿江城市群为例
　　　　　　　　　　　　　　　　　　　　　　　　　　　　　　胡洪滔　魏海磊　郑逸飞 / 38
"四网融合"背景下的城际客流分析——以宁扬城际为例　　史立凯　韩竹斌　凌小静　丁平峰 / 43
我国收费公路政策存在问题与对策研究　　　　　　　　　　　　　　　　　　　　刘旭东 / 52
基于交通波理论的左转掉头口距停止线长度设计　　　　周　君　包　旭　高文萱　韦嘉怡 / 56
再创枢纽产业辉煌　助力枢纽城市建设——淮安内河航运产业发展的调研思考
　　　　　　　　　　　　　　　　　　　　　　　　　　　　　　范更生　朱　洁　何　伟 / 62
国际大都市新城对外交通体系配置方法研究　　　　　　　　　　　　　　　　　　谢　辉 / 66
上海新城发展定位演变及交通战略研究　　　　　　　　　　　　高　岳　周　翔　岑　敏 / 74
综合立体交通网背景下通用航空运输发展策略研究　　　　　　　　　　　　　　　刘小倩 / 81
基于 TOD 的轨道站点综合开发研究——以能达商务区站为例　　　　　　　张　晨　万轶凌 / 86
都市圈水上航空发展的规划思考　　　　　　　　　　　　　　　　　　　　吴　迪　李耀鼎 / 91
公路与城市道路衔接分级研究　　　　　　　　　　　　　　　　鲍燕妮　云修萌　王　磊 / 97
基于站城一体的深汕枢纽核心区交通设计　　　　　　　　　　　　　　　　　　欧阳杨 / 105
校园周边道路交通组织与优化研究——以长沙华夏实验学校为例　　　　　　　　张　旋 / 110
高雄公共运输 MaaS 套票推广计划暨成效评估——以雄女与雄商为例　张恩辅　王晋元　吴东凌 / 117
"大众运输导向型发展"下之换乘行为研究　　　　　　　　　　翁瑾铱　邹昀瑾　许聿廷 / 127
城市路廊重生——以高雄铁路地下化之地面景观廊带建设为例
　　　　　　　　　　　　　　　　　　　　　　　　　李致贤　陈立儒　邓大光　刘国庆 / 135
新市镇与轨道建设之发展与省思——以淡海新市镇与淡海轻轨为例　吴国济　杨鹏飞　王　易 / 147
运用时窗限制越野寻踪问题于自助旅游路线之规划　　　　　　　　　　　苏昭铭　吴冠廷 / 155
省道快速公路出口匝道拥塞短期改善前后评估——以台 65 新庄二南下出口匝道为例
　　　　　　　　　　　　　　　　　　　　　　　　　　　　　　刘信宏　李维珊　丁培伦 / 168
公路下坡弯道段开设丁字路口交通安全评估——以斗南镇台 1 丁新光陆桥引道下坡弯道段为例
　　　　　　　　　　　　　　　　　　　　　　　　　汪令尧　刘信宏　柯百泓　丁培伦 / 179

第二篇　智慧赋能现代交通

交通信息与路径选择行为研究综述	余　豪　孙舒蕊　罗中萍　美晨阳 /	189
基于 GIS 的航道应急基地布局评价	陈　媛　董诗瑀　常　致 /	198
雷视感知融合下的车辆轨迹提取	王文杰　雷玉嵩　马晓萱　李志斌 /	203
基于支持向量机实现交通拥堵分类的研究	李　涛　朱　苟　杜辅翼 /	211
基于改进遗传算法的 CMS 选址研究	李　琪　李　涛　杜辅翼 /	218
自动驾驶车辆多传感器融合应用综述	周文倩 /	224
基于数据融合的智慧应急管理在改扩建高速中的应用	李　剑　王　恺 /	231
动静态交通车辆平均延误模型	陈　建　陈　峻 /	238
基于多源数据的人员出行特征分析技术研究	朱　洪　王　媛　吴　钰 /	247
数字驱动赋能下的城市交通治理变革——以上海市浦东中环出口多交织交通优化为例	冯　忞 /	253
有轨电车自动驾驶系统的设计与实践	梁　霄　李国龙　朱永辉　袁　魁　杜　康 /	258
高速公路的动态自动驾驶专用车道设置及其使用方法	王　杉　曲文良　保丽霞 /	265
基于运行数据的插电式混合动力汽车电网电驱动里程比例分析	钟鸣荟　李　强　张文杰 /	273
基于 BIM 的桥梁智能管养平台——以上海卢浦大桥为例	顾应欣 /	279
智慧座舱车载通话安全性评估	徐荣娇　王雪松 /	286
上海"十四五"智能交通发展的若干思考	孙杨世佳 /	294
智慧节能故障自动回报交通号志灯	周胜次　张俊宏 /	299
以 App 及 IoT 协助视障朋友搭乘公车	钟惠存　李世芬　刘依茹　王信璋　陈俊宇 /	302
针对台铁服务绩效之社群媒体情感分析	陶治中　邱柏元 /	311
优惠券投放应用于交通套票精准行销之研究——以高雄 MenGo 为例	胡仲玮　陈翔捷 /	321
新北市多元资讯整合平台应用	钟鸣时　陈建成　杨展昀　陈俊铭　黄宇辰 /	328
都市运输走廊交通拥堵之解决方案:CVP 交通资讯系统之应用	钟惠存　曾诗渊　周玫芳　邱裕钧 /	335
基于 4G LTE GPS 的列车即时定位系统——以淡海轻轨为例	吴国济　陈耿民　陈恒宇 /	357
台北市外送平台交通事故防制作为	彭志文　冯世男　林雨萱 /	361
台北市 2020 智慧号志	叶梓铨　王耀铎　罗之琪　董尚义　林大钧　陈冠玮 /	367
台北市即时车辆讯息汇流及运输资讯管理平台建置与应用	钟惠存　林宜达　钟仁傑　陈薇亘 /	383
台中水湳自驾巴士混合车流虚实整合测试	叶昭甫　林俊甫　邱诗纯　陈品帆 /	399
高雄市交通行动服务 MenGo 定期票之电子票证大数据处理与顾客特性分析	陶治中　郭铭伦 /	407

第三篇　公交优先绿色出行

小城市绿色交通治理路径探索	莫明龙 /	421
基于 SP 调查的轨道交通换乘分析	乔泷麒　陈　茜　吴辰旸 /	426
综合体车位级停车需求特性分析	郭昊旻　陈　峻　杨雨薇 /	434
基于用户画像的城市轨道交通票价优化研究	高劼昂　陈　茜　吴辰旸 /	444
综合体配建停车泊位空间评价指标研究	周子豪　陈　峻 /	455
公交+共享单车联程出行票价策略研究	陈　铭　吴辰旸　陈　茜 /	463

嘉兴有轨电车系统设计要点	黎冬平　陈　晖／471
经济原理视角的城市公共交通发展思考	朱　洁／477
浅析微课在职业院校汽车维修专业教学中的应用探索	翁银燕／480
基于GIS的慢行交通可视化评价——以盐城亭湖为例 张同硕　严文义　施　蕾　廖明军　徐玉中　张　宇／484	
历史文化街区步行化改造交通系统研究与应用——以南京路步行街东拓为例 顾啸涛　张俊杰　黄　良／495	
动态交通标志标线数字化提升精细化交通管理能力研究	赵　方　朱　昊／504
三亚南山景区交通系统提升改造研究	周永刚　张　蕾／510
光储充微网及智慧交通研究	李　雪　何海斌　朱明辉　魏忆凡／520
基于多源大数据公交线网优化关键技术与应用	陈　龙／525
上海市轨道客流特征变化分析	汤月华／533
电动自行车出行安全保障策略研究	钟志伟／544
新北市智驾电动巴士系统测试运行计划	朱建全　吴政谚　刘容姗　蔡佳燕／550
后疫情时代交通服务转型政策	杨静婷　洪瑜敏／560
新竹县市区客运路网检讨规划	游志祥　陈柏君　林佩霖　谢馨颐　赖家伟／568
自驾巴士满意度与乘客特性之研究	林泓志　张学孔　陈雅雯／577
电动公交车发车与充电排程模拟优化之研究 叶柔君　朱致远　周谚鸿　黄惠佩　张耀仁　林幸加／591	
需求反应式运输服务(DRTS)——以台北市预约公交车系统为例	张元榜　张佑华　翁瑎鍱／606

第一篇

都市圈交通一体化

江苏省三大都市圈空间结构及交通需求特征比较研究

Difference in Spatial Structure and Passenger Flow Characteristics among Metropolitan Areas: A Case Study of Jiangsu, China

邓润飞　郑逸飞　仲小飞

摘　要：响应国家建设现代化都市圈的要求，提升交通行业对都市圈概念、空间特征及交通需求特征的认识，以南京、苏锡常、徐州都市圈为例，综合运用变异系数、自相关系数等空间计量方法及基于信令数据的交通网络特征分析方法，分析了三大都市圈空间结构与交通需求特征，结果表明：①江苏三大都市圈交通需求特征差异较大但与各自的空间结构基本对应。②三大都市圈的通勤影响范围均在40 km左右，跨界组团在跨城通勤中占据相当规模，与国外都市圈差异明显，应予以充分关注，最后提出不同空间形态都市圈轨道交通差异化布局的思路和建议。

关键词：都市圈；空间结构分析；交通需求

Abstract: In support of modern metropolitan areas development strategy issued by The National Development and Reform Commission, this paper provides a better understanding of "metropolitan areas" including its concept, spatial features and traffic demand characteristics. Taking Nanjing, Suzhou, Wuxi, Changzhou, and Xuzhou metropolitan areas, Jiangsu, China as an example, this paper utilizes several tools including spatial econometrics analysis and signaling data analysis to reflect their differences both in spatial and passenger traffic features. As a result, three areas all revealed a synchronized relationship between spatial features and passenger traffic distribution. Besides three areas share similarities on commuting area size and large proportion of commuting actually taking placing between rural areas which deserves further studies. Eventually several ideas and suggestions on rail system development among these areas are given.

Keywords: metropolitan area; spatial structure analysis; passenger flow

0　引言

都市圈是城市群内部以超大特大城市或辐射带动功能强的大城市为中心、以1小时通勤圈为基本范围的城镇化空间形态，日本总务省定义都市圈为人口10万以上的中心城市及其周边的日常生活区域"[1]，西方国家多采用都市区的概念，美国人口普查局称"大都市区、都市区"，加拿大、英国、法国称"国情调查大都市区、标准大都市劳动区、都会区"[2]。认识都市圈交通需求是开展都市圈交通规划建设的基础和前提，Lee等利用首尔地铁数据分析了首尔都市圈旅客出行的网络结构[3]，Chavhan等建立了一种基于机会可达性的都市圈通勤出行分析方法[4]，国内外都市圈在概念、空间范围、空间结构上均有差异，难以直接套用。为此，针对国内都市圈开展空间结构及交通需求特征研究，比较不同都市圈的结构和特征差异，对于支撑都市圈交通运输体系发展、助力打造现代化都市圈是十分必要的。

作者简介：邓润飞，华设设计集团股份有限公司总规划师，东南大学交通运输工程博士，研究方向为城市群客运空间分析、城市群综合交通规划等。

郑逸飞，华设设计集团股份有限公司综合运输规划研究一所助理工程师，澳大利亚新南威尔士大学运输工程硕士，研究方向为城市群综合交通规划、基于多源大数据的都市圈空间分析等。

仲小飞，华设设计集团股份有限公司综合运输规划研究一所副所长，南京林业大学交通运输工程硕士，研究方向为区域综合交通规划、城市群综合交通战略规划等。

1 都市圈的概念及空间结构

对"都市圈"概念的界定方式并不唯一,一种是依据通勤,日本在国势调查中常采用流入通勤率10％、1.5％两项标准[5],美国都市圈(区)采用双向20％[6],英国和加拿大采用15％、40％。我国采用"1小时通勤"为都市圈空间范围[7]。另一种是依据经济联系,常见于各类政府规划中,如日本《首都圈整备法》中规定的东京首都圈包含整个关东地区及山梨县[8],远大于传统认知的东京都市圈(通勤圈)。我国都市圈发展规划中也常常将都市圈划得远大于通勤圈范围,为简化概念,下文提及的"都市圈"均采用国内规划常用定义,即基于经济联系的空间范围。

从发达国家经验来看,都市圈常围绕中心城市(区)形成"一小时通勤"紧密联系区域和"一日生活"外部市镇构成的圈层化结构。我国都市圈的空间结构与国外有较大差异,突出表现在:①多核星云特征强而圈层化特征弱,较有代表性的是江苏苏锡常地区,与 20 世纪 80 年代兴起的乡镇工业化模式密切相关[9];②跨界组团的发展,较有代表性的是苏沪跨界地区,与临沪产业链的发展有密切关系,引起诸多学者关注[10-12]。可见,城镇化发展路径的不同使得国内外都市圈的空间结构迥异,为此,交通研究者应将都市圈空间结构分析作为前置基础,从而更加客观地看待都市圈交通需求特征、更加精准地指导都市圈交通规划工作开展。

2 江苏三大都市圈的空间结构特征及交通需求特征分析

江苏是我国最早将都市圈纳入为上位规划的省份,《江苏省城镇体系规划(2001—2020)》提出了以南京、苏锡常、徐州为中心的三大都市圈形态,由于发展阶段和发展模式等差异,三大都市圈空间特征迥异、交通需求特征差异明显。

1) 南京都市圈

南京都市圈包含南京全域、镇江三区一市、扬州三区一市、淮安盱眙县、芜湖三区、马鞍山三区两县、滁州两区一县一市及宣城一区,规划范围拓展至八市全域及常州溧阳、金坛。2019 年末南京都市圈常住人口 2 700 万,人均 GDP 接近 11.3 万元,城镇化率 65％,总体处于城镇化中后期阶段。采用公开的 2020 年全球人口密度栅格数据[13]和 2015 年全国经济密度[14]栅格数据,制图表达如下(图 1)。

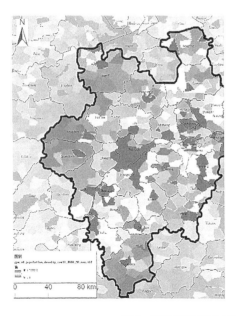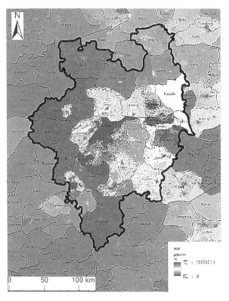

图 1　南京都市圈人口密度及经济密度分布图

参考王少剑、李建豹等人对经济地理相关研究[15-16],选用首位度、变异系数、全局 Moran's I 指数测度南京都市圈空间结构,得五项特征值(见表1),可见,南京都市圈人口GDP首位度Fd大于或接近3,人均GDP的Moran's I指数＞0,提示南京都市圈总体以空间异质、中心城市集聚为特征;经济和城镇化率变异系数大于0.3,提示区域发展较不均衡。

表1 南京都市圈空间结构测度特征值表

空间结构测度指标	南京都市圈
常住人口首位度 Fd_pop	2.9
地区生产总值首位度 Fd_gdp	3.6
人均地区生产总值变异系数 CV_gdp_ca	0.377
城镇化率变异系数 CV_urban	0.318
人均地区生产总值全局 Morans' I 指数	0.316($p>0.01$)

定义都市圈区间出行为跨交通小区且起终点不位于同一主城区的出行,利用2018年11月联通手机信令数据,分析南京都市圈(数据所限,选取宁镇扬溧金部分)区间出行OD并制图(图2),可见南京都市圈出行总体呈现宁、镇、扬三市主城区与市域外围联系为主的空间格局;而从分跨地市的城际出行和不跨地市的市域出行来看,城际出行联系高度集中在宁句之间,其他方向联系较弱。

选取人均区间出行次数、出行城际/市域比例、出行中心—腹地比例、中心城市到发规模占比表征都市圈出行强度、分布、跨行政地域水平等维度特征,四项特征值计算结果如表2,可见南京为起终点的到发规模较强,中心腹地间联系占据区间出行主体,城际与市域出行接近1∶2的关系。

按都市圈基本圈层结构特征分析南京主城区的跨城流入通勤情况,得南京主城区的通勤影响范围在40 km左右,周边市镇流入南京的通勤率在3.5%左右,其中句容流入通勤规模最高,其中到达南京郊区的通勤规模与到达主城的比例在65∶35左右,提示跨界组团对都市圈通勤分布的重要影响。

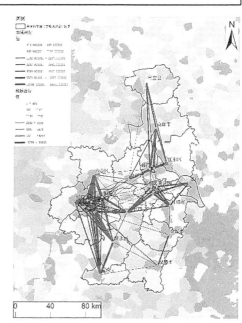

图2 南京都市圈(宁镇扬常溧)区间出行OD分布图

表2 南京都市圈区间出行测度特征值表

区间出行特征测度指标	结果
区间人均出行次数(次/月)F_per	2.4
区间出行中心—中心 Cc、中心—腹地 Ch、腹地—腹地 Hh 比例	10/77/13
区间出行中城际/市域比例 R	1∶1.7
中心城市区间到发占比 C	66.3%

2) 苏锡常都市圈

苏锡常都市圈包含苏州、无锡、常州三市,2019年末常住人口2 185万,人均GDP 17.4万元,城镇化率77%,经济水平较高,处于城镇化后期阶段。将人口和经济密度栅格数据制图表达(图3),计算苏锡常都市圈空间测度五项特征值并与南京都市圈比较(见表3),可见苏锡常都市圈突出表现为多核心特征。中心城市首位度、人口经济变异系数明显较小,人均GDP的Morans' I 指数为负,提示区域以空间同质为特征,这与县域主导的发展模式有紧密联系。

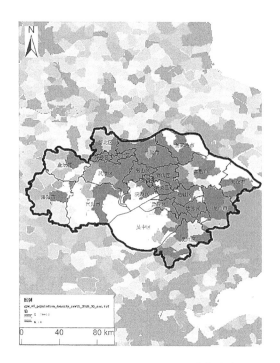 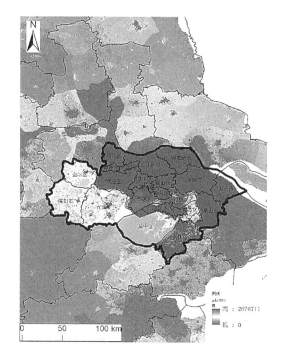

图 3　苏锡常都市圈人口密度及经济密度分布图

表 3　苏锡常都市圈空间结构测度特征值表

空间结构测度指标	苏锡常都市圈	南京都市圈
常住人口首位度 Fd_pop	1.7	2.9
地区生产总值首位度 Fd_gdp	1.7	3.6
人均地区生产总值变异系数 CV_gdp_ca	0.281	0.377
城镇化率变异系数 CV_urban	0.163	0.318
人均地区生产总值全局 Morans' I 指数	−0.05	0.316 ** ($p<0.01$)

计算苏锡常都市圈出行四项特征值(见表4),可见苏锡常都市圈出行突出表现为出行频次高、出行网络化,城际/市域出行比例仅1∶1.2,中心城市苏州到发占比较南京显著下降,腹地(县市)间出行占比提升,提示出行去中心化、跨地域组织的特点。

表 4　苏锡常都市圈区间出行测度特征值表及与南京都市圈的比较

区间出行特征测度指标	苏锡常都市圈	南京都市圈
区间人均出行次数(次/月)F_per	3.4	2.4
区间出行中心—中心 Cc、中心—腹地 Ch、腹地—腹地 Hh 比例	18/60/21	10/77/13
区间出行中城际/市域比例 R	1∶1.2	1∶1.7
中心城市区间到发占比 C	35%	66.3%

考虑到临近特大城市上海的影响,计算纳入上海后出行特征值变化并制图表(图4、表5),可见:上海影响下苏锡常都市圈出行呈现网络化+上海到发向心化叠加的多层次结构,进一步结合中心—腹地比例特征值变化来看,上海的向心影响集中在苏州无锡及下辖县市。以上特征变化均提示苏锡常都市圈与上海大都市圈存在嵌套关系。

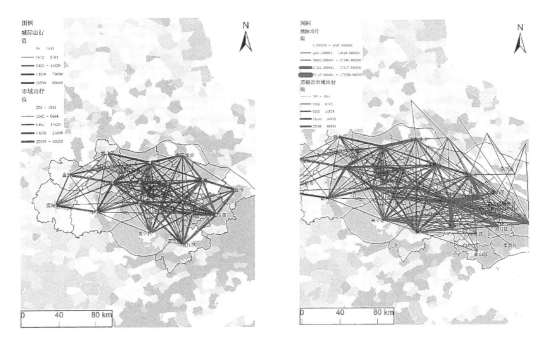

图 4 苏锡常都市圈区间出行 OD 分布图（左为苏锡常，右为苏锡常沪）

表 5 苏锡常都市圈区间出行测度特征值表（包含上海）

区间出行特征测度指标	苏锡常沪	苏锡常都市圈
区间出行中心—中心 Cc、中心—腹地 Ch、腹地—腹地 Hh 比例	4/66/30	18/60/21
区间出行中城际/市域比例 R	1∶5.7	1∶1.2
中心城市区间到发占比 C	62%	35%

上海对苏锡常都市圈的影响还体现在中心城市的通勤影响范围上，经测算苏州主城区的通勤影响范围仅有 30 km 左右（见图 5），这与昆山、太仓长期受到上海的辐射影响有关。相关研究表明昆山、太仓与上海嘉定、青浦间存在大规模跨城通勤，占到苏沪通勤的 70% 以上，可见上海—苏州跨界组团的重要影响[17]。

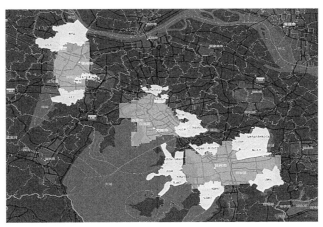

图 5 苏锡常主城区通勤影响范围示意图

3）徐州都市圈

徐州都市圈范围包括徐州、宿迁、宿州、淮北、枣庄、微山、永城六市一县，规划范围拓展至连云港、济宁和商丘。2019 年末徐州都市圈（六市一县）常住人口 2 774 万，人均 GDP 5.2 万元，城镇化率 57%，将人口和经济密度栅格数据运用 ArcGIS 软件制图（见图 6），计算徐州都市圈空间五项特征值（见表 6），可见：徐州都市圈城镇化水平总体偏低，经济发展水平总体较低且区域差异在三大都市圈中最大，徐州首位度低于南京提示中心城市集聚效应正在形成但不明显。

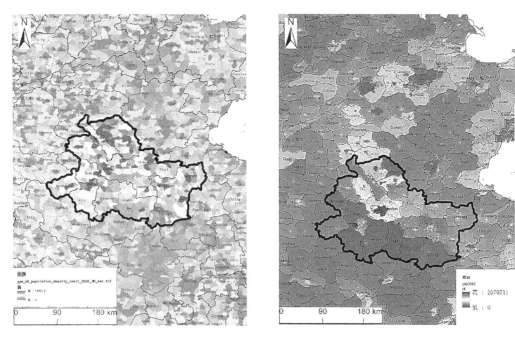

图6 徐州都市圈人口密度及经济密度分布图

表6 徐州都市圈空间结构测度特征值表（及与南京、苏锡常都市圈比较）

空间结构测度指标	徐州都市圈	苏锡常都市圈	南京都市圈
常住人口首位度 Fd_pop	2.1	1.7	2.9
地区生产总值首位度 Fd_gdp	2.67	1.7	3.6
人均地区生产总值变异系数 CV_gdp_ca	0.38	0.281	0.377
城镇化率变异系数 CV_urban	0.14	0.163	0.318
人均地区生产总值全局 Morans' I 指数	$0.26**(p<0.01)$	-0.05	$0.316**(p<0.01)$

将徐州都市圈区间出行OD制图（见图7）并计算出行四项特征值（见表7），可见：徐州都市圈区间出行频次总体偏低且集中于市域内部，跨地市联系偏弱且集中于临近县市，徐州到发规模占比不足50%，吸引辐射效应尚不明显。

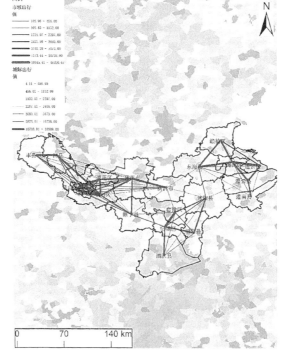

图7 徐州都市圈（江苏部分）区间出行OD分布图

表7 徐州都市圈区间出行测度特征值表

区间出行特征测度指标	徐州都市圈	苏锡常都市圈	南京都市圈
区间人均出行次数(次/月)F_per	0.5	3.4	2.4
区间出行中心—中心 Cc、中心—腹地 Ch、腹地—腹地 Hh 比例	2/65/33	18/60/21	10/77/13
区间出行中城际/市域比例 R	1∶3.7	1∶1.2	1∶1.7
中心城市区间到发占比 C	47.4%	35%	66.3%

利用移动信令数据[18]分析流入/流出徐州主城区的通勤人群(如图8),可见:徐州通勤影响范围在40 km内,突出表现为对省外成员的吸引作用强于省内,这与徐州和以上市县经济间发展水平差距较大而与本省部分较小有关。从通勤分布来看,除在徐州主城区形成高值外,铜山—萧县、贾汪—台儿庄等跨界组团也形成了流入通勤高值,这与南京都市圈的宁句组团、苏锡常都市圈的沪昆组团具有相似特征。

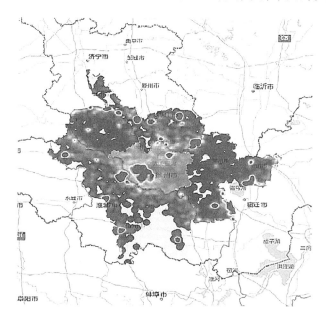

图8 徐州都市圈通勤影响范围示意图

3 三大都市圈比较分析及启示

比较三大都市圈的空间结构和需求特征的差异可见:南京都市圈处于城镇化中后期阶段,单核心+多个副中心空间结构基本形成,区间出行以市域内部为主,跨地市出行集中在少数跨界组团间;苏锡常都市圈处于城镇化后期阶段,经济人口多核均衡化特征明显,区间出行需求旺盛,跨区域组织特征突出,并在上海的影响下形成网络化+向心化叠加的多层次形态;徐州都市圈处于城镇化加速发展阶段,区域差距最大,徐州单核集聚能力尚不明显,区间出行频次偏低,跨地市出行明显较弱。三大都市圈在出行特征上又存在共同性,中心城市通勤影响范围均为40 km左右,跨界组团是跨城通勤的重要贡献者,与国外都市圈典型的核心区—外围市镇通勤结构有着明显区别。

反映在都市圈交通引导空间发展的对策上,宜加快构建适应于三大都市圈空间形态和需求特征的轨道交通体系。南京都市圈在推进以南京为中心的轨道放射线的同时,宜提前谋划镇、扬等副中心城市辐射周边的轨道线路。苏锡常都市圈宜加快构建以网络化、多层次为特征的轨道交通体系,提升县市节点轨道覆盖率,建立有效的跨市轨道共建共享机制,实现一体化建设和运营。徐州都市圈宜优先利用既有干线、支线铁路资源开行市域(郊)列车,新建轨道线路宜提前预控线位并与城市轨道同步规划建设。在具体建设运营层面需注意充分关注通勤圈范围及跨界组团分布。

参考文献

[1] 日本总务省统计局统计调查部. 国势调查报告[R]. 东京：日本总务省，1995.

[2] 谢守红. 都市区、都市圈和都市带的概念界定与比较分析[J]. 城市问题，2008(6)：19-23.

[3] Lee K，Jung W S，Park J S，et al. Statistical analysis of the Metropolitan Seoul Subway System：Network structure and passenger flows[J]. Physica A：Statistical Mechanics and Its Applications，2008，387(24)：6231-6234.

[4] Chavhan S，Venkataram P. Commuters' traffic pattern and prediction analysis in a metropolitan area[J/OL]. J Veh Routing Algorithms，2018(1)：33-46. https://doi.org/10.1007/s41604-017-0004-z.

[5] 日本总务省统计局统计调查部. 三大都市圈等关连资料[EB/OL]. (2015-05-27)[2021-07-01]. https://www.soumu.go.jp/main_content/000354244.pdf.

[6] 章光日. 从大城市到都市区——全球化时代中国城市规划的挑战与机遇[J]. 城市规划，2003，27(5)：33-37，92.

[7] 国家发展改革委. 国家发展改革委印发《关于培育发展现代化都市圈的指导意见》[J]. 城市交通，2019(2)：127.

[8] 首都圈整备法（日本）[EB/OL](2021-03-24)[2021-07-01]. https://zh.wikipedia.org/wiki/首都圈_（日本）.

[9] 马荣华，顾朝林，蒲英霞，等. 苏南沿江城镇扩展的空间模式及其测度[J]. 地理学报，2007(10)：1011-1021.

[10] 岳雨峰，阚长城，李晓晗，等. 上海与周边地区城际高频流动人口特征分析——基于人群用户画像数据解读区域产业职能关联特征[EB/OL]. (2019-05-29)[2020-07-01]. https://mp.weixin.qq.com/s/pQl3PCK-oNA4fSFdQDk7wA.

[11] 江枫，祝明明，余方正. 夜间灯光影像视角下长三角省际毗邻地带一体化发展[J]. 浙江经济，2020(09)：51-53.

[12] 百度地图大数据. 中国城市群出行分析报告[EB/OL]. (2016-08-22)[2020-07-01]. https://huiyan.baidu.com/cms/report/chengshichuxing.pdf.

[13] Center for International Earth Science Information Network(CIESIN). Gridded Population of the World，Version 4 (GPWv4)：Administrative Unit Center Points with Population Estimates，Revision 11. Palisades [EB/OL]. NY：NASA Socioeconomic Data and Applications Center (SEDAC)，2018. https://doi.org/10.7927/H4BC3WMT.

[14] 黄耀欢，江东，付晶莹. 中国公里网格GDP分布数据集[J]. 地理学报，2014，69(S1)：I0045-I0048，140-143.

[15] 王少剑，王洋，赵亚博. 广东省区域经济差异的多尺度与多机制研究[J]. 地理科学，2014，34(10)：1184-1192.

[16] 李建豹，白永平，李建虎，等. 基于空间计量经济模型的区域经济差异成因分析——以兰新铁路辐射带为例[J]. 干旱区资源与环境，2012，26(10)：144-149.

[17] 钮心毅，胡婧怡，来佳莹，等. 2020长三角城市跨城通勤年度报告（公众版）[EB/OL]. (2020-12-07)[2021-06-10]. https://mp.weixin.qq.com/s/rCU5piZESZQQYTKwP4W9ow.

[18] 中国移动江苏公司，华设设计集团. 2020年度江苏省区域出行年报[EB/OL]. (2021-02-07)[2021-04-10]. https://mp.weixin.qq.com/s/DUN-Qh38BZXM_5lC3urSBA.

"四网融合"理念下江苏沿江城市群轨道交通网布局规划

孙 宝

摘 要：为适应"一带一路"、长江经济带建设、长三角世界级城市群建设国家战略对基础设施的发展要求,增强轨道的先行引导作用,引领大中小城市协调发展、抱团发展,从地理区位、战略地位、结构层次、交通廊道等方面阐述发展基础,结合国家对客运铁路的层次划分,从功能及需求出发,以"目标导向、分层布线、整体成网、融合协调"为方法科学布局网络,促进各层次轨道布局完善、衔接顺畅、快捷高效,为沿江城市集群发展、融合发展提供坚实基础和保障条件。

关键词：四网融合；沿江城市群；轨道交通网

0 引言

江苏位于中国大陆东部,通江达海,处于"一带一路"建设、长江经济带发展、长三角一体化国家重大战略的叠加区域,现已迈入工业化后期阶段[1]。2019年江苏省常住人口8 070万人,地区生产总值99 632亿元,以全国1.1%的国土、5.8%的人口,生产了10.3%的经济总量,是我国的经济大省和经济强省。江苏沿江城市群地区位于国家"一带一路"建设和长江经济带发展融合交汇地带[2],地理区位优势独特,是我国经济集聚程度高、开放程度高、城镇化程度高、社会文明程度高的地区。面对贯彻新发展理念,实施区域协调发展战略、交通强国战略,建设长三角世界级城市群等一系列国家战略新的要求,沿江地区有条件、也有责任担负起社会主义现代化建设探路者的使命,积极构建大中小城市和小城镇协调发展的现代化城市群。

1 发展基础

1.1 地理区位优越

江苏省沿江地区位于我国东部沿海与沿江生产力布局主轴线的结合部,在对外开放的格局上直接面对东亚的韩国、日本等国家,区位优势明显,开发条件优越,特别是改革开放以来,发展步伐不断加快,综合实力显著增强,为加快沿江、沿海开发奠定了良好的基础。

江苏省沿江地区囊括所有苏南、苏中城市,包含长三角城市群"五圈"中两个重点都市圈——南京都市圈、苏锡常都市圈;东与上海接壤,南接杭州都市圈,西接合肥都市圈,是长三角都市圈的核心地带;是江苏省生产力布局最重要的组成部分,全省经济发展的核心区,既有长江黄金水道为依托,又有苏北乃至中原广大地区为腹地,辐射势能强劲,消费市场巨大,是经济社会发展的上乘区域、外商投资的密集区和进出口贸易的主要基地,对促进全省的经济和谐快速发展具有重要作用。

1.2 战略地位高

沿江城市群是国家重要发展战略"一带一路"与长江经济带的重要交汇区,同时是长江三角洲的重要组成部分,在国家现代化建设大局和全方位开放格局中具有举足轻重的战略地位[3],从发展定位来看未来沿江城市群将按照"整体有序、联动开发、开放创新、转型发展"的原则,建设成为面向全球、辐射亚太、

作者简介：孙 宝,华设计集团股份有限公司,高工,长期致力于江苏省铁路网规划研究。

引领全国的世界级城市群——长三角世界级城市群的北翼核心区,具有国际竞争力的都市连绵区,战略地位高,发展潜力巨大。

1.3 空间结构层次明晰

根据《江苏省城镇体系规划(2015—2030)》,沿江城市群未来将形成以南京都市圈与苏锡常都市圈为主体,以三大板块为核心,以沪宁、南沿江、北沿江、沿沪和泰锡沿线地区为骨干的"三横两纵"的城镇空间结构,整体层次分明,功能明确。

1.4 交通走廊类型多

沿江城市群内大部分交通走廊呈现出行距离短、中长相互叠加,出行目的包含商务、旅游、探亲、通勤、通学等多样共存的特征,交通出行结构的地区差异性明显,城市群形成不同层次、功能的交通走廊及都市圈交通走廊。既有引导城市外拓,延续主城区空间轴向拓展的同方向多廊道模式,又有引导城市空间轴向拓展,疏散城市过量人流物流的复合交通廊道模式。

2 功能层次

根据国发〔2013〕33号《国务院关于改革铁路投融资体制 加快推进铁路建设的意见》对铁路的功能层次划分及发改基础〔2017〕1173号《关于促进市域(郊)铁路发展的指导意见》、国办函〔2020〕116号《关于推动都市圈市域(郊)铁路加快发展意见》对市域(郊)铁路的功能定位,并借鉴国外城市群关于客运铁路的分类,客运铁路分为国铁干线、城际铁路、市域(郊)铁路、城市轨道交通四类[4]。

国铁干线。重点衔接特大城市,兼顾大中城市,服务大经济区和城市群之间的沟通联系,是城市群国土范围对外出行的主体,服务范围大于500公里,具体包括普速国铁干线和高速国铁干线。

城际铁路。可分为区域城际和都市圈城际两个层次。**区域城际**重点服务城市群内大中城市间快速城际客运联系,兼顾中小城市,是城市群内部各生产、生活要素快速自由流动的主要通道,服务范围受到城市群空间尺度的影响,一般在100~500公里。**都市圈城际**重点服务都市圈中心城市与受其辐射的不同圈层的市(县)联系,兼顾都市圈中心城市与重点城镇、城市组团的联系,是提升都市圈核心城市功能与促进都市圈一体化发展的主要设施,服务范围受都市圈空间尺度影响,一般在50~100公里。原则上都市圈城际线路跨行政区划。

市域(郊)铁路。城市中心城区连接周边城镇组团及其城镇组团之间的通勤化、快速度、大运量的轨道交通系统,提供城市公共交通服务,是城市综合交通体系的重要组成部分。服务范围一般在50公里以内。原则上应为城市所辖市域。

城市轨道。重点覆盖城市内部主要客流走廊、服务通勤需求的快速、大运量、电力牵引的轨道交通,是城市交通的骨干。

3 "四网融合"理念下规划方法

从功能及需求出发,围绕沿江八市"内筑网络、强心聚轴、区域一体"的总体发展目标,采用"**目标导向、分层布线、整体成网、融合协调**"的方法进行线网布局,构筑融合的开放式、融合化轨道交通网络,提升沿江城市群的综合竞争力。

3.1 明确线网规划总体目标

高速铁路跨江成多环,通达沿江城市群所有设区市主城区,线路覆盖所有县级市,城际铁路覆盖所有20万人口以上城镇节点。一是长三角城市群"2小时城际交通圈":沿江八市与长三角其他城市2小时可达、沿江八市与长三角中心城市沪宁杭1小时可达;二是沿江城市群"0.5~1小时城市群通勤圈":沿江城市群内部各城市节点间"1小时交通圈",南京都市圈和苏锡常都市圈及周边地区相邻城市之间"0.5～1小时通勤圈"。

3.2 分层分版块布局线路

从功能来看,分为国铁干线、区域城际和都市圈城际三个层次,重点为区域城际及都市圈城际两个层次。

国铁干线:主要继承上位规划,并利用国铁干线开行城际列车。

区域城际:区域城际重点解决沿江八市之间快速联系,以及沿江城市群对外与长三角城市群内其他周边城市城际联系功能。

都市圈城际:主要是针对南京都市圈及苏锡常都市圈及周边地区内部构建"0.5～1小时通勤圈"进行加密布局。

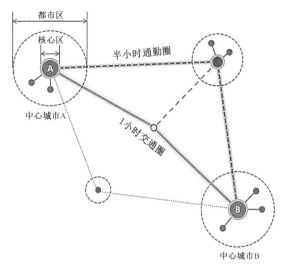

图1 城市群铁路城际出行目标示意图

3.3 整体成网

在分层分类的基础上,按照各通道等级、产业、人口、城镇分布特征,结合通道能力适应性,逐线展开城际铁路规划,最后系统整合,形成城市群城际客运网络;实现主要城市之间"1小时交通圈",都市圈核心城市与周边城镇的"0.5～1小时通勤圈"。

3.4 融合协调

按照"分层次相互融合,分区域各有侧重,分阶段逐步实现"的网络布局理念,响应"**高标准、一体化、全融合**"的总体策略,构建以南京都市圈和苏锡常都市圈为中心的放射状都市圈网络,实现区域城际与都市圈城际的合理分工与协作,实现江苏沿江八市的"**内筑网络、强心聚轴、区域一体**"的总体发展目标。

分层次相互融合:针对区域内重大走廊,梳理不同走廊内部的需求层级和需求量级,依据不同诉求,规划多层次、相互融合、廊道功能复合的综合供给廊道,进而实现区域的高效衔接,融合发展。

分区域各有侧重:针对不同圈层人口岗位布局,考虑通勤和商务、旅游等非通勤廊道的合理分工,结合不同的圈层特征,各有侧重地制定区域的不同覆盖目标、走廊的融合目标、走廊的时间目标等。

分阶段逐步实现:结合土地资源、通道资源利用,应对既有客流走廊内多种制式、多条线路的建设需求,把握交通需求的相对无限性和通道资源有限性,一方面,在同一廊道内采用"多股并行"的方式兼容不同制式轨道设施;另一方面,按照成熟一个建设一个的原则,在相应时期内实现需求与供给的动态平衡,分阶段实现总体规划目标。

4 区域城际网布局方案

与城市联通诉求相适应。江苏沿江城市群主要节点呈现出以沪宁主轴为核心的南北范围内100 km内高度聚集状态,且主要的中心城市、中心城镇呈现出沿交通轴线聚集的特征,形成了"三横三纵"的城镇聚合轴,其中沪宁为主轴线,城镇分布和产业布局较为密集,经济实力较强;其他沿江、沿海、泰锡沿线、淮扬镇沿线等通道也已形成一定规模。长江南北等沿线地区城镇布局较为紧密,城市规模也相对较大,以此对外辐射城镇体系逐渐松散,经济实力逐渐减弱,城市聚合程度逐渐降低。

与主要通道客流相适应。沿江城市群需要满足的是区域资源优化配置,生产与生活出行较为频繁的城际出行需求。根据江苏现状综合交通网络,在沿江地区已经形成以沪宁、南沿江、北沿江、沿海、泰锡宜、淮扬镇为骨干的"三横三纵"交通主走廊,交通走廊内跨区域交通与区域内交通重叠度较高,导致交通走廊负荷不断加重。因长江天堑等原因的限制,人员、要素的往来十分不方便,形成了苏南、苏中、苏北相对块状的梯次发展格局,通过沿江城际网的建设,服务城市群内部快速通达需求,从时空距离上为跨江融合发展提供可能性。

总体布局方案:江苏省沿江地区区域城际铁路网规划紧密结合城市群城镇网络化布局,根据城市群城镇、经济、产业、交通特征,建立支撑空间布局、区域战略节点和产业发展方向的城际客运网络系统,形成"三横四纵四联通"为骨干、网络连接线为补充的区域城际铁路网,南京市未来将形成"八向十四线"的对外格局,支撑中心城市首位度和辐射力。

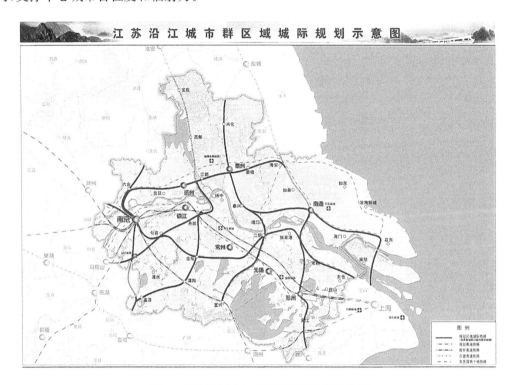

图 2　江苏沿江城市群区域城际规划示意图

5　都市圈城际网布局方案

随着沿江城市群连绵化发展趋势,仅仅依靠区域城际干线,难以实现相邻城市主城区之间以及相邻城市主城各组团间"1小时"通达的目标,更难以较好实现相邻城市同城化一体化的目标,急需在区域城际骨干线外,构建加密线,直接衔接都市圈内中心城市与相邻城市,同时深入城市主城,以促进区域内同城化发展。

南京都市圈:南京主城区是南京都市圈的核心,形成核心、紧密2个圈层的城镇空间结构,规划南京都市圈城际线网以放射线为主,构建宁镇扬同城化快速通勤线、南京都市圈通勤辐射线,实现南京主城区与次中心城市扬州、镇江主城区1小时通道,并实现南京与都市圈核心圈层、紧密圈层重点城镇间0.5~1小时到达目标,能较好适应和满足宁镇扬同城化及构建南京都市圈核心圈层城镇空间布局的需要。

苏锡常都市圈:该都市圈内城镇形成由多个核心地域、区域空间节点及发展轴构成的网络状的空间布局形态,核心地域由苏州、无锡、常州三个中心城市构成,因此苏锡常都市圈城际交通线网规划形成以常州、无锡、苏州为中心的多中心、网络状线网,苏州、无锡、常州三中心城市之间联系主要由区域城际(目前连接三主城之间的区域城际主要有京沪高铁、沪宁城际铁路以及京沪铁路)承担,三中心城市与周边县级市沟通主要由都市圈城际承担。

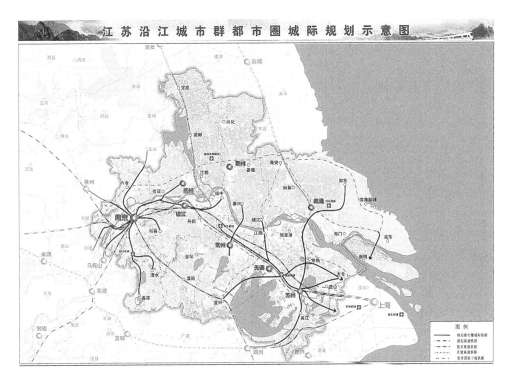

图 3 江苏沿江城市群都市圈城际规划示意图

6 结束语

江苏省沿江城际轨道交通线网规划紧紧围绕区域经济发展的需要,以构建沿江地区世界级城市群为目标,以加速沿江地区城镇发展轴、都市圈人口、产业聚集为导向,构建适应沿江城镇带、都市圈发展需要的多层次城际轨道交通网络。

"四网融合"理念下江苏沿江城市群城际轨道交通网规划沿江城际网分为两个层次:区域城际网与都市圈城际网,区域城际网由国铁干线兼顾城际功能线路和城际功能为主线路共同组成,优化提升城市发展带,提升主要轴带上交通支撑与引导功能,服务沿江地区对外及内部旅客出行需求;都市圈城际网由南京都市圈城际网与苏锡常及其周边地区都市圈城际网组成,全面对接长三角核心城市,发挥沿江城市群主要城市的示范引领作用和区域带动力,强化轨道交通与机场枢纽衔接,全面提升基础设施互联互通水平。

参考文献

[1] 成长春,陈为忠."轨道上的江苏"助推更高质量发展[J].群众,2019(11):17-18.
[2] 杨海华.扬子江城市群区域一体化研究[J].中国市场,2018(09):47-48.
[3] 李程骅.长三角城市群格局中的"扬子江城市群"构建策略[J].江海学刊,2016(06):89-95.
[4] 杨立新.对我国轨道交通发展的认识和思考[J].城市轨道交通研究,2018,21(05):80-84,100.

区域轨道交通协同发展及标准一体化研究

Research on Coordinated Development of Regional Rail Transit and Standard Integration

汪其超　游友佳

摘　要：轨道交通作为区域综合立体交通网络的"骨骼"，其一体化发展及标准研究成为区域轨道交通高质量发展的重要支撑。本文提出了轨道交通基本分类和协同发展内容，调研了国内外轨道交通一体化发展的现状和先进经验，针对轨道交通一体化发展中存在的问题，以安全便捷、互联互通的发展目标为导向，探索轨道交通标准一体化发展的体制机制障碍，提出区域轨道交通标准化信息互通、资源共享、优势互补的协同发展新思路。

关键词：区域；轨道交通；协同发展；一体化

Abstract：Rail transit is the "skeleton" of the regional comprehensive three-dimensional transportation network. Its integrated development and standard research have become an important support for the high-quality development of regional rail transit. This paper proposes the basic classification and coordinated development content of rail transit, investigates the current status and advanced experience of the integrated development of rail transit at home and abroad, aims at the problems existing in the integrated development of rail transit, and is guided by the development goals of safety, convenience, and interconnection. The system and mechanism obstacles to the integrated development of rail transit standards have been explored, and new ideas for coordinated development of regional rail transit standardization information intercommunication, resource sharing, and complementary advantages have been proposed.

Keywords：region；rail transit；coordinated development；integration

0　引言

随着国内各大城市群集聚效应的不断发展，区域综合立体交通网络也不断得到完善，轨道交通作为一种便捷、快速、绿色的交通出行方式，已成为促进区域城市群发展的重要引擎。《国家综合立体交通网规划纲要（2021）》明确提出，要推动干线铁路、城际铁路、市域（郊）铁路融合建设，并做好与城市轨道交通衔接协调，构建运营管理和服务"一张网"，实现设施互联、票制互通、安检互认、信息共享、支付兼容。

轨道交通作为区域城市群一体化交通运输体系的骨干，对城市群空间形态塑造、产业格局优化、宜居环境打造等方面具有引领性作用，是实现城市群高效衔接和一体化发展的重要抓手。目前，轨道交通网络仍局限于各城市内部，区域内跨行政区域的轨道交通一体化规划建设仍处于探索阶段，因此，应建立一体化的区域轨道交通规划、建设、运营和管理标准，实现区域轨道交通网络高质量发展。

1　概述

1.1　轨道交通的分类

本次研究的轨道交通范围包括以下所有轨道系统：

作者简介：汪其超，华设计集团股份有限公司，工程师，研究方向为交通运输规划与设计。
　　　　　游友佳，华设计集团股份有限公司，高级工程师，研究方向为交通运输规划与设计。

国家干线铁路，承担客运和货运，其高速铁路、城际铁路作为客运专线连接城市群间、城市群内部、城市群与都市圈间的中心城市或大城市，承载长中距离、快速的交通客流。

城际铁路、市域（郊）铁路，主要承担城市群、都市圈、大都市内部城市和城镇间的地区性通商、通勤和通学客流。

城市轨道交通，主要满足市民日常上下班、上下学和出行的要求。

1.2 轨道交通一体化协同发展内容

基于轨道交通的分类，轨道交通一体化协同发展标准应包含以下内容：

表1 轨道交通一体化协同发展内容

类别	内容
城市轨道交通内部	场站设计、车辆、通信、信号、供电、AFC系统等专业的一体化；运营管理服务一体化
区域轨道交通与城市轨道交通	互联互通、共线共享
国家铁路一体化	通道换乘或者垂直换乘
站、城一体化	轨道交通沿线城市用地的开发

2 国际城市轨道交通一体化发展现状

2.1 东京都市圈

1）多层次轨道交通网络

东京都市圈[1]轨道交通网络主要包含：(1)新干线；(2)JR线、私铁；(3)地铁；(4)中运量系统。

表2 东京都市圈各层次轨道交通系统功能技术分析

分析项目	区域经济圈	城市郊区	城市轨道(地铁)	中运量
功能定位	承担全国性交通快速高效联系	主要服务都市圈内通勤交通	维持中心城市高效可持续运行	地铁的补充，适应中短途运输需求
系统组成	新干线	JR线、私铁	地铁	单轨电车、现代有轨电车、小断面地铁、自动导向电车、高架专用导向公交、磁悬浮等
站距/km	30～50	5～15	1	1～1.5
线网密度	1.5 km/百平方千米	6.6 km/百平方千米	1.2 km/平方千米	—
运营速度/(km/h)	135～240	60～90	60	40～50
空间层次	半径大于100 km	半径50～100 km	半径15 km	半径10 km
时耗要求	2 h	1 h	30 min	30 min

2）互联互通方式分析

目前，东京都市圈的贯通运营线路总里程为867 km，约占都市圈铁路总里程的35%。互联互通方式包含以下内容：

(1) 终点直接对接；
(2) 经放射线中间站与地铁终点对接；
(3) 经地铁中间站与放射线终点对接；
(4) 新建直通连接线。

东京地铁在规划阶段就梳理了线路互联互通需求，做好了未来加密线路接入预留工作。后期新建的地铁线规划均考虑了与郊区线的互联互通，其轨距、限界等线路技术标准与对应的郊区线路统一，有效地避免了线路的重建性改造。

2.2 首尔都市圈

截至 2012 年,首尔市区内部建成地铁长度达 312 km[2]。首尔都市圈 12 条电铁线路中有 8 条线路与地铁贯通运营。地铁采用直流供电,都市圈电铁大多采用交流供电,因此首尔都市圈电铁车辆采用了交直流两用的车辆。

(1) 功能层次:首尔都市圈轨道交通功能层次分为市区线及市郊线,市区线服务首尔市中心城区范围,市郊线主要联系首尔市区及周边新城。

表 3 首尔都市圈轨道交通层次划分

	市区线	市郊线
运营主体	首尔地铁公司、都市铁道公司	韩国铁路公社
供电制式	直流电	交流、直流
平均站间距/km	1.1	1.9
运行速度/(km/h)	33.3	40.1
客流负荷强度/[万人/(km·d)]	1.9	1.1

(2) 市区线与市郊线衔接方式:首尔 10 条市郊线中有 6 条采用直通运营模式与市区线衔接,其余 4 条线采用多点换乘模式,大大减少客流拥堵情况。

(3) 做好足够的预留:首尔地铁建设起于 20 世纪 70 年代,但预留了足够的轨道站点的容量。

3 国内轨道交通标准一体化实施及研究现状

3.1 京津冀地区实施现状[4]

2015 年 12 月,《京津冀协同发展交通一体化规划》要求建设高效密集轨道交通网,强化干线铁路与城际铁路、城市轨道交通的高效衔接,着力打造"轨道上的京津冀"。

其中,天津市的轨道交通体系主要包括干线铁路、城际铁路、市域快速轨道交通与城市轨道交通四个层次。当前,天津市相关铁路干线和城际铁路归口铁路总公司规划、天津铁路局运营和管理;市域快线、地铁归口地方规划部门规划、地方轨道交通企业运营、地方交通部门管理,规划和制度方面的差异较大。

3.2 珠三角地区实施现状

2019 年 2 月,《粤港澳大湾区发展规划纲要》提出"构筑大湾区快速交通网络",并从以下四个方面着手推进工作:

(1) 构建"一张网、一张票、一串城"运营模式

2010 年,国内首条跨市地铁广佛线启动运营;2017 年,广佛城市轨道交通互联互通规划获两市政府批复,提出了"9+2"共 11 个地铁互联互通。

(2) 地铁城际一体化运营

通过研究区域城际系统设计、车站设计、指挥系统设计等存在的问题,提出粤港澳大湾区城际铁路网及城市轨道交通线网协调运输服务标准、一体化运营管理规则与机制。

(3) 珠三角城际铁路线网优化

开展了珠三角城际铁路网与城市轨道交通线网互联互通—协同运输技术标准研究、线网生产力设施资源共享规划研究、线网建设运营一体化管理机制及服务规划研究。

(4) 基础设施共享布局

在既有车辆基地布局的基础上,基于区域资源共享的原则,研究共用车辆基地、维修设施的可行方案,最大限度地发挥规模效益,结合现状及近远期建设规划,提出车辆基地布点、规模、设备调整方案。

3.3 长三角地区实施现状

南京市轨道交通线网规划[5]分为市域线、城区线、局域线3个功能层次,其中,市域线主要服务中心城区与外围副城、新城、新市镇及都市圈毗邻地区之间的联系。

表4 南京市轨道交通圈层划分

圈层	半径/km	铁路与城市轨道	道路	功能
第一圈层	≤20	城市大运量轨道 中运量公交	快速路	至主城区45 min通勤
第二圈层	20~30	贯通运营的市域快线(含市郊铁路) 城市大运量轨道	高快速路	至主城区、主城片区1 h通勤
第三圈层	30~50	市域快线(含市郊铁路) 城际铁路	高快速路 一级公路	至主城片区的1 h通勤、生活联系
第四圈层	50~100	市域快线(含市郊铁路) 城际铁路、高速铁路	高速公路 一级公路	至中心城区的1 h商务联系

南京市域轨道交通线网正在进行新一轮的修编工作,将加快启动一批市域轨道交通规划项目,市域线网布局将与城市空间结构、都市圈交通一体化发展相匹配,形成"十廊放射、枢纽快联、四网融合"的总体格局。

4 区域轨道交通一体化发展现存问题与建议

4.1 现存问题

1)区域轨道交通一体化规划不合理

布局规划不合理是制约一体化发展的首要因素。现有跨域、跨网的轨道交通没有实现一体化规划,城市网、市域网、城际网和区际网不能有效衔接。特大城市轨道交通规划缺乏对市域(郊)铁路的关注,特别是跨行政区、以通勤为目的的轨道交通供给严重不足。

2)区域轨道交通一体化运营有待加强

目前,市域(郊)铁路是我国都市圈轨道交通发展的短板,由于市域(郊)铁路大多是委托各地方国家铁路局(或公司)运营,而城市轨道交通主要由地方政府主导,两个运营管理系统尚未兼容,难以实现公交化运营,因此,这种短板效应在运营管理方面更为突出。同时,运营主体多导致安检不互信、排队等候时间长、信息服务不共享等问题时有发生。

4.2 发展建议

1)构建区域轨道交通多层次网络

要建立区域轨道交通一体化标准,首先应对区域内所有城市、地区的轨道交通网络进行层次分明、功能明确的划分,建议构建以下多层次区域轨道交通网络:

(1)国铁干线:连接主要城市节点和高等级枢纽,承担区域对外跨城长距离通行的任务。

(2)城际铁路:服务于相邻城市或城市群内部之间的旅客运输专线铁路,方便区域内城市间旅客通行。

(3)市域快线:向上对接城际铁路,向下衔接城市轨道交通;具有列车运营速度快、站间距大、服务出行距离长、停车少的特点;串联都市中心区、重大交通枢纽及外围新城。

(4)城市轨道交通:城市公共交通骨干线,服务于人口密集的中心城区,也可服务于中心城边缘组团之间、中心城外围重点功能区、新城内部组团之间。

2)统筹推进区域轨道交通标准一体化

基于划分的四个层级轨道交通网络,将各层级既有的国家标准、地方标准进行分析比较。在车辆技术、站距要求、申建条件、安全检查、运营规范等方面建立标准体系,实现制定区域轨道交通建设、运营和管理标准一体化。从线路、车站、车辆、供电、通信、信号、AFC、运营组织方式等方面制定统一的参考技术标准,实现区域内各类轨道交通的技术标准一体化。

3）推动互联互通,实现网络化运营

应学习东京都市圈轨道交通互联互通[6]运营组织经验,研究我国城市群区域城市轨道交通内部及与市域快轨线路之间的互联互通方案。

规划设计阶段的轨道交通线路,应做好预留,系统制式、技术标准具备兼容和统一的条件,可以实现新建轨道交通线路互联互通、共线共享,运营组织模式也可不断优化以适应网络化运营。地铁运营及在建线路,应研究有无富余能力实现与市域快线的部分互联互通、预留条件及改造代价,从而实现资源共享、衔接互补、高效运转的网络化运营机制。

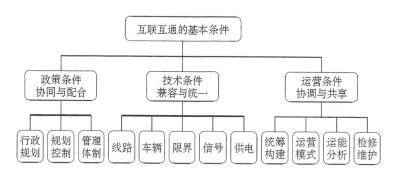

图1 互联互通基本条件

4）加强区域协作、加快机制创新

加快轨道交通规划、建设和运营管理体制机制创新,突破行政区域和行政部门的利益阻力,实现跨域共管、跨部共治。

将轨道交通线路和枢纽布局规划纳入区域整体发展规划,支撑中心城区非中心功能的疏解,引导相关产业向外围中小城镇布局,加强轨道交通建设与城市空间结构优化、产业布局调整和生态功能完善的融合。

5 结论与展望

本文研究可知,东京都市圈、首尔都市圈已经建立起一体化、多层次、高效协同的轨道交通网络,实现了区域轨道交通一体化发展目标,轨道交通网络运行状态良好。当前,我国京津冀、长三角、珠三角等区域均提出轨道交通一体化发展的理念,但均未建立区域性轨道交通一体化标准,轨道交通协同发展进程仍处于起步阶段。

未来,各城市群应开展轨道交通一体化发展的全面合作,要做好区域轨道交通一体化发展的顶层设计,协调各城市的总体规划,明确城市间的线路对接、站点对接方式,根据不同城市的产业特点进行区域经济的差异化开发。与此同时,应制定完善区域轨道交通建设、运维及专业技术的一体化标准,从而实现区域轨道交通网络更高质量的发展。

参考文献

［1］ 贺鹏.东京轨道交通互联互通对北京的启示[J].城市轨道交通研究,2016(3):87-94.

［2］ 胡春斌,池利兵.首尔都市圈轨道交通建设对我国的启示[C]//中国城市规划学会城市交通规划学术委员会,福州市人民政府.公交优先与缓堵对策——中国城市交通规划2012年年会暨第26次学术研讨会论文集.福州,2012.

[3] 王凯,倪少权.国外都市圈发展对京津冀轨道交通一体化的启示[J].铁道经济研究,2016,132(04):14-20.

[4] 宋宁.京津冀跨区域轨道交通一体化研究[J].合作经济与科技,2016,530(03):12-14.

[5] 佘才高.南京市域轨道交通线网运营优化及发展规划研究[J].都市快轨交通,2020,165(05):33-38.

[6] 郑生全.区域轨道交通的建设标准及运营管理[J].城市轨道交通研究,2016,19(B07):29-31,35.

都市圈内枢纽城市区域交通发展策略研究
——以上海大都市圈西北翼枢纽城市太仓为例

The Study on Regional Traffic Development Strategy of Hub Cities in Metropolitan Area
— Taking Taicang as an Example

李 铭 黄 伟 周 进

摘 要：都市圈内枢纽城市是都市圈一体化高效组织的核心节点，通过研究枢纽城市区域交通发展策略，促进都市圈交通一体化发展。本文以上海大都市圈西北翼枢纽城市太仓为例，首先围绕都市圈总体发展战略确定圈内枢纽城市区域交通战略目标，在此基础上系统制定枢纽强市、轨道四网融合、干线道路一体协同、物流体系升级等发展策略，形成都市圈内枢纽城市区域交通发展策略总体框架。依据发展策略有效指导枢纽、区域轨道、骨架路网、货运物流体系等区域交通设施组织，力争实现都市圈交通一体化高质量发展。

关键词：上海大都市圈；枢纽城市；交通一体化；区域交通

Abstract: The hub city in metropolitan area is the core node of efficient organization in metropolitan space, through the research on the regional transportation development strategy of the hub city, the integrated transportation development of the metropolitan area is promoted. Taking Taicang as an example, which is a hub city in the northwest of Shanghai metropolitan area, this paper firstly determines the strategic objectives of regional transportation of the hub city within the metropolitan area around the overall strategy of the integrated development of the metropolitan area. On this basis, the paper systematically formulates the development strategies of strengthening the hub city, the integration of the four rail networks, the integration and cooperation of the trunk roads, the promotion of the logistics system, and other development strategies. In the end, the paper forms an overall framework for regional transportation development strategies in hub cities within metropolitan areas. Through the development strategy, it can effectively guide the organization of regional transportation facilities such as hubs, regional tracks, skeleton road networks, and freight logistics systems. Finally, the paper strives to achieve high-quality development of integrated transportation in the metropolitan area.

Keywords: Shanghai metropolitan area; hub city; transportation integration; regional transportation

0 引言

都市圈是一种城市空间布局形态，是若干个城市、镇在一定地域范围内的集中、集聚。国内外学者对都市圈概念界定不尽相同。1957年戈特曼提出大都市圈概念[1]。国内学者在1990年代初提出都市经济圈理论[2]。国内比较完整的概念是：由一个或多个中心城市和与其有紧密社会、经济联系的临接城镇组成，具有一体化倾向的协调发展区域。是以中心城市为核心、以发达的联系通道为依托，吸引辐射周边城市与区域，并促进城市之间的相互联系与协作，带动周边地区经济社会发展的、可以实施有效管理的区域[3]。构建都市圈的本质在于淡化行政区划，从区域角度强化城市间经济联系，形成经济、市场高度一体化的发展态势；协调城镇之间发展的关系，推进跨区域基础设施共建共享；保护并合理利用各类资源，改

作者简介：李 铭，江苏省规划设计集团交通规划与工程院所长，研究员级高级工程师，主要从事城市交通规划与管理方面研究。
黄 伟，江苏省规划设计集团交通规划与工程院，高级工程师，主要从事城市交通规划与管理方面研究。
周 进，江苏省规划设计集团交通规划与工程院，工程师，主要从事城市交通规划与管理方面研究。

善人居环境和投资环境,促进区域经济、社会与环境的整体可持续发展[4-5]。

《上海市城市总体规划(2017—2035年)》[6-7]提出充分发挥上海中心城市作用,主动融入长三角区域协同发展,构建上海大都市圈,高标准打造全球城市区域。上海大都市圈以上海为核心,覆盖周边苏州、无锡、常州、南通、宁波、舟山、嘉兴及湖州8个城市,构成"1+8"的城市群体系,陆域总面积达到5.4万 km^2,常住人口达到7 125万,2019年实现地区生产总值超10万亿元,占全国的10%,位列全球经济体第13位。

太仓市位于上海大都市圈西北翼,距离上海中心城区约50 km,全市面积约810 km^2,截至2020年11月,常住人口约83万人,2020年实现地区生产总值约1 386亿元,位列全国百强县第十位。太仓市位于上海都市圈临沪圈层,地处沿江及沪通走廊交汇节点,是上海大都市圈枢纽城市培育的重点区域。

1　战略引导,构建区域交通发展目标

随着都市圈的不断发展,中心城市往往实现由生产中心向服务中心的转变,并通过圈层扩散,带动这个大都市圈功能空间组织的调整与升级[8]。基于此将上海大都市圈分为3大空间圈层,其中核心圈层(0~15 km)为承载全球城市核心功能的空间区域;中心圈层(15~70 km)为通勤圈,也是核心区功能疏解的主要承载区域;外围圈层(70~150 km)为大都市功能协调区,主要分布相对独立的综合城市[9]。中心圈层将成为上海大都市圈主要增量空间,是临港自贸区、虹桥商务区、长三角一体化示范区以及嘉定、青浦、松江、奉贤、南汇等三区五新城的承载空间,也将是大都市圈区域副中心培育的重点区域。

都市圈一体化发展要求内部各节点之间实现要素的高效流通,交通区位优势将成为区域节点提升发展能级的关键支撑[10]。上海大都市圈内部重点要求提升沪宁、沪杭、沿江、沪通、沪湖、沿湾、沪甬等7条区域复合交通廊道,促进区域交通设施互联互通,太仓作为沿江走廊与沿海(沪通)走廊交汇节点,具备打造上海西北门户枢纽的区位优势。以构建上海大都市圈西北向门户交通枢纽城市为战略目标,围绕"圈内畅达,圈外快联"的枢纽城市交通高效转换组织原则,立足太仓打造30分钟毗邻通勤圈、60分钟内部交通圈以及90分钟对外交通圈。30分钟通勤圈覆盖嘉定、昆山主城及虹桥商务区;60分钟交通圈联系大都市圈内上海中心活动区、苏州主城区等中心地区;90分钟交通圈实现与南京、杭州等长三角中心城市的快捷联系。

2　枢纽强市,引领空间格局重塑

以"统筹协调,共建共享"为宗旨,明确太仓枢纽在大都市圈区域的功能定位,支撑太仓区域能级提升;完善太仓枢纽及与区域主要枢纽的集散组织,实现区域枢纽群共建共享。

2.1　强化太仓站枢纽能级,打造上海大都市圈西北翼沿江沿海辐射枢纽

统筹协调虹桥枢纽、昆山南站及太仓站枢纽功能定位,太仓站重点打造上海大都市圈西北翼沿江沿海辐射枢纽以及嘉昆太地区门户主枢纽。提升太仓站枢纽能级,规划太仓站重点服务太仓及昆山、嘉定等地区沿江沿海客流,预计2035年旅客发送量将达到1 000万人次/年。耦合枢纽功能,规划沪苏通及南、北沿江三线交汇太仓站,实现与上海以及与沿江、沿海等大通道的区域性快速联系。提升太仓站城市侧集疏运能力,完善城际铁路、市域铁路、公交快线以及快速路系统,拓展枢纽客流腹地。

2.2　快联区域枢纽群,共享区域枢纽资源

突破行政条块分割,引导国家铁路、城际铁路、市域铁路与虹桥枢纽、浦东机场、南通新机场(规划)、苏州机场(规划)等互联互通,实现与虹桥枢纽30分钟,与浦东机场、南通新机场等1小时快捷轨道联系。同时通过轨道交通网络与机场枢纽融合发展,引导机场服务沿轨道前移拓展,促进由一机场一腹地服务转向机场群共同腹地服务,促进机场群协同发展。

3 四网融合,统筹多层次轨道网络

上海大都市圈以1小时都市圈为目标构建多层次轨道网络[11]。主城区15 km左右的1小时通勤与生活圈出行以城市轨道交通为主导；30~50 km的市域及外围新城之间的通勤与休闲圈以市域(郊)铁路及城市快轨为主导；150 km以内都市圈的商务、旅游出行以城际铁路及高速铁路为主导；而150 km以外区域城市、中心城市之间的出行以高速铁路为主导,如图1所示。太仓作为大都市圈内枢纽城市,轨道交通功能组织需服从大都市圈整体轨道交通组织策略,同时围绕太仓交通战略目标及交通区位条件进行深化落实。

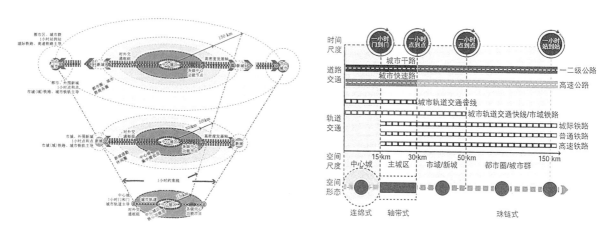

图1 上海大都市圈多层次轨道交通与多空间尺度对应关系

3.1 依托区域主要发展走廊补强高快速轨道网络

结合上海大都市圈沿江轴与沿海轴两大区域主轴线交汇的区位优势,以太仓为中心形成沪苏通及南、北沿江三线交汇太仓的高快速轨道网络。一是通过沪苏通铁路强化太仓与上海中心及沿海轴线的轨道服务；二是通过南、北沿江交汇太仓,全面提升太仓沿江通道运输能级。通过三线交汇,发挥太仓向东承接上海,向西向北辐射长江及沿海的重要战略作用。

3.2 统筹都市圈城际与市域轨道,共同承担都市圈通勤、商务出行需求

统筹都市圈城际与市域轨道,嘉闵线主要实现太仓与嘉定、虹桥商务区等通勤化快速联系,通过轨道换乘全面联通上海各区域。苏锡常城际主要服务太仓与苏州、无锡、常州的城际商务客运联系。协同优化嘉闵线(市域铁路)及苏锡常城际线路布局,引导苏锡常城际线路分线运营,一条线在太仓境内沿天津路—江南路走线,在沈海高速东侧与嘉闵线顺接,设置联络线借用嘉闵线接入太仓站；另一条线向南与嘉闵线并线进入上海,接入上海城际轨道线网。引导苏州市域轨道S1支线经太仓南站进一步向主城及太仓站延伸,强化太仓市老城、娄江新城及科教新城三片区对昆山及苏州市的向心联系。考虑城市远期发展及与上海衔接需要,远景向东延伸S1至浏河片区,并预控向南进一步与上海市域快线衔接条件,补充太仓向上海宝山、核心区、浦东等方向市域轨道服务。

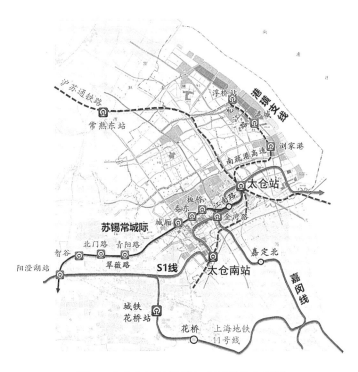

图 2　太仓市城际轨道与市域铁路布局图

4　一体协同，完善跨区干线道路网络

结合区域城镇空间发展格局优化都市圈跨区道路衔接模式。针对高密度的城镇发展轴带，毗邻区域各功能组团已呈现连绵化趋势，如太仓与嘉定、太仓与昆山联系方向，即将形成集合城市，因此相应跨区道路衔接需要进一步推动重要的主次道路对接，加密毗邻区域主要组团联系通道。针对中低密度的城镇发展轴带，毗邻区域各功能组团相对分散，呈现珠链式的布局形式，如太仓与常熟方向，相应跨区道路衔接以高速公路及干线公路为主，跨区道路主要集中于若干重要交通走廊。

图 3　太仓毗邻区域空间发展格局

4.1 完善"高速公路+快速干线"的区域骨干路网

构建以高速公路及快速干线公路为骨架的都市圈骨干道路网络[12],协同推进高速公路、快速路、一级公路的规划布局,实现区域长途出行与城际中长途出行功能互补。规划形成"7横8纵1联"的骨干路网,重点强化东南向与上海及昆山的联系能力,促进太仓加速融入大上海都市圈。

注重协调快速路与城市空间发展关系,构建"一横两纵一支"的市域快速路网络方案。通过G204、S339及龙江路快速化,强化主城与港城、浏河、沙溪等市域城镇以及主城内部多组团间的快速联系。预控陆璜路衔接上海嘉行公路快速通道条件,强化太仓站枢纽向嘉定方向快速集散,同时促进娄江新城与嘉定城区快速联系。

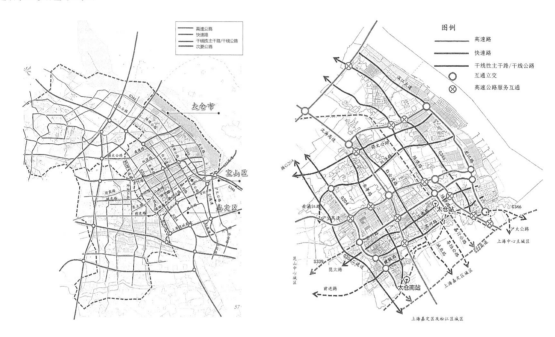

图4　太仓与毗邻区域骨架路网布局

4.2 推动嘉昆太协同区主次道路衔接

深化推动嘉昆太协同区主次道路衔接,匹配协同区内跨市出行中通勤出行及弹性出行联系需求增长。太仓与上海嘉定方向在现状1条次要公路基础上,规划新增5条与上海嘉定区跨区域衔接的主次道路,形成6条跨区域主次道路衔接嘉定区主次道路,加强跨区域毗邻城市组团的通勤及休闲娱乐交通联系。太仓与昆山方向规划新增3条与昆山跨区域衔接的主次道路,加强与昆山毗邻东部副城先进制造组团的交通联系。

图5　太仓与嘉定区主次道路衔接布局

图6　太仓与昆山市主次道路衔接布局

5 物流升级,引导货运体系协调发展

紧紧抓住长三角一体化战略发展机遇,深度融入长三角港口一体化合作,以建设江海联运中转枢纽港、近洋集装箱运输干线港和远洋喂给港、打造具有国际竞争力的现代化港口为目标,推动太仓港实现新的跨越发展。

5.1 促进区域港群协同发展,提升太仓港能级

加强区域港航协同发展,围绕目标、设施、服务与政策等深化与区域港群合作,打造上海国际航运中心的重要支撑枢纽。提升公共驳船效能,在洋山支线公交化运营的基础上,探索根据货运需求调整运输船型,推动"太仓快航"班轮运力提升,强化面向上海与宁波港的喂给。积极推进"互联网+航运",培育和引进一批国际性航运物流企业总部、航运金融、船公司及代理主体,高标准打造航运物流综合服务体系。推动长三角通关一体化改革,实现跨关区的信息互换、监管互认、执法互助,为长三角通关一体化提供示范。

5.2 引导江海河转运与海铁联运,完善港口集疏运体系

贯通高等级内河航道,强化江海河转运。重点承担直接腹地内煤炭、矿建材料、粮食等散杂货及内河集装箱运输功能,畅通杨林塘、申张线、苏申内港线等干线航道联系,提升疏港航道辅助路径(石头塘—荡茜河)通过能力,构建内河环路。完善港区疏港铁路系统,引导海铁联运。完善疏港铁路,优化与苏州西站场站衔接,实现铁路和水路运输无缝对接,巩固太仓港向内陆方向辐射的区域运输通道布局。

5.3 理顺疏港、通过性及产业等多重货运交通需求,优化货运交通组织

构建疏港道路主骨架,实现浮桥集装箱作业区快速疏港;完善疏港辅通道网络,减少疏港交通对主城及沙溪、浏河等的冲击。完善过境货运通道,推进G346扩容及G204快速化改造,预控G204货运外迁通道,实现过境货运集约高效管理。完善市域货运集散道及货运限行区,强化产业货运支撑,同时改善客货交通环境。

6 结语

太仓作为上海大都市圈西北翼重要的副中心枢纽城市,是支撑与引导上海大都市圈区域协调发展的重要功能节点。注重都市圈一体化建设,需要强化都市圈内部枢纽城市区域交通发展,着眼都市圈发展大局,立足枢纽城市基础条件确定枢纽城市区域交通战略目标,围绕枢纽、区域轨道、骨架路网、货运物流体系等系统制定交通发展策略,力争建成大都市圈内部枢纽城市区域交通一体化发展样板。

参考文献

[1] 许学强,周一星,宁越敏. 城市地理学[M]. 北京:高等教育出版社,1997:21.
[2] 高文杰,张华,王海乾,等. 都市圈规划概论[M]. 北京:中国建筑工业出版社,2007:3,6.
[3] 邹军. 都市圈与都市圈规划的初步探讨——以江苏都市圈规划实践为例[J]. 现代城市研究,2003(4):29-35.
[4] 李娟娟. 核心城市对都市圈区域经济一体化的影响研究[D]. 天津:河北工业大学,2007:4-5.
[5] 袁家冬,周筠,黄伟. 我国都市圈理论研究与规划实践中的若干误区[J]. 地理研究,2006,25(1):112-120.
[6] 上海市城市总体规划编制工作领导小组办公室. 上海市城市总体规划(2017—2035年)[R]. 上

海:上海市人民政府,2018.

[7] 熊健,孙娟,屠启宇,等.都市圈国土空间规划编制研究——基于《上海大都市圈空间协同规划》的实践探索[J].上海城市规划.2021(03):1-7.

[8] 肖清宇.圈层式空间结构理论发展综述[J].人文地理,1991(2):66-70.

[9] 郑德高,朱郁郁,陈阳,等.上海大都市圈的圈层结构与功能网络研究[J].城市规划学刊,2017(8):63-71.

[10] 杨涛.以国际视野、国家战略谋划长三角北翼国家综合交通枢纽城市——南通综合交通体系战略思考[J].交通与港航,2018(2):19-23.

[11] 陈小鸿,周翔,乔瑛瑶.多层次轨道交通网络与多尺度空间协同优化——以上海都市圈为例[J].城市交通,2017(1):20-37.

[12] 宋家骅,李娜,周亚楠,等.一体化合肥都市圈综合交通协同发展思考[J].交通与运输,2019(4):61-64.

浅谈轨道交通"四网融合"发展方向

金蔚宇

摘　要：随着我国轨道交通的不断发展，"四网融合"的发展要求明确，有助于区域协调发展，将很好地满足出行总量增加、跨区域出行多、出行效率需求高、提供差异化服务等要求。结合现阶段国内外"四网融合"情况，主要在建设和融合方面存在较大的改良空间。通过整合现有的网络、通道资源；运营、服务的融合；不同层级建立良好的互联互通运营模式等方面，可以更高效地推动融合进度。而随着都市圈及轨道交通的发展和乘客需求的不断提升，轨道交通"四网"之间对于良好融合的需求不断提高，而良好的"四网"融合发展也会给都市群发展注入新的动能。

关键词：区域协调发展；建设和融合；推动融合进度；都市群发展

Abstract: With the continuous development of rail transit in China, the development requirements of "four networks integration" are clear, which is conducive to regional coordinated development, and will well meet the requirements of increasing total travel volume, more cross regional travel, high demand for travel efficiency, and providing differentiated services. Combined with the current situation of "four networks integration" at home and abroad, there is a large room for improvement mainly in terms of construction and integration. By integrating existing network and channel resources, integration of operation and service, the establishment of good interconnection operation modes at different levels can more effectively promote the integration progress. With the development of metropolitan area and rail transit and the continuous improvement of passenger demand, the demand for good integration between the "four networks" of rail transit is increasing, and the good integration development of "four networks" will also inject new momentum into the development of urban agglomeration.

Keywords: regional coordinated development; construction and integration; promotion of integration progress; urban agglomeration development

1　目前"四网融合"基本状态

2019年2月，在由我国国家发展改革委发布的《关于培育发展现代化都市圈的指导意见》中第二大项"推进基础建设一体化"中第5条就明确表示打造轨道上的都市圈的概念。探索都市圈轨道交通运营管理"一张网"，推动中心城市、周边城市（镇）、新城新区等轨道交通有效衔接，加快实现便捷换乘，更好适应通勤需求。

以苏州市为例，目前苏州市城市轨道交通远景线网由15条线路所构成，总长768 km，其中市域线（S线）6条377 km，市区线9条391 km。目前已开通1、2、3、4号线，5号线及S1线路已实现洞通。

城市轨道交通服务范围以城市市区及城市内部为主，适当外延，最高运行时速80 km，平均旅程速度35~40 km/h。

市域线路服务于中心城区边缘与市域范围各县级市级（S1至昆山）的出行，运行速度高于城市轨道交通，最高运行时速100 km，平均旅程速度约50~60 km/h[1]。

城际铁路主要服务于长江三角洲城市群相邻城市之间的通行，根据《国家发展改革委关于江苏省沿江城市群城际铁路建设规划（2019~2025）的批复》，其中江苏省内总里程达到980 km。江苏省沿江地区内1小时、沿江地区中心城市与毗邻城市0.5~1小时交通圈，基本实现对20万人口以上城市的覆盖[2]。

作者简介：金蔚宇，从事多年交通运输行业工作，发表过多篇轨道交通运营方面论文。目前就职于苏州市轨道交通集团有限公司运营一分公司，任乘务工程师职务。

高速铁路服务于与其距离较远城市的联系,其中一般设计速度可达350 km/h,平均速度达200 km/h,如建设中的通苏嘉甬高速铁路,是中国境内一条连接江苏省南通市、苏州市与浙江省嘉兴市、宁波市的高速铁路,是《中长期铁路网规划》(2016年修订版)中"八纵八横"高速铁路主通道之一的沿海通道的重要组成部分,是长江三角洲城市群重要交互通道。

以日本东京为例,东京轨道交通分为国家铁路、市郊铁路、地铁、中低运量轨道交通(包括单轨、导轨、有轨电车)四个层级。东京都市圈部分市郊铁路就利用了既有铁路系统提供相应的通勤服务,在高峰时段提供公交化服务[3]。同时通过轨道交通来构建都市圈的空间结构,东京都市圈网络整体呈现"环型+放射状"结构,以土地开发及轨道交通建设统筹安排,可推动都市圈内人口、产业、城市功能大跨越,形成多中心式的网络结构。

2　目前实际情况

目前在"四网"建设及融合方面主要存在的问题:

(1) 四网运行、管理相对独立,缺乏互联互通,城市轨道交通及市域线路以城市为主体,城际铁路及高速铁路则以铁路部门管理为主,城际铁路及高速铁路与城市轨道交通需求难以匹配、实现共享难度较大。

(2) 运营过程中乘客需要换乘时体验较差。如安检互不信任,铁路乘客换乘地铁时,需要经过二次安检,排队等候时间较长;运营时的首末班车时间不衔接,高铁旅客23:30至次日05:40出站后无地铁换乘;乘务服务信息系统不共享,车厢内、车站内乘务服务信息屏无不同层级网络综合信息,无四个网络信息共同发布的平台。

(3) 目前阶段"四网融合"的运行线路相对固定,过轨运行情况少,导致乘客需要进行多次换乘,且较大影响服务水平和投资成本等。现阶段过轨运营需要系统满足信号和供电制式的兼容,系统运能与客流需求的匹配等,而因为轨道网络化覆盖需要较长时间跨度,技术迭代较快的今天,过线运行仍存在较多问题。

3　关于"四网融合"发展建议

"四网融合"是为了符合现代化都市群发展需求,在各种资源共享的方向下,发挥各层级轨道交通网络优势,满足不同乘客差异化出行的需求。"四网融合"基于相互融合发展的前提,实现功能互补、互联互通、高效组织一体化服务。

下面从三个方向提供"四网融合"发展的建议:

(1) 整合现有的网络、通道资源,避免信息资源浪费,提高整体服务水平。以城市为单位主导编制相关轨道交通发展规划,检查规划先行,统筹规划,相互衔接。在规划、建设中做好远期土地、道路设施预留,实现不同层级轨道交通网络的规范利用及合理安排。同时在一些人员聚集地区或不同层级轨道衔接处,轨道交通建设中可尝试复合通道的方式促进交通系统向集约化方向发展、促进城市空间结构的调整,有助于促进外围新城建设。

(2) 运营、服务的融合。不同层级统筹安排多网运营组织模式和开行方案,考虑预留跨线运营、互联互通条件。同时城市轨道交通应配合其余层级运营时间,灵活运营,做好首末班车的衔接或可采取通宵运营的方式,对于凌晨车辆可适当增加运营间隔。统筹规划服务标准,统一管理服务水平与标准,建立互信的安保系统,争取乘客在换乘不同层级的轨道交通车辆时做到一次安检。构建互联互通的乘客服务系统,适当在不同层级的轨道交通服务区域提供其他层级的相关信息。

(3) 不同层级建立良好的互联互通运营模式。以日本东京为例,除轨距不统一问题和采用直线电机系统的2条线路外,东京其余10条地铁线路均实现了互联互通运营。直通运转的模式现在已成为日本都市圈中比较常见的运行模式。在建设中应以相对统一的标准作为建设基础设施的标准,同时在制定标准时应做好相关预留规划。

4 结论

综合上述情况,本研究结果说明随着我国城市群的不断发展,轨道交通"四网融合"的不断探讨与研究也日益增加,作为"城市血管"的交通行业,国家、地区政府对于轨道交通行业的发展的投入也日渐增长。但目前我国"四网"建设及发展中仍存在不少需改进的方面,我国可以通过整合现有的网络、通道资源,加强运营、服务管理的融合以及加强不同层级之间互联互通的方式,推动都市圈轨道"四网融合"的进程不断加快与完善,不断提升效率、安全及服务,为都市圈的发展注入一剂强心剂。

参考文献

[1] 北京交通发展研究院. 北京市轨道交通与铁路融合发展策略(四网融合)[EB/OL]. (2018-08-27)[2021-05-24]. http://www.bjtrc.org.cn/Show/index/cid/z/id/437.html.
[2] 凌小静,滕爱兵. 对推进轨道交通"四网融合"发展的思考[J]. 交通工程,2020(4):21-25,31.
[3] 许莹. 东京都市圈轨道交通发展模式借鉴[J]. 建筑工程技术与设计,2021(6):2147.

站城融合理念下的综合交通枢纽设计
——以淮安东站为例

朱治邦　周　涛　陈　飞

摘　要：为了更好地发挥高铁枢纽的社会与经济效益，解决高铁枢纽与城市发展、居民出行和新城开发建设之间的问题，研究提出以站城融合理念为导向的高铁站交通组织设计方法，统筹综合交通、城市发展和居民出行之间的关系。研究以淮安东站综合枢纽交通组织设计为例，结合交通引领的站城融合发展理念，打造高铁枢纽一体化的综合交通、高效快捷的内部交通组织，实现了淮安东站高铁新城快速发展，为全国其他高铁新城建设提供理论指导和经验借鉴。

关键词：站城融合；高铁枢纽；交通一体化

Abstract: In order to make better use of the social and economic benefits of high-speed rail stations, solve the relationship between high-speed rail hubs and urban development, residents' travel and new city development and construction, the study puts forward a high-speed rail station traffic organization design method oriented by the concept of station-city integration, which coordinates the relationship between comprehensive transportation, urban development and residents' travel. The study took the transportation organization design of the Huai'an East Station Comprehensive Hub as an example, combined with the transportation-led development concept of station-city integration, created a high-speed rail hub integrated comprehensive transportation, efficient and fast internal transportation organization, realized the rapid development of Huai'an East Station High-speed Rail New Town, and provided theoretical guidance and experience reference for the construction of other high-speed rail new cities across the country.

Keywords: station-city integration; high-speed rail hub; transportation integration

0　引言

　　以高铁枢纽为核心，打造高铁新城的 TOD 发展理念成为各城市的共识，但如何发挥高铁枢纽的优势，将高铁枢纽和新城片区进行融合，依托高铁枢纽带动新城发展是所有高铁新城面临的难题。基于站城融合发展理念，打造高铁枢纽一体化的综合交通发展模式，并提出一体化交通组织仿真方案，对于发挥铁路客运枢纽优势，促进高铁新城活力中心的建设和形成，提升乘客出行效率，进一步促进高铁新城区发展具有重要意义[1]。

　　国内外很多学者对高铁枢纽的综合交通组织设计展开深入研究。魏艳艳建立铁路枢纽需求预测模型，完善枢纽集疏运体系，提出了高铁长沙西站交通组织规划设计方法[2]。王晶以"绿色换乘"理念为指导，构建了集宏观、中观、微观于一体的大型高铁枢纽交通接驳规划与设计理论体系框架，实现了大型高铁枢纽交通接驳体系的一体化衔接[3]。Khattak 和 Xing 考虑客流个体特征建立行人动态仿真模型[4-5]，对轨道交通车站交通组织设计进行优化。在对一体化交通组织系统的应用与实践上，Xing 等利用 Petri 网的基本逻辑关系提出支持服务时间的仿真算法对综合枢纽网络系统进行优化[6]。夏胜利等基于跨学科视角，结合复杂的科学理论研究与工程实践现象，对客运枢纽交通流线设计的既有理论成果进行重新审视[7]。李莎对各交通方式场站设施进行量化分析，建立双目标布局模型，利用 NSGA 算法求解，优化综合客运交通组织线路[8]。Shimada 等利用 Python 开发可以用于枢纽信息标志布置以及交通组织设计

作者简介：朱治邦，华设设计集团，研究方向为交通大数据和铁路综合客运枢纽。
　　　　　周　涛，华设设计集团，研究方向为交通大数据算法，交通模型仿真和综合交通规划。
　　　　　陈　飞，华设设计集团，研究方向为综合运输规划与管理。

的多智能体综合仿真平台[9]。以上研究虽然系统研究了综合客运枢纽整体布局问题,但对站城融合下定量化的交通组织研究较少。

本文结合站城融合发展理念,建立基于站城融合发展理念的高铁站交通组织设计方法,并基于大数据预测建立了交通组织仿真模型,以淮安东站为例,对高铁枢纽的进出站系统进行综合分析和设计,解决高铁枢纽节点交通组织不合理的问题,提出一体化交通组织仿真方案,进而实现进出站系统和交通组织的合理高效。

1 交通引领、站城融合的综合交通发展体系

淮安东站是集铁路、长途客车、有轨电车、公交、出租车等为一体的综合交通枢纽,总建筑面积 30 万 m^2;采用线侧站房、高架候车形式进行建设,"上进下出",站场规模为 4 台 10 线,预留 2 台 7 线,近期设计日均客流量约 3.6 万人/天。车站于 2019 年底正式运营,客流量从运营第一个月的日均 8 000 人/天,增长到目前客流量超过 1.6 万人/天,高峰客流量超过 3.2 万人/天。

淮安东站不仅是综合客运枢纽,还是淮安生态科技新城的核心区。为了充分发挥高铁枢纽的集聚效应和枢纽节点的经济价值,打造以高铁为核心的 TOD 发展模式,周边配备商务办公、湿地休闲、星级宾馆、商业购物、文化娱乐、生态居住等多功能业态,形成以交通为引领,站城融合发展的新格局。

1.1 依托淮安地理中心的位置,打造区域新中心

淮安市北接连云港、宿迁,南临盐城、扬州,地处江苏省北部中心位置。随着铁路网的建设发展,连淮扬镇、徐宿淮盐、宁淮等多条铁路建成开通后,通过淮安东站未来可快速通达华东、华北、华南片区重要中心城市,是国家干线网络重要换乘节点之一,淮安东站将成为铁路主导型全国性综合客运枢纽。依托淮安东站可快速联系连云港、扬州、镇江、南京以及长三角片区内主要城市,淮安东站将成为片区最重要的铁路枢纽换乘中心。为了更好地服务片区和淮安市居民出行,还应加强长途客运站、公交场站、轨道交通、道路交通等基础设施建设,使淮安东站成为城市的客运枢纽中心和对外出行的窗口名片。

1.2 依托高快一体的集疏运体系,打造双城联动新格局

淮安东站是淮安市对外出行最主要的枢纽站,也是高铁新城重要的枢纽换乘中心,主副城之间快速出行的桥梁纽带。构建"高—快"一体化集疏运系统,打造以京沪高速为核心的高速出行结构,快速通达南京、上海和苏州等长三角核心城市;以站前路和安澜南路为快速路体系,快速联系淮安主城;依托主干路,实现高铁新城与其他片区之间的组团出行;依托轨道交通和快速公交体系,实现高铁枢纽与新城其他片区快速联系。以淮安东站为中心,依托快速集疏运系统,充分发挥其辐射带动作用,实现以站促城,站城融合,打造高铁新城与老城区"双城联动"新格局。

1.3 以交通为引领,打造"1+1+3+6"高铁新城新功能区

充分发挥交通的先导性和引领性,以交通廊道和枢纽节点为核心,打造"1+1+3+6"高铁新城新功能区。依托枚皋路,串连高铁新城周边的主要公共服务设施、商业设施,打造出一条重要的发展轴。依托枢纽新城的绿色慢行系统,结合大寨河—乌沙干渠和淮安森林公园,打造形成一条城市级的滨水生态带、景观带、湿地旅游带。依托共同交通系统、道路系统、高铁新城的枢纽换乘中心和公交换乘中心等,打造高铁站站前公共出行服务中心、城市商业中心和城市综合服务中心。结合各个片区不同的功能进行交通设计,居住片区要合理控制街区尺度及路网密度;混合社区要做好停车设施的合理布设;创新社区做好街区断面的合理设置,保持出行空间的活力;预留开发社区做好客货运交通组织设计,预留发展空间。

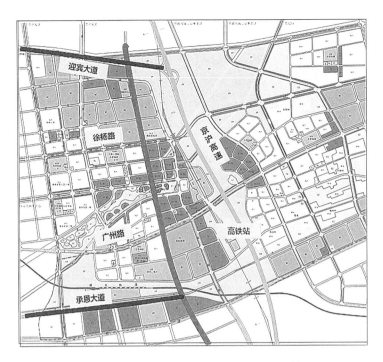

图 1　淮安综合客运枢纽"高快一体"集疏运体系

2　基于多源数据的精准交通预测

2.1　基于多源数据精准把握出行现状

研究利用全省电信手机信令数据，全面把握淮安市全市居民对外出行方向，测算淮安市内外出行总量以及各方向的出行总量。利用铁路票根数据分析全省铁路的出行方向、出行量和上座率等特征；利用巴士管家售票数据，详细分析了近五年淮安市道路客运出行情况，分析结果如下图所示。

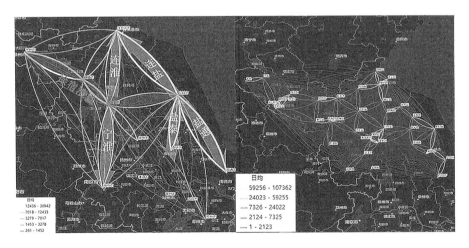

图 2　基于电信数据的淮安市对外出行及市内出行 OD 图

2.2　基于出行效益模型，科学预测枢纽换乘矩阵

研究建立以经济费用、出行时间费用和出行安全费用为核心的出行效益模型，建立各出行 OD 的广义出行费用。基于现状出行特征和城市发展，结合政策需求、专家经验和领导决策等定性分析，充分考虑社会发展的弹性需求和历史需求，制定综合交通需求预测和分方式出行的需求预测。

综合客运量与历年的经济、人口发展和出行次数等因素密切相关,研究建立了指数平滑法、人均出行次数法等定量预测模型。结合区域综合交通出行方向和规划的铁路发车班次、径路等数据预测铁路发送总量;结合道路、铁路竞合关系以及道路客运班线发展规律确定道路客运班线的组成情况;结合不同交通方式出行的规律确定换乘矩阵;根据建设规范确定各类基础设施规模。

表1 2030年淮安东站综合客运枢纽高峰小时换乘量预测表 （人/时）

出行方式	铁路	长途客运	城乡客运	市政配套设施	有轨电车	公交	出租车	社会车辆	团体车	非机动车	步行及其他	小计
铁路	0	79	97	1 880	671	570	317	371	38	36	35	4 094
长途客运	91	0	9	66	47	44	31	30	8	8	5	339
城乡客运	112	11	0	110	87	83	38	37	10	9	6	503
市政配套设施	1 849	79	105	0	14	8	7	3	10	6	3	2 084
有轨电车	791	50	63	15	0	7	6	2	6	8	3	951
公交	670	45	57	10	9	0	3	1	6	5	3	809
出租车	343	29	36	9	8	4	0	0	8	0	0	437
社会车辆	392	21	26	4	3	2	0	0	6	0	0	454
团体车	37	8	10	11	8	7	8	6	0	6	3	104
非机动车	31	8	10	8	6	5	0	0	6	0	0	74
步行及其他	29	6	7	6	3	3	0	0	3	0	0	57
小计	4 345	336	420	2 119	856	733	410	450	103	76	58	9 906

2.3 以数据为基础,建立综合交通组织仿真模型

研究以现状数据和科学的流量预测为基础,以交通组织为纽带,将主城、新城、片区、节点以及景观相串联,利用 Vissim 构建淮安东站综合交通出行仿真模型。研究利用仿真模型进行综合客运枢纽体系交通组织优化设计和行人组织设计,打造布局紧凑、无缝换乘的交通组织体系。通过交通组织的优化设计,缩短各交通设施之间的换乘距离,实现核心区换乘 5 min 可达,最远换乘不超过 10 min;实现人车分离、进出分离,同时结合地块和景观,打造交通运行影响小、景观绿地结合好的枢纽换乘体系。

图3 淮安东站行人进出流线组织仿真模型

3 站城一体,以人为本的交通组织设计

研究兼顾城市发展、居民出行和生活休闲等需求,打造一个旅途舒心、换乘便捷、生活方便流畅的交通集散与衔接系统。

3.1 站城一体，打造四级出行的交通组织设计

依托高铁枢纽打造淮安市城市副中心，需要打造四级交通出行体系。第一层依托高铁网和高速公路网络，打造 1.5 h 直达南京、上海的区域高速出行网络；第二层依托城市快速路和主干路，打造 30 min 快速通达主城和新城的快速出行网络；第三层依托便捷的公共交通出行体系，打造 30 min 快速通达枢纽各处；第四层打造 15 min 的步行商业圈，打造高铁枢纽核心商业综合体，提升高铁枢纽的价值。

3.2 一带一景，打造视觉旅途的交通组织设计

依托大寨河—乌沙干渠景观带和高铁枢纽景观设计，在景观沿线进行慢行交通组织设计和道路视觉景观设计，确保道路出行和景观视觉融合一体，确保出行舒适的体验感；同时重视慢行出行景观设计，打造慢行景观平台和绿色步道，缓解乘客换乘出行紧张的心情，提升换乘出行的整体体验感。

图 4　淮安东站路景一体的交通组织设计

3.3 以人为本，打造以换乘核心区一体化的交通组织

研究提出换乘核心区概念，该区域位于地面层，落客平台下方，紧邻铁路出站口，通过对高架落客平台的加宽，使得该区域内形成无风雨环境。枢纽内所有交通间的换乘都可以在此区域内完成。长途班线、旅游大巴、城乡班线、有轨电车停靠站均设在广场层，换乘人流可直接通过广场层进入换乘区域（全程在落客平台下方换乘，无风雨）；常规公交车停靠站设在地下一层，换乘人流通过枢纽垂直交通到达高架落客平台进站；地下三层的市政配套设施与地下一层、二层的社会车辆停车场的进站人群通过垂直交通到达广场层后经过扶梯到达高架落客平台，然后进站。不仅所有的换乘均在换乘核心区完成，实现风雨无阻，而且人群集中于换乘核心区可以提高换乘效率，实现主要换乘 5 min 内完成，所有换乘不超过 10 min。

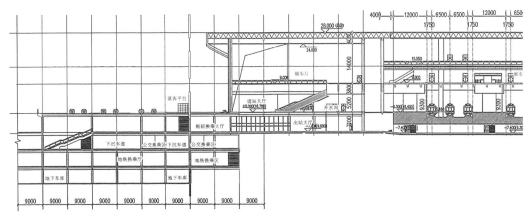

图 5　淮安东站换乘一体的交通组织设计

4 结语

本文以区域交通一体化、城市交通高快一体、集疏运交通无缝衔接为核心,以交通引领城市发展为导向,研究了交通一体化、路景一体化和换乘一体化的交通组织模式,为站城融合下的高铁新城集疏运体系提供了经验借鉴。淮安东站综合客运枢纽现开通运营情况较好,高铁新城的建设也在如火如荼地进行中,以交通为引导的高铁新城建设模式取得了初步的成效。

参考文献

[1] 赵栋煜. 区域轨道交通枢纽客运组织仿真研究[D]. 成都:西南交通大学,2019.
[2] 魏艳艳. 大型铁路综合交通枢纽规划设计[J]. 交通运输,2019,35(1):61-64.
[3] 王晶. 基于绿色换乘的高铁枢纽交通接驳规划理论研究[D]. 天津:天津大学,2011.
[4] Khattak A, Jiang Y S, Hussain A. Design of passengers' circulation areas at the transfer station: An automated hybrid simulation-differential evolution framework[J]. Simulation Modelling Practice and Theory, 2018, 87: 293-310.
[5] Xing Y, Liu S, Wang H W. Anylogic simulation-based research on emergency organization of mass passenger flow in subway station after events[C]// Proceedings of the 2018 3rd International Conference on Modelling, Simulation and Applied Mathematics(MSAM 2018). Shanghai China. Paris: Atlantis Press, 2018: 48-53.
[6] Xing Z W, Wei Z Q, Luo Q, et al. Flight support service process modeling method based on colored time Petri net[J]. Systems Engineering and Electronics, 2018, 40(5): 1064-1069.
[7] 夏胜利,李鹏林,刘涛. 客运枢纽交通流线设计的研究述评——基于跨学科视角的思考[J]. 北京交通大学学报(社会科学版),2019,18(3):120-128.
[8] 李莎. 高速铁路客运枢纽交通设施布局研究[D]. 成都:西南交通大学,2018.
[9] Shimada E, Yamane S, Ohori K, et al. Agent-based simulation for evaluating signage system in large public facility focusing on information message and location arrangement[M]// Arai S, Kojima K, Mineshima K, et al. New Frontiers in Artificial Intelligence. Cham: Springer International Publishing, 2018: 67-82.

"全面1小时"背景下构建多层次轨道交通体系的思考
——以江苏沿江城市群为例

Thoughts on Establishing a Multi-Layered Rail Transit System in Megalopolis Area: Catering for "All-Round 1 Hour"
— Case Study in Yangtze River Megalopolis Area, Jiangsu, China

胡洪滔　魏海磊　郑逸飞

摘　要：轨道交通是城市群、都市圈可持续发展的重要支撑。本文通过分析江苏沿江城市群出行特征及现状轨道服务存在的问题，结合既有研究和国家层面政策要求，提出在"全面1小时"背景下构建多层次轨道交通体系的必要性和现实意义，围绕不同层次城际出行的"1小时"出行目标展开解读，提出了沿江城市群多层次轨道交通体系的构建及优化方案。
关键词：城市群；多层次轨道体系；全面1小时

Abstract: The spatial integration of megalopolis area continuously requires better performance of rail transit services. Based on existing research results and national policy requirements, this paper analyzes existing problems of rail service in Yangtze River megalopolis area, Jiangsu, China, demonstrating the necessity of establishing a multi-layered rail transit system in Yangtze River Megalopolis Area, Jiangsu, China under the background of "all-round 1 hour" in passenger travelling. This paper also discusses its future development to provide reference for further study.
Keywords: megalopolis area; multi-layered rail transit system; all-around 1 hour

0 引言

　　城市群正逐步成为我国城镇化的主体空间形态，城市群突出表现为空间嵌套及跨区域组织等特点，使得城市群地区客运出行表现出不同时空维度下的多层次性[1]。纵观日本东海道城市群、巴黎、纽约等国际大都市圈，为适应城市群发展进程中日益多样的工作和生活交通需求，都构建了功能完备、结构分明的多层次轨道网络，在城市群的公共交通体系中发挥了重要作用[2]。对比之下，我国长三角等城市群交通设施及服务组织依然以传统的城乡二元分割为主，轨道建设运营"高铁化""地铁化"现象突出，难以适应不断发展的客运需求。《交通强国建设纲要》[3]《长江三角洲区域一体化发展规划纲要》[4]《国家综合立体交通网规划纲要》[5]等上位文件明确提出建设集高速铁路、普速铁路、城际铁路、市域（郊）铁路、城市轨道交通于一体的现代轨道交通运输体系。对照城市群自身的发展需求，对照上位规划的要求，重新思考城市群轨道体系的构建方法[6-7]，提出适合于多层次空间的城市群轨道交通体系是十分必要的。

1 沿江城市群出行层次特征及轨道目前存在的问题分析

　　长三角城市群是我国唯一的世界级城市群，其中江苏部分——即沿江城市群——又是长三角城市群

作者简介：胡洪滔，华设设计集团股份有限公司综合运输规划研究一所助理工程师，北京交通大学交通运输工程硕士。研究方向为区域综合交通规划、城市群轨道交通规划等。
　　　　魏海磊，华设设计集团股份有限公司综合规划研究院副院长，同济大学交通运输规划与管理硕士。研究方向为区域综合交通规划、城市群综合交通战略规划等。
　　　　郑逸飞，华设设计集团股份有限公司综合运输规划研究一所助理工程师，澳大利亚新南威尔士大学运输工程硕士，研究方向为城市群综合交通规划、基于多源大数据的都市圈空间分析等。

空间形态最具代表性的子区域之一，本文以扬子江城市群（及邻近的龙头城市上海）为例，简要分析城市群客运出行空间特征，评价当前轨道交通体系存在的问题。

1）沿江城市群的空间结构及出行需求特征

经过数十年的发展，沿江城市群目前已基本形成以上海龙头城市为核心，苏州、南京两大都市圈为增长极，中小城镇广泛分布的空间结构，同时，具备沿江城市群特色的毗邻组团也呈现迅速发展态势，如宁句、宁滁、沪昆等，为城市群空间结构带来新变化。

从以上空间组织形态衍生出的城际需求，也突出表现为分层特征，目前沿江城市群的区域出行大致可以分为跨都市圈出行、都市圈出行、毗邻地出行三类。诸多研究表明，跨都市圈城际出行即往返于都市圈之间的出行，总体以公商务、消费旅游等价值较高的出行为主。都市圈出行主要是中心城市与远郊、下辖县市间的出行，生活休闲性质强。毗邻地出行即往返于行政边界两边的出行，以二产导向、通勤、高频为主要特点[8]。

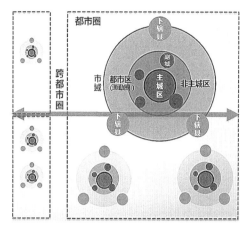

图 1　江苏沿江城市群城镇空间形态示意图

2）沿江城市群轨道体系存在问题分析

对照三个出行层次，目前沿江城市群轨道服务情况如下：

（1）跨都市圈城际出行的组织

从运输组织方式来看，中心城市间的跨都市圈城际出行目前基本形成高铁为主、公路为辅的方式结构，以南京—苏州—上海为例，其中南京—苏州铁路占比64.6%，南京—上海铁路占比78.7%。

高铁的贯通使得跨都市圈出行成为目前轨道服务短板最小的层次，南京与上海最远端往返最快仅需1小时，但就现状来看，跨都市圈出行的高时效服务大多由长大干线提供，为城际运输服务的线路由于夹杂跨线车和中小站停靠等问题时效性不佳。以南京—上海为例，经由京沪高铁线路到上海的站到站时间在68 min，而经由沪宁城际则长达99 min，由于区域城际需兼顾中小站点停靠，运营效率和品质受到较大影响，这一趋势在京沪高铁、沪宁城际两条线路的客运量变化中可以体现。

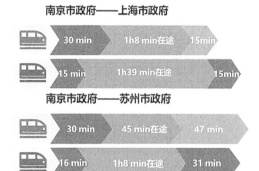

图 2　选乘京沪高铁和沪宁城际的全程时耗对比

（2）都市圈城际出行的组织

目前都市圈城际出行几乎完全依赖于公路交通，这与中间层次铁路的缺乏有直接关系，另一方面在有高铁线路覆盖的OD对上，高铁表现依然不佳，如苏—锡、沪—昆间铁路客运分担率不到15%。这与高铁无法有效服务中间层次出行直接相关，以昆山—上海为例，利用沪宁城际完成城到城运输实际时耗长达93 min，其中高铁站两端接续时间占出行全时耗的80%。另一方面，地铁也很难为都市圈城际出行提供有效服务，目前扬子江城市群采用的跨市地铁握手模式，由于设站和时速等问题通达效率也偏低，如苏—昆间通过S1-11号线全程长达2个小时，远不能满足需要。

表 1　部分OD对三种交通方式分担率（2016年月平均）

OD对	苏州市区—张家港	苏州市区—无锡市区	昆山—上海市区
私家车分担率/%	55.8	53.5	67.8
客运班线分担率/%	44.2	30.6	22.6
铁路分担率/%	/	15.9	9.6
总和/%	100	100	100

(3) 毗邻城际出行的组织

诸多研究表明毗邻地区是目前沿江城市群跨城通勤的最主要承载对象,此外毗邻城际出行又具有明显的非中心化和第二产业强相关特征,而毗邻地区恰好又是目前轨道服务短板最突出的区域。以沪昆间为例,毗邻地间出行主要通过私家车、毗邻公交两种方式服务,结合沪昆通勤分布相关研究,叠加毗邻公交目前的线网运营情况(如图3)可见,毗邻公交服务基本出行需要的定位与通勤并不相适应,存在绕行过远、线路换乘环节多等现象。此外缺乏与城市轨道站点的衔接,使得跨市地铁难以有效覆盖广泛分布的毗邻组团间出行,以上海嘉定工业园区这一热门通勤到达地为例(如图4),能实现1小时公共交通通达的区域仅限于目的地周边,体现出毗邻地区的服务薄弱。

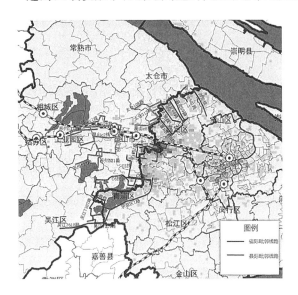

图3 苏沪交界毗邻公交覆盖情况[9]　　　图4 上海嘉定工业园区公交+地铁1小时覆盖范围

从以上分析可见,沿江城市群目前以高铁、地铁为主的轨道体系存在的问题突出表现为高铁、地铁承担的功能超过其适合范围,缺乏以服务中间层次出行为主的铁路层次,这也是造成目前沿江城市群城际出行"高铁化""地铁化"的根本问题。

2 "全面1小时"背景下构建江苏沿江城市群多层次轨道交通体系的必要性和现实意义

从人的日常生活对出行时效性的要求来看,"1小时"是人对市内出行时效性的接受上限,也是城市群发展的最终目标之一。江苏沿江城市群东西300 km,是近期最具备实现"全面1小时"的区域之一,在诸多既有研究中也已提出江苏沿江城市群区域和上海共建"全面1小时"交通圈。私人交通方式由于路面拥堵、限行限速等原因将无法保证出行时效性,也不符合城市群交通可持续发展的要求,轨道交通体系自然成为实现"全面1小时"的重要保证。

3 江苏沿江城市群多层次轨道交通体系的构建及优化

对于轨道交通而言,面向不同时空维度下的出行,所需实现的"1小时"目标也各不相同。结合沿江城市群目前的需求分层现象,为解决目前沿江轨道交通体系服务存在的突出问题,对照"全面1小时"目标,提出沿江城市群多层次轨道交通体系及要点,针对不同层次的城际出行,应当布局的轨道层次及其服务目标包括:

1) 跨都市圈出行"1小时站到站"

都市圈中心城市间出行价值较高,该部分人群对出行时间要求及出行费用的承受能力较高,因而偏

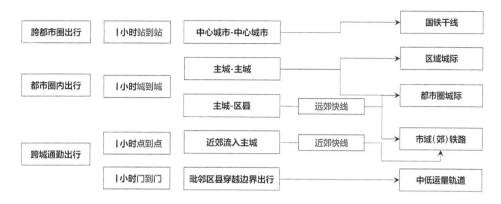

图 5　沿江城市群多层次轨道交通体系及要点

好速度更快的高速铁路、城际铁路等出行方式,考虑到"一日往返"的时间要求,需将中心城市主要高铁枢纽的站到站的主线运输时间控制在 1 小时以内。目前在沿江九市范围内,已经基本实现最远端(南京—上海)1 小时通达,但存在高速铁路布局不完善,过分依赖长大干线等问题,宜加快推进北沿江、南沿江等高铁城际贯通,实现沿江九市全覆盖;将沪宁城际的中小站点服务功能让位于下一层次轨道,增加中心城市大站快车的对数,强化中心城市"1 小时站到站"运输能力。

2) 都市圈市市"1 小时城到城"与市县"1 小时点到点"

沿江城市群都市圈内部主城到主城出行与主城到县城出行特点不同,前者起终点以城市核心区、城际铁路枢纽周边为主集聚区,后者起终点分布则相对分散。宜细分为两个层次提供轨道服务。

第一层次是都市圈内部不同地市主城区之间的出行,这一层次的铁路布局应充分考虑既有长大干线、区域城际铁路的服务情况。在高铁和城际铁路运力饱和,或是服务范围难以覆盖都市圈主城间出行时才需考虑单独布局。以苏锡常主城间出行为例,目前沪宁城际实际已经承担了都市圈城际的功能,体现在常州站—无锡站—苏州站 70 km 以内客流占据该线路客流量很大比重,由于沪宁城际设站均深入核心区,有效压缩了两端接续时间,很好发挥了"1 小时城到城"的功能,但从运能来看,沪宁城际在该区段上已经饱和,车次再要提升已经十分受限,此外该线路的辐射范围与苏锡常三市主城间广泛的联系分布也不相适应,为此新增布局苏锡常都市快线,其功能定位为:满足都市圈内部主城区之间快速联系的需要,以相对区域城际(沪宁城际)较低的速度,更高的可达性(在主城区内设站更密,加强对主城区内部副城、新城等出行热门地的设站覆盖,缩短出行首末端接续时间),实现不依托于高铁的"1 小时城到城"公交化服务。

第二层次是都市圈中心城市到周边县市的出行。从实际分析来看沿江城市群中心城市与周边县市鲜有通勤现象,通勤更多发生在市辖区内部,因此这一层次应该按功能定位再划分为"远郊快线""近郊快线"。远郊快线的功能定位类似于德国 RE\RB 线,服务人群主要是低频次的生活休闲人士,因此重点是为县级市中心、沿线热门乡镇提供"1 小时城到城"服务,核心在于最小化两端时耗,目前已建成的宁溧、宁高城际均与此定位相似。站点布局上应充分深入城市核心区,同时充分考虑途径跨界组团区域,有条件时应与城市轨道直通运营,实现更加灵活的列车组织调度。近郊快线则具有明显的服务通勤性质,概念接近国外的"通勤铁路",主要是服务外围市镇流入中心城市核心区的高频通勤,因此服务目标为"1 小时点到点",类似于德国 S 线、日本私铁等。目前来看这一层次的服务半径最大在 50 km,因此线路不宜延伸得过长,此外布局应充分考虑途径毗邻组团等热门区域,并考虑在早晚高峰通过快慢车等运输组织方式提供通勤化服务。

3) 毗邻组团出行"1 小时门到门"

毗邻组团间的出行分布最为分散,使用大运量轨道交通很难兼顾所有出行需求,应结合实际情况将快线、城市轨道进行延伸,或布局中低运量轨道线路进行服务。毗邻城际出行空间距离最短,通勤体量最大,适宜对照"一小时门到门"的目标进行服务,重点在于发挥大运量轨道、中低运量轨道、常规公交的协同作用,提升公交有效覆盖率。

4 结束语

城市群出行具有多层次的特征,在"全面1小时"目标下要求提供多层次的轨道交通体系。多层次轨道交通体系构建的重点在于结合不同层次的出行需求,提供差异化的轨道交通服务。本文根据沿江城市群的出行特点,研究提出了对该地区构建多层次轨道体系的建议,并分级说明了各层次轨道的功能定位和理想服务目标,为其他城市群轨道体系布局提供参考借鉴。

参考文献

[1] 陆化普.《城市群交通一体化——理论研究与案例分析》解读[J]. 城市交通,2020,18(03):133-134.

[2] 李连成. 补足都市圈交通短板 推进市域(郊)铁路有序发展[J]. 中国经贸导刊,2017(22):42-43.

[3] 中共中央 国务院印发《交通强国建设纲要》[EB/OL]. (2019-09-19)[2021-03-11]. http://www.gov.cn/zhengce/2019-09/19/content_5431432.htm.

[4] 中共中央 国务院印发《长江三角洲区域一体化发展规划纲要》[EB/OL]. (2019-12-01)[2021-03-11]. http://www.gov.cn/zhengce/2019-12/01/content_5457442.htm.

[5] 中共中央 国务院印发《国家综合立体交通网规划纲要》[EB/OL]. (2021-02-24)[2021-03-26]. http://www.gov.cn/gongbao/content/2021/content_5593440.htm.

[6] 凌小静,滕爱兵. 对推进轨道交通"四网融合"发展的思考[J]. 交通工程,2020,20(04):21-25,31.

[7] 潘昭宇,张天齐,唐怀海,等. 多层次轨道交通"四网融合"体系研究[J]. 交通工程,2020,20(04):1-8.

[8] 蔡润林. 基于服务导向的长三角城际交通发展模式[J]. 城市交通,2019,17(01):19-28,35.

[9] 钮心毅,岳雨峰,李凯克. 长三角城市群中心城市与周边城市的城际出行特征研究[J]. 上海城市规划,2020(04):1-8.

"四网融合"背景下的城际客流分析
——以宁扬城际为例

Analysis of Intercity Rail Passenger Flow Under the Background of "Four-Network Integration"
— Taking Ningyang Intercity Rail as an Example

史立凯　韩竹斌　凌小静　丁平峰

摘　要：城际轨道客流需求分析是"四网融合"下的各层次轨道功能定位的重要依据。采用传统四阶段交通建模方法构建南京—扬州一体化综合交通模型，并从建模基础、需求特征、结果等方面体现"四网融合"背景下城际客流分析的重难点，能够为"四网融合"背景下城际轨道交通功能定位研究提供参考。

关键词：四网融合；都市圈；城际客流；功能定位

Abstract: The passenger flow demand analysis of intercity rail is an important basis for the positioning of rail functions at all levels under the "four-network integration". The traditional four-stage traffic modeling method is used to construct the Nanjing-Yangzhou integrated comprehensive traffic model, and reflect the key and difficult points of intercity passenger flow analysis under the background of "four-network integration" from the aspects of modeling basis, demand characteristics and results, which can provide a reference for the research on the function positioning of intercity rail transit under the background of "four-network integration".

Keywords: four-network integration; metropolitan area; intercity rail passenger flow; function positioning

0　引言

　　都市圈是城市群内部以超特大城市或辐射带动功能强的大城市为中心、以1小时通勤圈为基本范围的城镇化空间形态[1]。随着城市发展过程中的分工、协同逐步深入，形成都市圈这一特殊的空间组织形式。都市圈建设明确需要以轨道交通为骨干，打造轨道上的都市圈、城市群，推动干线铁路、城际铁路、市域（郊）铁路、城市轨道交通"四网融合"[2]。

　　客流需求预测是轨道网络融合发展下功能定位的重要依据，关于城际轨道客流的研究相对较多，早期研究将城市间出行剥离为城市内部和城市之间客流两个部分，分别进行客流需求分析[3]，城市间客流规模受人为控制因素影响较大；随着城市交通模型的精细化发展，更多的研究偏向与城际铁路相似的高速铁路客流研究[4]，基于周边区域的经济数据进行回归预测；相关研究从出行距离分析换乘客流[5]、基于BP神经网络的节假日客流特征分析[6]等角度对城际轨道交通客流进行预测分析。本文从工程实践中对"四网融合"背景下的城际轨道客流需求预测提出思考和研究，为轨道交通一体化发展提供参考和依据。

作者简介：史立凯，江苏省电子信息职业学院，硕士研究生/讲师/中级工程师，研究方向为城市交通模型/综合交通规划。
　　　　　韩竹斌，中咨城建设计有限公司，硕士研究生/中级工程师，研究方向为城市交通模型/公共交通规划。
　　　　　凌小静，中咨城建设计有限公司，江苏分院院长，硕士研究生/高级工程师，研究方向为综合交通规划/城市规划。
　　　　　丁平峰，南京交通技师学院，硕士研究生/讲师，研究方向为公共交通规划。

1 南京都市圈轨道网发展

1.1 南京都市圈发展概况

南京都市圈地处长江下游,是长三角城市群的重要组成部分,是我国最早启动建设的跨省都市圈。2021年2月,《国家发展改革委关于同意南京都市圈发展规划的复函》发布,成为中国第一个由国家发改委正式批复的都市圈规划。

南京都市圈横跨江苏省、安徽省,衔接长江、淮河两大流域的枢纽区域,规划范围拓展到南京、镇江、扬州、淮安等8个城市,总面积6.6万平方公里,2019年常住人口约3 500万人。

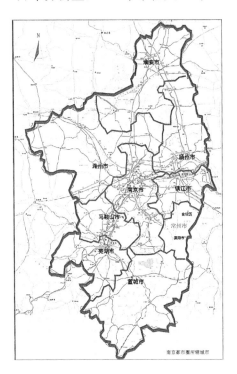

图1 南京都市圈

1.2 南京都市圈城际轨道网络发展概况

南京都市圈坚持轨道优先发展的理念,在历次城市轨道线网规划编制过程中均考虑市域(城际)轨道的规划预留,南京都市圈城际轨道网络发展大致分为三个阶段:

1) 南京市城市轨道线网规划阶段

早在2009年版《南京市轨道交通线网规划》中,南京结合城市网络布局形态,规划了8条城际轨道线路,南京范围内线路里程约295 km。其中S5(宁仪城际)为南京至仪征线路,由龙潭过江后联系仪征、扬州。

表1 《南京市轨道交通线网规划(2009版)》城际轨道线路方案

线路序号	线路长度/km	起点	终点
S1(宁高城际)	92	南京南站	高淳
S2(宁马城际)	4.6	铜井	马鞍山
S3(宁和城际)	46.5	南京南站	和县
S4(宁滁城际)	8.5	林场	滁州
S5(宁仪城际)	31.1	经天路	仪征

续表

线路序号	线路长度/km	起点	终点
S6(宁句城际)	28.7	马群	句容
S7(宁溧城际)	36.4	禄口南	溧水
S8(宁天城际)	47.6	大桥北路	天长
合计	295.4		

2) 江苏省沿江城市群城际轨道交通网规划阶段

2012年4月25日,国家发改委根据区域社会发展和客运增长需求,统筹规划、合理布局、因地制宜、有序推进、分步实施的规划原则对南京市都市圈快速轨道交通线网进行批复,即《江苏沿江城市群城际轨道交通线网规划(2012—2030)》中与南京相关的城际线部分。在上报的沿江城际线网中,与南京相关的近期实施的线路(2012—2015年)共批复了3条,分别是宁高城际一期、宁天城际一期和宁和城际,规模达到130 km,远期实施的线路(2016—2020年)共批复了3条,分别是宁高城际二期、宁句城际和宁仪城际,规模达到135 km。

图 2　江苏省沿江城际轨道线网分年度实施计划(2012—2030)

3) 南京都市圈发展规划

在最新批复的《南京都市圈发展规划》中,旨在提升基础设施互联互通水平,提出构建协同一体化的综合交通体系。其中,提出共建轨道上的都市圈,统筹干线铁路、城际铁路、市域(郊)铁路、城市轨道建设,打造互联互通、边界通勤的轨道交通运输体系。明确南京经仪征至扬州、南京至淮安、南京至宣城等城市的铁路建设项目。

表 2　南京都市圈轨道上的都市圈重点项目

在建项目	南沿江铁路、南京至淮安铁路、南京至句容铁路、南京至滁州铁路滁州段、宣城至绩溪铁路、巢湖至马鞍山铁路
规划建设项目	沿江高铁合肥至南京至上海段、合肥至新沂铁路、南京至宣城、扬镇宁马铁路镇江至马鞍山段、南京经仪征至扬州、南京至滁州至蚌埠铁路、南京至马鞍山铁路、南京至滁州铁路南京段、一级宁芜铁路扩能改造工程等
规划研究项目	宁杭二通道、宁和城际二期、宁天城际二期

2 "四网融合"下的宁扬城际定位

2.1 "四网融合"网络体系结构

轨道交通"四网融合"明确了都市圈铁路发展的目标,即通过"一张网、一张票、一串城"来实现区域网络化、都市一体化、一票同城化。同时,对网络体系中的铁路发展分工明确、层次分明提出较高的要求。

依据都市圈各个层次轨道交通服务标准[3],城际铁路是服务距离40～100 km以上的城到城、站到站出行的轨道线路。由此可以根据南京都市圈的发展格局,确定轨道分层次的轨道架构。

表3 都市圈各层次轨道交通服务标准

圈层		轨道交通层次	出行时间控制	/min	站间距/km	旅行速度/km/h	最高速度/km/h
一小时通勤圈	0～20 km	城区线	门到门	60	0.6～2	35～45	80～100
	20～40 km	市域(郊)线	点到点	60	2～5	45～75	100～160
一日生活圈	40～100 km	都市城际、普铁	城到城	60	4～10	60～100	120～200
		高铁、城际铁路	站到站	45	10～20	120～160	250～350
广域范围	100 km以上		站到站	60	20～40	160～200	250～350

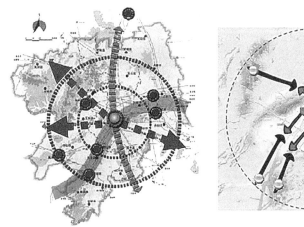 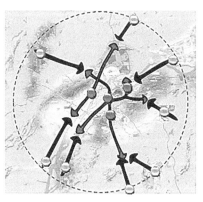

图3 南京都市圈发展格局图及轨道构架示意图

2.2 宁扬城际功能定位

根据"四网融合"网络体系结构,南京与扬州距离约60 km,宜建设城—城的都市圈城际线路。宁扬城际建设需要以推进宁镇扬交通同城深度融合为目标,积极构建通勤化都市圈城际轨道交通系统,实现基础设施同城通达,实现宁镇扬主枢纽站间半小时通达、主城区间一小时通达。同时,需要强化都市圈轨道与城市轨道站点换乘的交通组织,加强城际轨道交通与城市轨道交通的对接。

3 宁扬城际客流需求分析

轨道交通客流需求分析是轨道线网及建设线路研究的重要前置专题,贯穿轨道交通的线网规划、建设规划、工程可行性研究及初步设计等各个阶段,是轨道车型选择、运营组织、工程设计等的重要参考。下面总结"四网融合"背景下城际轨道客流建模基础、需求分布、客流分析等经验,为不同层次轨道交通客流需求分析提供参考。

3.1 建模基础

1) 交通小区划分

交通小区的划分是影响出行需求分布的重要基础,与城市轨道不同,基于"四网融合"的城际轨道交通小区划分需注意以下几点:

(1) 建模范围应兼顾客流影响区域,考虑远景宁镇之间客流对线路的影响,本次宁扬城际交通小区建模过程中将镇江纳入研究范围。

(2) 由于城市规划采用不同的坐标系,都市圈的交通小区划分难点在于不同坐标的转化、拼合。同时,都市圈规划及"四网融合"发展将带来城市坐标的逐步统一。

(3) 细化线路沿线交通小区,本次预测共划分2 449个交通小区;并合理划分交通中区、大区,服务出行分布模型的三维约束模型。

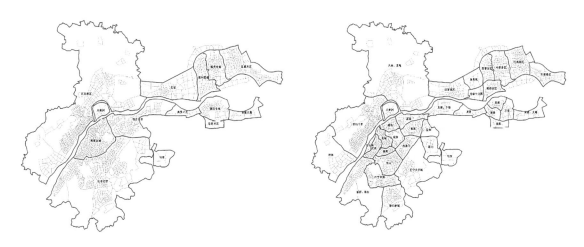

图4 建模范围交通大区(左)、交通中区(右)划分图

2) 交通线网

交通线网是承载交通模型中不同区域出行阻抗生成、线路方案评价、客流分配等分析的主要基础,城市交通模型线网基础包括道路网、公交网、城际客运网、城市轨道网等4个层面。"四网融合"状况下的交通线网影响因素包括:

(1) 在城市线网基础上增加市域(郊)线、高铁(普铁)两个层次的轨道网络,宁扬城际相关的线路除了现状宁启铁路、连淮扬镇、京沪等线路,还应包括远期规划北沿江高铁等规划铁路线路。

(2) 补充城际线路站点的衔接公交线路,城际铁路构建"一日生活圈"的城到城出行,因此在建模中注意城际铁路的站点公交衔接。

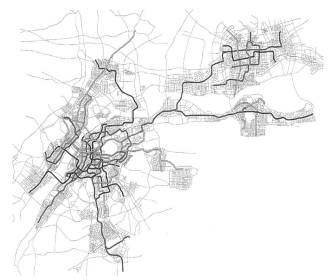

图5 建模范围城市轨道+城际轨道网络图

3) 用地基础

用地是关系交通模型人口岗位分布基础,数据来源为城市总体规划和片区控制性详细规划,不同城市之间的坐标系差异是城市建模中的主要难点。随着国土空间规划和都市圈规划的进一步推进,城际用地规划"一张图"将带来城际建模中用地基础的便利。

图 6 宁扬城际沿线用地现状（左）、用地规划（右）图

3.2 城际需求分布

1）现状需求分布

城际乘客出行特征与城市居民出行特征差别较大，包括出行目的、出行方式及节假日等。以南京为中心的南京都市圈发展日益成熟，各城市交通联系日趋紧密。根据现状调查，扬州对外出行的首选目的地为南京和泰州，扬州对南京出行总量约为 3.4 万人次/日，其中火车、大巴、小汽车分别为 4 300 人次、1.35 万人次和 1.62 万人次。

 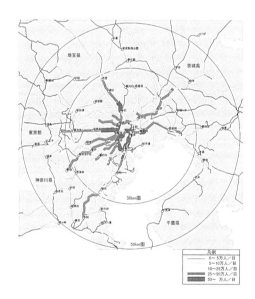

图 7 南京都市圈现状交通需求强度示意图　　　图 8 东京都市区轨道断面客流

2）城际需求分布

根据东京都市区居民出行特征与行为分析，主城核心区 30 km 范围内为通勤圈层范围，超过 30 km 后，通勤客流联系将迅速锐减，联系度一般均低于 10%，超过 50 km 后，几乎没有通勤客流的联系。

宁扬城际服务南京—仪征—扬州的出行需求，从距离分布上看，城市间的出行大于通勤圈层范围，沿线出行仍以城市与周边区域的联系为主，因此，都市圈居民分布主要集中在城市内部。

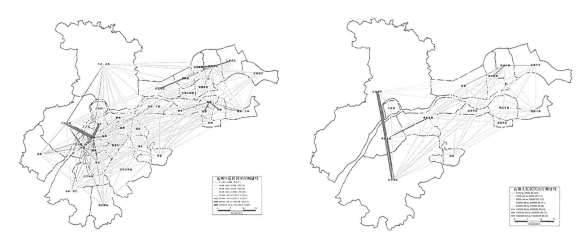

图 9 交通中区(左)、交通大区(右)出行期望线图

3.3 结果分析

从出行目的和客流来源两个方面对宁扬城际轨道客流结果进行分析。

1) 出行目的构成

从客流的出行目的构成上看,宁扬城际客流呈现出三个特征:

(1) 宁扬城际远期刚性出行客流量约占总客流的45%,弹性出行客流约占总客流的55%,弹性出行目的占宁扬城际客流的主要部分。

(2) 从高峰出行断面上看,刚性出行高峰断面约1.45万人/h,对全线的高峰断面贡献率约为72%。

(3) 刚性出行客流平均乘距相对较低,约为18.7 km,弹性出行客流平均乘距相对较高,约为23.0 km,符合居民出行调查数据规律。

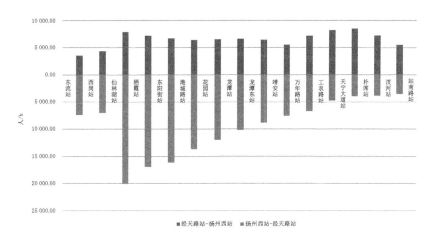

图 10 宁扬城际远期早高峰客流断面图

2) 客流来源

从客流来源分析看,远期城市内部客流约占总客流的69%,其中南京内部客流约占总客流的42%,扬州内部客流约占总客流的27%;南京—扬州城际客流约占总客流的31%。

从宁扬城际客流来源分析结果可以看出,城际铁路承担城市内部客流与城市间客流的双重客流功能。在"四网融合"背景下,城际铁路客流承担的城市内部及城市间客流结构取决于都市圈不同层次的轨道布局及城市组团功能定位等要素。

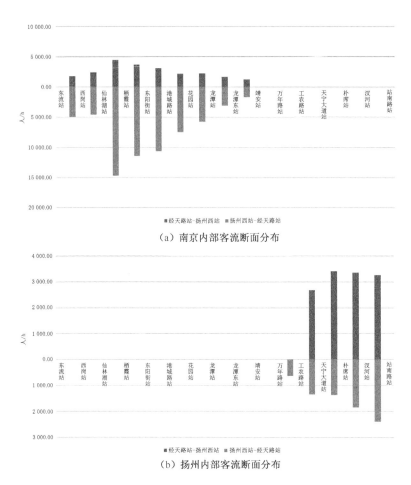

(a) 南京内部客流断面分布

(b) 扬州内部客流断面分布

图 11　城市内部远期早高峰客流断面图

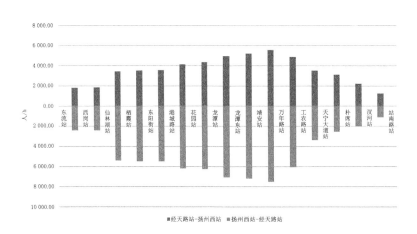

图 12　城市内部远期早高峰客流断面图

4　结束语

　　城市都市圈的发展、交通强国的建设离不开交通一体化的发展。本文以宁扬城际客流为例，通过探讨城际轨道客流需求预测模型的重难点，支撑"四网融合"背景下的轨道网络体系结构分析。从建模基础、需求特征、结果等方面提出工程实践研究中存在的问题和建议，从统一坐标体系、统一空间规划、统一交通规划等方面实现轨道交通规划的"一幅图、一张网"。本研究是基于工程实践对城际轨道交通客流预测的思考和探索，以期为同类研究提供参考。

参考文献

[1] 国家发展改革委. 国家发展改革委关于培育发展现代化都市圈的指导意见[J]. 城市轨道交通, 2019(3): 10.

[2] 《铁道技术监督》编辑部. 交通强国建设纲要[J]. 铁道技术监督, 2019(10): 1-4.

[3] 张连晖. 沈阳至铁岭城际快速轨道交通客流预测研究[J]. 北方交通, 2009(12): 59-62.

[4] Misharin A, Pokusaev O, Namiot D, et al. On passenger flow modeling for high-speed railways [J]. International Journal of Open Information Technologies, 2018, 6(5): 15-19.

[5] Yao Z S, Dong C J, Xiong Z H. Transfer passenger flow forecasting of intercity rail transit[J]. Journal of Transportation Systems Engineering and Information Technology, 2012, 12(1): 119-123.

[6] Xie B, Sun Y, Huang X, et al. Travel characteristics analysis and passenger flow prediction of intercity shuttles in the Pearl River Delta on holidays[J]. Sustainability, 2020, 12(18): 1-23.

[7] 张哲宁, 王书灵, 胡莹, 等. 四网融合背景下市郊铁路服务城市功能发展策略研究[C]//2020年中国城市交通规划年会论文集, 2020.

[8] 胡俊豪, 张海军, 刘洋, 等. 四网融合构建下的江苏轨道交通发展思路探索[J]. 工程建设与设计, 2020(21): 146-148.

[9] 陈世峰, 周涛. 重庆主城都市区"四网融合"发展规划与实践[J]. 交通工程, 2020(5): 21-27.

[10] 戴骏晨, 史立凯, 凌小静, 等. 城际铁路客流预测研究: 以滁宁城际为例[C]//2019年中国城市交通规划年会论文集, 2019.

[11] 潘昭宇, 张天齐, 唐怀海, 等. 多层次轨道交通"四网融合"体系研究[J]. 交通工程, 2020(4): 1-8.

我国收费公路政策存在问题与对策研究

A Study on the Problems and Countermeasures of Toll Road Policy

刘旭东

摘 要：在建设成本急剧增长、边际效益逐渐下降的形势背景下，为了科学合理地制定收费公路政策，从定价机制、收费期限、社会效益角度出发，分析现行收费公路政策短板，通过借鉴日本、法国等国外公路多元化市场融资方式，科学合理地提出完善收费公路政策的建设性意见，为保障我国高速公路建设可持续发展提供理论依据。

关键词：收费公路；定价机制；经验借鉴；可持续发展

Abstract: In the context of the rapid growth in construction costs and the gradual decline in marginal benefits, in order to formulate toll road policies scientifically and rationally, from the perspective of pricing mechanism, the charging period, social benefits, analyze the shortcomings of the current toll road policy, and use the diversified market financing methods of foreign roads such as Japan and France to propose a scientific and reasonable improvement of toll roads. The constructive opinions of the policy provide a theoretical basis for guaranteeing the sustainable development of highway construction in China.

Keywords: toll road; pricing mechanism; experience reference; sustainable development

0 引言

1984年，国务院出台"贷款修路、收费还贷"政策，这项政策突破了公路建设完全依靠政府的单一投资体制，增加了公路建设的筹资途径和投资力度，对我国公路交通的跨越式发展起到了至关重要的作用，有效支撑了经济社会快速发展，让公众提前享受到良好的出行服务，给人民群众带来极大的获得感。1984年6月，我国第一条高速公路沈大高速开工，不到40年时间，我国高速公路里程达到15万km，居世界第一。实践证明，收费公路政策实现了政府、企业、公众多方受益，是符合我国基本国情并应该长期坚持的正确选择。

2004年国务院制定的《收费公路管理条例》，对于规范和促进收费公路发展起到了重要作用。但随着建设成本急剧增加，边际效益逐渐下降，收费公路可持续发展面临严峻挑战，现行政策已不适应全面深化改革、支撑交通强国建设、保障公路可持续发展的需要。

因此，本文结合我国收费公路发展实际，从收费期限、收费标准等方面展开研究，提出完善我国收费公路政策的有关建议。

1 现行收费公路政策存在问题

1.1 缺少科学的定价机制

目前，我国收费公路政策体系中缺少完善的收费标准定价机制，且收费标准一旦确定以后，长达25～30年的收费期内，没有调价机制[1-2]。目前全国高速公路基准收费标准约0.45元/(车·km)，仍维持在20世纪90年代水平。而高速公路建设成本已从20世纪90年代的约1 000万～2 000万元/km上涨至1.5亿元/km以上，东部地区部分高速公路已突破3亿元/km。由于收费标准偏低，目前新建高速公路基

作者简介：刘旭东，就职于华设计设计集团，硕士研究生期间研究方向为道路规划与设计。

本达不到国家发展和改革委员会制定的公路项目5.5%的基准收益率[3]。

1.2 无法适应高速公路长期养护管理的客观需要

高速公路作为重要基础设施,其建设、管理、养护、运营需要持续、大量的资金投入[4]。随着我国高速公路规模不断扩大,未来养护任务越来越重,保障养护和运营管理资金成为必须解决的现实问题。目前我国高速公路养护管理资金从通行费收入中解决,路况良好率99.6%;普通公路养护管理资金通过燃油税资金解决,资金存在明显缺口,约有40%的普通公路路况处于中差水平。未来随着新能源汽车普及,预计燃油税收入将呈下降趋势,无力兼顾收费到期高速公路的养护管理需求。按照现行《收费公路管理条例》高速公路到期停止收费,将立即陷入"无钱养护"的困境,不仅无法保障提供高效、安全、快捷的通行服务,而且会使路况水平下降,破坏公路发展成果,减损人民群众获得感。在公共财政难以保障情况下,迫切需要建立保障高速公路可持续发展的长效机制。

1.3 无法有效吸引社会资本投资高速公路

2019年9月,中共中央、国务院印发《交通强国建设纲要》,鼓励采用多元化市场融资方式拓宽融资渠道,积极引导社会资本参与交通强国建设,强化风险防控机制[5]。从实践看,社会资本对高速公路项目最低预期年化投资回报率约6%。受高速公路建设成本快速增长、收费标准较低影响,我国大部分待建高速公路均无法达到该最低回报率要求。此外,近年来绿色通道、节假日免费、ETC优惠等优惠政策对高速公路收益率也产生一定影响。2019年,全国高速公路优惠金额约958亿元,占通行费总收入的17%。在现行政策环境下,高速公路项目很难吸引社会资本,从而变相催生了地方政府违规承诺收益等现象。

2 国外收费公路发展经验借鉴

世界各国政府在建设公路基础设施过程中都面临这样一个艰难的选择:是让全民付税还是让使用者付费来承担这项长期的责任。美国最终选择以开征燃油税的融资方式解决了大部分的建设维护资金来源,而日本、法国等国则选择了用户付费的融资方式,德国则从以公共税为主转为公共税与特定税(费)并重的融资方式,支持了公路系统的发展也支持了现代工业体系的发展和国家的繁荣。而印度、俄罗斯等大国由于无法解决公路建设养护的资金来源问题,一直没有建成高效的公路交通网系统,错失了诸多发展的历史机遇。

2.1 日本

日本高速公路收费标准与物价指数挂钩。据统计,1963—2002年,日本高速公路收费标准年均增速约3.2%,同期物价年均涨幅3.7%。即便如此,随着建设养护运营管理成本不断增加,日本高速公路仍不可避免地陷入债务危机。2005年,日本立法明确高速公路债务偿还的最长期限为从2005年算起的45年;2014年,由于对高速公路设施进行全面整修,计划债务偿还期限延长到60年。

2.2 法国

法国80%的高速公路是收费公路,由14家特许公司经营,与我国经营性高速公路模式类似。法国高速公路一般经营年限为30年,诺曼底大桥特许经营期长达50年。期满后,特许经营企业可与政府协商,另签合同延长经营年限,但法国政府规定:除经营、管理、养护正常经费支出和还贷外,特许经营企业取得的利润必须全部用于公路建设。法国高速公路收费标准则根据CPI动态调整,政府与特许经营公司每5年签订一次收费价格合同,规定上限价格,在规定的价格范围内和不超过当年通胀率的前提下,可调整收费价格,并报交通部核准。2005—2018年,法国高速公路收费标准上涨20%,年均涨幅约1.4%,同期法国CPI平均值约1.3%。

3 收费公路政策研究

为化解地方政府债务风险,更好地吸引社会资本,保障我国高速公路建设可持续发展,支撑交通强国建设,更好地服务经济社会发展,满足人民群众美好生活需求,本文重点从以下四个方面完善收费公路政策体系。

3.1 制定收费标准设定机制

收费标准应综合考虑建设成本、养护运营管理成本、物价水平、经营期限、交通流量以及合理投资回报等因素综合计算确定。建议国家层面出台收费标准计算方法,以保障计算结果的权威性,各省市区按照"一路一价"模式,经过科学计算后确定收费标准,并报物价部门审批。

3.2 建立收费标准动态评估调整机制

由于高速公路运营期养护运营管理成本随着时间推移呈现增长趋势,而货币本身亦存在贬值趋势,为保障高速公路投融资可持续发展,建议研究建立收费标准动态评估调整机制,从提升全路网运行效率、降低全社会出行成本的角度,对收费标准进行动态调整。

3.3 明确收费年限重新核定条件

现行《收费公路管理条例》对高速公路改扩建项目收费期如何核定没有明确规定。目前,广东、江苏、浙江、山东、辽宁等高速公路建设起步较早的省份均有改扩建后重新核定收费期的案例。但社会公众往往将高速公路重新核定收费期理解为高速公路延长收费期,从而形成了不利于高速公路可持续发展的负面舆论。"十四五"期间,高速公路改扩建项目将明显增多,社会公众对高速公路变相延长收费的质疑可能会进一步增加。建议国家层面尽快通过立法的形式,明确高速公路改扩建项目收费期重新核定的合法性。此外,在改扩建项目认定上,除原位改扩建外,同一走廊内的新建项目可考虑与既有项目捆绑核定收费期,从而缓解新建项目收益不足问题。

3.4 提前谋划新能源汽车普及后燃油税下降问题

《中共中央关于制定国民经济和社会发展第十四个五年规划和二〇三五年远景目标的建议》提出"2030 年碳达峰,2060 年碳中和"。未来新能源汽车占比不断提高,将导致燃油税下降,建议创新燃油税征收方式,将燃油税计入高速公路通行费共同征收。

4 结束语

当前,在我国经济增速放缓、压力加大的情况下,加快完善收费公路政策,对于加快区域路网建管养体系构建,加强地区间交通联系,促进经济社会快速发展具有重要战略意义。提前谋划、完善收费公路政策新路径以及收费公路政策的科学性和合理性将有利于解决公路建管养资金缺口问题,控制政府债务规划、防范政府债务风险。论文通过分析我国收费公路政策存在的问题以及借鉴国外经验,在新形势下对收费公路政策进行综合研究,提出科学合理、可操作性强的完善路径,为完善政府收费公路政策,加强公路建管养体系构建提供理论支撑。

参考文献

[1] 刘拥华,闫丹丹,姚逸豪. 基于高速公路收费制度改革的影响分析[J]. 物流科技,2021,44(03): 96-99.

［2］ 周芦芦,苏跃江.浅析高速公路流量和收入预测的相关影响因素[J].交通与港航,2021,8(01):24-28.

［3］ 乐卫洪,施文.收费公路改革背景下收费站服务指数分析[J].南京工程学院学报(自然科学版),2020,18(04):71-76.

［4］ 王秋林,楚瑞锋,李贞贤.收费标准调整对经营性高速公路收费期限评估的影响[J].公路,2021,66(04):208-211.

［5］ 蔡志雄,刘磊.政府收费公路专项债券实施方案研究[J].交通企业管理,2021,36(01):11-14.

基于交通波理论的左转掉头口距停止线长度设计

The Length from Left Turn and U-turn to Stop Line Based on the Traffic Wave Theory

周 君　包　旭　高文萱　韦嘉怡

摘　要：随着城市交通量不断增长，车辆掉头的需求日益突出。车辆的掉头对城市交叉口交通干扰较大。论文以淮安市承德路和明远路交叉口为例，通过分析红绿灯信号周期，运用交通波理论分析得到左转掉头口距停止线的合理距离。论文首先通过人工计数法和超声波测速仪，获得距交叉口两百米和交叉口停止线处测量点左转车道的有关交通量数据；然后，通过平均车头间距与平均车头时距和速度的关系及密度与平均车头时距的关系，计算出停止线处测量点的车流密度；最后，通过交通波理论，计算左转车道的最大排队长度，从而得出左转掉头口距停止线的长度。论文解决了左转掉头口设置不合理的问题，减少了交叉口处左转掉头车辆对同车道左转车辆的影响，可提高路网安全性，增强路网可靠性。

关键词：交通工程；交通波；左转掉头；交叉口；延误

Abstract: With the continuous growth of urban traffic volume, the demand for vehicles to turn around has become increasingly prominent. The turning of vehicles greatly interferes with the traffic at urban intersections. Taking the intersection of Chengde Road and Mingyuan Road in the city of Huai'an as an example. This paper analyzes the cycle of traffic light signal and uses the traffic wave theory to obtain the reasonable distance between the left-turn lane and stop line. Firstly, through the method of manual counting and ultrasonic velocimeter, we can get the traffic volume data at the measuring point of the left-turn lane which is 200 meters away from the intersection and another is the stop line of the intersection. Secondly, through the relationship between average headway distance and the average headway time distance and speed, with the relationship between density and average headway distance, the traffic flow density at the stop line can be calculated. Finally, through the maximum queue length of left-turn lane is calculated by traffic wave theory, the length of left-turn turning to stop line is obtained. This paper can solve the problem of unreasonable setting of left-turn turning crossings and reduce the influence of left-turn turning vehicles on left-turn vehicles in the same lane. Therefore, it can improve road safety and enhance road reliability.

Keywords: traffic engineering; traffic wave; left-turn turning; intersection; delay

0　引言

随着社会经济的发展，我国汽车保有量呈现爆发式的增长，交通需求增长迅速，随之而来的是城市道路服务水平急速下降。因此，提升道路服务水平已经成为当前城市道路基础建设方面的当务之急。受限于城市本身用地问题，城市道路建设用地不可能无限扩张，特别是在城市道路交叉口路段，因此交叉口运行效率的提高被许多交通设计者所重视。在平面交叉口车流中左转车流是冲突点最多的车流，而掉头车辆因与左转车辆的转向同侧，同样对交叉口的通行效率及交通安全造成一定的影响。因此解决好左转掉头交通问题，也是提高路网通行能力和安全性，增强路网可靠性的关键所在。周立平[1]分析了信号交叉口掉头交通的组织；王二标[2]分析了城市道路掉头车道和开口设置；张卫华等[3]介绍了关于T型交叉口

作者简介：周　君，淮阴工学院交通工程学院博士，研究方向为智能交通。
　　　　　包　旭，淮阴工学院交通工程学院博士，研究方向为智能交通。
　　　　　高文萱，淮阴工学院交通工程学院学士，研究方向为智能交通。
　　　　　韦嘉怡，淮阴工学院交通工程学院学士，研究方向为智能交通。

主路左转车流远引掉头的交通组织方式研究;钱萍[4]通过将左转提前至对向直行的外侧,在主交叉口上游构建分交叉口,协调信号控制,从而实现左转与直行同时通过主交叉口减少主交叉口处左转与直行的冲突点;邵海鹏等[5]在仿真车辆掉头行为的基础上,分析车辆运行轨迹特性,建立了掉头空间计算判别模型;杜志强[6]用交通仿真研究表明车流运行延误与左转掉头车辆所占比例呈对数增长关系,并给出计算模型;Li 等[7]对禁止左转的交通量进行了分析,得出了左转禁止通行的交通量条件,即当左转交通量大于左转通行能力时,需要采取左转禁止通行;Corey 等[8]利用左转相位储备以最低成本减少交叉口延误。

上述研究对交叉口内部左转掉头口具体设置长度涉及较少,本论文提供的基于交通波理论的左转掉头口距停止线长度的设计方法,有效减少了掉头车辆对左转车辆的影响,可以减少交叉口拥堵以及尽可能减少同车道左转掉头和左转的分流冲突,减少人行横道上行人对左转掉头车辆的影响,提高了交叉口运行效率和安全性,提高了交叉口通行能力。

1 交通数据的采集

采集交通数据,包括交叉口上游 200 m 内测量点处左转车道地点车速、左转车辆高峰小时交通量,左转车辆经过停止线处的车头时距及车辆经过停止线时的地点车速,交叉口信号灯周期如图 1 所示。

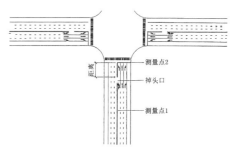

图 1 数据测量位置示意图

1.1 采集交通量信息

用人工计数法采集交通量,将车辆区分为小型车、中型车和大型车,并进行分种调查,需要采集的数据有:大、中、小型车各自的驶入量,对采集的大、中、小型车的各自交通量进行统计并换算成当量小汽车交通量。将所述大、中、小型车各自驶入和驶出的交通量换算成当量小汽车交通量的计算方法为:$Q = \sum Q_i E_i$,其中,Q 为换算后的当量小汽车交通量,i 为车型,包括大型车、中型车和小型车;E_i 为 i 类车辆换算系数,Q_i 为 i 类车辆的交通量。

1.2 采集地点车速信息

在交叉口上游 200 m 测量点处测量左转车道车辆的地点车速,取地点车速的 85% 位车速作为 V_1,并绘制地点车速统计表;在交叉口停止线处测量左转车辆的地点车速,取地点车速的 85% 位车速作为 V_2,绘制车速统计表。

1.3 采集车头时距信息

采集车头时距主要是在交叉口停止线处,测量第三辆和第四辆车的车头时距,绘制多个周期的车头时距平均值,计算车头时距的平均值即为该交叉口左转车辆的车头时距。采集车头时距的步骤包括:早高峰时,在交叉口停止线处,从第三辆车开始依次测量排队车辆的车头时距,绘制多个周期的车头时距,平均车头时距依据如下公式计算:

$$\overline{h_d} = \frac{h_{d1} + h_{d2} + \cdots + h_{dn}}{n} \tag{1}$$

2 交通波的计算

(1)根据交通流三参数交通量、速度和密度的关系,计算上游 200 m 测量点处的左转车辆车流密度 K_1:

$$K_1 = \frac{Q_1}{V_1} \tag{2}$$

其中：Q_1——交叉口上游 200 m 测量点处的交通量，单位：辆/h；

V_1——交叉口上游路段运行车速，单位：km/h；

依据交通流参数车头时距 $\overline{h_t}$、车头间距 $\overline{h_d}$ 和车速 V_2 的关系，计算交叉口左转车辆车头间距 $\overline{h_d}$：

$$\overline{h_d} = \frac{V_2 \cdot \overline{h_t}}{3.6} \tag{3}$$

根据交通流三参数交通量、速度和密度的关系，计算交叉口停止线处左转车辆的车流密度 K_2：

$$K_2 = \frac{1\,000}{\overline{h_d}} \tag{4}$$

（2）根据交通流的波动理论计算左转车道停车时产生集结波的波速 W_1：

$$W_1 = \frac{Q_1 - Q_2}{K_1 - K_2} \tag{5}$$

车辆在停止线处等待红灯时，速度为 0，此时交通量 Q_2 也为 0，所以集结波的波速 W_1：

$$W_1 = \frac{Q_1}{K_1 - K_2} \tag{6}$$

其中，Q_1——交叉口上游 200 m 内测量点处交通量，单位：辆/h；

V_1——交叉口上游路段运行车速，单位：km/h；

V_2——车辆经过交叉口停止线处的速度，单位：km/h；

$\overline{h_t}$——车辆起步时第三辆车和第四辆车车头经过停止线的时间间隔，也就是第三辆和第四辆车经过停止线的车头时距，单位：s/辆；

$\overline{h_d}$——车辆起步时第三辆车和第四辆车的车头间距，单位：m/辆；

t_1——集结波产生到消散波产生的时间间隔，单位：s。

3 集结波产生到消散波产生的时间间隔

以四相位信号配时交叉口为例，第一、二相位为南北方向，第三、四相位为东西方向。南北方向左转非绿灯时间等于信号灯总周期减去南北方向左转绿灯时间，即南北方向左转非绿灯时间等于南北方向直行绿灯时间、东西方向绿灯时间和黄灯时间之和；东西方向左转非绿灯时间等于东西方向直行绿灯时间、南北方向绿灯时间和黄灯时间之和。

交叉口左转信号灯为非绿灯时，左转车流集结波产生，当交叉口左转信号灯转为绿灯时消散波产生，此时集结波传播距离就是车辆的最大排队长度，由此得出集结波产生到消散波产生的时间间隔 t_1。以南北方向为例，南北方向左转红灯时间等于东西方向信号灯绿灯时间 $t_{东西方向绿灯}$、同方向直行绿灯时间 $t_{直行绿灯}$ 及黄灯时间 $t_{黄灯}$ 之和，即如下公式：

$$t_1 = t_{东西方向绿灯} + t_{直行绿灯} + t_{黄灯} \tag{7}$$

4 左转掉头口距停止线的距离

（1）根据交通波理论，由式（6）可知 $W_1 < 0$，车辆形成集结波的移动方向和车辆的行驶方向相反，即集结波是向车尾方向移动，当左转绿灯亮时，左转车流消散波产生，此时左转车辆集结波掠过的距离就是最大排队长度，即车辆的最大排队长度 d：

$$d = t_1 \cdot W_1 \tag{8}$$

（2）为了充分考虑左转车辆排队不受掉头车辆的影响，即掉头车辆在参加排队前直接掉头，左转掉头口距停止线的距离取车流高峰期左转车辆的最大排队长度 D，计算公式为：

$$D = d = t_1 \cdot W_1 \tag{9}$$

5 实例分析

（1）数据采集

以承德路与明远路交叉口为例，采集 2018 年 9 月 20 日晚高峰的交通数据。先以 10 min 为一个时间间隔连续调查通过该点的大、中、小型车的高峰小时交通量；然后，车头时距调查点调查在一个周期内的车头时距；最后，观察信号灯周期，计算出该交叉口左转红灯间隔 t_1，左转信号灯红灯时间为 97 s，如图 2 所示，表 1 为大明路与承德路交叉口（左转）的交通量。

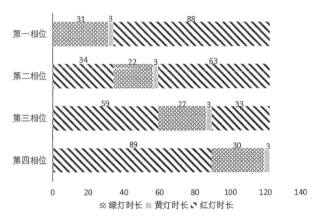

图 2　信号灯配时图

表 1　明远路与承德路交叉口北进口交通量

时间	大型车	小型货车	小客车
17:00～17:10	0	0	18
17:10～17:20	0	1	9
17:20～17:30	1	2	18
17:30～17:40	0	1	21

结合表 2 的城市交通量调查车型分类及换算系数表知，大型车和小型货车的换算系数为 3.0 和 1.5，换算后的交通量 Q_1 为 113 辆/h（实际为 112.5 辆/h）。

表 2　城市交通量调查车型分类及换算系数

编号	车辆类型	换算系数
1	小汽车	1
2	小型载货汽车	1.5
3	3～5 t 载重汽车	2.0
4	5 t 以上载重汽车	2.5
5	中小型公共汽车	2.5
6	大型公共汽车、无轨电车	3.0
7	摩托车、轻便摩托车	0.8

（2）如表 3 所示的车头时距统计表和图 3 与图 4 所示的 85% 累计车速图，经计算，该路段的运行车

速为 50.4 km/h；计算交叉口上游车辆密度，由 $Q = K \cdot V$ 可知，Q_1 取 113 辆/h，V_1 取 50.4 km/h，得出 $K_1 = 2.24$ 辆/km，车辆停在停止线处等待红灯时，速度为 0，此时的交通量 Q_2 也为 0，获取距交叉口 200 m 处上游左转车辆地点车速统计表，如下图 3，图 4。

表 3 车头时距统计表

周期（以红绿灯周期为准）	平均时间（单位/s）	周期（以红绿灯周期为准）	平均时间（单位/s）
1	2.63	11	2.75
2	2.80	12	2.97
3	2.64	13	2.32
4	2.63	14	2.51
5	2.75	15	2.66
6	2.65	16	2.54
7	3.16	17	2.54
8	2.32	18	3.16
9	2.80	19	4.32
10	2.63	20	2.66

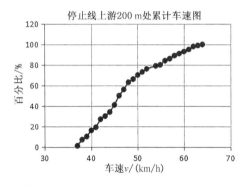

图 3 停止线上游 200 米处累计车速图　　图 4 停止线处累计车速图

（3）车头时距取测得的各个周期的平均值，由上表 3 的数据可知，取 $\overline{h_t} = 2.77$ s/辆。根据交叉口停止线处测得的地点车速统计表，经计算左转车辆经过交叉口停止线处的 85% 位车速为 15.5 km/h，根据公式 $\overline{h_d} = \dfrac{V_2 \cdot \overline{h_t}}{3.6}$，可得 $\overline{h_d} = (15.5 \times 2.77)/3.6$，取 $\overline{h_d} = 12$ m/辆，再代入密度计算公式 $K_2 = \dfrac{1\,000}{h_d}$，得到交叉口停止线处左转车辆的车流密度 $K_2 = 83$ 辆/km。

（4）计算左转车辆的最大排队长度 D

根据公式 $W_1 = \dfrac{Q_1 - Q_2}{K_1 - K_2}$ 可以得到：$W_1 = 1.4$ km/h。又因为 $t_1 = 97$ s，依据公式 $D = d = t_1 \cdot W_1$，可以确定左转掉头车道距停止线的长度 D 为 37.7 m。目前在交通控制系统中，左转掉头口距停止线的长度没有一个明确的规定，一般掉头车道的开口至交叉口停止线的距离不宜小于 20 m，实际求得结果符合要求。

6 结论

本文以承德路与明远路交叉口为例，通过交通波理论计算左转车道车辆的最大排队长度，研究左转掉头口距停止线的合适长度，能降低掉头车辆对左转和直行的干扰，提高路网安全性，增强路网可靠性。

（1）通过人工计数法采集相关交通流数据，利用交通波理论，用交叉口左转交通量和左转车流密度计算出交叉口集结波的波速，根据集结波在交叉口上游集结掠过的距离，求出上游左转车辆的最大排队长度，取该长度为掉头车道距停止线的距离。

（2）为道路设计者们提供了一种左转掉头口距停止线长度的设计方法，弥补了交叉口内部掉头中左转掉头口距停止线长度的设计方面的空白，提升了交叉口的服务水平。

（3）可以减少交叉口拥堵以及尽可能减少同车道左转掉头和左转的分流冲突，减少人行横道上行人对左转掉头车辆的影响。本文在充分分析交叉口设施建设情况的基础上，综合考虑左转掉头与左转车辆交织问题，避免了左转车辆与掉头车辆在交叉口处的分流冲突。

（4）掉头车辆可利用对向车流间隙灵活组织交通，但车辆左转掉头空间相对较小，转弯半径会受到限制，所以应合理设置掉头开口宽度，查阅资料，左转掉头口大小应取 10～20 m 较为合适。

参考文献

[1] 周立平,张勇.信号控制交叉口左转掉头设置方式分析[J].西部交通科技,2016(04)：100-103.

[2] 王二标.浅析城市道路掉头车道及开口设置[J].安徽建筑,2018,24(06)：253-254.

[3] 张卫华,陈靖生,董瑞娟,等.T型交叉口主路左转远引设置方法及延误研究[J].重庆交通大学学报(自然科学版),2018,37(11)：91-96.

[4] 钱萍,邓建华.连续流交叉口左转车道交通适用条件研究[J].交通科技与经济,2018,20(05)：45-48,54.

[5] 邵海鹏,王宇轩,陈兴影,等.信号交叉口进口道掉头设置条件研究(英文)[J].系统仿真学报,2018,30(11)：4 429-4 436.

[6] 杜志强.信号交叉口左转掉头车辆车头时距特性及应用研究[D].北京：北京工业大学,2014.

[7] Li A Z, Song X S, Song X H, et al. Traffic volume condition for left-turn forbidden on urban road unsignalized t-intersection[C]. Computational Intelligence and Software Engineering，Wuhan，China，2009.

[8] Corey J, Xin X, Lao Y T, et al. Improving intersection performance with left turn phase reservice strategies[C]. 2012 15th International IEEE Conference on Intelligent Transportation Systems，Anchorage，A K，USA，2012.

再创枢纽产业辉煌 助力枢纽城市建设
——淮安内河航运产业发展的调研思考

范更生 朱 洁 何 伟

摘 要：自古以来，淮安就是水运交通枢纽。虽然淮安市现在已经构建了由水、公、铁、空构成的综合交通体系，但内河航运仍然是最大货运量和最节能环保的绿色运输产业，2020年货运量达到3.5亿吨。然而，内河航运的发展也还面临一些新情况、新问题，对此，通过调研提出加强航道建设的四点建议和加强内河航运发展的五点建议。鉴于淮安内河航运的代表性，相关建议对苏北航运发展也有积极的借鉴意义。

关键词：交通运输；内河航运；淮安水运；发展建议

0 引言

自古以来，淮安就是水运交通枢纽，被誉为运河之都——也就是如今所称的"枢纽城市"。而今，在内河航运水运枢纽的基础上，淮安高铁客货枢纽、公路客货枢纽、航空货运枢纽已逐渐形成，据此，2020年7月，中共淮安市委作出了打造"绿色高地、枢纽新城"的战略部署。在水、公、铁、空构成的综合交通体系中，内河航运仍然是货运量最大和最节能环保的绿色运输产业，2020年货运量达到3.5亿吨，是枢纽经济发展的主力军。但是，内河航运产业在发展中也还面临一些新情况、新问题，作为淮安枢纽经济的重要产业，需要内河航运产业在枢纽新城建设中再创辉煌。对此，本文通过调查研究，从航道建设和航运产业两个方面提出相关建议，同时对苏北内河航运发展也具有借鉴意义。

1 淮安内河航运发展的基本情况

基于淮安特有的内河航道资源优势，内河航运一直是淮安交通运输的主导产业，也是淮安枢纽经济中最具特色的产业，自"十三五"以来一直呈现较高质量的发展。

1）航运服务大幅增长

"十三五"期间，水陆货运量由2016年的6 027万吨增长到2020年的7 408万吨，增长22.9%；水路货运周转量由2016年的190.6亿吨公里增长至2020年的280.5亿吨公里，增长47.2%。集装箱吞吐量高速增长，2020年达到25.9万TEU（标准箱），占全省内河集装箱的50%，持续位居全省内河第一，十年间增长近25倍。

2）港口建设成就显著

"十三五"期间全市港口建设累计完成投资15.97亿元，建成4个公用港口，新增千吨级以上泊位33个。淮安港被交通运输部确定为"全国内河主要港口"，全市有港区7个，码头122座，泊位409个，年设计吞吐能力超亿吨，其中集装箱码头吞吐能力为50万TEU。淮安新港建成国家二类水路开放口岸，发展内外贸集装箱航线12条。

3）航道船闸资源丰富

淮安是国家"四纵四横"骨干航道网中京杭运河与淮河的交汇点，长三角高等级航道网覆盖区，江苏

作者简介：范更生，淮安市政协副主席，统计师。
　　　　　朱 洁，淮安市政协社法民宗委员会主任，工程师。
　　　　　何 伟，淮阴师范学院淮安发展研究院教授，博士，研究方向为农村经济和土地资源。

省干线航道网主航干道的交汇节点,境内有航道73条,通航总里程1 483公里,等级以上航道里程524公里,同时,还拥有众多的船闸配套,为内河航运发展奠定了坚实的基础。

4) 运河航运闻名全国

世界文化遗产京杭大运河苏北段451公里,在淮安境内65公里,并与淮河、盐河、苏北灌溉总渠交汇,构成内河航运枢纽,是京杭大运河最繁忙的航道。其中,2020年淮安船闸过闸量30 275万吨,是长江三峡船闸的2.4倍;淮阴闸过闸量19 614万吨,是长江三峡船闸的1.6倍。

2　淮安内河航运面临的主要问题

虽然淮安内河航运基础条件较好、产业发展质态较好,但也还面临一些问题。

1) 航道建设相对滞后

一是航道等级偏低,二级航道只有京杭运河淮安段的65公里,二级航道网尚未形成;二是通江达海航道网络不完善,与连云港海港不够通畅,与上海港、宁波港距离较远;三是一些企业船队占用航道现象屡禁不止,航道疏浚不够,影响航道畅通;四是与航道配套的船闸,有的年久失修,缺乏资金和维修能力,过闸量降低。有的过闸能力不能满足要求,船舶待闸现象较为普遍;五是锚地泊位不足,导致一些船舶不得不占用航道停泊。

2) 航道水位较为不足

近年来,水资源紧缺问题较为突出,导致航道缺水,加上洪泽湖蓄水管理不够精准,防洪调控、水电站放水等因素影响航道水位,旱季通航能力受到较大影响,甚至出现较为严重的船舶滞留现象。2019年夏,京杭大运河因干旱导致5 000多艘船舶滞留,高良涧船闸下游约1 500艘大型船舶滞留。2019年6月1日,淮安全市有9 800艘船舶滞留等待过闸。2020年夏,高良涧船闸还是出现180多只船队滞留,最长的等候40多天,船队日均损失4 000元。涟水朱码船闸每年7月均会出现船队、船舶滞留现象。

3) 港口运营集约不足

一是大小港口码头较多,功能定位与航运市场不够匹配,市域港口建、管、运主体较为分散,存在一定程度的无序竞争;二是集装箱吞吐能力已经达到50万TEU,2020年集装箱吞吐量才25.9万TEU,在现有7个港区的基础上,"十四五"期间还要再建设一批港口,构建"7+11"的港口布局,有可能形成产能过剩;三是集装箱码头功能不够集中,分散了集装箱的航运业务,不利于已开辟航线班轮的运营。四是港产联动水平较低,水铁联运较少,港区加工产业有待发展。

4) 信息平台建设滞后

虽然一些企业努力建设航运信息服务平台,有的管理机构也建立了内部数据库,但在航运、港口、航道、船闸等方面数据条块分割,既没有统一的数据归集,也缺乏统一的服务信息平台,更没有权威的航运市场信用体系。

3　通航能力三要素与航道建设的建议

内河航运产业的发展,是以航道资源为基础的。进一步发展淮安内河航运,需要针对淮安水位、航道、船闸等资源的特点,加强航道建设。

1) 内河航道的通航能力三要素对淮安航道的影响

水位、船闸、航道(河道)是决定内河航道通航能力的三个基本要素。内河航道的通航能力与水位高低、船闸大小、航道等级成正比。对于国内主要江河流域的河流航道来讲,有的地区船闸数量较少或没有,对航道通航能力影响较小或没有影响;有的主航道河床较深,水位对航道的通航能力影响较小。而对于淮安来讲,虽然拥有全国最发达的"航道+船闸"的内河航道网,但与其他内河航道所不同的是,纵横交错的航道网还需要靠众多的船闸和水利闸维持航道水位的因素,由此形成一个复杂的"水—闸—道"的航道网体系。水位不足造成大量船舶滞留成为航道的"痛点",船闸通航能力不足成为航道的"堵点"。因此,淮安航道的建设还必须在水量水位的满足、船闸的通航能力等方面统筹谋划,才能有效提高航道网的整体通航能力。

2) 加强淮安航道建设的建议

鉴于淮安航道网体系的特殊性,对加强航道建设提出以下几点建议:

(1) 统一航道、船闸建设规划。统一全区域的航道、船闸建设规划,特别是船闸建设,应当超前谋划未来的通航量增长需求,实现船闸过闸能力与航道满负荷通行的匹配,不会出现因船闸能力不足而造成的长时间待闸、滞留,减少、化解通航的"堵点"。

(2) 加快建设淮安二级航道网。要像加快高铁建设一样,增强淮安二级航道网建设的紧迫感,加快建设二级入海航道、洪泽湖航道、金宝航道,尽快构建二级航道网。通过提升金宝航道等级,减轻京杭运河淮安船闸——南运西船闸的通航压力。

(3) 加强水资源的精细化管理。根据防汛防洪的需要,有时要求提前排放洪泽湖库容水量,如果把控不够精准,就容易造成水资源的过度流失而降低航道水位,带来三方面损失。一是航道通航能力降低,船舶滞留,带来航运损失;二是增加南水北调水量而产生额外的调水成本,在不影响防洪的前提下,多排放一吨水就等于南水北调多调一吨水,就要多消耗0.2元的电;三是因过度放水而影响农业生产的损失。对此,需要水利部门进一步精细化管理水资源,精准化调控水位,把保障航道水位与保障工农业生产需要放在同等的高度。如果将少数水电站非防汛需要的发电排水量视同需要南水北调的水量,那么,发电产生的效益实际上远小于同等水量调水的成本,因此,应该取消非防汛需要的水电站发电排放水。

(4) 加强航道维护船闸维修。加强航道疏浚和维护,既保障航道各等级应有的通航能力,也有利于利用航道增加蓄水。高度重视部分船闸老化破损问题,尽快解决船闸维修、保养经费问题,确保船闸正常运行,不发生船闸长时间关闭的情况。

4 加强内河航运产业发展

淮安内河航运产业的发展,应坚持以扩展航运为基础,延伸和拓展相关服务产业。

1) 积极构建"2+N"内河航运产业

即以集装箱运输和散货运输两项航运服务为主,加强和拓展港口加工、港口服务、信息服务、锚地服务、维修服务、清洁能源等 N 项产业。

2) 强化发展集装箱航运

坚持将集装箱航运发展作为"十四五"期间的主导方向,保持集装箱内河航运的全省领先地位。

(1) 在现有集装箱航线班轮的基础上,进一步拓展淮河上中游城市港口和长江港口、沿海港口的航线班轮,拓展集装箱服务市场覆盖面。

(2) 加强政策扶持,一方面,市级财政要加强对集装箱运输的财政扶持;另一方面,在保证集装箱船舶过闸优先通行的基础上,鉴于外贸业务严格的交货时间要求,建立起"外贸集装箱船舶＞非外贸集装箱船舶＞散货船舶"的优先通行秩序。

3) 推进港口服务集约化

"十四五"期间,淮安将构建"7+11"的港口布局,鉴于各县区建设港口码头积极性较高和港口码头较多的现状,很有可能出现港口码头资源过剩的情况。对此,需要提高港口运营效用,进一步强化港口服务的集约化水平。

(1) 根据各港口码头的市场优势,进一步优化港口码头的功能定位,有的港口以散货为主,有的港口以大宗煤、矿为主,有的港口以集装箱为主。特别是集装箱航运方面,明确重点集装箱港口,更好地发挥集装箱班轮的服务。

(2) 加快成立市港口集团,集聚港口资源,构建更优的港口建设、管理、运营体制机制,既避免港口之间的恶性竞争,又防止一部分港口出现生产经营的艰难维持状态。

（3）尽快调整淮安新港产业园发展规划，加快发展临港产业，推动仓储、配送、贸易、金融等服务的发展，实现港口加工的突破。

4）加快建设水运数据枢纽

针对目前航道管理、港口码头、水运企业、海事监管等相关方面各自收集、形成内河航运数据信息的情况，以及多个信息平台相继建设的现状，建议政府有关部门牵头，汇聚各方数据，建立统一的水运数据枢纽平台。相关主管部门可以与有关企业信息平台（如中国水运平台）建立合作关系，在加强监管的前提下，或以政府无形资产入股，或以少量资金扶持，共同建立信息平台机构。通过信息平台，汇聚货源、船主、港口、船闸等方面信息，提供数字年检、安全监管、水文服务、水运方案、信用建设、货物行程和船舶过闸、维修预约、配件供应、加油加气、票据税务等全方位服务。

5）发展船舶配套服务产业

当前，包括淮安在内的苏北航运服务中，急需围绕船舶清洁能源、锚地停泊、维修维护加强服务。

（1）清洁能源供应工程。内河航运推行清洁能源是多年前的要求，但至今毫无起色，给航道水体质量直接带来环境污染。应当尽快规划建设LNG加气站网点，同时提供船舶油改气服务，力争"十四五"期间实现所有船舶使用LNG清洁能源。

（2）锚地服务区工程。针对船舶占用航道、过闸等候等突出问题，通过科学选址、合理规划建设一批船舶锚地服务区，既为船舶停泊、等候提供空间，也为船员生活、船舶维修提供便利，同时开辟新的服务产业。

（3）船舶维修服务工程。每年来往于淮安航道的船舶达6万多艘，而淮安至今没有船舶维修服务，淮安船舶遇到问题需要空船行驶到长江边维修，产生较大的时间、航行成本。建议出台引导、扶持政策，建立船舶维修服务基地，为南来北往船舶提供维修服务。同时，在可能的情况下，拓展船舶年检、船舶研发、制造业务。

国际大都市新城对外交通体系配置方法研究

Study on the Method of External Transportation System Allocation in New International Metropolis

谢　辉

摘　要：结合国际大都市新城的独立综合节点城市功能定位，立足新城对外交通需求特征，首先分析出其客流具有中心城区范围、周边城市区域范围、毗邻城市范围三个层面的圈层特征，在此基础上提出了构建含有轨道交通和道路交通的对外交通系统的规划技术路线、需求预测方法、配置原则与要求，最后以成都东部新区对外交通体系的优化为例，验证该配置方法的合理性和适应性。

关键词：国际大都市；新城；对外交通；东部新区

Abstract: Combined with the functional positioning of the independent comprehensive node city of the new metropolis, and based on the external traffic demand characteristics of the new metropolis, it is firstly analyzed that its passenger flow has the circle characteristics of the central urban area, the surrounding urban area and the adjacent urban area. On this basis, the planning technical route, demand prediction method, configuration principle and requirements for the construction of external transportation system including rail transit and road traffic are put forward. Finally, the rationality and adaptability of the configuration method are verified by taking the optimization of external transportation system of Chengdu East New District as an example.

Keywords: international metropolis; new town; external traffic; east new district

0　引言

　　国际大都市新城不是承担大都市中心城区产业疏散和人口疏解的卫星城，而是都市圈范围内的独立的综合性节点城市，除了要实现产城融合以外，还要实现功能完备、职住平衡、生态宜居、交通便利、治理高效等多重要求，承担国际大都市突出重围和引领增长的战略使命，如东京横滨、巴黎马恩拉瓦莱、上海五大新城等。然而，如果忽略新城自身的独立性和节点城市功能的建设，过多的建设与中心城联系的通道容易形成大量往返中心城区的通勤交通，增加中心城区交通压力，失去对区域的辐射功能，但过少的联通设施也不利于新城与大都市之间的整体性联系。因此，如何构建国际大都市新城的对外交通体系，既保障新城作为大都市的一部分，又发挥国际大都市新城的独立节点的城市功能，成为城市管理者、规划者的关注重点和热点。基于此，本文对国际大都市新城对外交通体系开展研究，探讨新城各层次对外交通系统的规划技术路线、交通需求预测方法和配置要求。

1　国际大都市新城对外交通分析

　　根据国际大都市新城独立的综合性节点城市的定位，国际大都市新城对外交通存在服务圈层化、轨道需求明显、品质要求高等特征。

1.1　服务圈层化特征

　　新城的对外客流根据其服务范围可分为三个圈层[1]。

作者简介：谢　辉，高级工程师，上海城市综合交通规划科技咨询有限公司副总工，主要研究方向：交通规划、交通政策研究。

1) 大都市中心城区联系层

纵观国际大都市的"中心城区与新城"关系,国际大都市的中心城与新城之间有明显的空间距离和隔离带,一般相距50~60 km。中心城市承担着代表大都市参与全球竞争的角色,外围区域的新城承担着为中心城区配套的功能或分担部分全球竞争的新功能。新城是在原有的城市周边郊区基础上形成的具备就业、购物、娱乐等完备城市功能的新城市。因此,新城与中心城区之间存在着配套服务或功能关联的交通联系,但新城与中心城区关系不是扁平式的蔓延互联关系,而是多中心式的廊道互联关系。

2) 新城所在建制区(县)的联系圈层

新城仍是大都市远郊建制区(县)的一部分,通常在区(县)的半径10~20 km范围内。新城的人口增长有部分是来自所在区(县)的人口城镇化,新城布置的商业和就业岗位会吸引所在区(县)的居民,同时新城的人口也会去往中心城区或周边区域娱乐消费等。上海市城市规划设计研究院王波、朱春节[2]等通过2019年百度职住数据分析,发现上海五大新城居民在新城内部工作的比例约65%,在新城周边地区(不在新城内但属新城所在行政区的)工作的约占比17.8%,工作地在中心城的比例约为9.2%,主城片区约3.5%,其他地区约4.3%。因此,新城与新城所在区县仍是一个整体,需要在交通上进行联动规划。

3) 都市圈或城市群范围的区域联系层

从更大范围(通常大于100 km)的都市圈或城市群层面看,新城位于大都市区市域,直接联系着大都市的周边城市,是大都市辐射带动周边城市的重要支撑节点,发展成有特色的服务商务核心城市,为城市群区域城市提供通勤、通学、商务、科创、文化方面的需求,从而提高大都市在区域城市中的竞争力。例如:横滨建设成为商务核心城市,与东京形成全球城市双核中心,辐射西部内陆地区;上海松江发展以科教、创新为动力发展科创产业,分担上海的全球城市科创中心功能,辐射带动G60科创走廊上的嘉兴、湖州等城市。因此,新城是国际大都市对外辐射的纽带,承担大都市对外辐射的节点功能,与大都市对外发展轴上城市存在交通联系需求。

1.2 轨道交通需求明显

依据服务圈层距离的不同,轨道交通的适应性也有所不同。新城至所在建制区距离短,设站多,轨道交通以城市地铁、轻轨等为主;新城至中心城区距离适中,两端设站,轨道交通以市域轨道或市郊铁路为主;新城至周边城市距离长,站到站为主,通常以市郊铁路或城际铁路为主。距离越远,提供轨道交通设施的通道越多,轨道运输速度越快,对外交通方式中轨道交通的分担率越高。如位于纽约东北部约80 km处的纽黑文新城(人口约86.2万),通过2条轨道交通和1条高速公路与曼哈顿都相连接,其中,轨道交通与高速公路的分担比例达到70%:30%。位于伦敦西北60 km处的米尔顿凯恩斯新城,主要通过1条轨道交通和1条高速公路连接伦敦中心区,轨道交通与高速公路的分担比例约为50%:50%。上海嘉定、青浦、松江三新城,与上海中心城区的平均出行距离在30~40 km,每个新城与中心城区之间都有1条轨道交通和1条高速公路,轨道交通分担率达到50%~60%,为小客车分担率的1.5~2倍[3]。

1.3 对快速、通达性要求高

新城的功能聚集越强,对外交通的要求越高。一是对外长距离交通服务要求快速集约,城市集散方式要求快速交通方式,集散通道要求专用通道;二是新城与中心城区、周边地区要形成一体化的交通网络和绿色交通服务体系;三是新城存在城乡交错融合发展,要求高度通达的内部公共交通、绿色交通系统。此外,随着互联网、5G、大数据等新技术的发展,新城的交通也需要充分发挥智慧交通优势,建设未来交通。

2 对外交通体系配置方法

新城的对外交通不可能布置无限多的设施体系,最理想的状态是布置的设施体系既满足各类交通需求又不存在浪费,且满足城市的可持续发展要求。因此,首先需要分析对外交通的供需平衡状态。其次,依据供需平衡状态,根据各圈层的服务要求配置集疏运体系规模,合理设计布局。

2.1 交通需求分析

1) 与建制区的交通联系

新城作为建制区的一部分,其与建筑区的交通联系,按照常规交通需求方法进行分析。

首先,进行交通生成需求分析。新城的交通生成主要为新城人口的交通需求,根据常住人口与出行生成率综合得到[4]。

其次,根据重力模型进行出行分布分析,其中出行阻抗为时间和费用构成的综合阻抗。新城至建制区的出行分布需要在城市交通需求预测模型的基础上,进一步分析建制区范围内其他功能区、公共服务业集聚片区的需求特征,包括各级城市中心、城市副中心、教育及医疗等公共服务,同时进行必要的调整和修正。

最后,根据 Logistic 曲线模型、Nested Logit 模型以及距离时间效应,分别对步行和各类交通方式的比例进行分析预测[5]。新城至建制区的出行方式需求,主要依据专业部门提供的建制区结构规划或总体规划中对每种交通方式相互关系的定性分析和部分定量分析。

2) 与中心城区及大范围周边城市的对外联系

新城作为国际大都市的独立节点城市,与中心城区是相互平行的城市,所以研究新城与中心城区及周边城市的对外联系,应将中心城区与周边城市同样对待,统一视为新城周边城市,统一按照新城的城际交通需求来分析。这部分客流主要为大都市对外交通所辐射的周边城市需求,可根据周边城市的经济社会发展条件确定客流联系强度,从而进行空间上的分配与形态上的布置。具体数学表述形式为

$$D_j = D \times \beta_j$$

式中:j——周边城市,包括中心城区及新城周边城市;

D——新城总对外交通客流需求量(万人次/年);

D_j——新城至周边城市 j 的对外交通客流需求量(万人次/年);

β_j——周边城市 j 的客流分配比(%),与周边城市的经济总量、人口规模、居民生活水平、产业结构等发展条件有关,其计算式如下:

$$\beta_j = k \times \frac{A_j B_j}{\sum_j (A_j B_j d_j^2)} \times C_j$$

式中:A_j——周边城市 j 的经济规模(亿元/年);

B_j——周边城市 j 的人口规模(万人/年);

C_j——周边城市 j 产业结构系数,取值范围为(0,1],若周边城市 j 与新城城市功能、产业结构等接近雷同,则取值趋向0,否则趋向1;

d_j——距离周边城市 j 的距离(km);

k——待定系数,据经验取值范围为 0.8~1.2,多数情况下,可取 $k=1$。

2.2 供需平衡配置要求

基于新城对外交通空间服务圈层,构建城际通道、市域廊道、比邻交通圈(两道一圈)的三层次对外交通体系。

1) 城际通道

城际通道主要服务新城与新城周边城市的城际交通需求。这一层次交通体系主要包括城际铁路、市域铁路等轨道交通和高速公路等交通系统。交通强国战略要求 50 万人口的城市要有高速铁路,新城人口达到 100 万应当规划发展国家干线或城际铁路等铁路。国家铁路、城际铁路联系较远距离的周边城

市,市域铁路联系较近距离的周边城市,地铁服务新城内部,国家铁路、城际铁路、市域铁路、地铁通常在新城内部形成综合交通枢纽。根据新城与周边城市的需求规模,综合判断城际通道的供给规模。对于大都市区和新城同时存在较强联系的周边新城方向,应根据区域交通需求配置一定规模的直达联系通道,对于一般联系的周边新城,可以通过联系大都市的综合交通枢纽进行间接联系。

2) 市域廊道

市域廊道主要服务新城与中心城区的市域交通需求。这一层次交通体系主要包括市域铁路、城市轨道的轨道交通系统,以及高速公路和快速路等道路交通系统。中心城区包括多个功能组团、多个枢纽节点,虽然不能将中心城区的交通体系延伸至新城提供服务,但与周边城市的城际通道联系不同的是,新城与中心城区的联系应是多层次多通道的联系,即新城尽量与中心城区的各个功能组团有多联系通道,新城与中心城区的重要交通枢纽有多联系通道。

3) 比邻交通圈

比邻交通圈支撑新城与建制区间的交通需求,新城与周边比邻发展区域的交通体系中,公共交通方式主要包括轨道交通、中运量公交、骨干公交等,道路交通方式主要包括城市主次干道,以及交通性的慢行方式。新城与周边比邻地区的交通联系应独立,一般不应与中心城区的廊道和周边城市的城际通道重叠。

2.3 规模与布局配置方法

1) 轨道交通配置规模

城际轨道交通系统主要依靠国家铁路网规划,一般一个周边城市联系方向引入1条国家铁路或城际铁路,联系特别强的方向可引入多条城际铁路,联系较弱的周边城市可通过衔接该直达城际的线路到离新城。

对于城市轨道交通系统,根据轨道交通的供给容量与轨道交通需求均衡分析。

$$G_i = (DRAIL_i + DRAIL_{背景})/CAP_{rail}$$

式中:G_i——第 i 个方向轨道交通通道的线路规模(条数);

$DRAIL_i$——第 i 个方向轨道交通的需求量(万人次/h);

$DRAIL_{背景}$——第 i 个方向轨道交通的背景需求量(万人次/h);

CAP_{rail}——轨道交通小时载客能力(万人次/h)。

2) 道路交通配置规模

根据区域小客车出行量对高速公路或快速路等道路系统的服务水平、运输能力提出明确要求,要求与相邻高速公路或快速路网络互通衔接,到达新城的道路系统要分散布置,规模与各个方向集散规模一致[6]。

$$G_i = (CAR_i + CAR_{背景})/T_{高快速}$$

式中:G_i——第 i 个方向出入口的道路车道规模(车道数);

CAR_i——第 i 个方向出入口的小客车需求量(pcu/h);

$CAR_{背景}$——第 i 个方向出入口的背景小客车需求量(pcu/h);

$T_{高快速}$——高速公路或快速路出入口及匝道的通行能力(pcu/h),一般高速公路取 1 500 pcu/h,快速路取 1 200 pcu/h。

3 成都东部新区案例研究

3.1 成都东部新区发展特征

东部新区属于《四川省主体功能区规划》规划的重点开发区[1]，位于成渝发展主轴和成德眉资连接地带的核心区域（图1），距离成都中心城区和双流国际机场均在50～60 km，跨龙泉山，西邻成都经济技术开发区，南接四川天府新区，北靠成都国际铁路港，区域内有天府国际机场、成渝高铁等重大交通设施（图2）。根据《成都东部新区国土空间总体规划（2019—2035）》，至2035年，东部新区承担成渝地区重要的先进制造业和生产性服务业基地、科技创新基地、国际消费中心、国际交往中心和国际性综合交通枢纽重要组成等职能。

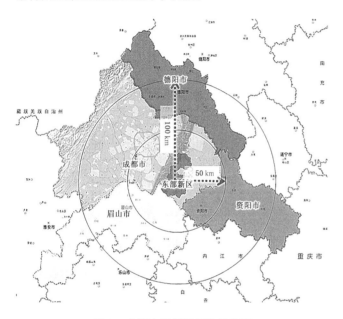 

图 1 成都东部新区区位示意图　　　　　　　　　图 2 成都东部新区功能布局图

3.2 交通需求分析

东部新区包括国际机场和东部新区高铁站两个枢纽，以及简州、空港两个功能组团，交通需求分析应分开计算。

3.2.1 两个枢纽交通

（1）天府机场：国际性综合交通枢纽，2021年6月30日开通运营，规划年旅客吞吐量2025年达4 000万人次，2035年达8 000万人次；分担成都双流机场压力，主要满足国际及部分国内的直达或中转旅客需求；70%客流集中在成都主城区和都市圈周边城市，30%客流来自四川省内其他城市。

（2）天府机场高铁站：成自铁路新设客运中间站，规模为2台6线，客流发送量远期按500万人次/年计，以服务空港新区为主。

（3）东部新区高铁站：规划引入沪渝蓉高铁、西成第二通道、成昆高铁及成都外环线，是成都铁路枢纽规划的四大主站之一，站场规模为9台21线；客流发送量远期按2 000万人次/年（成都站规模）计；以服务新区为主。

3.2.2 简州、空港两个功能组团的交通需求

（1）总服务人口：根据《成都东部新区国土空间总体规划（2019—2035）》，东部新区规划2035年总人口180万人，其中空港组团100万人，简州组团60万人，奥体公园20万人。因此，新城交通服务人口按180万人的总人口规模考虑。

(2) 出行强度：根据成都市综合交通大调查，成都中心城区常住人口平均出行率（不含短出行）为 2.5 次/日。未来，东部新区作为一个相对独立的新城，出行强度视为接近现状中心城区，日均出行次数为 2.5 次/日左右。

(3) 出行总量：东部新区人员日均出行总量约在 450 万人次/日。

3.2.3 东部新区叠加交通出行总需求

综合考虑两个枢纽、两个功能组团的交通需求，东部新区叠加交通出行总需求在 480 万人次/日。

3.3 对外交通空间分析

将东部新区的交通需求放入成渝双城经济区范围交通需求进行整体分析，得出东部新区出行中 60% 为东部新区内部交通出行，40% 为东部新区对外交通出行。将成都中心城区、天府新区以及德阳市、资阳市、眉州市以及重庆市等视为东部新区联系的周边主要城市，充分考虑周边城市经济总量、人口规模、居民生活水平、产业结构以及成都市域功能中心空间结构，东部新区对外交通三个范围圈层的客流空间分布如下：

1) 至简阳城区（建制区）的客流圈层

东部新区最初的行政区划属于简阳市，距离简阳城区 10~20 km。虽然后来行政区划调整为成都市的东部新区，但与简阳城区的联系可视为属于建制区的客流圈层，约占东部新区出行需求的 12%，属于东部新区对外交通服务的比邻交通圈层。

2) 至成都中心城区、周边城市的客流圈层

东部新区至成都中心城区、周边城市的客流中，与成都中心城区方向的联系最大，约占出行总量的 16%。与重庆市方向其次，约占出行总量的 7%。与资阳、德阳、眉州等周边城市方向最弱，约占出行总量的 5%。

3.4 对外交通配置方法

根据对外交通体系配置方法，对应东部新区对外交通的 3 个空间服务圈层，需要设计 3 个集散功能层次的对外交通系统。一是与成都中心城区快速联系的对外交通系统，以服务至成都中心城区、天府新区、成都市区综合交通枢纽的长距离交通功能为主；二是与周边城市快速联系的对外交通系统，以沟通成渝双城经济圈、成德眉资都市圈等城市群城市为主；三是与比邻城市的对外交通系统，满足比邻地区通勤、通学、日常出行的交通出行。下文以东部新区与中心城区方向的对外交通系统优化配置为例进行实例应用和验证。

3.4.1 轨道交通系统

1) 现状及运行状况

东部新区与中心城区联系的铁路设施有成渝铁路（80 km/h）、成渝客专（350 km/h）2 条铁路，成渝客专未设站，成渝铁路以货运为主。

东部新区与中心城区联系的市域轨道设施有轨道 18 号线，18 号线为轨道快线，含有大站快车和普通快速两种模式。18 号线一、二期工程线路起于火车南站，经天府新区，穿越龙泉山，向东至空港组团和天府机场，东部新区设有三岔站、福田站、T3/T4 站、T1/T2 站、天府机场北站，目前只开通了三岔站和天府机场北站，日均客流约 1 万人次/日，主要在三岔站。

2) 交通需求分析

根据东部新区的对外交通需求分析，东部新区与中心城区方向的轨道交通客流双向约 54 万人次/日，高峰小时双向约 11 万人次/时，高峰小时单向约 5.5 万人次/时。考虑到天府机场和资阳方向等客流也将借助东部新区的轨道交通进出中心城区，以及保障天府新区能有一定上下客空间，轨道交通应留有约 5 万人次/时的余量，即东部新区与中心城区的轨道交通高峰小时单向需求在 8 万~11 万人次/时。

3）规模配置与布局设计

东部新区与中心城区的轨道交通应为快速轨道交通，目前 18 号线比较适宜。轨道 18 号线制式的最大单向运能约为 4.2 万人次/时。因此，东部新区与中心城区方向需要 3 条轨道交通系统通道。

未来，成自高铁经过东部新区空港组团并设天府机场站和空港站，成渝中线经过东部新区北部简州组团，并在简州组团设东部新区站，考虑到铁路公交化运营，可以提供 1 条充当轨道交通的通道。因此需要新增 1 条 18 号线制式的轨道交通通道。

目前，18 号线的布局为东部新区南部空港组团及机场与中心城区的联系通道，而简州组团与中心城区缺少快速轨道交通联系。因此，在东部新区北部简州组团新增 1 条轨道交通通道联系中心城区（图 3）。

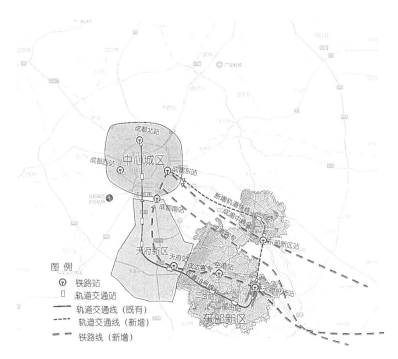

图 3　东部新区与成都中心城区方向对外轨道交通系统的配置优化方案

3.4.2　道路交通系统

1）现状及运行状况

东部新区与中心城区联系的高速公路设施有成安渝高速、成渝高速、天府国际机场高速北线以及二绕—蓉遵高速。快速路设施有成资快速路—公园大道。目前高速公路的流量在 2 万~3 万车次/日，高速公路与快速路交通流量较少。

2）交通需求分析

根据东部新区的对外交通需求分析，东部新区与中心城区方向的道路交通客流双向约 23 万人次/日，高峰小时单向道路交通需求为 2.5 万~3 万 pcu/h。考虑到东部新区至中心城区方向的道路通道同样承担资阳、简阳等城市往中心城区的交通量，故道路交通应留有约 40% 的余量，即道路交通需求为 3.5 万~5 万 pcu/h。

3）规模配置及布局设计

高速公路和快速路每条车道通行能力按照 2 000 pcu/h 计，东部新区高速公路和快速路需要 25 条车道。现有东部新区与中心城区联系的高速公路和快速路通道共约 14 条车道，还需要新增 11 条车道，即需要增加单向 3~4 车道的高速公路和快速路约 4 条。

高速公路和快速路的布局应综合考虑成都中心城区高速公路和快速路的布局以及衔接方便程度。根据成都市域高速公路规划以及成都中心城区快速路网络结构，东部新区北部简州组团新增东西轴线接中心城区三环路,规划成龙简快速路接中心城区绕城高速;东部新区南部空港组团新增双简快速路接天府新区,成简快速路接绕城高速(图4)。

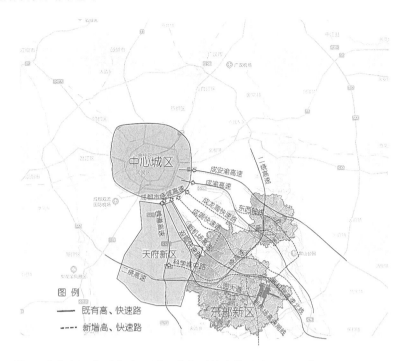

图4　东部新区与成都中心城区方向对外高快速路交通系统的配置优化方案

4　结语

本文结合国际大都市新城的交通需求特征,分析出其对外交通客流呈现中心城区范围、周边城市区域范围、比邻城市范围3个层面圈层特征,提出构建含有轨道交通、道路交通等的对外交通系统的规划技术路线、需求预测方法、配置原则与要求。以成都东部新区对外交通体系优化配置实际案例,实践应用该配置方法,并通过东部新区与中心城区方向的快速交通系统的配置方案优化,验证了该配置方法均衡通道布局的合理性和适应性。但仍有许多值得持续深入研究的问题:(1)新城对外交通系统之间运营组织要求不同,如何合理布局,实现高效衔接?(2)对外交通系统改变了出行时空,优化了城市空间资源布局,如何避免比邻地区成为新的城市蔓延式发展区?

参考文献

［1］　上海市城乡建设和交通发展研究院. 成都东部新区"十四五"综合交通体系规划[R],2021.
［2］　王波,朱春节. 上海五大新城职住空间分析[EB/OL]. [2021-05-18]. https://sghexport.shobserver.com/html/baijiahao/2021/05/14/433252.html.
［3］　上海市城乡建设和交通发展研究院. 上海新城交通特征[R],2021.
［4］　晏克非. 交通需求管理理论与方法[M]. 上海:同济大学出版社,2012.
［5］　陈必壮,杨立峰,王忠强,等. 虹桥综合交通枢纽的交通影响评价[J]. 交通运输系统工程与信息,2009,9(6):87-92.
［6］　朱洪,谢辉,晏克非. 综合交通枢纽地区对外集疏运体系配置方法[J]. 城市交通,2017(2):10-18.

上海新城发展定位演变及交通战略研究

Study on Shanghai New Town Development Orientation Evolution and Transportation Strategy

高 岳　周　翔　岑　敏

摘　要：新城建设是完善城市化战略的重要内容之一。分析回顾了1946年大上海都市计划以来,"有机疏散"导向下的上海新城发展定位及其疏解中心城的功能作用,并研究判断了不同时期发展背景下的上海交通战略的演变特征,分析其对新城发展的促进作用。根据"上海2035"新一轮总体规划在新时代的总体要求,研究基于上海大都市圈广域视野下新城作为综合性节点城市的功能提升要求,提出了复合廊道引领、交通枢纽支撑、独立系统打造等交通战略。立足新发展格局,面向未来新发展模式,从站城一体设计、路网全面提升两个维度,提出了上海新城的交通模式导向及网络设计要点。

关键词：新城；上海大都市圈；交通战略；节点城市；交通模式

Abstract: New town construction is one of the important contents of perfecting urbanization strategy. Since the Greater Shanghai Metropolitan Plan in 1946, the paper analyzes and reviews the development orientation of the new town of Shanghai under the guidance of "organic evacuation" and the function of dispersing the central city. It also studies and judges the evolution characteristics of the transportation strategy of Shanghai under development backgrounds in different periods, and analyzes its promoting effect on the development of the new city. Based on the general requirements of the "Shanghai 2035" master plan in the new era, the paper studies the functional upgrading requirements of the new town as a comprehensive node city in the broad vision of Shanghai metropolitan area, and puts forward the transportation strategies such as compound corridor guidance, transportation hub support and independent system building. Based on the new development pattern and facing the new development pattern in the future, this paper puts forward the traffic mode orientation and network design key points of Shanghai New Town from the two dimensions of integrated design of the station and the city and comprehensive improvement of road network.

Keywords: new town; Shanghai metropolitan area; transportation strategy; node city; traffic pattern

1 引言

2020年10月,《求是》杂志发表习近平总书记重要文章《国家中长期经济社会发展战略若干重大问题》。文章指出,建设一批产城融合、职住平衡、生态宜居、交通便利的郊区新城,推动多中心、郊区化发展,有序推动数字化城市建设,提高智能管理能力,逐步解决中心城区人口和功能过密问题。目前,上海正在编制"十四五"国土空间近期规划,从长三角区域一体化发展视角,明确优化上海市域空间的若干重大举措,落实"中心辐射、两翼齐飞、新城发力、南北转型"的新空间发展格局,提出加快新城向独立的综合性节点城市目标发力[1-2]。

本文研究分析了不同时代背景下上海新城发展定位及市域总体交通策略的演变历程,总结提炼了"卫星城镇—郊区新城—综合性节点城市"的定位及交通发展模式的相互适应关系。经历了工业发展导向的公路时代、城市全面复兴的高速公路时代和城市壮大发展的轨道交通时代,上海立足大都市圈广域

作者简介：高　岳,上海市城市规划设计研究院副院长、教授级高工,研究方向为综合交通规划。
　　　　　周　翔,上海市上规院城市规划设计有限公司综合办主任、信息数据部主任,国家注册城乡规划师,长期从事城市总体规划、区域规划研究、交通战略及生态系统研究。
　　　　　岑　敏,上海市城市规划设计研究院规划一所规划总监、高级工程师,从事总体规划和综合交通战略研究。

视野,进行面向未来新模式的探索,研究提出了廊道和枢纽引领、独立完备系统构建等交通战略,以及新城交通模式和网络设计导向要求。

2 "有机疏散"导向下的新城发展及交通系统演变

上海自1946年大上海都市计划以来的历版总体规划,始终坚持"有机疏散"的规划理念,从新中国初期立足中心城人口和功能疏解,到改革开放后谋划市域功能体系完善,再到上海主动服务、融入新发展格局,构建上海大都市圈,新城经历了从卫星城镇、郊区新城到综合性节点城市的不同发展定位[3-4]。下面结合不同历史时期的时代背景和发展环境,根据作为纲领性文件和发展蓝图的城市总体规划及综合交通战略研究情况,对上海新城的发展演变历程进行分析回顾。

2.1 传统公路时代的卫星城镇缓慢成型

新中国成立初期,上海从开埠以来的外向型、港口型经济中心城市转向内向型、生产型城市,逐渐成为中国重要的工业基地和财政支柱。1958年,江苏省管辖的10个县划入上海,上海市域面积扩大至6 185 km²。按照"逐步改造旧市区,严格控制近郊工业区,有计划地发展卫星城镇"的城市建设方针,1959版总体规划(图1)提出,规划建设近郊工业区和卫星城镇。同期编制的"上海市干道系统规划"(图2)明确了全市"三环十二射"和市区"五横四纵"的道路骨架。这一时期,上海相继建设了闵行、吴泾、嘉定、安亭、松江等5个卫星城和金山、宝山等2个工业卫星城。但市域和区域层面主要依托传统的公路和铁路,发展模式单一,以服务产业为发展阶段任务。中心城对外辐射强度不够,与之联系较为松散的远郊卫星城镇基本相对独立、缓慢发展,城镇能级普遍较低。

改革开放后,上海被列入全国14个开放港口城市之一,开始向多功能的外向型经济中心城市发展。按照"控制大城市,合理发展中等城市,积极发展小城市"的方针,1986版总体规划明确构建了由"中心城—卫星城—郊县小城镇—农村集镇"4个层次组成的上海市域城镇体系,其中,嘉定和松江2个县城规划为卫星城,并着力推动各卫星城由单一功能向综合功能转变。这一时期,部分依托原有县城发展的市级工业园区和一批重点建设的工业基地开始对县城、卫星城镇发展产生推动效应。

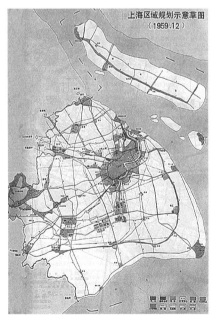 

图1 1959年版总体规划中上海区域规划示意图　　图2 1959年上海市干道系统规划图

为加快郊区发展,1987年上海首次编制了《上海市公路网规划》,形成第一版完整的公路系统发展规划。但总体上,由于财政预算、投资规模受限,上海仍主要聚焦解决中心城的住房紧缺、交通拥挤等突出矛盾和民生问题。中心城高架道路骨架开始成型,城市随之向近郊蔓延发展,规划承载人口和产业疏解的郊区卫星城和小城镇发展比较缓慢。

2.2 高速公路主导的郊区新城有序建设

1986版总体规划继续强化了道路公路主导发展模式（图3），而1988年中国大陆第一条高速公路——沪嘉高速建成，开启了上海高速公路的网络化、系统化发展阶段。随着1990年浦东开发开放，上海作为对外开放、对内联合"两个扇面"的枢纽和四个现代化建设"开路先锋"的作用更为突显。经过十多年的集中大规模建设，上海中心城快速构建了以"申"字形高架路等为骨架的城市干道网，支撑城市功能和能级规模的拓展提升。围绕解决"出行难""乘车难"等现实困难，并立足特大城市综合交通系统长远发展，上海轨道交通网络建设同期正式起步。

同时，与上海传统沿黄浦江拓展的城市形态相匹配的"南北切向"主导的道路辐射模式，逐步拓展演变为"环形＋放射状＋切向线"的道路组合形态模式，城市外环线成为中心城的边界、"城和郊"的分割线，以及射线高速公路的起点。相应地，以中心城为核心、向郊区郊县的主要城镇及外省放射的格局基本构建，部分干线沿线市郊城镇节点能级得到提升。

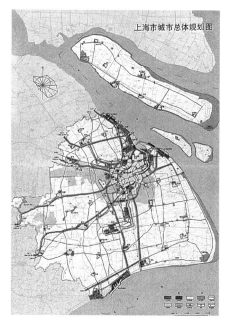

图3　1986年版上海市城市总体规划图

世纪之交的2001年版总体规划（图4）是上海实现跨越式发展的基石。规划明确以中心城为主体，形成"多轴、多层、多核"的市域空间布局结构，以及"中心城—新城—中心镇——般镇"的四级城镇体系（图5）。其中，规划的11个郊区新城是市域空间中的"多核"，人口规模多在20万左右。按照"15、30、60"目标，上海加快建设完善高速公路体系，实现中心城与郊区新城、中心镇和产业园区之间的互通互联。同时，1999年上海市轨道交通线网规划国际招标方案专题上报国务院，并纳入了总体规划。

进入21世纪之后，高速公路系统在支撑市域空间发展、提高交通服务水平的同时，加速了市域联系、产业互动及居住人口流动。同时，逐步沿沪宁、沪杭等传统发展走廊向长三角区域拓展延伸，继而迅速确立了在长三角区域交通网络中的骨架作用。相应地，上海市郊的产业园区、出口加工区、保税区等成为郊区综合实力体现的主要代表。

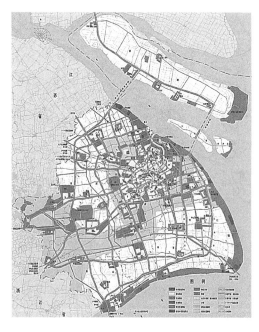

图4　2001年版上海市城市总体规划图

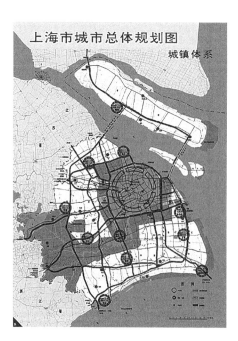

图5　2001版总规城镇体系规划图

2.3 轨道交通引导的郊区新城跨越发展

21世纪初,上海先后编制了轨道交通的基本网络和近期建设计划(图6),主要围绕确立中心城的公共交通主体地位、构筑中心城45分钟交通圈、服务重点客流走廊,同时要为郊区重点发展地区提供交通保障。因此,在远景网络的框架下,两个规划相应地明确了基础的骨架网络和近期建设网络来支撑国际化大都市发展目标。计划在2012年之前建成13条线路,总长约510 km。

2006年,上海基于总体规划框架,深化形成"1966"城乡规划体系(图7),由1个中心城、9个新城、60个左右的新市镇和600个左右的中心村等4个层面构成。本轮规划对新城的定位逐步明晰,即将9个新城建设成为现代化中等规模城市,既是郊区各区县的政治、经济、文化中心,也是中心城人口疏解和郊区人口向城镇集中的主要方向。这些新城分别是松江、嘉定—安亭、临港、宝山、闵行、青浦、奉贤南桥和金山、崇明城桥,规划总人口约540万,将集聚郊区的一半人口,相比2001年版总体规划,规模得以大幅提升。其中,松江、嘉定—安亭和临港等3个新城为重点发展的新城,人口规模按照80~100万规划,并被纳入2010年国务院发布的《长江三角洲地区区域规划》中。

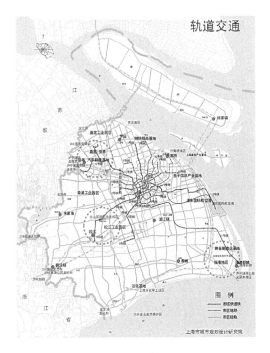 

图6　2003年版上海市轨道交通近期建设规划图　　　图7　"1966"上海市城镇体系规划图

为此,在既有1条高速公路、1条以上国省干线公路的基础上,规划提出为各新城规划1条以上的市域轨道交通线路(R线)。轨道交通9、11、16号线成为最先建成、通往3个重点郊区新城的市域快速轨道交通线路。但是,单一的地铁模式和以中心城为中心的公共交通网络结构对郊区城镇空间的引导性是不足的。突出表现在贴近外环、沿各条高速公路或轨道交通向近郊蔓延的用地无序开发和低效利用现象显著,市域空间发展尚未跳出圈层拓展的模式。与此同时,长三角区域已先行迈入了高铁时代,但上海的郊区新城在区域高铁走廊中尚未作为重点节点予以考虑。

3　"上海2035":大都市圈广域视野下的新城发展及交通策略

经过近40年的集中大规模、高强度建设,上海已形成了世界一流的超大城市综合交通系统。但在由单个城市向网络城市的发展过程中,上海面临着交通与区域空间布局更协调优化、城市交通出行效率和品质提升、空间资源与环境约束等多重挑战,必须在上海大都市圈地域范围内,与近沪城市共同谋求全球城市功能的整体布局优化,共同构建支撑同城化发展的综合交通网络。

在新形势背景下,"上海2035"从长三角城市群及上海大都市圈的区域视角出发,跳出"城郊"二元空间结构,将位于重要区域廊道上、发展基础较好、规划人口规模50万人以上的5个新城,即嘉定、松江、青浦、奉贤和南汇新城,培育成为具有辐射带动作用的独立城市[5],并形成了与之相匹配的新城交通发展策略。但目前来看,当前新城普遍存在对外交通枢纽功能不强、与区域广泛联系的城际轨道网络尚未建立、内部交通系统薄弱等问题。

3.1 强化区域交通廊道对新城能级提升的骨架引导

在国家铁路、公路等综合交通布局基础上,上海在大都市圈范围内进一步完善区域复合交通廊道,注重国家铁路干线与高速公路通道的完善,着力提升上海作为"两个扇面"枢纽的区域腹地连接度和对外辐射服务范围,形成了南京、杭州、南通、宁波、湖州等5个主要联系方向,分别形成沪宁、沪杭、沿江、沪通、沪湖、沿湾、沪甬等7条区域交通廊道[6]。

通过构建以高速铁路、城际铁路为骨架的区域城际交通网络,如建设沪苏湖高铁、北沿江高铁、沪乍杭铁路等,以及研究预留沪甬通道等跨江跨海通道,优化通道选线与新城布局的关系,提升5个新城在长三角区域主要发展廊道上的区位条件,增强新城在全球城市区域网络中的节点功能,使之逐步成为和苏州市区、嘉兴市区、昆山市、太仓市等近沪城市具有同等能级的综合性节点城市,具备对外辐射服务能力和门户作用。

3.2 突出交通枢纽对新城功能优化的支撑作用

基于上海大都市圈乃至长三角区域的综合交通枢纽布局及资源优化,在市域完善形成"国际(国家)级—区域级—城市级"三级对外交通枢纽体系的框架(图8),以适应上海市域乃至大都市圈"多中心、网络化"空间结构的转变。依托区域城际铁路、市域轨道快线等区域轨道交通线路的交汇枢纽站点,结合中心城、主城片区、城镇圈的空间布局设置城市级客运枢纽,实现城际客运枢纽服务的均衡布局、全域覆盖,全市85%的居民可在60分钟以内到达较近的枢纽[7]。

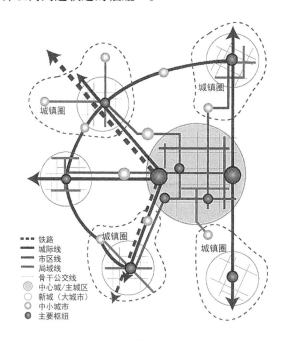

图8 上海及近沪地区轨道交通与枢纽布局模式示意

主城区以外地区,城市级客运枢纽一般结合新城、核心镇的集中建设区布置。一方面为新城等节点城市提供便利的城际交通出行服务,加强与近沪城市、长三角区域节点城市的联系,并强化其作为周边城镇对外交通枢纽的服务功能。另一方面,起到辅助性作用,适度缓解虹桥国际枢纽、上海站等区域级枢纽的压力。

一般而言,城市级客运枢纽强调相对均衡的布局,其平均集散时间控制在30～40分钟。按照枢纽服务功能要求,应与新城的高等级公共活动中心相结合,服务最密集的客流集中地区,并通过地区道路系统、公共交通网络实现与新城全域以及周边城镇的便捷的交通联系。

3.3 打造以新城为核心的多层次独立交通系统

作为上海大都市圈的综合性节点城市,新城的集中建设区面积、人口总量均达到中等城市规模,"上海2035"更是提出应按大城市能级要求配置相应的交通、公共服务设施。因此,参考借鉴邻近的昆山、嘉兴、太仓等城市综合交通系统特征,并根据上海市域构建3个1 000 km的多模式、多层次轨道交通的总体框架,为5个新城打造契合其定位能级、以轨道交通为主导的独立完备的综合交通系统。

首先,依托上海大都市圈多模式城际轨道交通网络和新城交通枢纽的构建,为其配置至少1条国铁和1条轨道城际线(市域线),锚固新城在大都市圈第一圈层的门户枢纽地位,并完善区域多向链接的高速公路系统,实现与毗邻的大城市30分钟内可达。

其次,新城作为"上海2035"中明确的综合发展型城镇圈的核心,也将对其周边城镇发挥重要的辐射服务功能。通过交通网络实现新型空间组织模式,故需相应建立轨道以交通局域线和新城快速路为骨架、公路道路为网络支撑、常规公交全面服务的基础交通系统,促进不同功能组团之间的产城互动、本地化职住平衡[8]。

4 面向未来的新城交通模式及网络设计导向

基于生态文明时代的总体发展要求,以"迈向最现代的未来之城"为新城规划建设的目标愿景,以人为核心,围绕"最具活力""最便利""最生态""最具特色"等发展要求,实现未来工作与生活更加无界、服务与交通更加智能、城市与自然更加融合、人文与个性更加突出[9]。同时,新城作为未来发展增长极的发展定位,应重点构建"现代集约、功能完备、智慧生态"的综合交通发展模式,实现"30、45、60"目标,以保障、支撑和引领新城面向未来发展。

在未来交通模式上,结合五大新城的总体城市设计,围绕绿色永续交通体系的完善,按照"公交主要通道与慢行基础网络"同步优先构建的总体原则,坚持公共交通主导战略,建立以轨道交通局域线为主导、常规公交全面铺展的公共交通网络,提升交通换乘便捷。打造"线上资源合理分配、线下高效优质运行"的高效可靠的智慧出行场景,推广"出行即服务"(MaaS)+智慧定制公交+智慧停车系统。强化货运交通领域能耗排放管理,推进清洁能源使用。基于此,近期着重从站城一体设计和道路网络全面提升等两方面,加强面向未来的交通网络设计导向。

4.1 站城一体设计

按照"上海2035"确定的新城枢纽布局,结合总体城市设计方案优化选址及功能布局,建设"内外衔接""站城一体"的对外交通枢纽,整合高速铁路、城际铁路、市域线、市区线等系统,实现对外便捷、对内便利,加强枢纽周边地区不同功能集聚和综合设置,是实现完善独立的综合性节点城市交通体系的关键策略。

根据新城由市域交通末端向区域廊道节点转变的发展要求,新城的城市级交通枢纽应强调以下三方面:①融入区域城际轨道交通网络,依托干线铁路节点或两条以上的轨道交通城际线(市域线),强化枢纽地位;②设置于城市开发边界(集中建设区)内,并与新城中心(城市副中心)紧密结合,强化站城融合效应,扩大新城的区域辐射力;③突出与周边城市、新城之间以及与中心城枢纽节点的"直连直通"模式。

以嘉定新城交通枢纽为例,可以发现既有安亭枢纽存在与新城分离、与相邻新城缺乏直达联系等问题。为更好地推进嘉昆太地区协同发展,有必要在保留安亭枢纽的基础上,结合嘉定新城中心(远香湖地区)的建设,依托嘉闵线与宝嘉线,提升嘉定东枢纽能级,打造可直达苏州、南通的嘉定新城的城市级交通枢纽。

4.2 路网全面提升

道路网是人与物实现空间移动的基本载体,构建与新城功能定位相匹配的开放式、系统性骨干道路网,是新城实现独立综合性节点城市发展目标的重要保障。基于"独立""综合性"的新城发展目标,新城骨干路网提升应聚焦以下四个方面:

第一,完善区域衔接,实现新城 15 分钟内接入高快速路系统。以嘉定新城为例,可通过绕城高速的延伸,加强与昆山、太仓等周边城市的快速联系,同时优化高快速路的出入立交布局,构建新城辅环,强化内外交通转换。

第二,健全系统骨架,逐步削减干线通道对城市功能、生态和空间的割裂影响。通过平移、改建等方式,推动新城空间和功能缝合,并贯通主次干路,强化新、老城区之间的空间联系和功能联动。如嘉定新城可弱化 S5 沪嘉高速的过境交通功能,为新城中心向东拓展提供更多发展空间,并强化 G1503 绕城高速两侧南北向干道的贯通性,为新城向北拓展提供更坚实的交通保障。

第三,强化组织管理,倡导客货分离,强化过境分流。加快新城外围货运通道的规划建设,创造客货分流的品质化城市空间。新城内部开展疏解整治行动,依托新城外围完善的货运分流系统,强化产业园区和产业社区集散系统衔接。如嘉定新城可对沪宜公路等传统公路的新城段进行城市化柔性改造,并构建外围高快速环路,避免货运交通进入新城核心地区,助力提升新城中心的空间品质。

第四,构建贯穿全域的慢行网络,全面提升完善支级路网和公共性通道。按照 15 分钟社区生活圈的标准,统筹考虑骑行和步行的要求,以连续、完善、安全、舒适为原则,串联新城主要功能节点,进一步提高新城拥有独立路权的慢行网络密度,优化路权分配,重点加密人流量较大的轨道交通站点周边地区的慢行网络。

5　结语

交通是城市"居住、工作、游憩"三大功能之间的纽带,亦是城市正常运行的生命线。面向全球、面向未来,上海坚定地选择了"高效易达、包容公平、低碳集约"的绿色永续交通目标,这也将是新城的发展理念与原则。作为新发展格局下的"两个扇面"枢纽城市,上海将与近沪城市共同构建轨道上的大都市圈,作为第一圈层的综合性节点城市,新城将需要从宏观、中观到微观的交通系统优化与设计,逐层递进深化从长三角区域到大都市圈、城镇圈、生活圈的交通组织模式,完善绿色低碳交通发展格局。为实现上海新城发展设想,还应从健全交通与用地协调统一的规划发展机制、完善市区二级管理体制、建立新城交通发展专项基金与统筹机制、加快研究新城区域差别化的交通管理政策等方面加强政策保障。

参考文献

[1] 上海市人民政府. 上海市国民经济和社会发展第十四个五年规划和二○三五年远景目标纲要[R], 2021.

[2] 上海市规划和自然资源局, 上海市城市规划设计研究院. 上海市国土空间近期规划(2021—2025 年)[R], 2021.

[3] 上海市城市规划设计研究院. 上海市城乡综合交通发展战略规划研究[R], 2012.

[4] 周翔, 岑敏, 陈琳, 等. 上海新城交通差别化发展策略研究[C]. 2013 年中国城市规划年会论文集, 2013.

[5] 上海市人民政府. 上海市城市总体规划(2017—2035)[R], 2017.

[6] 高岳, 周翔, 蔡颖, 等. 公交优先导向下超大城市的综合交通规划研究:"上海 2040"交通发展思考[J]. 城市规划学刊, 2017, 239(7): 49-60.

[7] 陈小鸿, 周翔, 乔瑛瑶. 多层次轨道交通网络与多尺度空间协同优化:以上海都市圈为例[J]. 城市交通, 2017, 15(1): 20-30.

[8] 周翔, 高岳. "上海 2040"绿色交通发展愿景和路径选择[J]. 城市交通, 2017, 15(3): 9-19.

[9] 上海市规划和自然资源局, 上海市城市规划设计研究院. 上海市新城规划建设导则[R], 2021.

综合立体交通网背景下通用航空运输发展策略研究

Strategies Study on Transportation Development of General Aviation under the Background of Comprehensive Transport Network

刘小倩

摘 要：伴随我国通用航空相关政策体系的不断深化完善，通用航空迎来了快速发展的黄金机遇期。基于通用航空的基本功能分类和特征分析，针对既有理论研究与实践在通用航空短途运输服务功能方面的薄弱发展现状，从综合交通的视角出发，系统归纳解析了运输服务导向下通用航空在出行需求、交通系统和相关产业的三维定位，最后提出了综合立体交通网背景下通用航空的发展策略建议，为各地通用航空在交通运输领域的发展决策提供了理论参考依据。

关键词：通用航空；综合立体交通网；低空运输

Abstract: With the continuous improvement of the relevant policy system of general aviation in China, a rapid golden opportunity period is coming for general aviation development. Based on the basic functional classification and characteristic analysis, it is found that the theoretical study as well as present practice on short-distance transport service of general aviation is poor. From the perspective of comprehensive transportation function, this study systematically analyzes the three-dimensional orientation of transportation-led general aviation on trip demand, transportation system and relevant industries. In the end, strategic development suggestions on general aviation under the background of comprehensive transport network are put forward, which provides a theoretical reference for the general aviation development decision-making on transportation across the country.

Keyword: general aviation; comprehensive transport network; low-altitude transport

1 通用航空概述

1.1 通用航空的概念界定

通用航空与运输航空被称为民用航空的"两翼"。根据《中华人民共和国民用航空法》定义，通用航空是指使用民用航空器从事公共航空运输以外的民用航空活动，包括从事工业、农业、林业、渔业和建筑业的作业飞行以及医疗卫生、抢险救灾、气象探测、海洋监测、科学实验、教育训练、文化体育等方面的飞行活动[1]。

1.2 通用航空的功能分类

目前，我国民航统计的各类经营性通用航空飞行共涉及26种作业项目[2]，从功能的角度出发，大致可以分为以下四大类：

1）生产作业

主要包括石油服务、人工降水、农林喷洒、渔业飞行、气象探测、电力作业、科学实验、航空探矿、航空摄影、航空院校非经营性飞行培训等为社会各界生产经营提供服务的飞行作业。

2）应急救援

主要包括医疗救护、空中搜救、抢险救灾等应急救援活动。

作者简介：刘小倩，高级工程师，注册城乡规划师，主要研究方向：交通运输规划与管理。

3) 旅游娱乐

主要包括个人飞行体验、空中旅游观光、航空表演、航空体育运动等依托低空飞行开展的旅游与娱乐服务。

4) 短途运输

主要是指以运输为目的的各类载人飞行业务，包括公务飞行与短途运输业务。

1.3 通用航空的基本特征

1) 运载工具多样

相比于以旅客或货邮为主要运载对象、以大型喷气式飞机为主要运载工具的运输航空，通用航空多数采用不具备增压设备的小型航空器。鉴于其飞行作业内容涵盖的领域广泛多元，用于不同用途的机型种类比运输航空更为复杂多样[3]，在一定程度上增加了通航运载工具标准化设计生产与维保检修的难度。

2) 飞行情景复杂

运输航空属于巡航高度在 7 000～12 000 m 左右的高空飞行，而通用航空巡航阶段的飞行高度大多为 3 000 m 以下，属于低空或超低空飞行。通用航空作业情景复杂多元，同时低空空域的运行环境与高空相比更为复杂，受天气影响和地形地貌的制约更大[3]。

3) 安全运行风险大

通用航空器没有运输航空器类似的仪表飞行装置，在低空空域复杂多变的飞行环境下，主要依靠驾驶员目视参考来驾驶航空器，驾驶难度大。另外，鉴于通用航空作业任务的多元复杂性，航路结构与机场净空条件各有差异，安全运行的风险性相较于运输航空更大。

4) 产业发展潜力巨大

通用航空产业以通用航空器制造为核心，涵盖通航运营、综合保障、延伸服务等战略性新兴产业体系。通用航空具有产业链条长、服务领域广、带动作用强等特点，具备巨大的产业发展潜力。目前我国通航产业的发展刚刚起步，有望成为带动投资、促进消费、推动转型的新型经济增长点。

2 我国通用航空的发展趋势

2.1 政策加持的发展红利与机遇

1951 年 5 月，我国军委民航局首次使用 C-46 型飞机执行广州市的防治蚊蝇任务，拉开了新中国通用航空服务民生的序幕[4]。70 年来，我国通用航空事业取得了显著的发展成就。

特别是近十年来，通用航空在国家政策体系的不断支持下，进入了高速发展阶段。2010 年，《建设民航强国的战略构想》与《关于深化我国低空空域管理改革的意见》的相继提出，为我国通用航空基础设施建设与发展环境的改善等方面奠定了基础。2016 年，以国务院办公厅发布的《关于促进通用航空业发展的指导意见》为代表，促进通用航空发展，支持通用航空总体规划、机场建设、空域划分、经营许可和任务审批，推行无人机行业运行标准等一系列通航政策不断出台[5]，各地区根据自身特点，在"十三五""十四五"规划中几乎均涉及通用航空相关发展规划内容。在良好的政策环境下，通用航空迎来了史无前例的发展机遇期。

2019 年，全国颁证的通用机场数量达 246 座，首次超过运输机场数量，同年飞行总小时首次突破 100 万小时。

2.2 发展模式的多元探索与挑战

尽管通用航空涉及的领域广泛、业态多样，但从我国通用航空的发展现状来看，仍然是以生产作业功能为主导的产业形态,其他功能尚存在较大的发展空间。

以 2019 年统计数据为例,生产作业的通航飞行总小时占全部通航飞行总小时的 94.8%,短途运输和旅游娱乐业务的占比均不足 3%,与美国等通航发达国家相比尚有较大的差距。2020 年底,国家财政部出台政策,不再对通用航空机场建设与运营予以补贴,长期单纯依靠政府补贴的传统模式已经难以为继,通用航空迎来了公共服务产品的产业化与市场化的双重考验,各地亟须探索出定位准确、理性实际、可持续的通用航空发展模式。

3 运输服务导向的通用航空发展三维定位分析

短途运输与旅游娱乐的主要运输服务对象是一般旅客,是除生产作业与应急救援功能以外,通用航空业务中相对弹性灵活且最具发展潜力的板块。发展通用航空的旅客运输服务,需要从出行需求、交通系统与相关产业三重维度进行定位分析与决策。

3.1 出行需求定位

1) 服务偏远地区

通用航空相比于运输航空,鉴于其运载工具的载客量和续航里程特性,具有运能低、频次低、灵活性高等点对点的运输服务特征。同时,通用航空相比于公路和铁路交通,具有建设成本低、布点灵活等优势,可满足地面交通不便地区的客运、货运需求,因此一般适用于国土面积较大的国家,典型的如国际上通航发展较好的美国、加拿大、巴西、澳大利亚等,特别在一些地处偏远、无运输机场覆盖的区域,能够一定程度上作为运输机场的有益补充,提升地区的多模式交通出行服务水平与应急保障的可靠性。

2) 服务城市群内部

2018 年 11 月,中共中央、国务院发布的《关于建立更加有效的区域协调发展新机制的意见》[6]明确指出,建立以中心城市引领城市群发展、城市群带动区域发展的新模式,推动区域板块之间融合互动发展。截至 2019 年 2 月,国务院先后共批复了 10 个国家级城市群。

通用航空的短途通勤、跨市摆渡等空中服务,在 300 km 范围以内的城市群内部,是完善城市群内部(特别是跨市之间)交通一体化服务的新型多模式交通方式之一。

典型案例:德清莫干山通航机场。2019 年 6 月,浙江低空快线德清—横店、德清—舟山航线开通运营,票价 200 元,较陆路自驾方式分别节约了 2 小时和 3 小时,成为长三角首批正式运营的短途通勤航线,未来将打造长三角环飞、串飞的"德清模式"。

3.2 交通系统定位

1) 与运输机场的关系

在考虑通用机场布局时,应首先从服务需求出发,以运输时效性和经济性成本为约束,明确通用机场与周边运输干线机场、支线机场的关系定位,常见的有接驳型、补充型或综合型等。

典型案例:内蒙古乌拉特中旗通用机场。该机场距离巴彦淖尔机场 100 km、包头机场 170 km、呼和浩特机场 300 km。该机场充分发挥了与周边运输机场接驳互补的作用,同时结合了 7 条低空观光游线的开发。2019 年乌拉特中旗通用机场全年执飞 1 783 架次,年旅客量 10 425 人次,是国内首家旅客吞吐量达万级的通用机场。

2) 与综合交通系统的衔接

通用航空作为正处于发展上升期的、综合交通系统中民航子系统的一个重要组成部分,应充分明确在综合交通系统中的功能定位,特别在规划选址方面,尤其要注重通航机场的陆侧交通系统衔接,从全出行链的角度,优先考虑在干线通道易达地区结合其他枢纽综合布设。

3.3 相关产业定位

通用航空作为国家的战略性新兴产业,一方面,对城市或地区的发展有着促进作用,另一方面,其功能定位与差异化的发展方向又依托于各地通航的相关主导产业或特色产业类型,大致可以分为以下三种导向类型:

1)运输需求导向

通用航空运输服务有直接需求潜力或引导性需求潜力,最典型的为旅游产业。通用航空的低空观光、飞行体验、航空运动等可以与当地的旅游资源禀赋形成良性互促关系。

2)设施供给导向

通用航空在飞行器制造、机场配套建设等设施设备供给方面的产业发展,能够为通用航空的运输发展提供更加直接的有力支撑。

3)综合基地导向

以航空小镇的模式,打造集多重产业为一体的综合性通用航空基地,全面支撑通航在多领域的长期可持续发展。

4 综合立体交通网背景下通用航空发展策略建议

为加快建设交通强国,构建现代化高质量国家综合立体交通网,支撑现代化经济体系和社会主义现代化强国建设,2021年2月,中共中央、国务院对外公布了《国家综合立体交通网规划纲要》(简称《纲要》)[7],勾勒了未来15年国家综合立体交通网蓝图。

《纲要》在推进综合交通统筹融合发展等多个层面明确提到了通用航空,从宏观层面为通用航空在综合交通系统的发展指明了方向。在综合立体交通网背景下,通用航空发展的主要策略可以归纳为区域协调、方式衔接和产业融合。

4.1 区域协调

1)加大偏远地区的覆盖

大力支持我国西部、西北部、东北部等偏远地区通用航空的发展,充分发挥通用航空的运输功能效益,弥补综合交通立体网络覆盖的薄弱点,进一步改善地处偏远、地面交通不便地区的居民的出行条件。

2)提升城市群交通品质

逐步提升通用航空在城市群综合立体交通网中的短途运输作用的发挥,精准定位,需求优先。研究布局综合性通用机场,疏解繁忙机场的通用航空活动,发展城市直升机运输服务,构建城市群内部快速空中交通网络,逐步发展定制化的通航航线服务,助力实现城市群内部2小时交通圈,推进城市群内部交通运输一体化发展。

4.2 方式衔接

1)基础设施衔接

在交通基础设施层面,通用机场的规划选址与建设布局要充分考虑与综合交通系统其他方式的衔接,特别是陆路干线通道(如城际轨道、高速公路、快速路等)的可达性以及与综合客货运枢纽统筹布设的集约性。

2)智慧信息联通

加快提升通用航空基础设施的数字化、网联化,推进智能化通用航空器的应用,发展新一代空管系统,推进空中交通服务、流量管理和空域管理智能化,推进各方信息的共享与联通。

4.3 产业融合

1) 旅游与通航的产业融合

《纲要》明确提出推进通用航空与旅游融合发展。强化旅游交通网"快进慢游"的功能,同时利用通航飞行集运输、观览与体验于一体的特性,充分结合通航优势与旅游资源禀赋,打造通航旅游交通产品。

2) 装备制造与通航产业的融合

推进通用航空相关装备制造业的发展,带动国产航空装备的产业化、商业化,支持通用航空交通装备制造业延伸服务链条,促进通航现代装备在交通运输领域的应用,强化通航运输与现代装备制造业的相互融合与支撑。

5 结语

伴随着国家空管体制改革的深化,通用航空作为我国的战略性新兴产业,在综合立体交通网背景下,应充分挖掘其运输功能特性,在出行需求、交通系统和相关产业三个维度精准定位分析的基础上,以区域协调、方式衔接和产业融合决策为策略导向,最大限度地规避通航引进定位不清晰、发展策略跟风同质化等非理性决策带来的不必要的系统风险,充分释放通用航空在旅客运输服务市场上的巨大发展潜力。

参考文献

[1] 中华人民共和国民用航空法[EB/OL].[2021-05-18]. http://www.people.com.cn/zixun/flf-gk/item/dwjjf/falv/8/8-3-01.html.

[2] 叶子青. 以旅游消费带动通用航空发展[J]. 环球飞行,2020(6):14-19.

[3] 姚迪,易蓉. 通用航空与运输航空差异性分析[J]. 科技与创新,2021(8):67-69.

[4] 中国民用航空局. 中国通用航空发展概况[EB/OL].[2021-05-25]. http://www.caac.gov.cn/website/old/H1/H3/.

[5] 杨璐源. 关于促进我国通用航空发展的政策绩效研究[D]. 天津:中国民航大学,2020.

[6] 中共中央 国务院关于建立更加有效的区域协调发展新机制的意见[EB/OL].(2018-11-29)[2021-05-22]. http://www.gov.cn/zhengce/2018-11/29/content_5344537.htm.

[7] 中华人民共和国交通运输部. 国家综合立体交通网规划纲要[EB/OL].(2021-02-25)[2021-05-20]. https://xxgk.mot.gov.cn/2020/jigou/zhghs/202102/t20210225_3527909.html.

基于 TOD 的轨道站点综合开发研究
——以能达商务区站为例

张 晨 万轶凌

摘 要:随着国内越来越多的城市进入轨交时代,站点一体化设计及开发日益重要。轨道交通站点一体化的周边用地开发源于 TOD 理念,通过对公共交通站点周边的设计,优化站点功能布局,提升居民的居住环境。本文以能达商务区站为例,提出在建设轨交站点的同时结合周边用地开发进行综合开发,差异化考虑用地业态,优化提升站点周边用地布局、强度及混合利用,细化片区交通等对策。相关研究可为后续类似城市轨交站点的综合开发提供思路和借鉴。

关键词:轨道交通;TOD 原则;综合开发;能达商务区站

Abstract: As more and more cities in China enter the era of rail transit, integrated site design and development are becoming increasingly important. The development of integrated surrounding land for rail transit stations is derived from the TOD concept. Through the design of the surrounding public relations and transportation stations, the functional layout of the stations is optimized and the living environment of residents is improved. Taking Nengda Business District Station as an example, this article proposes comprehensive development in conjunction with surrounding land development while constructing rail transit stations, different land use types, optimization and improvement of site surrounding land layout, intensity and mixed use, refinement of regional traffic and other countermeasures. Related research can provide ideas and reference for the comprehensive development of similar urban rail transit stations in the future.

Key Words: rail transit; TOD (Transit-Oriented Development); comprehensive development; Nengda Business District Station

1 引言

发展轨道交通已成为现代城市发展的主要战略之一,究其原因是因为轨道交通不仅是解决城市交通问题的有效途径之一,也对优化城市空间结构有着重大意义[1]。截至 2020 年底,中国内地共有 45 个城市开通了城市轨道交通运营,运营线路长度 7 978.19 km。新增城轨交通运营线路 1 241.99 km,新增运营线路 36 条,新开延伸段或后通段 20 段,25 个城市有新城轨道交通线路(段)投运[2]。

南通市作为连接江苏与上海的纽带,近年来轨道交通建设也进入快车道。轨道交通作为引领城市发展的重要抓手,将显著提升城市的核心竞争力。但轨道交通的快速发展,也给周边的土地开发与使用带来了诸多问题,例如,土地综合开发强度低,TOD 理念在站点核心区规划中未能得到良好的体现,站点功能定位不清晰,服务范围级别不确定,站点与其他接驳设施连接不畅等。由此看来,站点周边的统一开发建设对发挥城市的辐射作用,带动城市的发展有着重要的影响[3]。本文以南通能达商务区站为例,探讨其周边土地 TOD 综合开发在规划策略、思路等方面的创新,希望能为轨道交通沿线土地综合开发提供思路及借鉴。

作者简介:张 晨,上海城市交通设计院有限公司,助理工程师,主要研究方向:城市规划。
万轶凌,上海城市交通设计院有限公司,高级工程师,注册规划师,主要研究方向:城市与交通规划。

2 能达商务区站周边开发现状及存在问题

2.1 现状特征

1) 区位现状特征

能达商务区站位于江苏省南通市崇州区能达商务区内,是南通轨道交通1号线和4号线的换乘车站,其中1号线现已在建,预计2022年建成运营。同时,将引入江海快线,交通枢纽功能进一步加强。站点周边以居住、商业用地为主,东南侧为江苏航运技术学院。

2) 土地利用特征

能达商务区范围内已签约在建企业涵盖商务商业、新兴技术、房地产开发等产业,主要为携程呼叫中心、润华国际中心、创业外包服务中心、总部大厦、华润置地橡树湾和景瑞18号高地居住等项目。商务区站西北侧主要为商务用地,东北侧为居住用地和商住混合用地,西南侧为商务和居住用地,东南侧为教育科研用地,主要为飞马国际中心、鑫湖国贸中心、能达金融广场、永旺梦乐城、雅居乐住宅、世贸广场等。

3) 交通现状特征

站点周边现状路网基本成型,但因规划开发等问题,尚有部分断头路未打通。站点现状道路主要以机动车为导向,缺乏步行和非机动车车道。此外,站点周边停车设施以商办配建停车场为主,星湖大道与通盛大道交叉口西北角绿化内目前设有一处临时停车场,泊位约100个。

2.2 存在问题

从当前能达商务区站点周边及站点本身的开发来分析,存在轨道交通与土地开发利用不紧密、交通集散方式单一、枢纽衔接不便等问题。

1) 土地开发利用强度较低

站点周边的土地开发强度偏低,除去待开发用地,容积率仅为3.04,并且没有围绕轨道交通站点形成紧凑的空间格局。同时,轨道1号线近期建设的4处出入口,主要沿星湖大道和通盛大道两侧布置,距离周边物业约50~80 m,距离较远,出现轨道交通出入口与周边物业开发"两张皮"现象。

2) 交通集散方式单一

现状交通主要为轨道交通和江海快线的换乘站,集散方式以小汽车为主,较为单一。需要结合TOD发展理念对交通集散方式实施优化,融入城际客运、公交等多种交通方式,实现便捷换乘,建立无缝衔接的综合型客运枢纽。

3) 交叉口过大,慢行系统不友好

根据新版《南通经济开发区控制性详细规划》,星湖大道与通盛大道交叉口尺度较大,渠化设计较为复杂,造成行人过街耗时较长。同时,站点周边慢行设施不足,部分被道路两侧绿化挤占,造成人行道缺失,慢行系统不友好。

3 能达商务区站周边开发设计原则及策略

3.1 开发设计原则

1) TOD原则

TOD(Transit-Oriented Development)原则即以公共交通为导向的开发模式,指以公共交通为中枢、以公交站点为中心、以400~800 m(5~10分钟步行路程)为半径建立集工作、商业、文化、居住等为一体的城区,以实现各个城市组团紧凑型开发的有机协调模式。TOD模式具有土地开发强度较高、土地功能混合开发、公交服务快速便捷、空间设计宜人四大特征。

沿轨道站点的 TOD 模式鼓励将商业、办公、配套服务等集中在站点 400～500 m 范围内,减少通勤、管线等方面的浪费。同时注重在车站步行服务范围内进行集约高效的土地利用,使周边功能与车站无缝衔接,完善交通接驳,增加土地的使用活力,提升土地的经济效益,提供优质宜人的生活环境。

2) 多专业协同开发原则

轨道交通站点的设计开发涉及轨道建设、用地规划、道路交通、建筑设计等多专业领域,开发时间较长且时序错位,需要使各专业在同一个空间维度上进行协同开发,确保综合开发达到预期的效果。

3.2 开发设计策略

1) 规划设计策略

从功能一体化的角度,实现站点与周边土地的立体开发,将"功能混合、和谐宜居、立体复合"的规划理念融入其中,结合站点周边现状对站点核心区范围内的功能、业态进行合理布局。以能达商务区站为核心,圈层依次形成"地铁—商办—住宅"格局,打造地铁、城市功能一体化区域。对北侧未建设地块进行整体开发设计,规划用地性质为 B1 商务用地和 B2 商业用地,结合地铁出入口,实现地下地铁、地上步行街、商业办公等多功能立体复合、混合开发。

从土地利用一体化的角度,积极探索土地复合利用,增强地区间的整体联动,进一步提高土地集约利用水平。地面开发建设采用多地块联合开发,如站点西侧地块结合地铁出入口进行一体化开发,地下为地铁站厅、社会停车场,地上为商业办公等,实现多种功能用地的复合利用,打造集商业、商务、酒店、居住、交通等于一体的轨道交通综合立体项目。

2) 交通设计策略

从交通一体化的角度,实现轨道站点、交通热点间的便捷联系,建立城市级综合交通换乘枢纽。细化站点与周边交通的组织联系,实现多种交通无缝衔接、便捷换乘;优化星湖大道和通盛大道道路空间,增强道路两侧用地的互动性,从而进一步实现轨道站点的 TOD 综合开发,打造人车均优的路网系统;提升枢纽能级,通过空中连廊等方式增强地块间的联系,实现地块间的功能联动。

4 能达商务区站周边开发设计对策

4.1 规划设计对策

规划设计以通盛大道和星湖大道为"绿色脊梁",能达商务区站站点为核心,以商务商业功能为主,联系南北产业,使世贸、永旺和航运技术学院三个组团协同发展。核心区围绕轨道交通站点周边用地,采用 TOD 开发理念,运用多元功能组合,建立以商务办公、商业文娱、文化创意等为主的经济开发区新地标。西侧规划用地结合原能达金融广场及鑫湖国贸中心形成商务综合体,引入高端商业商务(图 1)。同时,利用南侧天星横河,打造小体量的下沉式广场,建立 P+R 停车场,打造休闲舒适的慢行空间。

图 1 站点西侧规划示意图

用地东侧已建区域主要为居住组团,商业配套设施有待完善,规划意将商务区站和宏兴路站南北串联,打造集商业、居住、商务于一体的多功能商住区,着力打造商业步行一条街(图2)。通过其将中兴兰溪荟居住区和永旺地块连接,形成良好的可达性,同时增加地块活力,促进消费,带动经济发展。

图 2　站点东侧规划示意图

4.2　交通设计对策

1) 江海快线设计对策

依据规划,商务区站将引入江海快线,进一步增强枢纽能级。针对江海快线布局提出两种设计策略:其一,使江海快线沿通盛大道西侧侧分带设置高架,站台预留在星湖大道交叉口北侧,通过空中连廊加强与两侧地块的联系;其二,沿通盛大道西侧地下通过,与轨道交通1号线实现同台换乘,新建出入口与西侧规划地块和西北侧世贸地块连接。具体见图3～图6。

图 3　高架方案示意图

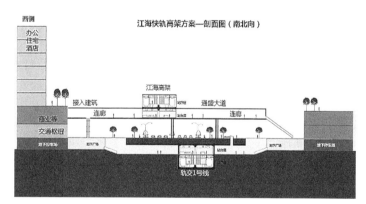

图 4　高架方案剖面图

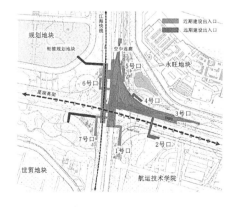

图 5　下穿方案示意图

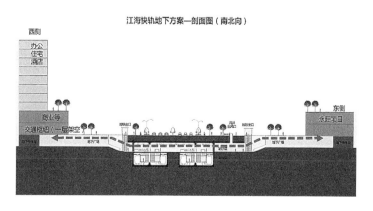

图 6　下穿方案剖面图

2)交通接驳设施设计对策

基于能达商务区站的特点,站点的接驳设施应满足不同衔接方式的需求,确保设施布局与客流的主方向相符,同时尽可能地缩短乘客流量较大的交通设施间的换乘距离。在各类交通流线组织上应关注"同类合并,异类分离"的要求,实现"人车分离,车车分离"[4]。

针对本项目,首先应完善地块的路网结构,合理分离过境交通,以减少其对内部交通的影响;其次,以轨道交通站点为核心,在其周围合理设置公交枢纽、P+R停车场、出租车停靠站等接驳设施,在设置各类接驳设施时应注意其与站点的距离不应超过100 m,以提高公共交通设施换乘的便捷性。另外,合理设置慢行通道,实现"公共交通+慢行"的绿色交通出行方式。

4.3 土地经济效益对策

针对项目北侧规划地块,在规划中协调各类商业商务用地占比,确保项目在建设、运营等全生命周期具备良好的财务可行性。依据能达商务区现有各类土地出售价格,提高地块容积率,将原先52.3 hm² 的以商业商务为主的用地调整为56.2 hm² 的商业占22%、商务占43%和居住占36%的商住综合用地。调整后,政府土地开发总收入将增加1.7亿元(表1、表2),在提高政府财政收入的同时还可以更有效地支撑其后续开发和可持续运营。

表1 控规建筑面积及地价收入表

类型	建筑面积(hm²)	楼面价格(元/m²)	地价收入(亿元)
商业商务	52.3	551.6	0.30
总计	52.3	—	**0.30**

表2 调整后建筑面积及地价收入表

类型	建筑面积(hm²)	楼面价格(元/m²)	地价收入(亿元)
商业	12.1	551.6	0.07
商务	24.1	551.6	0.13
居住	20.0	9 000	1.80
总计	56.2	—	**2.00**

5 结语

本文以轨道建设为契机,通过对能达商务区站点及周边规划区进行一体化设计分析,提出了"人车分离,车车分离"和"功能混合、和谐宜居、立体复合"的基于TOD开发模式的设计理念及对策。以实施为导向,以科学为根基,探索轨道交通站点开发建设为周边土地所带来的经济效益,以期为日后类似的城市轨道交通站点及周边地区综合开发提供借鉴和指导。

参考文献

[1] 丁仲秀.轨道交通站点周边综合开发设计研究:以成都新川科技园站为例[J].铁道建筑技术,2019(2):49-53.

[2] 中国城市轨道交通协会.2020年中国内地城轨交通线路概况[R/OL].[2021-05-21]. https://t.cj.sina.com.cn/articles/view/1002429827/3bbfdd8301900vqp0?from=tech.

[3] 金鑫,张艳,程燕萍,等.探索适合中国特征的TOD开发模式:以深圳市地铁深大站站点地区TOD开发为例[J].规划师,2011,27(10):66-77.

[4] 陈兴,刘雨菡.建设枢纽型网络城市:广州市轨道站点周边用地综合开发实践探索[J].中国建设信息化,2018(10):70-71.

都市圈水上航空发展的规划思考

吴 迪 李耀鼎

摘 要：为支撑将上海大都市圈打造成具有全球影响力的世界级城市群目标，促进区域协同发展，提升城市的服务水平，进一步完善航空体系构建，开展都市圈水上航空发展的规划研究。从水上航空发展现状、水系自然资源条件、产业经济水平等多方面深入分析都市圈水上航空发展条件，并研究加拿大的港湾航空集团运营的水上航空案例，分析了水上航线网络的构建、机场体系的功能分级、水上航空运输的区位优势等，最后结合都市圈特征，提出了适合都市圈发展需要的水上航空规划思考。

关键词：水上航空；水上机场；规划布局；航空产业

Abstract: In order to support the goal of building Shanghai metropolitan area into a world-class city group with global influence, promote regional coordinated development, improve the service level of the city, further improve the construction of aviation system, and carry out planning and research on the development of water aviation in the metropolitan area. From the aspects of the current situation of the development of water aviation, the conditions of natural resources of the water system and the level of the industrial economy, this paper analyzes the conditions of the development of water aviation in the metropolitan area, and studies the water aviation cases operated by Canada's Harbour Air Group, analyzes the construction of the air route network, the functional classification of the airport system, and the location advantages of the water aviation transportation, and finally, combined with the characteristics of the metropolitan area, puts forward the consideration of the water aviation planning applicable to the development needs of the metropolitan area.

Keywords: water aviation; water aerodrome; planning layout; aviation industry

1 引言

近期，在国家出台培育通用航空市场、加快通用机场建设、扩大低空空域开放等促进通用航空发展的相关意见指导下，全国各省区市陆续开展通用航空规划工作。水上航空是通用航空的重要组成部分，全球水上机场主要分布在美国、加拿大、澳大利亚以及马尔代夫等国家，据不完全统计，80％的水上通用航空运营商集中在美国和加拿大地区，主要的水上飞机制造商集中在北美、欧洲和亚太部分国家。我国水上航空正处于发展的起步阶段，已建成上海金山、湖北荆门、海南三亚湾、苏州澄湖等4个水上机场以及浙江舟山嵊泗、广东番禺、广西北海等水上起降点，幸福运通航、美亚航空、幸福通航等航空公司已开展城市管理与救援、交通运输、空中游览等水上航空运营业务，其他航空公司目前以水上飞机试飞活动为主[1]。

上海大都市圈（以下简称都市圈）涵盖了与上海市90分钟通勤范围内，在产业分工、文化认同等方面关系紧密的近沪地区[2]，包括上海、苏州、无锡、常州、南通、嘉兴、宁波、舟山、湖州等9个城市，将打造成为具有全球影响力的世界级城市群。在都市圈内开展水上航空研究，对于落实我国通用航空发展战略、完善通用航空体系、促进城市群的协同发展具有重要意义。本文通过分析都市圈水上航空发展条件，借鉴港湾航空集团（Harbour Air Group）水上航空运营经验，结合都市圈特征，提出了对都市圈水上航空规划发展的思考。

作者简介：吴迪，上海市城市规划建筑设计工程有限公司，高级工程师，主要研究方向：交通规划与管理，区域交通规划，航空发展规划。

李耀鼎，上海市城市规划设计研究院，规划总监，高级工程师，研究方向：综合交通规划 港口航运规划。

2 都市圈水上航空发展条件分析

2.1 具备水上航空发展的水系条件和运营基础

都市圈内江、河、湖、海水系资源丰富,具备水上航空发展必需的自然资源条件。河流水系主要分属长江、钱塘江两条水系,东南沿海地区分布有杭州湾及舟山群岛,内陆湖泊集中在以太湖为中心的水网系统,太湖周边湖泊密集,主要分布有阳澄湖、澄湖、淀山湖、洮湖、滆湖等。

目前,都市圈已初现水上航空发展的雏形,拥有位于杭州湾地区的金山水上机场、舟山嵊泗水上起降点,以及位于苏州的澄湖水上机场。金山水上机场为 A 类通用机场,是全国首个对公共开放,提供通航运输服务的水上通用机场;舟山嵊泗水上起降点由中航幸福通航运营,主要提供舟山普陀山至嵊泗的旅游的交通运输以及空中游览等服务;澄湖水上机场为 B 类水上机场,主要提供休闲观光、体验运动以及飞行赛事等活动,未来将打造成为"水陆空"立体式户外运动体育公园。

2.2 航空产业集群发展,航空业务量区域领先

航空产业是资本、技术和知识高度密集的战略性新兴产业,也集中体现了一个国家的工业、科技和创新水平,目前中国是除美国以外的全球第二大航空市场[3]。结合 C919 大飞机总装的需求,近年来长三角地区积极发展航空产业,目前已形成以上海为中心的长三角航空产业集群,都市圈内各城市几乎都规划布局了航空产业园,发展飞机零部件制造、发动机研发、整机维修、飞行培训等航空产业。

2019 年《长江三角洲区域一体化发展规划纲要》提出,长三角将合力打造世界级机场群,提高区域航空的国际竞争力,巩固提升上海的国际航空枢纽地位,增强面向长三角、全国乃至全球的辐射能力。根据中国民用航空局发布的数据,截至 2019 年,长三角建成机场 23 个,其中都市圈范围分布了上海虹桥和浦东,以及南通兴东、无锡硕放、宁波栎社、舟山普陀山等机场,都市圈内机场运输业务量占据区域较大的市场份额,旅客吞吐量和货邮吞吐量分别占长三角地区总量的约 57% 和 77%。

2.3 经济水平发达,旅游资源丰富,水上航空消费能力和发展动力强劲

长三角城市群是我国经济最活跃和发达的地区之一,也是国际公认的六大世界级城市群之一。据统计,2019 年长三角三省一市 GDP 占全国总量的约 24%,都市圈城市 GDP 占长三角总量的约 45%,其中上海、苏州、宁波、无锡排名全国城市 GDP 前 15。伴随国民收入水平的提高,近年来休闲旅游需求爆发式增长,据统计,2010—2015 年,上海虹桥、浦东两机场游客比重均由 29% 增长到 40% 左右[4]。纵观世界水上航空发展,均与旅游产业结合紧密。都市圈的人文、自然景观资源丰富,拥有中西方文化碰撞的上海味道,传承古典文化的苏州园林,蕴含佛教文化的普陀山、灵山,充盈江南水乡色彩的古镇,山川秀丽的莫干山等。

都市圈区域经济持续稳定增长,科技创新能力不断提升,多元文化的包容与传承持续吸引着总部经济和高端人才的注入,具备商务包机、公务飞行的需求潜力,伴随城市居民的消费结构升级,将为水上航空运输发展提供强劲的动力。

3 国外水上航空运营组织案例

对标都市圈的空间尺度,本文研究了由港湾航空集团运营的水上航空网,该集团是世界上运营水上航空最大的集团之一。水上航空服务地区位于加拿大与美国西海岸交界、美国十大城市群之一的卡斯卡迪亚城市群内,主要涉及温哥华、维多利亚、西雅图等地区。该地区水网密布,城市主要围绕佐治亚海峡、哈罗海峡、罗萨里奥海峡等分布,地区科技领先,经济发达,并拥有相似的产业类型,城市之间联系密切。

3.1 航线运行成网,促进区域联系

港湾航空集团的机队共拥有40余架飞机,年均旅客运输量约50万人,年起飞超过3万架次[5]。水上航空网包括了横跨西海岸的超过12个目的地、18条固定航线,高峰时日起降300架次以上,为温哥华岛、阳光海岸、盐泉岛、西雅图等地提供了便捷的水上航空联系服务[6]。

从航线分布来看,整体以温哥华港水上机场和温哥华国际机场水上飞机基地为中心,对外呈放射状分布,温哥华在地区发展中的中心地位明显。运营网络的航线主要集中在加拿大,其中温哥华港-西雅图(联合湖)为跨国航线(图1)。

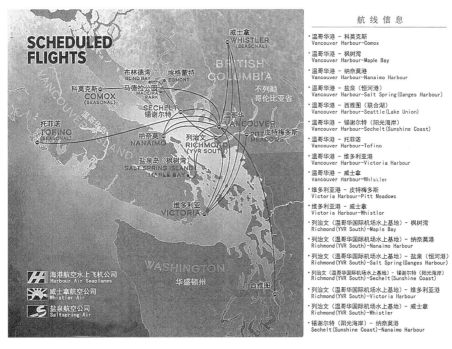

图1　港湾航空集团水上机场运营航线信息图
资料来源:港湾航空集团官方网站

3.2 机场功能分级,一体化运营组织

水上机场为水上航空运输服务提供设施保障,本文将航线运输网上的水中机场按照在网络中的枢纽功能以及机场规模、繁忙程度分为两类。

一类是航线较多(大于等于4条)、停机规模较大(达到10架以上)、机场运输量较大(年起降架次达到3万架次以上),具备枢纽功能的基地型水上机场,一共3个,分别是温哥华港湾水上机场、温哥华国际机场水上基地以及维多利亚港湾水上机场,其中,温哥华国际机场水上基地位于温哥华国际机场内,温哥华国际机场为加拿大第二繁忙的机场,2019年旅客到发量约2 638万人次,货邮吞吐量约31万t,飞机起降33.1万架次(含全部航空器类型)[7]。

另一类是除基地型水上机场以外的,停机规模和机场运输量较小,仅作为航线网中一般节点的小型水上机场。

主要水上机场信息见表1。

表1　主要水上机场信息一览表[6,8]

机场名	地理区位	机场概况
温哥华港湾水上机场	温哥华港湾,紧邻温哥华市中心	垂直岸线布置3个浮码头,每个停泊区设2条甲板,中间设联系桥; 停放约30架; 年起降>6万架次

续表

机场名	地理区位	机场概况
温哥华国际机场水上基地	温哥华国际机场南侧,弗雷泽河内	平行岸线布置东西2个浮码头; 停放约10~12架 2019年起降量4.19万架次(含直升机和水上飞机等通用航空器)
维多利亚港湾水上机场	维多利亚港湾,紧邻维多利亚市	平行岸线布置1个浮码头,设有2条甲板,中间设联系桥; 停放约13架; 2007年起降量4.37万架次(含直升机和水上飞机等通用航空器)
纳奈莫港水上机场	纳奈莫港起航湾南侧,紧邻纳奈莫中心	垂直岸线布置1个浮码头; 停放约4~6架
锡谢尔特水上机场	锡谢尔特湾南端	垂直岸线布置1个浮码头; 停放约4~6架
托菲诺港水上机场	托菲诺港	"L"形浮码头; 停放约3~4架
西雅图肯摩尔航空公司水上飞机基地	西雅图联合湖	垂直岸线布置1个浮码头; 停放约3~4架
盐泉岛恒河港水上机场	盐泉岛东侧恒河港	平行岸线布置1个浮码头; 停放约2~3架
威士拿格林湖水上机场	格林湖南端	布置1个"L"形浮码头; 停放约2~3架
皮特梅多斯水上机场	弗雷泽河北岸	平行岸线布置1个浮码头; 停放约2~3架

资料来源:笔者根据相关资料自制。

3.3 机场布局灵活,凸显区位优势

水上机场无须占用陆地建设跑道设施,布局相对灵活,多紧邻城市中心设置,易凸显交通区位优势。

以温哥华与西雅图之间的交通联系为例(表2),目前两地之间的公共交通运输方式主要包括火车、巴士、民用航空和水上飞机等4种形式。火车与巴士最为经济,但耗时较长,其中美国铁路公司运行的瀑布号火车以旅游观光为主要功能,时效性较差;民用航空飞行时间仅约1小时,航班密集(平均航班间隔约40分钟),但出发前需要提前前往机场办理登机和过关等手续,到达后又需1小时左右的车程才能抵达温哥华或西雅图市中心;水上飞机则更为便捷经济,尤其适应温哥华与西雅图两地之间频繁的商务往来需求,水上机场紧邻城市中心设置,飞行时间与民用航空相当,且乘客可通过候机室内的清关设施快速过关,花费又仅约民用航空的一半。

表2 温哥华港至西雅图(联合湖)主要公共交通方式对比一览表[9]

交通方式	起点	讫点	时长	时刻安排	票价
水上飞机	温哥华港(距温哥华中心不足1 km)	西雅图联合湖(距西雅图中心2.5 km)	约1小时	4班次/天	约230美元(约1 600元人民币)
民用航空	温哥华国际机场(距温哥华中心约13 km)	西雅图塔克马国际机场(距西雅图中心约20 km)	约1小时	17班次/天(直飞)	约500美元(约3 500元人民币)
美国铁路公司瀑布号火车 Amtrak Cascades Train	温哥华	西雅图	约4.5小时	2班次/天	约45美元(约300元人民币)
美国铁路公司巴士 Amtrak Connecting Bus	温哥华	西雅图	约3~4小时	4班次/天	约45美元(约300元人民币)

资料来源:笔者根据相关资料自制

4 都市圈水上航空规划思考

4.1 加强区域统筹规划,完善航空体系发展

水上机场布局依托的水系资源通常涉及多个省、市,甚至跨国家及地区管理,例如太湖分属于苏州、无锡、常州、湖州等4市,长江流经常州、无锡、苏州、南通、上海等5市。水上机场的选址对水文条件有独特的要求,同时水上航空运营需要水上机场布局达到一定的规模并覆盖足够的空间尺度。综上,水上航空布局应打破行政边界,在区域层面统筹规划,都市圈为水上航空规划的区域统筹提供了有利契机。

上海和江浙两省均已开展了通用航空布局规划,2017年上海总体规划中提出在青浦区预留大型通用机场,在长江口、杭州湾等地区布局若干小型通用机场。2014—2015年江苏、浙江两省分别印发了中长期通用机场布局规划,在都市圈范围均规划了三个层次的通用机场体系[2,10-11]。建议在既有通用航空规划的基础上,结合水上机场布局特征、水上航空发展需要等,在都市圈层面针对水上航空开展进一步的规划研究,同时要坚持水上航空与公共运输航空协同发展,通过短途运输航线灵活连接公共运输机场,加强陆路交通不便地区的航空服务,进一步完善都市圈航空体系。

4.2 明确水上航空功能定位,强调错位协调发展

水上航空功能主要包括短途交通运输、应急救援保证、工业和经济活动服务以及航空消费娱乐等。国外在交通运输功能方面的定位多有不同,如美国阿拉斯加州由于陆路交通不便,水上飞机作为一种主要交通运输方式为市民日常出行提供服务,面向公众开放的水上机场占全州总量的约82%;港湾航空集团运营的跨国航线,服务的对象主要为商务出行需求,是公共交通运输方式的一种补充。

都市圈陆路交通发达,轨道方面正构建以国家铁路干线为骨架、城际轨道为补充的区域轨道交通网络,公路方面依托高速公路和重要国省干线公路已形成较完善的公路通道布局[12],未来还将进一步加强在沪宁、沪杭、沿江、沪通、沪湖、沿湾、沪甬等7个通道上的区域综合运输走廊的服务效率和能级。相比铁路、轨道、道路等陆路交通方式,水上飞机时效优势明显,但经济成本高、服务地区有限,需结合地区规划发展条件,找准自身功能定位,有效融入既有综合交通体系,与其他交通方式协调互补、错位发展。

4.3 促进产业集聚融合,探索运营管理模式

都市圈的水上航空发展和布局需综合考虑时间、空间、经济等多轴联动需要,紧密结合航空、运输、旅游等产业发展,打造完整的水上航空产业链,即包括水上航空制造业、水上航空运营和服务保障业在内的核心产业,石油化工、自动控制、材料研制等为水上航空提供设备、技术和资源的上游产业,以及航空会展、低空游览、飞行俱乐部、飞行托管等下游应用产业[13]。

水上航空产业涉及运输、制造、海事、环保、经济等多领域。为促进水上航空业的发展,政府及相关行业管理部门需密切配合,积极探索水上航空产业的运营管理模式,进一步完善我国水上机场建设标准,研究出台水上航空投入保障、市场准入、协调发展等机制,提高政府的监管与服务水平,促进水上航空市场的可持续发展。

5 结语

都市圈拥有利于水上航空发展的自然条件和较好的行业基础,同时作为集聚高新技术、尖端人才的世界级城市群,具备支撑水上航空发展的消费需求和能力。都市圈水上航空的发展对于进一步完善城市功能,构建通用航空体系,促进区域协调发展具有重要意义。但水上航空的发展不能盲目推进,需加强区域统筹规划,结合航空科技产业、旅游产业、特种运输等需求,找准自身功能定位,有效融入既有综合交通体系,进一步服务城市的经济发展和品质升级。

此外,严格的低空空域管理模式已成为阻碍我国通用航空发展的瓶颈[14],都市圈范围空域资源紧张,积极探索开放低空空域的管理体制改革,对于促进包括水上航空在内的整个通用航空业发展至关重要。

参考文献

［1］ 包立超.国外水上航空发展经验及对我国的启示[J].中国水运,2019,11:108-111.

［2］ 上海市人民政府.上海市城市总体规划(2017—2035年)[R],2017.

［3］ 崔鹤鸣.基于世界级城市群目标下的航空产业发展研究[D].南京:南京航空航天大学,2019.

［4］ 朱晨波.关于建设长三角世界级机场群问题的一点思考[J].交通与港航,2018,12(6):7-10.

［5］ About Harbour Air[EB/OL].[2021-04-21]. https:// www. harbourair. com/about/our-story.

［6］ Schedules Flight[EB/OL].[2021-02-10]. https://www. harbourair. com/flight-info/flight/schedules/.

［7］ Passenger,aircraft and cargo movement reports[EB/OL].[2021-05-23]. https://www. yvr. ca/en/about-yvr/facts-and-stats.

［8］ 加拿大水上机场建设与运营:IB-CA-2016-02[S],2016.

［9］ Schedules[EB/OL].[2021-03-12]. https://tickets. amtrak. com/itd/amtrak#.

［10］ 江苏省人民政府.江苏省中长期通用机场布局规划(2018—2035年)[R],2018.

［11］ 浙江省发展和改革委,浙江省交通运输厅.浙江省通用机场布局规划(2020—2035年)(修编)[R],2020.

［12］ 刘勇凤,耿彦斌.长三角地区交通运输综合一体化发展现状与问题[J].综合运输,2019,41(9):116-121.

［13］ 邓海超.我国水上航空业发展策略分析[J].综合运输,2019,41(1):42-46.

［14］ 高志宏.我国低空空域管理体制改革的历史变迁与未来取向[J].海南大学学报(人文社会科学版),2019,37(1):40-47.

公路与城市道路衔接分级研究

Research on the Integration of Road Connection Section Classification System

鲍燕妮　云修萌　王　磊

摘　要：受我国二元城乡体系的影响，公路和城市道路两类分级体系相对独立。随着城市化进程不断发展，两者之间联系得越来越紧密，衔接转化问题十分突出。本文基于我国公路和城市道路功能分级研究，梳理我国道路功能分级主要影响因素，并对我国现行规范中道路分级因素及指标进行对比分析，采用聚类分析方法，结合城市人口规模差异，初步总结出六类道路分级对应匹配表。本文为公路入城段道路等级的确定提供了决策思路，并提出不同条件下道路衔接转化的方式，为道路规划与设计工作者提供参考。

关键词：公路；城市道路；功能分级；衔接转化；聚类分析

Abstract: Influenced by the dual urban-rural system in China, the two classification systems of highways and urban roads are relatively independent. With the continuous development of urbanization, the relationship between them is getting closer and closer, and the problem of connection and transformation is very prominent. Based on the research on the function classification of highways and urban roads, in China, this paper combs the main influencing factors of road function classification in China, compares and analyzes the factors and indicators of current standard road classification in China, and uses the cluster analysis method to preliminarily summarize the corresponding matching table of six types of road classification combined with the difference of urban population size. This paper provides decision-making ideas for the determination of road grades in the urban section of highway, and puts forward the ways of road connection and transformation under different conditions, so as to provide some references for road planning and design workers.

Keywords: highway; urban road; function classification; connection and transformation; cluster analysis

0　引言

囿于既往城乡二元发展所限，现今城乡一体化发展过程中出现各类交通融合问题，如我国公路、城市道路相应分级研究已经趋于深化成熟，但公路、城市道路分类分级依据较为不同。随着城乡一体化进程不断加快，两者之间联系得越来越紧密，普通干线公路在临近城市主城区路段，逐步改变了原先快速过境通道的功能定位，转变为过境和集散功能兼具的城镇化道路，并与城市道路网进行转换衔接，衔接路段对公路和城市道路服务能力、通行效率及行车安全都产生了一定的影响。而在道路设计过程中，确定道路等级对设计速度选取、平纵横线形设计等关键指标的选取均具有决定意义。在城乡一体化进程中，两个体系道路衔接转换问题逐步突显。但对于道路设计者而言，道路等级与设计车速才是最关键的控制参数，也是本文重点探讨的方向。

1　道路功能分类和等级划分

我国道路明确分为公路和城市道路两部分，各自有不同的功能分级体系。

作者简介：鲍燕妮，同济大学建筑设计研究院(集团)有限公司，高级工程师，副总工程师，主要研究方向：道路交通工程设计与管理。
　　　　　云修萌，同济大学建筑设计研究院(集团)有限公司，工程师，主要研究方向：道路交通工程设计与管理。
　　　　　王　磊，同济大学建筑设计研究院(集团)有限公司，工程师，主要研究方向：道路交通工程设计与管理。

1.1 我国公路功能分类和等级划分

我国将公路按功能分类(图1),按照提供畅通直达、汇集集散、出入通达的交通服务能力,分为干线公路、集散公路和支线公路。干线公路承担长距离过境交通,支线公路承担短距离出入交通,而集散公道路则负责两者间的衔接过渡[1]。同时对每种公路功能通过的人口、出行距离、服务交通量及速度要求等给出定性和定量的具体要求。

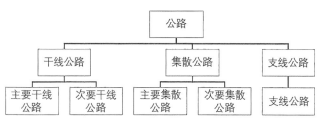

图 1　我国公路功能分类表

1.2 我国城市道路分类和等级划分

我国城市道路分类经过长期演变,于 20 世纪 90 年代形成第三代分类法,将城市道路分为快速路、主干路、次干路和支路四个等级[1]。现行《城市道路工程设计规范》(CJJ 37—2012)(2016 年版)一直沿用了该分类方法,但是其内容在逐渐发展完善。2019 年 3 月实施的《城市综合交通体系规划标准》(GB/T 51328—2018)借鉴国外"两级三类"道路分类体系[2-6],按照城市道路所承担的城市活动特征,将城市道路分为三个大类四个中类,并进一步细分为 8 个小类。具体分类如图 2 所示。

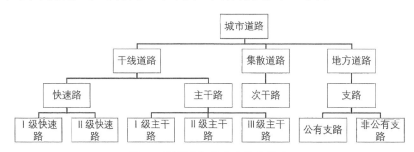

图 2　我国城市道路功能分类表

1.3 道路分级融合研究经验

我国公路和城市道路各自功能分级已经相对完善,但两者间对应关系缺少清晰明确的界定。随着我国城市化进程的不断加快,道路分级融合越来越重要。现状融合段等级匹配研究方法可分为两类:一是根据道路功能或设计值指标直接将公路与城市道路进行对应的经验分级;二是选取道路特征属性指标,通过定性或定量方法进行归纳总结。2007 年彭庆艳[7]通过经验将公路和城市道路按照功能统一分为四级:快速道路、主要道路、次要道路、支路,设计车速按道路功能重要程度进行取值,道路功能高者取大值,反之,则取小值,但并未给出两者间具体对应关系。2012 年刘鹏[8]在用定性和定量指标分析归纳干线道路功能的基础上,将公路和城市道路归纳为区域性快速路、市域快速路和交通性主干路。2016 年任宗福[9]用汽车荷载标准和道路设计速度两个指标对比分析得出结论:一级公路对应城市快速路和主干路,二级及以下等级的公路对应城市次干路和支路。

然已有道路融合分级研究结果过于概括,难以有效支持道路设计工作。此外,还存在未考虑区域差异影响、缺少针对性等问题。

2　分级融合研究

分级融合研究思路如下:首先,将定性道路功能分级因素进行量化;其次,结合已量化因素,通过穷举法,构建道路功能分级特征向量;再次,采用 k-means 聚类算法进行分级融合研究;最后,结合聚类分析结果及工程实践经验,给出道路分级建议。

2.1 分级因素分析及量化

结合现有规范[10-12]，公路和城市道路功能分级研究主要考虑设计速度、技术等级、出入控制、人口规模和出行距离等因素。

2.1.1 交通量

公路和城市道路的设计交通量在确定设计速度、设计车道数及设计服务水平下，与设计服务水平下单车道服务交通量有关。

通过对公路和城市道路设计单车道最大服务交通量的对比分析(图3)可知，在同一服务水平下，当道路的设计速度及技术等级确定，道路的最大服务交通量也就确定。将道路技术等级量化为5个等级，其中5代表最高技术等级，1代表最低技术等级(表1，表2)。

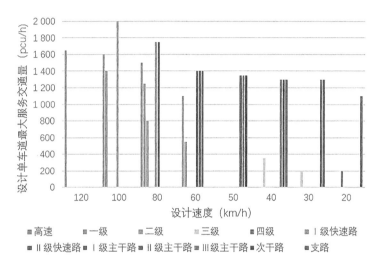

图3　道路单车道最大服务交通量对比图

表1　公路设计交通量表

技术等级	设计服务水平(设计速度)	单车道最大服务交通量	量化
高速	三级(80,100,120)	(1 500,1 600,1 650)	5
一级	三级(60,80,100)	(1 100,1 250,1 400)	4
二级	四级(60,80)	(550,800)	3
三级	四级(30,40)	(200,350)	2
四级	一级(20)	<200	1

表2　城市道路设计交通量表

技术等级	设计服务水平(设计速度)	单车道最大服务交通量	量化
Ⅰ级快速路	三级(80,100)	(1 750,2 000)	5
Ⅱ级快速路	三级(60,80)	(1 400,1 750)	4
Ⅰ级主干路	三级(60)	(1 400)	3
Ⅱ级主干路	三级(50,60)	(1 350,1 400)	3
Ⅲ级主干路	三级(40,50)	(1 300,1 350)	3
次干路	三级(30,40,50)	(1 300,1 300,1 350)	2
支路	三级(20,30,40)	(1 100,1 300,1 300)	1

2.1.2 出入控制、人口规模和出行距离等因素

通过对城市道路和公路出入控制、人口规模和出行距离等因素的对比分析可知，对道路的通过功能要求越高，对应的出入控制要求越严格，服务的人口越多，所对应的道路等级就越高(表3～表5)。因此，

出入控制、人口规模及出行距离等因素均量化为 5 个等级,其中,出入控制程度越严格等级越高;服务人口规模越多等级越高;出行距离越长等级越高。

表 3 出入控制因素对比表

公路	出入控制	量化	城市道路	出入控制	量化
主要干线公路	全部控制出入	5	快速路	全部控制出入	5
次要干线公路	部分控制出入或接入管理	4 或 3	主干路	部分控制出入	4
主要集散公路	接入管理	3	次干路	接入管理	3
次要集散公路	视需要控制横向干扰	2	支路	不控制	1
支线公路	不控制	1			

表 4 人口规模因素对比表

公路	人口规模(万人)	城市道路	人口规模(万人)	量化
主要干线公路	20	Ⅰ、Ⅱ级快速路	>100	5
次要干线公路	10	不宜高于Ⅰ级主干路	(50,100]	4
主要集散公路	5	不宜高于Ⅱ级主干路	(20,50]	3
次要集散公路	1	不宜高于Ⅲ级主干路	(5,20]	2
支线公路	无要求	不宜高于次干路	<5	1

表 5 出行距离因素对比表

公路	出行距离	城市道路	出行距离	量化
主要干线公路	省际长距离	Ⅰ级快速路	城市长距离	5
次要干线公路	区域省内中长距离	Ⅱ级快速路	城市中长距离	4
主要集散公路	中等距离	Ⅰ、Ⅱ、Ⅲ级主干路	功能区内部交通	3
次要集散公路	短距离	次干路	干线道路与地方道路转换	2
支线公路	直接接入	支路	地方性活动组织道路	1

2.2 道路特征向量的构建

基于前述因素分析确定技术等级、设计车速、出入控制、人口规模及出行距离等因素的合理范围取值。按道路功能分为 13 类,其中公路分为 5 类,城市道路分为 8 类,各因素经排列组合构建出 54 个特征向量(表 6)。特征向量构成形式如下:

$$Q = \{道路功能,技术等级,设计速度,出入控制,人口规模,出行距离\}$$

其中,道路功能为聚类标签,其他为聚类属性,其属性取值如表 6 所示。

表 6 道路特征向量排列组合表

编号	道路功能	技术等级	设计速度	出入控制	人口规模	出行距离
1	主要干线公路	5	80,100,120	5	5	5
2	次要干线公路	3,4,5	60,80,100	3,4	4	4
3	主要集散公路	3,4	60,80,100	3	3	3
4	次要集散公路	2,3	30,40,60,80	2	2	2
5	支线公路	1	20,30,40	1	1	1
6	Ⅰ级快速路	5	80,100	5	5	5
7	Ⅱ级快速路	4	60,80	5	5	4
8	Ⅰ级主干路	3	60	4	4	3

续表

编号	道路功能	技术等级	设计速度	出入控制	人口规模	出行距离
9	Ⅱ级主干路	3	50,60	4	3	3
10	Ⅲ级主干路	3	40,50	4	2	3
11	次干路	2	30,40,50	3	1	2
12	公有支路	1	20,30,40	1	1	1
13	非公有支路	1	20	1	1	1

2.3 道路功能聚类分析

对上述54个特征向量进行k-means聚类分析,分为4类,聚类结果分析如图4所示。图4(a)中的黑粗线将每一类聚类结果分为两类:黑粗线以上为城市道路,以下为公路,图4(b)~(f)为各因素聚类属性的统计值。以聚类结果中的第1类为例,道路功能中包含1,2,3,6(含义见表6),设计速度包含120 km/h和100 km/h两种车速,出入控制、人口规模及出行距离均为3,4,5(含义见表3~表5)。经分析可知,公路的主要干线、次要干线及主要集散公路中设计车速为100 km/h或120 km/h的道路,可以与城市道路中设计车速为100 km/h的Ⅰ级快速路相互衔接转化,它们之间的属性是相近的。

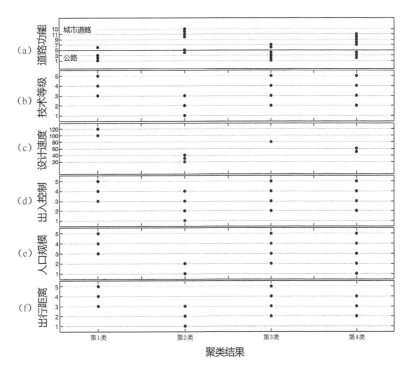

图4 聚类结果分析图

2.4 道路分级对应建议

结合道路分级因素聚类分析结果及工程实践经验,本文提出以下分级对应图作为参考(图5~图10)。先确定城市级别,再结合公路与城市内部衔接道路的等级、车速进行匹配,以便于设计工作者初步确定衔接段道路等级。依据规范[10-12]中人口规模划分阈值,将道路分级对应表按城市人口规模分为6类,分别为Ⅰ类城市(人口100万以上)、Ⅱ类城市(人口50万~100万之间)、Ⅲ类城市(人口20万~50万)、Ⅳ类城市(人口10万~20万)、Ⅴ类城市(人口5万~10万)及Ⅵ类城市(人口5万以下)。

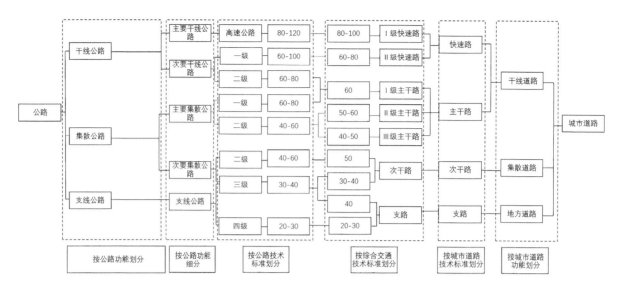

图 5 道路分级对应图（Ⅰ类城市）

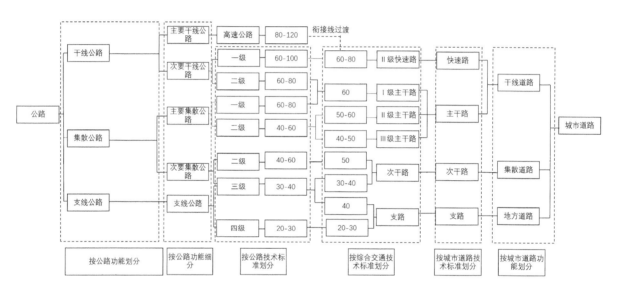

图 6 道路分级对应图（Ⅱ类城市）

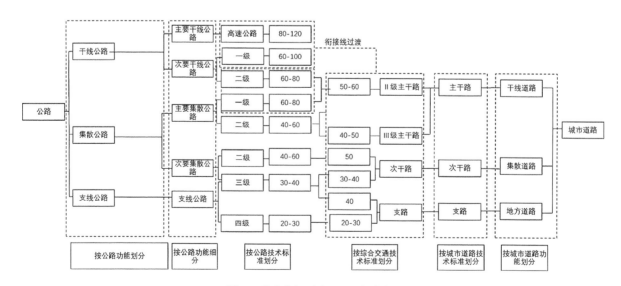

图 7 道路分级对应图（Ⅲ类城市）

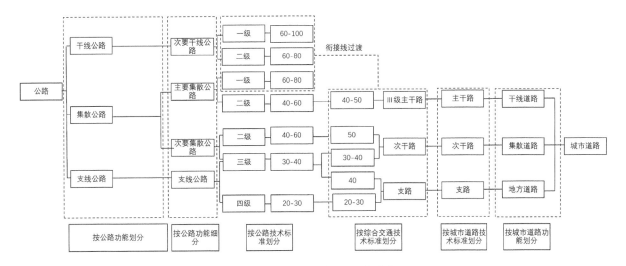

图 8　道路分级对应图（Ⅳ类城市）

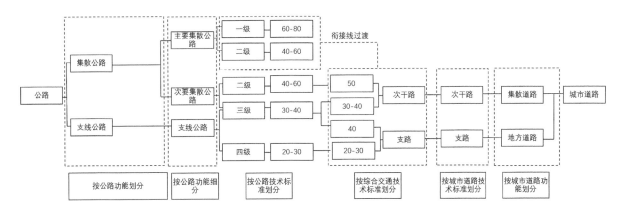

图 9　道路分级对应图（Ⅴ类城市）

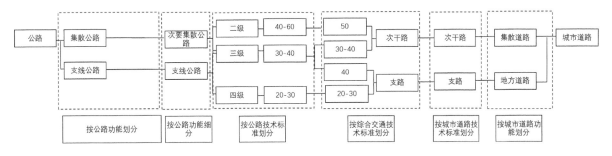

图 10　道路分级对应图（Ⅵ类城市）

以上图表参考应用时，对于Ⅰ类城市，公路和城市道路分级体系完整，两者间衔接过渡建议完全按道路分级标准匹配；其他城市，首先匹配相应城市道路分级标准，若两者设计车速差大于 20 km/h，不建议直接衔接过渡，建议采用衔接线形式，实现道路等级与设计车速的过渡衔接。衔接段设计应注意以下要点：

- 保证衔接段道路长度满足车速逐级运行过渡的需求。
- 衔接段道路断面宽度应合理过渡，可采用标线宽度渐变控制标准。
- 衔接段应结合长度和宽度变化合理设置车速引导标志。

由于我国区域经济发展不均衡，部分城市城镇化水平较高，个别城市可根据自身交通需求及经济实力情况适当提高一档，但不宜提高太多，避免造成工程浪费和过大的财政压力。

3　结论

本文结合现行公路与城市道路功能分级因素,采用聚类分析方法,对公路入城衔接段道路等级的确定方式进行了初步探讨,提出衔接分级对应方式,可为道路规划与设计工作者提供一定参考,也是公路与城市道路分级融合研究工作的基础,为下一步深入研究提供了思路。研究内容可总结如下:通过对国内外公路和城市道路功能分级因素进行研究,确定功能分级的主要因素包括交通量、出入控制、人口规模和出行距离,并分析了其影响方式。通过聚类算法初步分析了公路和城市道路分类情况。结合聚类分析结果及现行规范标准,按照城市人口规模提出6类道路分级对应表,以利于设计人员按照城市规模、道路等级和设计速度选择公路和城市道路衔接段的道路等级和车速,为指导设计工作提供决策思路。

参考文献

[1] 秦健. 城市道路的功能分类方法[J]. 交通与运输(学术版),2018(1):149-153.

[2] Federal Highway Administration. Highway functional classification:concepts, criteria and procedures [S]. Washington:U.S. Department of Transportation,2013.

[3] Transportation Association of Canada. Geometric design guide for Canadian road [S]. Ottawa:Transportation Association of Canada,2017.

[4] 李朝阳,王新军,贾俊刚. 关于我国城市道路功能分类的思考[J]. 城市规划汇刊,1999(5):39-42,34.

[5] Road Engineering Association of Malaysia. A guide on geometric design of roads [S]. Kuala Lumpur:Roads Branch Public Works Department Malaysia,2002.

[6] 徐占磊. 中马城市道路主要几何设计指标对比分析[J]. 中外公路,2017,37(3):5-9.

[7] 彭庆艳,蒋应红. 城市化进程中公路与城市道路关系研究:以上海市嘉定区道路系统为例[J]. 城市交通,2007(2):47-50.

[8] 刘鹏. 多中心组团城市干线道路网布局研究[D]. 南京:南京理工大学,2012.

[9] 任宗福. 干线公路城市过境段规划研究[D]. 哈尔滨:哈尔滨工业大学,2016.

[10] 公路工程技术标准:JTG B01—2014[S]. 北京:人民交通出版社,2014.

[11] 城市道路工程设计规范(2016年版):CJJ 37—2012[S]. 北京:中国建筑工业出版社,2016.

[12] 城市综合交通体系规划标准:GB/T 51328—2018[S],北京:中国建筑工业出版社,2018.

基于站城一体的深汕枢纽核心区交通设计

Transportation Design of Shenzhen-Shanwei Hub Core Area Under Guidance of Integration of Station and City

欧阳杨

摘 要：以需求为导向的城市开发方式，以综合交通枢纽为核心的"站城一体"开发是未来城市建设的主要趋势。本文以深汕枢纽作为研究对象，在"站城一体"开发理念的指导下，结合枢纽自身特点，探索高强度、高密度开发的枢纽核心区交通枢纽设计的方法；通过构建便捷的内外交通系统，为"站城一体"开发提供良好的交通支撑，强化公共交通与慢行网络，结合智慧交通管理，实现站与城之间的深度融合，是确保"站城一体"开发的重要保障。

关键词：站城一体；枢纽核心区；高强度城市开发；枢纽交通设计

Abstract: A demand-oriented urban development mode and creating "Integration of Station and City" centering on a comprehensive transportation hub will be the main trend of urban development. This paper takes Shenzhen-Shanwei transportation hub as the research object. Under guidance of integration of station and city concept, combining with the characteristics of the hub, it explores the transportation hub design in the hub core area of high-intensity and high-density development; with the establishment of establishing convenient internal and external transportation systems, providing transportation support for the integrated development of station and city, strengthening the public transportation and non-motorized traffic network in combination with intelligent transportation management to realize the deep integration between the station and the city which is an important guarantee for the integrated development of station and city.

Keywords: integration development of station and city; transportation hub core area; high-intensity development; transportation design

0 引言

中国高速铁路的快速发展，推动了围绕综合交通枢纽发展的高铁新城、站城综合体的快速兴起，也为以高铁车站为核心的城市开发建设带来了新的课题。以需求为导向的城市开发方式，打造出以综合交通枢纽为核心的"站城一体"开发，这是未来城市建设的主要趋势，而站城融合的交通枢纽设计需要从新的角度进行思考。

1 研究背景

1.1 深汕枢纽概况

深汕枢纽位于深汕合作区中心组团北城区，是《深汕特别合作区总体规划（2020—2035年）纲要（送审稿）》中铁路交通"一主一辅三站"枢纽布局的主枢纽，也是合作区的"现代服务业产业区"，是集商务、商业、休闲等功能于一体的"站—产—城"高度融合的创新枢纽。深汕枢纽汇集"2+1+X"多条铁路与城市轨道交通，包括2条高铁［广汕铁路（广州至汕尾）、深汕铁路（深圳至深汕合作区）］和1条城际［深汕城际（深圳至深汕合作区）］，同时规划预留中小运量的城际轨道交通，枢纽场站规模按"5台13线"进行设计。

作者简介：欧阳杨，华东建筑设计研究院总院交通规划设计研究院副总监。

通过建设深汕综合交通枢纽，将构建合作区与深圳的"半小时生活圈"，继而辐射珠三角，成为拉动合作区及粤东融入大湾区发展的重要引擎。

1.2 现状与规划条件

深汕枢纽片区位于赤石镇，由赤石河与规划的次干六路、科教大道围合而成，主要为村庄、农业用地和自然水体，周边路网不完善，密度低，对外联系通道单一。现状仅有2条公交线路服务周边村落。

根据《深汕特别合作区综合交通规划》，道路交通规划构筑"五横六纵"的骨架网络，其中包括"一横一纵"十字形的快速路以及"四横五纵"的城市主干道。规划一级客运枢纽，是合作区"五站四港"对外枢纽体系中的重要站点，集中运量公交、公路城际公交、城市常规公交等交通方式，形成以公共交通为主体、多种交通方式一体化发展的综合交通体系。

根据《高铁深汕站交通枢纽综合规划》，深汕铁路日均发送量5.7万人次，枢纽全日双向客流约18.9万人次。近期深汕合作区无轨道线路，铁路接驳以公共交通和小汽车为主；远期公共交通出行比例大幅提高，铁路接驳将以中小运量和常规公交的公共交通接驳为主（图1）。

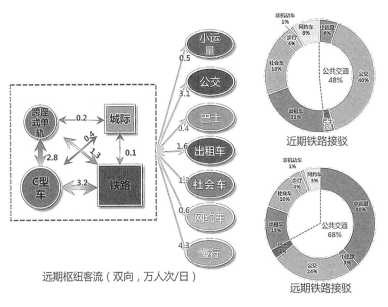

图1　深汕综合交通枢纽客流换乘矩阵与铁路接驳方式划分

1.3 车站与城市空间

枢纽核心区总建筑量约230万 m^3，业态涵盖商业、办公、公寓、酒店等多种功能，突破了传统的车站设计，将城市开发与铁路设置高度结合，让东侧枢纽车站和西侧枢纽综合体形成中轴门户的形态，在中央大绿轴上塑造孪生一体的站城组合，是我国高铁车站设计的一大创新与亮点。根据设想的功能，由高架线路和中心绿轴划分出四个象限，依据不同区域的个性化空间，构架交互之桥、共创之桥、未来之桥、活力之桥，穿越枢纽内外，联通立体多层的活力网络，将枢纽的四个象限编织成一个互动生长的城市区域（图2）。

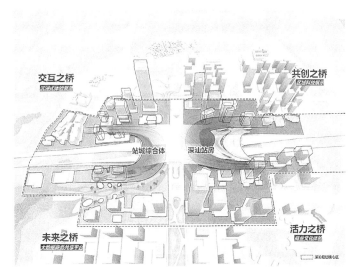

图2　"东站西城"与深汕之桥

1.4 深汕枢纽面临的挑战

深汕枢纽定位高,规划条件优越,尤其是"东站西城"深度融合的"站城一体"开发,使得深汕枢纽既满足了对外交通的联系,又建立了便捷的内部交通系统,为枢纽及开发区提供了良好的交通支持。深汕枢纽面临的主要挑战有:

(1) 消化商业开发带来的交通增量需求以及更加复杂的内外交通系统梳理与交通组织。

(2) 定位决定了高品质、高标准、高要求。如何打造有活力、高品质、以人为本的高密度城市核心区。

2 案例与经验借鉴

上海虹桥综合交通枢纽是集民用航空、高速铁路、城际铁路、长途客运、地面交通、出租汽车等多种交通方式于一体的陆空联运枢纽。2020年虹桥机场年旅客吞吐量规模约为4 000万人次。虹桥枢纽自东向西分别为T2航站楼、东交通枢纽、规划中的磁悬浮、铁路虹桥站与西交通枢纽。现状轨道交通为"3线1站",线路与站点均位于地下,在东、西两个广场的地面设置公共交通和长途车站,铁路虹桥站至西交通枢纽人行走廊长约为800 m,步行距离较长(图3)。

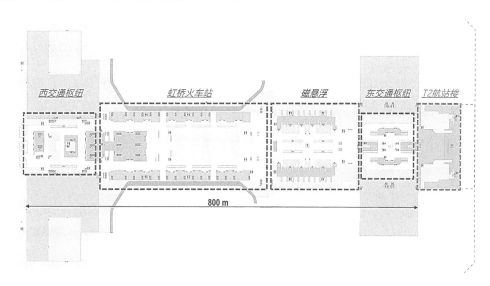

图3 现状上海虹桥综合交通枢纽布局

大阪—梅田枢纽位于大阪市北部的梅田商务区,由JR大阪站、阪急梅田站、阪神梅田站和市营地铁(东、西)梅田站等7个不同规模和类型的车站组成,日均乘降量约250万人次[1],是日本关西地区最大的轨道交通枢纽。大阪—梅田枢纽周边高层建筑密集,汇集了轨道交通、车行交通和大流量的人行交通,区域构建地上、地面和地下分层立体交通系统。分层化的公共空间以轨道交通设施为核心,从地下延伸到空中,从室外延续到室内,它们之间通过步行系统和竖向交通设施串联[2]。

3 深汕枢纽核心区交通设计

通过对国内外先进的"站城一体"综合枢纽案例的分析与经验借鉴可知,要建设一个满足"站城一体"开发、带动周边区域整体发展的综合交通枢纽,应构建便捷的内外交通系统,强化公共交通与慢行系统,提高枢纽到区域的交通转换效率,这样可为"站城一体"开发奠定基础。

3.1 深汕枢纽片区路网规划

片区东侧紧邻对外高、快速系统,规划形成"三横四纵"的路网结构(图4):"一横两纵"主干道系统,南北向承接深汕中心城区快速联系,东西向承接赤石河两岸组团联系以及与东侧快速路网的连接;"两横两纵"次干道系统解决枢纽集散交通，南北向服务城市轴向交通联系，东西向对接主干道系统。片区结合地块功能构建疏密有致的支路网系统，加密路网，促进微循环。

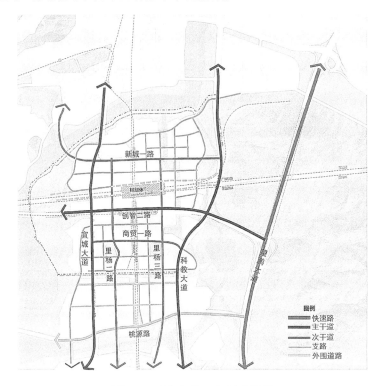

图 4　深汕枢纽片区规划路网图

枢纽核心区面临多重交通压力，通过构建东侧高架快进快出系统，与城市高快速路衔接，加强枢纽对外交通的快速疏解，实现"快进快出"。西侧通过地面道路集散交通，加强与周边城市组团的交通联系。

3.2　打造慢行层串联枢纽与城市

基于深汕枢纽"东站西城"的设计创新与亮点：以车站为中心的夹层平台将被高铁线路割裂的空间重新黏合，是打开深汕枢纽"站城一体"开发的钥匙。通过这种物理连接，构建慢行连通面从车站向城市蔓延，联通周边楼宇，打造枢纽与城市的步行黏合空间，夯实"站城一体"基础，将车站周边的活力向整座城市辐射，为不同目的人群创造更为便捷且舒适的步行环境（图 5）。

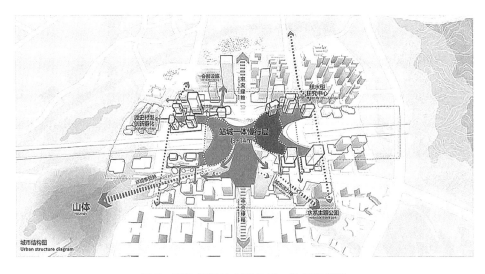

图 5　深汕枢纽核心区站城一体慢行系统

3.3 公交优先的配套交通设施布局

以公交优先为价值导向,保障社会公平正义与交通资源的使用效率。利用圈层理论布置配套交通设施,将公共交通资源围绕枢纽第一圈层布置,社会停车空间在外圈布置,形成内外有别、内外配合的综合集散系统,确保换乘距离最短,充分体现公交优先。

东侧的铁路线下布置城市交通枢纽,将公交首末站、出租车停蓄车场、社会停车场等整体"嵌入"车站中,深度服务车站交通集散。西侧的铁路线下布置地面停车场,服务枢纽开发,也将作为车站整体配建停车位的补充。东西两侧的交通设施利用铁路下方的消极空间布置,实现城市功能的连续,消除无形的割裂。

3.4 以人为本的枢纽人行动线

深汕枢纽主要采用上进下出的多进多出人行流线组织模式,以枢纽慢行层为核心锚点,兼顾地铁到发,使得核心区要求快进快出的商务客流可以更加便捷、舒适、准确、高效地进出枢纽车站。将通过城市快速路到达枢纽的客流,通过专属高架通道引入高架出发层。旅客平层进站,进入候车大厅后双侧向下进站。附近旅客在西侧地面落客后由快速进站通道向上进站。在 B1 层设置快速换乘通道,与高铁实现"安检互认",实现地铁与城际旅客便捷进站。

出站旅客可通过东侧出口换乘公交或出租,也可选择西侧出口前往城市综合体或换乘地铁与城际。旅客选择东侧出口可平层至出租车(网约车)接客区,也可通过扶梯下至地面层公交场站乘坐公交车。枢纽整体人行动线与车辆动线完全分离,保障行人安全,舒适度高。

3.5 智慧交通

建议自动驾驶与共享出行并存,与城市智能交通管理系统融合,探索无人驾驶汽车、飞行出租车、车联网等新兴领域。升级智慧公交模块,精准识别公交出行需求,支撑公交资源精准适配和运力动态调配,为规划决策提供支持。通过实时监测公交运行,监管公交运营服务,提升公交运营水平。

4 结语

综上所述,以综合交通枢纽为核心的"站城一体"开发是未来城市建设的主要趋势,在"站城一体"开发的指导思想下,综合交通枢纽设计,将对外交通这一单一需求转变为便捷的内外交通系统,为"站城一体"开发提供良好的交通支撑。通过强化公共交通与慢行网络,结合智慧交通管理,实现站与城之间的深度融合,是实现"站城一体"开发的重要保障。

参考文献

[1] 胡映东.轨道交通枢纽过渡空间分析:以日本多个交通枢纽为例[J].建筑学报,2014(6):109-113.

[2] 吴亮,陆伟,张姗姗."站城一体开发"模式下轨道交通枢纽公共空间系统构成与特征:以大阪-梅田枢纽为例[J].新建筑,2017(6):142-146.

校园周边道路交通组织与优化研究
——以长沙华夏实验学校为例

张 旋

摘 要：随着我国经济的迅速繁荣发展，私家车的保有量不断增长。家长使用机动车接送孩子上、下学的行为导致校园周边在上、下学时，交通流量于时间、空间上十分集中，容易造成拥堵问题，严重时还会引发交通安全事故。本文以现场调研为基础，以长沙华夏实验学校周边道路交通组织为研究对象，探究长沙华夏实验学校校园周边道路易出现拥堵的原因。通过对原因的分析，在路网结构已经确定的校园周边区域，科学地进行时间和空间上的道路交通组织与优化，为解决校园周边道路交通拥堵问题提供了可供参考的建议。

关键词：校园周边；道路交通组织；拥堵问题

Abstract：With the rapid prosperity and development of China's economy, the number of private cars is growing, and the behavior of parents using motor vehicles to transport their children to and from school leads to the concentration of traffic flow in time and space around the campus, which is easy to cause congestion and traffic accidents. Based on the on-site investigation and taking the road traffic organization around Changsha Huaxia Experimental School as the research object, this paper explores the causes of road congestion around the campus of Changsha Huaxia Experimental School. Through the analysis of the reasons, the paper scientifically organizes and optimizes the road traffic in time and space in the area around the campus where the road network structure has been determined, so as to provide reference suggestions for solving the traffic congestion problem around the campus.

Keywords：campus surrounding；road traffic organization；congestion problem

1 引言

随着城市经济快速发展，机动化水平提高，机动车使用越来越频繁，家长利用私家车接送学生的比例不断增加。但学校周边道路车辆随意停放、交通秩序混乱和交通拥堵等问题日益突出[1]。加上中小学生贪玩好动的天性、交通安全意识薄弱等，增加了学生上、下学的安全隐患和周边交通的管理难度[2]。此外，部分学校的周边道路交通组织存在不合理的现象，既不利于驾驶人的驾驶安全，也影响了学生过街时的安全。因此，在路网结构已经确定的校园周边区域，科学地进行时间和空间上的道路交通组织与优化非常重要，对保障学校周边道路安全、改善交通秩序都具有重要的指导意义。

1.1 研究背景及意义

1.1.1 研究背景

学区的形成，在一定程度上带动了地区的繁荣，但同时也增加了大量的交通流量，且交通流量在特殊人群、时间、空间上存在集中的特点，这加剧了校园周边道路的拥堵程度，也带来了不小的安全隐患[3]。截至2019年末，长沙市机动车保有量已达到264.8万辆，给长沙市的交通通行带来了巨大压力。家长使用机动车接送孩子上、下学的行为给校园周边道路交通运行带来了更大的压力。同时，家长在接送孩子上、下学时公共停车位供给不足，使私家车挤占道路、乱停乱放，压缩了校园周边道路的通行空间，致使校园周边拥堵问题愈加严重。本文通过对长沙华夏实验学校周边的调研，运用道路交

作者简介：张 旋，湖南警察学院交通管理系。

通组织与优化理论,针对校园接送行为造成的短暂交通拥堵问题进行研究,本着以人为本、安全畅通的原则,在路网结构已经确定的校园周边区域优化道路交通组织,为校园周边道路安全畅通提供具有针对性的有效建议。

1.1.2 研究意义

理论意义:城市化的高速发展对交通秩序的治理提出了更高的要求。长沙市汽车保有量的快速增长,加剧了高峰期的拥堵现象,尤其是校园周边上、下学时期的拥堵问题已成为长沙市保证交通秩序安全畅通的主要困难之一。这也是我国城市化建设中逐渐浮现出的社会问题,这一问题的研究解决,不仅能加速我国的城市化建设、提高人民生活质量,而且有利于我国的社会治理。

现实意义:通过对长沙华夏实验学校周边的道路交通组织的研究,在解决校园周边交通拥堵问题的同时,降低交通安全隐患,舒缓校园周边道路交通压力,恢复道路交通的安全畅通,提升长沙华夏实验学校校园周边道路的通行效率。

1.2 国内外研究现状

1.2.1 国外相关研究

1979年,丹麦欧登塞开发研究了一项关于步行与骑车交通安全试点的计划[4]。通过设立新的人行道与自行车路网、交通岛以及更窄的道路来控制行驶车辆的速度,降低了校园周边儿童、学生在交叉口的事故率。同时,大量学生、儿童通过步行和自行车的方式上、下学,能有效减少校园周边道路的车流量,节省大量的交通空间,有效缓解了校园周边道路的拥堵问题。

1.2.2 国内相关研究

郝玲在《安全视野下中小学校校园入口交通组织规划研究》一文中对校园出入口人流和车流方向进行了研究[5]。她指出校园周边道路上路边停车位的规划设计要与交通流线相结合,从而协调社会人流、车流与学生出入校园的交通流量,确保交通安全畅通。陆化普在《中小学周边交通拥堵对策与通学路系统规划设计研究》一文中提出通学路系统的规划思路,指出要以学校为中心,设立规划区,进行安全设计[6]。其中包括在学校门口建设过街天桥,在交叉路口设置信号灯、安全线,在明显地点设置校园、学童过街的标志,进一步优化人行道与非机动车道、机动车道的隔离,确保学生过街安全性,从而保障学生的交通安全。高晨子在《城市普通小学交通规划设计研究——以高新一小为例》一文中提出校园建设应从人性化角度出发,在停车区附近设立家长等待区,缓解校园门口空间的压力[7];让学生按班级顺序站好,这样家长可以有效接送,缩短停车时间,提高空间利用率,从而缓解交通拥堵。

2 关于长沙华夏实验学校校园及周边的现场调查

2.1 长沙华夏实验学校的基本情况

长沙华夏实验学校位于长沙经济技术开发区漓湘东路8号,校园占地90亩,建筑面积4万余平方米,学校现有61个班级,学生2600余人。长沙华夏实验学校校园周边场所如图1所示,北面临近爱钸特创业园,南面紧挨湖南广益实验中学,东面与中华人民共和国星沙海关相邻,西面隔街对望湘楚华庭小区、长沙县泉塘派出所和湖南警察学院。

图 1　长沙华夏实验学校及周边平面图

2.2　长沙华夏实验学校周边的道路情况

长沙华夏实验学校位于长沙县漓湘东路与东九路交叉口南侧,北面和西面与漓湘东路、东九路相接。漓湘东路是一条东西走向的双向六车道的道路,道路通畅开阔,未设置路边停车位。而东九路路况如图 2 所示,是一条南北走向的双向四车道的道路,并在西侧设立了一排路边停车位,致使东九路由北往南方向只能单车道行驶。

图 2　东九路路况

2.3　长沙华夏实验学校周边交通流情况

受学校、商铺和住宅区的影响,长沙华夏实验学校校园周边道路,尤其是东九路交通流呈现潮汐现象[8]。在平常时间段,交通流量较小,道路较为空旷。而在早晚高峰,特别是学生上、下学时间段,东九路的交通流量急剧增加,双向四车道的道路格局负担不起,常出现道路拥堵的情况,如图 3 所示。

（a）早高峰东九路路况　　　　　　　　（b）上学时校门口路况

图3　早高峰及上学时段长沙华夏实验学校校园周边情况

3　早高峰及上学时段长沙华夏实验学校周边道路容易拥堵的原因分析

3.1　校外公共停车位供给不足

长沙华夏实验学校周边公共停车位规划供给不足是造成校园周边道路交通拥堵的主要原因之一[9]。长沙华夏实验学校校门口位于漓湘东路与东九路交叉口南侧40 m处，校园周边只有一个很小的公共停车场，仅有15个左右的停车位。校园南侧东九路上也只设有路边停车位28个，且停车场中和路边停车位上一直有大量社会车辆停放，空闲的停车位很少。这意味着一到上、下学时间，大量父母来接送孩子时，车辆无法就近找到停车位，只能选择临时在路边停放。虽然东九路东侧是禁止停放车辆的，但许多来接送孩子上、下学的家长仍选择将车辆临时违停在东九路东侧，加上本来就划有停车位并有大量车辆停放的西侧，导致东九路这一条双向四车道的道路变成了双向两车道的道路，大大降低了道路的通行效率，致使经常发生堵塞。

3.2　乱停乱放现象严重

东九路上乱停乱放现象严重也是造成长沙华夏实验学校校园周边道路拥堵的重要原因之一。由于校园周边停车位几乎没有空位可供车辆停放，不少找不到停车位的车主和来接送孩子上、下学的家长便将私家车随意停放在道路两侧，导致道路两侧车辆排起了长队[10]。其中有的私家车车主还将车辆违停在道路转弯处和黄线上，甚至将车停到了东九路两旁的人行道上，这种占用人行道的违停行为致使行人无路可走，只能穿梭于机动车道中，从而影响了行驶时的车辆与路过的行人的安全，同时加重了交通延误，降低了道路通行能力，造成交通拥堵。

3.3　接送时间集中

家长多为上班族，朝九晚五的上班时间使得家长们接送孩子的时间有限并且高度重合，而且学校上学、放学时间统一固定，家长为了接送孩子必然在同一时段到达校园周边，使校园周边道路的交通流量瞬间增大，造成校园周边道路交通堵塞。同时，学生上学、放学时间与城市早高峰、晚高峰时间重合，这必定使校园周边道路交通愈加堵塞[11]。

3.4　校园周边场所影响

长沙华夏实验学校校园周边环境复杂，与湖南警察学院、湖南广益实验中学交接，西面隔街对望湘楚华庭小区，南面坐落碧桂园星城首府。众多的流动人口带来了商业的繁荣，"地摊经济"也孕育而生[12]。

商贩多在人流量和车流量都很大,即午、晚高峰时在校园附近摆摊。一些商贩为了占据有利的位置,方便经营,通常将交通工具和摊位摆放在一起,无序停放,见缝插针,甚至完全占用人行道和非机动车道,使得原本就不宽敞的道路变得更加拥挤。除此之外,不少前来摊位消费的学生和居民将自行车、电动车、三轮车、私家车横七竖八地停放到道路两旁,甚至停在了道路转角处和人行道上(图4),严重影响了过往车辆与行人的正常通行[13]。这些不仅降低了道路的通行率,造成了交通拥堵,而且还会遮挡过往机动车的视线,产生盲区,易造成刮擦、碰撞等交通事故,存在极大的交通安全隐患。

(a)占用人行道

(b)黄线上违停

(c)转角处违停

(d)占道经营

图4 长沙华夏实验学校校园周边乱停乱放现象

4 长沙华夏实验学校周边道路交通组织优化建议

4.1 规划新建路边停车位

滟湘东路位于长沙华夏实验学校的北侧,为一条东西走向的双向6车道的道路,道路宽阔且车流量相对较少,可在东九路与东十路中间的滟湘东路路段两侧各规划一排临时停车位。考虑到平常的交通流量问题,以及通行效率问题,可将滟湘东路上的路边停车位设为学校上、下学时间段时的临时停车位。这样既可保障滟湘东路平常的通行效率,也可为长沙华夏实验学校早、晚接送孩子上、下学的家长提供一个临时停车空间,方便家长临时停车。这样不仅充分利用了滟湘东路的道路通行能力,而且减少了东九路的交通流量,有效减缓了在家长接送孩子上、下学时间段东九路的交通拥堵问题。

4.2 加强校园周边道路执法

长沙华夏实验学校校园周边东九路路段违停现象严重,路边随意停放、转角处乱停、黄线上违停、占用人行道停车等现象随处可见。私家车的违法乱停行为占用了大量公共交通空间,扰乱了东九路公共交通秩序,易造成交通延误,降低了东九路的通行效率,进而造成拥堵现象。可以在长沙华夏实验学校东九路路段设置监控摄像头,既可以抓拍违停乱停现象,又能对校园周边道路实时监控,一旦发生拥堵,可以立即发现,进而第一时间治理,恢复东九路路段通行秩序,保障道路安全畅通[14]。

同时可以让交警部门和城市管理部门加大对于校园周边道路的管理、巡查力度。这不仅可以惩处违法乱停的现象,而且可以整顿校园附近的地摊经济占道经营的行为[13],为家长接送孩子提供足够的交通空间,提升上、下学时私家车的通行效率,达到缓解长沙华夏实验学校校门口道路交通拥堵问题的效果。同时,长沙华夏实验学校校园周边道路上发生拥堵时,有警力可以第一时间赶到现场,实施交通治理,及时疏导交通,保持道路畅通。

4.3　优化道路交通组织

长沙华夏实验学校校园周边道路路网呈方格式,道路系统比较简单,便于组织交通[15]。可以将长沙华夏实验学校周边的东九路路段由南北双向改为由南往北的单行线,即漓湘东路到东九路禁止右转,车辆可以从东十路转到南三路再转到东九路。这样东九路的全部交通空间就可以用来支持家长接送孩子上、下学,从而提升通行效率,让来接送孩子上、下学的私家车做到即停即走,从而达到缓解交通拥堵的目的。

调整上、下学时东九路与漓湘东路交叉口以及东九路与南三路交叉口的交通信号灯的配时。可以在学生上、下学时,延长东九路由南往北方向进入交叉口的绿灯的时长,这样利于长沙华夏实验学校东九路路段车流量的流出,为接送车辆留出交通空间。同时可以延长南三路进入东九路的红灯时间,这样可以减少车流量流入长沙华夏实验学校校园周边东九路路段,为来接送孩子的私家车提供交通空间。这种慢入快出的交通模式,可以为长沙华夏实验学校周边东九路路段预留交通空间,有效缓解交通拥堵。

4.4　错开上、下学时间

长沙华夏实验学校周边还有湖南广益实验中学和湖南警察学院两所学校,学校之间的上、下学时间存在交叉。当学校同时上、下学时,车流量与人流量瞬间增大,长沙华夏实验学校校园周边东九路路段的道路通行能力负担不起,便会出现拥堵情况。因此,错开学校间的上、下学时间,可以预防交通流量过于庞大的现象,从而防止道路拥堵现象的形成[13]。同时也可错开长沙华夏实验学校内部各个年级甚至班级的上、下学时间。长沙华夏实验学校可以建立家长群,在群中确定各个年级甚至班级的上、下学时间,从而达到避免学生家长在同一时间赶到校园周边等待孩子放学的情况出现,这样可以减少校园周边上、下学时的交通流,进而达到缓解交通拥堵的目的。

5　研究结论

本文以长沙华夏实验学校校园周边为研究对象,通过不断的实地调研考究,发现了长沙华夏实验学校校园周边交通组织中存在的问题。家长使用机动车接送孩子上、下学的行为使得长沙华夏实验学校校园周边道路的交通流增大,形成拥堵的局面。通过进一步的调查,以及对家长接送孩子上、下学行为的长期观察,得知长沙华夏实验学校校园周边存在的主要问题是校园周边停车位供给不足、私家车乱停乱放等,亟须改善和解决。因此本文本着以人为本、安全畅通的原则,在现有的道路格局上,针对性地提出了解决问题的可行性对策。首先是规划新建路边停车位,为家长接送孩子上、下学提供落脚点;其次是加强校园周边的执法巡查,避免乱停乱放占用道路空间,扰乱道路秩序;最后通过调整道路交通组织,为家长接送孩子提供通行空间。本文在不改变路网结构的前提下,提出了行之有效的对策,优化了交通组织,缓解了校园周边交通拥堵问题,保持了道路的安全畅通。

参考文献

[1] 畅通"最后一百米":济源市政协专题协商破解校园周边拥堵困局[J].协商论坛,2020(11):34.

[2] 王振藩.中小学校周边道路交通组织优化与管理分析[J].中国水运(下半月),2019,19(10):37-38,40.

[3] Tianhan L I. Study on traffic organization during construction of urban road[J]. International Journal of Intelligent Information and Management Science,2016,5(4).

[4] 宋彦李青.美国安全上学路线的体育学探析[J].体育文化导刊,2015(6):200-203.

[5] 郝玲,李子萍,李志民.安全视野下中小学校校园入口交通组织规划研究[J].西安建筑科技大学学报(自然科学版),2015,47(4):587-591.

[6] 陆化普,张永波,王芳.中小学周边交通拥堵对策与通学路系统规划设计研究[J].城市发展研究,2014,21(5):91-95,116.

[7] 高晨子.城市普通小学交通规划设计研究:以高新一小为例[D].西安:西安建筑科技大学,2015.

[8] 傅晓峰.中小学校周边交通治理途径研究:以株洲市为例[J].湖南警察学院学报,2020,32(4):96-104.

[9] 杨丽婷.通辽市中小学校园周边公共停车位供给问题研究[D].通辽:内蒙古民族大学,2020.

[10] 文平.多管齐下缓解车辆乱停乱放现象[N].益阳日报,2019-08-19(2).

[11] 田晓剑."接送式"拥堵亟待破解[J].防灾博览,2020(1):52-55.

[12] 边鹏."放管服"视角下"地摊经济"发展对策研究[J].理论建设,2020,36(5):48-52.

[13] 武玉洁.城市占道经营治理中的疏与堵[D].南京:南京航空航天大学,2019.

[14] 公安交管部门开展学校门口交通秩序专项治理[J].道路交通管理,2021(3):7.

[15] 张水潮.缓解校园周边交通拥堵,宁波这所小学构建"地下接送系统"效果显著[J].汽车与安全,2019(6):78-81.

… 第一篇 都市圈交通一体化

高雄公共运输 MaaS 套票推广计划暨成效评估
——以雄女与雄商为例

Kaohsiung's MaaS Package Promotion and Effectiveness Assessment
— Taking KGHS and KSVCS as Examples

张恩辅　王晋元　吴东凌

摘　要：近年来，世界各主要城市均发展了交通行动服务（MaaS）来串联 CBD 与邻近乡镇的各式公共运输，由于这种相对新颖的公共运输整体服务模式尚未广泛被民众接受，需要通过营销推广来扩大市占率。本研究以高雄市的 MaaS 系统为例，先评估出免费试用的理想受众（高、中职学生），经实际推广执行后发现部分学生存在申请后未试用的情况，故本研究进一步前往校园举办使用经验座谈会，同时以问卷调查的形式了解使用者未参加活动或中途退出的主要原因。推广过程中所得到的各式分析数据均有助于 MaaS 营运单位参考。

关键词：交通行动服务；营销推广；问卷调查

Abstract: In recent years, major cities in the world are developing Mobility as a Service(Maas) to connect CBD and surrounding towns. Given the fact that this new public transit service model has not been totally accepted by citizens, it needs more promotion to increase market share. First, this study chooses some students who can use Kaohsiung's MaaS for free. Then we found some students didn't use it after applying for it. Therefore we went to schools to interview users and conduct a questionnaire survey to figure out why they didn't participate in the activities and withdraw during the process. Various data obtained from the promotion access are helpful for the MaaS operators.

Keywords: MaaS; Marketing Promotion; Questionnaire

1　研究背景与动机

随着通信科技产业、智能型运输系统以及个人化行动服务的蓬勃发展，近年来各地开始推广交通行动服务（MaaS）的概念，并推动了相关的示范建置计划。交通行动服务是将多元运具整合成为单一运输服务，通过行动装置，搭配具有经济效益的选择性付费方案，提供符合民众需求的运输服务。以下分别介绍高雄 MaaS 系统现况以及本研究选择高、中职学生作为推广目标之缘由。

1.1　高雄 MaaS 系统现况

交通事务主管部门运研所于 2016 年设定"公共运输行动服务发展应用分析与策略规划"，拟定台湾岛内导入公共运输 MaaS 之适用服务模式、应用范畴、合适场域以及后续推动策略。随后于 2017 年底开始"交通行动服务（MaaS）示范建设计划"，以高雄市为示范区域，建设了 MaaS 系统"MeN Go - 交通行动服务"，包含官方网站、APP 与后台管理等，并于 2018 年 8 月办理试营运。高雄 MaaS 系统于 2018 年底完成验收后，至今除了持续维运之外，预计将优化使用者经验、加强推广营销、扩增出租车车队服务、纳入更多种类的运具，并研拟创新商业模式或合作机制。自 MeN Go 上线以来，会员数持续成长，累计会员数已超过三万人。

作者简介：张恩辅，财团法人中兴工程顾问社资深研究员。
　　　　　王晋元，阳明交通大学运输与物流管理学系副教授。
　　　　　吴东凌，交通事务主管部门运输研究所运资组组长。

高雄 MaaS 官方网站（图 1）采用了响应式网页设计（Responsive Web Design），提供的主要功能包括会员注册与登入、套票购买、交通信息、路线规划与旅游指引等。图 2 为高雄 MaaS 的行动 APP，除了具备 UI 接口的美观、简洁、直观、易操作及快速响应等特性，亦符合经济事务主管部门工业局的"行动应用 APP 基本资安规范"，将用户数据外泄或财务损失的风险降至最低。主要功能特色为：

（1）实时购买大众交通工具定期票"吃到饱"优惠方案；

（2）捷运、公交车、轻轨、脚踏车、渡轮、双铁票价与时刻查询；

（3）智能地图交通运具导航，快速抵达目的地；

（4）查询 MeN Go 卡方案内容与搭乘记录；

（5）周边旅游景点与优质店家推荐。

图 1　高雄 MaaS 官方网站

图 2　高雄 MaaS APP 截图

目前高雄 MaaS 系统已整合了高雄市之捷运、轻轨、渡轮、市区公交车、公路客运、脚踏车、出租车以及共享电动机车等 8 种运具，提供无限畅游方案、公交车畅游方案、渡轮畅游方案、公交车客运畅游方案与学生七日票等运输套票服务。各方案所涵盖的运具如表 1 所示。除学生七日票外，其余每种方案皆售卖一般与学生等两种价格不同的票券。

表 1　高雄 MaaS 系统各票券方案所涵盖之运具

运具\套票	无限畅游	市区公交车畅游	公交车客运畅游	渡轮畅游	七日票
都会捷运	●	×	×	×	●
市区公交车	●	●	●	×	●
公路客运	×	×	●	×	×
渡轮	每月 4 次免费	×	×	●	×
轻轨	●	×	×	×	●
脚踏车	前 30 分钟免费	×	×	×	×
出租车	点数折抵	点数折抵	点数折抵	点数折抵	×
电动自行车	点数折抵	点数折抵	点数折抵	点数折抵	×

1.2　推广目标界定

根据高雄 MaaS 会员数据的基本属性分析可知，若以套票购买的总累积次数为指标，一般卡与学生卡的比值约为 1.15，表示两种族群购买套票的总次数差距不大，但就这两类族群背后的母体而言，"非学生"势必远比"学生"大上数倍，因此在营销（免费试用）资源固定有限的情况下，以学生族群为主要对象方能达到事半功倍之效。

此外，试用推广的受众定位在学生族群尚有其他几项优势：

1）学生可塑性高

越是积久成习的思想与行为越是难以改变，而"运具选用"其实也是一种习惯，在相同条件下，要改变年龄低民众的使用习惯会比年龄高者要容易。此外，"学生"也是人一生中可塑性最高的阶段，若能在此阶段适当培养使用公共运输的习惯，有可能奠定其未来数十年的公共运输使用习惯与基础，对塑造下一个绿色运输世代而言，长期效益极高。

2）青少年交通风险高

由图 3 可知，青少年因交通事故死亡者众，对学生营销 MaaS 亦有助于减少伤亡。

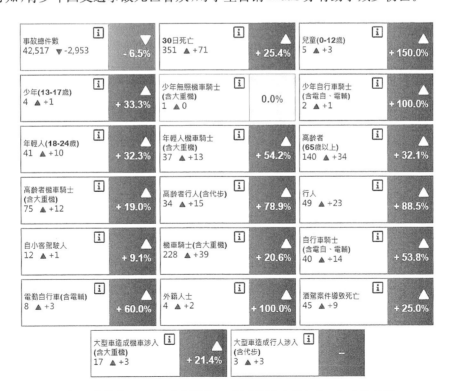

图 3　高雄市 2019 年交通事故 30 日内死亡人数与前一年之比较图
数据源：https://roadsafety.tw/Dashboard/

3）推广管道较单纯

一般民众包含百工百业，很难用单一或少数管道做全面性的触及，但学生属于团体生活，只要透过学校即可以触及大量人次，在营销资源有限的本案里，为上上之选。

综合以上考虑，本研究决定在高雄地区挑选高、中职学校作为主要营销目标，此阶段学生多数尚未取得驾驶执照，受私人运具的诱惑较低，实为试用推广的理想目标。

2　推广历程摘要

根据前一章的评估，本研究考虑大专院校学生已拥有驾照且机动性需求较高，另一族群（高、中职学生）则正好相反，运具选择较少且作息固定，进一步分析若已有需求应该早已成为用户，故若要争取新客户，则须使用较大的营销力度，故本研究拟以"免费体验"作为营销诱因，意即让高、中职生免费体验如MaaS套票服务一个月。

2.1　推广方案设计

以下分别就"体验对象""配额规划"与"期程规划"说明免费体验方案设计之决策考虑。

有关体验对象，由于本研究专注于高、中职族群之营销，故先盘点高雄市各高、中职的地理位置（图4）。考虑到推广MaaS产品必须善用主运具优势，因此从中挑选以下五所学校做为评估对象，经过步行距离、换乘运具、辅助运具之评估，并参考高雄市交通局与教育局之建议，最终决定办理场域为高雄女中与高雄高商，两校相对捷运站的位置如图5。

（1）三民高商（离巨蛋站300 m左右）
（2）高雄高商（离中央公园站1 km左右）
（3）海青工商（离生态园区站3 km左右）
（4）高雄高工（离凹子底站3 km左右）
（5）高雄女中（离中央公园站1 km左右）

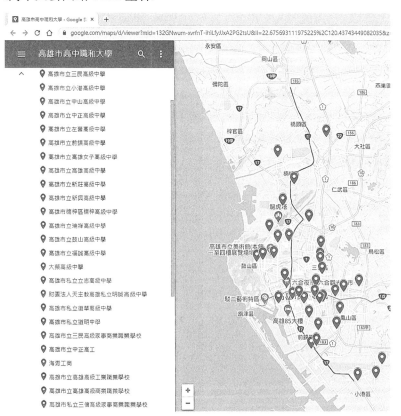

图4　高雄市各高中职地理分布图

图 5　体验学校位置与邻近捷运站相对位置图

本票卡推广体验活动预算规划 30 万元,考虑到目前"学生●青春"项目之牌价为 1 099 元,则本次免费体验名额以 270 名估算。在名额分配上,由于雄女与雄商之学生数约为 3∶2,故体验名额也依此比例分配。

原则上,免费体验资格理应限制"新加入会员"较合理,但考虑 MeN Go 服务之特性,若有学生先前就已加入会员,但却未曾购买过套票方案,事实上其本质与新加入会员无异,理应可一并纳入。

此外,在本体验活动尚未开始之际,雄女与雄商已分别有 200 至 300 名会员,其中不乏已购买过套票方案之会员,这类会员在活动开始后具备同学之间代言或 APP 操作教导的潜在作用,故亦应保留部分名额以作为诱因,但由于体验活动仍以新户为主,故本研究与运研所多次讨论后,决定新客户与旧客户初步以 8∶2 之比例规划,确保两类会员均有一定比例,最后视实际报名状况交互留用。根据上述原则之体验名额配置如表 2。

表 2　体验名额配置结果表

学校	新会员	旧会员
高雄女中	130	30
高雄高商	90	20

为便于宣传,本研究以近年来民众熟知的"双 11 购物节"为目标,以该天让同学 0 元购买套票作为活动期程规划基准点,再根据其他作业所需时间规划整体活动期程(如图 6)。

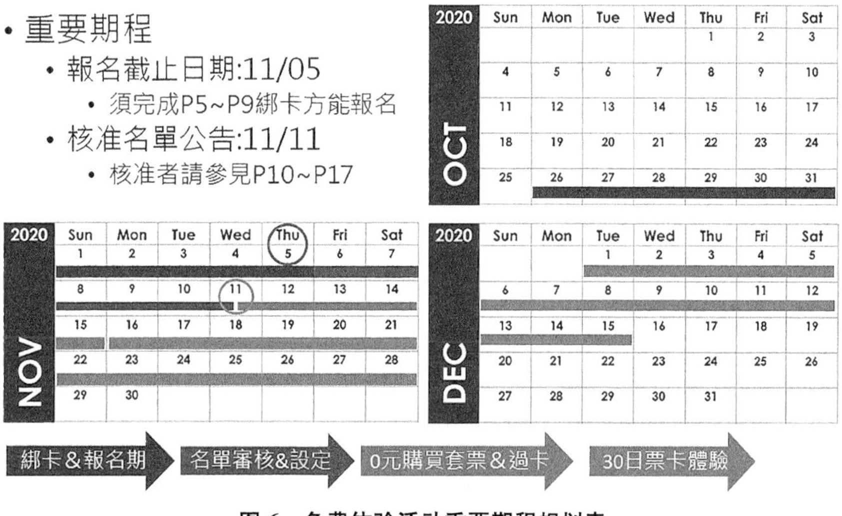

图 6　免费体验活动重要期程规划表

2.2 宣传与执行

为利于体验活动执行,本研究通过运研所、高雄市交通部门与教育部门之协助,于 2020 年 10 月 20 日拜访高雄女中与高雄高商校长,过程中详述活动目的、流程与待协助事项,以取得校长的支持与认同。当天校长即分别指派校方执行窗口供后续联系。

为降低校方人员宣传之负担,本研究印制 A2 与 A4 之彩色海报(如图 7)供校方人员宣传用,其中 A2 为张贴用途,A4 则每班发送,同时另外提供图片的电子文件,通过校方原先建立的"各班班长 Line 群组"发送,以确保本活动信息能充分传递至每位同学。

为确保同学能完成报名前的相关作业(注册会员 & 绑定电子学生证),本研究分别给校方人员及学生制作了参考手册,里面有各项文件填写的逐步教学,当同学至校方窗口办理登记时,负责的教官或组长也会请同学确认 MeN Go APP 可读取图 8 之画面,确保已完成相关注册,同时登录至报名表上之卡号也必须与图 8 显示之卡号一致。

图 7　免费体验活动海报样张　　　　图 8　会员注册 & 绑卡作业成功确认图

2.3 成效与回馈

本活动在报名截止前共计收到 302 笔报名资料,略超过原先预期的 270 份配额约 10%,经过本研究审核后,扣除重复、数据错误、绑卡作业未成功等状况,第一批通过审核能于双 11 取得 0 元购买套票的同学约有 182 位。

报名却未能如愿体验的同学,多半是卡在绑卡操作未能正确完成。通过审核的同学,则可以 0 元价格购买套票并进行开卡操作,这样就能开始享受免费畅游公共运输之服务。自报名起至实际购买的人数变化比较如表 3。

表 3　自报名起至实际购买人数比较表

	學校	新會員	舊會員	總計	合計	
初期配額	雄女	130	30	160	270	112%
	雄商	90	20	110		
報名人數	雄女	31	41	72	302	38% / 60%
	雄商	121	109	230		
審核通過	雄女	19	41	60	182	65%
	雄商	26	96	122		
實購人數	雄女	13	24	37	118	
	雄商	22	59	81		

由表3可知,从报名人数到实际完购人数约有6成之折减,虽看似比例较低,但经查,如高雄加工出口区先前办理的体验活动亦有类似状况,该案例当时有137位市民报名,但实际完成购买者也仅有64人,故此次学生推广的成效与先前一般上班通勤族的推广成果相比并无太大差异。

为利于未来类似营销活动的推广,本研究亦鼓励学生参加活动拍摄类似图9的MeN Go营销创意照,通过图10窗口上传后,本研究将挑选出最具创意的15名同学加赠套票30天。本窗口有特别设计,只接受愿意将照片授权给MaaS营销使用的照片,若填答者不同意授权,窗口就不接受照片上传,以确保未来MaaS营运团队能合法使用这些照片于营销目的。

在活动截止后,共计筛选出雄女11位及雄商15位同学获奖,这些同学的创意照片部分摘要如图11。

图9　上传创意营销照示意图

图10　上传创意营销照加码送之窗口

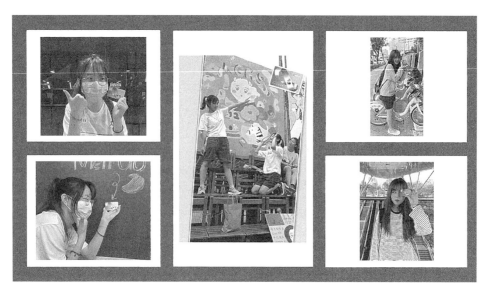

图 11　本计划创意营销照部分获选作品

3　意见回馈与问卷调查

有鉴于表 3 中同学报名、绑卡、申购的转换率未过半,本研究于 2020 年 12 月 9 日中午于高雄商校百龄大楼 8F 国际会议厅举办"MaaS 体验活动意见回馈座谈会",该座谈会邀请雄商校长杨文尧开场(如图 12),现场同学报名踊跃(如图 13)。

图 12　雄商杨校长亲自主持座谈会开场

图 13　参加座谈同学于国际会议厅

为充分掌握同学对本次体验活动之认识,本研究设计如图14之问卷,共计回收166份,在经过仔细验证填写结果后筛选出118份有效问卷执行后续分析。

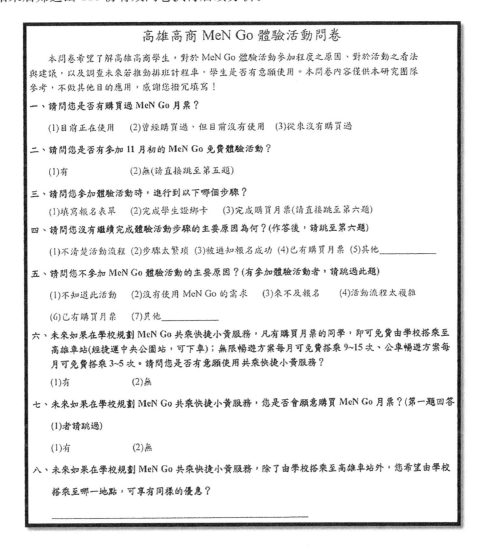

图14　雄商体验活动现场问卷内容

整体受访背景如图15,而未参加体验活动同学的主要原因分布如图16,主要原因是不清楚活动及没有需求,至于没有完成0元购买的原因分布如图17,主要原因是不清楚流程以及当下已买月票。

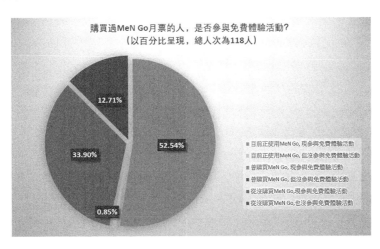

图15　受访同学会员分布圆饼图

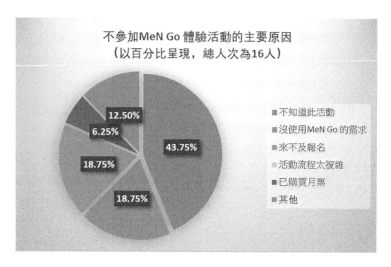

图 16　未参加体验活动之主要原因分布图

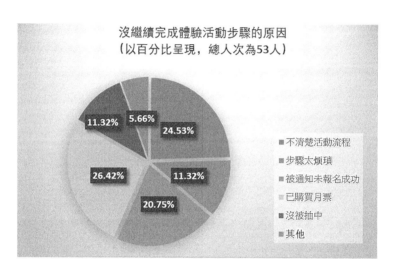

图 17　未完成体验活动之原因分布圆饼图

4　结语

归纳本研究过程得到的各种数据，可得到以下结论与建议，供 MaaS 营运单位作为未来发展或改善之参考。

1. 若从"育苗"的角度来推广公共运输，考虑交通运具的使用习惯有其固定性，故应自学生时期开始培养，此举同时也能降低青少年交通事故死伤数量，也将有利于长期的公共运输发展环境。

2. 运输确实为衍生需求，即使是"免费试用"，申请试用人数仍不如想象踊跃。

3. 经实际执行免费试用推广发现，报名人数到实际完购人数约有 6 成之折减，虽看似比例较低，但经查，先前办理其他族群的体验活动亦有类似结果，可相互印证此绩效之合理性。

4. 办理现场座谈会与问卷调查可了解学生未能参加或中途退出之理由，旧会员的主要原因都跟既有方案效期内未用罄有关，至于新户的主要原因则偏重于不熟悉系统操作导致失败或放弃。

5. 回顾高雄 MaaS 系统之设计，其核心逻辑注重防弊，因此设立较多核验机制来验证数据正确性，同时防堵使用者滥用。但也正因如此，导致新会员首次加入的程序较为烦琐，未来在系统升级改版时可考虑简化流程来提升用户体验感。

"大众运输导向型发展"下之换乘行为研究

Study of transfer behavior from the perspective of transit-oriented development

翁楷锳　邹昀瑾　许聿廷

摘　要："大众运输导向型发展"(Transit-Oriented Development, TOD)系以大众运输场站作为一地区的发展核心,在此区域内规划高强度的混合土地利用,民众只需透过大众运输以及步行便可满足其日常活动之需求。虽然TOD政策的推动应纳入不同类型的大众运输系统及运具,根据地区的人口分布及旅运需求,建构合适的大众运输系统,但是当前台湾地区TOD的政策思维过度偏重轨道或捷运系统的发展。因此,本研究透过分析悠游卡交易数据判断旅次所涉及的换乘行为,并在搜集大量大众运输运具换乘数据后,期望找出多数通勤者可接受的换乘范围和相关行为特性,针对捷运站周边包括大众运输以及土地利用相关变量,导入多元线性回归模式,探讨影响民众出捷运站后,换乘不同大众运输运具的行为和范围会受到何种因素影响,进而探讨公交车系统本身的服务特性和作为捷运系统换乘运具的角色。

关键词：大众运输导向发展；换乘行为；大众运输系统；多元线性回归；土地利用

Abstract: Transit-Oriented Development (TOD) takes the mass transit station as the core of a region's development. This area is planned with a high degree of mixed land use, which can satisfy people's demands of daily activities through public transportation and walking. Although the promotion of TOD policy should incorporate different types of public transportation systems according to the region's population distribution and travel needs, the current policy of TOD in Taiwan area is skewed toward rail or MRT systems. Hence, this study attempts to explore transfer behavior involved in trips by public transport by analyzing smartcard data. We collected the data of transportation and land-use-related variables in the areas surrounding MRT stations. Thereupon, the study employs a multiple linear regression model to factor transfer behavior to access or leave MRT stations. Further, we also explore whether the bus system can also become an essential mode for cities to promote TOD.

Keywords: transit-oriented development; transfer behavior; transit system; multiple linear regression; land use

1　前言

"大众运输导向型开发"(TOD)一词,最早出现于Peter Calthorpe的著作《下一个美国大都会》(*The Next American Metropolis*),阐述对于打造房价可负担、环境友好的美国小区生活之愿景,包含适宜的开发密度、步行距离、公共空间和混合土地使用等内容,并认为轨道交通建设在这样愿景下的城市中扮演着关键角色。Cervero和Kochelman于1997年更具体地提出运输小区(transit village)模式的3D假设,将密度(density)、多样性(diversity)和设计(design)作为TOD空间营造的必要前提。而后续相关研究显示,TOD中的Transit广泛地包含了各类大众运输系统,并非只限于轨道运输,显见TOD政策的推动可透过不同类型的大众运输系统建构适合大众的运输系统,并整合各运具之间的换乘。

自1996年台北捷运系统陆续开通以来,如何有效地解决台北市道路交通拥塞、大量私人运具排放废气所造成之环境污染、捷运运输路网的扩张及大众运输换乘的便捷性等,一直都是重要的议题。结合大台北都市发展现况,其往往仍局限于车站周边地区发展之开发(尤其是距离捷运场站300～500 m内给予

作者简介：翁楷锳,台湾大学土木工程学系研究所硕士。
　　　　　邹昀瑾,台湾大学土木工程学系大专生。
　　　　　许聿廷,台湾大学土木工程学系副教授。

容积奖励),应当有不同策略思考方向,从区域或都市的角度探讨 TOD 如何引导都市空间进行再造。综观到目前为止许多 TOD 的理论、研究以及实施案例经验,发现其具备多样性内涵,可透过整体性与连接性、舒适性与景观性、多样性与混合性进行规划。

林嘉慧(2007)研究验证捷运中和线沿线以及捷运景安站周边地区空间发展情形后提出,TOD 引导都市空间再造之策略,须建立在区域、都市、小区三向度架构下,破除仅在车站周边高密度发展之迷思。此外,过去相关文献对换乘行为的分析较缺乏大数据交通换乘数据,随着网络及通信科技的蓬勃发展,智能卡的应用范围与民众生活越来越紧密(Blythe,2004),透过 OD 刷卡大数据可分析各路线上下车人数、各站间车上人数、旅行时间、换乘时间、特定搭乘需求等旅运数据。由于大众运输系统的换乘涉及用户对换乘便利性、等待时间与移动距离等服务水平的感受,使得换乘亦是影响使用者搭乘意愿的重要因素之一(Jang,2018)。

综上所述,本研究透过智能卡票证数据分析换乘行为,并结合捷运场站空间变量的相关性,以民众步行至大众运输站点所需距离、时间为依据探讨现今双北地区的公交车系统是否也能成为都市推动 TOD 的重点运具,希冀分析所得换乘形态间变异及实证研究之成果,可作为政府单位拟定交通场站周边设施建设之参考。

2 世界主要城市大众运输型导向发展(TOD)型式

2.1 美国丹佛市

丹佛市为科罗多拉州最大的城市和首府,自 2000 年代起规划 191.5 km 的轻轨路线,新设 70 处公共运输场站,成为都市发展转变的重要契机,2003 年推出"大众运输发展策略计划"(Transit-Oriented Development Strategic Plan)并于 2014 年改版推出新策略计划,以 TOD 概念为核心,将每个场站依据各自的空间区域特性归纳为"土地混合使用""街道及街廓纹理""建筑物布局和位置""建筑高度"及"流动能量"等五个指标项目,将轨道运输场站分为"市中心区"(downtown)"都市中心"(urban center)"一般都市"(general urban)"都市"(urban)及"近郊"(suburban)等五种类型,分别提出各类型场站周边的共同开发原则。

2.2 日本埼玉县武藏浦和车站

武藏浦和车站位于埼玉县埼玉市南端,系 JR 武藏野线和 JR 埼京线交会站。政府将车站周边 13 个街区约 17.5 hm^2 范围划定为副都中心发展,充分利用转运功能,透过引进办公室空间和公共设施建设,建立完善的大众运输设施,街道环境与车站站区之间的连接以及增加车站周边可及性条件、交通安全性与步行舒适度等策略手段,达到发展兼具商业、业务及住宅功能的复合式都市机能之愿景目标,并订定车站换乘人数、非法停车数及无障碍设施满意度等三个指标,作为武藏浦和车站再发展之标准。

2.3 中国香港金钟站(Admiralty Station)

金钟站位于香港金钟一带的商业中心区,四周有地标性建筑物、公司总部、主要政府部门、高等法院、酒店、公园及购物商场,同时也是港铁港岛线和荃湾线交会车站,车站出入口主要连接金钟地区建筑物及购物中心,乘客可直接穿梭其间,部分出口邻近主要街道、中区行人天桥系统及巴士、出租车站,方便乘客换乘不同的交通运具,其"铁路与物业综合发展经营"的运作模式即是典型的大众运输导向小区开发模式。

2.4 新加坡滨海湾车站(Marina Bay Station)

新加坡面积小、城市化密度高,约 12% 的土地用于道路建设,在有限面积下,难以扩张道路网络。因此积极发展多项政策措施及土地规划来履行 TOD,包含"车辆配额系统"(Vehicle Quota System,VQS)

及"电子道路收费系统"(Electronic Road Pricing，ERP)，提高私人运具使用成本，让民众更偏向选择搭乘大众运输运具。在土地使用方面，1995 年提出"白色用地"(White Zone)概念，并以市中心区滨海湾(Marina Bay)车站周边作为示范区，只要符合市区重建局(URA)的规定，开发商在租赁白色用地期间，可按照招标契约要求，自由地根据需要改变各类混合用地的使用性质和比例，可以作为商业、酒店、住宅、运动和娱乐等地使用，或是混合使用。

3 台北市都市发展及大众运输导向型发展(TOD)情形

3.1 都市发展的脉络与历程

城市发展与交通建设本就是一体两面，更存有"鸡生蛋、蛋生鸡"的关系。河运时代，台北市的经济重心主要在河运沿线之艋舺与大稻埕码头周边。随着铁路建设开始，大稻埕至基隆的铁路延伸至新竹，西部纵贯铁路全面兴建，陆续串联起台北市市郊的淡水、新店等地区，铁路及其他机动交通运具成为台北市主要联外运具。又于 1930 年设立"台北市营公交车"，公交车路线以台北车站为中心，辐射状连接万华、台北桥、圆山与东门等地区，码头周边的商业区也开始大规模挪移至车站周边(如图1)。

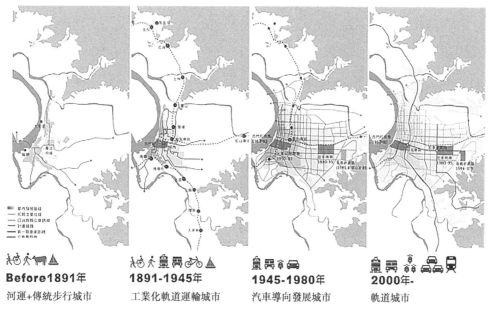

图 1　台北城市形态随交通建设发展之变化
(数据源：台北市政府都市发展局)

1996—2015 年，随着文山线、内湖线、淡水线、中和线、小南门线、新店线、南港线、板桥线、土城线、芦洲线、新庄线、信义线及松山线等捷运线相继通车，以捷运为骨干搭配公交车路网所架构出的绵密的大众运输系统，明显提高了都市活动强度与人口机动性，让地价、地租及流动能量在市中心分布得更加均质，而在捷运场站周边亦发展出小型的特色商圈。交通与地区环境发展之间的关联性也催生台北市向岛外借鉴"大众运输导向型发展(TOD)"模式的相关发展经验及研究。

3.2 都市发展重大计划

依循土地计划之架构，辅以大众运输导向土地使用原则，应使都市结构朝向紧密化发展，强化场站周边的高强度开发，都市再生策略作为台北市未来长期发展指导纲要及推动各部门计划之依据，包括东/西区门户计划、大同再生计划、士林再生计划、北投再生计划、文山发展策略计划等(如图2)。

图 2　台北市相关重大计划示意图
（数据源：台北市政府都市发展局）

3.3　大众运输发展

3.3.1　捷运

目前大台北地区捷运路网建设已完成 152 km、131 座车站，平均每日载运量已超过 220 余万人旅次，而台北市市内兴建中的路线包含信义线东延段、万大—中和—树林线、环状线北环段及南环段等，新北市市内兴建中的路线包含三莺线及安坑线等，预估完工后，整体捷运路网长度将达 233 km。台北市当局捷运工程部门亦持续规划捷运路线，以建构完整的捷运路网，台北都会区捷运建设路网如图 3。

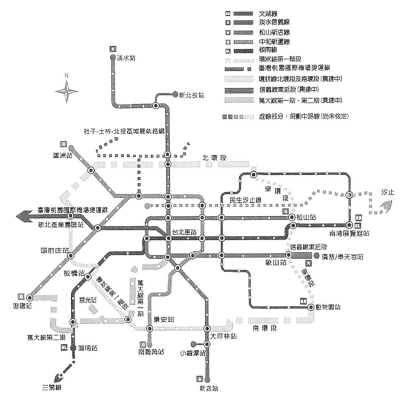

图 3　捷运路网图
（数据源：台北市政府捷运工程局）

各捷运场站于市中心区站距普遍在 500~800 m,外围场站平均站距 1 000~1 500 m,各场站于半径 300 m、500 m、800 m 范围内都市发展用地之路网覆盖率如表 1 所示,未来捷运路网完成之后覆盖范围皆分别提升,最大范围将涵盖台北市都市发展用地约 70%。

表 1　台北捷运路网 300 m、500 m、800 m 覆盖率统计表

距离(m)	捷运已通车路线覆盖率(%)	未来捷运路网覆盖率(%)
300	14.81	18.96
500	36.80	44.98
800	59.62	69.50

3.3.2　公交车

台北市当局公共运输部门在"快速、干线、支线、微循环"层级式公交车高辨识系统策略下,于 2018 年完成快线及"八横八纵"干线路网建置。为简化公交车网络复杂程度,增加民众使用的便利性,滚动式检讨修正"支线及微循环公交车"路网及营运方式,以强化大众运输接驳换乘功能及提供更便捷的公交车服务。迄今为止,台北市联营公交车路线达 288 余条(图 4)。

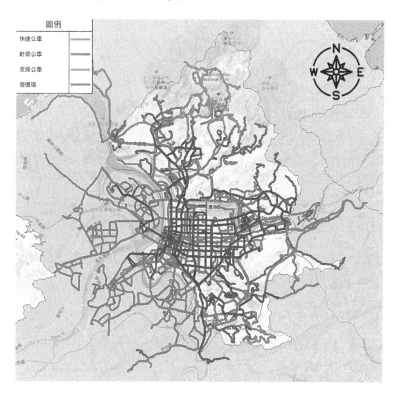

图 4　台北市公交车路线分布图
(数据源:台北市公共运输处)

综观台北市公交车路网的发展与台北都会区之都市与人口的发展结构息息相关。随着人口的增加、都会区范围的扩大,捷运路网逐步成网,公交车路网亦随之调整。

3.3.3　YouBike 及友善自行车环境

台北市为推广自行车作为接驳运具,提供给自行车及行人更友善安全之通行环境,持续完善市区自行车路网,2017 年已完成 400 处 YouBike 站建置,提供 13 000 辆以上的公共自行车供民众使用。2019 年完成自行车道 504.06 km,同时为提升自行车骑乘友善环境与安全,以捷运系统为中心,于 2020 年完成在芝山站、公馆站、大安站、行天宫站、圆山站、双连站、民权西路站、昆阳站、后山埤站、南港展览馆站、善导寺站、台大医院站等 26 个捷运站旁之 YouBike 站点周边 500 m 范围内设置接驳型自行车道标线。

3.4 换乘行为相关文献回顾

诚如前言所述,TOD 政策的推动系要建构适合的大众运输系统并整合各运具之间的换乘,因此了解不同运具间的换乘形态有助于规划满足都市运输需求。影响换乘行为的因素众多,包含社会经济条件、人行环境及换乘环境等。

台湾运输学会(2016)分析大众运输使用特性,利用一个月以卡号为基础的悠游卡运输事务数据,探勘捷运、公共自行车、公交车三者的时空分布概况,并探讨各运具间的换乘行为。Jang(2018)找出韩国首尔的主要换乘站及估算旅行时间、换乘地点的选择。Chu 等(2010)则运用关联规则及规律性分类来分析旅运行为之空间变化。

4 回归模型分析说明

4.1 变量说明

透过相关文献了解可能影响捷运转公交车之因素后,本研究以 2019 年 3 月 11 日至 3 月 17 日为期 1 周之悠游卡资料为依据,分析双北市市内捷运转公交车之换乘次数及换乘距离,找出不同换乘运具可能影响的半径范围与分布,探讨大台北地区现在拥有的公交车系统是否有潜力成为以大众运输为导向的发展地区的主要运具。本研究将应变量(Y)分别设定为平、假日换乘距离(m)及捷运转公交车之换乘次数,针对东湖站、葫洲站、大湖公园站、内湖站、港墘站、剑南路站、大直站、辛亥站、万芳医院站、万芳小区站、木栅站、动物园站、新店站、新店区公所站、七张站、大坪林站、景美站、昆阳站、后山埤站、永春站、府中站、亚东医院站、海山站、南势角站、景安站、永安市场站、顶溪站、三重小学站、徐汇中学站、芦洲站及菜寮站等 31 个捷运站,搜集各捷运站 500 m 范围内的商业区面积、住宅区面积、人行步道用地面积、公交车路线数、公车站位数、捷运站距离 YouBike 站平均长度及 YouBike 站位数等 7 个自变数(X),建构回归模型情境如表 2。

表 2 回归模型情境

模型	应变数(Y)	悠游卡数据时间	自变数(X)
1	平日换乘距离(m)	2019/3/11—2019/3/15	商业区面积(m^2)、住宅区面积(m^2)、人行步道用地面积(m^2)、公交车路线数(线)、公车站位数(站)、捷运站距离 YouBike 站平均长度(m)、YouBike 站位数(站)
2	平日换乘次数		
3	假日换乘距离(m)	2019/3/16—2019/3/17	
4	假日换乘次数		

4.2 回归模型分析及建构

本研究采用多元(复)线性回归(multiple linear regression),利用 K 个自变数(X)与一个应变量(Y)来判断两变量间的相关性,公式为 $Y = \alpha + \beta_1 X_1 + \beta_2 X_2 + \cdots + \beta_k X_k$。透过建立应变量($Y$)为自变量($X$)的函数模型。探讨整体系数 F 检定(overall F test)来检定整条回归对 Y 是否有解释能力,以及单一系数 t 检定来检定在控制其他变量下,单一自变量是否有解释力。

为避免变量间之相关性过高导致模型出现不合理之检定结果,检视各变量 VIF 值(Variance Inflation Factor)均小于 3,并剔除显著性不明显($P > 0.05$)之变量后,经由 SPSS 统计软件分析,各模型摘要及模型结果输出如表 3~表 7。

表 3　模型摘要说明表

模型	R	R^2	调整后 R^2	标准错误	Durbin-Watson
模型 1-平日换乘距离	0.411	0.169	0.109	1 465.572 065	1.671
模型 2-平日换乘次数	0.550	0.303	0.225	4 126.001	1.895
模型 3-假日换乘距离	0.506	0.256	0.173	1 728.425 66	1.885
模型 4-假日换乘次数	0.587	0.345	0.272	591.997	2.235

【备注】4 个模型的解数变量
模型 1：常数，YouBike 站位数，商业区面积(m^2)
模型 2：常数，YouBike 站位数，公车站位数，捷运距离 YouBike 站平均长度(m)
模型 3：常数，捷运距离 YouBike 站平均距离(m)，商业区面积(m^2)，YouBike 站位数
模型 4：常数，捷运距离 YouBike 站平均距离(m)，住宅区面积(m^2)，公车站位数

表 4　模型 1 之线性回归相关结果

模型		非标准化系数		标准化系数	T	显著性	VIF
		B	标准错误	β			
1	（常数）	3 166.522	557.334		5.682	<0.001	—
	商业区面积(m^2)	−0.011	0.005	−0.448	−2.346	0.026	1.230
	YouBike 站位数	262.960	189.590	0.265	1.387	0.176	1.230

a. 应变数：平日换乘距离(m)

表 5　模型 2 之线性回归相关结果

模型		非标准化系数		标准化系数	T	显著性	VIF
		B	标准错误	β			
2	（常数）	2 127.545	2 115.808		1.006	0.324	—
	公车站位数	183.446	69.563	0.495	2.637	0.014	1.364
	捷运距离 YouBike 站平均长度(m)	12.748	8.479	0.290	1.503	0.144	1.437
	YouBike 站位数	−1 654.843	612.935	−0.552	−2.700	0.012	1.622

a. 应变数：平日换乘次数

表 6　模型 3 之线性回归相关结果

模型		非标准化系数		标准化系数	T	显著性	VIF
		B	标准错误	β			
3	（常数）	5 167.273	770.255		6.709	<0.001	—
	商业区面积(m^2)	−0.014	0.006	−0.461	−2.423	0.022	1.314
	YouBike 站位数	310.932	273.069	0.256	1.139	0.265	1.834
	捷运距离 YouBike 站平均长度(m)	−7.596	3.621	−0.426	−2.098	0.045	1.494

a. 应变数：假日换乘距离(m)

表 7　模型 4 之线性回归相关结果

模型		非标准化系数		标准化系数	T	显著性	VIF
		B	标准错误	β			
4	（常数）	702.320	320.037		2.194	0.037	—
	住宅区面积(m^2)	−0.004	0.001	−0.679	−3.485	0.002	1.566
	公车站位数	26.086	11.232	0.475	2.322	0.028	1.727
	捷运距离 YouBike 站平均长度(m)	1.302	1.100	0.200	1.183	0.247	1.176

a. 应变数：假日换乘次数

5 结论与建议

本研究发现,商业区面积与平、假日换乘距离为负相关,与YouBike站位数则为正相关,表示商业发展比较不明显之捷运站,捷运转公交车之距离较远之现象尚属合理;至于平、假日换乘次数较容易受公车站位数及捷运站距离YouBike站之长度影响,是比较特别的现象,系捷运站距离YouBike站之长度与换乘次数为正相关,至于平、假日换乘次数方面,捷运与YouBike站平均距离以及公车站位数,对于其均有正面影响,亦可呼应在TOD发展理念中,强调商业发展以增加车站换乘人数之手段。

为精进线性回归分析准确度,建议后续可将等车、走路、捷运月台与闸门步行时间差等因素纳入考虑及处理,可作为后续深入探讨其他相关换乘行为研究之参考。此外,未来也可将更多捷运站纳入分析,并将分析时间由1周拉长为1个月,甚至进一步比较不同年度之同一月份之差异。

参考文献

Calthorpe P, 1990. The next American metropolis: Ecology, community, and the American dream [M]. Princeton: Princeton Architectural Press.

Cervero R, Kockelman K, 1997. Travel demand and the 3Ds: Density, diversity, and design[J]. Transportation Research Part D: Transport and Environment, 2(3): 157-222.

Blythe P, 2004. Improving public transport ticketing through smart cards[J]. Municipal Engineer, 157(1): 47-54.

林嘉慧, 2007. 大众运输导向发展引导都市空间再造之策略研究[D]. 台北:中国文化大学.

台湾运输学会, 2016. 悠游卡交通类事务数据特性分析与应用[R].

Jang W, 2018. Travel time and transfer analysis using transit smart card data[J]. Transportation Research Record: Journal of the Transportation Research Board, 2144(1): 142-149.

Chu K K A, Chapleau R, 2010. Augmenting transit trip characterization and travel behavior comprehension[J]. Transportation Research Record: Journal of the Transportation Research Board, 2183(1): 29-40.

城市路廊重生
——以高雄铁路地下化之地面景观廊带建设为例

The Rebirth of the Urban Corridor
— The Construction Case of the Ground Landscape Corridor in Kaohsiung Railway Underground Project

李致贤　陈立儒　邓大光　刘国庆

摘　要：高雄铁路已有百年历史，至今结合了铁路运输系统、捷运运输系统及高速铁路系统等三种大众运输系统，为台湾地区南部区域重要运输转运中心。

"高雄市区铁路地下化计划"为近年高雄重大交通工程建设之一，铁路地下化工程完成后，地面路廊土地使用透过都市计划整合变更为都市绿园道。本研究以地面铁路路廊改变成为景观绿园道的过程为例，探讨人本交通理念及建置绿色运输环境作为重新缝合都市纹理的执行方式。

关键词：铁路地下化；都市绿园道；绿色运输

Abstract: The Kaohsiung Railway, over one hundred years in history, has combined three mass transportation systems, including the railway transportation system, the metropolitan rapid transit system, and the high-speed railway system, making it an important transportation and transshipment center in the southern region of Taiwan area.

The "Kaohsiung Railway Underground Project" is one of the most recent major transportation projects in Kaohsiung city. Upon completion of this project, the original ground corridor land-use zoning was changed to urban green parkways through the integration of urban planning. This study takes the transformation of ground railway corridors into landscape green parkways as an example and explores the concept of human-oriented transportation as well as the establishment of green transportation environment as the implementation methods for re-stitching urban textures.

Keywords: railway underground project; urban green parkway; green transportation

1　计划缘起

高雄市自1979年以来人口高度聚集，工商业发展迅速，已成为台湾地区重化工业及航运中心，2010年县市合并后，更成为台湾地区南部区域重要的运输转运中心，为铁路运输系统、捷运运输系统及高速铁路系统等三种大众运输系统的重要交会地区。"高雄市区铁路地下化计划"即是重大交通工程建设之一环，主要办理台铁西干线铁路地下化工程。铁路地下化起点北起左营区新左营站附近，向南而东至凤山区大智陆桥为止，全长约为15.37 km；原台铁左营、高雄、凤山等三站改为地下化车站，新增内惟、美术馆、鼓山、三块厝、民族、科工馆、正义等7座通勤车站，高雄车站更为高雄市门户意象及交通转运枢纽，高雄铁路地下化工程范围图如图1。

高雄铁路地下化完成后所腾空之廊带，将依都市计划划设为园道范围，辟设为绿廊景观园道。在都市计划范围内，园道总面积约为71.291 2 hm²，完工后可消弭铁轨两侧长年以来隔阂，实现缝合都市纹理

作者简介：李致贤，台湾世曦工程顾问公司运输土木部工程师。
　　　　　陈立儒，台湾世曦工程顾问公司运输土木部正工程师。
　　　　　邓大光，台湾世曦工程顾问公司运输土木部景观组副理。
　　　　　刘国庆，台湾世曦工程顾问公司运输土木部资深协理。

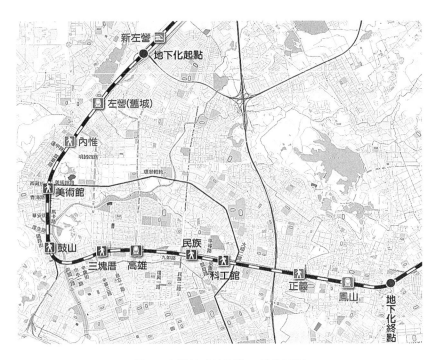

图 1　高雄铁路地下化工程范围图

的冀望,提供给市民焕然一新的景观。

借由铁路地下化串联大高雄交通运输动脉,结合自行车道路网、地下捷运红及橘两线、环状轻轨计划,可带动沿线都市发展并加速商业、休闲、观光产业成长,创造高雄市为"水与绿"之宜居都市。

2　计划目标

都市发展的历史中,铁路车站扮演着地区发展的核心角色,周边区域则附属车站发展的机能服务环境。铁路地下化后,地下化车站与周边环境产生位阶的改变,增设之通勤站选址于住宅区、文教机构、商业区等已发展区域中,车站转变为服务周边的机能设施,地面轨道也成为延伸车站服务范围的路廊,期望借由路廊来探讨融合水绿环境、小区服务、人本空间与车站之间的多元关系,打造出一个永续发展的绿色廊带。

从高雄市近年来对大众运输的串联以及景点的创造,可见其对观光业发展与推广的企图。完整的大众运输规划路网,与区域地标景点连接后形成观光网络,让外来者能够直观、快速地浏览高雄各区的特色样貌。如欲更进一步品味一座都市的生活精神,则透过慢活的方式,在合适的人群陪伴下,用当地人生活方式、候鸟型的居住习性进一步地"逛、游"承载这些生活足迹的场所,也是本计划路廊将承担的重任。

铁路地下化从新左营至凤山,形成一个"辶"部的动线,位置又处于大高雄西侧,取其"西"字边,形成"乃"字,在闽南语之中又念为"ㄙㄟ(sei)(图 2)",期望透过本案的发展,以"ㄙㄟ(sei)旧城""ㄙㄟ(sei)艺术""ㄙㄟ(sei)街""ㄙㄟ(sei)科普"等,让更多外来游客从无形到有形地逐步感受、认识高雄。

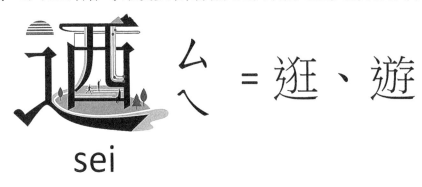

图 2　园道概念意象图

本计划沿线现况分区发展如图3,铁路长久以来中断或区隔地方的发展,铁道沿线及两侧有着不同特色的元素。为使园道能够让使用者慢活体验高雄,本计划将 Train(铁道产业转型)、Age(文化传承)、Life(水绿生活环境)、Energy(永续低碳)、Neighbor(邻里认同)作为园道规划设计的目标及口号,透过园道空间接续都市纹理,重新活化地方特色元素,成为象征高雄形象的主题路廊,如图4所示。

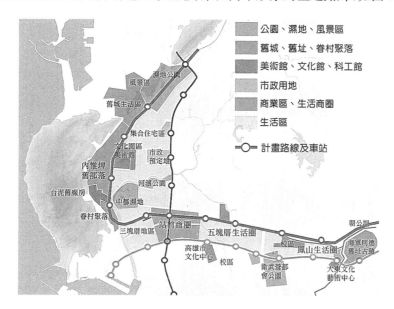

图3　本计划沿线各区发展分类图

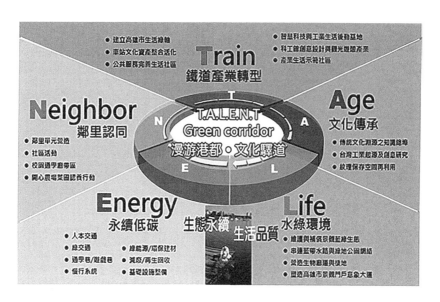

图4　本规划设计目标概念图

3　整体规划构想

为达成上述目标,本计划整体规划构想方向如下。

1) 生态绿网与低冲击开发(LID)设施导入

高雄市为已开发都市区,绿地较为零碎,仅寿山公园区有大面积的生态栖地出现,铁道长期阻断生态与绿带的延续性,铁路地下化后园道及两侧人行道建构林荫园道,形成带状绿廊,结合周边公园、湿地及学校,原先分散的都市绿地系统逐渐形成绿网,创造了都市共生与生态跳岛环境,减轻都市生态栖地缩减的压力,如图5。

图 5　高雄市生态纹理分析图

绿廊的植栽选种原则将考虑"都市意象""低碳环境""生态多样",在通勤车站、路段节点选用不同季节的开花植栽,增加空间的自明性与质感,路段间选用遮阴性佳的常绿乔木,并采用复层式植栽设计,营造舒适的绿廊环境,如图 6。

图 6　园道绿廊空间规划模拟图

近年气候变化剧烈,都市开发后,环境承受气候变动的耐性降低,园道内大面积绿地提供了改善都市耐候的最佳机会,配合透水铺面、雨花园、草沟、渗沟、植生滞留槽、雨扑满等 LID 保透水设计,达到水资源的最佳利用,以及降低都市热岛效应。

2）站区活动主题与层级建立

先汇整出各新设通勤站点与自行车道服务范围的特色资源,再分析计划路线沿线的区域发展元素,将园道分成"旧城文化""艺术生活""产业动脉""教育生活""水圳文化"等五大主题,如图 7,规划通勤站（点）与园道（线性）活动路线与空间,建构完整的生活与观光体验发展策略。因此提出活动层级的分级概念（面）,以门户型活动、地区型活动、主题型活动、小区型活动等四大层级,作为空间规划之原则,提出合适的空间设施设计与景观构想。

3）绿色运输与人本交通环境营造

人行道、自行车道是提供漫游与阅读都市纹理重要的系统动线之一,铁路尚未地下化时,市区内人行道、自行车道在轨道两侧的串联较少,需与汽机车同行陆桥进行跨越,或走人行天桥,因此延续性较低。为营造良好的人本交通环境,在铁路地下化后,将原跨越铁轨之立体设施（陆桥、人行天桥或地下道）进行

图 7　车站活动主题与层级架构图

拆除或填平,使两侧穿越道路平面化,并重新检视都市计划道路,设置穿越开口,衔接既有巷道,使园道新增多处可以连接两侧道路的节点,因此人行路线、自行车路线规划将能与园道内外动线系统整合,并考虑大众运输服务半径,设置共享单车站点,补足捷运站、公交车服务范围,提供无缝接驳、完善的绿色网络。本计划中周边轨道大众运输及自行车道分布图如图 8。

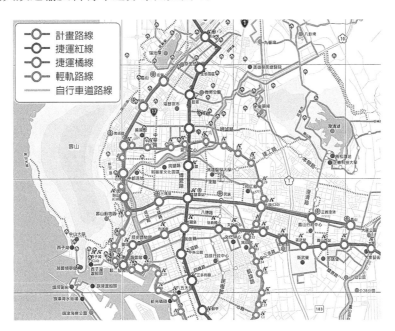

图 8　本计划中绿色运输路线分析图

4　计划执行过程

高雄铁路地下化工程可分为两个阶段:第一阶段为铁路地下化的主体工程,主体工程经安全测试完成后,于 2018 年 10 月切换至地下轨道通车;第二阶段为本计划的园道工程,于 2017 年陆续执行。园道工程主要可分为如下三个工程执行顺序:

1) 各通勤站区局部开放及园道示范阶段

为配合铁路地下化主体工程切换通车,各通勤站将先规划临时车站开放区域来服务大众,通勤站临时开放空间,除了民众进出动线外,仍考虑交通换乘设施、无障碍空间环境及消防救灾动线,设置完整的空间回路,以提供良好及安全的使用环境,如图9、图10。

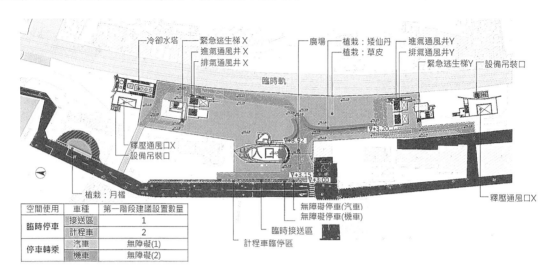

图 9　临时车站开放空间配置图

图 10　临时车站紧急救灾动线配置图

同时为了让民众了解未来的园道规划与市政愿景,共选择四处优先示范区(图 11),区内设置了人行道、自行车道、LID、智慧街灯等设施,将园道规划构想置入,开放民众体验未来整体园道的空间与活动设施。

在铁路地下化后,使用台铁通勤站次数非常显著地提升,由图 12 可以看到,过去台铁平均每年为 16.9 百万人次,2018 年至 2019 年间通勤站开放后,台铁载运量有显著的提升,2019 年达到 18.68 百万人次,成长幅度也为历年最高。台铁通勤站正成为民众习惯使用之大众运输工具之一,未来在园道完成后,搭配自行车路网、环状轻轨、捷运及公交车,期望能达到无缝运输服务。

2) 铁路沿线立体设施拆除及填平阶段

铁路平交道停等火车通过,容易使繁忙的交通路网阻塞。为减少平交道停等火车通过的时间,过去设置立体穿越设施来提升道路服务水平及安全性,铁路地下化后,车用陆桥、人行桥已渐渐无使用需求。为打造人本交通环境及无障碍空间,本计划陆续拆除立体设施,并重新规划平面穿越园道道路系统,本计划总计将拆除 10 座车行陆桥、7 处车行地下道、1 座人行天桥及 1 处人行地下道,如图 13。

图 11　园道示范段施工前后照片

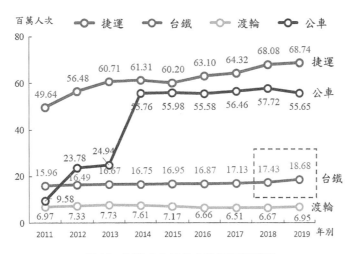

图 12　高雄大众运输人次历年统计图
（数据源：高雄市政府主计处）

铁路贯穿高雄发展核心区域，因此每座立体设施都肩负高雄通勤交通流量的重任，故进行拆除或填平立体设施工程前，必须先评估替代交通路线、公交车转运路线，再来排定每座立体设施拆除的时间。因位于市区核心，施工范围紧邻民房，为维持施工范围安全与降低噪声，本计划将对陆桥及人行天桥采用低噪音切割机具之拆除工法，减少现场大规模敲除工作，并采多工作面以缩短工期，地下道及涵洞则采用CLSM（控制性低强度回填材料），减少回填及滚压作业时间，提高时效，降低拆除造成的交通负担。本计划拆桥施作案例如图14。

图 13　本计划立体设施拆除或填平位置分布图

图 14　本计划立体设施拆除或填平施工前后照片

3）整体园道工程阶段

在铁路沿线立体设施拆除逐步完工通车后，紧接着执行园道主体工程，路廊定位为"邻近地区性集散道路及台铁各车站之进出道路"，首先进行现有道路系统改善，在调查各路口、路段服务水平后，依据各路口不同服务水平，依需求调整车道数量、宽度，如图 15 所示。若为新设道路，则园道两侧采用单行单车道配对，车站区域采用双车道，如图 16 所示，并视需求增设开口及回转道，园道共有 39 处穿越道路，其中包含 16 处增设的开口及回转道，以解决长年穿越道路缺乏的问题，提升园道运转效率，如图 17 所示。

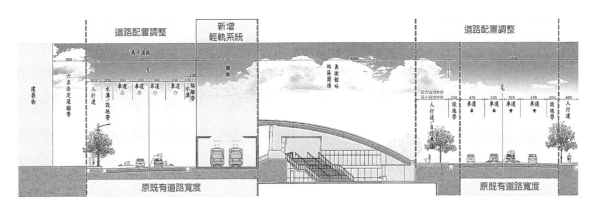

图 15　园道周边既有道路调整

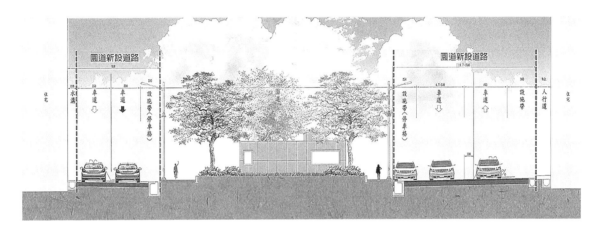

图 16　园道新设道路断面配置

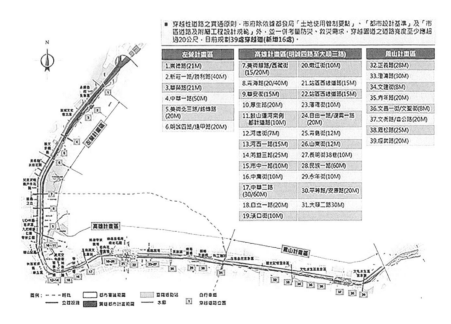

图 17　园道穿越性道路配置图

园道景观整体系统主要分为通用环境、植栽、照明等设计内容，详细说明如下：

（1）通用环境设计

园道依各路段整体道路宽度配置人行道及自行车道，在园道宽度大于 20 m 以上（不含车道）路段配置大于 1.5 m 之人行道及大于 2.5 m 自行车专用道，20 m 以下则配置 3.5 m 人行、自行车共享道，如图 18，并于跨河段保留既有跨河铁道桥，改建为人行、自行车跨越桥，并将引道段加长，以优于无障碍规范之坡度，提供省力、舒适的爬升引道，衔接园道人行及自行车动线，不因跨河而中断园道廊带，如图 19。

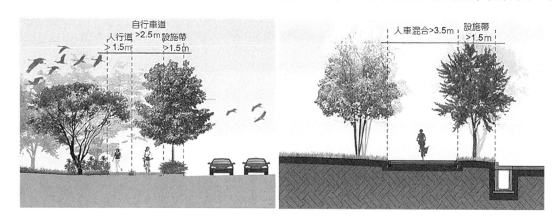

图 18　园道人行及自行车道配置断面图

图 19　铁道跨爱河桥改造模拟图

（2）绿化环境及植栽设计

绿化构想上，依各路段周边风貌配置主题树种，使各路段在不同季节有其特色，增加路段的自明性，如图20。园道外侧靠道路部分配置开花性树种，在园道内乔木（自行车及人行道）配置绿荫树种或深根性树种，提供舒适的慢行空间。乔木选择以树干径8 cm、栽植株距6 m为原则。遇重要节点则酌量种植干径30 cm以上大树，并种植灌木，营造视觉层次、生态多样性，并适地达到空间区隔效果，如图21。

图20　园道植栽配置示意图

图21　园道绿化空间模拟图

（3）园道附属设施设计

园道内除考虑活动空间及绿化外，附属之设施如智慧街灯、街道家具、公共艺术等一并纳入设计考虑。智能街灯导入远程监控管理，使园道能搜集各项交通、环保及警用数据，并依季节日照时段控制照明时间，达到节能减碳效果。街道家具包含座椅、自行车架、指标牌面等，结合地方特色或铁道意象进行设计，并选用在地色彩，以融入地区文化氛围及意象。公共艺术则为展现各站周边地区的文化风貌，成为地区营销的一环，增加各站的自明性，如图22。

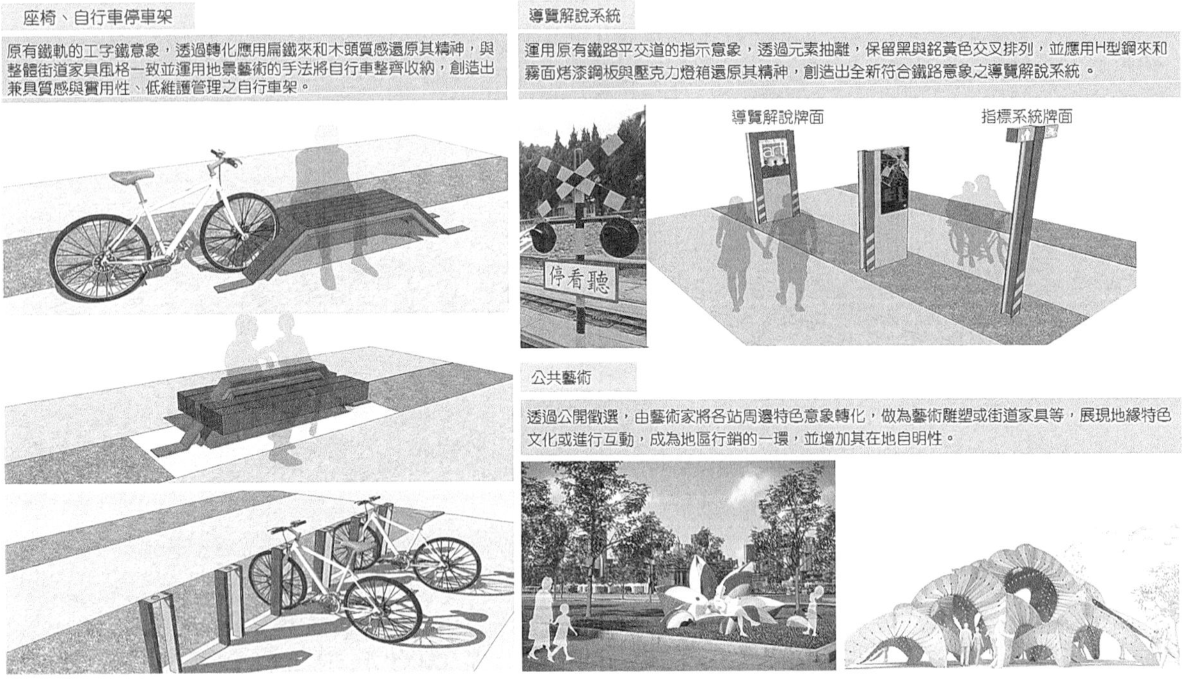

图 22　园道街道家具及公共艺术示意图

5　预期效益

本计划期望透过铁路地下化，让园道提升高雄交通服务水平，整合大众运输，使绿色运具的换乘系统成形，并提供舒适、安全的人本交通环境，营造在地特色及铁道意象，串联高雄商业、休闲、观光圈，展现高雄特色生活风貌，其预期效益详细说明如下：

1）园道预期带来周边环境效益

（1）透过开放的园道空间，改善原铁道周边交通、治安与景观环境。

（2）园道设计以人为本，并以通用设计手法设置无障碍环境空间，提供舒适、便捷的步行空间及绿色运具换乘设施，增加民众对于绿色运具的信心与使用意愿，成为营造高雄人本交通环境指标案例。

（3）园道连续性廊带、节点空间，与周边区域空间串联，延续与融合区域的特色及创新生活形态。

（4）增加都市透、保水空间，园道设置 LID 设施（砾间储水、微滞洪池、渗透沟、雨水回收系统等），预计提供约 12 985 m^3 的低地空间，以减缓极端气候对周边环境的影响。

（5）本计划园道的绿化空间，预计提供约 45 900 m^2 的绿化面积，栽植约 14 000 株乔木及灌木与四季花草，大幅提升都市道路、居住环境的质量，改善周边微气候，亦提供都市生态良好的栖息地。

2）都市环境效益与建议

本计划以道路多元功能为目标，建构市区绿色生活交通网络，也串接周边旅游景点、聚落空间及公共运输轴线及相关开放空间，亦保留铁道意象，增加都市文化内涵，使园道成为高雄都市营销的主要轴带，未来强化交通与绿色路网的建议如下：

（1）因铁路地下化后，铁路通勤站大幅增加通勤运输人次，挤压市区公交车载运人次，建议借由园道及共享单车站点合作调整运输路网，建构无缝绿色运输服务。

（2）园道衔接铁道两侧道路，并增设开口，建议可重新检视及调整高雄市自行车路网使用定位，使自行车道更加便捷安全，且可明确分类自行车道功能性。

（3）借由园道人本交通、通用设计环境，可逐步由园道向外延伸建置。

新市镇与轨道建设之发展与省思
——以淡海新市镇与淡海轻轨为例

New Town and Railway System Development
— A Case Study of Danhai New Town and Danhai LRT

吴国济　杨鹏飞　王　易

摘　要：为纾解台北过度发展的压力，淡海新市镇主要计划于1990年核定并进行开发。为强化新市镇联外机能，提升新市镇土地之开发效率，进而带动该地区发展，历经十余年之研议与规划，淡海轻轨于2014年正式开工，2018年绿山线、2020年第一期蓝海线通车营运，确实有助于人口进驻，提升公共运输使用率。除带动淡海新市镇发展外，新北捷运公司致力于透过公共艺术之道塑造人文都市形象，结合公共艺术与在地文史推出各类型行销方案以提升运量，并开发附属事业提升副业收入。作为台湾地区首个以供给道向建置之大众捷运系统，相关营运经验可作为后续类似轨道建设案例之参考。

关键词：淡海新市镇；淡海轻轨；大众运输导向发展

Abstract: In order to relieve the population pressure in Taipei, the major plan of "Danhai New Town" in Tamsui was approved in 1990. After a 10-years-long research and planning process, the construction project of Danhai LRT finally started in 2014 to strengthen transport accessibility of Danhai New Town. The population of Danhai New Town has increased after the Green Mountain Line started to operate in 2018 and phase 1 of Blue Coast Line started to operate in 2020. Furthermore, public art designed by Jimmy Liao, a well-known illustrator in Taiwan area was introduced in Danhai LRT in order to shape up art and humanity image of the system. New Taipei Metro Corporation aims to increase ridership of Danhai LRT through various marketing strategies, which integrates Jimmy's public art and the history of Tamsui. Subsidiary business is also started in order to increase revenue. As the first rapid transit system built for the new town in Taiwan area, the operation experience of Danhai LRT would be a reference in the follow-up construction project.

Keywords: Danhai New Town; Danhai LRT; Transit-Oriented Development

1　前言

台湾地区之大众捷运系统因建设年代较晚，多集中建设于人口密集之已开发地区，较少导入大众运输导向发展（Transit-Oriented Development，TOD）之案例。为提供淡海新市镇居民稳定、便捷之公共运输系统，以增加淡海新市镇之生活机能与吸引力而建置之淡海轻轨，为台湾地区首座以供给道向之轨道运输系统，其营运状况与淡海新市镇之开发及人口进驻状况息息相关。

本研究首先针对淡海新市镇之发展历程与淡海轻轨之营运历程及运量提升策略进行回顾，其次针对淡海轻轨于综合规划阶段中所进行之预测与实际营运状况进行比较，并针对新市镇与轨道建设之发展提出相关建议与省思，以期为台湾地区后续供给道向之轨道建设之参考。

作者简介：吴国济，新北大众捷运股份有限公司总经理。
　　　　　杨鹏飞，新北大众捷运股份有限公司企划组资深经理。
　　　　　王　易，新北大众捷运股份有限公司企划组专员。

2　淡海新市镇之发展

本小节首先回顾淡海新市镇之开发历程与人口发展,再针对过去有关淡海新市镇发展之相关文献进行回顾,以梳理淡海新市镇过去与当今所面临之发展瓶颈。

2.1　淡海新市镇开发目的与历程

淡海新市镇坐落于台北都会区北部之新北市淡水区,开发范围北起省道台2线之九号桥,南迄二号桥,西端则为台湾海峡,东端则至水源小学。开发范围区分为二期,分别为第一期发展区与第二期发展区,各发展区则可再区分为第一开发区与第二开发区,如图1所示。目前已完成开发之范围包含第一期发展区之第一与第二开发区,第二期发展区目前仍属于未开发之状态,如图1所示。

淡海新市镇之开发可追溯于1980年代,因台湾地区之经济成长,房地产价格急速攀升,为疏解台北之人口压力与提供中低价格之住宅,当局遂分别于台北及高雄两大城市规划建设"淡海新市镇"与"高雄新市镇"。许益诚(2020)汇整内部事务主管部门营建署对于淡海新市镇之开发目标,原先主要为了广建住宅容纳新增都市人口,解决台北之住宅不足及房价飙涨问题,并纾解市中心之成长压力;后续则于2013年修订开发目标为促进产业发展、提供就业机会、实现在地生活、储备都市发展用地、提升居住环境品质等。该研究认为开发目标之调整,显示淡海新市镇已跳脱原先作为卫星城市之定位,而将层级提高至"完整型新市镇",具有增加其独立性与自主性之政策意涵。

图1　淡海新市镇各开发区示意图
[图片来源:变更淡海新市镇特定区主要计划(第二次通盘检讨)(第一阶段)案计划书]

2.2　淡海新市镇之人口发展

除淡海新市镇特定区外,新北市淡水区之主要都市计划尚包含淡水都市计划区与淡水(竹围地区)都市计划区,本研究汇整淡水区总人口与区内主要都市计划区2007—2020年之人口变迁趋势,如图2所示。

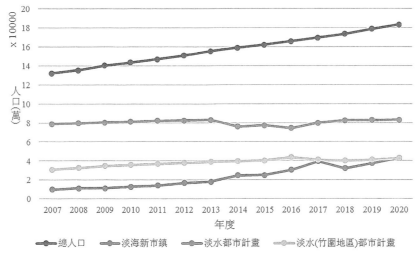

图2　淡水区与各都市计划区之历年人口变化趋势

淡海新市镇原始计划引入之人口高达 30 万,但截至 2020 年底之人口数仅 43 033 人,与原始计划有极大差异。细究淡海新市镇特定区之人口成长趋势,可发现自 2013 年起呈现较为明显之成长趋势,推测主要系因近年淡水地区重大公共建设相继动工或启用。此外,受近年房地产价格不断攀升之影响,淡海新市镇之新成屋于台北各区域中价格较低,亦吸引许多"首购族"在此置产成家,推测亦为近年人口成长趋势较为明显之原因之一。

2.3 淡海新市镇面临之发展瓶颈

过去研究结果显示,淡海新市镇之发展早期受限于联外交通系统较为不便(郑书青,2003;许益诚,2020),如仅能透过公车连接捷运站、往台北市之联外道路仅有省道台 2 乙线等,虽淡海轻轨通车后已有改善,仍有研究提出大众运输道向发展成效有限(许益诚,2020),亦有研究依联外交通系统计算淡海新市镇可容纳之人口规模,结果显示无法容纳原计划人口(颜心眉,2015)。此外,于产业面无法吸引产业移入进而导致缺乏在地就业机会,以及新市镇区域内生活机能较差等因素(游淑闵,2011;许益诚,2020),亦为淡海新市镇面临之发展瓶颈。相对于后者随人口进驻数量之增加,已吸引大卖场、商场及影城等进驻而逐渐改善,前者则需透过政府之政策引导形成拉力,透过吸引产业移入之诱因,增加就业机会,进而提升开发速度与人口进驻数量。

3 淡海轻轨营运历程与运量趋势

本研究首先概述淡海轻轨之兴建与营运历程,并回顾淡海轻轨正式收费至今之运量变化趋势以及运量提升相关作为与策略。

3.1 淡海轻轨概述

淡水地区虽有台北捷运淡水信义线与台北市中心连接,但淡海新市镇与捷运场站间仍须透过市区公车连接,尖峰时段受道路服务水准影响甚巨,进而影响淡海新市镇之开发进度与人口进驻。为提供淡海新市镇居民便捷、稳定之公共运输服务,历经十余年之研议与评估,淡海轻轨运输系统之综合规划于 2013 年获行政管理机构核定,后续完成细部设计后于 2014 年正式开工兴建,第一期路网包含绿山线(V01 站～V11 站)与第一期蓝海线(V26 站～V28 站),其中 V01 站至 V07 站间为高架路段,其余则为平面路段,分别于 2018 年 12 月与 2020 年 11 月通车营运。

淡海轻轨之营运模式目前分为"绿山线"与"蓝海线"两种,分别由 V01 站行驶至 V11 站与 V26 站,尖峰时段班距为 12 分钟,离峰时段班距为 15 分钟,两营运模式之重叠区间(V01 站～V09 站)班距则为尖峰时段 5 至 7 分钟,离峰时段 7 至 9 分钟。除提供给淡海新市镇居民便捷、稳定之运输服务外,淡海轻轨于兴建时期即打造全线主题式之公共艺术,绿山线与岛内知名之绘本画家几米(Jimmy Liao)共同合作,于全线各车站皆设置有公共艺术铜雕(图 3)。

3.2 淡海轻轨运量变化趋势与提升作为

淡海轻轨自 2019 年 2 月正式收费营运后,2019 年 2 月至 12 月之日均运量为 9 427 人次/日,2020 年之日均运量为 9 527 人次/日,2021 年 1 月至 4 月之日均运量则为 13 600 人次/日,各月份运量之变化趋势如图 4 所示。

运量变化趋势中,主要呈现运量衰退之期间为 2019 年 2 月至 5 月及 2020 年 1 月至 4 月。2019 年运量衰退主要系因通车热潮随时间衰减,且 5 月取消通车初期提供之票价 5 元优惠,恢复原票价计收;2020 年 1 月至 4 月运量衰退主要系因新冠肺炎(COVID-19)疫情暴发,民众减少外出与避免搭乘公共运输所致,于 4 月疫情最为严峻时达运量最低点,仅 6 483 人次/日,于该年 5 月岛内疫情逐渐趋缓后,运量即呈现回升趋势。

除前述运量衰退外,可发现淡海轻轨运量呈现逐渐上升趋势,并于 2020 年 11 月第一期蓝海线通车

图 3 淡海轻轨营运路网图(左)与几米公共艺术(右)

后大幅增加,虽通车初期所吸引之旅客随时间衰减,但因第一期蓝海线通车后,重叠区间班次加密后,便利性大幅提升,运量亦大幅提升且稳定高于 12 000 人次/日。

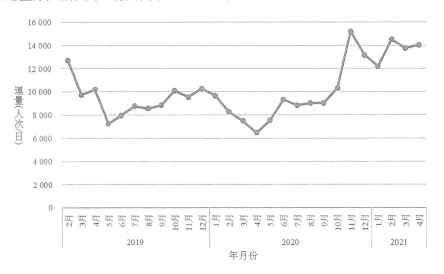

图 4 淡海轻轨运量变化趋势

为提升淡海轻轨之运量,新北捷运公司除持续提升服务品质外,亦透过增加班次、主题式活动、跨运具套票、优惠专案等方式,从各角度提升淡海轻轨之运量,相关作为与成效汇整如表 1 所示。

表 1 淡海轻轨运量提升作为

推行时间	运量提升作为	说明	运量提升成效
2019 年 7 月 2019 年 9 月	增加班次	增加诱因,吸引通勤旅次使用	下半年运量持续回升
2020 年 6 月	大口呼吸月活动	配合疫情趋缓与防疫新生活运动推出对应行销活动	该月份运量提升至约 9 000 人次/日
2020 年 10 月	推出"一日交通联票"	结合客运业者推出交通联票,提供观光旅客一票到底服务	推出当月运量提升至 10 305 人次/日

续表

推行时间	运量提升作为	说明	运量提升成效
2021年11月	第一期蓝海线通车,重叠区间班次加密	增加诱因,吸引通勤旅次使用	日均运量稳定高于1.2万人次/日
2021年12月	推出学生10元优惠专案	透过票价优惠吸引沿线学校学生使用	实施期间学生票平日增加约150至250人次/日

4 新市镇发展对轨道建设之影响

本研究以淡海新市镇与淡海轻轨为例,探讨新市镇发展与人口进驻对运量之影响,并以新北捷运公司为例探讨轨道附属事业之经营与开发。

4.1 淡海新市镇发展对运量之影响

依"淡海轻轨运输系统综合规划报告书"之规划成果,该报告系以2041年为计划目标年,并分别针对淡海新市镇之发展设定三种发展情境,如表2所示。

表2 综合规划设定之发展情境

情境类别	乐观情境	中估情境	保守情境
淡海新市镇特定区计划目标年人口	计划人口之80% (24万人)	计划人口之40% (12万人)	计划人口之28% (8.4万人)
各年期人口	2021年:12万人 2031年:16.5万人	2021年:6.4万人 2031年:9.3万人	2021年:4.8万人 2031年:6.4万人
人口分布	各发展区皆有分布	分布于第一期发展区,第二期发展区尚未开发	分布于第一期发展区且尚未饱和,第二期发展区尚未开发

该报告以"中估情境"为基础,并假设淡海新市镇特定区外之淡水区人口为小幅成长,据以推估淡海轻轨优先路网各年期之运量,该报告于运输规划模式输入之人口与运量预测结果如表3所示。

表3 综合规划输入之人口数与运量预估

年份	输入人口(人)			运量预测(人次/日)	
	淡海新市镇特定区	淡水区(不含新市镇)	总人口	平日	假日
2021	66 284人	145 889人	212 173人	44 494人	48 025人
2031	95 341人	149 947人	245 288人	57 068人	57 725人
2041	122 306人	147 779人	270 085人	76 122人	68 122人

本研究依该报告设定之2010年与2021年淡海新市镇特定区人口,推估淡海新市镇特定区各年度于该报告中之人口数,另依新北市政府统计之淡海新市镇特定区2019年与2020年之人口数计算人口成长率,推估2021年淡海新市镇特定区之实际人口,可计算得知目前淡海新市镇实际人口与该报告中预估之人口比例约为74%,如表4所示。

表4 淡海新市镇设定人口与实际人口之比例

年份	设定人口	实际人口	实际人口占比
2018年	43 620人	32 201人	73.8%
2019年	50 149人	37 412人	74.6%
2020年	57 655人	43 033人	74.6%
2021年	66 284人	49 499人	74.7%

本研究以坐落于淡海新市镇特定区之8座车站(包含绿山线V05站至V11站、第一期蓝海线V28站)为分析对象,以综规报告书预估之各站出站人次及淡海新市镇特定区之实际人口,推估因淡海新市镇发展与人口进驻不如预期所衍生之出站人次差异,如表5所示。

表5 人口进驻影响出站人次推估

年份	综合规划出站人次（人次）	依实际人口比例推估出站人次（人次）	差异（人次）
2019	20 280	15 129	5 151
2020	21 539	16 077	5 462
2021	22 876	17 083	5 793

由推估结果可知，综合规划出站人次与依实际人口比例推估之出站人次约有5 000人次/日之差异。然而，轨道运输系统之运量除人口外，仍受许多因素影响，如旅行时间、旅行成本等关键因素。故本研究所推估之出站人次差异，仅能呈现新市镇开发进度与人口进驻造成之直接影响。

4.2 轨道附属事业经营与开发

因淡海轻轨运量受淡海新市镇发展与人口进驻速度影响，与原规划有相当程度之差异，且考量轨道运输业难以透过运输本业达成损益两平甚至盈余，故新北捷运公司致力于开发附属事业，并透过附属事业收入尽力弥补本业之亏损。目前主要之附属事业包含三大类别，分别为墩柱广告、太阳能光电及鱼菜共生（见图5）。

墩柱广告为利用淡海轻轨高架路段之墩柱，透过招商方式承租予业者作为刊登广告之用，但为增加一致性与城市美学，厂商须配合使用公版之广告底图设计，并依承租数量不同，亦须提供一定数量之版面作为公益广告使用。

为响应绿色能源号召，新北捷运公司利用淡海轻轨机厂之屋顶建置太阳能发电系统，每年可发电200万度，年减碳量约1 000 t，相当于三座大安森林公园之碳吸附量。

另于机厂之滞洪池建置鱼菜共生设备，除将滞洪池之水质净化之外，还提供蔬菜生长所需之养分，未来亦希望能与在地小农结合，推出符合现代人健康饮食需求之餐盒，形成一个绿色循环。

在新北捷运公司积极开发附属事业之努力下，2020年附属事业收入已占公司营收近50%，在淡海轻轨运量不足且提升仍有极限之大环境下，尽力透过附业收入弥补运输本业所造成之亏损。

图5 淡海轻轨之附属事业经营

4.3 综合讨论

在都市轨道路网日趋完整、人口密集区土地取得困难且成本高昂及轨道建设考量自偿率之前提下，台湾地区后续兴建之轨道运输系统多数将以连接开发中之区域为主。虽较有机会可进行大众运输导向发展，但该区域开发进度与人口进驻状况将显著地影响轨道运输系统之运量。

以轨道路网最为密集之大台北而言，主要人口密集区之路网已大致建置完毕（台北捷运一期、二期路网），后续兴建中与规划中之路线（图6）以服务人口密集程度稍低之区域与开发中或新开发之市地重划区为主，虽不如淡海新市镇为一大面积之新市镇开发计划，但整体而言轨道运输系统之建置方向仍较偏向供给道向。

图 6　台北都会区捷运建设愿景图
(图片来源:新北市政府捷运工程局)

以淡海新市镇与淡海轻轨之实际案例而言,虽淡海新市镇发展瓶颈与问题之一为联外交通不便性,且透过淡海轻轨通车营运得以获得解消,且人口变迁趋势于近年明显呈现成长趋势,但仍因新市镇开发与原始规划之落差,导致实际运量较原规划预测运量相差甚大。不仅营运业者难以透过运输本业盈利而需努力开发附属事业以挹注营收,即使计入附属事业收入亦难以达成损益两平,对于营运业者而言为相当大之挑战与负担。

5　结论与建议

5.1　结论

本研究谨提出结论如下:

(1) 淡海新市镇自1990年代起开发至今,除开发速度与进驻人口数量与原计划有显著落差外,过去研究亦显示联外交通不便为淡海新市镇发展瓶颈之一。淡海轻轨通车营运后,虽运量整体呈现成长趋势,但仍受淡海新市镇开发进度与人口进驻情形影响,与综合规划之预估运量有极大差距。

(2) 本研究透过比较淡海新市镇实际人口与综合规划设定人口,进而推估淡海轻轨因淡海新市镇开发与人口进驻不如预期所导致之运量差异,结果显示约有5 000人次/日之差异。

5.2　建议

本研究针对研究限制与后续研究提出建议如下:

(1) 本研究仅以淡海新市镇实际人口与综合规划设定人口进行比较与推估,但影响运量之因素除服务范围之人口外,尚包含许多影响因素。建议后续研究可针对各影响运具选择之参数,以实际状况进行参数设定并导入运输规划模式,进而评估淡海轻轨现阶段之运量绩效状况。

(2) 现今台湾当局与县市政府鲜少进行大众捷运系统之补贴,以淡海轻轨为例,供给导向之轨道运输路线易因区域开发进度与人口进驻状况影响运量,进而导致营运业者之经营负担,且前揭因素非属营运业者能控制。建议当局与地方主管机关可针对相关补助法源依据进行盘点,并建议针对此类型之路线进行补贴,以协助营运业者永续经营。

参考文献

内部事务主管部门营建署,2009.变更淡海新市镇特定区主要计划(第二次通盘检讨)(第一阶段)案计划书[R].
交通事务主管部门高速铁路工程局,2013.淡海轻轨运输系统综合规划报告书[R].
周志龙,2000.台湾新市镇开发历程与政策[J].经社法制论丛,25：287-308.
许益诚,2020.淡海新市镇发展模式与投资环境问题之研究[D].台北:台北大学.
游淑闵,2011.淡海新市镇居民迁移动机与其居住满意度之研究[D].台北:台北教育大学.
郑书青,2003.台湾新市镇开发课题之调查与研究[D].新竹市:台湾交通大学.
颜心眉,2015.新市镇人口容受力之研究:以逆向运输规划程序探讨淡海新市镇案例[D].新北市:淡江大学.

运用时窗限制越野寻踪问题于自助旅游路线之规划

Route Planning of Individual Travel by Orienteering Problem with Time Windows

苏昭铭　吴冠廷

摘　要：随着世界经济的蓬勃发展和航空业的多元服务，在世界各地均兴起自助旅行风潮。中国大陆地区2019年网络自助旅游交易规模将超过1 100亿人民币，台湾地区2019年采自助旅游之比例亦高达88.5%，如何协助使用者在自助旅游过程中规划出一条符合自身需求的路线成为自助旅游市场中重要之研究课题。在自助旅游路线规划过程中，包括选择拜访景点与路线规划两项重要工作。本研究运用具时间窗限制之越野寻踪问题(Orienteering Problem with Time Windows，OPTW)进行旅游路线规划，OPTW问题亦在时间限制条件下，极大化所有拜访点之获益值，在目前网络以普遍针对景点有评分机制环境下，将可运用于自助旅游路线之规划。

由于问题求解之复杂度，本研究以基因演算法(Genetic Algorithm，GA)为基础，运用路径重联结(Path Relinking)方法进行演算法之改良，求解具时间窗限制之越野寻踪问题。最后以台中市景点进行实例测试，发现本研究所构建之演算法可以在使用者设定起讫点和有兴趣拜访景点条件下，同时产生对使用者效益最大之拜访景点顺序及路线规划。该研究成果未来将可提供给旅游网站作为自助旅游路线规划之参考，提升自助旅游服务之客制化程度。

关键词：路径规划；越野寻踪问题；自助旅游

Abstract: With the vigorous development of the world economy and the diversified services of the aviation industry, individual travel has emerged in all places in the world. In 2019, the scale of online individual travel transactions in Chinese mainland will exceed RMB 110 billion, and the proportion of individual travel in Taiwan, China in 2018 is also as high as 88.5%. This shows how to help users plan a route that meets their needs during individual travel will be an important research topic in the individual travel market. In the process of individual travel route planning, choosing visit tourist spots and route planning are two important tasks. In this study, the Orienteering Problem with Time Windows (OPTW) is used for route planning of travel. The OPTW also maximizes the benefits of all visiting points under time constraints. In the current environment, the Internet generally has a scoring mechanism for tourist spots, and it can be used in the planning of individual travel route.

Due to the complexity of the problem solving, this study is based on the Genetic Algorithm (GA) and uses the Path Relinking method to improve the algorithm to solve the Orienteering Problem with Time windows. Finally, an example test was conducted with the tourist spots in Taichung City, and it was found that the algorithm constructed by this study can produce the sequence of visits and route planning that is most beneficial to users under the conditions that users set the starting point, ending points and point of interest. The results will be used as a reference for travel websites to plan individual travel routes in the future, and to enhance the degree of customization of individual travel services.

Keywords: path planning; orienteering problem; individual travel

1　前言

在世界经济的蓬勃发展和航空业的多元服务背景下，世界各地均兴起自助旅行风潮。《台湾地区旅游状况调查报告(2019)》指出，台湾地区民众于2019年之旅游特性有超过65%的民众采取一日游的旅游方式，又有高达88.5%的民众以自行规划旅游行程为主。另外，关于民众在旅游时所使用的交通工

作者简介：苏昭铭，逢甲大学运输与物流学系教授。
　　　　　吴冠廷，逢甲大学运输与物流学系硕士班研究生。

具,有超过60%之民众主要以自用小汽车作为旅游时的运具,显示通过私人运具进行自助旅行之比例相当高。尽管多数民众采取自行规划一日游的行程,但个人化旅游的设计却相当复杂、耗时,不仅要搜集各种旅游的相关资讯,整理出哪些是自己感兴趣的景点,还要了解其营业时间、入场门票,选择旅游途中所搭乘的交通工具,以及规划整趟旅游的路线,等等。而规划整趟旅游路线的阶段,更是直接影响到拜访景点的顺序,甚至会有很大的程度影响整趟旅游的体验。王贵枝(2012)曾以OPTW设计个人偏好之旅游行程,研究中以基因演算法作为解题架构,并在求解过程中因应时间窗限制之特性,运用研究中所提出之修补机制将不可行解剔除,最后求得在硬时间窗下,旅游景点数不超过20的个人化旅游路线。本研究旨在以基因演算法为基础,整合软时间窗限制的OPTW问题,建构一适用于使用私人运具一日游之旅游行程路线规划工具,让使用者可以通过输入自己感兴趣的景点、对于各感兴趣景点的评分,以及输入开始旅游时间、结束旅游时间与起讫点等参数,替使用者在有限的时间内决策出一条个人化的旅游路线。

2 文献回顾

Gavalas 等人(2014)提出旅游行程规划问题(Tourist Trip Design Problem,TTDP),也就是游客拜访多个景点的路径规划问题。旅游的景点可被称为兴趣点(Point of Interest,POI),研究此问题的主要目的是在可用的观光时间下,选择符合游客喜好的兴趣点,从而使游客的满意度最大化,同时也要考虑到众多的参数和限制条件(例如,兴趣点之间的距离、在每个兴趣点所停留的时间、入场费、天气条件等)。此研究介绍了几种旅游行程规划问题的变体,也将旅游行程规划问题分为单旅程和多旅程,并整理为图1与图2,其中实线代表问题的扩展,虚线表示问题的变体。

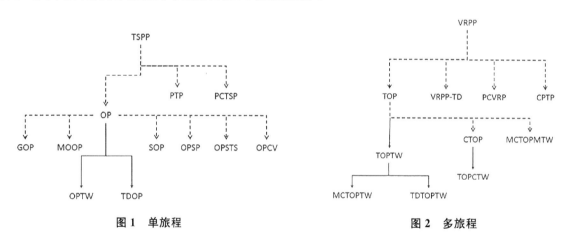

图1 单旅程　　　　　　　　图2 多旅程

张伟振(2009)曾将旅行销售员问题(Traveling Salesman Problem,TSP)应用于旅游路线规划,先以最近邻点法(Nearest Neighbor Method)产生旅游路线,再通过群蚁演算法(Ant Colony Algorithm)提高旅游排程效率,并以台中市经济商业发展规划的形象商圈为对象,其路网中景点设置为10点以下。该研究追求旅游路线之时间成本最小化的同时,并未考量各景点的开放时间。王裕廷(2010)曾将TSP纳入时间窗(Time Windows)的概念,并考量每一个景点的预期停留、开放和关闭时间以及一天当中旅游时间的限制,运用基因演算法规划出多天旅游的行程,其中所有景点皆只能抵达一次,起点或终点由旅行者自行决定是否为同一个地点,若旅途的累积时间大于当天的旅游时间,则替旅行者安排住宿地点。但该研究并未考量民众具有多个感兴趣景点时,在所规划的旅游时间中无法游玩所有景点的情形。Kantor与Rosenwein(1992)说明OPTW属于NP-hard问题,在多项式时间内不太可能求得最佳解,因此需要通过启发式演算法进行求解。王贵枝(2012)曾依据规划旅游行程时所需考虑的因素,并根据其特性应用于OPTW,通过基因演算法求出个人偏好的旅游行程,并运用于景点数目皆不超过20之新竹市观光与台湾地区环岛之旅游规划,结果显示该旅游行程规划系统可于不同情境中(如景点数不一、对各景点之偏好不一、开放时间不一、旅行时间不一、旅行天数不一以及非去不可知名景点等)考量使用者个人偏好,并协助旅游者进行旅游行前之规划。虽然该研究说明OPTW可用于旅游路线规划,但尚未考量到某些景点可在开放时间之前等待景点开门再去拜访之情形,且在该研究中并未说明若求解演算法与模式于大规模景点数目下之适用性。

Karbowska-Chilinska 和 Zabielski(2014)提出混合型基因演算法求解具时间窗限制之越野寻踪问题,以路径重连结(Path Relinking)的方式取代了原本交配的步骤。其中路径重连结的方式为随机挑选两条路线 R1 和 R2,VR1 - R2 表示 R1 所拥有的点不在 R2 当中。PR(R1,R2)则表示试图将 VR2 - R1 中的点插入 R1 中的最佳位置,若插入新点后超出限制条件,将此点移除,以恢复插入新点的可能性,若新产生的路线其适合度高于 R1 和 R2,则将其替换,并以此方法在 OPTW 的测试例题上进行求解,结果显示使用路径重连结可有效解决 OPTW 问题。

3 模式与求解演算法

3.1 具时间窗限制之越野寻踪问题

1) 基本假设

本研究探讨以 OPTW 进行旅游路线规划时,除考量对各景点的感兴趣程度与限制时间外,还需考量各景点的开放时间、关门时间以及在各景点的游玩时间,故本研究对具时间窗限制之越野寻踪问题进行模式建构,在设立数学模式之前,本研究有以下假设:

(1) 因本研究以一日游之旅游行程规划为主要研究主题,因此假设旅游天数为一天。

(2) 本研究设计之旅游路线规划,其旅游时间以一天为限,因此假设民众以居住地点、租车地作为旅游时的起点,且在旅游结束后须回到起点。因此假设旅游的起讫点相同。

(3) 由于每个民众对于各景点的喜好程度与评分方式皆有不同,因此本研究假设所有民众对景点的感兴趣程度相同。

(4) 本研究考量到旅游时间之限制,因此假设每个景点最多只能拜访一次。

(5) 考量民众具有多个兴趣点并有旅游时间限制之情形,在规划旅游路线时并非每个景点都需要游玩到,因此假设不用每个景点都拜访。

(6) 由于本研究需依据民众对于各景点的评分进行旅游路线规划,因此假设各景点所获得的评分分数皆已知。

考量到本研究进行旅游路线规划时,在民众选取兴趣点后需计算出各景点间的距离,因此假设本研究所选取之各景点间距离已知。

2) 参数介绍

P_i:点 i 的分数。在本研究中此分数代表景点 i 对于旅游者的效用值。

V_i:在点 i 所服务的时间,即旅游者在景点 i 游玩的时间。

S_i:开始在点 i 访问的时间。因考量到旅游者抵达景点 i 后可能会出现需等待景点开放的情况,因此开始在景点 i 游玩的时间并不会等于抵达景点 i 时的时间,故设置此参数。

$Wait_i$:等待点 i 开门的时间。此参数为本研究因应软时窗限制所设置,为抵达尚未开放的景点 i 时,所需等待其开放的时间。

a_i:抵达点 i 时的时间。此参数同为本研究因应软时窗限制所设置,借由此参数计算等待景点 i 的开门时间。

y_i:是否拜访过点 i。本研究为确保旅游路线有经过景点 i 才可于景点 i 游玩,故设置此参数。

t_{ij}:从点 i 到点 j 所需的时间。意即自景点 i 出发至景点 j 所需要的旅行时间。

T_{max}:一天当中可旅游的时间。为因应一日游之时间限制所设置之参数。

O_i:点 i 的开启时间。因各景点具开始营业时间与关闭时间之限制,此参数为控制景点 i 开放的时间。

C_i:点 i 的关闭时间。各景点具开始营业时间与关闭时间之限制,此参数为控制景点 i 关闭的时间。

3）数学模型

本研究参考 Vansteenwegen 等（2011）学者所提出的具时间窗限制之越野寻踪问题之数学模式并加以修改，除了将出发点与结束点设为相同外，也在路线时间轴之限制式上纳入在景点游玩的时间。同时也因应本研究之软时窗限制，通过新增参数和限制式将原本的硬时窗特性修改为软时窗特性，使所规划的旅游路线变得能等待尚未开放的景点开启。另外，关于最大可使用时间之限制，本研究将在景点游玩的时间与等待景点开放的时间纳入总旅游时间的考量，进而限制总旅游时间不超过最大可旅游时间。经本研究修改之数学模式如下：

$$MAX \sum_{i=1}^{N-1} \sum_{j=2}^{N} P_i X_{ij} \qquad (3-1)$$

$$\sum_{j=2}^{N} X_{1j} = \sum_{j=2}^{N} X_{j1} = 1 \qquad (3-2)$$

$$\sum_{i=1}^{N-1} X_{ik} = \sum_{j=2}^{N} X_{kj} \leqslant 1; \ \forall k = 2, \cdots, N-1 \qquad (3-3)$$

$$S_i + V_i + t_{ij} - S_j \leqslant M(1 - X_{ij}); \ \forall i, j = 1, \cdots, N \qquad (3-4)$$

$$Wait_i = \max[0, O_i - a_i] \qquad (3-5)$$

$$\sum_{i=1}^{N-1}(Wait_i y_i + V_i y_i) + \sum_{j=2}^{N} t_{ij} X_{ij} \leqslant T_{\max} \qquad (3-6)$$

$$O_i \leqslant S_i; \ \forall i = 1, \cdots, N \qquad (3-7)$$

$$S_i \leqslant C_i; \ \forall i = 1, \cdots, N \qquad (3-8)$$

$$X_{ij} \in \{0, 1\}; \ \forall i, j = 1, \cdots, N \qquad (3-9)$$

$$y_i \in \{0, 1\}; \ \forall i = 1, \cdots, N \qquad (3-10)$$

极大化总效用值的路线。公式(3-2)为本研究所修改之部分，代表路线必须自起点（$i=1$）开始，并在终点（$i=1$）结束。公式(3-3)代表若自顶点 i 出发至景点 k，接下来必须自景点 k 前往景点 j，以确保旅游路线的流量守恒，同时也限制了每一个景点最多只能经过一次。公式(3-4)同为本研究所修改之部分，表示于景点 i 游玩之后，前往景点 j 之时间必须小于开始在景点 j 游玩的时间，确保旅游路线的时间轴。公式(3-5)为本研究新增之限制式，说明景点 i 的等待时间为景点 i 的开门时间减去抵达景点 i 的时间，同时等待时间不可小于 0。公式(3-6)为本研究所修改之部分，表示等待景点 i 开放时间、在景点 i 游玩的时间与自景点 i 移动至景点 j 所需的时间之加总不可超过最大可使用时间的限制，同时只有旅游路线有经过景点 i 时，才可拜访景点 i 和具有等待景点 i 开放的时间。公式(3-7)与公式(3-8)则是在景点 i 访问的时间必须在开放时间以后、关闭时间以前。公式(3-9)说明自点 i 到点 j 的路径，$X_{ij}=1$ 表示旅游行经路线包含 (i,j) 路线；反之，$X_{ij}=0$。公式(3-10)说明景点 i 是否在已规划的旅游路线当中，意即判断景点 i 是否已游玩过，$y_i=1$ 表示景点 i 已游玩并在旅游路线当中；$y_i=0$ 则表示景点 i 尚未游玩并不在旅游路线当中。

3.2 求解演算法

具时间窗限制之越野寻踪问题为一复杂之组合最佳化数学问题，Kantor 与 Rosenwein(1992)曾提出插入启发式演算法，Righini 和 Salani(2006)曾提出双向动态演算法（Bi-directional Dynamic Programming），Duque 等学者(2015)曾提出脉搏演算法（Pulse algorithm），Karbowska-Chilinska 和 Zabielski(2014)曾提出基因演算法等方法进行求解。本研究考量 OPTW 之时间窗特性与自助旅游路线规划之特性后，亦以基因演算法作为具时间窗限制之越野寻踪问题之解题架构，为配合时间窗之特性，将会结合路径重连结以强化区域搜寻之范围，期望发展一符合旅游行程规划问题之求解演算法，用以协助旅游者进行自助旅游路线之规划。

1）基因演算法

基因演算法主要进行求解本研究所提出之旅游路线规划之数学模式，其演算流程如图 3 所示，现就其中重要步骤说明如下：

（1）为避免旅游路线的编码与解码过于烦琐，本研究采用排列编码作为编码方式，以景点编号作为排列编码的决策变数。例如，族群大小设定为 100 时，即有 100 条候选旅游路线，每一条候选路线可被视为染色体，每一条染色体所规划的旅游景点皆视为基因值。

（2）利用贪婪法结合 Feo 与 Resende(1995)所提出的贪婪随机自适应性搜寻法(Greedy Randomized Adaptive Search Procedure，GRASP)建构符合时间窗限制的初始解，并产生族群所规定的初始解数量。

（3）采用轮盘式选择策略，依据适应值大小决定染色体被保留至下一世代的概率大小，适应值越高之染色体被保留的概率越大。

（4）采用双点交配之方式，亦即随机产生两个交配点，在两交配点范围内两条染色体之所有基因值均进行交配，交配率设定为 0.9，并进行路径重连结，以找出符合时间窗限制且不在路线中的点，以该点的分数与到达该点的距离的比值作为评估依据，将比值最高的点插入路线的最佳位置当中，直至没有任何点可插入或达到规定的路径重连结次数为止。其中路径重连结可进行 1 至 2 次，以乱数决定路径重连结之次数。

（5）为避免在求解过程中过早收敛因而落入局部最佳解，本研究采取删除突变方式，以期能跳脱局部最佳解。执行方式为达突变率的染色体随机选取一位置，并将其位置以后的基因删除，突变率设置为 0.15。同时也为避免路线长度越来越短，进行突变机制之路径重连结，以突变所选的位置为基准，找寻不违反时间窗且不在路线当中的点，同时也计算该点的比值，以轮盘法或插入比值最高之方式将新的点插入路线当中，其中插入方式以二元随机变数决定，两种插入方式被选到的概率各半。插入新点后便以插入新点的位置为基准，再进行突变机制之路径重连结，直至没有任何点可插入为止。

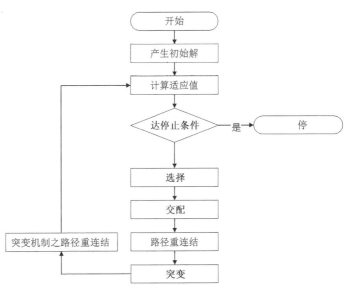

图 3　基因演算法流程图

2）演算法验证

为验证本研究所设计之求解演算法之求解品质以及其适用性，本研究以 The Orienteering Problem：Test Instances 所提供的测试例题作为求解演算法之验证，并以 Cordeau 等(1997)所设计之具有不同规模点位数的 pr 类例题之 pr01 至 pr06 进行模式求解，每一例题经基因演算迭代 8 000 次，并重复求解 5 次，其测试结果如表 1、表 2 所示，资料中显示本研究提出之求解演算法于点位规模 144 以内的求解品质与目前已知最佳解的平均误差皆为 4% 以内，说明本研究之求解演算法可适用于点位数 144 以内之问题规模，之后将进一步以此求解演算法应用于点位数 144 以内之实例上。

表 1　pr01 至 pr03 例题测试结果

例题名称	点位数目	已知最佳解	本研究	执行时间	误差(%)	平均执行时间	平均误差(%)
pr01	48	308	304	01:01:28	1.30	00:02:05	1.30
			304	00:03:04	1.30		
			304	00:02:59	1.30		
			304	00:01:46	1.30		
			304	00:01:10	1.30		
pr02	96	404	391	00:02:05	3.22	00:05:41	2.82
			398	00:04:54	1.49		
			391	00:06:33	3.22		
			385	00:08:27	4.70		
			398	00:06:25	1.49		
pr03	144	394	384	00:06:39	2.54	00:08:43	3.96
			371	00:06:45	5.84		
			389	00:12:03	1.27		
			371	00:04:25	5.84		
			377	00:13:44	4.31		

表 2　pr04 至 pr06 例题测试结果

例题名称	点位数目	已知最佳解	本研究	执行时间	误差(%)	平均执行时间	平均误差(%)
pr04	192	489	450	00:06:48	7.98	00:09:39	7.03
			458	00:05:09	6.34		
			456	00:21:13	6.75		
			452	00:05:03	7.57		
			457	00:10:01	6.54		
pr05	240	595	497	00:29:43	16.47	00:29:24	14.69
			517	00:26:08	13.11		
			511	00:26:57	14.12		
			523	00:32:00	12.10		
			490	00:32:12	17.65		
pr06	288	591	488	00:25:46	17.43	00:28:09	14.59
			553	00:31:20	6.43		
			492	00:21:37	16.75		
			499	00:30:11	15.57		
			492	00:31:52	16.75		

4　实例应用

4.1　景点参数设置

为测试前述演算法于实务上应用能力，本研究以台湾地区台中市景点为实例应用对象，并于台中市政府资料开放平台取得台中市景点资料，其中共有 363 个景点。本研究通过 Google Maps API 当中的 Distance Matrix Service 取得各景点间的实际行车距离，所取得的各景点间的距离皆以秒为时间单位。

囿于使用 Distance Matrix Service 取得真实行车距离上有一定免费额度的限制，同时也考量到本研究之求解演算法适用于点位数小于144之问题规模,因此本研究以100个景点数作为问题规模范围,并在台中市全部363个景点中随机选取100个作为使用者感兴趣之景点数进行实例测试。随机选取之100个台中市景点资料的实际位置如图4所示。

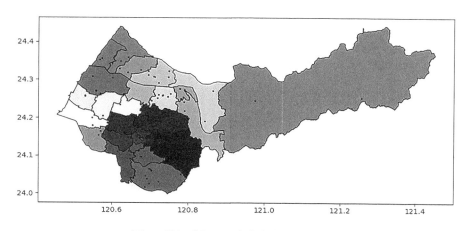

图4　随机选取100个台中市景点之资料

拥有100个感兴趣景点后,须对各景点进行感兴趣程度的评分以及设置在各景点的游玩时间,由于感兴趣程度与游玩时间是可由使用者进行主观设置的,因此本研究为假设使用者设置参数之情形,参考Google与台中观光旅游网对于此100个景点的评分,以假设使用者对各景点的感兴趣程度,同时也参考Google与台中观光旅游网所提供之各景点停留时间、开放时间与关闭时间,以作为各景点的参数设置以及使用者在各景点的游玩时间之依据。综上所述,100个台中市景点之参数设置如表3所示,资料中含有各景点之景点编号、景点名称、各景点之经纬度、游玩景点可获得的效用值、在各景点游玩的时间以及各景点之开放、关闭时间等资讯。

表3　100个台中市景点

景点编号	名称	东经	北纬	效用值	拜访时间(min)	开放时间(hr)	关闭时间(hr)
0	高铁台中站	120.616 08	24.111 69	4.4	45	6	24
1	文化资产园区	120.680 87	24.133 14	4.1	90	10	18
2	后里区花卉产业文化馆	120.712 39	24.306 85	4.1	15	8	16
3	丰园北科大木创中心	120.733 55	24.259 61	5	180	9	17
4	雾峰林家宅园	120.700 94	24.063 12	4.1	30	8	18
5	清水赵家古厝	120.601 23	24.304 87	4	30	0	24
6	大坑9号及9-1号步道	120.733 62	24.180 15	160	0	24	
7	丰乐雕塑公园	120.643 34	24.131 51	4.3	90	0	24
8	天梯步道	120.843 61	24.191 36	3.9	150	0	24
9	鞋宝观光工厂	120.604 06	24.171 08	4	60	9.5	17
10	葫芦墩公园	120.721 87	24.260 55	4.2	45	9	19
11	宝泉甘味手造所	120.732 05	24.258 3	4	30	8	19
12	台中港区运动公园	120.576 65	24.205 65	4.2	120	6	22
13	高美湿地景观桥	120.549 64	24.308 42	4.2	60	0	24
14	老虎城购物中心	120.637 88	24.164 28	4.1	120	11	22
15	龙目井	120.547 72	24.200 07	4	30	0	24
16	大肚瑞井里	120.571 08	24.163 4	4	45	0	24
17	公老坪	120.753 59	24.263 52	4	15	0	24
18	大坑3号步道	120.754 44	24.168 25	4.4	120	0	24

续表

景点编号	名称	东经	北纬	效用值	拜访时间(min)	开放时间(hr)	关闭时间(hr)
19	东海夜市	120.592 62	24.181 5	4.1	30	16	24
20	圆满教堂	120.722 3	24.031 27	3.4	90	10	16.5
21	台中市美术家资料馆	120.557 69	24.269 57	4.2	75	9	17.5
22	天籁园	120.790 27	24.218 66	3.1	90	8	17
23	绿川水岸廊道	120.684 51	24.139	4.2	45	8	22
24	昌平路皮鞋街	120.693 02	24.167 8	4.1	90	10	22
25	七分窑	120.788 53	24.241 52	4.4	120	9	17
26	大安休闲农场	120.573 72	24.356 48	3.7	150	9	19
27	张廖家庙	120.645 62	24.182 31	4.3	75	9	17
28	石冈谷仓	120.776 51	24.275 53	4.1	45	9.5	17
29	慈善寺	120.690 41	24.168 12	4.2	90	8.5	17
30	雾峰林家花园林献堂博物馆	120.703 66	24.060 58	4.6	120	8.5	18
31	大坑6号步道	120.730 83	24.187 68	4.2	120	0	24
32	情人木桥	120.789	24.272 42	3.8	45	0	24
33	水流东桐花步道	120.674 73	24.325 62	3.8	40	0	24
34	木匠兄妹木工房	120.721 34	24.291 36	4.8	90	9	17
35	佛光山惠中寺	120.641 01	24.149 09	4.5	75	7.5	21
36	台湾菇面文化暨农村文物馆	120.698 06	24.064 88	3.6	45	9	16
37	新社商圈	120.796 18	24.204 32	4	75	10	17
38	梧栖老街	120.529 93	24.257 76	3.7	60	8	21
39	竹坑—南寮登山步道	120.549 56	24.178 8	4.5	30	0	24
40	湖水岸艺术街坊	120.644 49	24.131 53	3.5	90	0	24
41	太平区运动场	120.724 48	24.134 06	4.1	45	9	17
42	东丰自行车绿廊	120.778 87	24.276 04	4.5	30	0	24
43	升和香菇农园	120.800 91	24.198 56	4.5	75	8	17
44	台中市港区艺术中心	120.557 8	24.270 73	4.2	75	9	17.5
45	亚洲大学现代美术馆	120.688 24	24.047 11	4.4	75	9	17.5
46	后里萨克斯风玩家馆	120.709 83	24.308 16	4.6	75	10	17.5
47	秀泰生活台中站前店	120.689 71	24.140 57	4.2	150	11	22
48	仿万里长城登山步道	120.564 92	24.153 95	4.3	60	0	24
49	大甲铁砧山风景特定区	120.643 19	24.358 04	4.2	30	0	24
50	东海艺术街商圈	120.593 22	24.188 02	3.8	60	11	21
51	丽宝乐园度假区	120.695 59	24.323 02	4.2	270	9.5	17
52	乐成宫	120.698 02	24.140 7	4.7	75	6.5	22
53	阿罩雾樱花杜鹃步道	120.703 2	24.060 87	4.4	75	0	24
54	台中南天宫—关帝圣君	120.695 37	24.142 92	4.4	90	8	21
55	大坑1号步道	120.784 08	24.190 43	120	0	24	
56	新社星愿紫风车	120.796 76	24.204 11	3.5	30	0	24
57	拥叶生态农场	120.864 16	24.271 34	4.3	75	10	19
58	勤美术馆	120.663 57	24.152 35	4.2	105	11	17
59	梨山文化陈列馆	121.256 46	24.252 43	4.2	30	8.5	17
60	台中市孔庙	120.689 97	24.154 32	4.4	105	9	17

续表

景点编号	名称	东经	北纬	效用值	拜访时间(min)	开放时间(hr)	关闭时间(hr)
61	IKEA 宜家家居	120.642 91	24.147 04	4.4	105	10	22
62	刘秀才石厝	120.641 18	24.318 87	3.3	75	13	17
63	广三 SOGO 百货	120.662 1	24.155 38	4.1	120	11	22
64	大雪山森林游乐区	120.974 58	24.244 77	4.5	240	6.5	17
65	台湾气球博物馆	120.699 08	24.247 33	4	45	9	17
66	张连昌萨克斯风博物馆	120.694 58	24.312 39	4.3	120	9	17
67	丰原漆艺馆	120.755 79	24.355 09	4	90	9	17
68	万丰环山步道	120.698 36	24.026 33	4	105	0	24
69	台中市少数民族综合服务中心	120.622 05	24.235 39	3.8	90	8	17
70	彩虹眷村	120.609 38	24.133 68	4.1	60	8	18
71	农会休闲综合农牧场	120.620 55	24.329 24	3.8	210	8	17
72	宫原眼科	120.683 36	24.137 81	4.2	40	10	22
73	逢甲夜市—逢甲商圈	120.646 32	24.179 51	4.2	60	16	24
74	南埔鹭鸶林	120.567 9	24.351 67	3.7	45	0	24
75	大坑风景区	120.769 44	24.189 78	4.2	120	0	24
76	阿萨斯雕像	120.665 96	24.148 67	4.5	30	0	24
77	台中市眷村文化馆	120.695 18	24.161 24	4	75	10	17
78	凤凰山农场	120.747 93	24.306 42	3.6	120	8	18
79	张家祖庙	120.622 05	24.176 11	4.2	45	9	17
80	台中市文昌公庙	120.638 61	24.137 98	4.7	75	6	22
81	台中市洲际棒球场	120.684 04	24.199 66	4.8	225	9	18
82	八方国际商城—八方国际观光夜市	120.703 86	24.245 39	3.7	40	17	24
83	震灾复兴纪念碑	120.749 1	24.322 85	4.2	45	0	24
84	大甲文昌祠	120.622 8	24.347 76	4.275	7	19	
85	纵贯铁路(海线)清水车站	120.569 18	24.263 62	3.8	30	5	24
86	雾峰落羽杉	120.687 05	24.016 64	2.4	45	0	24
87	大里老街	120.677 33	24.097 39	3.9	30	8	23
88	中区再生基地	120.682 15	24.138 68	4.3	75	9	18
89	雾峰·民生·故事馆	120.692 71	24.039 36	4.4	90	9	17
90	梧栖朝元宫	120.529 75	24.256 45	4.6	45	8	17
91	庙东夜市	120.719 13	24.251 57	4.1	40	10	23
92	食水科休闲农业区	120.789 42	24.273 52	3.8	90	0	24
93	第四信用合作社	120.682	24.139	4.4	90	10	22
94	青桐林生态园区	120.780 64	24.051 21	4.2	165	0	24
95	河畔艺术街	120.661 92	24.158 68	4	90	14	22
96	台中市鱼市场—哈渔码头	120.622 75	24.149 54	4	50	4	6
97	大鲁阁新时代	120.687 75	24.135 78	4.2	110	11	22
98	台湾美术馆	120.663 51	24.140 94	4.6	120	9	17
99	台中公园	120.685 71	24.144 31	4.2	90	0	24

4.2 情境测试

为测试自助旅游者使用本研究所建构之旅游路线规划工具之个人化程度,本研究将假设时间与空间等不同情境,同时也考量旅游者之旅游目的,因此假设情境将分为"总效益最大化"(情境一)与"考量单位时间之总效益最大化"(情境二)两种情境。两种情境的差异在于效用值取得方式的不同,总效益最大化的效用值为拜访完该景点之后才可取得;考量单位时间之总效益最大化的效用值则是在该景点游玩一小时而得到的。因此单位时间获益模式的效用值取得方式即为效用值与游玩时间(小时)之乘积,若该景点的游玩时间为30分钟,即未满一个小时的情况下,会将此景点的游玩时间转换为0.5小时,再去计算因拜访而在该景点所获得的效用值。

考量到若只以总效益最大化之情境进行实例测试极有可能会造成某些需要花费比较多游玩时间的景点没有被安排在旅游路线规划当中,因此本研究在设计两种不同情境下,旅游者可选择该次旅游之情境以达成最佳旅游之体验。而在各情境当中本研究也设计不同出发点与不同出发时间之子情境,其子情境说明如下:

(1) 假设旅游者自高铁台中站租用汽车,并以租车站作为旅游的出发点开始旅游,出发时间为9:00,结束时间为21:00,可旅游的时间为12小时。

(2) 假设旅游者以逢甲大学作为旅游的出发点开始旅游,并以自用汽车作为旅游时的交通工具,出发时间为9:00,结束时间为21:00,可旅游的时间为12小时。

(3) 假设旅游者自高铁台中站租用汽车,并以租车站作为旅游的出发点开始旅游,出发时间为13:00,结束时间为21:00,可旅游的时间为8小时。

(4) 假设旅游者以逢甲大学作为旅游的出发点开始旅游,并以自用汽车作为旅游时的交通工具,出发时间为13:00,结束时间为21:00,可旅游的时间为8小时。

综上所述,本研究所设计之测试情境如表4所示,并对所有情境进行测试。

表4 测试情境

情境编号	情境	出发地点	出发时间	结束时间
1-1	总效益最大化	高铁台中站	09:00	21:00
1-2	总效益最大化	逢甲大学	09:00	21:00
1-3	总效益最大化	高铁台中站	13:00	21:00
1-4	总效益最大化	逢甲大学	13:00	21:00
2-1	考量单位时间之总效益最大化	高铁台中站	09:00	21:00
2-2	考量单位时间之总效益最大化	逢甲大学	09:00	21:00
2-3	考量单位时间之总效益最大化	高铁台中站	13:00	21:00
2-4	考量单位时间之总效益最大化	逢甲大学	13:00	21:00

情境1-1之测试结果如表5所示,资料中可看出所规划出的旅游路线含抵达时间、等待景点开放时间、离开时间、总效用值、总旅游时间、总游玩时间与总实际行车时间等资讯,且此旅游路线通过造访多个旅游景点使总效益最大化。实际旅游路线如图5所示,并以星形标记表示旅游的起讫点。

表5 情境1-1测试结果

拜访景点顺序	景点名称	效用值	抵达时间	等待景点开放时间(min)	游玩时间(min)	离开时间	总效用值
1	高铁台中站	0	09:00:00	0	0	09:00:00	54.5
2	张家祖庙	4.2	09:14:30	0	45	09:59:30	总游玩时间
3	鞋宝观光工厂	4	10:06:50	0	60	11:06:50	11小时40分钟10秒
4	大肚瑞井里	面	11:17:13	0	45	12:02:13	总实际游玩时间
5	仿万里长城登山步道	4.3	12:08:01	0	60	13:08:01	08小时40分钟00秒
6	竹坑—南寮登山步道	4.5	13:17:56	0	30	13:47:56	总实际行车时间
7	龙目井	4	13:56:06	0	30	14:26:06	03小时00分钟10秒
8	后里区花卉产业文化馆	4.1	14:55:11	0	15	15:10:11	总等待景点开放时间

续表

拜访景点顺序	景点名称	效用值	抵达时间	等待景点开放时间(min)	游玩时间(min)	离开时间	总效用值
9	后里萨克斯风玩家馆	4.6	15:11:32	0	75	16:26:32	00小时00分钟00秒
10	公老坪	4	16:50:48	0	15	17:05:48	
11	宝泉甘味手造所	4	17:16:23	0	30	17:46:23	
12	葫芦墩公园	4.2	17:50:05	0	45	18:35:05	
13	庙东夜市	4.1	18:40:21	0	40	19:20:21	
14	阿萨斯雕像	4.5	19:50:15	0	30	20:20:15	
15	高铁台中站	0	20:40:10	0	0	20:40:10	

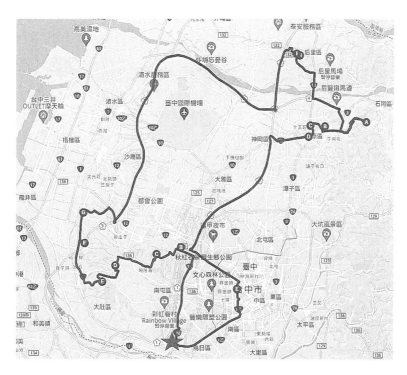

图 5　情境 1-1 旅游路线示意图

所有情境测试结果如表 6 所示,情境 1-1 至情境 1-4 为总效益最大化之情境,情境 2-1 至情境 2-4 为考量单位时间之总效益最大化之情境,可由资料中看出总效益最大化之情境所规划之旅游路线所游玩的景点比考量单位时间之总效益最大化之情境所规划旅游路线所游玩的景点多,显示总效益最大化之情境通过游玩多个景点将效用值最大化,而考量单位时间之总效益最大化之情境则是通过拜访游玩时间多的景点,于同一景点取得多次的单位时间效用值,借此使效用值最大化。两种情境考量旅游方式的不同,可让使用者依据不同需求利用本研究提出之旅游路线规划工具规划出不同旅游方式之路线。

表 6　所有情境之旅游路线结果

情境 1-1	情境 1-2	情境 1-3	情境 1-4
高铁台中站	逢甲大学	高铁台中站	逢甲大学
张家祖庙	竹坑—南寮登山步道	张家祖庙	公老坪
鞋宝观光工厂	仿万里长城登山步道	后里区花卉产业文化馆	石冈谷仓
大肚瑞井里	龙目井	后里萨克斯风玩家馆	东丰自行车绿廊
仿万里长城登山步道	后里区花卉产业文化馆	公老坪	后里区花卉产业文化馆
竹坑—南寮登山步道	后里萨克斯风玩家馆	宝泉甘味手造所	后里萨克斯风玩家馆
龙目井	木匠兄弟木工房	葫芦墩公园	葫芦墩公园

续表

情境 1-1	情境 1-2	情境 1-3	情境 1-4
后里区花卉产业文化馆	公老坪	庙东夜市	宝泉甘味手造所
后里萨克斯风玩家馆	东丰自行车绿廊	宫原眼科	庙东夜市
公老坪	宝泉甘味手造所	阿萨斯雕像	阿萨斯雕像
宝泉甘味手造所	葫芦墩公园	高铁台中站	逢甲大学
葫芦墩公园	庙东夜市		
庙东夜市	阿萨斯雕像		
阿萨斯雕像	逢甲大学		
高铁台中站			

情境 2-1	情境 2-2	情境 2-3	情境 2-4
高铁台中站	逢甲大学	高铁台中站	逢甲大学
台中市洲际棒球场	张廖家庙	台中市洲际棒球场	台中市洲际棒球场
丰园北科大木创中心	台中市洲际棒球场	老虎城购物中心	阿萨斯雕像
葫芦墩公园	老虎城购物中心	台中市文昌公庙	IKEA 宜家家居
佛光山惠中寺	台中市文昌公庙	高铁台中站	逢甲夜市—逢甲商圈
IKEA 宜家家居	IKEA 宜家家居		逢甲大学
高铁台中站	逢甲夜市—逢甲商圈		
	逢甲大学		

综上所述，本研究提出之旅游路线规划工具以 100 个台中市景点为实例测试，测试之结果可归纳为下列几点：

（1）此旅游行程规划工具可供使用者借由修改起讫点之开放时间与关闭时间来限制旅游的出发时间与结束时间，借此规划出不同旅游路线，同时也可通过设置不同出发地点与不同出发时间以规划出不同之旅游行程。

（2）使用者也可依据不同需求、不同旅游方式，通过本研究所提出之旅游路线规划工具产生总效益最大化或考量单位时间之总效益最大化之旅游路线。

（3）若以总效益最大化规划旅游路线会在各景点所停留的时间较短，是在一天所限制的可游玩时间内，选出拜访景点最多且效用值相对较高的景点，未来可供想踏寻多个景点之自助旅游者使用。

（4）若是以考量单位时间之总效益最大化规划旅游路线则会在各景点所停留的时间较长，交通时间也相对较短，未来可供专注于各个景点之旅游体验之自助旅游者使用。

5 结论与建议

本研究通过修改基因演算法求解 OPTW 问题，于基因演算法之求解过程中新增了路径重连结与突变机制之路径重连结，并将修改后的演算法于不同规模之测试例题进行逻辑验证，结果显示，本研究所提出之求解演算法可适用于点位数不超过 144 之问题规模，在此问题规模下之平均求解误差皆为 4% 以内。并以台湾地区台中市景点为实例测试对象，结果显示使用者可通过设定起讫点和有兴趣拜访的景点，产生对使用者效益最大之拜访景点顺序及路线规划。同时也可供使用者依据不同旅游体验来规划不同效益之旅游路线。若以总效益最大化规划旅游路线，会在各景点所停留的时间较短，是在一天所限制的可游玩时间内，选出拜访景点最多且效用值相对较高的景点，未来可供想踏寻多个景点之自助旅游者使用。考量单位时间之总效益最大化规划旅游路线则会在各景点所停留的时间较长，交通时间也相对较短，未来可供专注于各个景点之旅游体验之自助旅游者使用。该研究成果未来可提供给旅游网站进行自助旅游路线规划参考，借以提升自助旅游服务之客制化程度。

本研究所提出之旅游行程路径规划工具以私人运具为主，未来可朝向共享运具搭配公共运输为主的旅游方式，为自助式旅游带来更多客制化之服务。另外，由于本研究所设计"考量单位时间之总效益最大化"之旅游情境是将效用值假设为单位时间可获得的方式，但在现实生活中也许会因为在同一个景点待的时间过长，而导致边际效应的发生，因此未来可在规划旅游路线时加入边际效应之概念。在景点参数的设置上，本研究以 Google 之评分以及 Google 对各景点所提供之各景点停留时间作为使用者在各景点的游玩时间，由于在此部分的设定会因个人主观因素而导致所有人的标准有所不同，因此未来使用者可依据自己主观之判断对各景点之评分、评分分数之上下限以及各景点之游玩时间给予设定。

参考文献

Cordeau J F, Gendreau M, Laporte G, 1997. A Tabu Search Heuristic for Periodic and Multi-depot Vehicle Routing Problems[J]. Operations Research/Computer Science Interfaces Series, 30: 105-119.

Duque D, Lozano L, Medaglia A L, 2015. Solving the Orienteering Problem with Time Windows via the Pulse Framework[J]. Computers & Operations Research, 54: 168-176.

Feo T A, Resende M G C, 1995. Greedy Randomized Adaptive Search Procedures[J]. Journal of Global Optimization, 6: 109-133.

Gavalas D, Konstantopoulos C, Mastakas K, et al, 2014. A Survey on Algorithmic Approaches for Solving Tourist Trip Design Problems[J]. Journal of Heuristics, 20(3): 291-328.

Kantor M G, Rosenwein M B, 1992. The Orienteering Problem with Time Windows[J]. Journal of the Operational Research Society, 43(6): 629-635.

Karbowska-Chilinska J, Zabielski P, 2014. Genetic Algorithm with Path Relinking for the Orienteering Problem with Time Windows[J]. Fundamenta Informaticae, 135(4): 419-431.

Righini G, Salani M, 2006. Symmetry Helps: Bounded Bi-directional Dynamic Programming for the Elementary Shortest Path Problem with Resource Constraints[J]. Discrete Optimization, 3(3): 255-273.

Vansteenwegen P, Souffriau W, Van Oudheusden D, 2011. The Orienteering Problem: A Survey[J]. European Journal of Operational Research, 209(1): 1-10.

［王贵枝, 2012. 考量个人偏好之旅游行程规划系统[D]. 新竹: 台湾中华大学.

王裕廷, 2010. 基因演算法应用于具时窗限制之多天旅游行程规划[D]. 台南: 长荣大学.

张伟振, 2009. 应用群蚁演算法于旅游路线规划研究[D]. 台中: 朝阳科技大学.

省道快速公路出口匝道拥塞短期改善前后评估
——以台65新庄二南下出口匝道为例

An Assessment of Expressway Interchange Exit Before and After Improvement
— No. 65 Expressway Xinzhuang 2nd Interchange Southbound Exit

刘信宏　李维珊　丁培伦

摘　要：省道快速公路提供快速交通服务。随着都市发展，交通需求益增，原有出口匝道因配置及号志管控关系产生交通瓶颈。本研究以台65新庄二南下出口匝道为例，该处衔接中正路（台1甲），系新庄地区重要干道，高峰时段平面道路车流量大，唯受限号志时制，导致台65南下新庄二出口匝道车辆常于高峰时间回堵（回堵长度约500 m），影响台65主线车流运作，易造成交通安全问题。本研究以开设缺口让右转中正路车流提前汇出平面并配合号志管制下匝道及平面车流方式进行改善前后相关评估，以了解改善成效。

关键词：匝道改善；交通安全；绩效评估

Abstract: Expressways provides a path for fast-moving traffic. As the city develops, the traffic demand increases. The original exit ramp has traffic bottlenecks due to the configutation and signal control.

This research took No. 65 Expressway Xinzhuang 2nd Interchange Southbound Exit as an example. The site locates at the intersection of Xinzhuang 2nd Interchange Southbound Exit, Zhonghuan Rd, and Zhongzheng Rd, which connects the trunk road of Xinzhuang District with heavy traffic during peak hours. The original ramp design and signal control caused Xinzhuang 2nd Interchange Southbound Exit to have a spillback queue of around 500 meters in length, which also affects main-lane traffic and traffic safety.

By analyzing the before and after improvement of opening the divisional island for vehicles which are taking a right turn to Zhongzheng Rd from the ramp to merge into surface road earlier and adjusting current signal plan of the intersection, this study tries to confirm whether the measures mentioned above improved nearby traffic and safety.

Keywords: ramp improvement; traffic safety; traffic assessment

1　前言

新庄区中正路（台1甲）系新庄地区与桃园龟山地区间重要干道，高峰时段平面道路车流量大，唯受限号志时制，导致台65线南下新庄二匝道出口车辆常于高峰时间回堵（回堵长度约500 m），拥塞状况严重（图1），下匝道车辆于快速道路内侧车道停等，影响交通安全。此外随着未来周边塭仔圳重划区开发，恐加剧拥塞情形。新北市政府交通局办理"台65线快速公路新增新庄出口匝道可行性研究"。该研究提出短期改善方案（开设缺口提前让车流汇出平面并配合号志管制下匝道及平面车流）以及长期改善方案（台65线新增南下出口匝道），唯长期改善方案后续须依据"省道快速公路增设交流道申请审核作业要点"提出申请，推动期程较长，遂优先推动短期改善方案，推动前先进行改善效益评估，完工后为了解改善工程之成效，故于通车1个月后进行相关交通调查，以评估本次改善之成效。

---

① 本文系公路事务主管机构第一区养护工程处"台65新庄二南下出口匝道平面路段开设缺口效益评估"及"台65新庄二南下出口新增匝道成效分析报告"之部分成果。
作者简介：刘信宏，美华工程科技顾问有限公司总经理/执业交通工程技师，社团法人台湾地区交通工程技师公会理事长。
　　　　　李维珊，科惠交通技师事务所主持技师，社团法人台湾地区交通工程技师公会秘书长。
　　　　　丁培伦，美华工程科技顾问有限公司交通工程师。

图 1 改善前台 65 线南下新庄二匝道出口拥塞情形

2 改善内容与号志时制说明

2.1 改善内容

改善内容包含于新庄二南下出口新增匝道缺口（以下简称新增匝道）提前让右转中正路车流汇出平面道路，并新增号志管制下匝道及平面车流。改善前后道路配置如图 2 所示。

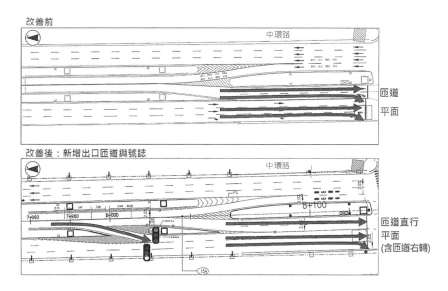

图 2 改善前后道路配置图

2.2 改善前后号志时制说明

1）改善前

改善前高峰时段路口周期为 210 s，分为 3 时相运作，依续为中正路对开、台 65 新庄二南向匝道直右与中环路北向直右、中环路对开与台 65 新庄二南向匝道直行，无论晨、昏峰路口时制皆相同，如表 1 所示。

表 1　改善前中正路/中环路口时制计划

站名：中正路/中环路		时相	晨峰				昏峰			
			绿灯	黄灯	全红	周期	绿灯	黄灯	全红	周期
简图：		(相位图 A、C)	104	3	3	210	104	3	3	210
		(相位图 D匝、B)	44	3	3		44	3	3	
		(相位图 D、D匝、B)	44	3	3		44	3	3	

2) 改善后

改善后尖峰时段路口周期仍为 210 s，因改善工程后，可将下匝道右转车流先导至中环路平面，时相可较改善前 3 时相减少 1 时相，为 2 时相运作，依续为中正路对开同时放行新增匝道，中环路对开同时放行中环路平面，无论晨、昏峰路口时制皆相同，如表 2 所示。

表 2　改善后中正路/中环路口及新增匝道口时制计划

站名：中正路/中环路		时相	晨峰				昏峰			
			绿灯	黄灯	全红	周期	绿灯	黄灯	全红	周期
简图：		(相位图 A、C)	110	3	2	210	110	3	2	210
		(相位图 D、B)	90	3	2		90	3	2	
简图：		(相位图 A)	110	3	2	210	110	3	2	210
		(相位图 D)	90	3	2		90	3	2	

3 改善前效益评估

3.1 新设缺口改善前评估

据调整改善后之路网评估结果,分别比较改善前后晨、昏峰周边各号志化路口之服务水准如表 3 与表 4 所示。

表 3 计划范围晨峰路口服务水准比较表

路口名称	方向	改善前				改善后			
		平均延滞(s/pcu)	服务水准	总平均延滞(s/pcu)	服务水准	平均延滞(s/pcu)	服务水准	总平均延滞(s/pcu)	服务水准
中正路/中环路	北向(中环路)	48.2	D	59.6	D	48.2	D	50.3 (−15.6%)	D
	南向(中环路平面)	81.8	F			34.2	C		
	南向(台65匝道)	64.2	E			34.4	C		
	东向(中正路)	43.7	C			43.7	C		
	西向(中正路)	71.4	E			71.4	E		
中环路新设缺口	南向(中环路)	—	—	—	—	49.9	D	46.2	D
	南向(台65匝道)	—	—			31.1	C		
中正路/新树路	北向(新树路)	71.4	E	69.0	E	71.4	E	63.0 (−8.7%)	E
	南向(三泰路)	84.8	F			84.8	F		
	东向(中正路)	67.6	E			67.6	E		
	西向(中正路)	66.4	E			55.0	E		
中正路/琼泰路	北向(琼泰路)	74.5	E	46.7	D	74.5	E	46.7	D
	东向(中正路)	4.8	A			4.8	A		
	西向(中正路)	82.5	F			82.5	F		

表 4 计划范围昏峰路口服务水准比较表

路口名称	方向	改善前				改善后			
		平均延滞(s/pcu)	服务水准	总平均延滞(s/pcu)	服务水准	平均延滞(s/pcu)	服务水准	总平均延滞(s/pcu)	服务水准
中正路/中环路	北向(中环路)	42.4	C	57.2	D	42.4	C	41.9 (−26.7%)	C
	南向(中环路平面)	108.5	F			27.9	B		
	南向(台65匝道)	57.7	D			33.5	C		
	东向(中正路)	61.6	E			61.6	E		
	西向(中正路)	29.9	B			29.9	B		
中环路新增匝道	南向(中环路)	—	—	—	—	51.9	D	48.4	D
	南向(台65匝道)	—	—			29.8	B		
中正路/新树路	北向(新树路)	66.9	E	61.8	E	66.9	E	60.6 (−1.9%)	E
	南向(三泰路)	125.9	F			125.9	F		
	东向(中正路)	72.1	E			72.1	E		
	西向(中正路)	44.6	C			42.1	C		
中正路/琼泰路	北向(琼泰路)	70.3	E	29.0	B	70.3	E	29.0	B
	东向(中正路)	9.6	A			9.6	A		
	西向(中正路)	47.9	D			47.9	D		

3.2 敏感度分析

敏感度分析之目的系为了解当相关假设数值之幅度改变时对于本计划效益评估结果之影响。本计划仅以现况交通量及预估时制计划进行分析，经分析后中正路/中环路口有其改善成效，尤其以南向平面及匝道服务水准有大幅度之提升，经改善后可能吸引更多之车流使用本匝道。由于未来车流增幅无法充分掌握，而相关服务水准之评估事涉交通量之多寡，本计划就台65新庄二南下出口匝道车流增加10%及20%进行敏感性分析，以了解台65新庄二南下出口匝道平面路段开设缺口改善后之稳定程度，以下就晨峰及昏峰时段之敏感度分析进行说明。

本计划台65新庄二南下出口匝道平面道路开设缺口后之相关晨、昏峰敏感度分析如表5及表6所示，由表中可知台65新庄二南下出口匝道于车流量增加10%及20%之情境下，各主要路口总平均延滞与现况比较仍可减少延滞秒数（总平均延滞栏位中之百分比为和现况比较减少之总平均延滞时间百分比），显示本计划开设缺口后，台65新庄二出口匝道于车流抵达较高峰时段时，周边之交通状况仍能负荷增量之车流。

表5　计划范围晨峰路口敏感度分析表

路口名称	方向	改善后(增量10%)				改善后(增量20%)			
		平均延滞(s/pcu)	服务水准	总平均延滞(s/pcu)	服务水准	平均延滞(s/pcu)	服务水准	总平均延滞(s/pcu)	服务水准
中正路/中环路	北向(中环路)	48.2	D	50.5 (−15.3%)	D	48.3	D	50.8 (−14.8%)	D
	南向(中环路平面)	35.2	C			37.5	D		
	南向(台65匝道)	34.4	C			34.5	C		
	东向(中正路)	43.7	C			43.7	C		
	西向(中正路)	71.4	E			71.4	E		
中环路新增匝道	南向(中环路)	50.6	D	46.5	D	51.5	D	47.1	D
	南向(台65匝道)	33.2	C			35.3	C		
中正路/新树路	北向(新树路)	71.4	E	65.4 (−5.2%)	E	71.4	E	67.8 (−1.7%)	E
	南向(三泰路)	84.8	F			84.8	F		
	东向(中正路)	67.6	E			67.6	E		
	西向(中正路)	59.6	D			64.2	E		
中正路/琼泰路	北向(琼泰路)	74.5	E	46.7	D	74.5	E	46.7	D
	东向(中正路)	4.8	A			4.9	A		
	西向(中正路)	82.5	F			82.5	D		

注：总平均延滞减少之百分比系与现况总平均延滞比较之结果。

表6　计划范围昏峰路口敏感度分析表

路口名称	方向	改善后(增量10%)				改善后(增量20%)			
		平均延滞(s/pcu)	服务水准	总平均延滞(s/pcu)	服务水准	平均延滞(s/pcu)	服务水准	总平均延滞(s/pcu)	服务水准
中正路/中环路	北向(中环路)	42.4	C	42.1 (−26.4%)	C	42.4	C	42.3 (−26.0%)	C
	南向(中环路平面)	29.4	B			30.8	C		
	南向(台65匝道)	33.9	C			34.3	C		
	东向(中正路)	61.6	E			61.6	E		
	西向(中正路)	29.9	B			29.9	B		
中环路新增匝道	南向(中环路)	51.9	D	48.0	D	51.9	D	47.8	D
	南向(台65匝道)	31.3	C			32.8	C		

续表

路口名称	方向	改善后(增量10%)				改善后(增量20%)			
		平均延滞(s/pcu)	服务水准	总平均延滞(s/pcu)	服务水准	平均延滞(s/pcu)	服务水准	总平均延滞(s/pcu)	服务水准
中正路/新树路	北向(新树路)	66.9	E	61.6 (−0.4%)	E	66.9	E	62.9 (−1.7%)	E
	南向(三泰路)	125.9	F			125.9	F		
	东向(中正路)	72.1	E			72.1	E		
	西向(中正路)	44.3	C			64.2	E		
中正路/琼泰路	北向(琼泰路)	70.3	E	29	B	70.3	E	29	B
	东向(中正路)	9.6	A			9.6	A		
	西向(中正路)	47.9	D			47.9	D		

注:总平均延滞减少之百分比系与现况总平均延滞比较之结果。

3.3 停等长度评估

本计划参考《2001年台湾地区公路容量手册》第13章"号志化交叉路口"中之平均停等延滞估计模式,并以调整后之号志时制、流量调查、车道数等相关资料,假设行经中正路/中环路口与台65新庄二南下出口之车流为随机到达之情境,推估于红灯开始时到达路口之车流,借以计算其停等长度(车辆长度以5.5 m计,而车间距则以1.5 m计),相关计算公式及车流到达型态分述如下:

$$R_p = \frac{PC}{G_e}$$

式中:R_p——车队比(platoon ratio);

P——绿灯时段内到达之车辆比例;

C——周期长度;

G_e——有效绿灯。

另车流到达型态分成6型(表7),6型之性质分别说明如下:

(1) 型1:为相当密集车队(platoon)到达型态,超过80%之车辆在红灯开始时到达交叉路口,此型态代表车队续进之品质很差之状况。

(2) 型2:为中度密集车队到达型态,40%到80%车辆在红灯时段内陆续到达,此型态代表车队续进之品质不良之状况。

(3) 型3:为随机到达型态,通常存在于独立(没连锁)之交叉路口,集结在车队中之车辆在40%以下。

(4) 型4:为中度密集车队到达型态,40%到80%的车辆在绿灯中成车队或陆续到达,此型态代表车队续进品质良好。

(5) 型5:为相当密集车队之到达型态,超过80%之车队在绿灯时段开始时到达交叉路口,此型态代表车队续进品质非常良好。

(6) 型6:此为车流续进品质特优之到达型态,相当密集之车队可通过数个交叉路口而不受干扰。

表7 车队比与到达型态之关系表

到达型态	R_p 范围	R_p 代表值
1	$R_p \leq 0.50$	0.333
2	$0.5 < R_p \leq 0.85$	0.667
3	$0.85 < R_p \leq 1.15$	1.000
4	$1.15 < R_p \leq 1.50$	1.333

续表

到达型态	R_p 范围	R_p 代表值
5	$1.50<R_p\leq1.85$	1.667
6	$R_p>1.85$	2.000

资料来源：《2001年台湾公路容量手册》。

依据本计划之车流量调查，计划范围以晨峰之车流量较高，故停等长度之评估将以晨峰之车流量进行分析，另依据前述公式推估台65新庄二南下出口匝道于匝道绿灯时约51 pcu之车流到达，其中右转车流依现况车流之转向分布约有21 pcu为右转车流，而中正路至缺口开设处约有40 pcu之储车空间，于台65新庄二南下匝道绿灯时应可提供足够之储车空间。

另台65新庄二南下出口匝道于红灯时约有28 pcu之车流到达，停等长度约为199 m，而台65新庄二南下出口匝道全场240 m，故应尚可容纳停等红灯之下匝道车流；另中环路南向平面，于红灯时则约有52 pcu之车流到达，考量其2车道之储车空间（内侧车道为回转车道之保护车道），其停等长度约为182 m，尚可容纳平面停等及回转道汇出车流。

4 改善后效益分析

4.1 新设缺口改善后评估

据调整改善后之路网评估结果，分别比较改善前后晨、昏峰周边各号志化路口之服务水准如表8与表9所示，说明如下：

（1）因改善后中正路/中环路口时制由原先匝道与平面路段轮放时相调整为简单2时相，中环路南向绿灯时间大幅增加，同为主要干道之中正路绿灯时间亦增加10 s，晨昏峰之路口平均延滞时间均明显减少，晨峰总平均延滞亦有减少。

（2）中正路/新树路口晨昏峰服务水准亦有提升，主要改善在于中正路西向车流延滞时间减少，因改善后中正路/中环路口之中环路南向车辆无须轮放，调整后之时制于右转中正路后较易顺接中正路西向直行与右转绿灯时间，又因晨峰车流量明显高于昏峰，因此晨峰改善较昏峰显著。

（3）因中环路南向禁止左转，因此新增匝道对中正路/琼泰路口平均延滞未有明显影响。

（4）新增匝道口高峰平均延滞约为46.6~47.0 s，服务水准为D级。

表8　改善前后周边号志化路口晨峰服务水准评估表

路口名称	方向	改善前				改善后			
		平均延滞(s/pcu)	服务水准	总平均延滞(s/pcu)	服务水准	平均延滞(s/pcu)	服务水准	总平均延滞(s/pcu)	服务水准
中正路/中环路	北向（中环路）	48.2	D	59.6	D	57.5	D	51.1	D
	南向（外侧3车道）注1	81.8	F			38.7	C		
	南向（内侧2车道）注2	64.2	E			37.7	C		
	东向（中正路）	43.7	C			47.7	D		
	西向（中正路）	71.4	E			61.4	E		
中正路/新树路	北向（新树路）	71.4	E	69.0	E	64.8	E	57.6	D
	南向（三泰路）	84.8	F			82.2	E		
	东向（中正路）	67.6	E			64.1	E		
	西向（中正路）	66.4	E			47.9	D		

续表

路口名称	方向	改善前				改善后			
		平均延滞(s/pcu)	服务水准	总平均延滞(s/pcu)	服务水准	平均延滞(s/pcu)	服务水准	总平均延滞(s/pcu)	服务水准
中正路/琼泰路	北向(琼泰路)	74.5	E	46.7	D	76.0	E	43.3	C
	东向(中正路)	4.8	A			11.6	A		
	西向(中正路)	82.5	F			72.8	E		
中环路/新匝道	南向(中环路)	—	—	—	—	48.4	D	47.0	D
	西向(新增匝道)	—	—			42.1	C		

注：1. 外侧3车道改善前为中环路平面车辆，改善后为中环路平面车辆与匝道右转车辆。
2. 内侧2车道改善前为匝道直行与右转车辆，改善后仅为匝道直行车辆。

表9　改善前后周边号志化路口昏峰服务水准评估表

路口名称	方向	改善前				改善后			
		平均延滞(s/pcu)	服务水准	总平均延滞(s/pcu)	服务水准	平均延滞(s/pcu)	服务水准	总平均延滞(s/pcu)	服务水准
中正路/中环路	北向(中环路)	42.4	D	57.2	D	57.4	D	49.5	D
	南向(外侧3车道)注1	108.5	F			32.9	C		
	南向(内侧2车道)注2	57.7	D			37.4	C		
	东向(中正路)	61.6	E			60.9	E		
	西向(中正路)	29.9	B			43.8	C		
中正路/新树路	北向(新树路)	66.9	E	61.8	E	46.9	D	56.3	D
	南向(三泰路)	125.9	F			109.4	F		
	东向(中正路)	72.1	E			73.0	E		
	西向(中正路)	44.6	C			34.8	C		
中正路/琼泰路	北向(琼泰路)	70.3	E	29.0	B	69.6	E	30.4	C
	东向(中正路)	9.6	A			8.9	A		
	西向(中正路)	47.9	D			54.5	D		
中环路/新匝道	南向(中环路)	—	—	—	—	48.9	D	46.6	D
	西向(新增匝道)	—	—			36.5	C		

注：1. 外侧3车道改善前为中环路平面车辆，改善后为中环路平面车辆与匝道右转车辆。
2. 内侧2车道改善前为匝道直行与右转车辆，改善后仅为匝道直行车辆。

4.2　停等延滞分析

实际调查改善后中环路/中正路口中环路南向内侧2车道与外侧3车道之平均延滞时间，调整改善前后评估结果如表10所示。

表10　中环路/中正路口南向高峰平均延滞改善前后比较

时间	项目		中环路南向		
			内侧2车道	外侧3车道	平均
晨峰	改善前注1	平均延滞时间(s)	64.2	81.8	75.4
		服务水准	E	F	E
	改善后注2	平均延滞时间(s)	39.1	36.2	36.8
		服务水准	C	C	C

续表

时间	项目		中环路南向		
			内侧 2 车道	外侧 3 车道	平均
昏峰	改善前注1	平均延滞时间(s)	57.7	108.5	92.8
		服务水准	D	F	F
	改善后注2	平均延滞时间(s)	37.4	32.7	39.6
		服务水准	C	C	C

注：1. 改善前内侧 2 车道为匝道直行与右转车辆，外侧 3 车道为中环路平面车辆。
2. 改善后内侧 2 车道仅为匝道直行车辆，外侧 3 车道为中环路平面车辆与匝道右转车辆。

由表可看出改善后平均延滞大幅下降，服务水准由 D、E、F 级提升至 C 级。主要原因在于改善后路口时制由原先匝道与平面路段轮放时相调整为简单 2 时相，绿灯时间大幅增加，另外因部分车流停等于上游新增号志路口，也相对减少于本路口停等时间。

4.3 改善后停等长度分析

1) 改善后停等长度分析

为确实了解改善后中环路平面与匝道车辆停等特性，本案实际调查下匝道与中环路平面路段停等长度，根据号志化路口位置与车流特性分为：A. 中正路口匝道（中环路南向内侧 2 车道），B. 中正路口平面车道（中环路南向外侧 3 车道），C. 新增匝道，D. 新增号志平面车道（中环路南向平面 2 车道）4 类停等长度讨论，如图 3 所示。

图 3　停等长度分析位置示意图

根据调查结果，上述 4 类车流方向之高峰小时平均停等长度（每周期最长等候车队平均长度）与最长停等长度如表 11 与图 4 所示。由调查结果与实际观察车流特性分析如下：

(1) 中环路/中正路口中环路南向车道内侧匝道，距上游新增匝道口约 140 m，受新增匝道车流回堵影响，停等车辆有限，平均停等长度约 51～66 m，最大停等长度约 98 m。

(2) 中环路/中正路口中环路南向车道外侧平面车道，距上游新增匝道口约 100 m，平均停等长度已趋近停满，晨昏峰皆有出现停满储车空间现象。

(3) 中环路/新增匝道口之匝道路段，平均停等长度约 105～163 m，最大停等长度约 330 m。以新增匝道储车空间约 42 m，距上游台 65 主线路段之新庄二南下出口匝道岛头约 200 m 长计算，平均停等长度超过新增匝道储车空间，尚可停等于南下出口匝道内，仅少数极端情况会回堵至主线路段。

(4) 中环路/新增匝道口之中环路平面路段，平均停等长度约 79～85 m，最大停等长度约 119 m。

表 11　中环路南向各路段高峰停等长度

时间	项目	中环路/中正路口		中环路/新增匝道口	
		A 匝道（中环路南向内侧 2 车道）	B 平面车道（中环路南向外侧 3 车道）	C 匝道（台 65 南下出口匝道）	D 平面车道（中环路南向平面 2 车道）
晨峰	平均停等长度(m)	51	92	163	79
	最大停等长度(m)	70	98	330	119
昏峰	平均停等长度(m)	66	83	105	85
	最大停等长度(m)	98	98	126	105

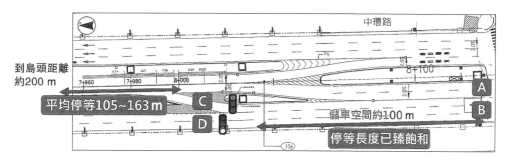

图 4　停等长度分析位置示意图

2）改善前后停等长度比较

新增匝道前台 65 新庄二南下出口匝道回堵严重，从台 65 主线路段之新庄二南下出口匝道岛头算起，回堵长度约 200～500 m，且一个号志周期无法完全疏散车流；改善后多数高峰时段不会回堵至主线（平均停等长度未超过匝道岛头），仅晨峰少数极端情况会回堵至主线路段约 130 m，且一个号志周期可以完全消化等候车辆，故以停等长度计算有显著改善成效，如图 5 所示。

图 5　改善前后台 65 主线回堵长度比较示意图

5 结语

本研究以台 65 新庄二南下出口匝道开设缺口提前让车流汇出平面并配合号志管制下匝道及平面车流方式，使得下匝道右转车流先导至中环路平面，中正/中环路口时相可较改善前 3 时相减少 1 时相为 2 时相运作，并经改善前之评估，以及实际工程改善后一个月后之实际调查资料，其相关评估结果从周边路口服务水准分析、路口平均延滞以及停等长度等，其改善程度趋势相同，显示改善前进行之评估有其可靠度，经由改善亦大幅改善下匝道、相关路口及因停等造成交通拥塞及安全等问题。

本研究标的因相关条件得宜，尚能提出改善方案以解决拥塞问题，唯相关建设完成后，硬件改善不易，建议后续快速公路建设于规划设计阶段，针对上下匝道及邻近路口之交通运转进行翔实之评估，可大幅减少建设完成后交通拥塞情形。

公路下坡弯道段开设丁字路口交通安全评估
——以斗南镇台1丁新光陆桥引道下坡弯道段为例①

Traffic Safety Assessment of Opening a T-Intersection near Highway Downhill Curve Section
— Dounan Township Provincial Highway No. 1 Ding Xinguang Bridge Approach Curve Section

汪令尧　刘信宏　柯百泓　丁培伦

摘　要：随着都市发展，交通需求益增，道路也陆续开辟。新辟道路与原有道路因现地条件无法直接衔接为平交路口，使得往来动线须绕行产生交通瓶颈。本研究以斗南镇东外环与台1丁线衔接为例，该处台1丁为新光陆桥引道段且为弯道，现况新生二路无法直接衔接，使得往来动线须绕行造成用路人不便，相关道路路网功能未能完善。本研究以相关规范进行平交路口平面交角、纵坡度及应变视距检核，以厘清改善为平交路口是否交通安全、弯道段是否有盲点等疑虑，之后亦提出平交路口及交通设施规划。

关键词：丁字路口；交通安全；安全评估

Abstract: New roads have been built as the development of city increases traffic demand. Due to current site conditions, new roads and the original roads cannot be connected directly into a crossroad, which causes traffic flow to take a detour and create bottlenecks. This research takes the junction of Dounan township eastern bypass road and Provincial Highway No. 1 Ding as an example. The site of this study locates at Provincial Highway No. 1 Ding Xinguang Bridge approach, which is also a curve. The current Situation is that Xinsheng 2nd Road (Known as Dounan township eastern bypass road) cannot directly connect with Provincial Highway No. 1 Ding, which causes vehicles to take a detour and nearby area become an incomplete road network.

　　This research took road engineering specifications of our region as reference to examine horizontal alignment, longitudinal gradient and reaction sight distance in order to clarify whether connecting two roads into a T-intersection near a curve is eligible to traffic safety, and also proposed planning and design of transportation facilities after examination.

Keywords: T-intersection; traffic safety; safety assessment

1　前言

　　云林县政府为因应斗南镇璀璨之心、火车站跨站工程等计划及后火车站区域发展，台1丁与斗南镇东外环道路逐渐提高之交通需求，来改善斗南镇东外环道路及省道台1丁交通瓶颈问题。该交叉路口位于台1丁往斗南方向，新光陆桥与斗南东外环交接处，因新光陆桥高程关系，导致往斗南东外环之车流须绕道穿越桥下涵洞，且受限于涵洞限高及净宽，不利大型车通行，整体交通动向受影响，东外环衔接往斗六方向，亦常因车流汇集而导致交通事故。云林县政府因应地区发展及相关民意需求，委托顾问公司进

---

① 本文系云林县政府委托台北市交通工程技师公会"斗南镇东外环与台1丁线平交路口评估"之部分成果。
作者简介：汪令尧，逢甲大学土木水利工程与建设规划博士学位学程研究生，云林县政府工务处长。
　　　　　刘信宏，美华工程科技顾问有限公司总经理/执业交通工程技师，社团法人台湾地区交通工程技师公会理事长。
　　　　　柯百泓，美华工程科技顾问有限公司执业土木工程技师。
　　　　　丁培伦，美华工程科技顾问有限公司交通工程师。

行斗南镇东外环与台1丁线交叉路口改善工程规划,成果报告[1]中提出三个改善方案,分别摘要如下:
- 方案一:现地改为平交路口,新生二路左转往台1丁车流无法直接左转,须右转再回转。
- 方案二:不增加台1丁交叉路口,以调整台1丁高程衔接新光陆桥,东外环衔接处新设箱涵与侧车道衔接。
- 方案三:台1丁西向新设衔接引道,跨越台1丁衔接东外环南向。

经与地方民意沟通,地方反映不希望布设高架桥(方案二、三),仍希望以平交路口进行改善,云林县政府为考量改善为平交路口是否有交通安全、弯道段是否有盲点等疑虑,故委托台北市交通工程技师公会进行评估作业。

2 现况配置说明

台1丁线于本计划周边路段,现况双向6车道,单向各1快车道、1混合车道及1机慢车道,限速60 km/h;斗南镇东外环道双向4车道,单向1混合车道及1机慢车道,限速50 km/h;台1丁线新光陆桥侧车道双向为1车道配置,道路宽度约3.5 m。周边道路现况如图1所示。

图1 周边道路现况

斗南镇东外环道与台1丁线交界处因新光陆桥引道配置关系,故现况非平交路口,台1丁线往斗南镇东外环道之车流须绕行新光陆桥下涵洞前往,而受限于涵洞限高及净宽,不利大型车通行,影响东外环道交通服务功能。而由斗南镇东外环道欲前往台1线之车流则须于汇入台1丁线之第一个路口回转,产生与主线车流交织之情形,影响交通安全,并造成该路段交通瓶颈,相关现况车流动线示意如图2所示。

未来东外环道搭配斗南镇东侧都市计划道路开辟后,可提供斗六市至斗南镇东侧快速便捷之路径,未来改为平交路口之主要车流动线为台1丁直行双向,以及台1丁东侧往返东外环道双向之车流。

3 设置平交路口评估

3.1 规划原则与设计标准

本计划系评估既有斗南镇东外环(新生二路)与台1丁T字形衔接处改为平交路口之可行性,台1丁限速为60 km/h,东外环限速为50 km/h,增设平交路口工程以布设于既有路权为原则,路口转向设计速率及转向弯道以20 km/h进行规划,以避免转向弯道半径过大而须征收民地或拆除路侧建筑物。

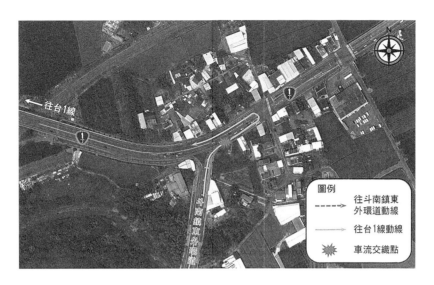

图2　斗南镇东外环与台1丁线交接处车流动线示意

公路平面交叉设计标准应参考交通事务主管部门颁布之《公路路线设计规范》4.2节[2]，主要相关规定汇整如下：

（1）平面交叉之交角以直角为佳，斜交时其相交锐角宜大于75度，不宜小于60度，交角较小时宜局部调整路线或采用槽化处理。

（2）平面交叉处之线形宜平直，纵坡宜平缓，交叉口之纵坡度宜小于3%，唯如地形特殊及情况受限者，不得大于5%。车辆停等区范围内，纵坡最大不得大于6%。

（3）设计速率20 km/h之转向弯道车道内缘半径R_{min}为10 m，最短停车视距为20 m。

（4）缘石交通岛之面积宜大于7.0 m²。三角形缘石交通岛之边长均宜大于4.0 m，所有转角处应有曲度。

（5）转向弯道设计交通状况采单车道不超车，以转向轨迹最大之WB15大型半联结车（详见图3）进行规划，并配置机慢车道，避免大型车辆与机慢车混流，以提升车辆转向安全。

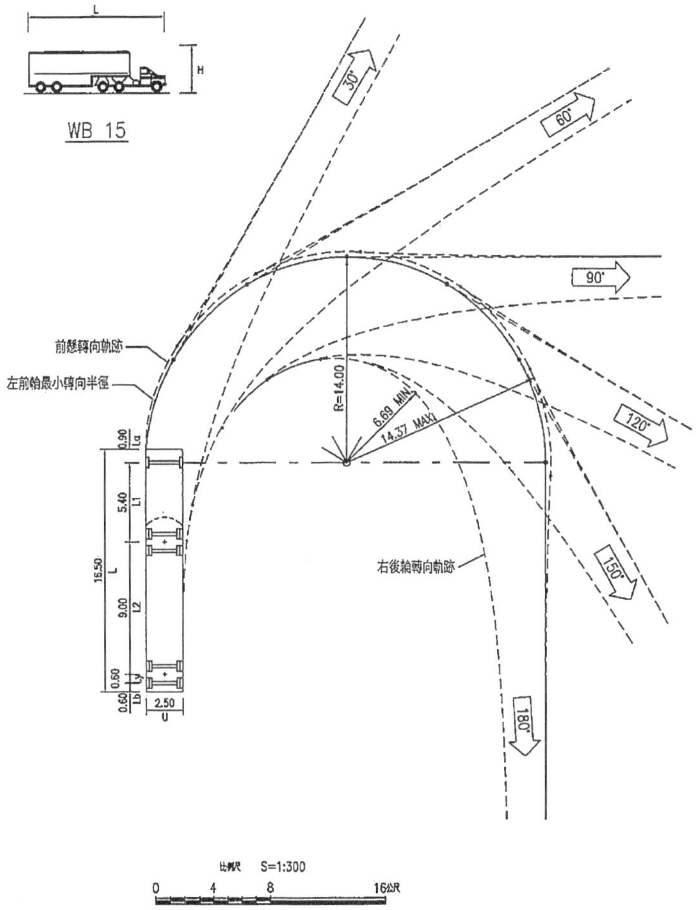

图3　WB15大型半联结车最小转向轨迹[2]

3.2　路口设计标准检核

1）平面交角及纵坡度检核

经检核实测地形，斗南镇东外环（新生二路）与台1丁平面交叉之锐角约为62度，符合规范最小交角60度规定。因台1丁东向右转东外环为锐角转向，因此配置转向弯道及槽化岛以导引车辆转向。

台1丁交叉口路段之最大纵坡度约为2.81%，车辆停等区范围最大纵坡约为3.1%。东外环交叉口路段之最大纵坡度约为-2.64%，车辆停等区范围最大纵坡度约为-3.95%，均符合规范纵坡度规定（详见图4、图5)。上述之坡度系依实测地形估算,后续之规设作业应检核原始之纵面设计坡度及竖曲线资料,以符合规设作业实务需求。

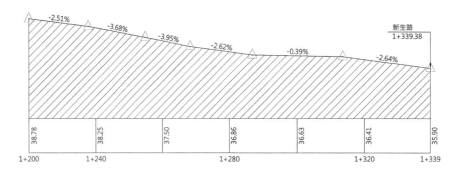

图4 东外环(新生二路)现况纵面图

2) 应变视距检核

斗南镇东外环(新生二路)于平面交叉处线形为直线,驾驶人因增设路口所需应变视距不受平面线形控制。台1丁于平面交叉处线形依实测地形估算约为半径210 m曲线(详见图5),东向驾驶人因增设路口位于弯道外侧,所需应变视距受限于中央格栏及防眩板等设施,以东向内线车道中心丈量应变视距不足速限60 km/h最小应变视距95 m。依规范规定:应变视距不足时,应以各类交通管制措施辅助之,借以提示驾驶人因应前方路口须减速停车或转向。上述之路线半径系依实测地形估算,后续之规设作业应检核原始之平面线型资料,以符合规设作业实务需求。

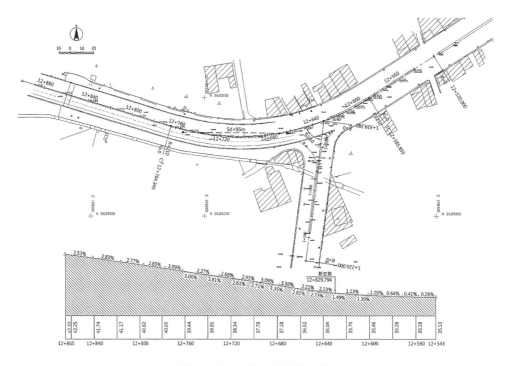

图5 台1丁现况平面纵面图

3.3 平交路口规划

(1) 平交路口位置约位于台1丁路线里程12K+629.8处,平面配置详见图6。

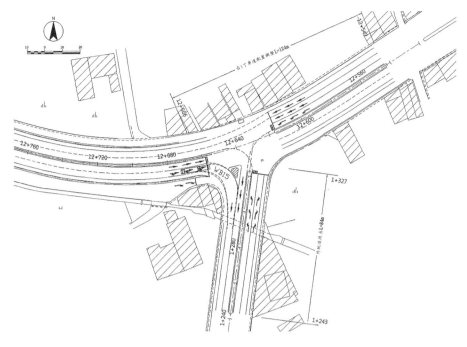

图 6 平交路口平面图

(2) 台1丁现况于东外环以东断面宽度为 30 m，单侧配置二快、一慢车道。台1丁于东外环以西断面宽度大于 30 m，中央为跨越台铁之新光陆桥引道，单侧配置二快、一慢车道，两侧配有侧车道（详见图7）。配合本处增设平交路口，台1丁于东外环以西断面配置不变。台1丁于东外环以东 12K+542～12K+616 路段断面西向配置调整为三快、一慢车道，其中最内车道为左转东外环车道（详见图8）。

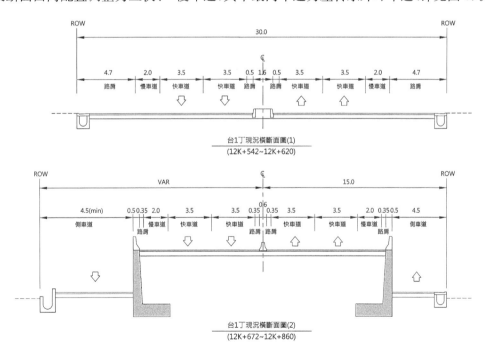

图 7 台1丁现况横断面图

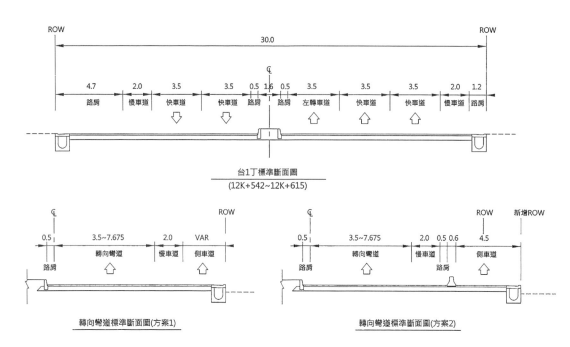

图8 台1丁及转向弯道横断面图

（3）东外环现况断面宽度为25 m，单侧配置一快、一慢车道。配合本处增设平交路口，由路口以南1K+243～1K+339路段断面配置调整为单侧二快、一慢车道（详图9）。

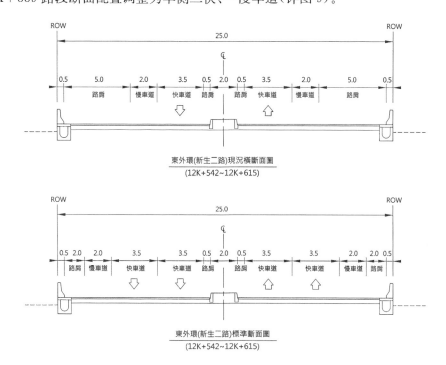

图9 新生二路横断面图

（4）台1丁东向右转东外环转向弯道配置一快、一慢车道，快车道以转向轨迹最大之WB15大型半联结车进行规划，宽度为3.5～7.675 m，慢车道宽度为2 m（详见图8）。本处增设之缘石交通岛之面积约为14 m²，三角形缘石交通岛之边长均大于4 m，所有转角处均有曲度。

（5）台1丁新光陆桥引道东向侧车道右转东外环动线因与新设之转向弯道重叠，须以号志管制两者之车辆通行。

（6）路口转向动线及转向弯道内缘半径均大于10 m，最短停车视距以车道中心丈量均大于20 m，符合设计速率20 km/h规范（详见图10）。

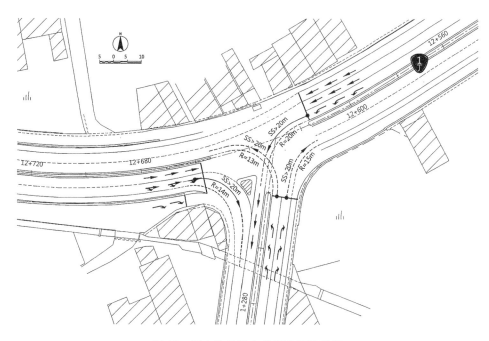

图 10 平交路口转向半径及视距检核

4 相关交通设施规划

此平交路口相关交通设施规划[3]配置如图 11 所示,以下兹针对各交通设施进行说明。

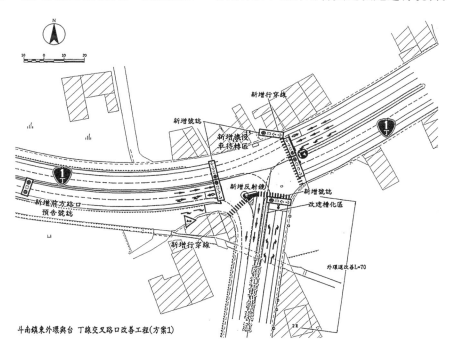

图 11 交通设施配置示意图

标线主要用以管制交通,表示警告、禁止、指示之标识,以线条、图形、标字或其他导向装置划设于路面或其他设施上,可加强标识及号志之功能或补其不足。而本计划方案二主要于改善后之平交路口各方向新增停止线、机慢车停等区、导引线、指向线等标线供各方向之车流使用及辨识,并于台1丁线西向路侧新增机慢车待转区供前往斗南镇东外环之机慢车使用。另考量新设路口西南侧行车视距及车流交织情形,建议仅于路口东侧新增1组行穿线供周边行人使用。

标识部分相较于标线及号志较为单纯,主要配合台1丁线与斗南镇东外环道改为平交路口,于台1

丁线西向新增机慢车待转区设置机慢车二段式左转标志，另台 1 丁线东向、新光陆桥侧车道右转斗南镇东外环道方向设置警 21(左侧来车)，及于南向分隔岛设置反射镜以维台 1 丁线右转车辆之行车视距。

号志配合斗南镇东外环道与台 1 丁线改为平交路口，各方向择适当位置或利用既有号志杆位设置号志近灯及远灯，斗南镇东外环北向及台 1 丁线东西双向皆改为 4 号志灯箱(本计划各方向号志灯箱配置如表 1 所示)，并于新光陆桥东向距新设路口约 100~150 m 处新设前方路口预告号志/LED 预告牌面，另现况之号志缆线皆采架空之形式，未来可配合本计划工程改以下地之方式，以改善道路景观，号志时制则配合周边路段时制计划调整连锁，以维用路人通行顺畅。

表 1 号志灯箱配置

方向	近、远灯箱配置	备注
台 1 丁线西向	 ●○←↑	考量台 1 丁线东向内侧车道为直行车道，不设置左弯待转区
台 1 丁线东向	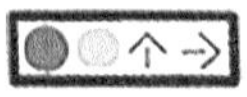 ●○↑→	
斗南镇东外环北向	 ●○←→	远灯邻近民房，宜择适当地点设置

5　结语

经检核，斗南镇东外环(新生二路)与台 1 丁平面交叉之锐角约为 62 度，符合规范最小交角 60 度规定。交叉口路段之最大纵坡度低于 3%，车辆停等区范围最大纵坡度低于 6%，均符合平面交叉处之纵坡度规范。于既有路权增设平交路口之转向动线及转向弯道内缘半径、最短停车视距均符合设计速率 20 km/h 规范。

后续改善为平面路口后，因新光陆桥邻新设路口处为一弯道，东向为下坡引道，建议于新光陆桥东向距新设路口约 100~150 m 处设置前方路口预告号志以及测速照相机，以维通行安全。

参考文献

[1] 云林县政府. 斗南镇东外环与台 1 丁线交叉路口改善工程规划报告(含 1/1 000 地形测量)[R], 2017.
[2] 台湾地区交通事务主管部门. 公路路线设计规范[S], 2019.
[3] 台湾地区交通事务主管部门. 道路交通标志标线号志设置规则[S], 2021.

第二篇

智慧赋能现代交通

交通信息与路径选择行为研究综述
Traffic Information and Route Choice Behavior

余 豪 孙舒蕊 罗中萍 羡晨阳

摘 要：交通信息（尤其是实时、交互交通信息）的普及，将显著改善出行路径决策前的背景依据，而路径决策的优化将显著地优化路网流量分配的结果，从而缓解城市道路拥堵的状况。因此开展交通信息与路径选择行为研究具有重要的理论意义与实际价值。本文从交通信息、路径选择以及交通信息与路径选择关联性三个层面进行系统梳理，并针对各个层面的关键问题及不足之处进行相应分析评述。总结发现：在交通信息方面，目前缺乏对实时、交互交通信息的系统研究以及对交通信息接收行为的定量描述；在路径选择方面，对单次出行选择存在描述不足的问题；在交通信息与路径选择关联性研究方面，缺乏交互信息对路径选择的定量描述与实证分析。

关键词：交通工程；交通信息；路径选择；交通行为；关联性

Abstract: The popularity of traffic information (especially real-time, interactive traffic information) will significantly improve the background before the decision-making of the travel path, and the optimization of the path decision-making will significantly optimize the results of the traffic distribution of the road network, so as to alleviate the situation of urban road congestion. Therefore, it is of great theoretical and practical significance to study traffic information and route choice behavior. In this paper, traffic information, path selection and the relationship between traffic information and path selection are systematically combed, and the key problems and shortcomings of each level are analyzed and commented. It is found that: in the aspect of traffic information, there is a lack of systematic research on real-time and interactive traffic information and quantitative descriptions of traffic information acceptance behavior; in the aspect of route selection, there is a lack of descriptions on single trip selection; in the aspect of correlation between traffic information and route selection, there is a lack of quantitative descriptions and empirical analysis on route selection by interactive information.

Keywords: traffic engineering; traffic information; route selection; traffic behavior; relevance

0 引言

城市路网利用率的提升在于异质的出行个体出行路径的优化，而出行路径的优化则需要更加优质的交通信息服务和路径选择方法。在交通信息服务方面，传统的交通信息获取方式无论是在早期纸质地图中选择出行道路，还是近十年的从车载电台、交通广播了解路网道路状况，总体呈现交通信息滞后、信息量较少且粗糙的特点，出行用户对于这类的交通信息接收较为抵触、普及度不高。目前以高德地图、百度地图为代表的实时导航软件和基于共享型大数据的智能交通信息服务系统成为出行个体交通信息获取的主要方式，其实时性与交互性对出行者的交通信息接收行为乃至路径决策具有深远的影响。提高交通信息（尤其是实时交互交通信息）接收率是缓解城市拥堵的重要方法，而交通信息接收率又与交通信息接收行为有着直接关联，但遗憾的是目前国内外在此方面的研究较为缺乏。在路径选择研究方面，国内外学者多以期望效用理论（如 Logit 模型、Probit 模型等）为基础进行建模来描述出行路径的选择过程，忽视了出行个体的异质性与不完全理性的特点，以绝对理想的条件（认为出行者对所有备选方案总是完全

作者简介：余 豪，华设设计集团股份有限公司助理工程师，主要研究方向为综合交通规划、交通信息建模。
孙舒蕊，华设设计集团股份有限公司助理工程师，主要研究方向为城市交通规划、交通安全。
罗中萍，华设设计集团股份有限公司高级工程师，所长，主要研究方向为交通战略规划、交通咨询服务。
羡晨阳，华设设计集团股份有限公司高级工程师，副所长/主任工程师，主要研究方向为交通规划、交通设计。

了解的,能绝对客观地从备选方案中做出效用最大化的决策)进行路径效用编辑与决策。事实(如阿莱斯悖论[1]和埃尔斯伯格悖论[2]等)证明,基于期望效用理论的路径选择模型可解释性较差,与实际存在显著偏差。在一定的交通信息环境下,受个人认知水平、心理状态及交通环境变化等因素的影响,出行者通常表现为有限理性的出行选择行为。因此在建模过程中需要对交通信息环境和出行者的认知能力及心理因素进行综合考虑。

1 交通信息研究现状

交通信息是指在交通运输领域内流通着的可利用的信息,包括道路交通系统与环境交换的、系统内部要素之间交换的、要素自身处理加工的用于服务、影响、干预、引导、指挥交通行为的所有信息。交通信息的研究和交通问题的研究紧密相关。目前国内外针对交通信息行为的研究主要集中在基础定性研究、传播及作用方式研究以及交通信息与交通行为关联关系研究3个方面。

1.1 交通信息基础定性研究

交通信息基础定性研究主要集中于交通信息的分类、发布及接收方式等。目前国内外学者在此方面的研究较为完善。针对交通信息分类,莫一魁等[3]、唐洁[4]、李春燕等[5]、杨雪等[6]、魏雪梅等[7]学者分别从信息内容、信息性质、信息获取时间、信息源以及信息稳定性角度对交通信息进行相应细分与描述。针对交通信息发布及接收方式,最初研究主要从扩展传播媒介的角度进行阐释说明。Heddebaut[8]论证了一种无线电信标以便实现路段车辆间信息交互与共享。Mistele等[9]对车载信息交互系统进行了论述与说明。在此基础上其他学者以偶发性事件特征[10]、信息效率[11]以及驾驶行为[12-14]等角度进行相应的补充与优化。

1.2 交通信息传播及作用方式研究

交通信息传播及作用方式研究主要体现在信息传播模型构造。传统的信息传播模型多假设信息传播服从某一规律分布的传播方式,通过借鉴电子病毒传播、传染病传播、虚拟网络等方式进行信息单点对单点传播方式的数学描述。张立等[15]通过对点、边进行度量的方式构建了具有较好仿真效果的虚拟社区网络模型。Kolari等[16]基于电子病毒传播方式构建了信息传播模型。倪顺江等[17]引入传染病传播机制对信息传播机制进行合理论述与建模。随着以社交网络为代表的新一代互联网的出现使得单点对单点的描述方式解释力不足。在此背景上,国内外学者引入动力学、影响力等经典物理模型进行信息多点对多点传播的数学描述与说明。Adams等[18]将影响力方程导入传统信息传播模型中,并进行了实证分析。Moreno等[19]基于动力学模型通过对谣言传播方式进行建模分析,得到复杂异质网络的平均场方程。

1.3 交通信息与交通行为关联关系研究

交通信息接收对象是交通行为的主体,通过研究交通信息与交通行为关联关系可以定性、定量地描述信息对交通行为(最主要为交通出行)的影响。除交通信息与出行路径选择关联关系外,国内外针对信息对交通出行行为研究还有以下3个方面:其一,从离散选择的角度基于出行目的地选择集与选择模型进行交通信息与出行目的地选择的定量描述。Meng等[20]、Cui等[21]、Molin等[22]分别通过从个人旅游、社会活动以及社交需求角度对目的地选择集进行定量分析。Habib等[23]、Yamabe等[24]通过考虑经济时效性与信息动态性分别构建了三计时模型与实时目的地动态选择模型。其二,通过基于出行的分析模型、基于活动的分析模型以及基于行为实验的验证方法对交通信息与出行方式选择关联关系进行定量描述。赵阳等[25]通过蒙特卡罗方法模拟了交通信息对交通行为在时间维度的变化。傅志妍等[26]通过引入潜变量与多指标多原因模型构建了社交信息下的出行方式选择模型。唐立等[27]建立了信息条件下的网约车选择行为混合离散模型。其三,利用逐日模型对交通信息与出行时刻关联关系进行仿真描述。张兆泽等[28]引入贝叶斯学习更新机制建立出发时刻选择的 Agent-based 模拟模型并进行了不同信息下的逐日论证。刘天亮等[29]通过多智能体模拟对日常出行时刻进行逐日分析。

1.4 小节评述

国内外关于交通信息的基础研究较为系统完善，但研究主体大多集中在客体的信息本身上，忽视了信息接收与发布的主体人的作用，缺乏对交通信息接收行为的定性与定量描述。此外，随着社交网络媒介得到兴起，信息交互频率越加频繁，目前国内外对于交互信息作用机制及影响机理的研究较为匮乏。

2 路径选择研究现状

路径选择问题一直是交通领域研究的热门问题。从微观的角度路径选择关系到出行个体单次出行的经济性与时效性，从中观的角度路径选择关系到路网流量分配的合理性，从宏观的角度路径选择关系到交通管制政策的制定与实施。目前国内外学者主要从路径选择影响因素、路径选择模型以及路径选择实验设计及数据获取 3 个方面进行研究。

2.1 路径选择影响因素

路径选择影响因素按照属性可以分为客观因素与主观因素 2 类。客观因素是道路实际运行状况的总称，包含出行时间、出行费用以及其他影响路权的交通因素。客观因素一般容易量化，具有规律性与稳定性的特点。Rinaldi 等[30]研究了路网形状结构与出行者路径选择的关系，得到了出行者在路径选择过程中更加偏向路网形状结构较好的道路的结论。于洪玲等[31]通过对交通流变化的研究来探索对车辆路径选择的优化。陈玲娟等[32]考虑了出行者的路网选择随机性进行了预留行程时间条件下的出行者逐日路径选择行为建模。主观因素是出行人的社会经济属性、心理属性等因素的综合，具有随机性与波动性的特点，是国内外学者研究的重点。Horowitz[33]、Jha 等[34]、Chen 等[35]、Hong 等[36]、Ben[37]将学习行为纳入路径选择的编辑，分别得到了成本感知、时间感知、历史路径决策、过去经验、学习能力对当前路径决策的影响。Lotan[38]、Jha 等[39]将交通网络熟悉程度纳入路径选择的编辑，并对不同路网熟悉情景进行量化分析。周溪召[40]将出行者分为 3 类，并将 3 类的动态路径选择行为综合成一个等价的变分不等式模型。

2.2 路径选择模型

路径选择模型的研究历史较为悠久，按照时间线及模型构造特点其发展历程大致分为 3 个阶段，分别为静态路径研究阶段、理性动态路径研究阶段以及有限理性动态路径研究阶段。在静态路径研究阶段中，早期学者将路径选择抽象为纯静态数学问题，主要运用运筹学最短路算法对其进行数学化计算。Dijkstra[41]、Bellman 等[42]、Floyd 等[43]分别对无向非负权重网络、有向非负权重网络、有向可负权重网络最短路问题进行了算法构造并取得了不错的效果。但由于最短路算法是高度理想化的静态数学模型，路权信息(道路长度、车道数、信控设备、实时车流等)的动态化使得静态算法对实际路径决策参考意义较小。在理性动态路径研究阶段中，国内外学者基于完全理性的特点对静态路径研究阶段的路权值的编辑进行了合理改良。Kleven[44]、石小法[45-47]、关桂霞等[48]、孙燕等[49]、吴文祥等[50]、宗传苓等[51]、巩亚文[52]这些国内外学者分别用效用值、泰勒级数展开式、贝叶斯方程、排队模型、模糊理论、灰色评价理论、层次选择结构模型、线性加权、演化博弈等方法对静态路径研究阶段的路权值进行合理编辑并在路网流量分配方面取得较好的仿真模拟。但在个体出行描述方面，由于该阶段学者均假设出行者为完全理性人、总是追求出行效用值的最优，使得个人路径选择策略与实际存在着较为显著的偏差。在有限理性动态路径研究阶段，以有效理性为基础的前景理论、心理账户成为描述个体选择的主要方法。Xu 等[53]、赵凛[54]、李雪岩等[55]、宗芳等[56]分别运用前景值对理性动态路径选择阶段的效用值进行合理改良并对个体出行路径选择进行较好的仿真描述。

2.3 路径选择实验设计及数据获取

路径选择实验设计及数据获取从方法论的角度可以分为社会实验、仿真实验以及行为实验3类。社会实验是截取一段实际路网或道路进行相关研究的实验，在早期的路径选择研究中使用较多。Adler等[57]布置27个实验者对路径选择和路网分配进行了相关研究。Ettema等[58]在荷兰贝斯德和乌德勒支之间的A2汽车高速公路布置了其社会实验，验证了时间信息对路径选择的影响程度。社会实验能够得到最原始的数据资料，但由于社会实验布置难度大、成本高以及不可重复性，使得社会实验逐渐被其他方式取代。仿真实验是基于计算机算力和编程，通过模型构建对实际交通行为进行仿真模拟的实验。曾松等[59]、贺振欢[60]、关宏志等[61]、宗芳等[62]基于计算机仿真分别验证了行程时间、路径偏好、心理特性以及习惯对路径选择的影响。计算机技术的发展使得复杂算法的实现成为可能，目前交通仿真是研究路径选择问题的主要方法之一。行为实验是将真实交通条件抽象为数据条件并通过招募志愿者进行真实选择的实验。Lu等[63]、Horowitz[64]、刘诗序等[65]搭建交通行为实验平台分别对反馈信息、出行信息以及不同信息场景对出行路径选择影响程度进行了定量分析。目前交通行为实验已成为国外验证路径选择理论的主流方法之一。

2.4 小节评述

现有的路径选择的研究取得了两个重要的成果：其一，从静态选择的运筹学最短路算法发展为动态分界点路径决策；其二，从完全理性选择发展为有限理性选择。实现了最简怎么选、到最好怎么选、再到实际怎么选的转变。目前，基于行为实验与仿真实验的路径选择模型优化是路径选择的热门方向。此外，缺乏对于单次出行的定量描述。

3 交通信息与路径选择关联关系研究现状

交通信息与路径选择关联关系研究一直是路径选择的研究方向，按照交通信息内容的不同，大致可以分为历史交通信息、反馈交通信息、实时交通信息、交互交通信息、诱导交通信息、预测交通信息等类别。

3.1 各类交通信息与路径选择研究

在历史交通信息对路径选择的影响研究中，刘诗序等[66-67]通过分别设置历史交通信息与没有历史交通信息、历史交通信息与预测交通信息的对照实验，模拟了个体出行路径选择的过程与路网流量分配的结果。刘凯等[68]基于历史信息的惯性，验证出行在路径选择过程中存在显著的学习行为。在反馈交通信息对路径选择的影响研究中，Lu等[69]构建了反馈交通事故信息下路径选择模型。李浩然[70]通过行为实验得到了反馈信息对个体路径选择具有显著影响的结论。实时交通信息对路径选择的影响研究中，Katsikopoulos等[71]、Bongers等[72]、石小法等[73]、熊轶等[74]、Horowitz[75]、Chorus等[76]通过构建实时交通信息与历史交通信息的对照实验，完成了实时信息对路径选择影响程度的量化。刘凯等[77]通过基于结构方程模型量化了出行在路径决策过程中对实时信息类别的偏好情况。在交互交通信息对路径选择的影响研究中，Maio等[78]基于信息交互作用建立了路径选择模型，得到了出行者之间的交互作用会对个体的路径选择产生影响。Wei等[79]考虑移动社交互动信息因素，得到了社交互动信息对出行者路径选择有显著影响的结论。在诱导交通信息对路径选择的影响研究中，徐岩宇等[80]研究了出行者对于诱导信息的接受程度及其对路径变换的影响。张卫华等[81]在考虑不同程度的诱导信息上建立了关于驾驶员路径选择行为的有序多分类Logistic模型。在预测交通信息对路径选择的影响研究中，蒲琪等[82]、刘诗序等[83]等分别基于对照实验、逐日实验验证了预测信息对路径选择的影响。赵怀明等[84]运用交通仿真得到了预测信息可以使得个体出行选择效益最大化的结论。李睿等[85]基于结构方程模型实现了社交网络交通信息对出行者使用意向定量研究。王怀著等[86]提出一种在实时公交信息下，公交枢纽内乘客乘车方案选择行为预测方法并得到了良好的预测。徐慧智等[87]描述了交通标志信息对一般公交车驾驶员驾驶行为的影响程度,并进行量度刻画。

3.2 小节评述

交通信息与路径选择关联关系无论从路网流量分配层面还是个人多次路径选择层面均被国内外学者证实。但缺乏交通信息对个体一次出行甚至是一次出行过程中单个交叉口路段选择影响机制的研究。

4 结论

国内外围绕交通信息、路径选择以及交通信息与路径选择关联性研究三方面已取得了较多的成果。随着 5G 以及物联网的技术不断普及,交通信息与道路出行路径选择间的耦合关系将更加紧密,以社交网络交通信息为代表的新型信息将在以下方向实现与路径选择问题的深度融合:其一,实时、动态以及交互的交通信息系统研究与交通信息接收行为定量描述是未来研究的重要方向;其二,目前研究倾向于多次出行情况的描述,未来将会倾向于一次出行以及一次出行过程中单个交叉口路段选择的描述;其三,传统信息对路径选择影响已得到证实,而交互信息对路径选择影响的定量描述以及新的实证方法是未来研究的重要方向。

参考文献

[1] Allais M. Quelques réflexions sur la contrainte et la Liberté[J]. Revue Française De Science Politique, 1952, 2(2): 356-373.

[2] Ellsberg D. Risk, ambiguity, and the savage axioms[J]. Quarterly Journal of Economics, 1961, 75(4): 643-669.

[3] 莫一魁,苏永云,沈旅欧. 基于结构方程的小汽车驾驶员信息偏好分析[J]. 系统工程, 2009, 27(8): 85-89.

[4] 唐洁. 交通信息对出行者路径选择行为影响研究[D]. 上海:上海交通大学,2010.

[5] 李春燕,陈峻,叶晓飞,等. 出行前信息提供条件下驾驶员路径选择行为建模(英文)[J]. 东南大学学报(英文版), 2012, 28(03): 344-348.

[6] 杨雪,李先锋. 高速公路动静态交通信息一体化研究[J]. 公路, 2014, 59(02): 125-130.

[7] 魏雪梅,戢晓峰,陈方. 基于 SEM 的驾驶员出行信息搜寻行为分析[J]. 交通运输系统工程与信息, 2012, 12(3): 174-179.

[8] Heddebaut M, Ghys J P, Sanz M, et al. Road traffic information using a dedicated radio beacon[J]. Transportation Research Part C: Emerging Technologies, 2013, 35: 20-33.

[9] Mistele B. Here and now: How the north American traffic data market has evolved[J]. Traffic Technology International, 2007: 46-50.

[10] 乔婧,孙立山,王伟,等. 面向移动终端的偶发事件信息需求与发布框架研究[J]. 交通信息与安全, 2017, 35(05): 83-90, 98.

[11] 程泽阳,王薇,曲鑫. 基于诱导终端组合的交通信息发布方式评价[J]. 重庆交通大学学报(自然科学版), 2018, 37(03): 64-70, 120.

[12] 倪志平,覃溪. 基于驾驶行为识别的车载交通信息数据实时发布系统[J]. 科学技术与工程, 2018, 18(08): 255-259.

[13] Cristea M, Delhomme P. Comprehension and acceptability of on-board traffic information: Beliefs and driving behaviour[J]. Accident Analysis & Prevention, 2014, 65(4): 123-130.

[14] Normawati H. Towards new frontier of constitutional recognition of environmental protection

in urban regeneration[J]. Procedia-Social and Behavioral Sciences, 2015, 170: 415-421.

[15] 张立, 刘云. 虚拟社区网络的演化过程研究[J]. 物理学报, 2008, 57(9): 5419-5424.

[16] Kolari P, Java A, Finin T. Detecting spam blogs: A machine learning approach[C]// National Conference on Artificial Intelligence and the Eighteenth Innovative Applications of Artificial Intelligence Conference, 2006: 16-21

[17] 倪顺江, 翁文国, 范维澄. 具有局部结构的增长无标度网络中传染病传播机制研究[J]. 物理学报, 2009, 58(6): 3707-3713.

[18] Adams B, Phung D, Venkatesh S. Sensing and using social context.[J]. ACM Transactions on Multimedia Computing Communications & Applications, 2008, 5(2): 1-27.

[19] Moreno Y, Nekovee M, Pacheco A F. Dynamics of rumor spreading in complex networks.[J]. Physical Review E Statistical Nonlinear & Soft Matter Physics, 2004, 69(2): 279-307.

[20] Meng C S, Cui Y, He Q. Travel purpose inference with GPS trajectories, POIs, and geo-tagged social media data[C]// 2017 IEEE International Conference on Big Data (Big Data), December 11-14, 2017, Boston, MA, USA. 2017: 1319-1324.

[21] Cui Y, Meng C, He Q. Forecasting current and next trip purpose with social media data and Google Places[M]. Transportation Research Part C: Emerging Technologies, 2018, 97: 159-174.

[22] Molin E, Arentze T A, Timmermans H J P. Social activities and travel demand: Model-based analysis of social network data[J]. Transportation Research Record: Journal of the Transportation Research Board, 2008, 2082(1): 168-175.

[23] Habib K N, Carrasco J A. Investigating the role of social networks in start time and duration of activities: Trivariate simultaneous econometric model[J]. Transportation Research Record: Journal of the Transportation Research Board, 2011, 2230(1): 1-8.

[24] Iryo T, Yamabe K, Asakura Y. Dynamics of information generation and transmissions through a social network in non-recurrent transport behaviour[J]. Transportation Research Part C: Emerging Technologies, 2012, 20(1): 236-251.

[25] 赵阳, 邵昀泓. 基于活动的出行行为动态模拟方法[J]. 系统工程理论与实践, 2008, 28(9): 159-165.

[26] 傅志妍, 赵翰林, 陈坚, 等. 社交网络交通信息对出行方式选择行为影响模型[J]. 交通运输系统工程与信息, 2019, 19(02): 22-29.

[27] 唐立, 邹彤, 罗霞, 等. 基于混合 Logit 模型的网约车选择行为研究[J]. 交通运输系统工程与信息, 2018, 18(1): 108-114.

[28] 张兆泽, 黄海军. 社交网络信息对出行时刻选择行为的影响[J]. 交通运输系统工程与信息, 2017, 17(05): 22-28.

[29] 刘天亮, 黄海军. 日常择路行为的多智能体模拟[J]. 物理学报, 2007, 56(11): 6 321-6 325.

[30] Rinaldi M, Tampère, Chris M J, et al. On characterizing the relationship between route choice behavior and optimal traffic control solution space[J]. Transportation Research Procedia, 2017, 23: 700-719.

[31] 于洪玲, 王洪国, 曲建华, 等. 基于交通流的车辆路径选择优化方法[J]. 计算机应用研究, 2013, 30(6): 1675-1677.

[32] 陈玲娟, 代炯, 王殿海. 基于前景值的多类型出行者逐日路径选择模型[J]. 计算机工程与科学, 2017, 39(7): 1 359-1 364.

[33] Horowitz J L. The stability of stochastic equilibrium in a 2-link transportation network[J]. Transportation Research Part B-Methodological. 1984, 18(1): 13-28

[34] Jha M, Madanat S, Peeta S. Perception updating and day-to-day travel choice dynamics in traffic networks with information provision[J]. Transportation Research Part C: Emerging Technologies, 1998, 6(3): 189-212.

[35] Chen R B, Mahmassani H S. Travel Time Perception and Learning Mechanisms in Traffic Networks[J]. Transportation Research Record: Journal of the Transportation Research Board, 2004, 1894(1): 209-221.

[36] Hong K L, Luo X W, Barbara W Y. Degradable transport network: Travel time budget of travelers with heterogeneous risk aversion. [J] Transportation Research Part B: Methodological, 2006, 40: 792-806.

[37] Ben-Elia E, Shiftan Y. Which road do I take? A learning-based model of route-choice behavior with real-time information[J]. Transportation Research Part A: Policy and Practice, 2010, 44(4): 249-264.

[38] Lotan T. Effects of familiarity on route choice behavior in the presence of information[J]. Transportation Research Part C: Emerging Technologies, 1997, 5(3/4): 225-243.

[39] Jha M, Madanat, Peeta S. Perception updating and day-to-day travel choice dynamics in traffic networks with information provision[J]. Transportation Research Part C: Emerging Technologies, 1998, 6(3): 189-212.

[40] 周溪召. 驾驶员实时动态路径选择行为组合模型[J]. 上海理工大学学报, 2002, 24(2): 109-112.

[41] Dijkstra E W. A note on two problems in connexion with graphs[J]. Numerische Mathematik, 1959, 1(1): 269-271.

[42] Bellman R E, Zadeh L A. Decision-Making in a Fuzzy Environment[J]. Management Science, 1970, 17(4): B141-B164.

[43] Floyd S, Jacobson V. Random early detection gateways for congestion avoidance[J]. IEEE/ACM Transactions on Networking, 1993, 1(4): 397-413.

[44] Kleven O B. Radical approach to waterproofing using spray applied membranes[J]. Concrete, 2004, 38(9): 45-46.

[45] 石小法, 王炜, 卢林. 交通信息影响下的动态路径选择模型研究[J]. 公路交通科技, 2000, 17(4): 35-37.

[46] 石小法. ATIS环境下动态选择模型的研究[J]. 系统工程学报, 2002, 17(3): 271-276.

[47] 石小法, 王炜. 信息对出行者出行行为的影响研究[J]. 中国公路学报, 2002, 15(1): 89-92.

[48] 关桂霞, 赵剡, 刘莹青. 一种基于模糊理论的最佳路径选择方法[J]. 华北工学院学报, 2001, 22(1): 75-78.

[49] 孙燕, 陈森发, 黄鹍. 基于灰色评价理论的自适应最优路径选择[J]. 中国公路学报, 2003, 16(4): 87-90.

[50] 吴文祥, 黄海军. 平行路径网络中信息对交通行为的影响研究[J]. 管理科学学报, 2003, 6(2): 12-16.

[51] 宗传苓, 李相勇, 王英涛. 出行前路径选择的多目标规划模型[J]. 交通运输系统工程与信息, 2005, 5(6): 58-61.

[52] 巩亚文. 信息诱导条件下出行路径选择行为的演化博弈分析[J]. 公路, 2015(1): 108-113.

[53] Xu H L, Zhou J, Xu W. A decision-making rule for modeling travelers' route choice behavior based on cumulative prospect theory[J]. Transportation Research Part C: Emerging Technologies, 2011, 19(2): 218-228.

[54] 赵凛. 基于"前景理论"的出行决策模型及ATIS仿真实验研究[D]. 北京: 北京交通大学, 2007.

[55] 李雪岩, 李雪梅, 李学伟, 等. 基于动态参照点的多主体有限理性路径选择模型[J]. 复杂系统与复

杂性科学,2016,13(2):27-35.

[56] 宗芳,路峰瑞,唐明,等.习惯和路况对小汽车出行路径选择的影响[J].吉林大学学报(工学版),2018(4):1023-1028.

[57] Adler J L, Nally M, Mall G. In-laboratory experiments to analyze enroute driver behavior under ATIS[J]. Transportation Research Part C: Emerging Technologies. 1994, 2(3): 149-164.

[58] Ettema D, Timmermans H. Costs of travel time uncertainty and benefits of travel time information: Conceptual model and numerical examples[J]. Transportation Research Part C: Emerging Technologies, 2006, 14: 335-350.

[59] 曾松,史春华,杨晓光.基于实验分析的驾驶员路线选择模式研究[J].公路交通科技,2002,19(4):85-88.

[60] 贺振欢.城市道路交通路径选择仿真系统与模型体系研究[D].北京:北京交通大学,2003.

[61] 关宏志,龙雪琴,秦焕美.突发事件下机动车出行者路径选择行为[J].长安大学学报(自然科学版),2016,36(5):88-94.

[62] 宗芳,路峰瑞,唐明.习惯和路况对小汽车出行路径选择的影响[J].吉林大学学报(工学版),2018(4):1023-1028.

[63] Lu X, Gao S, Benelia E. Information Impacts on Travelers' Route Choice Behavior in a Congested Risky Network[C]// Transportation Research Board 91st Annual Meeting, 2012.

[64] Horowitz J L. The Stability of Stochastic Equilibrium in a 2-Link Transportation Network[J]. Transportation Research Part B: Methodological. 1984, 18(1): 13-28

[65] 刘诗序,关宏志,严海.交通信息对驾驶员逐日路径选择行为影响研究[J].武汉理工大学学报(交通科学与工程版),2011,35(6):1130-1134.

[66] 刘诗序,关宏志.出行者有限理性下的逐日路径选择行为和网络交通流演化[J].土木工程学报,2013,46(12):136-144

[67] 刘诗序,关宏志,严海.交通信息对驾驶员逐日路径选择行为影响研究[J].武汉理工大学学报(交通科学与工程版),2011,35(6):1130-1134.

[68] 刘凯,周晶,徐红利,等.交通信息对出行者路径选择惯性行为的影响[J].系统管理学报,2018,27(06):1065-1073.

[69] Lu X, Gao S, Benelia E. Information impacts on travelers' route choice behavior in a congested risky network[C]// Transportation Research Board 91st Annual Meeting, 2012.

[70] 李浩然.交通信息影响下出行者出行选择行为特征的实验研究[J].综合运输,2019,41(04):66-69.

[71] Katsikopoulos K V, Fisher D L, Anthony D, et al. Risk attitude reversals in drivers' route choice when range of travel time is provided[J]. Human Factors. 2002, 44(3): 466-467

[72] Bongers, Zuvlen E A, Van H J. The importance of reliability in route choices in freight transport for various actors on various levels[C]// Proceeding European Transport Conference, 2004. Strasbourg, France, 2004: 136-154

[73] 石小法,王炜.高度信息化条件下的动态配流模型[J].东南大学学报(自然科学版),2001,31(2):91-93.

[74] 熊轶,黄海军,李志纯.交通信息系统作用下的随机用户均衡模型与演进[J].交通运输系统工程与信息,2003,3(3):44-48.

[75] Horowitz J L. The Stability of Stochastic Equilibrium in a 2-Link Transportation Network[J]. Transportation Research Part B: Methodological, 1984, 18(1): 13-28

[76] Chorus C G, Molin E J E, Arentze T A, et al. Validation of a multimodal travel simulator with

travel information provision[J]. Transportation Research Part C: Emerging Technologies, 2007, 15(3): 191-207.

[77] 刘凯,周晶,毕秀霞,等.出行者信息类型偏好对其路径选择行为影响研究[J].交通信息与安全, 2019, 37(05): 71-77.

[78] Maio M L, Vitetta A, Watling D. Influence of experience on users' behaviour: A day-to-day model for route choice updating[J]. Procedia-Social and Behavioral Sciences, 2013, 87: 60-74.

[79] Wei F F, Jia N, Ma S F. Day-to-day traffic dynamics considering social interaction: From individual route choice behavior to a network flow model[J]. Transportation Research Part B: Methodological, 2016, 94: 335-354.

[80] 徐岩宇,冯蔚东.考虑司机响应的VRGS引导策略优化模型研究[J].系统工程,1998(1): 51-56.

[81] 张卫华,李梦凡.不同交通信息诱导下驾驶员路径选择行为研究[J].重庆交通大学学报(自然科学版),2018,37(10): 86-93.

[82] 蒲琪,杨晓光.交通信息对驾驶员路径选择行为影响的初步分析[J].公路交通科技,1999,16(3): 53-56.

[83] 刘诗序,关宏志,严海.预测信息下的驾驶员逐日路径选择行为与系统演化[J].北京工业大学学报,2012,38(2): 269-274.

[84] 赵怀明,谭宇,李博威.在途交通信息对出行者路径选择的影响研究[J].重庆交通大学学报(自然科学版),2018,37(08): 88-95.

[85] 李睿,陈坚,赵翰林,等.社交网络交通信息出行者使用意向分析模型[J].科学技术与工程,2020,20(27): 11359-11364.

[86] 王怀著,杨雨浓,蒋永雷.实时信息下公交枢纽内乘客乘车选择行为预测[J].大连交通大学学报,2020,41(1): 18-22.

[87] 徐慧智,武腾飞,裴玉龙.城市路侧禁令标志对公交车驾驶员驾驶行为影响研究[J].交通信息与安全,2020,38(01): 67-75.

基于GIS的航道应急基地布局评价

陈　媛　董诗瑀　常　致

摘　要：江苏省内河航道发展水平不断提升，船舶交通量随之增长，干线航道船闸运行压力较大，对于应急保障的需求日益增长。本研究首次从江苏内河全局的角度，综合应用地理信息系统（GIS）技术，运用网络分析法，建立全省干线航道应急基地的规划布局方案评价模型，考虑不同交通方式，聚焦于应急到达时间，对规划方案的可达性进行评价。

关键词：干线航道应急基地；可达性评价；地理信息系统（GIS）；网络分析法

Abstract：The development of inland waterways in Jiangsu province has been continuously improved, and the volume of ship traffic has increased rapidly. The operating pressure of ship locks is relatively high, and the demand for emergency protection is increasing. For the first time, from the overall perspective of Jiangsu inland waterways, geographic information system (GIS) technology was comprehensively applied. Network analysis was used to establish a layout evaluation model for planning scheme of emergency bases in the main waterways. Considering different modes of transportation, focusing on emergency arrival time, the accessibility of the planning scheme is evaluated.

Keywords：main channel emergency base; accessibility evaluation; geographic information system; network analysis

0　引言

江苏省内河航道发展水平不断提升，船舶交通量随之增长，干线航道船闸运行压力较大，对于应急保障的需求日益增长。国家和江苏省也更加重视对水运应急保障能力的建设，省级层面全盘考虑全省内河干线航道应急需求，对干线航道应急基地进行了布局规划，运用科学客观的研究方法对干线航道应急基地规划方案进行评价，既满足船闸航道运行安全保障的需要，也是干线航道更高质量发展的必要基础。

国内外针对GIS在内河航道应急基地布局的应用方面的研究较少。在GIS的应急应用研究方面，主要集中于自然灾害应急避难选址布局。在相关研究中，GIS空间分析技术主要用于设施的适宜性评价。通过采用GIS技术，将所选评价指标叠加，构建适宜性评价模型，得到避难所候选点分布图，为滑坡灾害应急避难所选址布局工作提供参考依据[1-3]。对于应急站点布局的研究，主要集中于水上溢油和海事搜救应急站所布局，利用建模求解进行实例研究的文献相对丰富[4-7]，但是针对内河航闸基础设施的应急基地布局研究尚属空白。本研究通过网络分析法，聚焦应急基地到达时间，对布局方案的覆盖效果进行评价。

1　干线航道应急基地定义

根据对内河干线航道及船闸系统特性的认识及应急基地的职责，对干线航道应急基地作如下定义：

干线航道应急基地是指布置在航道沿线，提升内河航道船闸运行安全性，在应急情况下为航道、船闸基础设施提供保障的重要设施；是具备一定自然条件和水域、陆域设施，供应急车船停靠、应急物资仓储、应急人员办公的场所。

作者简介：陈　媛，华设设计集团股份有限公司，硕士，高级工程师，研究方向为交通战略、港航规划、水运安全等。

董诗瑀，华设设计集团股份有限公司，硕士，助理工程师，研究方向为港航规划、水运安全等。

常　致，江苏省交通运输厅港航事业发展中心，高级工程师。

2 干线航道应急基地规划方案

目前江苏省内现有3处应急保障基地——京杭运河江苏省船闸应急保障中心、扬州船闸应急保障中心和京杭运河常州段航道应急养护基地。三处航闸应急基地都集中于京杭运河沿线，主要服务京杭运河以及相连航道，而江苏省80%的运量集中于京杭运河，京杭运河船舶密度大，突发事件多，航闸故障率高。现有基地有针对性地保障重点航段与船闸的正常运营，并达到应急响应时间的相关要求，有效保障了重点航段与船闸的正常运营。

但是现有3处应急基地无法实现省域全覆盖。而省干线航道网中"二纵"连申线沿线缺乏基地布局，对于沿海地区船闸以及全省航道的应急响应仍不到位。规划在连云港灌云附近和苏泰通沿江口门区域布置应急基地作为补充。

表1　省级应急基地布局方案

类型	位置要求	覆盖区域
综合性应急基地	淮安市区附近	淮宿集聚区
	扬州邵伯船闸附近	扬州集聚区
	苏南相对中心区域	苏南地区航道
常规性应急基地	连云港灌云附近	连云港集聚区
	苏泰通沿江口门	苏泰通集聚区

考虑经济性、安全性、建设条件，并充分考虑风险高发地及现有港航设施基础条件，结合现有应急基地、水上服务区、船闸远调站的分布，5个省级应急基地具体选址如下：

表2　省级应急基地具体选址

类型	区域位置	具体选址
综合性应急基地	淮安	京杭运河江苏省船闸应急保障中心
	扬州	扬州船闸应急保障中心
	常州	京杭运河常州段航道应急养护基地
常规性应急基地	连云港	灌云水上服务区
	南通	如皋水上服务区

图1　全省干线航道省级应急基地布局图

3 应急基地布局方案评价

应急基地的布局方案评价主要利用 ArcGIS 中网络分析的可达性分析工具。网络分析(Network Analysis)是对地理网络、城市基础设施网络进行地理化和模型化，其理论基础是图论和运筹学，主要用于资源的最佳分配、最短路径的寻找。一个基本的网络主要包括中心、连接、节点和阻力。

本模型以应急基地为出发点，计算每个应急基地通过省干线航道到达交通船闸及航道的时间，再统计最小值得到船闸、航道的时间可达性结果。对于船闸可达性计算，目标为除常州应急基地以外的 4 个应急基地均可服务，对于航道可达性计算，目标为 5 个应急基地均可服务。

1) 模型建立

首先建立省干线航道网络模型。根据收集到的基础数据，建立 GIS 空间数据库，并对航道网络进行属性编辑，包括每条航道的长度、船舶行驶速度，并根据全省船闸的分布以及特点，设置航道网络中的障碍点，在此基础上建立省干线航道网络模型，实现对全省干线航道网的模拟。

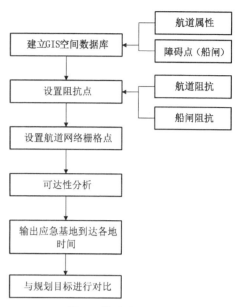

图 2 模型分析流程

在构建全省网络阻抗模型时，主要限定设置航道、船闸两类阻抗。航道网络通过限定行驶速度，进而计算每段航道的行驶时间，航道限定行驶速度为 25 km/h。干线航道上的船闸(包括水利、交通管理的所有船闸)设置为成本增加型阻抗点，考虑到应急船舶可以优先通行，单次通过交通船闸的时间限定为 30 min/次，水利船闸的时间限定为 40 min/次。

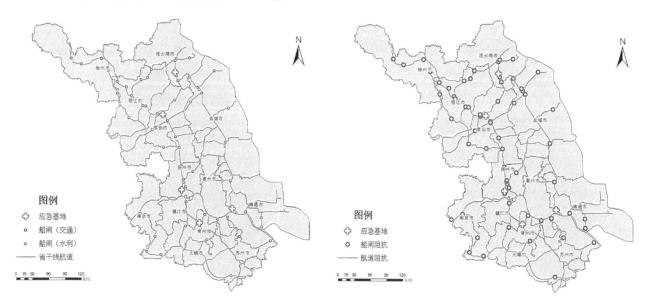

图 3 省干线航道网络空间信息图　　　　图 4 省干线航道、船闸网络阻抗模型图

其次分析省干线航道网络。在已建立的省干线航道网络模型基础上，以规划的应急基地点位为起讫点，以 3 km 为单位的方形网格将航道构建为 1 401 个栅格点，作为终点，以船舶通过每条航道及船闸的时间长度为成本，构建 5×1 401 的 OD 矩阵，分析在不同时间范围内，应急基地在不同航道的行驶速度下能够达到的范围。

然后对属性数据进行空间操作。利用 GIS 对网络分析结果进行统计,并对统计结果进行分类,不同的范围赋予不同的色彩,以便辨别。最后进行结果输出。GIS 的结果输出具有多样性和灵活性的特点,将各船闸的到达时间分类表示。

2) 航道网(船闸)可达性评价

干线航道应急基地主要处理基础设施的应急抢修,分别考虑应急基地通过水路、公路到达全省航道网、船闸的时间,整体评价布局方案。

(1) 应急基地覆盖时间规划目标

应急基地的布置,能够有效覆盖全省干线航道及交通船闸,要重点覆盖发生风险较大的区域。公路车辆响应时间为 6 小时内到达事发区域,水路船艇响应时间为 12 小时内到达全部的航道及船闸,具体目标见下表。

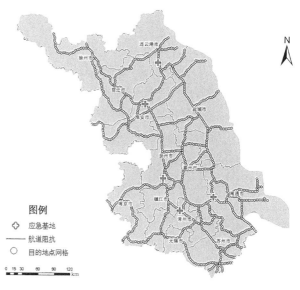

图 5　航道网络栅格点示意图

表 3　应急基地覆盖时间目标表

类型	公路到达时间规划目标	水路到达时间规划目标
船闸到达时间	6 小时到达 100%	12 小时到达 100%
航道到达时间	6 小时到达 100%	12 小时到达 100%

(2) 应急基地水路可达性分析

对于船闸,4 个具备船闸应急救援功能的应急基地的到达时间模型输出结果如图 6 所示,结果表明 6 小时内可通达 75% 的船闸,12 小时内可通达全部船闸,满足规划目标。

到达时间较长的船闸主要是南京地区的洪蓝船闸、杨家湾船闸、下坝船闸,以及徐州片区的蔺家坝船闸、解台船闸、徐洪河船闸,应加强上述船闸的人员、物资配备,提升船闸自身的应急故障抢修能力。

对于航道,5 个具备航道应急救援功能的应急基地的到达时间输出结果如图 7 所示,结果表明 6 小时内可通达 76% 的航道,12 小时内可通达全部航道,满足规划目标。

到达时间较长的航道主要是盐城市内的射阳港区疏港航道、刘大线,南京市内的秦淮河,徐州地区的苏北运河、徐洪河,应加强上述地市的日常养护装备和物资配备,提升航道的日常养护水平。

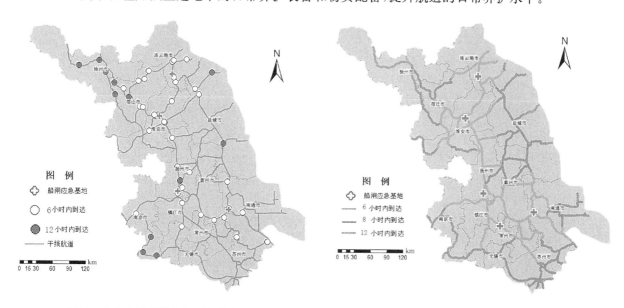

图 6　应急基地到达船闸时间分布图　　　　　　　图 7　应急基地到达航道时间分布图

（2）应急基地公路可达性分析

江苏省公路网络体系发达，对照6小时到达全省航道的规划目标，结合实际车辆行驶路况及速度，设定6小时辐射半径为200 km，经计算在200 km半径范围内能够有效覆盖全省所有航道及船闸，满足规划目标。

3）可达性评价结论

通过上述分析，规划的应急基地布局方案能够有效覆盖全省干线航道及交通船闸，满足应急抢修到达时间目标。

4 结束语

本研究在梳理我省干线航道应急安全发展现状的基础上，通过GIS技术结合船闸航道运营大数据，对全省干线航道应急基地的规划布局进行了可达性评价，填补了干线航道应急基地布局研究的空白。同时将为"十四五"及未来全省内河航道船闸应急基地的布局建设及全省内河航道船闸应急响应提供主要依据，对提高全省内河航道船闸应急效率和质量，促进应急资源集约化配置，保障人民生命财产安全，促进江苏内河航道高效安全发展，提升内河水运发展活力具有重要意义。

图8　应急基地公路6小时覆盖范围分布图

参考文献

［1］何雪婷.厦门本岛应急避难场所空间布局合理性评价：基于GIS网络分析[J].福建建筑，2016（1）：20-24.

［2］顾惠娜，唐波.基于GIS的应急避难场所空间布局及优化：以河源市中心城区为例[J].华南地震，2017，37（3）：35-40.

［3］林子琳，唐波.基于GIS的学校型应急避难场所空间布局与优化：以汕头市濠江区为例[J].测绘与空间地理信息，2018，41（6）：37-40.

［4］艾云飞.水上应急物资储备选址—分配问题研究[D].大连：大连海事大学，2016.

［5］艾云飞，吕靖，张丽丽.三角模糊需求下水上应急储备库选址-分配优化模型[J].安全与环境学报，2016，16（2）：179-183.

［6］詹斌，冯乐，宋文娟.水上突发事件应急资源储备点选址模型研究[J].武汉理工大学学报，2015，37（8）：31-36.

［7］张进峰，刘永森，牟军敏，等.库区水上应急救助设施多因素P-median选址模型[J].中国安全科学学报，2016（11）：163-168.

雷视感知融合下的车辆轨迹提取

Vehicle Trajectory Extraction Based on Radar and Video Perception Fusion

王文杰　雷玉嵩　马晓萱　李志斌

摘　要：为提高交通信息采集数据的精度与系统的容错能力，采用多源检测器数据融合的方式，减少周边环境因素的干扰，获取更高质量的车辆检测结果与车辆轨迹。分别采用监控摄像头与广域雷达微波对双龙大道快速路的机动车自由流进行检测，通过多目标追踪算法实现轨迹追踪，在完成轨迹数据关联与时空对齐标定后，针对不同环境与不同检测范围下传感器的能力差异，建立了多场景融合模型。结果表明：经过数据融合处理后，车辆轨迹的平均正检率由不足80％提升到90％以上，平均误差降低了近30％，大大提高了车辆检测与轨迹数据的精度。

关键词：车辆检测；轨迹提取；时空对齐标定；数据融合

Abstract: In order to improve the accuracy of traffic information collection data and the fault tolerance of the system, the way of multi-source detector data fusion is used to reduce the interference of the surrounding environmental factors and obtain higher quality vehicle detection results and vehicle trajectories. The traffic free flow of Shuanglong Avenue expressway is detected by the surveillance camera and wide area radar microwave for vehicle detection respectively, and the trajectory tracking is realized by multi-target tracking algorithm. After completing the trajectory data association and space-time alignment calibration, a multi-scene fusion model is established for the difference of sensor capabilities in different environments and different detection ranges. The results show that after data fusion processing, the average positive detection rate of vehicle trajectory is increased from less than 80％ to more than 90％, and the average error is reduced by nearly 30％, which greatly improves the vehicle detection and trajectory data accuracy.

Keywords: vehicle detection; trajectory extraction; coordinate matching method; data fusion

0　引言

随着信息技术的发展，智能交通技术广泛应用于交通管理体系中，只有得到高质量的基础数据输入，才能获得高质量的信息服务输出。然而现有的机动车轨迹数据十分有限，无法满足研究范围的精度要求。提取高精度交通信息，可以为交通理论研究、交通安全研判等提供关键数据支撑。

传统的交通信息采集器主要有微波检测器、视频检测器、地磁检测器和浮动车等，不同检测器各有利弊，但就单一检测器而言，由于设备的固有属性缺陷及周边环境干扰等因素，导致检测数据的精度仍有待提高。视频检测器在光线不良的情况下检测精度较低，微波检测器在雨雾等恶劣天气下表现不佳。数据融合使整个交通信息系统获得比任何单源检测器更高品质的信息[1]。在智能交通领域，数据融合技术主要应用于道路状态估计和交通事件检测[2]，而很少用于车辆轨迹提取。

基于视频数据与广域雷达检测器数据的数据融合，可以通过数据间相互校核实现设备间的优势互补，提高数据质量，增强系统的可靠性与容错能力，实现高精度的车辆检测和轨迹获取。

作者简介：王文杰，东南大学交通学院，本科生。
　　　　　雷玉嵩，东南大学交通学院，本科生。
　　　　　马晓萱，东南大学交通学院，本科生。
　　　　　李志斌，东南大学交通学院，博士生导师，主要研究方向包括智能交通系统优化，交通流与交通控制，交通安全分析建模，智能网联自动驾驶，机器视觉人工智能，大数据挖掘与智慧应用等。

1 数据采集与车辆轨迹提取

本研究的数据来源于 2020 年 10 月 8 日南京市双龙大道南方花园段的机动车自由流数据,使用海康威视监控摄像头与慧尔视广域雷达进行数据采集。

1.1 基于监控摄像头的数据采集

城市交通系统中广泛使用的监控摄像头能够采集大量的视频数据,由于计算机视觉的发展,促使目标识别与追踪技术逐渐应用于交通视频数据分析。本研究应用 YOLOv4 目标识别算法和 fDSST 多目标追踪算法进行轨迹提取。

1.1.1 多目标检测技术

YOLOv4 是一类基于回归思想的一种阶段目标检测算法。首先将视频分帧为图片,提取出图像特征,经过处理后融合为不同尺寸特征图的特征信息,而后输出特征图卷积[3]。最后经过处理得到每帧图片中车辆的位置与目标长宽等信息。检测效果如图 1 所示。

图 1 YOLOv4 目标识别效果图

1.1.2 多目标追踪技术

本研究应用 fDSST 多目标追踪算法完成对视频中同一车辆的追踪,该算法利用一个位置滤波器和一个尺度滤波器追踪目标,检测器筛选出下一帧目标前景概率大的区域,经分类器分类进一步检验输出目标的检测结果[4]。最后结合跟踪与检测结果的置信度,得出车辆在下一帧的位置。追踪得到的数据如表 1 所示。

表 1 车辆目标追踪结果示意

车辆 ID	帧数	x 坐标(像素)	y 坐标(像素)	车辆长(像素)	车辆宽(像素)
0	10	914.5	430	45	29
0	11	913.5	432	45	29
0	12	912.5	433	45	29
0	13	911.5	434	45	29
0	14	910.5	435	45	29
0	15	909	437	46	30
0	16	909	439	46	30
0	17	908.5	440	47	30
0	18	907.5	441	47	30
0	19	906.5	443	47	30

注:车辆的 x、y 坐标为检测框的左上角顶点坐标。

车辆追踪结果的可视化图像表明，约90%的车辆能够被检测并追踪，但存在部分漏检与轨迹间断的现象，主要是由于图像中远端车辆目标较小难以识别，以及车辆间相互遮挡使得部分车辆无法被持续检测。

本研究定义的车辆位置为检测目标前端中点处，将车辆位置重新计算并绘制车辆轨迹的 x-t 图。

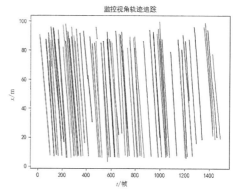

（a）fDSST算法追踪效果图　　　　（b）视频检测得到的轨迹 x-t 图

图2　基于视频的车辆检测与轨迹提取效果图

1.2　广域雷达微波数据采集

广域雷达微波检测器不同于传统的断面微波检测器，其通过大范围的检测技术，采用前向安装，基于多通道雷达技术，将高频雷达波投射在路面上并产生反射波，根据接受天线对反射的不同频率的雷达波进行分析，得到目标的相对距离、速度、方位角等准确的目标信息[5]，并依据此信息区分、识别检测车辆。

本研究使用的雷达设备能够实现一定范围的车辆追踪，但在实际检测中常会出现目标丢失的现象，本研究在后文中对检测车辆重新进行追踪。

2　轨迹数据处理与数据关联

由于在检测过程会受到通信及噪声干扰的影响，通常会产生数据漂移、缺失、冗余及错误等数据质量问题，因此需要对采集数据进行处理。

2.1　数据清洗

2.1.1　非负规则

剔除不符合检测方向的车辆坐标及速度与长宽为0的幽灵点数据。

2.1.2　检测范围规则

剔除横向位置在检测车道外的冗余数据。

剔除纵向位置超过雷达范围（150 m 内较为精准）的冗余数据。

剔除雷达数据中速度不合理的错误数据。

2.2　时间序列对齐

2.2.1　初始时间校准

实验测量发现，雷达检测的初始记录时间存在一定滞后，大约为2 s左右。因此需对照视频检测图像，寻找具有超车、换道、近距离跟驰等特殊行为的车辆，在雷达检测结果中寻找此对象，对时间序列进行校准。

2.2.2　时间序列规则化

雷达设备在检测过程中，由于扫描频率不稳定等原因，致使时间点记录不规则的现象称为时间点漂移。为使雷达和视频的检测数据在时间点对齐,需要对雷达检测结果进行时间序列规则化。实验中雷达数据的时间间隔在 80 ms 左右浮动,视频数据的时间间隔为 40 ms(25 fps),因此取 80 ms 作为公共基准间隔。为了计数与描述方便,本文将雷达结果的时间间隔记为帧。

时间序列规则化:假设车辆在相邻帧内速度不变,在单帧区间 $[t-40,t+40]$ 内,若存在检测值则取所有检测值的平均值作为该帧的结果,反之则取前两帧的结果来线性预测后一帧的位置坐标,以此作为该帧的结果。

另一方面,将视频检测结果的时间间隔由 40 ms 调整为 80 ms,从起始帧开始,将奇数帧剔除,偶数帧保留,时间间隔便调整为 80 ms,与微波结果相同。

经如上处理,可以得到时间序列对齐且统一的车辆轨迹数据。

2.3 空间对齐

不同检测器的架设位置及角度不同,导致检测数据的坐标系不同。视频检测以图像画面建立坐标系,雷达检测以鸟瞰俯拍视角建立坐标系。因此,需要关联二者的空间坐标,实现图像坐标系与雷达坐标系的互转。

2.3.1 空间体系校准

通过比对道路标线与实际地物,标定雷达坐标系的原点、x 轴和 y 轴在图像坐标系中的位置。通过图像坐标转雷达坐标即可计算出图上一点在雷达系下的 x、y 坐标。

 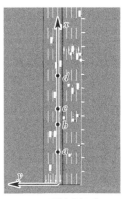

(a) 雷达坐标系在视频中对应位置　　　　　　　　(b) 雷达坐标系

图 3　雷达坐标系及其与视频位置的对应

2.3.2 图像坐标转鸟瞰坐标的计算方法

1) 沿车道方向(x 轴)

由射影几何中交比的定义,任何一条不通过线束中心的直线 l 依次截直线束 l_1,l_2,l_3,l_4 于四个点 A,B,C,D,则交比 $(l_1 l_2,l_3 l_4)=(AB,CD)$。交比计算公式为:

$$(l_1 l_2,l_3 l_4)=(AB,CD)=\frac{AC}{AD}\cdot\frac{BD}{BC} \tag{1}$$

图 4　直线交比示意图

由此可知,同一组线束的交比在不同坐标系下是相同的,图 3 可表示为:

$$\frac{AC}{AD}\cdot\frac{BD}{BC}=\frac{ac}{ad}\cdot\frac{bd}{bc} \tag{2}$$

因此只需确定 x 轴上三个点在图像与雷达系中的坐标,就可以确定 x 轴上任意第四点的坐标,如下:

$$\frac{x_{ic}-x_{ia}}{x_{id}-x_{ia}}\cdot\frac{x_{id}-x_{ib}}{x_{ic}-x_{ib}}=\frac{x_{rc}-x_{ra}}{x_{rd}-x_{ra}}\cdot\frac{x_{rd}-x_{rb}}{x_{rc}-x_{rb}} \tag{3}$$

其中，x_{ip}、x_{rp} 分别表示点 ($p=a,b,c,d$) 在图像坐标系与雷达坐标系下的坐标。取 A,B,D 为三个已知点，通过实测得出它们的坐标，C 为待求点，由此可以得到如下等式：

$$x_{rc} = \frac{r \cdot x_{rb} - x_{ra}}{r-1}$$

$$其中 r = \frac{x_{ic} - x_{ia}}{x_{id} - x_{ia}} \cdot \frac{x_{id} - x_{ib}}{x_{ic} - x_{ib}} \cdot \frac{x_{rd} - x_{ra}}{x_{rd} - x_{rb}}$$

(4)

由此即可在纵向将所有坐标统一换算。

2）垂直车道方向（y 轴）

在本研究的场景中（如图 5 所示），车辆大多集中在中间车道，不考虑横向畸变，即认为图像坐标系下在同一水平线上的两点，在雷达坐标系下也在同一水平线上。

另一方面，文献[6]中提到在一个图像像素区间内图像长度与实际长度在横向与纵向的比例是相等的，我们认为横向像素点的换算比例在纵向上是线性变化的，为了更准确拟合这种变化，将图像分为三个区域进行线性拟合。

图像中的车道宽度为固定真实值，因此可根据图像中的已知的像素点长度与实际车道宽度，

图 5　三个横向换算拟合区域

得到换算的比例。再根据线性插值得到沿车道方向每一处的横向坐标换算系数。进而将换算系数与像素长度相乘，即可在横向将所有坐标统一换算。

2.4　雷达检测结果的重新追踪

雷达在实际检测中会出现追踪轨迹断裂、误追踪等情况，因此车辆轨迹需重新追踪。在时间序列规则化后，本研究提出基于车辆位置变化的追踪算法。算法的基本思路如下：

原始数据集为分帧存放的车辆位置数据。

规则 1：首帧所有车辆视为新车，自第二帧起，在雷达检测范围上游 10% 范围内出现的车视为新车。

规则 2：对于新车，根据车辆前三帧的平均速度，求解车辆当前帧的位置预测值。若当前帧为车辆的首三帧，则以前一帧位置作为车辆当前帧预测值。当前帧预测范围为一个矩形，矩形中心为上文中确定的预测值，长宽为半车长与半车宽。当前帧所有坐标中处于预测范围内且距离预测值最近的坐标定为当前帧真值。将确定的真值从原始数据集删除。

规则 3：当该车连续三帧均不能在预测范围内搜索到值，则认为该车轨迹中断（或终止）。

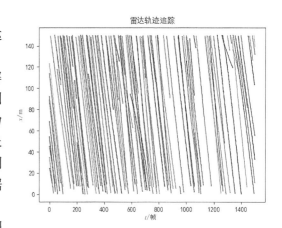

图 6　雷达结果再追踪的轨迹 x-t 图

遍历第一帧（当前帧）中的所有车辆的位置坐标，执行规则 2，得出所有车辆的轨迹，剔除不符合实际长度的轨迹，即可得到按照车辆 ID 及出现时间顺序排列的车辆完整运行轨迹坐标数据集。

将追踪结果可视化，绘制车辆轨迹的 x-t 图（该轨迹集已平滑去噪）。

2.5 平滑去噪

由于在检测时存在时间间隔,周边环境存在噪声干扰,导致轨迹连续性差。本研究分为两步对车辆轨迹进行平滑去噪,具体方法如下:

Step 1:检测跳变点,对相邻跳变点间坐标进行线性插值,假设沿车道线方向的坐标为准确坐标,对垂直车道线方向坐标进行线性插值,以得到连续的轨迹。

Step 2:我们对 Step 1 得到的轨迹通过 Scipy 库中的差分进化算法进行处理,找到全局平方误差和最小的断点位置,进行分段二次拟合,得到除分段点外全区域二阶可导轨迹。

图 7 展示了雷达轨迹平滑去噪效果。

2.6 车辆匹配

由于同一辆车在视频和雷达追踪中的标号不同,需要建立同一辆车在不同检测结果中标号的对应关系。

采取如下的规则进行车辆的匹配:确定一个视频和雷达的检测精度均较高的区域,在此区域内,当两组轨迹距离相差最小时,即认为是同一辆车的轨迹,为其重新设置相同的标号。

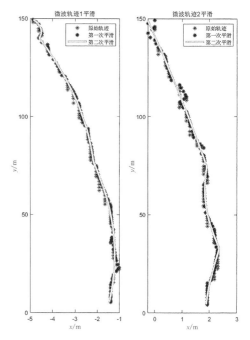

图 7 雷达轨迹平滑去噪效果图

3 多场景融合模型

3.1 多场景构建

本研究根据不同检测器在不同环境与检测范围内的检测能力特点,选取以下几个具有代表性的场景参数构建不同的检测场景。

表 2 场景参数的含义

场景参数	物理意义
图像检测的目标大小	表征视频检测的近端和远端
车辆位置距离	表征雷达检测的近端和远端
车道占有率	表征交通流的状态,即自由流、拥挤流
视频的色彩亮度、饱和度	表征白天或黑夜,以及天气状况

上述场景参数划分了以下 12 类典型特征场景:(白天、黑夜)×(检测区域的前端、中段、远端)×(自由流、拥挤流),针对不同的特征场景,选用不同的融合权重,对不同的检测器加权融合。

3.2 不同场景下权重的确定

针对各类典型场景,随机抽取足量(至少大于 50)的车辆样本,手工标定其车辆前端中点轨迹数据作为真值。设定初始权重为 0,以 0.01 为步长迭代遍历可行域,计算在给定权重下融合结果和真值的误差,以使该场景下总误差和最小的权值作为最终权重。融合后坐标的计算公式如下:

$$\begin{aligned} x_{\text{fusion}} &= \alpha x_{\text{video}} + (1-\alpha) x_{\text{radar}} \\ y_{\text{fusion}} &= \beta y_{\text{video}} + (1-\beta) y_{\text{radar}} \end{aligned} \quad (5)$$

3.3 测试场景确定的权重

本研究针对白天自由流下前端、中段、远端的融合权重进行确定。雷达的检测范围较大,可以扫描至远端150 m处,但由于雷达设备需要安装在固定高度,且未计算安装高度对坐标的影响,因此在近处的检测结果不准确;视频检测器的检测范围较雷达缩短了50 m,只能检测到远端100 m处,但是视频检测器在近处并不会受到高度的影响,因此在近端视频可信度较高。

通过迭代计算,可以发现权重的计算结果与上述分析相符,得到最终权重如下:

$$
\begin{aligned}
&y_{\text{video}} < 450, x_{\text{fusion}} = x_{\text{radar}}, y_{\text{fusion}} = y_{\text{radar}}; \\
&450 \leqslant y_{\text{video}} \leqslant 625, x_{\text{fusion}} = x_{\text{video}}, y_{\text{fusion}} = y_{\text{video}}; \\
&625 < y_{\text{video}} \leqslant 1\,080, x_{\text{fusion}} = 0.8x_{\text{video}} + 0.2x_{\text{radar}}, y_{\text{fusion}} = y_{\text{video}}。
\end{aligned}
\quad (6)
$$

3.4 融合模型结果

应用该测试场景下的融合权重,将视频检测与雷达检测的轨迹进行融合,将不同检测器的检测结果在视频中进行可视化,并绘制车辆轨迹可视化 x-t 图。

图8 融合后的车辆检测效果示意图

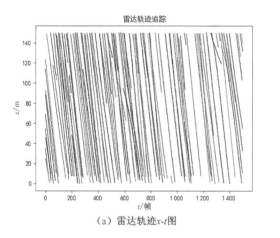
(a) 雷达轨迹x-t图

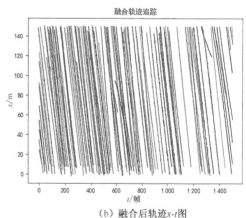
(b) 融合后轨迹x-t图

图9 融合模型检测效果及 x-t 图

由图9轨迹可视化结果可以看出,通过多传感器的轨迹融合,将部分雷达轨迹中的断轨迹或偏差较大的轨迹,由近端检测结果较准的视频轨迹进行补充,使得大多数车辆轨迹连续且平滑,实现了数据间的相互校核与信息补充,提高了轨迹检测的精度与可靠性。

3.5 融合效果评价

为评价多场景融合模型的融合效果,本研究提出平均误差和正检率两个评价指标。

平均误差:一段轨迹中所有位置坐标与真值的误差平均值,分为横向平均误差和纵向平均误差,横向指垂直车道线方向,纵向指沿车道线方向。平均误差表示检测轨迹与真值的平均偏离程度。

正检率:当车辆的位置坐标与真值之差在阈值范围内时,认为该点被正检,一条轨迹的正检率等于该轨迹上被正检的点的个数除以这条轨迹上的点的总数。通常情况下，取平均误差的80%作为阈值。正检率表示检测的精度。

通过计算可以得出，视频检测器纵向平均误差为1.751 m，横向平均误差为0.056 m（仅计算了视频检测器可以检测到范围，即0～100 m）；雷达检测器的纵向平均误差为4.845 m，横向平均误差为0.372 m；融合结果的纵向平均误差为2.635 m，横向平均误差为0.024 m。

对测试场景下人工标注的50条轨迹计算正检率，结果如表3所示：

表3 融合模型评价效果表

	纵向平均误差	横向平均误差	正检率
视频检测结果	1.751 m（在100 m～150 m无检测数据）	0.056 m（在100 m～150 m无检测数据）	72.63%
雷达检测结果	4.845 m	0.372 m	77.11%
融合结果	2.635 m	0.024 m	92.89%

根据平均误差和正检率两个评价指标可以看出，数据融合大大提高了车辆轨迹的精度。将正检率由不足80%提升到90%以上，将平均误差降低了近30%。

4　结语

本研究通过监控摄像头与广域雷达微波检测器采集了双龙大道快速路自由流下的车辆运行数据，针对视频数据应用YOLOv4目标检测算法与fDSST多目标追踪算法完成车辆目标识别与轨迹提取，为弥补广域雷达对车辆追踪效果的缺陷，重新设计了基于车辆坐标变化的追踪算法完成车辆轨迹提取。针对视频图像检测与广域雷达检测的数据坐标特点，提出了在时间维度与空间维度的数据关联与对齐方法。较好地实现了不同坐标系的相互转换，完成了不同检测数据中车辆的关联。根据两种检测器的抗环境干扰能力与检测范围能力，构建了多场景的融合模型，在不同场景下应用不同的置信权重融合车辆轨迹，将正检率由不足80%提升到90%以上，将平均误差降低了近30%，大大提高了车辆检测与轨迹结果的精度。

本研究提出的时空对齐标定方法对视频检测与广域雷达视角具有较好的转换效果，为多源检测器的时空对齐提供了思路。对于融合模型的场景构建还需根据检测器的特性进行修改，对自适应融合模型的置信权重重新标定，提高模型对其他检测器的适用性。

参考文献

[1] 庄广新.基于多源检测器的交通流数据融合方法研究[D].北京：北京交通大学，2017.
[2] 徐涛，杨晓光，徐爱功，等.面向城市道路交通状态估计的数据融合研究[J].计算机工程与应用，2011，47(7)：218-221.
[3] Bochkovskiy A, Wang C, Liao H. YOLOv4: optimal speed and accuracy of object detection [EB/OL]. [2021-05-11]. https://arxiv.org/abs/2004.10934V1.
[4] 李轶锟，吴庆宪，丁晟辉，等.基于TLD和fDSST的长时间目标跟踪算法[J].电光与控制，2019，26(04)：44-48，70.
[5] 倪百力.广域雷达信息采集系统应用[J].中国交通信息化，2018(12)：121-124.
[6] Li Z, Chen X, Ling L, et al. Accurate traffic parameter extraction from aerial videos with multi-dimensional camera movements[R]. 2019.

基于支持向量机实现交通拥堵分类的研究

李 涛　朱 荀　杜辅翼

摘　要：随着经济和社会的快速发展，交通运输也在高速发展，城市交通的拥堵问题日益严重，这不仅增加了人们的出行时间，提高了出行成本，还造成较大的经济损失，解决这个问题的主要方法有拓宽道路、减少出行、交通诱导等，有效的交通诱导离不开交通状态的准确判断。在目前复杂的交通运输环境下，现有交通运输状态分类与评估方法复杂、计算量大，传统的通过图像处理方法获取交通参数的方法需要针对每条路段进行单独的建模及模型更新，而通过视频或图像提取交通参数及特征参数的方法比起传统的方法获取参数更简单方便，且容易维护。本文提出一种通过提取特征参数，使用支持向量机对交通畅通或拥堵进行分类的方法，并且可以将不同路段的数据进行结合与分类，有效提高了交通运输状态分类与评估的效率，仿真实验验证了所提方法的有效性。

关键词：灰度共生直方图；局部二值模式；梯度直方图；支持向量机

Abstract：Transportation is developing at a high speed with the rapid development of economy and society. The problem of urban traffic congestion is serious. It not only increases people's travel time and cost, but also causes great economic loss. The main ways to solve this problem are road widening, travel reducing and traffic guidance. Traffic guidance can improve traffic situation, and traffic situation judgment helps traffic guidance. Now we can get the traffic parameters or feature parameters through image processing or feature extraction. The method of image processing needs to model and update each road separately, which requires a large amount of calculation. The method of directly extracting feature parameters for machine learning can quickly and effectively judge after the model learning. The computer can understand the image through the training and learning of these feature parameters, and can effectively recognize and classify the image after training and learning. This paper proposes a method to classify unblocked traffic or congestion by extracting feature parameters and using support vector machines. And the data of different road sections can be combined and classified, which effectively improves the efficiency of classification and evaluation of transportation status. Simulation experiments vecify the effectiveness of the proposed method.

Keywords：gray level co-occurrence histogram; local binary pattern; histogram of oriented gradient; support vector machine

1　研究背景及历史方法

随着经济和社会的快速发展，交通运输也在高速发展，城市交通的拥堵问题日益严重，这不仅增加了人们的出行时间，提高了出行成本，还造成较大的经济损失，解决这个问题的主要方法有拓宽道路、减少出行、交通诱导等。道路拓宽成本大、周期长，且随着经济发展，道路的建设速度跟不上车辆增多速度，减少出行对于社会经济发展有不利影响，不能有效解决问题。有效的交通诱导可以大大改善交通状况，充分合理利用道路资源，缓解交通拥堵状况，而交通状态的实时判断与预报又可以帮助改善路径选择，起到分流作用，改善出行情况，缓解交通压力，有助于管理单位做好管控[1]。改善交通拥堵状况需要有效的交通诱导，而有效的交通诱导离不开交通状态的准确判断。在过去主要通过一些物理方式获取交通参数，如通过地感线圈来获取车速与车流量[2]。现在可以通过图像处理来获取交通参数，或者在不获取交通参数的情况下，直接从图像中提取一些特征参数通过机器学习等方式来判断交通状态[3]。

通过图像处理来获取交通参数的方法有：通过道路背景建模[4]获取无车时道路的模型[5]并更新，进

作者简介：李　涛，江苏金晓电子信息股份有限公司，博士研究生/正高级工程师，研究方向为智能交通、机器学习、车路协同。
　　　　　朱　荀，2018级电子科学与工程学院电子与通信工程硕士研究生，研究方向为智能交通、数字加密。
　　　　　杜辅翼，2019级电子科学与工程学院电子与通信工程硕士研究生，研究方向为图像传输与视频加密。

行交通参数提取[6]；通过帧间差分法[7]，或者在背景建模的基础上通过帧间差分法提取车辆速度[8]；通过卡尔曼滤波估计[9]等算法进行车辆跟踪[10]，并实现交通参数的提取。

提取交通参数或特征参数后判断交通状态的方法有：通过车速、车流量、占有率来对畅通或拥堵通过模糊聚类的方法找出聚类中心，从而判断交通状态[11-12]；通过车速、车流量、占路比用 BP 神经网络对交通状态进行判断[13]；通过支持向量机学习，并通过遗传算法对模型参数进行优化来判断交通状态；通过灰度共生图提取特征参数并判断交通状态。

通过视频或图像提取交通参数及特征参数的方法比起传统的方法获取参数更简单方便，且容易维护。通过图像处理方法获取交通参数的方法需要针对每条路段进行单独的建模及模型更新，计算量大，直接提取特征参数进行机器学习的方法在模型学习好以后便可以快速有效地进行判断。本文提出一种通过提取特征参数，使用支持向量机对交通畅通或拥堵进行分类的方法，并且可以将不同路段的数据进行结合与分类。

2 使用方法

图像对于计算机只是数字，需要从数字中提取有用的数据即特征。图像的特征有些是可以直接获取的简单的自然特征，有些需要通过变换处理得到。将图像的多个特征合为一个特征向量来描述该图像，一个 n 维的特征向量就是一个位于 n 维空间中的点，计算机通过特征向量识别、分类图像就是找到这个 n 维空间的一种划分。在本文中通过使用直方图、灰度共生直方图、LBP(Local Binary Pattern，局部二值模式)直方图、HOG(Histogram of Oriented Gradient，方向梯度直方图)方法进行特征提取，获得特征向量，并通过 SVM(Support Vector Machine，支持向量机)对道路的畅通或拥堵进行分类。

2.1 灰度共生直方图

灰度共生直方图是对图像中确定方向及距离的两个像素对的灰度值对的统计。假设像素对的空间关系为第二个像素 x 坐标相对于第一个像素的 x 坐标加 1，y 坐标不变，则图 1 的灰度直方图为图 2。设图像像素数有 n 个，最大灰度级为 L，i，j 分别为灰度级，(i,j)灰度级对出现次数为 $n_{i,j}$，出现概率为 $P_{i,j}$，统计出灰度共生矩阵后就可以提取出能量(角二阶矩)、熵、对比度、反差分矩阵等特征值，分别设为 ASM(Angular Second Moment)、E、C、IDM(Inverse Differential Moment)，可通过式(1)至式(4)计算这四个特征值：

0	1	3	0	1	2
1	2	1	0	2	3
0	0	2	1	1	1
1	3	0	1	3	2
2	2	1	3	0	3
3	0	3	1	2	2

图 1 图像矩阵

	0	1	2	3
0	1	3	2	2
1	1	2	3	4
2	0	3	2	1
3	4	1	1	0

图 2 灰度共生矩阵

$$ASM = \sum_{i=0}^{L-1}\sum_{j=0}^{L-1} P_{i,j}^2 \tag{1}$$

$$E = -\sum_{i=0}^{L-1}\sum_{j=0}^{L-1} P_{i,j}\log_2 P_{i,j} \tag{2}$$

$$C = \sum_{i=0}^{L-1}\sum_{j=0}^{L-1} (i-j)^2 P_{i,j} \tag{3}$$

$$IDM = \sum_{i=0}^{L-1}\sum_{j=0}^{L-1} \frac{P_{i,j}}{1+(i-j)^2} \tag{4}$$

2.2 LBP 直方图

LBP 算子一开始的定义如图 3 所示：在 3×3 的邻域内，以中心像素灰度值为阈值，相邻的 8 个像素灰度值与阈值进行比较，若大于阈值则标记为 1，否则为 0。这样 8 个点经比较可产生 8 位二进制数，将其转换为十进制数即 LBP 码，共 256 种，即为邻域内中心像素点的 LBP 值。

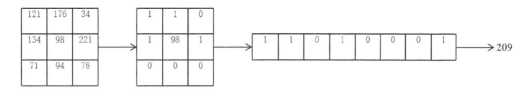

图 3　LBP 码

2.3 HOG

方向梯度直方图计算图像每个像素的梯度包括大小和方向，按照梯度方向对梯度进行分类，按照梯度大小对梯度方向对应的统计值进行统计。设坐标为 (x,y) 的点的灰度值为 $I_{x,y}$，横、纵两个方向的梯度值分别可通过式(5)计算出结果：

$$G_{x,y}^x = I(x+1,y) - I(x-1,y), G_{x,y}^y = I(x,y+1) - I(x,y-1) \tag{5}$$

则通过式(6)可以计算出 (x,y) 点的梯度大小及角度：

$$G_{x,y} = \sqrt{{G_{x,y}^x}^2 + {G_{x,y}^y}^2}, \alpha_{x,y} = \arctan \frac{G_{x,y}^y}{G_{x,y}^x} \tag{6}$$

然后按方向将 360 度分为几个方向块进行统计，若分为 8 个方向块，即可获得 8 维的特征向量，如图 4 所示。

对于每个落在第 i 个方向块 z_i 内的像素点，在第 i 维向量上加上其梯度的大小，这样遍历全图即可得到该图像的方向梯度直方图。

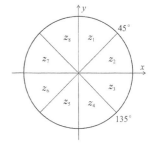

图 4　梯度方向块

2.4 SVM

支持向量机在高维或无限维空间中构造超平面或超平面集合，用于分类、回归或其他任务。分类边界距离最近的训练数据点越远越好，这样可以缩小分类器的泛化误差。有限维空间中的集合往往线性不可分，为此选择适合的核函数来将原有限维空间映射到高维数空间中，通常选用只有一个核参数的高斯核函数，在该空间中进行分离可能会更容易。最大间隔超平面完全是由最靠近它的那些点确定的，这些点叫做支持向量。[14] 对于线性可分的情况如图 5 所示，对于线性不可分的情况则需要通过核函数映射到高维空间进行分离，如图 6 所示。

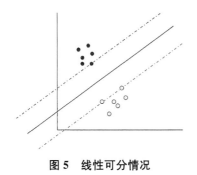

图 5　线性可分情况

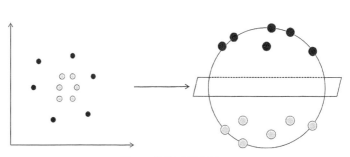

图 6　线性不可分情况

3 实验分析及对比

3.1 实验方法

在选取特征提取时,要求选取的特征不仅要对图像有很好的描述,还要对不同类图像有很好的区分度,所以要选取类内差异较小,类外差异较大的特征。同时特征提取的代价不宜过大,要对可能的噪声敏感度低,要考虑对于几何变形等因素的影响,本实验选取灰度共生直方图、LBP 直方图、HOG 三种特征。

灰度共生直方图是图像的二阶统计特征,是对图像中确定方向及距离的两个像素对的灰度值对的统计。能量是角二阶矩,可以反映图像灰度分布的均匀程度和纹理粗细,熵表现图像复杂程度,对比度表现图像纹理的清晰度和深浅,反差分矩阵又称逆方差,表现图像纹理的清晰程度和规则程度,本实验中主要选取四个方向的灰度共生矩阵的这四个特征值。灰度共生矩阵有 L^2 个元素,对于一般的 256 灰度图,有一个 2^{16} 个元素,使计算量过大,所以使用时先减少图像灰度级数再计算灰度共生矩阵[15]。

对 LBP 码改进使其更加有效。因为 LBP 码反映的是局部的信息,对噪声比较敏感,为了加强对整体信息的把握同时降低对噪声的敏感度,将一个 3×3 邻域作为一个新的像素点,其灰度值为该邻域内灰度值均值。为了提高统计性,通过"等价模式"降维,"等价模式"定义为:当某个 LBP 所对应的二进制数从 0 到 1 或从 1 到 0 最多有两次跳变时,该 LBP 属于等价模式类。等价模式类以外的则为另一类,称为混合模式类。改进后特征维数由 256 种减少为 59 种[16]。

HOG 特征在计算机视觉和图像处理中可用来进行物体检测,特征提取的方法是计算和统计图像的梯度方向直方图。先将图像转为灰度图,将整个图像进行压缩处理以调节图像的对比度,降低图像局部的阴影和光照变化的影响,抑制噪声干扰。方向梯度直方图是在局部方格上的操作,对会出现在大的空间域上的几何和光学形变有较好的不变性[17]。

通过直方图、灰度共生直方图、LBP 直方图以及 HOG 提取出特征向量后,将这些特征向量合成一个多维的特征向量,再利用 SVM 对道路的畅通或拥堵进行识别。

3.2 实验数据

图 7 与图 8 为视频截图,图 9 与图 10 为截取多余部分后的道路图像:

图 7　畅通截图　　　　图 8　拥堵截图　　　　图 9　处理后畅通截图　　　图 10　处理后拥堵截图

本实验共收集了四条路段的畅通与拥堵的数据,另外还收集了一条路段的畅通数据和一条路段的拥堵数据,每类数据的数据量相近,畅通的数据共 19 946 条,拥堵的数据共 20 119 条。

3.3 实验结果及对比

本实验通过直方图、灰度共生直方图、LBP 直方图以及 HOG 提取出 102 维特征向量后,将这些特征向量通过 SVM 训练来对道路的畅通或拥堵进行分类,该方法对比只通过灰度共生图利用单个参数进行分类其效果有明显提升,只使用灰度共生图单个参数的方法是通过四个方向的灰度共生图提取出能量和熵共八个参数,再将其数量级调整相近后,取其平均数来描述图像的拥堵或畅通程度,称这个参数为拥堵系数,利用该系数来判断是否拥堵。[18] 利用本实验的数据来复现该方法,对每条路段分别统计出畅通和拥堵的每张图像的拥堵系数,分别统计出畅通和拥堵时的拥堵系数的分布,以横坐标为拥堵系数,纵坐标为对于拥堵系数的统计作图,可得到五条路段统计图,其中深色曲线代表畅通路段的统计结果,浅色曲线代表拥堵路段统计结果,如图 11(a)、图 11(b)、图 11(c)、图 11(d)、图 11(e)所示:

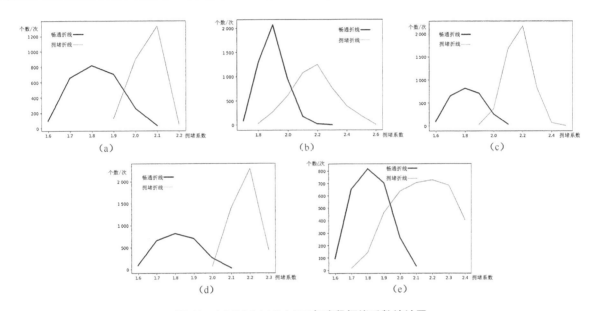

图 11 (a)(b)(c)(d)(e)五条路段拥堵系数统计图

如图 11 所示,以两条折线的交点为阈值,在左侧的视为畅通,在右侧的视为拥堵,经统计,五条路段的准确率结果分别为:4 545/4 965 = 91.54%,8 049/9 166 = 87.81%,9 798/10 120 = 96.82%,8 356/8 456 = 98.82%,6 443/7 358 = 87.56%。

本实验方法通过结合这 3 种特征提升准确率,这 3 中特征有 7 种组合,单独使用一种特征,两种特征组合以及三种特征一起使用的十折验证的结果如表 1 所示:

表 1 不同特征组合的十折验证结果

特征	准确率/%	标准差/%
灰度共生直方图	97.48	5.31
LBP 直方图	98.24	3.14
HOG	84.04	11.19
灰度共生直方图+LBP 直方图	98.36	4.33
灰度共生直方图+HOG	98.78	2.24
LBP 直方图+HOG	96.30	7.57
三种特征	100.00	0.00

对五条路段数据分别通过 SVM 训练后十折验证准确率可达到 100%,全部数据放在一起,通过十折验证及网格搜索确定参数后,本实验选取 $C = 50, gamma = 0.1$,也可达到 100% 的准确率。

4 结论

可以看出只使用灰度共生图单个参数的方法在不同路段的准确率差异很大,且不同路段之间不能进行分类。单独使用一种特征时 HOG 特征的分类效果不如灰度共生直方图和 LBP 直方图,但将其与两种方法结合后均有提升,将三种方法结合在一起后,准确率达到 100%。本实验方法在不同路段均能准确识别,且可以将不同路段的数据放在一起进行分类,通过增加不同的特征提取方法,有效地将准确率进行了提升,且模型泛化能力较优秀。

参考文献

[1] 林仲扬.利用地感线圈测速时遇到的问题及解决方案[J].中国计量,2012(06):88-89.

[2] 杜长海.计算智能及其在城市交通诱导系统中的应用研究[D].重庆:重庆大学,2009.

[3] 廖律超,蒋新华,邹复民,等.基于交通视频的交通拥堵状态自动识别方法[J].公路交通科技,2014,31(01):110-117.

[4] Qi Y J, Wang Y J. Human memory inspired gaussian mixture background modeling for dynamic scenes with sudden partial changes[J]. International Journal of Digital Content Technology and its Applications, 2013, 7(1): 74-84.

[5] 向宸薇,王拓,于舰.应用色彩空间聚类方法实现道路建模[J].中国图象图形学报,2013,18(08):976-981.

[6] 王林,和萌.基于改进混合高斯模型与阴影去除的目标检测[J].计算机测量与控制,2019,27(07):50-53,58.

[7] Ramya P, Rajeswari R. A modified frame difference method using correlation coefficient for background subtraction[J]. Procedia Computer Science, 2016, 93: 478-485.

[8] Shu X H, Long Y H, Xiao X Y, et al. Detection and Tracking of Vehicles Based on Colour Probability Density[J]. International Journal of Vehicle Structures & Systems, 2019, 11(1): 7-10.

[9] 梅朵,鄂旭,高丽娜.基于 MR/K-means 算法的路网交通状态判别方法[J/OL].重庆交通大学学报(自然科学版):1-7[2019-10-31]. http://kns.cnki.net/kcms/detail/50.1190.U.20180713.1316.004.html.

[10] 于德鑫,曹晓杰,杨敏,等.基于 Kalman 滤波与样本加权的压缩感知跟踪算法[J/OL].智能计算机与应用,2019(05):1-5[2019-10-18]. http://kns.cnki.net/kcms/detail/23.1573.TN.20191015.2122.010.html.

[11] Ha D M, Lee J M, Kim Y D. Neural-edge-based vehicle detection and traffic parameter extraction[J]. Image and Vision Computing, 2004, 22(11): 899-907.

[12] 陈钊正,吴聪.多变量聚类分析的高速公路交通流状态实时评估[J].交通运输系统工程与信息,2018,18(03):225-233.

[13] 张现伟.大数据环境下交通状态判别算法的研究与应用[D].青岛:青岛科技大学,2018.

[14] 奉国和.SVM 分类核函数及参数选择比较[J].计算机工程与应用,2011,47(03):123-124,128.

[15] 吴庆涛,曹再辉,施进发.基于改进颜色直方图和灰度共生矩阵的图像检索[J].图学学报,2017,38(04):543-548.

[16] Naiel M A, Ahmad M O, Swamy M N S. A vehicle detection scheme based on two-dimensional HOG features in the DFT and DCT domains[J]. Multidimensional Systems and Signal Process-

ing,2019,30(4):1697-1729.
[17] Tong S G, Huang Y Y, Tong Z M. A Robust Face Recognition Method Combining LBP with Multi-mirror Symmetry for Images with Various Face Interferences[J]. International Journal of Automation and Computing,2019,16(5):671-682.
[18] 付熊.基于机器视觉的交通拥堵及运动目标检测[D].广州:华南理工大学,2016.

基于改进遗传算法的CMS选址研究

李 琪　李 涛　杜辅翼

摘　要：随着社会经济的发展，交通拥堵问题越来越严重，先进有效的交通诱导系统得到重视，可变信息标志(Changeable Message Sign, CMS)是交通诱导系统的重要组成部分。目前，我国许多大城市的主干路网中都安装了可变信息标志系统，对于缓解交通拥堵问题起到了一定的作用，但是对于可变信息标志安装位置的选择大多依靠交通管理者经验判断，对于安装位置的科学合理性没有更多的理论依据作为支持。因此，如何选择科学合理的安装位置，使其更加充分地发挥诱导作用是目前需要解决的问题。本文对其中较为常用的基于改进遗传算法的选址方法进行了分析，主要从选址目标、影响因素以及效用最大化几个角度进行论述。

关键词：CMS；选址目标；影响因素；修正因子

Abstract: With the development of society and economy, the problem of traffic congestion is getting more and more serious, and advanced and effective traffic guidance systems have been paid attention to. Changeable Message Sign(CMS) is an important part of the traffic guidance system. At present, CMS systems have been installed in the backbone road networks of many major cities in China, which have played a certain role in alleviating traffic congestion. However, the choice of the installation location of CMS mostly depends on the experience of traffic managers. There is no more theoretical basis to support the scientific rationality of the installation location. Therefore, how to choose a scientific and reasonable installation location to make it more fully inductive is a problem that needs to be solved at present. This paper analyzes the more commonly used site selection methods based on improved genetic algorithms, mainly from the perspectives of site selection objectives, influencing factors and utility maximization.

Keywords: CMS; site selection target; influencing factor; correction factor

1　引言

1.1　研究背景

当今社会，交通拥挤和交通事故随处可见，由于土地资源及空间资源有限，故仅依靠扩建道路及增加交通设施来解决目前面临的交通问题的方式不是长远之计；同时又因为随着交通需求的不断增长以及交通系统的日益复杂，使得仅仅从车辆或道路单方面考虑同样很难有效地解决交通拥堵问题。因此合理优化资源配置，已经成为解决交通出行问题的一个重要的手段。新型的交通诱导系统是智能交通系统的重要组成部分，而CMS就是交通诱导系统的重要组成部分之一，它能够向驾驶人员提供实时路况信息（如拥堵信息、事故信息、行程时间以及天气信息等）[1]，从而达到优化路网车流量时空分布、提高通行效率的目的。

目前，CMS已经被广泛应用于国内外的高速公路和城市快速路，对于缓解交通拥堵、提高路网通行效率起到了不容忽视的作用。但是，这些CMS的布设位置大多依靠当地管理部门的经验和主观判断，无论是CMS的数量，还是CMS的布设位置，都缺乏系统、科学、合理的论证，因此，提出一种系统、科学的CMS选址方法，明晰CMS数量和选址位置对交通流量的诱导效果、对提高整个城市交通诱导系统的效

作者简介：李　琪，2020级电子科学与工程学院电子与通信工程硕士研究生，研究方向为视频信号处理和格式化分析。
　　　　　李　涛，江苏金晓电子信息股份有限公司，博士研究生/正高级工程师，研究方向为智能交通、机器学习、车路协同。
　　　　　杜辅翼，2019级电子科学与工程学院电子与通信工程硕士研究生，研究方向为图像传输与视频加密。

率至关重要。

1.2 国内外研究现状

随着城市交通拥堵问题的日益严重,越来越多的学者关注城市路网的 CMS 选址问题方面的研究。目前国内外关于 CMS 的研究主要集中在发布信息、控制系统、对驾驶者决策的影响以及布设选址等方面,其中 CMS 布设选址起步最晚。Abbas 最先研究 CMS 地址优化问题[2],他提出当驾驶员收到 CMS 提供的交通信息并作出反应,使交通量转移至绕行路线从而使得车辆延迟达到最小化;Gan 等[3]针对交通事故多发点采用双层规划并考虑到驾驶员接收到 CMS 信息后作出的反应,使 CMS 的效益达到最大;倪富健等[4]针对整数规划模型的复杂性,采用遗传算法进行 CMS 选址方法分析;四兵锋等人提出了一种将交通的动静态特征考虑在内的算法,运用回溯法的基本思想,针对交通诱导的道路等级、交通流、布设效果以及信息叠加度这四个基本特征,对路段进行不同层次的筛选。

2 CMS 选址分析

CMS 在诱导过程当中,大致分为三类问题,即重现性问题、非重现性问题和车辆特殊运行问题[5]。重现性问题常出现在每日交通拥堵的高峰时段,交通拥堵程度与持续时间基本上是可预期的。这种情况可通过提供道路使用者所需信息,以引导车流避开拥堵,是目前先进交通技术发展重要的一环。非重现问题通常在不可预期情况下发生,如交通事故、短暂车道封闭、道路维修施工等。这类非重现性交通问题,可能造成某种程度的交通拥堵和产生具有潜在危险的驾驶环境。车辆特殊运行问题包括调拨车道、同向专用道、逆向专用道、桥梁、隧道、收费站与车辆过磅等管制事项,常需配合特定的动态信息显示,以禁止或告知驾驶遵从事项。

CMS 设置的主要目的就是向出行者提供实时的交通信息,它通过诱导车辆改变行驶路线以及适当减速等措施来促使高速公路上车辆的有效、平稳运行,从而达到交通需求科学管理、交通资源合理分配、交通系统安全高效运行的目标[6]。

2.1 选址目标

CMS 总体选址目标分为以下几点:

(1) 系统性:突出系统总体性,设计遵循系统的思想,利用系统现有基础力求将系统的功能发挥到最大。

(2) 先进性:CMS 的设计要先进合理,采用符合发展趋势、比较成熟的技术,在布设时也要选用先进的技术,并且使用的材料设备最好具有通用可靠性。

(3) 实用性:在满足交通管理使用要求的前提下,尽量降低工程成本,选择性价比高的技术方案和产品。

2.2 影响因素分析

在城市区域交通诱导中,影响 CMS 布点的因素主要分为以下 5 个方面,分别是交通流量、道路等级、可替代路径、信息衰减程度以及 CMS 建设成本[7]。

2.2.1 交通流量

交通流量是指单位时间内通过道路某一个节点或某一车道的交通实体数,交通流量的大小可以反映道路交通的拥挤情况并且可以反映 CMS 发布的诱导信息受众的多少。从以往的历史经验可以看出,在出现交通拥堵的时候,通过 CMS 发布消息,诱导车辆进行路径选择,可以取得很好的效果,但是当道路交通比较顺畅的时候,路网中的 CMS 发挥的作用并不是很明显。因此,我们在布设 CMS 的时候,需要考虑到道路交通流量的大小,对于容易出现拥堵的区域,要着重分析 CMS 的布设问题。而对于偶发性交通拥堵,其是随机出现的,没有固定的地点,它出现在随机的交通瓶颈处[8]。它与我们前面提到过的非重现性交通拥堵无法预测,因此本文不考虑偶发性交通拥堵对于 CMS 布设的影响。

2.2.2 道路等级

道路的等级越高,在城市交通路网中的作用就越大。与此同时,在等级较高的路段上布设 CMS 的时候,发挥的效用就越大,因此道路等级的确定对于布设 CMS 十分重要。但是因为道路的等级仅仅是一个定性的划分,在具体进行建模分析的时候,需要将道路等级量化[9]。

2.2.3 可替代路径

可替代路径是信息发布后引导驾驶人选择合适的路径以分散主路交通压力的前提,而道路等级决定了可替代路径所能服务的不同交通流量的大小。在不同的地点发布相同的消息,对于驾驶员来说可能会有不同的选择。当驾驶员看到前方的路况信息时,如果距离事件发生的地点比较远,那么驾驶员就有可能更换路线,选择其他的可替代线路[10];但是当驾驶员看到信息后,由于距离事件发生地点比较近,此时已经来不及更换路径或者没有其他的路径可以替代,此时他就只能进入事件区域,加重道路的拥堵;或者驾驶员看到诱导信息后可以绕行,但是其考虑到绕行时间太长,则不一定会绕行,这也是比较重要的一个影响因素。因此可替换路径的数量也是影响 CMS 布设的因素之一。要将 CMS 尽可能布设在可替代路径较多并且至少有一条替代路径其绕行时间在大多数驾驶员能够接受的范围。

2.2.4 信息衰减程度

CMS 的信息衰减程度指的是在驾驶人从看到诱导信息的地点行驶到信息发生的地点这一时间段内,CMS 发布的诱导信息准确性的衰减程度。布设在某一路段上的 CMS 显示的诱导信息为其下游路段的交通状况[11],驾驶人看到诱导信息时距离信息发生地越远,信息的影响程度越弱,甚至在驾驶人到达信息发生地时可能信息已发生变化,表明 CMS 发布的诱导信息具有一定的信息衰减程度,这对 CMS 的选址也具有重要影响。

2.2.5 CMS 建设成本

CMS 的建设成本即为安装及后期的运营、维护阶段需要花费的成本。CMS 的有效性取决于其在路网中的安装位置及安装的数量。从理论上来讲,整个路网都使用 CMS 时其带来的效益最大,但由于安装和运营需要花费一定的成本,因此这是不切合实际的。此外,以往的研究表明,由于驾驶人对实时信息的行为反应,过度使用 CMS 会使其带来的效益减小,甚至会产生反作用[12]。

3 基于改进遗传算法的选址模型

3.1 模型建立

CMS 选址原则是在最低成本条件下达到最大的诱导效果。已知 CMS 位于不同的位置,产生的效益影响也存在一定的差别。距离太远的地方,CMS 的影响可能会减弱,效益不明显;距离较近的地方,CMS 产生的效益会比较明显,信息比较可靠和实用[13]。因此,需要采用相应的指标评价这种影响程度,一般情况下采用影响程度作为路段 a 中的 CMS 对于路径 r 上的驾驶员产生的影响。假设路段 a 属于路径 r(路径定义为两地之间的最短距离且交通流量相对较少),在路段 a 上布设 CMS,假设路段 a 上只布设一个设备,则该设备对路径 r 上驾驶者的影响程度 β_{ra} 可以由式(1)表示。

$$\beta_{ra} = \sum_{m \in S_m} q_a \tag{1}$$

式中:q_a——路段 a 上一段时间内发生事故的概率,$0 \leqslant q_a \leqslant 1$;

S_m——路段 a 上 CMS 的有效影响路段的集合。

则路段 a 上布设的 CMS 在路径 r 上的效益 f 为

$$f = f_{ra} \times \beta_{ra} \tag{2}$$

其中：f_{ra}——有效路径 r 上的交通流量。

CMS 布设的目的是为了给驾驶员提供有效的交通信息，但是显然不同位置的 CMS 发布的诱导信息所产生的影响是不一样的，驾驶员作为接收信息的一方，其所获取的信息有效程度自然会随着其与发送信息的 CMS 距离的变化而相应地产生不同程度的衰减，故在此我们引入一个衰减因子作为评价其信息有效性的标准，记为 $e_{a,k}^r$，其表示的是路径 r 上、路段 k 上的交通信息在路段 a 上 CMS 显示的衰减因子，衰减因子一般与车辆从 CMS 布设点到信息发生路段的距离有一定关系；当路段长度相差不大时也可用 b^n 来衡量，b 为一个属于 $(0,1)$ 区间的常数，n 为信息发生路段与 CMS 布设路段相隔的路段数[14]。

另外，前面我们也提到过不同等级的道路对驾驶人的诱导效果也不同，将驾驶人受 CMS 发布的信息诱导作出相应决策改变的概率定义为诱导比率，那么我们也知道道路等级的变化相应地也会对诱导比率有加权作用[15]，假设在主干道拥堵情况下驾驶员受 CMS 诱导信息影响而改变路径的分流率为 p_a，则经过道路等级修正后的诱导因子为 $p_a' = p_a \times b$，其中 b 为不同道路等级的诱导比率修正系数。

值得注意的是，可替代路径的绕行时间也会很大程度地影响驾驶员接受 CMS 诱导信息并作出选择，所以在前面的基础上，再引入一个可替代路径绕行时间影响因子 p_{ra}。至此，路径 r 上所有 CMS 对驾驶员的诱导效用 V 可表示为

$$V = \sum_{a \in r} \left\{ f_{ra} \left[\sum_{a \in r} Z_a \left(\sum_{m \in S_m} q_a \times e_{a,k}^r \right) \right] \times p_a' \times p_{ra} \right\} \tag{3}$$

其中，当路段 a 上布设了 CMS 时，$Z_a = 1$，反之为 0。

由于 CMS 的布设选址不仅要考虑其效果，还要兼顾其布设成本，考虑到工程实际，随着 CMS 布设的增多，由于运营、技术、施工以及维护等不断熟练，单个 CMS 布设的成本 C 是会不断减小的[16]，我们假设当前 CMS 布设的成本为上一个的 R 倍，则总成本 U 可以表示为

$$U = \sum_{j=1}^{m} (C \times R^{j-1}) \tag{4}$$

式中：m——CMS 布设的总数量。

显然，利用最小的成本获得最大的影响效果是布设 CMS 的理想目标，而这二者之间其实是互相矛盾的，因此定义目标函数为 $T = \dfrac{V}{U}$，所以我们的目标就是使得 T 取最大值即可。

3.2 模型求解

遗传算法（Genetic Algorithm）是进化算法的一种，遗传算法最开始是借鉴了一些生物学的现象而发展起来的。例如自然选择、杂交、遗传、变异等现象。

遗传算法能够同时处理群体中的多个个体，即对搜索空间中的多个解进行评估，减少了陷入局部最优解的风险，同时算法本身易于实现并行化。遗传算法从问题解的串集开始搜索，而不是从单个解开始。

传统的遗传算法中最常用的选择方式为轮盘赌选择法，其容易造成适应度值大的个体占据种群，导致后期个体适应度相差不大而停止进化，因此采用一种基于适应度大小排序的选择方法代替轮盘赌选择法[17]。在设计算法时，变异概率的选择十分重要，过小会引起"早熟"现象，过大会改变遗传算法的固有搜索机制导致遗传算法退化为随机搜索算法，因此我们采用动态的变异概率而不是固定的变异概率[18]。

模型求解步骤分为：

（1）编码和产生初始群体；

（2）求解适应度函数，计算个体适应度值；

（3）遗传算法求解：选择、交叉、动态变异；

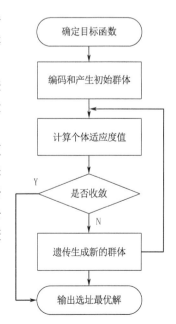

图 3-1 遗传算法求解流程图

（4）达到规定的迭代次数后终止；
（5）输出适应度最大的最优解。

其步骤如图 3-1 所示。

4 总结与展望

CMS 是城市智能交通系统的重要组成部分，研究和发展城市交通诱导的理论和方法对于提升城市交通系统的服务质量，缓解交通拥堵具有十分重要的意义。论文首先对 CMS 国内外的研究背景做了介绍，其次对 CMS 选址进行了分析，主要从选址目标和选址影响因素两个方面进行展开，回顾了一种较为常用的基于遗传算法的模型，并在该算法基础上作了修正，引入了信息衰减因子、道路等级诱导修正因子以及绕行时间影响因子等参数，通过以上参数的引入对遗传模型进行改进。

虽然通过遗传算法可以大致确定 CMS 布设的求解思路，但是我们在分析时发现有一些 CMS 布设的影响因子难以给出具体量化指标，且各个因素之间存在耦合现象，目前还没有论证各个因素之间是否独立。论文中模型建立要更加切合实际，需要具体问题具体分析，如不同路段的道路路网特性、CMS 特性以及驾驶员心理因素等；其次，CMS 发布信息后，如何使驾驶员最大限度地获得有效信息并做出决策也是后续需要考虑的问题。

参考文献

［1］ 张荣辉,马壮林,党永乐,等.基于改进遗传算法的可变信息标志选址优化研究[J].交通信息与安全,2018,36(06):113-122.

［2］ Abbas M, McCoy. Optimizing variable message sign locations on freeways using genetic Alorithms［C］// Transportation Research Boards 78th Annual Meeting, Transportation Research Board, 1999.

［3］ Gan H, He S X, Dong J E. A model for determining optimal variable message sign locations［C］// 2011 International Conference on Business Management and Electronic Information, May 13-15, 2011, Guangzhou, China, 2011: 15-19.

［4］ 倪富健,刘志超.可变交通信息牌的最优分布模型[J].信息与控制,2003,32(5):395-398.

［5］ 马生涛.城市路网拥堵机理及交通诱导研究[D].西安:长安大学,2018.

［6］ 余雷,马生涛,杨杰,等.基于改进遗传算法的 VMS 选址研究与分析[J].计算机应用研究,2019,36(01):91-93,98.

［7］ 吴学新.基于流量分析的高速公路可变信息标志优化选址研究[D].天津:天津大学,2018.

［8］ 江筱薇.VMS 影响下驾驶员路径选择机理及信息发布策略研究[D].南京:东南大学,2017.

［9］ 刘翔宇.基于诱导分区的可变信息板布设方法研究[D].长春:吉林大学,2017.

［10］ Wu Z Z, Liang Y Y. Variable message sign location selection basing on drivers' perception[J]. Transportation Research Procedia, 2017, 25:1745-1754.

［11］ Claudio S, Antonio S, Annunziata E A. Multi-period location of flow intercepting portable facilities of an intelligent transportation system[J]. Socio-Economic Planning Sciences, 2016, 53:4-13.

［12］ Zhong S Q, Zhou L Z, Ma S F, et al. Study on the optimization of VMS location based on drivers' guidance compliance behaviors[J]. Transport, 2014, 29(2):154-164.

［13］ Ji Y J, Tang D N, He B H. Evaluating the effectiveness of variable message signs location scheme in parking guidance system[J]. Procedia-Social and Behavioral Sciences, 2013, 96:2051-2057.

[14] Gu M S, Yan Y S, Hu J, et al. Chemical reaction optimization for VMS location problem[J]. Journal of Convergence Information Technology, 2013, 8(4): 243-250.

[15] 袁舒平, 漆凯, 关积珍. 考虑诱导信息影响的可变信息标志优化选址研究: 以北京南站为例[J]. 交通运输系统工程与信息, 2011, 11(S1): 228-233.

[16] 李小强. 可变信息标志(VMS)选址问题研究[D]. 北京: 北京交通大学, 2008.

[17] 席裕庚, 柴天佑, 恽为民. 遗传算法综述[J]. 控制理论与应用, 1996(06): 697-708.

[18] 马永杰, 云文霞. 遗传算法研究进展[J]. 计算机应用研究, 2012, 29(04): 1201-1206, 1210.

自动驾驶车辆多传感器融合应用综述

周文倩

摘　要：自动驾驶车辆中的传感器主要用于两个方面：测量车辆在道路上的位置的定位测量以及检测车辆周围情况的环境感知。全球导航卫星系统（Global Navigation Satellite System，简称 GNSS）、惯性测量单元（Inertial Measurement Unit，简称 IMU）和车辆气味传感器用于获得车辆自身位置信息。相机、激光雷达和毫米波雷达传感器用于环境感知。自动驾驶车辆需要了解周围环境才能安全地导航。定位测量和环境感知的输出将发送给自动驾驶车辆进行路径规划，使自动驾驶车辆按给出的行动方案行驶。本文对自动驾驶系统中的主要的传感器和传感器融合方法进行了简要概述。本文主要介绍了相机、激光雷达和毫米波雷达的基本信息、发展情况以及其优缺点，根据不同的传感器的特点，进行组合配置，提出了几种传感器融合方法。

关键词：多传感器融合；自动驾驶；环境感知；激光雷达

Abstract: Sensors in autonomous vehicles are mainly used in two aspects: the location measurement to measure the position of the vehicle on the road and the environmental perception to detect the surrounding situations of the vehicle. Global Navigation Satellite System (GNSS), Inertial Measurement Unit (IMU) and vehicle odor sensors are used to obtain vehicle position information. Cameras, lidar and millimeter-wave radar are used for environmental awareness. Autonomous vehicles need to know their surroundings to navigate safely. The outputs of location measurements and environment awareness are sent to the autonomous vehicle for path planning, allowing the vehicle to follow the given course of action. In this paper, the main sensors and sensor fusion methods in automatic driving system are briefly summarized. The basic information, development and advantages and disadvantages of the camera, lidar and millimeter-wave radar are introduced. According to the characteristics of different sensors, several sensor fusion methods are put forward.

Keywords: multi-sensor fusion; automatic drivie; environmental perception; laser radar

1　引言

随着汽车电子化和高级辅助驾驶技术的快速发展，自动驾驶作为辅助驾驶技术的高级应用技术，俨然成为未来解决交通出行的重要方式，其已成为全球范围内的一个新的技术研究热点和重点[1]。无人驾驶汽车，也被称为自动驾驶汽车，许多主要的研究中心、汽车公司和学术机构都在为这一领域做出贡献。

多传感器融合是实现自动驾驶环境感知的必然趋势，它是把车辆上搭载的不同位置、不同种类的多个传感器获取的信息综合在一起，通过计算机技术进行分析，并消除传感器信息间的冗余和矛盾，提高系统的可靠性，获得更快速、正确的信息。多传感器融合可以看作是人的大脑对周围环境的信息处理过程，人的眼、耳等器官相当于是传感器，将感知到的图像、声音等信息传输至大脑，大脑相当于传感器的信息融合中心，并与原有的经验即"数据库"进行综合处理，最终做出快速、准确的判断。多传感器融合，对于硬件和软件都有一定的要求。硬件方面，要求配备不同种类的传感器，才能保证信息获取充分且有冗余；软件方面，核心是算法，算法要足够优化，数据处理速度要够快，且容错性好，才能保证最终决策的准确和速度[2]。目前，多传感器融合的理论方法有贝叶斯准则法[3]、卡尔曼滤波法[4]、D-S证据理论法[5]等。多传感器融合的重点和难点是算法。本文综述了自动驾驶汽车传感器和传感器融合的研究现状。传感器是自动驾驶汽车的关键部件，通过传感器信息的融合和正确解读，进而实现对车辆的控制，是自动驾驶系统优化并完善的重点。

作者简介：周文倩，南京大学，硕士研究生。

通过安装在车上的或者安装在路侧的许多不同传感器来感知世界[6-8]。传感器是收集有关环境的数据的硬件组件[9]。传感器的信息在感知块中进行处理,感知块的组成部分将传感器数据组合成有意义的信息。规划子系统将感知块的输出用于指导行为规划以及短期和长期路径规划。控制模块确保车辆遵循规划子系统提供的路径并向车辆发送控制命令[10-11]。

自动驾驶汽车的首次成功尝试始于二十世纪中叶。1984年,卡内基梅隆大学开发了第一批全自动驾驶汽车[12-13],1987年梅赛德斯-奔驰和慕尼黑大学共同开发了自动驾驶汽车[14]。从那时起,许多公司和研究机构已经开发出了自动驾驶汽车的原型,并致力于开发完全自主的汽车。

在美国国防高级研究计划署(Defense Advanced Research Projects Agency,简称DARPA)的挑战赛中,在2004年和2005年的机器车挑战赛[15-16]和2007年的城市挑战赛[17]中自动驾驶汽车领域取得重大突破。在这些比赛中,机器人可以独立执行复杂的人类驾驶任务。在2007年的DARPA城市挑战赛中,11辆自动驾驶汽车中有6辆成功地在城市环境中通过了终点线,这被认为是机器人领域的里程碑式成就。目前自动驾驶汽车发展所面临的挑战包括场景感知、定位、绘图、车辆控制、轨迹优化和更高层次的规划决策。

2 自动驾驶系统中的传感器

自动驾驶汽车的关键部件是传感器。可以成为自动驾驶车辆一部分的传感器包括相机、激光雷达、雷达、声呐、GNSS、IMU和车轮气味测量[18]。汽车中的传感器用于收集由自动驾驶车辆中的计算机分析的数据,并用于控制车辆的转向、制动和速度。除了汽车传感器之外,云中存储的环境地图信息以及其他汽车上传的数据也用于决策车辆控制[19-21]。本文主要讨论相机、激光雷达和毫米波雷达传感器。

2.1 相机

虽然自动驾驶汽车的感知是通过许多传感器和传感器系统实现的,但相机是最早用于无人驾驶车辆的传感器类型之一。相机是用于高分辨率任务的主要传感器,如对象分类、语义图像分割、场景感知以及需要红绿灯或标志识别等颜色感知的任务[22]。相机目前是汽车制造商的主要选择,他们在新型车辆上安装了数十种不同的相机。相机使自动驾驶车辆能够真正可视化其周围环境。

相机的缺点是对处理数据的计算能力要求较高。最新的高清相机每帧可产生数百万像素,每秒30到60帧,从而形成复杂的图像,这导致需要实时处理数兆字节的数据。除此之外,光线和天气也对相机采集数据有很大影响,在无路灯或者暴雨等情况引起的光线差的情况下,相机检测物体的能力急剧下降,甚至会失去作用,所以就需要其他传感器进行辅助检测。

2.2 激光雷达

激光雷达的工作原理是发射激光或红外光束,并接收光束的反射来测量周围的环境[23]。目前大多数激光雷达使用900 nm波长范围内的光,为了使雨天和雾天的效果更好,有些激光雷达使用更长的波长。

激光雷达输出点云数据,其中包含对象的位置(x、y、z坐标)和强度信息。强度值显示对象的反射率(物体反射的光量)。激光雷达使用光速和飞行时间检测对象的位置。两种主要的激光雷达是机械/旋转激光雷达[24]和固态激光雷达。在机械/旋转激光雷达中,激光在环境中使用由电动机驱动的旋转透镜捕捉车辆自身周围所需的视场。固态激光雷达没有任何旋转透镜来引导激光,相反,它们用电子方式控制激光。固态激光雷达比机械激光雷达更坚固、可靠,而且更便宜,但缺点是与机械激光雷达相比,它们的视场更小、范围更有限。值得注意的是,在激光雷达中产生的激光束是第一类激光或四类激光中强度最低的,因此,它们的操作被认为对人眼无害。

激光是脉冲的,脉冲被物体反射。这些反射返回的点云代表这些物体。激光雷达的激光波束集中程度高,垂直方向扫描层数多,每层激光雷达点密度高,因此具有比雷达高得多的空间分辨率[25]。这种类型的激光雷达不能直接测量物体的速度,必须依赖于两次或多次扫描之间的不同位置。所以激光雷达更容易受到天气状况和传感器污垢的影响[26]。

与相机类似,激光雷达可捕获 2D($x-y$ 方向)空间信息,然而,与相机不同,它的捕捉范围大,以创建车辆自身周围环境的 3D 空间信息。通过测量范围,激光雷达增加了角分辨率(水平和垂直),与相机相比,可提高测量精度。此外,具有更高的频率和更短的波长使激光雷达比雷达传感器测量更准确。典型激光雷达的射程约为 40~100 m,分辨率精度在 1.5~10 cm,垂直角分辨率在 0.35°~2°之间,水平角分辨率为 0.2°,工作频率为 10~20 Hz。

2.3 毫米波雷达

毫米波雷达是工作在毫米波波段的雷达。通常毫米波是指 30~300 GHz 频域(波长为 1 mm~10 mm)的波。毫米波雷达被集成到车辆中,用于适应性巡航控制、盲点警告、碰撞警告和避免碰撞等不同目的[27]。即使毫米波雷达是一种成熟的技术,但是在用于自动驾驶时,仍然需要改进。当其他传感器通过计算两个读数之间的差额来测量速度时,毫米波雷达使用多普勒效应直接测量速度。多普勒效应对传感器融合很重要,因为它提供了速度信息作为独立的测量参数,并且它使聚变算法的收敛速度更快。

远程毫米波雷达的频率为 77 GHz[28],分辨率低,但可以测量速度,探测 200 m 外的车辆和障碍物。短程/中程雷达在 24 GHz 和 76 GHz 频段中是成熟且价格低廉的技术。该传感器可以检测速度和距离,但宽光束和长波长的属性限制分辨率并产生复杂的返回信号。

毫米波雷达可以通过生成环境的雷达地图来进行定位。在自动驾驶车辆所使用到的所有传感器中,雷达受雨或雾的影响最小,其视野宽广,距离可以达到 200 m 以上。虽然毫米波雷达在恶劣天气等特定情况下比相机和激光雷达效率更高,但雷达的角精度较低,分辨率较低,生成的数据也比激光雷达少。与相机不同,毫米波雷达没有任何数据密集型视频馈送可处理,其处理数据输出所需的处理速度较低。

3 传感器融合

传感器融合是一种将来自不同来源的数据相结合,从而产生相干信息的方法。数据融合后得到的信息比单独使用这些来源的数据更加准确、完善。例如,在自动驾驶车辆上,为了克隆人类的视觉,必须安装相机,但障碍距离的信息将通过激光雷达或毫米波雷达等传感器获得。所以,相机与激光雷达或毫米波雷达数据的互补性,使得传感器融合非常重要[29]。结合激光雷达和毫米波雷达的信息[30],将提供更多有关车辆前方障碍物距离或环境中物体一般距离的某些信息。

3.1 用于 3D 对象检测的传感器融合

目前自动驾驶汽车的发展趋势显示,激光雷达的使用在增加。基于相机和激光雷达数据的传感器融合在系统硬件复杂度方面提供了最优解决方案[31]。该融合仅集成了两种传感器,即用于视觉的相机和用于障碍物检测的激光雷达。将图像数据与三维点云数据进行融合[32],对 3D Box 假设及其置信度进行预测。这个问题的一个新颖解决方案是 PointFusion 网络。该方法在三维目标检测中具有一定的应用价值。

利用神经网络实现传感器融合的新方法倾向于用不同的神经网络来处理每个信号[33],然后将得到的信息整合到一个新的神经网络中,并进行高层次的融合,如图 1 所示。这个解决方案对每个信号单独进行低级别处理,优点是避免丢失输入预测。

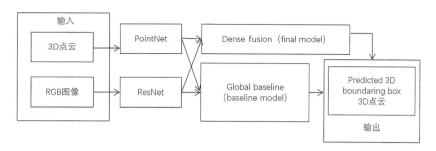

图 1　图像和三维点云数据的三维目标检测方框图

3.2　毫米波雷达和单目相机的传感器融合

毫米波雷达和单目相机是两种常用的车辆传感器[34-35],用于车辆的检测和跟踪。尽管这两种传感器都有优点,但它们的缺点使它们在单独使用时存在不足。毫米波雷达首先探测潜在的车辆并提供感兴趣的区域。视觉处理模块采用对称检测和主动轮廓检测[36],在毫米波雷达提供的感兴趣区域内识别车辆。两个传感器还采用车辆跟踪算法[37]。这种协同融合方法,实现车辆检测精度和计算效率之间的最优平衡。利用毫米波雷达和单目相机融合的车辆检测和跟踪系统的总体架构如图 2 所示。

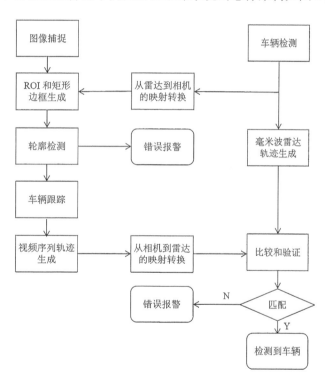

图 2　车辆检测和跟踪系统的总体架构

3.3　用于移动物体检测和跟踪的传感器融合

移动物体检测和跟踪是自动驾驶车辆领域最具挑战性的方面之一[38]。由于解决这个问题对自动驾驶至关重要,解决方案的可操作性和性能就显得非常重要。因此,通常使用安装在车辆上的所有现有传感器。最常见的是相机、激光雷达和毫米波雷达数据的传感器融合。早期的运动目标检测和跟踪方法侧重于融合传感器数据,这些数据与来自同步定位和测绘(Simultaneous Localization and Mapping,简称SLAM)模块的附加信息一起被跟踪[39-40]。在轨道层面上进行了额外的融合,以获得对环境的整体感知[41]。

该领域的一种新方法是在雷达和激光雷达水平上进行检测,然后将激光雷达点云中的感兴趣区域发送到基于相机的分类器中,然后将这些信息融合在一起。融合模块的信息供给跟踪模块,得到运动目标的列表。通过引入多传感器检测的目标分类,改进了环境感知模型[42]。多传感器感知系统框图如图3所示。

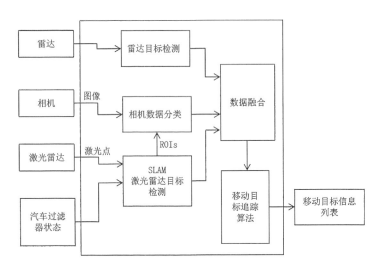

图3　多传感器感知系统

在对相机、激光雷达和毫米波雷达数据进行传感器融合时,通常是将毫米波雷达和激光雷达数据进行预处理,但没有经过任何类型的模型来提取特征或目标信息。然后这个融合的信息是一个高层次的融合块的一部分,并考虑相机的输入。在这种情况下,底层融合解决定位和映射问题,而检测和分类是高层融合的结果。将低水平融合作为高水平融合的输入,可能被认为是自动驾驶汽车感知的趋势之一。

通过使用视觉对象类和形状信息来选择对象检测方法,可以改进数据关联和运动分类的性能。根据物体与车辆的距离,跟踪系统可以在点和3D信息之间切换。由此得出结论,从相机获得的信息在定位和跟踪任务中也至关重要,未来趋势是探索有关城市交通环境的上下文信息,以提高跟踪系统的能力[43]。

4　总结

自动驾驶汽车发展的主要动机之一是减少交通事故的数量,降低人为因素引发事故的概率。为了完成这一高要求的任务,车辆不仅要模仿人的行为,还要有更好的性能。传感器和传感器融合系统的可靠性在这个过程中起着至关重要的作用[44]。车辆必须不仅有能够克隆人类视觉的相机,而且必须拥有雷达和激光雷达等传感器,以感知障碍物,绘制环境图,并把它们聚集在一起,使其完全自主[45]。

本文简述了多传感器融合在自动驾驶的发展中起到的关键作用,根据相机、激光雷达和毫米波雷达的信号的处理方法,分析了自动驾驶车辆传感器融合研究与开发的现状。结果表明,通过增加信号(传感器)的不同来源数量,改进了感知模型,提高了自动驾驶汽车的可靠性。在自动驾驶车辆系统中增加不同类型的传感器可更好地监控,其中不仅必须掌握有关其他道路使用者、动态物体的详细信息,而且必须了解静态物体。

自动驾驶技术的发展为交通出行提供新的方式,尤其近年来随着视觉处理和机器学习的快速发展,以传感器为基础的感知技术得到了快速发展,相对于视觉处理,其在规划和控制领域发展相对比较缓慢。本文综述了自动驾驶的多传感器融合的三种方法。这种融合有其可取之处,但也存在很多挑战,在自动驾驶汽车的决策层中,需要建立工作模型,依据感知层中获取的环境信息代替人类进行决策与控制。这样的功能需要及时预测车辆与行人在未来的运动状态,并提前制定相应的决策。由于道路环境复杂且不同人对于同样情况做出的决策也不同,所以此类决策算法需要大量真实有效的数据进行训练,且不能忽略各种罕见的路况,因此这是自动驾驶发展的瓶颈之一[46]。不过,随着技术的发展以及法律的完善,自动驾驶会逐渐进入我们的生活中。

参考文献

[1] 王金强,黄航,郅朋,等. 自动驾驶发展与关键技术综述[J]. 电子技术应用,2019,45(06):28-36.

[2] 郝俊. 自动驾驶环境感知系统研究[J]. 时代汽车,2018(09):15-16.

[3] 李前程. 监控系统中运动车辆检测与跟踪的算法研究[D]. 上海:上海交通大学,2007.

[4] 李兴佳,李建芬,朱敏,等. 基于无迹卡尔曼滤波的定位融合与校验算法研究[J]. 汽车工程,2021,43(06):825-832.

[5] 刘培勋. 车辆主动安全中关于车辆检测与跟踪算法的若干研究[D]. 长春:吉林大学,2015.

[6] 魏琴,谷谢天,陈平易. 智能汽车技术及环境感知传感器初探[J]. 内燃机与配件,2019(02):174-175.

[7] 刘培勋. 车辆主动安全中关于车辆检测与跟踪算法的若干研究[D]. 长春:吉林大学,2015.

[8] 刘洋. 基于多传感器的车辆环境感知技术研究[D]. 长春:长春理工大学,2020.

[9] 王鹏. 网联自动驾驶中感知信息处理与融合的研究[D]. 北京:北京邮电大学,2020.

[10] 黄伟. 自动驾驶汽车传感器技术产业分析[J]. 信息通信技术与政策,2018(08):40-44.

[11] 赵炯,王伟. 基于传感器融合技术的电动汽车自动驾驶系统的开发[J]. 制造业自动化,2013,35(09):43-46.

[12] Kanade T, Thorpe C, Whittaker W. Autonomous land vehicle project at CMU[C]// Proceedings of the 1986 ACM 14th Annual Conference on Computer Science, 1986:71-80.

[13] Wallace R, et al. First results in robot road-following[C]// JCAI'85 Proceedings of the 9th International Joint Conference on Artificial Intelligence, 1985.

[14] Dickmanns E D, Zapp A. Autonomous high speed road vehicle guidance by computer vision[J]. IFAC Proceedings Volumes, 1987, 20(5):221-226.

[15] Thrun S, et al. Stanley: The robot that won the DARPA grand challenge[J]. Journal of Robotic Systems-Special Issue on the DARPA Grand Challenge, 2006, 23(9):661-692.

[16] Montemerlo M, et al. Winning the DARPA grand challenge with an AI robot[C]// Proc. of the 21st National Conference on Artificial Intelligence, 2006:982-987.

[17] Buehler M, Iagnemma K, Singh S. The DARPA urban challenge: Autonomous vehicles in city traffic[M]. Berlin: Springer, 2009.

[18] Shahian J B, Tulabandhula T, Cetin S. Real-time hybrid multi-sensor fusion framework for perception in autonomous vehicles.[J]. Sensors, 2019, 19(20):4357.

[19] 张卫忠. 基于仿人智能控制的无人地面车辆自动驾驶系统研究[D]. 合肥:中国科学技术大学,2014.

[20] 张少将. 基于多传感器信息融合的智能车定位导航系统研究[D]. 哈尔滨:哈尔滨工业大学,2020.

[21] 马振刚,郑艳. 一种基于传感器的目标航迹起始决策算法在摄像头与毫米波雷达融合系统的应用[J]. 上海汽车,2020(05):4-8.

[22] 周剑. 面向无人驾驶的道路场景建模关键技术研究[D]. 武汉:武汉大学,2019.

[23] 靳文星,等. 激光雷达在自动驾驶中的应用研究[C]//中国航天电子技术研究院科学技术委员会2020年学术年会论文集. 北京,2020,459-467.

[24] 陈敬业,时尧成. 固态激光雷达研究进展[J]. 光电工程,2019,46(07):47-57.

[25] Zermas D, Izzat I, Papanikolopoulos N. Fast segmentation of 3D point clouds: A paradigm on Lidar data for autonomous vehicle applications[C]// 2017 IEEE International Conference on Robotics and Automation (ICRA), Singapore, 2017:5067-5073.

[26] Kutila M, Pyykönen P, Ritter W, et al. Automotive LIDAR sensor development scenarios for harsh weather conditions[C]// 2016 IEEE 19th International Conference on Intelligent Trans-

portation Systems (ITSC), Riode Janeiro, Brazil, 2016: 265-270.

[27] 王金明,刘宇,贾宁. 车载毫米波雷达产业发展[J]. 汽车与配件,2019(15):54-55.

[28] 袁沂,周升辉. 77G 毫米波雷达 ADAS 应用及方案分析[J]. 汽车文摘,2020(03):15-23.

[29] 高洁,朱元,陆科. 基于雷达和相机融合的目标检测的方法[J/OL]. 计算机应用:1-11[2021-07-25]. https://kns.cnki.net/kcms/detail/51.1307.TP.20210428.1027.002.html.

[30] 李朝,兰海,魏宪. 基于注意力的毫米波-激光雷达融合目标检测[J]. 计算机应用,2021,41(07):2137-2144.

[31] 李恺. 激光与视觉信息融合的复杂交通环境感知方法研究[D]. 淄博:山东理工大学,2020.

[32] 刘俊生. 基于激光点云与图像融合的车辆检测方法研究[D]. 重庆:重庆理工大学,2019.

[33] Eitel A, Springenberg J T, Spinello L, et al. Multimodal deep learning for robust RGB-D object recognition[C]// Proceedings of the 2015 IEEE/RSJ International Conference on Intelligent Robots and Systems (IROS). Hamburg, Germany. September 28 - October 2, 2015: 681-687.

[34] 吴宪,吴宇君,邵建旺. 基于毫米波雷达与摄像头融合的目标跟踪研究[J]. 机电一体化,2018,24(06):3-9,40.

[35] 谭力凡. 机器视觉与毫米波雷达融合的前方车辆检测方法研究[D]. 长沙:湖南大学,2018.

[36] 张新钰,高洪波,赵建辉,等. 基于深度学习的自动驾驶技术综述[J]. 清华大学学报(自然科学版),2018,58(04):438-444.

[37] Wang X, Xu L H, Sun H B, et al. On-road vehicle detection and tracking using MMW radar and monovision fusion[J]. IEEE Trans. Intell. Transp. Syst. 2016,17:2075-2084.

[38] 白悦章. 基于多传感器融合的目标追踪与定位估计技术研究[D]. 长春:吉林大学,2019.

[39] 邓桂林. 智能车认知地图的创建及其应用[D]. 成都:电子科技大学,2018.

[40] 李昱辰. 一种面向自动驾驶的多传感器融合 SLAM 框架[D]. 杭州:浙江大学,2020.

[41] 谢卉瑜,杜志彬,孙亚轩. 自动驾驶汽车感知系统概述[J]. 时代汽车,2019(18):29-30.

[42] 张新钰,邹镇洪,李志伟,等. 面向自动驾驶目标检测的深度多模态融合技术[J]. 智能系统学报,2020,15(04):758-771.

[43] Lin J Y, Lou Z Y, René Z, et al. Cooperative localization of a networked multi-vehicle system[J]. IFAC-PapersOnLine, 2019, 52(8): 428-433.

[44] 袁熠阳. 自动驾驶中传感器融合问题讨论[J]. 内燃机与配件,2019(22):202-205.

[45] 廖岳鹏. 基于多传感器的自动驾驶目标检测[D]. 成都:电子科技大学,2019.

[46] 庞靖光. 自动驾驶在复杂环境下的感知与决策[J]. 信息与电脑(理论版),2020,32(10):107-108.

基于数据融合的智慧应急管理在改扩建高速中的应用

李 剑 王 恺

摘 要：随着社会的不断发展，道路交通运输量也在快速增加，很多高速公路的通行能力逐渐满足不了现代交通的需求，对既有高速公路实施改扩建是解决该问题的重要途径。为了降低改扩建施工对现有运营高速公路的影响，通常采用阶段性单幅封闭施工的方案。为了保障高速公路改扩建区间的交通安全，降低由于突发事件导致的人员伤亡和财产损失，本文提出了一种基于数据融合的智慧应急管理方法，对突发事件进行自动识别、定级，产生自适应的交通控制策略，有效提高了改扩建区间的应急管理水平，对类似的高速公路改扩建工程的应急管理具有借鉴意义。

关键词：数据融合；智慧应急；高速公路；改扩建

Abstract: With the continuous development of society, the road traffic volume is also increasing rapidly. The traffic capacity of many highways can not meet the needs of modern traffic gradually. The reconstruction and expansion of existing highways is an important way to solve this problem. In order to reduce the impact of construction related with reconstruction and expansion on the existing operating highway, the phased single closed construction scheme is usually adopted. In order to ensure the traffic safety in the reconstruction and expansion section of highways and reduce the casualties and property losses caused by emergencies, this paper proposes an intelligent emergency management method based on data fusion to automatically identify, rank the emergencies and generate adaptive traffic control strategies for it. This method can effectively improve the emergency management level in the reconstruction and expansion section and can be used as a reference for the emergency management of similar reconstruction and expansion projects of highways.

Keywords: data fusion; intelligent emergency; highway; reconstruction and expansion

1 引言

随着社会经济的不断发展，我国高速公路的建设日新月异。截至2021年4月我国高速路总里程达16万公里，稳居世界第一[1]。由于很多早期建成的干线高速公路以双向四车道为主，技术标准较低，已逐渐不能满足交通量快速增长的需求，加之高速公路路面逐渐达到使用年限，车流量超标、车辆超载超限也使得高速公路路面病害严重，导致许多高速公路开始进入维修扩建高峰期，因高速公路改扩建造成的交通事故数量也日益增多，改扩建区间的交通安全问题已经凸显。

目前，国内外对高速公路改扩建或应急管理分别开展了大量的研究。张峻伟等[2]通过对控制性工程提前进行交通导改，辅助整体交通组织方案实施，解决控制性工程与其他工程工期间的矛盾，为工程建设节省了一定工期。黄文悦等[3]提出了在施工区段实施交通分流诱导、车辆限速、智慧管控、优化施工组织以及加强安全应急保障等对策措施，为确保成乐高速公路改扩建工程非封闭施工过程的交通安全提供了参考。薛长龙等[4]通过对比当前突发事件和之前已知的事件，提出了一种K近邻方法，为当前突发事件的救援工作制定合理消防、医护、警察、清障等资源安排方案。董文聪等[5]通过Vissim仿真软件建立了高速公路应急预案管理仿真系统，该系统可以快速生成交通事件及预案仿真模型，并能够展示预案评价结果。Younes等[6]通过研究高速公路可能发生的紧急情况对周围行驶车辆的影响，引入了一个推荐协议，为紧急情况附近的每辆车提供最合适的响应措施（如降低/提高车速、变道、停车等），提高了紧急情况附近的交通流畅性和安全性，减少了车辆行驶时间的延迟，提高了每条车道的通行能力。Behnood等[7]

作者简介：李 剑，苏交科集团股份有限公司。
　　　　　王 恺，苏交科集团股份有限公司。

通过为每个地区的警察行动、事故多发地、公路设施供应、速度控制相机、紧急医疗服务和道路照明等设定绩效指标,建立了一套模糊决策支持系统,为道路安全策略的制定提供帮助。Song 等[8]通过讨论高速公路连锁突发事件间的关系,提出了一种利用事件属性建立事件链的方法,以高速公路应急救援行为为研究对象,构建了高速公路应急救援行为事件链,并对救援事件之间的相关性进行了初步分析;应急救援行为事件链可以用来分析救援效率和决策失误。Wu 等[9]通过将控制变更原因分析(3CA)方法应用于高速公路应急救援决策中,可以快速、直观地分析事故原因,确定障碍和控制措施,及时、快速地整合救援资源,将损失降到最低,具有很高的实用价值。

以上研究分别针对高速公路改扩建和应急管理进行,而针对高速公路改扩建区间的应急管理方法的研究较少,因此本文针对该问题提出了一种基于数据融合的智慧应急管理方法,该方法通过对雷达数据、实时视频数据、路网拓扑数据、路网车辆通行数据等多源数据进行融合分析,及时自动捕获改扩建区间的突发事件,获取事件相关信息并为路网交通提供智能、科学、自适应的控制策略,为避免二次事故发生,减小突发事件对道路交通的影响,保障道路安全运营提供了有效手段。

2 应急管理方法流程介绍

应急管理方法流程如图 1 所示。

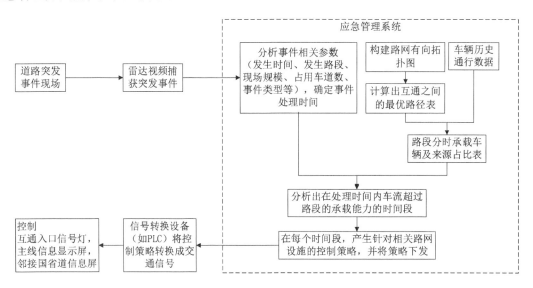

图 1 应急管理方法流程图

(1) 对高速公路路网进行抽象,构建出代表路网的有向拓扑网络图。将路网中的每个站点元素(互通、枢纽、主线站、标识点)抽象为"点",其中由互通抽象出来的点称为"出入点",车辆驶入路网的出入点称为"入口点",车辆驶出路网的出入点称为"出口点";将直接连通两个站点元素的有向路段(简称路段)抽象为"有向边",并为每条有向边赋予相关属性(如路段长度、车道数、最高限速、时间、费用等)。

(2) 根据有向拓扑网络图,计算出记录图中任意两个互通之间最优路径的路径表。最优路径可使车辆沿该路径行驶时的目标属性(如距离、时间、费用等)获得最优值。

表 1 最优路径表

入口点标识	出口点标识	最优路径	路段长度/km	总长度/km
A	N	A→B→C→X→Y→G→H→M→N	A→B:54.0; B→C:6.7; C→X:1.3; X→Y:6.7; Y→G:6.5; G→H:1.4; H→M:4.2; M→N:6.4;	87.2
D	L	D→E→X→Y→G→H→K→L	D→E:50.0; E→X:6.8; X→Y:6.7; Y→G:6.5; G→H:1.4; H→K:3.8; K→L:8.7;	83.9
F	J	F→X→Y→G→H→I→J	F→X:58.25; X→Y:6.7; Y→G:6.5; G→H:1.4; H→I:7.3; I→J:9.6;	89.75
……	……	……	……	……

(3) 根据车辆历史通行数据,结合最优路径表,生成路段分时承载车辆及来源占比表。

车辆历史通行数据由车辆唯一标识(如车牌号、ETC 卡号等)、入口点标识、驶入时间、出口点标识、驶出时间等属性组成,如表 2 所示。

表 2 车辆历史通行数据

车辆标识	入口点标识	驶入时间	出口点标识	驶出时间	……
a123	A	20190408 12:55:55	K	20190408 18:23:30	……
a123	A	20180308 12:55:55	H	20180308 18:23:30	……
a123	B	20160505 12:55:55	J	20160505 18:23:30	……
D234	B	20190408 12:45:30	K	20190408 18:50:10	
……	……	……	……	……	

路段分时承载车辆及来源占比表通过路段唯一标识、日期、时间、承载车辆数、入口点标识、百分比等属性来表示每个路段在不同时序点上承载的车辆数,以及对这些车辆按入口点进行划分后源自不同入口点的车辆数占彼时该路段承载的车辆数的百分比。其计算方式为:根据车辆历史通行记录中的车辆标识、入口点、驶入时间、出口点、驶出时间,结合最优路径表中以该入口点和出口点为起止点的最优路径,计算出当日该车在此最优路径上的平均速度;然后根据入口点、驶入时间、最优路径、平均速度,计算出该车在设定好的各时序点(对一天的 24 小时按每隔 5 分钟设定一个时序点)上可能行驶到的路段;综合当日所有入网车辆的通行数据,计算出路网中的每一路段在当日的不同时序点上的承载车辆数;同时对车辆按入口点进行划分,计算出源自不同入口点的车辆数在当日该时序点上占该路段所承载车辆数的百分比。

以七天为一个周期将前述算得的数据划分为若干个周期,按照时间先后顺序,用后续周期中相应日期的数据对之前的数据进行更新,为之前的数据赋予权重 0.4,后续周期中的数据赋予权重 0.6,如路段 X→Y 在之前的周一 9:30 时序点上的承载车辆数及各入口点的百分比为[X→Y,周一,9:30,100,A,80%,B,10%,C,10%];在随后周期的周一 9:30 时序点上为[X→Y,周一,9:30,90,B,40%,C,50%,D,10%];则更新后的数据为:

承载车辆数　　　　100×0.4 + 90×0.6＝94

各入口点对应的百分比:

A 入口点　　　　80%×0.4 + 0%×0.6＝32%

B 入口点　　　　10%×0.4 + 40%×0.6＝28%

C 入口点　　　　10%×0.4 + 50%×0.6＝34%

D 入口点　　　　0%×0.4 + 10%×0.6＝6%

即[X→Y,周一,9:30,94,A,32%,B,28%,C,34%,D,6%],其他各时序点的数据计算方法与此相同,将各周期数据循环迭代得到最终的路段分时承载车辆及来源占比表,如表 3 所示。

(4) 将雷视一体设备部署在改扩建区间,采用雷达捕获和视频识别技术在突发事件发生时自动捕获事件,采集事件发生时间、发生路段、现场规模、占用车道数、事件类型等相关数据,并经管理人员进行复核确认。

(5) 根据事件现场规模和类型确定处理事件所需的时间,可以为不同事件类型和不同现场规模的事件预设或者单独设置处理时间;根据事件发生时间、发生路段、事件占用车道数,结合路段分时承载车辆及来源占比表,判断事件在处理时间内的各时序点上给该路段带来的影响是否超过了该路段的承载能力。当超过时,则自动为事件路段来车方向上游相关范围内的主线信息显示屏、邻接国省道信息显示屏、互通收费站等路网相关设施产生应急控制策略;当未超过时,则不对路网相关设施进行控制。

可以用事件路段在处理时间内的各时序点上的车辆饱和度判断事件带来的影响是否超过了事件路段的承载能力。记事件路段的长度为 L(单位:m),车道数为 c,车辆行驶时需要的安全距离为 d(暂定 100 m/辆),该路段上的车辆数为 T,该路段的饱和度为 S,则 S 的值可用公式 $S=T \cdot d/(L \cdot c)$ 确定。当 $S \leqslant 1$ 时表示此时序点上交通状况未超过该路段的承载能力;当 $S>1$ 时表示超过了该路段的承载能力。

表 3　路段分时承载车辆及来源占比表

路段标识	日期	时间	承载车辆数	[<入口点标识	百分比> ……]				
X→Y	周一	00:00	20	A 50%	B 40%	C 5%	D 5%		
		……	……	……					
		09:00	523	A 32%	B 28%	C 34%	D 6%		
		09:05	505	B 30%	C 30%	D 10%	E 20%	F 10%	
		09:10	498	A 20%	B 30%	F 50%			
		……	……	……					
		24:00	10	C 10%	D 50%	E 20%	F 20%		
	周二	00:00	5	A 40%	B 40%	C 20%			
		……	……	……					
		09:00	493	B 28%	C 34%	D 40%			
		09:05	525	B 20%	C 40%	D 20%	E 10%	F 10%	
		09:10	510	A 20%	B 30%	F 50%			
		……	……	……					
		24:00	30	C 10%	D 50%	E 20%	F 20%		
	……								
	周天	00:00	40	A 40%	B 50%	C 10%			
		09:00	502	B 40%	C 30%	D 30%			
		09:05	480	B 20%	C 40%	D 20%	E 20%		
		09:10	498	A 20%	B 30%	F 50%			
		……	……	……					
		24:00	50	C 10%	D 50%	E 40%			
……									
E→F	……	……	……	……					

（6）将产生的应急控制策略通过网络下发到路网相关设施，进而对路网相关车辆产生控制。

（7）根据处理时间，对事件现场完成处理后，经管理人员复核确认终止执行已经下发的控制策略，使路网恢复到正常运营状态。

（8）根据每天进出路网的车辆产生的新的通行数据，采用步骤 3 中所述方法对路段分时承载车辆及来源占比表进行更新，以使该表始终反映最近的路网交通状况。

3　应急处理示例

假设通过雷达捕获和视频识别技术发现在改扩建路段 P→Q 上发生一起交通事故，时间为周一上午 8:58，事故现场规模约占道路 $20\ m^2$，事故占用 1 个车道。管理人员对这些自动捕获的数据进行复核，对偏差明显的数据可以进行修改。在路段分时承载车辆及来源占比表中，路段 P→Q 在周一上午的部分时序点上的数据为：

表 4　路段 P→Q 分时承载车辆及来源占比表

路段标识	日期	时间	承载车辆数	[<入口点标识	百分比> ……]				
P→Q	周一	00:00	20	A 50%	B 40%	C 5%	D 5%		
		……	……	……					
		09:00	160	A 32%	B 28%	C 34%	D 6%		
		09:05	155	B 36%	C 24%	D 10%	E 20%	F 6%	G 4%
		09:10	130	B 28%	C 32%	D 9%	E 21%	F 10%	
		09:15	128	B 23%	C 31%	F 46%			
		09:20	100	A 20%	B 30%	F 50%			
		09:25	121	D 23%	E 27%	F 35%	G 15%		
		09:30	145	A 20%	B 15%	C 30%	E 20%	F 13%	G 2%
		09:35	168	A 23%	B 30%	D 36%	F 11%		
		……	……	……					
		24:00	10	C 10%	D 50%	E 20%	F 20%		

根据事件现场规模和事件类型确定的处理时间为 40 min，路段 P→Q 的长度 $L=6.7\ km=6\ 700\ m$，车道数（单向）$c=3$，车辆在此路段行驶时需要的安全距离 $d=100\ m/$ 辆，处理时间内的时序点共有 8

个,分别判断事故发生后事发路段(可用车道数变为 2)在这 8 个时序点上的道路交通状况是否超过该路段的承载能力:

表 5　路段 P→Q 承载能力度量表

时序点	承载车辆数	判断条件	是否超过路段承载能力
09:00	$T = 160$	$S = T \cdot d/(L \cdot c) = 160 \times 100/(6\,700 \times 2) = 1.19 > 1$	是
09:05	$T = 155$	$S = T \cdot d/(L \cdot c) = 155 \times 100/(6\,700 \times 2) = 1.16 > 1$	是
09:10	$T = 130$	$S = T \cdot d/(L \cdot c) = 130 \times 100/(6\,700 \times 2) = 0.97 < 1$	否
09:15	$T = 128$	$S = T \cdot d/(L \cdot c) = 128 \times 100/(6\,700 \times 2) = 0.96 < 1$	否
09:20	$T = 100$	$S = T \cdot d/(L \cdot c) = 100 \times 100/(6\,700 \times 2) = 0.75 < 1$	否
09:25	$T = 121$	$S = T \cdot d/(L \cdot c) = 121 \times 100/(6\,700 \times 2) = 0.90 < 1$	否
09:30	$T = 145$	$S = T \cdot d/(L \cdot c) = 145 \times 100/(6\,700 \times 2) = 1.08 > 1$	是
09:35	$T = 168$	$S = T \cdot d/(L \cdot c) = 168 \times 100/(6\,700 \times 2) = 1.25 > 1$	是

从表 5 可以看出,在 09:00,09:05,09:30,09:35 时序点上的道路交通状况超过了该路段的承载能力,则在这些时序点上为路网产生相应的控制策略,每个时序点上的控制策略执行时长为 5 min;在 09:10,09:15,09:20,09:25 时序点上的道路交通状况未超过该路段的承载能力,则不在这些时序点上为路网产生控制策略。

将事故路段来车方向的反方向定义为回溯方向,处理时间和 30 min 的较小值为回溯时间;将车辆从事故路段的起点开始,在回溯时间内,沿回溯方向的各路段并以各路段的最高限速行驶所能行驶的里程定义为回溯里程。由于处理时间是 40 min,大于 30 min,所以取回溯时间为 30 min,假设回溯方向上各路段的最高限速值为 120 km/h,则回溯里程为 120 km/h × 0.5 h = 60 km。

对主线信息显示屏的控制策略:策略内容是"路段 P→Q 在 08:58 发生交通事故,占用一个车道,处理时间 40 min,请减速或绕行";实施时间为从 08:58 到 09:10 和从 09:30 到 09:40 两时间段共计 22 min 的时间;实施范围是回溯里程中的主线信息显示屏。

对邻接国省道信息显示屏的控制策略:策略内容是"路段 P→Q 在 08:58 发生交通事故,占用一个车道,处理时间 40 min,请绕行";实施时间为从 08:58 到 09:10 和从 09:30 到 09:40 两时间段共计 22 min 的时间;实施范围是与回溯里程中的互通收费站邻接的国省道信息显示屏。

对互通收费站,将限行时间的上限设为 120 s,使用以下方式为超过路段承载能力的时序点(09:00, 09:05,09:30,09:35)上的相关互通产生控制策略(如果各时序点对应的互通的数量大于 5 个,则从中选取前 5 个百分比较大的互通)。对 09:00 时序点:

针对 A 入口点的限行时间为 $[120 \text{ s} \times 32\%] = 38$ s,放行时间为 5 s;
针对 B 入口点的限行时间为 $[120 \text{ s} \times 28\%] = 34$ s,放行时间为 5 s;
针对 C 入口点的限行时间为 $[120 \text{ s} \times 34\%] = 41$ s,放行时间为 5 s;
针对 D 入口点的限行时间为 $[120 \text{ s} \times 6\%] = 7$ s,放行时间为 5 s;
表示为[09:00,A 38 s 5 s | B 34 s 5 s | C 41 s 5 s | D 7 s 5 s]。用同样的方法可以算得在 09:05, 09:30,09:35 时序点上针对各入口点的限行时间和放行时间分别为:

[09:05,B 43 s 5 s | C 29 s 5 s | D 12 s 5 s | E 24 s 5 s | F 7 s 5 s],
[09:30,A 24 s 5 s | B 18 s 5 s | C 36 s 5 s | E 24 s 5 s | F 16 s 5 s],
[09:35,A 28 s 5 s | B 36 s 5 s | D 43 s 5 s | F 13 s 5 s]。

根据以上计算结果,可产生对互通收费站的控制策略为:

表6 控制策略表

实施时间	实施范围（入口点）	策略内容		
		入口点	限行时间/s	放行时间/s
08:58→09:05 (08:58→09:00时段的控制策略与 09:00→09:05时段的相同)	A B C D	A	38	5
		B	34	5
		C	41	5
		D	7	5
09:05→09:10	B C D E F	B	43	5
		C	29	5
		D	12	5
		E	24	5
		F	7	5
09:30→09:35	A B C E F	A	24	5
		B	18	5
		C	36	5
		E	24	5
		F	16	5
09:35→09:40	A B D F	A	28	5
		B	36	5
		D	43	5
		F	13	5

将产生的应急控制策略分别在08:58,09:05,09:30,09:35通过网络下发到路网相关设施,进而对路网相关车辆产生控制(从事发时间到后续最接近的时序点之间的控制策略可以选用该时序点上的控制策略),同时,在处理时间内实施对该事件的救援预案,以完成对事件现场的处理工作。

4 结论

本文提出了一种基于数据融合的智慧应急管理在改扩建高速中的应用方法,通过对雷达数据、实时视频数据、路网拓扑数据、路网车辆通行数据等多源数据的融合和分析,实现对突发事件的及时捕获,为整体路网交通自动产生全面、准确、自适应的应急控制策略,有效避免了二次事故的发生,减少了使用人工的方式疏导交通,最大限度地保障了改扩建道路的交通安全和通行效率,也为高速公路管理公司提供了安全及时、准确高效、科学智慧的应急管理手段,具有一定的现实意义。

参考文献

［1］ 199IT. 截至2021年4月中国高速路总里程达16万公里［EB/OL］.（2021-04-06）［2021-06-27］. http://www.199it.com/archives/1226334.html.

［2］ 张峻伟,胡军飞,万瑞. 局部交通导改在高速公路改扩建中的应用［J］. 公路,2021(2)：383-388.

［3］ 黄文悦,李腾飞,段凌云,等. 成乐高速改扩建施工方式的交通安全影响及对策研究［J］. 科技与创新,2021(7)：66-68.

［4］ 薛长龙,刘兴旺,程国柱,等. 高速公路改扩建工程智能化应急预案管理系统［J］. 湖南交通科技,2019,45(4)：157-163.

［5］ 童文聪,杨磊,李君羡. 高速公路应急预案管理仿真平台设计与应用［J］. 交通信息与安全,2013,31(4)：139-143.

[6] Younes M B, Boukerche A. Safety and efficiency control protocol for highways using intelligent vehicular networks[J]. Computer Networks, 2019, 152: 1-11.

[7] Behnood H R, Ayati E, Brijs T, et al. A fuzzy decision-support system in road safety planning [J]. Proceedings of the Institution of Civil Engineers, 2017, 170(5): 305-317.

[8] Song L, Yang Z X, Deng R T. Research on Chain of Events in Expressway Emergency rescue behavior[C]// Proceedings of 2014 international Conference on Social, Education and Management Engineering(SEME 2014), Macao, China, 2014: 98-102.

[9] Wu G G, Yang Z X, Song L. Control Change Cause Analysis-based Expressway Emergency Rescue Decision Approach[C]// Proceedings of 2016 International Conference on Artificial Intelligence: Technologies and Applications (ICAITA 2016). January 25, 2016. Bangkok, Thailand. Paris: Atlantis Press, 2016: 4.

动静态交通车辆平均延误模型

陈 建　陈 峻

摘　要：为了评价停车场动静态交通相互影响程度，本文选取延误指标，根据车辆行驶路径分别建立各种路径车辆平均延误模型，改进基于可接受间隙理论的延误模型，并考虑了不同车道数情景。最后以景枫停车场西出入口为案例，验证了模型精度。

关键词：动静态交通；车辆平均延误；可接受间隙

Abstract: In order to evaluate the degree of interaction between dynamic and static traffic in the parking lot, this paper selects the delay index, establishes the average delay models of various paths according to the vehicle path, improves the delay model based on the acceptable gap theory, and considers different lane number scenarios. Finally, taking the west entrance of Jingfeng parking lot as an example, the accuracy of the model is verified.

Keywords: dynamic and static traffic; average vehicle delay; acceptable gap

0　引言

在国内城市交通基础设施建设大力发展完善的背景下，做好静态交通与动态交通的衔接工作显得尤为重要。停车场作为重要的静态交通设施，随着停车场泊位数量的不断增加，虽然可以解决停车泊位不足的问题，但是加剧了动静态交通影响，车辆延误增加，通行效率降低，且易形成交通拥堵。因此建立动静态交通车辆平均延误模型对于进一步判定是否发生拥堵及在出入口处如何实施调控优化具有一定的现实意义。

延误建模主要是建立在可接受间隙理论和排队论基础之上。贺晓琴[1]研究了路边停车带对路段车流延误的影响；樊华[2]通过动静态影响机理分析，结合交通流的基础理论，建立城市道路受接入影响的延误模型。目前研究局限于单一对象的延误模型建立。

停车场到达和离开车辆的延误主要研究通过闸机的排队延误。延误建模是基于排队论，模型突出接受服务的属性，而忽略了车辆的运行属性。此外，停车场到达车辆驶离道路的延误假设为车辆均从道路的最右侧车道驶离，不会从其他道路驶离，以此简化建模的难度。

因此，本文全面考虑动静态交通之间的相互影响，综合考虑车辆受到的延误，划分车道数建立车辆平均延误模型。

1　车辆平均延误模型

停车场动静态交通车辆根据行驶路径的不同划分为停车场到达车辆、停车场离开车辆以及道路车辆，对它们分别建立延误模型。车辆平均延误是指经过路段的全部车辆延误的平均值。

1.1　基本延误模型

车辆平均延误主要基于可接受间隙理论与排队理论建模。基于可接受间隙理论[3]的次路通行能力

作者简介：陈　建，东南大学交通学院硕士研究生，研究方向为交通运输规划与管理。
　　　　　陈　峻，东南大学交通学院教授，研究方向为交通运输规划与管理。

可由推导得公式(1)：

$$q_m = \frac{1}{t_f} e^{-q_p t_c} \tag{1}$$

其中：q_m——次路通行能力，单位为 veh/s；
$\quad q_p$——主路交通量，单位为 veh/s；
$\quad t_c$——临界间隙，单位为 s；
$\quad t_f$——跟随时间，单位为 s。

张生瑞[4]提出一种不完全以排队理论为基础的平均延误求解方法，对次路车辆的平均延误很适用。方程如公式(2)所示：

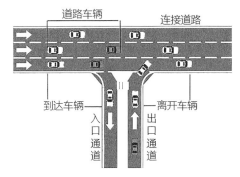

图 1　停车场动静态交通车辆类型划分图

$$d_c = \frac{1 - e^{-(q_p t_c + q_n t_f)}}{q_m - q_n} + t_f \tag{2}$$

其中：d_c——次路车辆平均延误，单位为 s；
$\quad q_n$——次路交通量，单位为 veh/s。

将公式(1)与(2)联立，可得次路车辆平均延误关于主路交通量与次路交通量的方程式，如公式(3)所示：

$$d_c = \frac{1 - e^{-(q_p t_c + q_n t_f)}}{\dfrac{1}{t_f} e^{-q_p t_c} - q_n} + t_f \tag{3}$$

停车场到、离车辆通过闸机时可看作接受服务，产生的延误可通过排队模型求得。出入口是单个通道排队系统，采用"M/M/1"排队模型，根据模型可推导出车辆在系统内的平均时间即为车辆平均延误时间 d_g，计算方程[5]如公式(4)所示：

$$d_g = \frac{1}{\mu - \lambda} \times 3\,600 \tag{4}$$

其中：d_g——车辆平均延误，单位为 s；
$\quad \mu$——系统的服务率；
$\quad \lambda$——平均到达率。

1.2　延误模型假设

为更好地突出交通量之间的相互影响，重点研究停车场车辆进出停车场的难易程度以及停车场到、离车辆与道路车辆的相互干扰，对以下部分条件需要做一定的假设与简化。

（1）重点研究车辆在动静态交通影响路段内的运行状态与延误。

（2）出口处车辆驶入车道均为第一车道（最靠近出入口的车道），如图 2 所示。

（3）重点研究停车场车辆到、离的延误。假设到达车辆通过闸机后能顺利找到泊位，不会在停车场内产生排队。

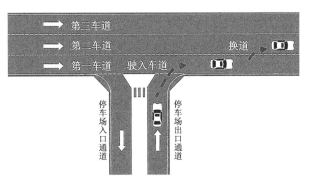

图 2　停车场出口车辆驶入道路示意图

（4）路段内不会有行人通过，行人只会从交叉口的人行道通过。

（5）路段内不会有车辆上下客的停车行为、不会有公交车到站停车行为，以更突出出入口车辆对道路车辆的干扰。

（6）入口闸机排队车辆不会蔓延到道路，不会对道路造成延误。

(7) 出入口闸机均为单通道服务。

1.3 延误模型建立

1) 停车场到达车辆

停车场到达车辆整个行驶过程为:从第二车道等待可接受间隙减速进入入口通道并加速离开或者从第一车道减速进入入口通道并加速——在闸机前减速停车等待抬杆并加速通过。到达车辆的延误示意图如图3所示。

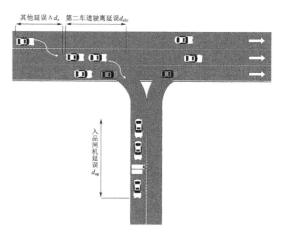

图3 到达车辆延误示意图

由上述的行驶过程可知,停车场到达车辆受到的主要延误包括:

受入口通道几何尺寸、入口与连接道路接驳处渠化方法等影响产生加减速延误称为固定延误 d_{af},单位为 s,受入口渠化与入口通道的几何特征等影响,不受车流量影响。

到达车辆通过停车场闸机时产生的加减速与排队延误称为入口闸机延误 d_{ag},以"M/M/1"排队模型为基础建立模型,模型如公式(5)所示。参数 μ_a 入口闸机服务率与闸机类型、停车场收费方式、车辆加减速性能等有关。

$$d_{ag} = \frac{1}{\mu_a - q_a} \times 3\,600 \tag{5}$$

其中:d_{ag}——车辆通过入口闸机的平均延误,单位为 s;

μ_a——入口闸机的服务率,单位为 veh/h,为平均服务时间的倒数;

q_a——停车场车辆到达率,单位为 veh/h。

第二车道(从右侧开始数)车辆穿过第一车道(靠近入口通道)进入入口通道产生的加减速与排队延误称为第二车道驶离延误 d_{a2c}。将次路通行能力乘以修正系数 η_{a2c} 代入公式(3)得第二车道驶离延误为公式(6),其中跟随时间 t_f 为常值,公式(6)中不再体现,下同。

$$d_{a2c} = 3\,600 \times \frac{1 - e^{-[(q_{r1}+q_{a1})t_{a2c}+q_{a2}t_{a2f}]/3\,600}}{3\,600 \times \eta_{a2c} \times \frac{1}{t_{a2f}} e^{-(q_{r1}+q_{a1})t_{a2c}/3\,600} - q_{a2}} \tag{6}$$

其中:d_{a2c}——第二车道进入车辆平均延误,单位为 s;

q_{r1}——第一车道的道路车流量,单位为 veh/h;

q_{a1}——第一车道进入停车场车辆数,单位为 veh/h;

q_{a2}——第二车道进入停车场车辆数,单位为 veh/h;

t_{a2c}——第二车道到达车辆的临界间隙,单位为 s;

t_{a2f}——第二车道到达车辆的随车时间,单位为 s;

η_{a2c}——穿越第一车道通行能力修正系数。

其他延误还包括到达车辆在入口上游换道产生的延误等,把其他延误表示为 Δd_a。

因此,停车场到达车辆的平均延误可由上述公式整合得,如公式(7)所示:

$$\begin{aligned} d_a &= d_{af} + d_{ag} + \frac{q_{a2}}{q_a} \times d_{a2c} + \Delta d_a \\ &= d_{af} + \frac{1}{\mu_a - q_a} \times 3\,600 + \frac{q_{a2}}{q_a} \times \left\{ 3\,600 \times \frac{1 - e^{-[(q_{r1}+q_{a1})t_{a2c}+q_{a2}t_{a2f}]/3\,600}}{3600 \times \eta_{a2c} \times \frac{1}{t_{a2f}} e^{-(q_{r1}+q_{a1})t_{a2c}/3\,600} - q_{a2}} \right\} + \Delta d_a \end{aligned} \tag{7}$$

2) 停车场离开车辆

停车场离开车辆整个运行过程为：在闸机前减速（付费）停车等待抬杆并加速通过——寻求可接受间隙减速转弯驶入道路并加速离开。离开车辆产生延误示意图如图4所示。

由上述的行驶过程可知，停车场离开车辆受到的延误包括：

受出口通道几何尺寸、出口与连接道路接驳处渠化方法等影响产生的加减速延误称为固定延误 d_{lf}，单位为 s，受出口渠化与出口通道的几何特征等影响，不受车流量影响。

离开车辆通过停车场出口闸机时产生的加减速与排队延误称为出口闸机延误 d_{lg}，以"M/M/1"排队模型为基础建立模型，模型如公式（8）所示。参数 μ_l 出口闸机服务率与闸机类型、停车场缴费方式、车辆加减速性能等有关。

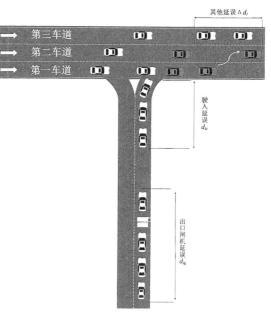

图4 离开车辆延误示意图

$$d_{lg} = \frac{1}{\mu_l - q_l} \times 3\,600 \tag{8}$$

其中：d_{lg}——离开车辆通过出口闸机平均延误，单位为 s；

μ_l——出口闸机的服务率，单位为 veh/h，为平均服务时间的倒数；

q_l——停车场车辆离开率，单位为 veh/h。

离开车辆驶入道路第一车道产生的加减速与排队延误称为驶入延误 d_{lc}，将出口通道的通行能力乘以修正系数 η_{lc} 代入公式（3）得驶入延误为公式（9）。

$$d_{lc} = 3\,600 \times \frac{1 - e^{-(q_{r1}t_{lc} + q_l t_{lf})/3\,600}}{3\,600 \times \eta_{lc} \times \frac{1}{t_{lf}} e^{-q_{r1}t_{lc}/3\,600} - q_l} \tag{9}$$

其中：d_{lc}——离开车辆驶入道路的平均延误，单位为 s；

q_{r1}——第一车道的道路车流量，单位为 veh/h；

t_{lc}——出口离开车辆驶入第一车道的临界间隙，单位为 s；

t_{lf}——离开车辆的跟随时间，单位为 s；

η_{lc}——出口离开车辆驶入道路的通行能力修正系数。

其他延误还包括受出口车辆在出口上游换道产生延误等，把其他延误表示为 Δd_l。

因此，停车场离开车辆的平均延误可由上述公式整合得，如公式（10）所示：

$$\begin{aligned}d_l &= d_{lf} + d_{lg} + d_{lc} + \Delta d_l \\ &= d_{lf} + \frac{1}{\mu_l - q_l} \times 3\,600 + 3\,600 \times \frac{1 - e^{-(q_{r1}t_{lc} + q_l t_{lf})/3600}}{3\,600 \times \eta_{lc} \times \frac{1}{t_{lf}} e^{-q_{r1}t_{lc}/3600} - q_l} + \Delta d_l \end{aligned} \tag{10}$$

3）道路车辆

在实际情况下，道路车辆与停车场到达车辆、离开车辆并非完全遵循主路优先原则，道路车辆也会产生延误。道路车辆受到的延误可按车道数情况分析。车道数是指在停车场出入口实行右进右出交通组织方式时，符合右进右出的车道总数，如图5与图6所示。

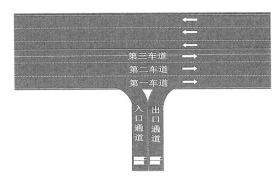

图 5　同侧三车道示意图

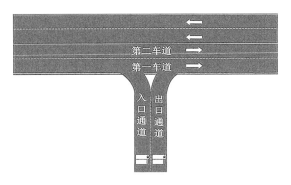

图 6　同侧两车道示意图

① 同侧三车道

在同侧三车道情况下，道路车辆受到的延误示意图如图 7 所示。

道路车辆受到的主要延误包括：

第一车道车辆受到停车场离开车辆驶入车道产生的延误称为出口延误 d_{r1c}，通过第一车道的通行能力修正系数 η_{r1c} 进行修正。出口延误 d_{r1c} 的计算公式 (11) 如下：

$$d_{r1c} = 3\,600 \times \frac{1 - e^{-(q_l t_{r1\alpha} + q_{r1c} t_{r1cf})/3600}}{3\,600 \times \eta_{r1c} \times \frac{1}{t_{r1cf}} e^{-q_l t_{r1\alpha}/3600} - q_{r1}} \tag{11}$$

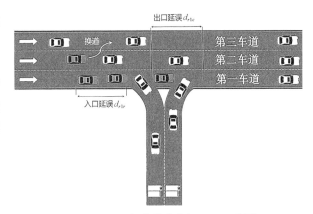

图 7　同侧三车道道路车辆延误示意图

其中：d_{r1c}——第一车道车辆受出口车辆驶入的平均延误，单位为 s；

q_l——停车场车辆离开率，单位为 veh/h；

$t_{r1\alpha}$——第一车道车辆驶入与出口冲突区的临界间隙，单位为 s；

t_{r1cf}——第一车道车辆驶入与出口冲突区的跟随时间，单位为 s；

η_{r1c}——第一车道驶入与出口冲突区的通行能力修正系数。

第一车道车辆受到从第二车道车辆通过第一车道进入停车场产生的延误称为入口延误 d_{r1r}，同理，通过第二车道通行能力修正系数 η_{r1r} 进行修正。车辆平均延误 d_{r1r} 的计算公式 (12) 如下：

$$d_{r1r} = 3\,600 \times \frac{1 - e^{-(q_{a2} t_{r1\pi} + q_{r1r} t_{r1rf})/3600}}{3\,600 \times \eta_{r1r} \times \frac{1}{t_{r1rf}} e^{-q_{a2} t_{r1\pi}/3600} - q_{r1}} \tag{12}$$

其中：d_{r1r}——第一车道车辆受第二车道通过产生的平均延误，单位为 s；

q_{a2}——第二车道进入停车场车辆数，单位为 veh/h；

$t_{r1\pi}$——第一车道车辆驶入与第二车道车辆通过的冲突区的临界间隙，单位为 s；

t_{r1rf}——第一车道车辆驶入与第二车道车辆通过的冲突区的跟随时间，单位为 s；

η_{r1r}——第一车道驶入与第二车道车辆通过的冲突区的通行能力修正系数。

其他延误还有第一车道车辆受到停车场到达车辆减速进入停车场产生延误等，把其他延误表示为 Δd_r。

因此，同侧三车道道路车辆的平均延误如公式 (13) 所示：

$$\begin{aligned} d_r &= \frac{q_{r1}}{q_r}(d_{r1r} + d_{r1c}) + \Delta d_r \\ &= \frac{q_{r1}}{q_r} \times \left(3\,600 \times \frac{1 - e^{-(q_{a2} t_{r1\pi} + q_{r1r} t_{r1rf})/3\,600}}{3\,600 \times \eta_{r1r} \times \frac{1}{t_{r1rf}} e^{-q_{a2} t_{r1\pi}/3\,600} - q_{r1}} + 3\,600 \times \frac{1 - e^{-(q_l t_{r1\alpha} + q_{r1c} t_{r1cf})/3\,600}}{3\,600 \times \eta_{r1c} \times \frac{1}{t_{r1cf}} e^{-q_l t_{r1\alpha}/3\,600} - q_{r1}} \right) + \Delta d_r \end{aligned} \tag{13}$$

其中：q_r——三个车道的道路车辆交通量，单位为 veh/h。

② 同侧两车道

在同侧两车道情况下，当第二车道产生排队现象，第二车道道路车辆无法通过换道至第三车道继续通行时，需要排队。同侧二车道道路车辆产生延误示意图如图 8 所示。

道路车辆受到的主要延误包括除了上述的出口延误 d_{r1c}、入口延误 d_{r1r}、其他延误 Δd_r，还有第二车道道路车辆等待第二车道停车场到达车辆寻找可接受间隙通过第一车道进入停车场的连同排队延误称为第二车道排队延误 d_{r2r}，第二车道道路车辆快速通过，第二车道排队延误 d_{r2r} 约等于停车场到达车辆的第二车道驶离延误 d_{a2c}。

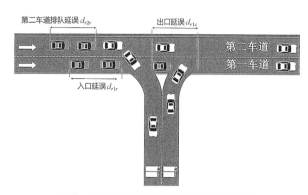

图 8　同侧二车道道路车辆延误示意图

因此，同侧两车道道路车辆的平均延误可由上述公式(6)，公式(11)，公式(12)整合得，如公式(14)所示：

$$\begin{aligned}
d_r &= \frac{q_{r1}}{q_r}(d_{r1r}+d_{r1c})+\frac{q_{r2}}{q_r}d_{r2r}+\Delta d_r \\
&= \frac{q_{r1}}{q_r} \times \left\{ 3\,600 \times \frac{1-e^{-(q_{a2}t_{r1r}+q_{r1}t_{r1rf})/3\,600}}{3\,600 \times \eta_{r1r} \times \frac{1}{t_{r1rf}}e^{-q_{a2}t_{r1r}/3\,600}-q_{r1}} + 3\,600 \times \frac{1-e^{-(q_lt_{r1\alpha}+q_{r1c}t_{r1cf})/3\,600}}{3\,600 \times \eta_{r1c} \times \frac{1}{t_{r1cf}}e^{-q_lt_{r1\alpha}/3\,600}-q_{r1}} \right\} + \\
&\quad \frac{q_{r2}}{q_r} \times 3\,600 \times \frac{1-e^{-[(q_{r1}+q_{a1})t_{a2c}+q_{a2}t_{a2f}]/3\,600}}{3\,600 \times \eta_{a2c} \times \frac{1}{t_{a2f}}e^{-(q_{r1}+q_{a1})t_{a2c}/3\,600}-q_{a2}} + \Delta d_r
\end{aligned} \quad (14)$$

其中：q_{2r}——第二车道的道路车辆交通量，单位为 veh/h。

2　延误模型评价

2.1　案例概述

南京景枫停车场位于南京市江宁区景枫广场，主要服务景枫商业广场停车需求；停车场共有三层，分别为 B1、B2、B3，总泊位数为 1 800 个，泊位数越多，停车场到达、离开车辆越集中，动静态交通相互影响越剧烈。

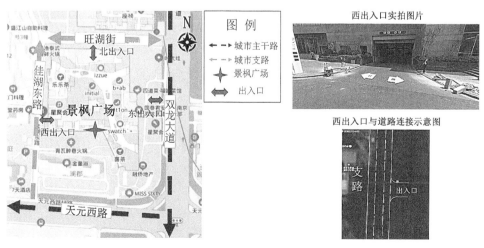

图 9　景枫停车场出入口位置与连接道路情况

停车场共有三个出入口,如图 9 所示,西出入口与佳湖东路连接,佳湖东路作为支路,三车道,因佳湖东路实行同侧交通,交叉口冲突点少,交叉口无交通管制,道路通行能力高。出入口形式为标准的一进一出;组织形式是右进右出;出入口缓冲道路长 10 m,做了圆角渠化,扩大了转弯角度;停车场闸机位置距离出入口接驳处的行车距离约 50 m。与延误模型假设的影响因素设置形式相似,因此选景枫停车场西出入口作为延误模型评价案例。

2.2 模型参数标定

车辆平均延误模型中的参数均为不能通过直接观测与测量标定的参数,如临界间隙与跟随时间参数,可采用仿真实验数据标定法标定参数。本文采用 Vissim 软件,根据仿真实验数据标定模型参数。经调查,景枫西出入口停车场到达车辆与道路车辆比例维持在 1∶4,即道路驶离率为 20%;第一车道与第二车道的驶离车辆比例为 1∶1,构建仿真场景,输入道路总车辆数(停车场到达车辆与道路车辆总和)与停车场离开车辆数,得到车辆平均延误值。

经过拟合,停车场到达车辆平均延误模型参数标定结果如表 1、表 2、表 3 所示。

表 1 西入口到达车辆延误模型参数标定结果表

参数标定结果					
d_{1af}	3.61	μ_{1a}	472.1	t_{1a2c}	4.84
t_{1a2f}	5.36	η_{1a2c}	0.92		
模型拟合整体性评价					
SSE	132.14	—	—	R-square	0.937 9

表 2 西出口离开车辆延误模型参数标定结果表

参数标定结果					
d_{1lf}	3.69	μ_{1l}	360.3	t_{1lc}	5.89
t_{1lf}	4.46	η_{1lc}	0.94		
模型拟合整体性评价					
SSE	192.7	—	—	R-square	0.947 8

表 3 西出入口道路车辆延误模型参数标定结果表

参数标定结果					
t_{1rlc}	4.42	t_{1rlf}	4.51	η_{1rlc}	0.95
t_{1rlrc}	4.70	t_{1rlrf}	4.39	η_{1rlr}	0.94
模型拟合整体性评价					
SSE	39.8	—	—	R-square	0.945 7

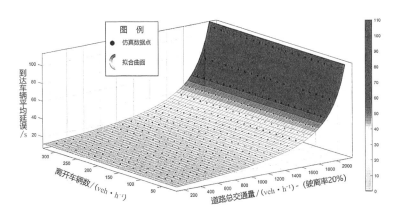

图 10 景枫西入口到达车辆延误模型拟合曲面图

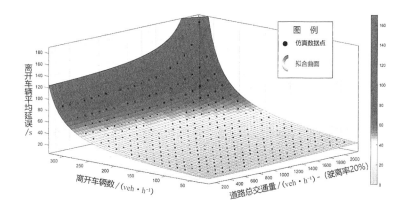

图 11　景枫西出口离开车辆延误模型拟合曲面图

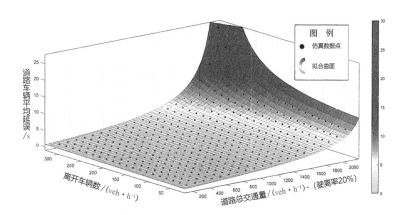

图 12　景枫西出入口道路车辆平均延误模型拟合曲面图

由标定结果表和拟合曲面可知,车辆平均延误模型的 R‑square(决定系数)均大于 0.9,拟合效果好,因此接受参数标定结果。将参数标定结果代入公式,即得到高峰时期景枫西入口车辆平均延误模型。

$$d_a = 3.61 + \frac{1}{472.1 - 0.2 \times q_{总}} \times 3\,600 + \frac{1}{2} \times \left(3\,600 \times \frac{1 - e^{-(\frac{1}{3} \times 4.84 \times q_{总} + \frac{1}{10} \times 5.36 \times q_{总})/3\,600}}{3\,600 \times 0.92 \times \frac{1}{5.36} \times e^{-\frac{1}{3} \times 4.84 \times q_{总}/3\,600} - \frac{1}{10} \times q_{总}} \right) \tag{15}$$

$$d_l = 3.69 + \frac{1}{360.3 - q_l} \times 3\,600 + 3\,600 \times \frac{1 - e^{-(\frac{7}{30} \times 5.89 \times q_{总} + 4.46 \times q_l)/3\,600}}{3\,600 \times 0.94 \times \frac{1}{4.46} \times e^{-\frac{7}{30} \times 5.89 \times q_{总}/3\,600} - q_l} \tag{16}$$

$$d_r = \frac{7}{24} \times \left(3\,600 \times \frac{1 - e^{-(\frac{1}{10} \times 4.7 \times q_{总} + \frac{7}{30} \times 4.39 \times q_{总})/3\,600}}{3\,600 \times 0.94 \times \frac{1}{4.39} \times e^{-\frac{1}{10} \times 4.7 \times q_{总}/3\,600} - \frac{7}{30} \times q_{总}} + 3\,600 \times \frac{1 - e^{-(4.42 \times q_l + \frac{7}{30} \times 4.51 \times q_{总})/3\,600}}{3\,600 \times 0.95 \times \frac{1}{4.51} \times e^{-4.42 \times q_l/3\,600} - \frac{7}{30} q_{总}} \right) \tag{17}$$

其中:$q_{总}$——道路总车流量,单位为 veh/h;

q_l——停车场离开车辆数,单位为 veh/h。

2.3　模型精度评价

采用视频录像法对景枫西出入口进行延误调查。经过统计计算一个小时内各类型车辆数、实测平均行程时间、车辆平均延误,再将一小时的各类型车辆数代入延误模型(公式(15)、公式(16)、公式(17))中计算模型所得车辆平均延误,计算相对误差。计算结果如表 4 所示。

表 4 延误模型评价表

车辆类型	总车辆数/(veh·h^{-1})	实测平均延误/s	模型计算车辆平均延误/s	绝对误差/s	相对误差/%
到达车辆	238	23.97	22.72	1.25	5.49
离开车辆	156	27.71	26.52	1.19	4.48
道路车辆	945	2.87	2.30	0.57	24.78

由上表可知：到达车辆计算车辆平均延误略小于实测平均延误，相对误差为5.49%，模型能准确地计算到达车辆平均延误；同理，模型计算的离开车辆平均延误小于实测延误，相对误差为4.48%，模型的准确性高；虽然模型计算的道路车辆平均延误相对误差较大，但是实测平均延误值小，绝对误差值较小，模型能较好地计算道路车辆平均延误。

3 总结

本文根据停车场动静态交通车辆行驶路径，分别建立停车场到达车辆、离开车辆、道路车辆的平均延误模型，将道路车辆受到的延误按照车道数划分为同侧两车道与同侧三车道两种情景建立延误模型。延误模型综合考虑了动静态交通车辆受到的主要延误，突破了现有研究建立的单一对象单一延误模型的局限性。最后以景枫西出入口为案例，检验了模型的精度，模型准确性高，误差在可接受范围内。

参考文献

[1] 贺晓琴. 信号交叉口附近路边停车带的优化设置研究[D]. 南京：东南大学，2007.
[2] 樊华. 城市道路受接入影响延误模型研究[D]. 武汉：武汉理工大学，2019.
[3] Aakre E, Lenorzer A, Casas J. Simulating turn cooperation in roundabouts and unsignalized intersections[C]// Transportation Research Board 95th Annual Meeting, January 10-14, 2016, Washington DC, 2016.
[4] 张生瑞. 交通流理论[M]. 北京：人民交通出版社，2015.
[5] 唐加山. 排队论及其应用[M]. 北京：科学出版社，2016.

基于多源数据的人员出行特征分析技术研究

朱 洪 王 媛 吴 钰

摘 要：传统的人工抽样调查存在对沉默出行需求揭示不足、样本量有限的缺点。信息化数据存在缺乏个体特征、出行起讫点判断存在有误等缺点。本文针对上述不足，依托上海第六次综合交通调查数据，结合数理统计、人工智能、交通模型等技术，提出基于多源数据分析人员出行特征的关键技术，包括错误数据的清洗和修复方法、人员出行分层组合扩样方法以及人员出行特征校核方法等。最后，给出了组合多源数据分析人员出行特征对传统扩样改善的显著作用。

关键词：人员出行特征；组合扩样；综合校核；交通模型

Abstract: The traditional manual sampling survey has the shortcomings of insufficient disclosure of silent travel demands and limited sample size. There are also some shortcomings in the informatization data, such as the lack of individual characteristics and the wrong judgment of travel starting and ending points. Based on the data of the sixth comprehensive traffic survey in Shanghai, combined with mathematical statistics, artificial intelligence, traffic model and other technologies, this paper puts forward the key technologies of analyzing people's travel characteristics based on multi-source data, including the method of cleaning and repairing wrong data, the method of hierarchical combination of people's travel, and the method of checking people's travel characteristics. Finally, the significant effect of travel characteristics of combined multi-source data analysis personnel on the improvement of traditional sample expansion is given.

Keywords: personnel travel characteristics; combined sample expansion; comprehensive check; traffic model

前言

人员出行特征的分析主要依托居民出行调查、手机数据分析、互联网数据分析等获取。居民出行调查是对城市居民家庭属性、个人特征、出行日志活动和意愿等的专项调查，最早起源于20世纪30年代的美国。由于调查数据可以关联出行者属性和出行活动属性，迄今为止没有其他调查或数据可以替代。但是居民出行调查是一种抽样调查，必须通过扩样来推断总体特征指标。调查过程中因调查员漏填或者被调查对象漏报、瞒报等影响导致沉默出行需求记录的缺失，特别是随着居民对个人隐私等保护观念的增强，沉默出行需求缺失比例也随之增大。出行中一些上下班、上下学、日常活动的刚性部分填报一般比较完整，但是对于涉及个人私密活动的记录则基本无法获取。

中国内地城市开展居民出行调查起步较晚，20世纪80年代，天津、北京、上海、广州等超大城市陆续开展了居民调查工作。在扩样方法方面，中国内地城市基本上采用按照家庭分类、人口分类（年龄、职业、性别等）进行加权扩样。香港特别行政区开展居民出行调查相对较早，1973年开展了第一次居民出行调查，并在1981年、1992年、2002年和2011年相继开展了该工作。在扩样方面，香港也采用了加权扩样的方法。天津市在2011年第五次综合交通调查中率先使用GPS辅助设备来挖掘沉默出行需求，广州也随后进行了一些应用，取得了一定的效果。主要是通过GPS记录调查志愿者的轨迹对调查记录进行补充。

随着手机及互联网数据挖掘技术的不断进步，将居民出行调查数据与手机等其他多源融合处理也成了解决人员出行特征分析的重点和难点。2019—2020年上海市启动了第六次综合交通调查，考虑到不

作者简介：朱 洪，上海市城乡建设和交通发展研究院副院长，教授级高级工程师，"朱洪交通政策研究创新工作室"领衔人，享受国务院政府特殊津贴专家。长期从事交通政策、交通规划研究、制定与管理。

王 媛，上海市城乡建设和交通发展研究院交通所模型室主任，高级工程师，主要从事交通模型研究。

吴 钰，上海市城乡建设和交通发展研究院，工程师，研究方向为交通规划与模型。

同调查的优势和缺点,采用了多源数据融合的方法,使得不同数据源相互补充。将手机/互联网数据挖掘比较擅长的通勤出行分析和学生家庭调查比较擅长的学生和家长的出行作为居民出行调查的有益补充。不同类型调查数据的优缺点见表1。

表1 不同类型调查数据的优缺点分析

调查方法	居民出行调查	手机/互联网数据挖掘	学生家庭调查
样本规模	较小	大	大
调查个体属性	年龄、职业等属性完整	通过个人画像挖掘	年龄、职业等属性完整
调查家庭属性	完整	无	完整,能够补充青年家庭的出行
调查出行完整性	存在漏报、瞒报 非通勤出行漏报率较高	依托个人轨迹挖掘 出行OD,存在对误判通勤出行的特征把握比较全面	存在漏报 对学生和学生家长的出行把握比较全面
个体配合度	越来越低	涉及隐私(需要技术处理)	比较高
调查难易度	入户越来越困难,对调查员的调查态度要求较高	相对容易	无须入户
调查主体客观性	入户调查的形式容易导致老年人比例偏高,年龄结构和家庭结构存在偏差	存在由于老人和孩子没有手机,而缺少老人和孩子的记录的情况	有孩家庭的全体,不含无孩家庭的记录

1 多源数据的清洗修复

对于人员类出行的调查数据的清洗和修复(居民出行调查和学生家庭出行调查数据),主要是考虑错误数据和缺失数据的判断以及修复。错误数据主要从5个方面来考虑:(1)个人社会经济特征错误数据判断,包括年龄过大、年龄与就业就学状态不符的情况;(2)个人出行活动目的合理判断,包括14岁以下进行公务和工作出行以及无业及离退休人员的公务及工作出行情况;(3)出行空间、时间逻辑轨迹错误判断,包括前一次到达地和后一次出发地不一致的情况、后一次出发时间早于前一次到达时间以及同一次出行的到达时间早于出发时间的情况;(4)出行目的逻辑错误判断,包括活动目的连续出现工作+工作+工作以及活动目的连续出现休息+休息或者只有一条休息的情况;(5)出行方式链逻辑错误判断,包括出行方式与出行距离、时间的逻辑不一致情况以及出行方式链不符合逻辑的情况等。关键性属性数据缺失的数据包括年龄、职业、户籍属性等用于扩样分析的属性缺失和出行的起讫点位置、出行方式等缺失的情况。以上的错误数据和缺失数据,利用不同属性之间的相互联系进行修补,但是对于很难利用属性之间的相互关系填补的数据,则将这些数据进行删除。人员出行特征分析依托的数据源见表2。

表2 人员出行特征分析依托数据源

数据类型	数据内容及说明	采样周期
居民出行调查数据	5.1万户,属性包括户籍属性、人口数、车辆拥有等 13.2万人,属性包括年龄、性别、职业等 26万条出行记录,包括出发到达时间、出行目的方式等	2019.9.11—2019.9.17
学生家庭出行调查	3.8万户学生家庭,属性包括户籍属性、人口数、车辆拥有等	2020年9月
手机信令数据	中国移动、中国联通、中国电信的手机信令数据	2019年9月
公交IC卡数据	公交车刷卡数据、公交车GPS数据、公交POS机、地铁刷卡数据	2019年9月
出租车GPS数据	出租车轨迹数据、出租车上下客OD数据	2019年9月
网约车监管平台数据	网约车上下客OD数据	2019年9月
共享单车数据	共享单车开关锁数据	2019年9月
运行系统数据	高架线圈、公交断面、校核线断面、牌照识别、ETC	2019年9月
遥感测绘	航拍遥感、房屋建筑量	2019年末—2020年初
票务数据	高速公路收费、铁路售票、长途班车售票、长途包车标记牌	2019年
其他专业部门统计数据	交委月报、统计年鉴、1%人口抽样数据、交警月报等	2019年

对于手机数据,考虑到手机信令数据进行职住分析已经有较为成熟的解决方案,因此本次研究主要以手机的通勤 OD 分析为主。其他的数据则按照数据有效性和可靠性原则进行预处理。

2 基于多源数据的分层组合扩样

不论是居民出行调查还是学生家庭调查,都需要考虑调查对象的特点。需要将加权扩样与调查对象的不同分层进行组合,然后进行扩样。

加权扩样模型:主要是指通过样本量乘权重系数(样本数/总体)。即:

$$G = S \times W$$

式中:G——扩样所得总体指标;

S——样本指标;

W——权重。

按照调查对象的家庭特征和个人特征进行分层组合扩样(图1)。分层主要是按照区域特征和母体数据的特点进行分层,扩样过程中先对家庭特征进行扩样,然后对个人特征进行扩样,家庭扩样的系数需要传递给个人,个人在此基础上接力扩样。

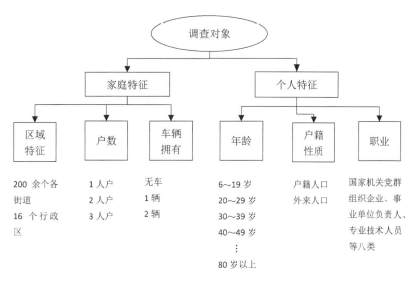

图 1 调查对象的家庭特征和个人特征

3 基于多源数据的出行校核

本次人员出行特征的校核有两个特点。一是多源,将收集到的能够对调查库进行校核的交通信息数据、专项调查数据、交通行业统计数据和交通模型数据均用于校核(图2)。二是时空迭代校核(图3)。从时空两个角度不断迭代,空间维度是按照地带、行政区、功能区等不同的校核颗粒度逐步迭代,在空间迭代的同时,也从时间维度出行目的、时段分布及出行距离等多个层面贴近居民实际的出行情况,且与不同交通系统的运营量保持一致。

利用交通行业相关统计指标对出行特征指标进行比对校核。行业管理部门的统计指标,是校核交通出行特征的重要依据。比如,轨道交通、公交等客运量、运距等统计指标。

利用交通大数据对出行特征指标进行比对校核。通勤出行分布校核,主要结合手机信令数据;分方式的特征校核,主要结合轨道闸机、公交 GPS、巡游出租车 GPS、网约车监管平台、共享单车开关锁等数据。

利用其他专项调查对出行特征指标进行比对校核。轨道接驳比例,结合轨道接驳调查、学生调查、IC

卡数据；载客人次，结合客车载客人次调查；小客车出行特征，结合小客车的小样本调查、新能源车监管平台；学生家庭出行，结合学生家庭出行调查。

利用交通模型对出行特征指标进行比对校核。有些指标只有通过模型技术才能获得，如出行分布指标、车内距离/时间、车外距离/时间，利用模型进行校核扩样后获得。

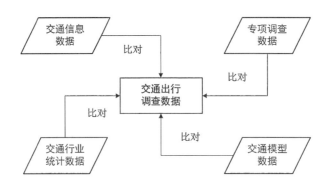

图 2　出行调查数据的多源比对

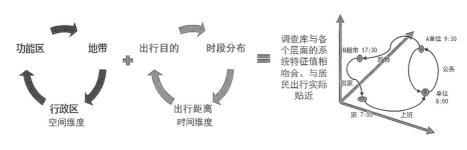

图 3　时空反复迭代

1) 人员出行率的校核

人员出行率的校核主要是进行分类分层分析，并与方式结构同步校核。

考虑到上海人口结构复杂、交通行为差异较大的情况，将全市总人口划分为三层。其中，首次将常住人口分为户籍常住、外来常住，将流动人口细分为短期停留（商务、旅游为主）和长期停留（探亲、工作、就学为主）(图 4)。

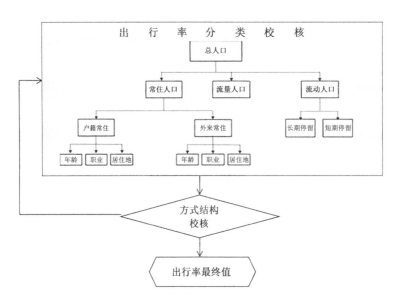

图 4　人员出行率的校核流程图

2) 出行分布的校核

全目的的出行分布主要是利用交通模型技术平台,对分方式的出行分布进行校核,然后进行汇总。在分方式的分布校核中,首先,分析出行分布与人口岗位分布关系,然后结合校核线调查的流量数据修正模拟流量和实际流量的误差,最终确定出行 OD 表及出行距离等统计指标(图 5)。对于通勤分布,还利用手机收集到的通勤 OD,来分析人员通勤的出行分布。

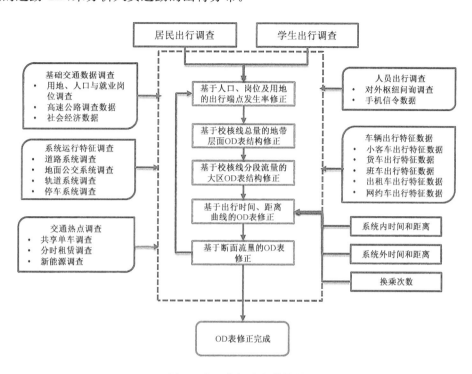

图 5　人员出行分布的校核

3) 出行方式结构的校核

将交通方式的出行指标与运行指标进行整体关联分析,对两者之间的换算参数进行多源数据校核。轨道方式,主要是利用轨道运营数据中客运量、换乘率等指标进行校核获得轨道出行量;公交方式,主要是利用公交运营数据、公交卡数据等公交客运量、接驳轨道结构、换乘率等进行校核;巡游出租车方式,主要是利用出租车运营数据、接驳轨道结构进行校核;网约车方式,主要是利用网约车监管平台的订单数据结合载客人次等进行校核;小客车主要是利用交警保有量、小客车特征调查的出车率、出行车出行率、载客人次、接驳轨道结构等进行校核(图 6)。

4) 出行时段分布的校核

利用交通信息统计数据,修补居民出行调查中平峰时段容易遗漏的问题。居民出行调查中对于通勤的出行记录遗漏相对较少,而对于非通勤的出行记录遗漏较多,因此需要通过各个交通方式的系统上所呈现的时段分布对出行记录进行校核。

5) 人员出行距离和出行时耗校核

主要是利用各个方式的交通模型、调查库中填写的起终点

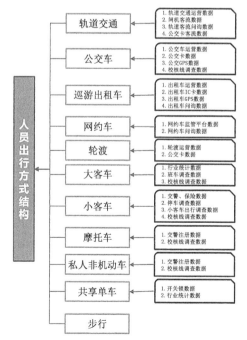

图 6　人员出行方式结构的校核

之间的距离和时间以及手机通勤时间和距离对分方式的距离和时耗进行校核。对于轨道交通,需要结合轨道交通模型对不同区域层面的轨道车内距离/时耗、系统内距离/时耗、换乘距离/时耗、系统外接驳距

离/时耗等分别进行校核,然后进行汇总。对于公交车也是类似的方法,结合地面公交模型对不同区域层面的公交车内距离、车外距离等进行校核;出租车主要利用运营数据和出租车 GPS 数据进行校核;网约车利用监管平台数据进行校核;小客车主要利用道路系统模型中的小客车 OD 进行校核。

4 结论

通过扩样以及多源校核之后,人员出行的分析特征的精度得到提升。(1)从时段分布上来看,校核之后,人员的出行时段分布更合理。早晚高峰的出行占比降低,平峰时段的出行占比得到了提升(图 7)。(2)从出行目的上来看,校核之后,通勤出行的占比从 57% 降低到 48%,出行目的更加多样化(图 8)。(3)从出行方式结构上来看,校核之后,各个方式的客运量与统计数据保持一致。(4)出行距离也与交通模型等测算的数据保持一致。

手机信令数据、模型数据、人员出行调查数据、动态监测等数据相互强强联合,有助于更好地阐述人员出行活动规律,为城市规划建设运营管理提供可靠的数据和决策支撑。

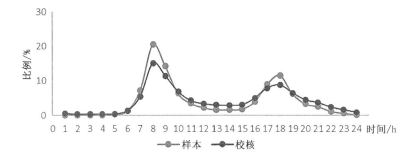

图 7 上海市人员出行时段分布(样本与校核值对比)

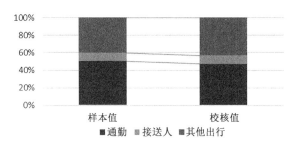

图 8 上海市人员出行目的(样本与校核值对比)

参考文献

[1] 陈小鸿,陈先龙,李彩霞,等. 基于手机信令的居民出行调查扩样模型[J]. 同济大学学报(自然科学版),2021,49(1):86-96.

[2] 李春艳,郭继孚,安志强,等. 城市综合交通调查发展建议:基于北京市第五次综合交通调查[J]. 城市交通,2016,14(2):29-34.

[3] 李娜,董志国,薛美根,等. 上海市第五次综合交通调查新技术方法实践[J]. 城市交通,2016,14(2):35-42.

[4] 上海市第六次综合交通调查:数据处理和分析技术报告[R]. 上海市城乡建设和交通发展研究院.

数字驱动赋能下的城市交通治理变革
——以上海市浦东中环出口多交织交通优化为例

The Transformation of Urban Traffic Governance under the Digital Drive Enabling
— Taking the Multi Interlaced Traffic Optimization of Pudong Middle Ring Exit in Shanghai as an Example

冯 态

摘 要：大数据时代的来临，为城市交通治理提供了新的数据采集、分析手段，同时可以更加准确、高效、及时地了解城市的交通状况，为科学化交通出行提供依据。本文以上海中环出口多交织交通为研究背景，运用数字化手段对交通数据信息的全方位获取、分析，总结现状问题，提出了具体方案，同时利用微观仿真模拟系统对改善方案进行仿真模拟。通过宏观和微观结合的方法，可以更为清晰有效地反映方案实施效果，作为决策依据。

关键词：数字驱动；交通治理；宏观数据分析；微观仿真模型

Abstract: The advent of the era of big data provides new data collection and analysis means for urban traffic management. At the same time, it can understand the city's traffic conditions more accurately, efficiently and timely, and provide a basis for scientific transportation. Based on the research background of Shanghai middle ring exit multi interlaced traffic, this paper uses the digital means to obtain and analyze the traffic data information in all directions, summarizes the current problems, and puts forward the specific scheme. At the same time, the micro simulation system is used to simulate the improvement scheme. Through the combination of macro and micro methods, it can more clearly and effectively reflect the implementation effect of the scheme, as a basis for decision-making.

Keywords: digital drive; traffic management; macro data analysis; micro simulation Model

1 城市交通治理变革趋势

2017年12月，习近平主席提出要实施国家大数据战略，加快建设数字中国。要运用大数据提升国家治理现代化水平，要建立健全大数据辅助科学决策机制，推进政府管理和社会治理模式创新，实现政府决策科学化、精细化、高效化。

2010年，上海提出"创建面向未来的智慧城市"战略，制订了首个智慧城市三年行动计划，铺设信息高速公路，建成全国首个光网城市；2014年，上海出台"智慧城市第二个行动计划"，强化信息基础设施、信息技术产业和网络安全保障，推进市民电子健康档案等一批公共服务项目；2021年初，上海市政府发布《关于全面推进上海城市数字化转型的意见》，构建科学化、精细化、智能化的超大城市"数治"新范式。由此，"以数营城"的大幕拉开，数字化驱动城市高质量发展。"十四五"期间，将规划建设城市数字底座，重视数字孪生＋CIM（城市信息模型）平台，在此平台上可以把城市各专业数据进行集成，从而形成规划一张图、建设监管一张网、城市治理一盘棋的新格局。

当前，交通行业正处于数字化转型的加速上升期，大数据时代背景下的城市交通治理体系也亟待变

作者简介：冯态，上海浦东建筑设计研究院有限公司副总工、市政科规院总工（道路专业），道路与交通专业高级工程师，注册咨询工程师（投资）、注册土木工程师（道路工程），主要从事交通规划和道路设计研究。

革。由于交通流具有时效性强、变化迅速和运行留痕的特点,传统的交通治理模式已不适应当前交通信息量飞速增长与急剧变化的状况,大数据与互联网的运用能够改变传统的数据收集方式,为交通治理模式革新提供途径。

2 数字赋能城市交通治理的逻辑

大数据背景下的数据采集不再受时间与空间的限制,与传统的信息处理方式相比,大数据的交通信息处理具有高效性、便利性、准确性、共享性等特征,可通过数据算法对无章无序的海量数据进行规律化处理与趋势化分析,从而可以准确了解城市的交通状况,为科学化交通出行提供依据。当下的智慧交通建设所依托的大数据技术在提高交通空间利用率的同时,还可通过多种传感器对交通信息进行监测与采集,进而大规模、高速地进行数据统计,为可视化交通出行提供参考。有了可视化的实时交通路况,出行者就可以通过手机终端对所需路径进行路况查看,明确交通路况趋势,酌情选择出行方案,减少出行的不确定性,缓解出行交通拥堵压力,实现交通出行资源的优化配置。

3 数字赋能城市交通治理的路径

数字赋能下的城市交通治理路径是以交通大数据为主导,贯穿于整个交通治理的前中后期,具体见图1。

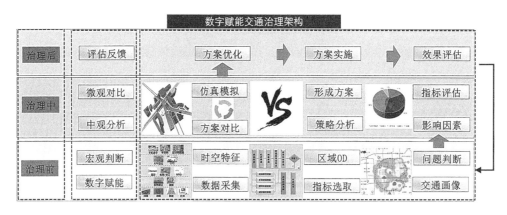

图 1　数字赋能交通治理路径

治理前期,明确交通治理的主要矛盾,对出行方式结构、区域OD、拥堵时空特征等信息特征进行描述,为道路交通运行状况进行画像。通过宏观判断,合理选定与交通问题相关的特征参数,如交通量、运行速度、密度、排队长度、延误值、车道占有率、车头间距等。运用数字化手段如物联网、高清视频、手机信令、车载GPS采集等,实现对交通数据信息的全方位获取。通过数据的采集、归类、分析、挖掘,发现问题、分析成因、总结规律,精准匹配车流的交通出行特征,为治理方案提供施策方向和数据支撑。

治理中期,基于对策方案的仿真模拟,形成"一方案一模拟",对每种方案的运行状态进行数字刻画,统计并对每种方案仿真管控策略进行预评估。真正实现交通数字孪生应用场景,模拟治理优化方案,分析对比方案优劣,为决策者提供强有力的理论支撑。

治理后期,应用大数据为治理效果综合评估,反馈结果,强化学习模式,进一步优化完善治理方案。

4 数字赋能交通精细化治理实例

随着城市机动化、快速化进程的加快,机动车出行质量的提升逐步向快速路出行转移,快速路也就成为城市运行系统的主动脉,成为城市内人、车、物快速移动的保障性通道。根据《上海市交通行业发展报告(2021)》,截至2020年底,全市注册机动车保有量(含"沪C"牌照机动车)469.1万辆,较上年增长

5.7%。随着汽车保有量的逐年增多,快速路承担的交通量越来越多,尤其匝道出入区域是快速路运行的瓶颈区域,接线道路如不能及时疏解车流,将导致主线交通状态紊乱,车速下降,通行能力降低。当节点处主线路段饱和度较高时,该区域将引发拥堵。

下面以上海中环线内圈张杨路入口—杨高中路出口段为案例,以交通大数据为主导,从治理前、中、后期明确交通治理的主要矛盾,分析采集数据信息,明确特征参数,利用VISSIM微观仿真软件,分析匝道汇入汇出路段的交通特性,从而提出交通改善建议,并对改善效果进行评估。

以中环内圈张杨路入口—杨高中路出口段,作为研究对象,分析张杨路入口—杨高中路出口方向匝道交织区域的交通状态,针对该处拥堵现象,将通过对现状交通拥堵排队状况的调研分析,提出相应的具体改善方案,然后利用微观仿真模型验证方案的可行性。

4.1 治理前——数据采集分析

以交通大数据为主导,运用高清视频、车载GPS数据采集等手段,结合宏观交通分析,总结现状交通存在的问题。

4.1.1 现状道路状况分析

上海中环线内圈张杨路上匝道,是中环浦东段的第一个入口,与杨高中路出口结合设置,是军工路隧道以东的第一个重要的交通转换节点,为典型的拥堵节点。因其为组合式立交,流量大、转换多,导致东西方向拥堵情况较为明显,直接影响到金桥路—张杨路地面道路和金桥路—杨高中路地面交叉口的运行。高峰期间,车辆交织严重;出口匝道排队长度过长满溢至主线车道,导致主线通行能力较低,拥堵严重。

车道规模方面,现状中环标准段,高架主线单向4车道,往杨高中路出口处,主线车道变为"3个主线+1个出口匝道",张杨路上匝道单向2车道,汇入处减至单车道;进出车辆合流后,3车道交织至杨高中路出口处(图2)。

图2 改造前车道布置示意图

4.1.2 现状交通流量分析

1) 出入口匝道及高峰时间流量情况

从流量数据来看,浦东中环内圈张杨路入口匝道流量,高峰小时交通量达到778 pcu/h;杨高中路出口匝道高峰流量达到1 772 pcu/h。结合晚高峰每10 min交通流量来看,交通状态较为拥堵(图3)。

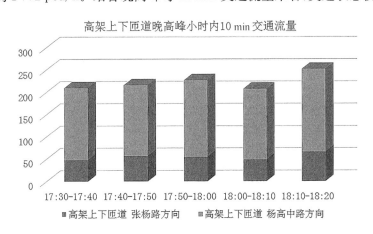

图3 匝道高峰交通流量

2) 各路径流向的车辆交通参数评估分析

浦东中环内圈张杨路上匝道、杨高中路出口下匝道交通延误较大,车速较低(表1)。该交织区域处平均运行车速约 13.6 km/h。

表1 杨高中路出口处各路径流量车辆交通参数(改造前)

流向	路径长度(m)	行程时间(s)	延误值(s)	平均行驶速度(km/h)
中环主线—杨高中路下匝道	580.00	140.51	88.31	14.86
张杨路上匝道—中环主线	580.00	170.03	117.83	12.28

4.1.3 现状存在问题分析

根据实际道路运行状况及调研数据分析,中环内圈张杨路上匝道至杨高中路出口段交通运行存在以下问题:

1) 中环内圈至杨高中路出口匝道方向交通流量大

中环内圈至杨高中路下匝道方向两根渠化车道,高峰流量为 1 772 pcu/h。因与张杨路至中环上匝道存有交织,导致排队过长,影响主线。

2) 张杨路至中环上匝道与中环内圈至杨高中路下匝道方向交织区段过短,交织明显,影响整体运行水平

整个上下匝道通行区域长度为 580 m,其中考虑到分合流处交通组织安全问题,故现有的交通组织方案设置变道交织段 180 m,交织严重,影响车辆通行速度,导致两个方向的车辆堆积在分合流处。

4.2 治理中——对策分析,模型搭建

4.2.1 改善建议

针对现状存在问题,以"保主管辅,控进快出"为策略,从管理手段到具体工程措施提出了以下改善建议:

1) 优化渠化,提升往张杨路上匝道的通行能力,并且增加交织段长度

由于张杨路上匝道的车流量较大,强行压缩为 1 个车道,对张杨路—金桥路地面交叉口影响太大,同时,因匝道本身为 2 车道规模,将上匝道汇入处恢复为 2 车道规模,有利于蓄车,并且减少车辆不必要的变道(图4)。

同时,将原上匝道和出口车道之间的虚实线调整为虚线,允许自由进出,增加交织区段长度,由原先的 180 m,优化为 350 m。

图4 杨高中路出口处渠化优化示意图

2) 采用信号控制方式,控制上匝道流量

保障主线车辆通行,控制辅道进出,减少交织。优化张杨路—金桥路地面道路信号灯相位,根据流量监测,实时调控张杨路上匝道流量。

4.2.2 模型分析

本案例从交通管理措施优化着手,结合现状存在的渠化问题及交通组织策略实施改善,并对实施效果建模评价。

本案例结合 VISSIM 微观仿真软件对该交织区段出入匝道进行车辆仿真模拟。本次模拟结果,重点分析交织区段的车速状态、延误时间、停车次数及排队长度等指标。

根据方案改造提升后,整体交织区段各个方向车辆平均运行速度均有所提升。同时各方向车辆行程

时间、延误时间有大幅下降。详细对比分析如表 2 所示。

表 2　中环主线出口处各路径流量车辆交通参数改造前后对比表

流向	路径长度(m)	行程时间(s)			延误值(s)			行驶速度		
		现状	方案	对比	现状	方案	对比	现状	方案	对比
中环主线—杨高中路下匝道	580	140.51	119.86	−20.65↓	88.31	67.66	−20.65↓	14.86	17.42	17.2%↑
张杨路上匝道—中环主线	580	170.03	133.58	−36.45↓	117.83	81.38	−36.45↓	12.28	15.63	27.3%↑

4.3　治理后——后评价分析

通过交通改善措施实施以来的实际运行情况可以看到,中环内圈张杨路上匝道—中环立交杨高中路出口段的交通问题已经在很大程度上得到改观,通过大数据实测分析,主线方向行驶速度提升 17%～25%,主线行程时间缩短 20～30 s,整体延误缩减 15～30 s,与模型分析数据基本吻合。

5　结语

数字驱动赋能下的城市交通治理,在交通大数据的主导下,通过对宏观交通现状的分析和微观仿真系统相结合的方式,可以更为清晰有效地反映方案实施效果,对于交通网络的优化的效果展示,可以直观地为交通管理部门对于现状交通治理改善提供决策依据。

参考文献

［1］ 张小娟,贾海薇,张振刚.智慧城市背景下城市治理的创新发展模式研究[J].中国科技论坛,2017(10):105-111.
［2］ 姜冬雪.快速路匝道汇入路段的瓶颈特性及驾驶人换道行为研究[D].南京:东南大学,2017.
［3］ 曹廷,姚东成.快速路匝道与主线合流区交通参数关系模型[J].交通运输研究,2017,3(5):20-25.
［4］ 郭涛.城市快速路匝道分合流区交通运行特性及优化控制方法研究[D].青岛:青岛理工大学,2014.
［5］ 李林恒,李宗平,李远辉.合流区匝道交通量控制指标计算方法研究[J].交通运输工程与信息学报,2015,13(3):64-69.

有轨电车自动驾驶系统的设计与实践

梁 霄　李国龙　朱永辉　袁 魁　杜 康

摘　要：本文通过在常规目视驾驶有轨电车系统中引入自动驾驶理念，结合感知融合、人工智能、车路协同（V2X）等关键技术，构建有轨电车自动驾驶系统，对有轨电车自动驾驶系统的基本概念、功能构成、关键技术以及相应的工程[①]实施进行介绍，体现其在轨道交通信控系统升级换代、提升公共交通运营的安全性和效率方面的优势，可供轨道交通相关专业的规划、建设、工程和科研人员参考。

关键词：有轨电车；自动驾驶；感知；人工智能；V2X

Abstract: An autonomous driving system for trams is proposed based on the combination of multi-sensor perception, artificial intelligence and V2X. The fundamental concepts, function composition, key techniques and corresponding engineering practice are also introduced to embody its advantages in the upgrading of rail signaling and control systems and the improvement of safety and efficiency of public transportation operation, which can provide reference for the planning, construction, engineering and research personnel of related disciplines in rail industry.

Keywords: tram; autonomous driving; perception; artificial Intelligence; V2X

前言

自动驾驶车辆能够有效避免因驾驶技能、心理变化、疲劳程度等人为因素而导致的交通事故，能够有助于合理管控道路交通流量，以改善道路的通行能力，还能够提供舒适、友好的驾乘体验，具有广阔的应用前景以及潜在的社会效益。有轨电车是近年来兴起的一种介于常规公交和地铁之间的地面交通制式，具有线路（轨道）固定、司机目视驾驶、地面交通运营的公共交通系统特征。通过在有轨电车系统中运用自动驾驶技术，构建有轨电车自动驾驶系统，实现有轨电车运营自动化、智能化、自主化，同时借力智能交通体系下的车路协同系统，有助于提升公共交通运营的安全性和效率，降低能耗，满足人民群众日益增长的"美好出行"需求。

本文结合上海富欣智能交通控制有限公司（以下简称"富欣智控"）近年来在轨道交通自动化、智能化方面的研发情况，对有轨电车自动驾驶系统的基本概念、功能构成、关键技术以及相应的工程实施进行介绍，供轨道交通相关专业的规划、建设、工程和科研人员参考。

1　有轨电车自动驾驶的概念

有轨电车自动驾驶系统是以现代信息化技术、人工智能技术、自动化技术构建的运行控制系统，目的是提升有轨电车运营服务水平，增强系统装备的功能和性能。在城市交通建设中采用全自动控制技术，能够进一步增强系统装备的功能和性能，进一步提升交通运输的安全与效率。图1为自动驾驶有轨电车

作者简介：梁　霄，上海富欣智能交通控制有限公司
　　　　　李国龙，上海富欣智能交通控制有限公司
　　　　　朱永辉，上海富欣智能交通控制有限公司
　　　　　袁　魁，上海富欣智能交通控制有限公司
　　　　　杜　康，淮安现代有轨电车经营有限公司

注①：本工程是指"淮安有轨电车自动驾驶科技示范工程"。

系统与公共交通相结合的基本概念。一方面,电车位于包含轨道、路侧-车载-中央信号设备在内的轨道交通运行系统中,同时又作为地面交通系统的参与方,与其他交通参与者共享路权,并服从地面交通系统的附加管控。另一方面,自动驾驶系统赋予有轨电车自主行驶、自主决策的能力,使电车成为在行为上更加近似汽车的智能化交通主体;结合车车协同、车路协同等网络化技术,社会交通系统也可接纳有轨电车作为其有机组成部分,充分发挥电车大运量、准点高效的运营优势。

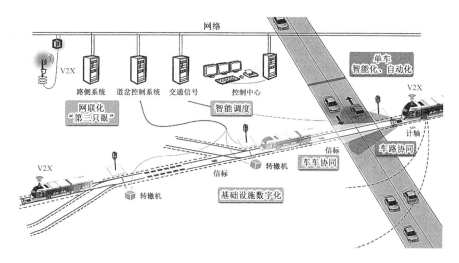

图 1　自动驾驶有轨电车系统与公共交通相结合的基本概念

2　有轨电车自动驾驶系统功能构成

具有自动驾驶能力的有轨电车是自主载具(Autonomous Vehicles)的一种,其自动驾驶系统应满足"感知—规划—控制"这一自主机器的基本运行逻辑,同时带有明显的轨道交通专业特征和特定功能要求。图 2 为自动驾驶有轨电车系统的基本功能结构。整个系统由有轨电车和其上搭载的自动驾驶系统组成,后者又可具体划分为环境感知功能、运行调度功能和电车控制功能,三者相互配合以满足"感知—规划—控制"的工作逻辑。作为传统目视行驶有轨电车控制方的电车驾驶员,不属于自动驾驶系统,但需要同自动驾驶系统进行持续交互,以监督后者的状态,并在必要的情况下进行干预以确保电车行驶安全。自动驾驶系统受到有轨电车中央行车调度系统的统一管理,并与社会车辆、行人等外部交通参与者进行交互。整个自动驾驶系统运行于以固定轨道、开放/半开放路权为基本特征的线路环境中。整个线路环

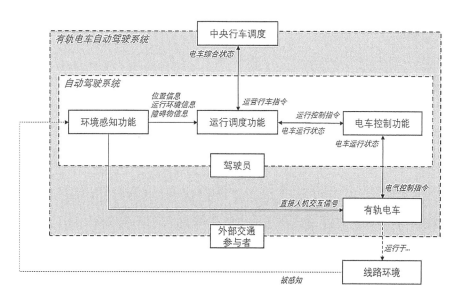

图 2　自动驾驶有轨电车系统的基本功能结构

境(与自动驾驶相关的要素)可被自动驾驶系统中的环境感知功能所检测和利用。

自动驾驶系统中,三大功能的基本工作内容包括:

1) 环境感知功能

利用异构传感器及相应检测技术,实时检测电车运行线路及运行环境,形成电车运行态势,识别环境中可能对电车安全自动运行构成威胁的因素(如障碍物、错误的信号状态等),并及时向运行调度功能报告。

2) 运行调度功能

运行调度功能是自动驾驶系统的"大脑",通过综合中央行车调度、环境感知功能和电车控制功能传来的调度指令、环境感知信息和电车运动状态,在保证安全、兼顾舒适的前提下,判定电车综合运行状态,计算本车的实时运行控制指令,发送至电车控制功能。

3) 电车控制功能

作为自动驾驶系统与有轨电车车辆的主要接口,电车控制功能负责将运行调度功能生成的电车逻辑运行控制指令,转换为可供实际设备接收的电气控制指令,下发给有轨电车执行,以实现自动驾驶系统对有轨电车运行的真正控制。同时,该功能接收电车反馈的运动状态,并进一步向运行调度功能发送,以形成完整的自动驾驶控制闭环。需要注意的是,有轨电车自身也有复杂的控制和通信系统,在上层控制系统命令下,实现包括牵引制动、门控、空调等电车运营的基本能力。本文所述的电车控制功能,主要考虑在自动驾驶系统功能范围内的控制逻辑。

中央行车调度、驾驶员和外部交通参与者并不严格地属于自动驾驶有轨电车系统,故不在本文的讨论范围内。

以下针对自动驾驶系统中的关键功能和关键技术,进行具体介绍。

3 关键功能

3.1 环境感知功能

环境感知功能通过综合利用数量不等的异构传感器,实时获取电车外部的运行环境信息,从中抽提出对电车运行有影响的环境要素和对象,发送给后端运行调度和电车控制功能,以实现电车的持续可靠运行。得益于目前汽车领域自动驾驶和高级辅助驾驶的迅速发展,环境感知功能能够充分利用前者所积累的经验、技术和相关设备,在此基础上结合轨道交通的运行特征,形成面向有轨电车自动驾驶的专有环境感知功能。该功能可进一步分为以下三个子功能(图3)。

1) 自主定位

该功能在结合有轨电车专有地图信息的基础上,利用轮轴、组合导航系统、V2X等手段,形成能够可靠表示有轨电车实时位置的复合定位。有轨电车运行在地面上,其运行环境是地面交通与轨道交通的复合体,在自动驾驶语义下对其进行定位,需要同时考虑地面交通意义下的定位(如组合导航)和轨道交通意义下的定位(如轮轴、信控设备等)。此外,有轨电车作为公共运载工具,其运行比道路车辆更加需要进行跨街区的全局规划,以达到效率和舒适性兼备的目的,在定位上也需要引入长距和全局性的设备和手段(如V2X)。

2) 融合感知

融合感知以摄像机、毫米波雷达、激光雷达等传感器作为信息源,分别采集环境的不同数据,经过合理结合后,形成对电车运行环境的实时表示(特别是其中的障碍物信息)。由于有轨电车是运行在固定轨道上的公共交通工具,其运行受到信控系统的调节与约束(如电车不能越过禁止态信号,电车行经道岔反位、路口等区域时需要限速等),故面向有轨电车自动驾驶的融合感知功能还包括对轨道交通基础设施和信控系统状态的感知。

3) 运行态势综合

经过各种传感器融合得到的障碍物信息和自主定位信息,在地图信息的约束下,形成有轨电车运行的实时态势。运行态势综合是判断电车运行前方整体状况和行车风险的核心功能。

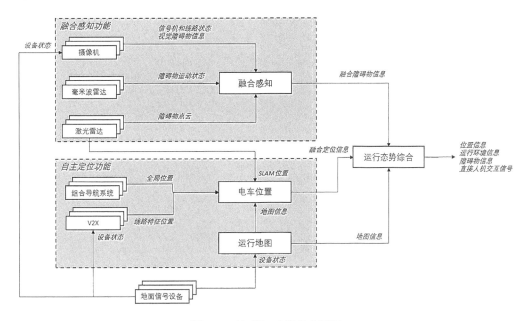

图 3　环境感知功能基本逻辑

3.2　运行调度功能

运行调度功能的总体职责是基于环境感知功能获取的运行态势,根据本车特性和运行状态,在确保运行安全的基础上形成对本车的运行控制指令,以满足运营要求,兼顾运行舒适性。该功能是自动驾驶系统与环境和电车结合的核心,又可分为以下几个子功能(图 4)。

1) 移动授权计算

用于根据环境感知功能提供的电车位置信息、运行环境信息和障碍物信息,生成电车控制系统可以利用的前方可行驶区域表示,即"移动授权"。移动授权为实时计算,且同时受电车状态的约束和控制安全性计算的监督。

2) 控制安全性计算

用于判定计算出的移动授权是否满足电车运行的安全要求。控制安全性计算同时考虑电车的物理和电气特性、控制系统的设计功能、运行状态/故障情况和轨道交通运营规则,对移动授权进行确认,将确认后的移动授权送至控制命令综合,以生成最终控制指令。

3) 运营规则计算

该功能接收中央行车调度(也可以是驾驶员)发给本车的运营指令(如停站、开关门等),结合经过确认的移动授权,判定如何在实现运营指令的情况下持续实现移动授权的消耗,以完成运营目标。对运营指令的实现可能导致移动授权变更,或影响运行舒适性(特别是在运营指令为临时下发的情况下),故该功能需要与控制安全性计算功能和运行舒适性计算功能协同工作。

4) 运行舒适性计算

该功能用于实现以乘客舒适性指标为导向的移动授权。运行舒适性以电车加速度和加速度的变化率为主要衡量指标,控制上要求平稳而非突变,同时考虑电车作为复杂系统和大时滞对象的控制特性,形成渐进性的控制要求。

5）控制命令综合

该功能在渐进性控制要求指导下,将经过确认的移动授权转化为电车可以执行的具体控制指令,发送给电车控制功能以实施控制。

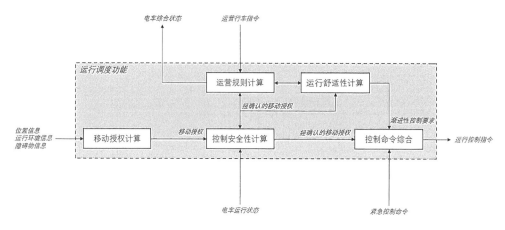

图 4　运行调度功能基本逻辑

3.3　电车控制功能

电车控制功能的主要作用是将运行调度功能发送来的运行控制指令,通过信号转换,按照电车自有的通信协议发送给车辆自身的控制系统,以实现包括牵引制动、车门控制、声光信号等在内的具体的电车功能,如图 5 所示。

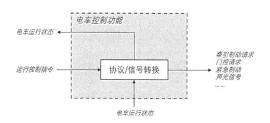

图 5　电车控制功能基本逻辑

4　关键技术

有轨电车自动驾驶系统涉及多学科多领域,需要一系列技术手段解决上述各功能中的特定问题。下面简单介绍人工智能和车路协同在该系统中的作用。

4.1　人工智能

以深度学习为代表的新一代人工智能技术已在图像处理、生物制药等方面得到了有效应用。自动驾驶系统涉及大量传感器数据的辨识、学习和信息提取,在特定场景中甚至是唯一具有实际意义的技术手段(如图像识别)。在有轨电车自动驾驶系统中应用人工智能,主要解决以下问题:

（1）识别轨旁信号设备及其状态(如信号机灯色、轨道等);

（2）获取交通参与者的语义信息(如物体类别、行为解析等);

（3）监督司机作业状态;

（4）对电车控制模式的系统性优化。

图 6(a)(b)分别显示了人工智能应用于上述(1)和(2)的示例。

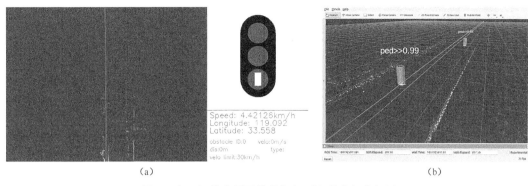

图 6 人工智能应用于信号机识别和轨上行人识别

4.2 车路协同

如前所述，有轨电车需要大范围的运行规划以改善行驶的全局优化能力和运行效率，故存在远距离获取线路和设备状态的需求，据此引入包括车-车通信和车地通信（V2X）在内的车路协同机制，使电车能够具备比车载传感器更远的感知能力，提前对线路状态进行预判。

车路协同机制可以在下列两方面改善有轨电车自动驾驶能力：

（1）信号机的超视距检测（路口自适应通过）。基于图像的信号机检测仅能在近距离才有较为可靠的效果，且会受到环境光照、夜间等影响，当电车行经信号机防护的路口或道岔时，得不到及时的信号机状态告知，在确保安全的要求下只能停车或低速通过，限制了通行效率。通过引入 V2X，将信号机灯色状态提前发送给自动驾驶电车，可以使电车在较远距离上获取信号机的状态，提前规划路口速度和过路口/过岔策略，减少无谓停车和减速。

（2）旅行速度的全局优化。单独依赖自主感知的自动驾驶系统，无法获取线路更大范围的状态以及线路上其他电车的运行情况，不利于整体运营的改善。在车-车通信和车地通信链路支持下，可以在整个线路范围内对电车的运营进行整体调配，同时电车自身也可以根据其前后车的运行情况，动态调节自身运行计划，达到局部规划和整体规划的统一。

5 系统实施

在本文所述的有轨电车自动驾驶设计思想指导下，富欣智控于 2019—2020 年在淮安有轨电车 1 号线选取电车进行了自动驾驶系统部署和相应的车辆改造（图 7），构成具备自动驾驶能力的样车（图 8），并在正线选取包含站台、道岔、路口等多种场景在内的 1.2 km 试验段进行了包括夜间、阴雨等在内的多环境测试，以及包括定位调速、精确停站、开关门等在内的各种运营功能的自动驾驶系统实跑。实跑结果表明，所设计的有轨电车自动驾驶系统较好地匹配了有轨电车的运营和运行特性，能够在包含多种场景的线路上实现自动驾驶系统的各项运营功能。同时，得益于自主环境感知和车路协同的引入，减轻了司机驾驶操作和对行驶状态监督的工作压力，提高了电车对道路复杂环境的适应能力和运行效率。

（a）传感器组合

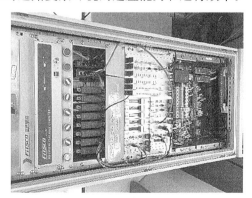
（b）控制系统

图 7 自动驾驶系统设备

图 8 自动驾驶电车全貌

6 结论

本文面向现代有轨电车这一城市轨道交通中低运量的主要运载制式,设计了特定于有轨电车的自动驾驶系统,通过综合多传感器融合感知、电车自主规划控制等功能,引入人工智能、车路协同等技术,使传统目视驾驶有轨电车具备自主感知、自动驾驶能力。实跑结果表明,所设计的有轨电车自主驾驶系统能够实现多场景下的各项运营功能,减轻了司机压力,并在提高电车环境适应能力和融入城市交通整体规划方面,具有积极意义。

参考文献

[1] 来飞,黄超群,胡博.智能汽车自动驾驶技术的发展与挑战[J].西南大学学报(自然科学版),2019,41(8):124-133.

[2] 秦国栋,苗彦英,张素燕.有轨电车的发展历程与思考[J].城市交通,2013,11(4):6-12.

[3] 冉斌,谭华春,张健,等.智能网联交通技术发展现状及趋势[J].汽车安全与节能学报,2018,(9)2:119-130.

[4] 喻智宏,孙吉良,申大川.有轨电车通信信号技术与智能交通系统[J].城市交通,2013,11(4):44-51.

[5] 刘样平,孙俊勇,罗显光,等.自动运行有轨电车网络控制系统设计方法[J].城市轨道交通研究,2020,23(10):174-177.

[6] 王金强,黄航,郅朋,等.自动驾驶发展与关键技术综述[J].电子技术应用,2019,45(6):28-36.

[7] 王佳荣.面向自动驾驶的多传感器三维环境感知系统关键技术研究[D].长春:中国科学院大学(中国科学院长春光学精密机械与物理研究所),2020.

[8] 郑远攀,李广阳,李晔.深度学习在图像识别中的应用研究综述[J].计算机工程与应用,2019,55(12):20-36.

[9] 罗情平,吴昊,陈丽君.基于车-车通信的列车自主运行系统研究[J].城市轨道交通研究,2018,21(7):46-49.

[10] 刘爽,吴韶波.V2X车联网关键技术及应用[J].物联网技术,2018,8(10):39-40,43.

高速公路的动态自动驾驶专用车道设置及其使用方法

Study on Setting and Use Methods of Dynamic Dedicated Lanes for Autonomous Vehicles on Freeways

王 杉　曲文良　保丽霞

摘　要：面向实现高速公路自动驾驶车辆专用车道对社会车辆时空路权的动态管理，提出基于高速公路的动态自动驾驶专用车道设置及其使用方法。基于自动驾驶车辆进出专用车道实时状态的变化，通过智能道钉闪亮范围的动态调整、可变信息标志的布设及控制、清空距离以及安全距离的空间保障，动态调整专用车道上社会车辆的使用路权，保证自动驾驶车辆的安全、快速通行。通过合理设置动态自动驾驶专用道，为目前高速路网中自动驾驶车辆流量较小的应用场景提供新思路，降低投入产出比，既能保证车辆运行安全，又能提高高速公路的通行效率及道路资源利用率。

关键词：动态自动驾驶专用车道；社会车辆时空路权动态管理；智能道钉动态闪亮控制

中图分类号：U 491/U 471　　　　**文献标志码**：A

Abstract: Aiming at realizing the dynamic management of the time and space rights of social vehicles, the setting and use methods of dynamic dedicated lanes for auto-driving on freeways are proposed. Based on the real-time status changes of autonomous vehicles entering and exiting the dedicated lanes, the use right of social vehicles on the dedicated lanes is dynamically adjusted through the dynamic adjustment of the shining range of smart road studs, the placement and control of variable information signs, and the utilization of clearance distance and the safety distance to ensure the safe and fast passage of autonomous vehicles. By reasonably setting up dynamic dedicated lanes for autonomous vehicles, new ideas for application scenarios where the traffic flow of autonomous vehicles in the current freeway network is relatively lower are provided, which can reduce the input-output ratio, ensure safe vehicle operation, and improve freeway traffic efficiency and road resource utilization.

Keywords: dynamic dedicated lanes for autonomous vehicles; dynamic management of social vehicles' time and space rights of way; dynamic flashing control of smart road studs

随着5G、云计算、大数据、物联网等新技术的发展，以及大众对智慧化美好生活的需求，行业内已普遍达成共识，自动驾驶会成为未来几十年的前瞻发展方向，加持最近新基建的重大利好，自动驾驶产业迎来了盛大机遇，产业链上下游各方争相布局谋划、研究测试，然而由于成本、技术等，自动驾驶车辆还难以形成规模，达到量产，未来道路上自动驾驶车辆的流量也难以确切估计，那么是否设置自动驾驶专用车道（以下简称专用道）则成为一大难点。同等道路规模下若选择其中一条道路，单独设置自动驾驶专用道，虽然能够有效保障自动驾驶车辆的行驶安全，且有效提升其通行效率，显著降低排放与油耗，但是由于专用道占用了大量的空间资源，若自动驾驶专用道利用率不高，则会加剧交通拥堵，增加社会车辆的平均延误；若保持社会车辆的道路规模不变，另外再增加自动驾驶专用道，则征用土地、建设、运营等成本会剧增，而且在自动驾驶车辆流量较小的情况下，投入大，产出小，边际成本较高，经济效益和社会效益不显著。

本文拟通过智能道钉闪亮范围的动态调整、可变信息标志的布设及控制、清空距离以及安全距离的空间保障，实现自动驾驶专用车道对社会车辆路权的动态管理，使得专用道上无自动驾驶车辆时，自动驾驶专用道对社会车辆开放；自动驾驶车辆存在时，自动驾驶车辆前后方路段一定距离内无社会车辆行驶。

作者简介：王　杉，上海市城市建设设计研究总院（集团）有限公司，ITS中心主任，主要从事智能交通规划设计咨询。

　　　　　　曲文良，上海市城市建设设计研究总院（集团）有限公司河南分公司，工程师，主要从事智能交通规划设计咨询。

　　　　　　保丽霞，上海市城市建设设计研究总院（集团）有限公司，总院总工助理，教授级高级工程师，主要从事智能交通规划设计咨询。

1 国内外现状

1.1 高速公路车路协同相关研究

高速公路车路协同应用是否能够落地一直备受关注,王玉姣基于V2X的高速公路车路协同应用进行研究,在《合作式智能运输系统车用通信系统应用层及应用层数据交互标准》典型应用基础上,提出3个高速公路具体应用示例,总结实施方案和应用难点。方啸等研究了车路协同自动驾驶在高速公路货物运输中的应用,以货物运输车辆为应用对象,探索自动驾驶与车路协同技术在高速公路场景中的应用。分析高速公路货运场景的应用优势,最后分别给出自动驾驶与车路协同技术在高速公路货物运输场景中的应用途径。李士东等研究了C-V2X技术在高速公路中的应用。针对车路协同应用场景,分析了传统高速公路在安全、效率及服务方面存在的问题,提出了基于C-V2X车路协同与路网智能控制系统设计方案,介绍了为高速公路提供的4种业务场景。杨晓寒等对高速公路车路协同自动驾驶条件及技术进行研究,在高速公路车路协同自动驾驶条件研究基础上,提出了高速公路自动驾驶系统的建设目标,重点结合高速公路现有条件对路侧系统的实现所面临的问题提出相应对策,并就车路协同自动驾驶对我国高速公路未来产生的积极影响进行了探讨和展望。童星对高速公路车路协同智能交互体系自动驾驶技术进行研究,认为建设高速公路状态感知体系、高速公路基础通信体系以及高速公路路管平台体系可以构建一整套完善的基于高速公路领域的车路协同智能交互体系,中国高速公路预计将成为最先实现的自动驾驶应用场景。

1.2 自动驾驶车辆相关研究

裴玉龙等针对高速公路作业区智能车道汇合控制系统进行研究,结合ITS技术设计了高速公路作业区的智能车道汇合控制系统的流程,并建立了信息采集子系统、信息处理及决策子系统和信息发布子系统。周建海等针对自动驾驶汽车的专用道路进行研究,提出了一种自动驾驶汽车专用道路的设计方法。周文帅等研究面向高速公路车辆切入场景的自动驾驶测试用例生成方法,为在自动驾驶汽车基于场景的测试中生成涵盖相应场景中复杂多变的真实交通运行过程的测试用例。陈晓荣等研究了无人驾驶公交专用道系统,包含交叉口控制区域和无人驾驶公交协同控制系统,能够提高现有公交系统的效率。

1.3 动态可变车道相关研究

宋现敏等针对动态公交专用道的设置进行研究,提出了一种新型动态公交专用道,不仅确保了公交优先策略,且可显著提升道路资源时空利用率,降低社会车辆与公交车辆对道路资源的需求冲突。毛丽娜等针对智能车路协同环境下实时动态可变车道技术研究和应用现状,提出以智能交通技术为基础大力发展可变车道,实现可变车道的实时动态优化调控。蔡建荣等面向无人驾驶车辆普及的未来对可变车道优化方法开展了研究。根据用户最优和系统最优之间的关系,提出了通过ITS调控所有无人驾驶车辆实现系统最优的方法。在此基础上,进一步考虑可变车道对道路资源的调节作用,构建了基于无人驾驶车辆的系统最优可变车道模型。

1.4 小结

综上,自动驾驶属于新兴领域,目前,国内外有关自动驾驶车辆的研究相对较少,现有研究多针对高速公路车路协同的应用及测试场景、自动驾驶车辆的控制方法以及动态可变车道的设置等方面,难以形成体系。对于动态自动驾驶专用车道的相关研究更是不多。高速公路作为自动驾驶技术的重要应用场景,对于高速公路自动驾驶专用车道的研究具有重大意义。

2 动态自动驾驶专用车道设置方法

2.1 物理设施的布设

为保证自动驾驶专用车道对社会车辆动态路权的管理,专用车道设置可变信息标志、智能道钉、雷视一体机等物理设施,高速公路设专用车道路段的入口匝道和出口匝道均设有自动驾驶车辆检测器(图1)。

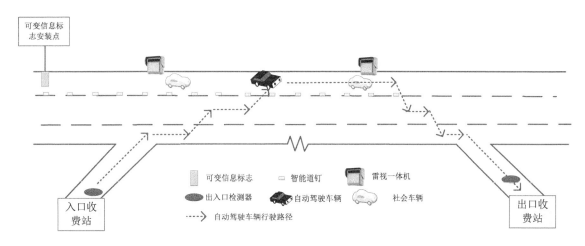

图1 自动驾驶专用车道物理设施布设示意图

高速公路上,位于每一入口匝道汇入点的对应专用车道的临近指定位置均设有可变信息标志,其信息的变化显示用于提示社会车辆是否可以驶入专用车道;专用车道与普通车道之间设有若干智能道钉进行间隔,其动态闪亮用于提示专用车道上不允许社会车辆行驶;专用车道上按照200 m的间距布设若干雷视一体机,检测范围覆盖专用车道,用于跟踪自动驾驶车辆在专用车道行驶的位置,并检测自动驾驶车辆是否进入专用车道,并对行驶于专用车道中智能道钉闪亮范围的社会车辆进行抓拍;高速公路专用车道路段的入口匝道和出口匝道均设有自动驾驶车辆检测器,用于检测自动驾驶车辆的驶入驶离。

2.2 可变信息标志布设位置的计算方法

可变信息标志的布设,主要是为了显示前方自动驾驶专用道路权是否对社会车辆开放,即通过显示信息的变化,提示后方社会车辆是否可以驶入专用道,例如当可变信息标志显示"X"时,表示后方社会车辆禁止驶入专用道;当可变信息标志暗掉或显示绿箭头时,表示后方社会车辆可以驶入专用道。

可变信息标志的布设位置,则是为了实现当自动驾驶车辆汇入专用道时,其前方清空距离、后方安全距离内没有社会车辆。其布设位置的计算,需要考虑检测到自动驾驶车辆时,最后一辆即将进入专用道的社会车辆无法正常驶离的临界情况,因此可变信息标志的布设位置存在一个区间范围。以专用车道的行车方向为 x 轴正方向,下述点位位置大小比较参照位于 x 轴的位置,沿 x 轴正方向,依次设3号位置 x_3、1号位置 x_1、2号位置 x_2,如图2所示。

可变信息标志可布设合理区间的计算公式如下:

$$L_c - (\min v_C t - S_A^b) \leqslant S_a \leqslant L_s + S_A^s$$

$$S_b + \max v_C t \leqslant S_A^s - L_s$$

$$S_v = S_a \bigcup S_b$$

式中:S_v——可变信息标志布设的可选位置;

S_a——可变信息标志布设的可选点位a,且 $x_1 \leqslant S_a \leqslant x_2$;

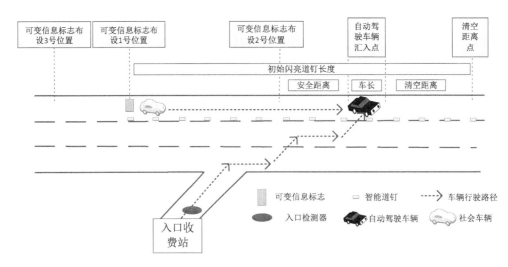

图 2 可变信息标志布设位置示意图

S_b——可变信息标志布设的可选点位 b，且 $S_b \leqslant x_3$；

A——从匝道驶入，进入高速路网中的自动驾驶车辆；

C——高速公路上匝道入口处检测到自动驾驶车辆 A 开始驶入后，经过可变信息标志位置进入专用道的最后一辆社会车辆；

L_c——自动驾驶车辆与前方社会车辆的清空距离，m；

L_s——自动驾驶车辆与后方社会车辆的安全距离，m；

t——自动驾驶车辆从入口匝道检测器位置到汇入自动驾驶专用道的行驶时间，s；

$\min v_C$——社会车辆的最小行驶速度，m/s；

$\max v_C$——社会车辆的最大行驶速度，m/s；

S_A^b——自动驾驶车辆以最大速度汇入自动驾驶车道后，位于自动驾驶专用车道的位置；

S_A^s——自动驾驶车辆以最小速度汇入自动驾驶车道后，位于自动驾驶专用车道的位置。

2.3 智能道钉初始闪亮长度的计算方法

智能道钉的闪亮主要实现两个目的：一是提示专用道上既有社会车辆立刻驶离；二是提示相邻车辆社会车辆不允许驶入。

智能道钉初始闪亮长度，是为了保证自动驾驶车辆从外侧车道换道至最内侧的自动驾驶专用道时，其前后方一定距离内无社会车辆(图3)。由于实际交通环境中，车辆交织、行驶轨迹等多重因素的影响，自动驾驶车辆可能会存在多个汇入点，为保证足够安全，初始闪亮长度组成部分应为可变信息标志到自动驾驶车辆驶入专用道可能汇入点的最大距离，还应包含自动驾驶车辆与前方车辆的清空距离。

初始闪亮方式闪光的若干智能道钉的长度计算公式如下：

$$L_n^i = S_A^b - S_v + L_c$$

式中：L_n^i——智能道钉的初始闪亮长度。

2.4 智能道钉动态闪亮计算方法

智能道钉的动态闪亮，是为了实现清空距离和安全距离内没有社会车辆。随着自动驾驶车辆在专用道行驶过程中的位置变化，智能道钉的闪亮范围也需动态调整。

闪亮长度的确定有两种方法：(1)自动驾驶车辆与前方社会车辆的清空距离＋自动驾驶车辆长度＋自动驾驶车辆与后方社会车辆的安全距离；(2)将专用道按总长度等距分段，每段长度约为 50 m 至 100 m，运行闪亮方式闪光的若干智能道钉的范围＝自动驾驶车辆行驶位置所在的分段＋清空距离所处的分段＋安全距离所处的分段。如图 4 所示，自动驾驶车辆在 F、G 区行驶，则 E、F、G、H 四区的智能道

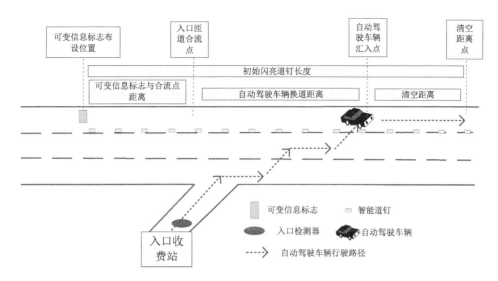

图 3　智能道钉初始闪亮长度示意图

钉闪亮。这两种方法均可通过雷视一体机＋智能道钉的控制器协同控制实现。方法 1 精确度高，但对检测手段、控制手段和设备协同联动要求较高，相比较而言方法 2 更具有可操作性。

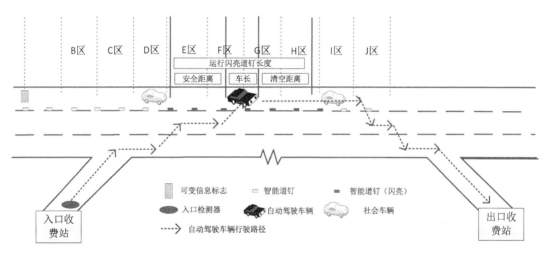

图 4　智能道钉闪亮范围动态调整示意图

2.4.1　清空距离的计算方法

清空距离是前方社会车辆应与后方自动驾驶车辆所保持的距离，主要保证自动驾驶车辆在其专用道上可以稳定运行。清空距离应由前后车安全距离和前车换道所需距离组成，即自动驾驶车辆需始终与前车保证安全车距，保证前车的减速、骤停、换道等行为不会对自动驾驶车辆的运行造成影响。同时，前车发现自动驾驶车辆在后方一定距离时，应开始向非自动驾驶专用道变道。进一步，需要考虑前车换道时的交织行为，即前车想换道但由于相邻车道社会车辆的影响无法及时换道。清空距离 L_c 的计算公式如下：

$$L_c = L_A^r + L_A^b + L_f^c$$

$$L_A^r = \left(t_A^r \times \frac{\max v_A}{3.6} \right)$$

$$L_A^b = \frac{\max v_A^2}{2 \times 3.6 \times 3.6 \times a_A^s}$$

$$L_f^r = t_f^r \times \frac{\max v_f}{3.6}$$

$$L_f^c = 0.625 \times \max v_f \times w_f^b$$

式中:L_A^r——行驶于自动驾驶专用道上的自动驾驶车辆在反应时间内最大行驶距离,m;

L_A^b——行驶于自动驾驶专用道上的自动驾驶车辆发现前车骤停所需最大安全制动距离,m;

L_f^r——前方车辆在反应时间内最大行驶距离,m;

L_f^c——前车发现后方来车时换道所需最大距离,m;

t_A^r——行驶于自动驾驶专用道上的自动驾驶车辆的反应时间,s;

$\max v_A$——行驶于自动驾驶专用道上的自动驾驶车辆的最大车速,km/h;

a_A^s——行驶于自动驾驶专用道上的自动驾驶车辆的最小制动加速度,m/s²;

t_f^r——前车的最大反应时间,s;

$\max v_f$——前车的最大车速,km/h;

w_f^b——前车换道横向最大偏移距离,m。

2.4.2 安全距离的计算方法

安全距离即自动驾驶车辆与后方社会车辆的距离,主要是通过足够的长度,保证自动驾驶车辆的减速、骤停等行为不会对后方车辆的运行造成影响。安全距离除包括反应时间对应的距离+安全制动距离外,考虑到后方社会车辆可能比自动驾驶车辆车速快,安全距离还应包括后方社会车辆换道所需距离。安全距离 L_s 的计算公式如下:

$$L_s = L_r^r + L_r^c + L_r^b$$

$$L_r^r = t_r^r \times \frac{\max v_r}{3.6}$$

$$L_r^c = 0.625 \times \frac{\max v_r}{3.6} \times w_r^b$$

$$L_r^b = \frac{\max v_r^2}{2 \times 3.6 \times 3.6 \times a_r^s}$$

式中:L_r^r——后方车辆在反应时间内最大行驶距离,m;

L_r^c——后方车辆发现行驶于自动驾驶专用道上的自动驾驶车辆时,换道所需最大距离,m;

L_r^b——后方车辆发现行驶于自动驾驶专用道上的自动驾驶车辆骤停时,所需的最大安全制动距离,m;

t_r^r——后车的最大反应时间,s;

$\max v_r$——后车的最大车速,km/h;

w_r^b——后车换道横向最大偏移距离,m;

a_r^s——后车的最小制动加速度,m/s²。

3 动态自动驾驶专用车道使用方法

自动驾驶车辆进出路网共分为 4 个状态:①初始状态:自动驾驶驶入高速公路入口收费站。②驶入状态:自动驾驶车辆驶入高速公路自动驾驶专用道。③行驶状态:自动驾驶车辆在高速公路自动驾驶专用道正常行驶。④驶离状态:自动驾驶车辆驶离高速公路自动驾驶专用道。动态自动驾驶专用车道控制流程如图 5 所示。

在自动驾驶车辆未驶入入口匝道,或者专用车道没有自动驾驶车辆行驶时,可变信息标志和所有智能道钉均处于关闭状态,所有雷视一体机均不进行抓拍,专用车道用于通行社会车辆。

在自动驾驶车辆已驶入入口匝道,但并未驶入专用车道时,可变信息标志显示专用车道为自动驾驶车辆专用,提醒后方车辆不得驶入自动驾驶车辆专用车道,所有智能道钉均以初始闪亮方式闪光,请行驶于专用车道智能道钉闪亮范围内的所有社会车辆离开专用车道;所有雷视一体机开始抓拍进入专用车道的社会车辆以及 10 s 内不离开自动驾驶专用车道的社会车辆。

在自动驾驶车辆汇入专用车道时,可变信息标志开始变化,显示专用车道可以为社会车辆使用,所有智能道钉均以运行闪亮方式闪光,闪亮范围随着自动驾驶车辆行驶位置的变化而动态变化,用于提醒相邻车道社会车辆禁止驶入专用车道的道钉闪亮范围,所有雷视一体机均抓拍进入智能道钉闪亮范围内的社会车辆。

当多辆自动驾驶车辆同时对专用车道触发请求时,专用车道按照并的逻辑响应。

在自动驾驶车辆驶出出口匝道时,且专用车道范围内没有其他自动驾驶车辆行驶时,所有智能道钉均关闭,所有雷视一体机均不进行抓拍,专用车道用于通行社会车辆。

4 结语

本文面向实现高速公路自动驾驶车辆专用车道对社会车辆时空路权的动态管理,研究提出高速公路动态自动驾驶专用车道的设置及其使用方法,通过智能道钉闪亮范围的动态调整、可变信息标志的布设及控制、清空距离以及安全距离的空间保障,控制社会车辆对车道的时空使用权,保证自动驾驶车辆的安全、快速通行,提高道路资源的利用效率,尤其适用于目前高速路网自动驾驶车辆流量较小的应用场景,可以较大幅度地降低管理运营部门的投入产出比。

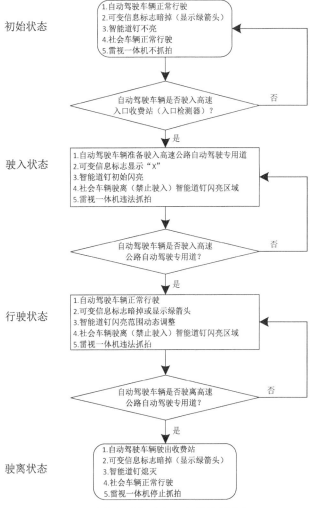

图 5 动态自动驾驶专用车道控制流程

参考文献

[1] 王玉姣.基于 V2X 的高速公路车路协同应用研究[J].智能城市,2020,6(20):157-158.
[2] 方啸,王秀峰,侯广大,等.车路协同自动驾驶在高速公路货物运输中的应用[C]//2020 中国汽车工程学会年会暨展览会论文集.上海,2020:66-70.
[3] 李士东,潘景剑,魏永利.C-V2X 技术在高速公路中的应用[J].计算机与网络,2020,46(17):57-61.
[4] 杨晓寒,暴连胜,顾思思.高速公路车路协同自动驾驶条件及技术研究[J].公路交通科技(应用技术版),2019,15(2):262-266.
[5] 童星.高速公路车路协同智能交互体系自动驾驶技术探究[J].中国交通信息化,2018(7):93-95.
[6] 裴玉龙,代磊磊.高速公路作业区智能车道汇合控制系统研究[J].公路,2007,52(8):144-149.
[7] 周文帅,朱宇,赵祥模,等.面向高速公路车辆切入场景的自动驾驶测试用例生成方法[J/OL].汽车技术:1-8[2020-11-30].https://doi.org/10.19620/j.cnki.1000-3703.20191450.
[8] 陈晓荣,张涵双.无人驾驶公交专用道系统[J].交通与港航,2020,7(2):74-79.
[9] 宋现敏,张明业,李振建,等.动态公交专用道的设置及其仿真分析评价[J].吉林大学学报(工学版),2020,50(5):1677-1686.

[10] 毛丽娜,周桂良,王成,等.可变车道文献综述及智能车路协同环境下实时动态可变车道展望[J].物流科技,2020,43(5):84-86.

[11] 蔡建荣,黄中祥,吴立烜.基于无人驾驶车辆的可变车道优化方法[J].公路交通科技,2018,35(7):136-141+150.

[12] 刘元栋.高速公路智能自主车换道控制研究[D].武汉:武汉理工大学,2018.

[13] 符锌砂,胡嘉诚,何石坚.基于交通状况及行驶速度的高速公路换道时间研究[J].公路交通科技,2020,37(4):133-139.

[14] 陈亮,刘鑫垚.国内外公交专用道设置方法探讨[J].城市公共交通,2020(3):35-40.

基于运行数据的插电式混合动力汽车电网电驱动里程比例分析

Grid Electric Driving Ratio Analysis of Plug-In Hybrid Electric Vehicle Based on Operation Data

钟鸣荟　李　强　张文杰

摘　要：插电式混合动力汽车(Plug-in Hybrid Electric Vehicle，简称 PHEV)既有可电网充电的电池又同时具备燃料发动机，可以使用电动机驱动和发动机驱动组合工作模式，提升 PHEV 电网电驱动里程比例(Grid Electric Driving Ratio，简称 EDR)是提高电能替代的重要举措。本文研究了充电条件、续航里程以及充电频率对 EDR 的影响。分析结果表明，具有稳定充电条件车辆的 EDR 均值是无固定充电地车辆 EDR 均值的 10 倍以上，充电条件对 PHEV 提升 EDR 是关键的；续航里程从 53 km 提升至 60 km 车辆 EDR 均值提升 0.1，续航里程从 60 km 提升至 80 km 车辆 EDR 均值提升 0.07；周均充电天数应该在 3 天以上。

关键词：插电式混合动力汽车；电网电驱动里程比例；充电条件；续航里程；充电频率

Abstract：The Plug-In Hybrid Electric Vehicle (PHEV) has both a grid-rechargeable battery and a fuel engine, and can operate in a combined working mode of electric motor drive and engine drive. Increasing the Grid Electric Driving Ratio (EDR) of PHEV is an important measure to improve power substitution. The effects of charging conditions, New European Driving Cycle (NEDC) and charging frequency on EDR were studied in this paper. The results show that the average EDR of the vehicles with stable charging conditions is more than 10 times that of the vehicles without fixed charging conditions, so charging conditions are critical for the PHEV to improve the EDR. The average EDR of vehicles with a range of 53 km to 60 km increases by 0.1. The average EDR of vehicles with a range of 60 km to 80 km increases by 0.07. The average weekly charging days should be more than 3 days.

Keywords：plug-in hybrid electric vehicle; grid electric driving ratio; charging condition; new european driving cycle; charging frequency

1　前言

我国将采取更加有力的政策和措施，力争于 2030 年前 CO_2 排放达到峰值，2060 年前实现碳中和，交通运输行业是终端化石能源燃烧产生 CO_2 排放的主要行业之一，新能源汽车是实现低碳减排的有效手段。大力推动新能源汽车发展，是交通领域实现电能替代的重要举措。

EDR 是指 PHEV 运行阶段电网电驱动里程占总行驶里程比例，比例越高表示车辆使用电网电的水平越高，能够反映 PHEV 电能替代的程度。在 PHEV 实际使用中，影响 EDR 的因素较多，如充电条件、车辆日均行驶里程、续航里程、充电频率以及个人的充电意愿等。本研究基于上海市新能源汽车公共数据采集与监测研究中心(以下简称数据中心)PHEV 运行数据，分别研究了充电条件、续航里程以及充电频率对车辆 EDR 的影响。

作者简介：钟鸣荟，MBA，上海市新能源汽车公共数据采集与监测研究中心研究部经理。
　　　　李　强，硕士，上海市新能源汽车公共数据采集与监测研究中心数据研究部数据分析师。
　　　　张文杰，硕士，上海市新能源汽车公共数据采集与监测研究中心数据研究部数据分析师。

2 数据与方法

本研究提取了数据中心数据库中 3 000 辆 PHEV 运行数据进行研究,数据采集时间段为 2019 年 7 月 1 日—2020 年 6 月 30 日。

2.1 数据处理

从数据库导出原始数据,首先对数据进行预处理和切割,其次对数据进行转化,获得车辆的日均行驶里程、日均出行时长、周均充电天数以及通过 SOC 变化算得车辆油里程、电里程,最终获得车辆 EDR。数据处理具体步骤及内容如下:

(1) 数据清洗:删除里程发生跳变和 SOC 发生跳变的记录。

(2) 数据切分:通过数据中心次表切分算法将车辆原始运行数据切分为单次出行、充电、停车三类数据片段。

(3) 指标构造:本研究构造了日均行驶里程、日均出行时长、周均充电天数等指标来刻画车辆出行和充电情况。其中,日均行驶里程指每日行驶里程总和除以总出行天数;日均出行时长指每日出行时长总和除以总出行天数;周均充电天数指总充电天数除以总充电周数。

2.2 样本数据出行特征

在这一小节中对选取的 3 000 辆 PHEV 的出行特征做简单介绍。图 1 是样本车辆日均行驶里程的概率密度分布,横轴表示日均行驶里程,纵轴表示概率密度。

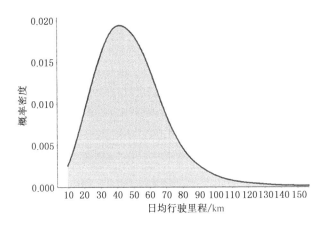

图 1 日均行驶里程概率密度分布图

图 1 显示,样本车辆日均行驶里程主要集中在 30～60 km 之间,具体统计指标见表 1。

表 1 日均行驶里程统计指标值 单位:m

统计指标	均值	标准差	下四分位数	上四分位数
数值	49.7	24.6	33.9	60

从表 1 可以得到,样本车辆日均行驶里程均值为 49.7 km,主要分布在 25～74 km 之间,日均行驶里程在 60 km 以上的车辆占 25%。

图 2 是样本车辆日均出行时长的概率密度分布,横轴表示日均出行时长,纵轴表示概率密度。

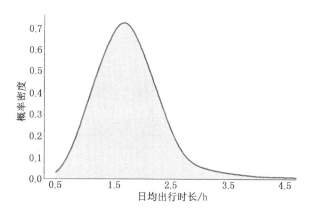

图 2　日均出行时长概率密度分布图

日均出行时长具体统计指标见表 2。

表 2　日均出行时长统计指标值　　　　　　　　　　　　　　　　　　　　单位:h

统计指标	均值	标准差	下四分位数	上四分位数
数值	1.9	0.9	1.4	2.1

从表 2 可以得到,样本车辆日均出行时长均值为 1.9 h,日均出行时长在 1~3 h 的车辆约占 90% 以上,日均出行时长在 2.1 h 以上的车辆占 25%。

2.3　EDR 计算方法

PHEV 具有电机和发动机两个驱动力,既可以利用外部电网对车辆动力蓄电池充电进行电网电驱动,又可以加注汽油通过燃烧汽油驱动,具有以下运行特征:

PHEV 工作模式如图 3,有两种工作模式:(1)电量消耗模式(CD 模式),这个阶段电池满电或者高荷电水平状态下,车辆运行一般处于纯电模式,电池电量下降较快;(2)电量维持模式(CS 模式),当 SOC 下降到电池允许下限时,车辆进入电量维持模式,车辆运行处于混动状态,SOC 发生微小波动。车辆设计不同,PHEV 运行模式组合可能会存在差异,本研究单从 CD 和 CS 模式区分来自电网电驱动里程和燃油驱动里程,从而获得车辆 EDR。

本研究中假设 CD 段的里程完全是来自电网电驱动里程(简称电里程,记为 M_e),CS 段的里程完全来自燃烧汽油驱动里程(简称油里程,记为

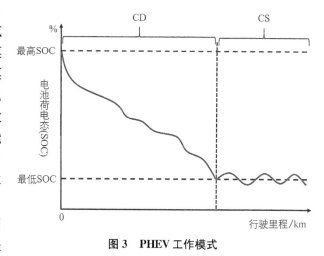

图 3　PHEV 工作模式

M_f)(电里程和油里程具体计算方法可以参考文献[2])。EDR 可由如下公式表示:

$$EDR = \frac{M_e}{M_e + M_f} \tag{1}$$

由公式(1)可以得到,总里程不变,M_e 越大,EDR 越大。提升电能替代,即提高 EDR。但是,EDR 不但受里程的影响,还受续航里程以及充电频率等影响。

3　EDR 的影响因素

本研究对上海市 3 000 辆 PHEV 的实际监控数据做了分析,研究充电条件、续航里程以及充电频率

对 EDR 的影响,从而为提高 PHEV 电能替代提供决策支撑。

3.1 充电条件对 EDR 的影响

基于研究的 3 000 辆 PHEV 一年的运行数据,结合数据中心充电点识别算法,识别出车辆充电地为居住地充电、工作地充电和无稳定充电地,针对不同的样本群体计算 EDR 均值,具体数值如表 3 所示。

表 3 不同充电条件下车辆的 EDR 均值

充电条件	样本车辆数	EDR 均值
居住地充电	1 430	0.57
工作地充电	731	0.52
无稳定充电地	839	0.05

从表 3 数据可以看出,在居住地充电车辆 EDR 均值最高,为 0.57。无稳定充电地车辆 EDR 均值只有 0.05,有稳定充电条件车辆的 EDR 是无稳定充电条件车辆 EDR 均值的 10 倍以上,说明充电条件对 PHEV 的 EDR 是关键的。因此,充电基础设施的建设对推广 PHEV 是至关重要的。

3.2 续航里程对 EDR 的影响

新欧洲驾驶循环周期(Nene European Driving Cycle, NEDC)续航里程越大,说明工况测试下车辆的纯电行驶里程越长,对于 PHEV 来说相同的充电频率下续航里程的增加将有助于 EDR 的提升。3 000 辆 PHEV 包含了续航里程分别为 53 km、60 km 和 80 km 的车辆,具体车辆数及 EDR 均值如表 4 所示。

表 4 不同充续航里程车辆的 EDR 均值

NEDC 续航里程(km)	样本车辆数	EDR 均值
53	1 000	0.32
60	1 000	0.42
80	1 000	0.49

从表 4 可以看出,续航里程从 53 km 提升到 60 km,车辆的 EDR 均值提高了 0.1;续航里程从 60 km 提升到 80 km,EDR 均值提高了 0.07。

3.3 充电频率对 EDR 的影响

所选 3 000 辆 PHEV 出行均在 200 天以上,即每周出行在 4 天及以上,本文采用周均充电天数表征车辆的充电频率。利用 R 语言中回归分析软件包,对 3 000 辆 PHEV 做回归分析,得到如图 4 所示的回归曲线。

图 4 反映了随周均充电天数的增加,车辆 EDR 呈上升的趋势,但是可以明显看出当周均充电 3 天以上时曲线变得平缓,说明与研究样本相同出行强度的 PHEV 满足每周充电 3 天以上便可以达到电能替代的饱和状态,要进一步提升电能替代率,需提升续航里程。

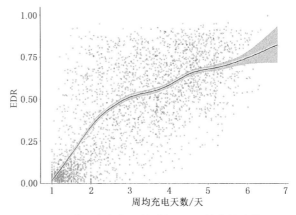

图 4 随周均充电天数增加 EDR 的变化趋势

3.4 相同充电频率下续航里程对 EDR 的影响

在这一小节中将研究相同充电频率下不同续航里程的车辆 EDR 的变化情况,以及在同一续航里程下随周均充电天数增加车辆 EDR 的变化趋势。图 5 显示了续航里程分别为 53 km、60 km 和 80 km 的三个群体的 PHEV 随周均充电天数的增加 EDR 的变化趋势。

从图 5 可以看出,周均充电约 1 天,无论续航里程多大 EDR 的值都很低,这是一个很自然的结论,充电少,电网电里程比例低。但是,可以清晰地看出,周均充电 2 天以上,续航里程越大 EDR 的值越高。纵向看,相同的充电频率下随续航里程的增加 EDR 呈递增趋势,并且在周均充电 3 天以上这种增加幅度接近一个定值。为了更加准确地确定当充电频率相同时,续航里程每提升 10 km 时 EDR 的变化趋势,本研究依据周均充电天数和续航里程将样本进一步划分为更小的群体,通过分析不同样本群体的 EDR 均值来具体研究提升充电频率和续航里程对 EDR 的影响程度。样本细分如表 5 所示。

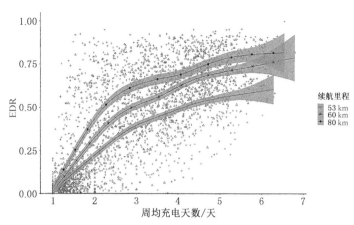

图 5　相同充电频率下不同续航里程的 EDR 水平

表 5　不同充续航里程车辆的 EDR 均值

	周均充电天数	53 km		60 km		80 km		总计	
		车辆数	EDR	车辆数	EDR	车辆数	EDR	车辆数	EDR 均值
1	(0,1.5]	246	0.05	244	0.06	231	0.09	721	0.07
2	(1.5,2.5]	186	0.21	173	0.29	225	0.41	584	0.31
3	(2.5,3.5]	191	0.39	163	0.51	185	0.61	539	0.51
4	(3.5,4.5]	213	0.47	199	0.61	174	0.68	586	0.58
5	(4.5,5.5]	143	0.55	179	0.69	135	0.77	457	0.67
6	(5.5,6.5]	21	0.60	41	0.72	48	0.79	110	0.73
7	(6.5,7]	—	—	1	0.82	2	0.90	3	0.87

对不同续航里程的群体按周均充电天数字段分组,计算每个细分群体的 EDR 均值,对均值数据拟合可以反映不同续航里程下随周均充电天数增加 EDR 整体的变化趋势。图 6 反映了不同续航里程的车辆随周均天数增加 EDR 的变化曲线。

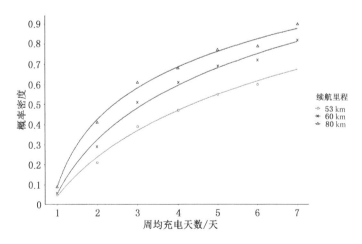

图 6　不同续航里程下随周均充电天数增加 EDR 均值变化曲线

不同续航里程的拟合曲线方程如表 6 所示。

表 6 不同充续航里程车辆的 EDR 均值拟合曲线方程

NEDC 续航里程(km)	曲线方程
53	$EDR = 0.41\ln(0.68w + 0.43)$
60	$EDR = 0.39\ln(1.15w)$
80	$EDR = 0.31\ln(2.61w - 1.28)$

由于本次研究的车辆日均里程均值为 50 km,续航里程为 80 km 的车辆在周均充电 3 天以上后曲线会很快变得平缓。续航里程从 53 km 提升至 60 km、80 km,不同充电频率下 EDR 的增加值具体见表 7。

表 7 相同充电频率下随续航里程提升 EDR 值的增加量

续航里程变化	周均充电天数						
	1 天	2 天	3 天	4 天	5 天	6 天	7 天
53 km 提高到 60 km	0.01	0.09	0.11	0.12	0.13	0.14	0.14
60 km 提高到 80 km	0.03	0.10	0.10	0.09	0.08	0.07	0.06

从表 7 可以看到,对于本研究的 PHEV 群体来说,续航从 53 km 提升至 60 km 在相同的充电频率下 EDR 可以提高 0.1 以上,续航里程从 60 km 提升到 80 km 周均充电 3 天以上 EDR 增加量在减小,说明 80 km 的续航里程可以满足此类用户的需求。

4 讨论

现阶段无法全面实现汽车纯电动化,PHEV 代替部分燃油车是推动新能源汽车市场发展的一种有效措施。由于 PHEV 排放一方面来自电网发电端的排放,另一方面来自车辆使用端汽油燃烧的排放。因此,随着我国清洁能源的发展以及 PHEV 技术的进一步提升,电网终端 CO_2 排放强度将进一步下降,另外通过政策刺激推动企业提升车辆性能,促使 PHEV 百公里电耗的降低,以及充电基础设施的进一步完善,PHEV 用户用电的积极性将进一步提升,将更加有利于节能减排。从分析来看,不同的用户针对自身出行需求选择合适的续航里程的 PHEV 是比较有价值的。

致谢:本文数据来自上海市新能源汽车公共数据采集与监测研究中心数据库。

参考文献

[1] 郝旭,王贺武,李伟峰,等. 基于中国电网结构及一线典型城市车辆出行特征的 PHEV 二氧化碳排放分析[J]. 环境科学,2019,40(4):1705-1714.

[2] Hao X, Wang H, Ouyang M G. A novel state-of-charge-based method for plug-in hybrid vehicle electric distance analysis validated with actual driving data[J]. Mitigation and Adaptation Strategies for Global Change,2020,25(3):459-475.

[3] 秦孔建,陈海峰,方茂东,等. 插电式混合动力电动汽车排放和能耗评价方法研究[J]. 汽车技术,2010(7):11-16.

基于 BIM 的桥梁智能管养平台
——以上海卢浦大桥为例

Intelligent Bridge Management and Maintenance Platform Based on BIM
— Taking Shanghai Lupu Bridge as an example

顾应欣

摘　要：BIM 技术的应用为桥梁管养决策提供了辅助支持，运用 BIM 技术可以提高桥梁管养流程的信息化水平。本文以上海卢浦大桥的管养为背景，设计基于 BIM 的桥梁智能管养平台。通过采用 Autodesk Revit 公司的 BIM 建模软件对大桥建模，汇聚大桥各种检测器采集的相关数据和日常维护数据，开发可视化的桥梁智能管养平台，以实现大桥虚拟巡视、实时监控与报警、事件处置与实况跟踪闭环、设施设备状态监控等决策支持功能，为同类型大桥智能管养提供一定的辅助参考。

关键词：桥梁；BIM 模型；智能管养；辅助决策

Abstract: The application of BIM technology provides auxiliary support for the decision-making of bridge management and maintenance, and the use of BIM technology can improve the information level of the bridge management process. Based on the management and maintenance of Shanghai Lupu Bridge, a BIM-based intelligent bridge management platform is designed. By using BIM modeling software — Autodesk Revit to model the bridge, gather various detectors to collect related data and daily maintenance data, and develop a visualized bridge intelligent management platform to realize bridge virtual patrol, real-time monitoring and alarm, event handling and live tracking closed-loop, facility and equipment status monitoring and other decision support functions. It provides a certain auxiliary reference for the intelligent management and maintenance of the same type of bridge.

Keywords: bridge; BIM model; intelligent management and maintenance; assistant decision making

1　引言

截至 2019 年末，我国在用桥梁共有 87.83 万座、桥梁总长度 6 063.46 万 m，其中特大桥梁有 5 716 座、总长度 1 033.23 万 m，大桥 108 344 座、总长度 2 923.75 万 m，稳居世界第一。与桥梁的建造速度相比，我国桥梁的管养信息化水平相对落后，还存在管理手段机械化、危害记录平面化、资料管理台账化的静态管理状态。

运用 BIM（Building Information Modeling）技术可提高桥梁管养的信息化水平。BIM 是以建筑工程项目的各项相关信息数据为基础，通过数字信息仿真模拟建筑物所具有的真实信息，建立建筑模型。2015 年交通运输部印发了《交通运输重大技术方向和技术政策》的通知，把 BIM 列为十大重大技术方向和技术政策之首，BIM 对交通运输行业的重要性可见一斑。港珠澳大桥、上海杨浦大桥等也将 BIM 技术应用到了桥梁的运维和管养中。他玉德等基于 BIM 的桥梁信息化养护技术进行了探究，张建军等基于 Autodesk Revit 软件进行了桥梁 BIM 的设计。

本文以上海卢浦大桥为背景，设计基于 BIM 的桥梁智能管养平台。采用 BIM 建模软件 Autodesk Revit 对大桥建模，通过汇聚各种检测器采集的相关数据和日常维护数据，开发 BIM 可视化的桥梁智能管养平台，实现大桥虚拟巡视、实时监控与报警、事件处置与实况跟踪闭环、设施设备状态监控等决

作者简介：顾应欣，硕士，高级工程师，主要研究方向：智慧城市设计。

策支持功能。

2 工程概况

卢浦大桥是上海市外环内跨黄浦江的四座大桥之一,是当今世界跨度第二长的钢结构拱桥(图1)。大桥于2003年6月28日建成通车,主桥为全钢结构,直线引桥全长3 900 m,其中主桥长750 m,宽28.75 m,采用一跨过江,主跨550 m。卢浦大桥在设计上融入了斜拉桥、拱桥和悬索桥三种不同类型桥梁设计工艺,是目前世界上单座桥梁建造中施工工艺最复杂、用钢量最多的大桥。

图1 卢浦大桥

3 BIM模型建立

3.1 建模软件选取

目前BIM核心建模软件主要有五种:Autodesk公司的Revit建筑、结构和机电系列,Bentley公司的建筑、结构和设备系列,Nemetschek/Graphisoft公司的ArchiCAD/AllPLAN/VectorWorks产品,Dassault公司的CATIA产品以及Gery Technology公司的Digital Project产品。

Autodesk公司的Revit系列软件是基础设施领域常用的软件平台,数据通用性较好,且软件操作相对简单、成本相对较低、沿用CAD的成图习惯,在国内建筑市场上应用广泛,目前在桥梁领域应用发展较快。为此,卢浦大桥的BIM建模软件选用Revit软件。

3.2 BIM模型精度确定

模型的细致程度(Level of Details,简称LOD),被定义为5个等级(LOD100~LOD500),用于描述BIM模型构件单元从最低级的近似概念化的程度发展到最高级的演示级精度的步骤。

目前,卢浦大桥进入运维阶段。故构建的模型应准确表达构件的外表几何信息、运维信息等。结合部位层、构件层、损伤层,确定桥梁局部模型精度,桥梁整体模型精度为LOD300,桥面铺装BIM模型精度为LOD500,大桥用这两种精度进行建模。

3.3 BIM建模流程及方法

3.3.1 建模流程

卢浦大桥的BIM建模流程主要包括选择模板、建立统一轴网标高、设立中心/链接、链接相关文件、建立中心文件、建立专业模型等,其具体流程见图2。

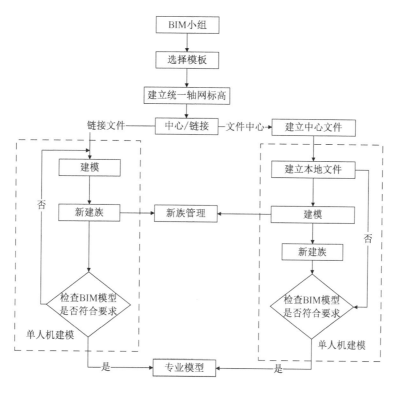

图 2　BIM 建模流程

3.3.2　建模方法

在 Autodesk Revit 平台中进行桥梁结构建模的方法如下(图 3)。

首先,对桥梁设计信息进行分类,通过"零件""构件""整体"的层次,基于 Revit 特有的"族"文件完成信息架构设计;其次,建立可行的桥梁结构参数化建模方法,包含总体信息模型实施方法、构件信息模型实施方法、零件信息模型实施方法等;最后对各个模型进行总体虚拟拼接,完成 BIM 模型,见图 4。

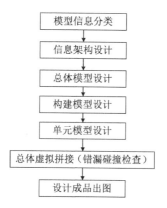

图 3　卢浦大桥 BIM 模型建模方法

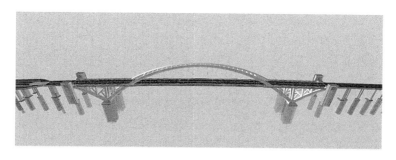

图 4　卢浦大桥 BIM 模型

4 基于 BIM 的桥梁智能管养平台研究

4.1 平台建设目标设定

将运维阶段所需的各类数据集成到基于 BIM 的桥梁智能管养平台中,并将各类数据通过 BIM 模型直观地展现到用户眼前。具体应用目标为:

(1) 集成与桥梁安全运行有关的各类静态、动态数据,提供可视化的虚拟集成监控和基于模型的设施设备全寿命信息查询功能;

(2) 对各类报警及突发事件提供专项的集成监控功能,为管养人员提供模拟事件现场的各类实况数据,提升管养人员快速响应和决策的能力,保障大桥安全运行。

4.2 平台框架搭建

BIM 的桥梁智能管养平台基于桥梁 BIM 模型,关联运维数据进行集成与应用,以实现结构健康监测系统服务,以及综合监控、运营养护管理系统服务。

运维数据集成与展示系统主要使用 C/S 和 M/S 混合结构,巡检养护人员不仅可在监控中心通过局域网在客户端中访问系统,也可在公网通达的任何地方使用移动 App 访问系统(图 5)。

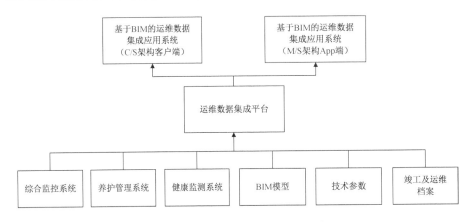

图 5 运维数据集成与展示系统应用框架

4.3 平台功能设计

BIM 的桥梁智能管养平台是基于 BIM 的运维数据集成展示系统的后台平台,主要功能如下:

(1) 静态数据的存储:模型、技术参数、档案资料的存储;

(2) 动态数据的存储:综合监控、健康监测、养护管理的存储;

(3) 事件相关的历史视频存储;

(4) 静态数据导入接口插件:模型、技术参数、档案资料的导入;

(5) 动态数据实时接入接口:综合监控、健康监测、养护管理系统数据接入;

(6) 基础服务:用户、权限等基础应用服务;

(7) BIM 图形引擎服务:为应用系统提供 C 端、M 端的 BIM 图形引擎,可访问位于平台的各类数据,并集成在 BIM 空间中展示。

运维数据集成平台是开放性的中间平台,通过这个平台可实现应用系统的可扩展性,主要表现为:

(1) 模型可变更:满足不断补充细化各类监控设备模型的需要;

(2) 动态数据可扩展:设定标准接口,后续需接入的其他系统参考标准实现接入,前端系统无须更改,仅需增加新接入数据的信息与显示方式即可。这些可扩展的数据包括人工采集、Excel 表格、传感器自动采集、移动端自动采集的相关数据。

4.4 桥梁静态数据关联接入

4.4.1 基础静态信息接入平台

需要整理并导入桥梁智能管养平台信息包括：BIM模型、设施设备、技术参数、档案资料等。具体如下：

（1）BIM模型：其中每个模型均关联了各类静态、动态信息，模型由多个可独立选中的三维图元构成；

（2）设施设备：是运维管理人员对管理对象的描述，关联到可单独管理的设施或设备实体；

（3）设施设备相关的各类技术参数：包含主要技术指标、几何参数、物理参数、系统拓扑、性能指标、施工相关的单位/时间/质量等信息；

（4）资料档案：包括照片、视频、建设期档案资料、运营期历年各年度档案等，其中各类非结构化的信息，以文件形式保存。

BIM模型的漫游及视点设置，使得运维查询浏览更具有针对性和可操作性。因此，除入库上述信息外，还需要实现BIM模型与设施设备的关联、设施设备及其技术参数的关联以及档案资料与设施设备的关联。

4.4.2 BIM模型与设施设备的关联

运维模型的深度受运维管理对象的划分要求限定。对于土建专业，完全可按照LOD500的要求建模；但对于机电专业，尤其是管线类的模型，受制于模型的参数化表达方式的差异，在运维阶段对管线的划分往往是按照其功能和位置划分，而非按照管线的几何类型划分，由此会造成运维管理对象的划分细度不如模型划分细度细。因此，在运维阶段，与运维管理对象相关的设施设备一般会粗于模型划分的细度，即存在一个设施设备会对应多个模型图元。

基于上述分析，需建立设施设备与模型之间的一对多关系，本文采用关键字匹配的方式快速建立设施设备与BIM模型的关联，具体实施按以下步骤：

（1）事先根据运维管理现状，讨论确定所有的设施设备及其编码，通过Revit插件和Excel初始化表格为大桥模型的各类图元快速进行编码和名称赋值；

（2）在系统中批量建立设施设备数据，并采用设施设备编码或名称与BIM模型中的编码或名称匹配的方式快速建立关联关系。

4.4.3 设施设备及其技术参数的关联

每类设施设备需要添加运维关切的大量技术参数属性信息，该信息的附着对象为设施设备，而非模型图元，因此通过Excel初始化表格的方式进行批量初始化。

4.4.4 档案资料与设施设备的关联

卢浦大桥需关联的档案资料主要是既有的大桥竣工档案资料、历年大桥运维档案资料，以及整治工程的竣工档案资料。对于既有的纸质资料，需扫描形成电子文档。

电子文档将首先在文件系统中按统一的文档目录和命名规则进行整理，整理后的文档以及目录结构原封不动地导入系统中，再通过系统实现文档与设施设备的关联。

4.5 桥梁动态数据的实时接入

桥梁动态数据的实时接入是指将分散在各业务系统中的运维动态数据通过软件接口的方式接入基于BIM的桥梁智能管养平台中。为满足设施设备查询、集成监控、事件管理等必要的需求，需要接入的动态运维数据包括：综合监控数据、健康监测数据、电气系统数据、养护管理系统数据等。具体包括：

（1）需要集成的综合监控数据包括：视频监控、车检器数据、可变情报板数据、限速板数据等；

（2）需要集成的健康监测数据包括：风速风向数据、温度数据、应变数据、变形、索力、振动、墩台相对沉降、桥面线形等数据；

（3）需要集成的电气系统数据包括：电力设备的工作状态等；

（4）需要集成养护管理系统数据包括：巡检养护人员/车辆的实时定位、故障缺陷编号、对应设施设备名称、设施设备编码、故障缺陷描述、发现时间、发现人员、现场照片、备注等字段。

5 基于 BIM 的桥梁智慧管养平台功能

1）虚拟巡视

在大桥全专业模型的虚拟空间，定制几条巡视路线，通过三维空间的自动巡视，巡视路径上，会自动出现监测数据异常的信息点，其代表的设备或设施会以高亮的形式提醒虚拟巡视人员，对于新出现的高亮提醒，巡视人员可暂停巡视，点开提醒标签，查看设备采集的实时数据情况，以判断故障或报警信息的情况。

2）实时监控与报警

利用 BIM 的可视化特征，集成桥梁运行过程中的各类动态数据与报警信息，通过标签、颜色、视频、数据曲线等方式展现相关信息，实现对桥面交通视频、桥面交通流量、桥位环境数据、桥梁结构响应、设施病害、设备故障、事件报警等动态数据的三维直观查看。发生事件报警和最新动态时，三维场景自动切换到事件位置。三维 BIM 模型显示模式包括：

（1）描框式突出显示：设施设备的边框使用颜色描边，突出显示相应模型；

（2）着色式突出显示：设施设备的三维实体整体着色；

（3）气泡式标注：在设施设备的上方显示特定样式和颜色的气泡，标识设施设备相关的运行数据状态；

（4）数值标签式标注：在设施设备的上方显示实时数据标签，标识设施设备相关的运行数据及其状态；

（5）特殊显示：以动态三维模拟设备运行的仿真效果，如车辆移动等。

3）事件处置模拟与实况跟踪

应用 BIM 模型的空间属性，对突发事件发生位置进行精准监视，不仅现场视频、传感器的数据可推送到模型中显示，处置事件相关的人员、车辆位置（如有）也能在 BIM 空间中显示，同时根据不同事件处置预案的要求，通过事件参数直接在 BIM 空间中显示与事件处置相关的封道安全措施（按作业区域的实际位置摆放），全面确保突发事件的全局掌控与决策支持（图 6）。

图 6　事件处置模拟与实况跟踪示意图

4）设施设备信息查询

该功能应用 BIM 的可视化及集成性特点，通过 BIM 定位查询设施设备及其相关的技术资料，包括竣工图纸、质保资料、养护手册、技术参数、施工参数、养护提醒周期、历次发现的故障缺陷记录和历次发生的维修养护记录等。该模块是大桥信息查询的基本模块,将极大地方便养护人员查阅资料。

6 结语

本文以卢浦大桥基于BIM的桥梁智慧管养平台为背景,采用建模软件Autodesk Revit对大桥进行了BIM建模,给出了BIM模型建模的精度、流程及方法。基于BIM开发的可视化的桥梁智能管养平台,其BIM技术在桥梁管养中的应用,可为大桥的虚拟巡视、实时监控与报警、事件处置与实况跟踪、设施设备信息查询提供信息化数据辅助及决策支持。

参考文献

[1] 交通运输部.2019年交通运输行业发展统计公报[J].交通财会,2020(6):86-91.
[2] 他玉德,郭云帆,杨振延,等.基于BIM的桥梁信息化养护技术探究[C].中国公路学会养护与管理分会第八届学术年会论文集.厦门,2018:194-199.
[3] 武斌,谭卓英,张颂娟,等.基于BIM的在役大跨度桥梁智能化养护管理技术[J].沈阳大学学报(自然科学版),2016,28(6):497-502.
[4] 张建军,杨晓,马宏深,等.基于Autodesk Revit软件进行桥梁BIM设计[J].中国市政工程,2016(4):94-97.

智慧座舱车载通话安全性评估

The Safety Evaluation Method of Intelligent Cockpit Calling Function

徐荣娇　王雪松

摘　要：智慧座舱的发展十分迅速，但其车载通话等功能的安全性尚未得到有效评估。本文通过驾驶模拟实验，让驾驶人在驾驶时利用车载通话功能中的语音、手动以及混合的交互方式拨打电话，同时记录下车辆动力学指标和驾驶人眼动等生理指标。通过模糊综合评价法，综合多类指标数据构建模型对不同交互方式的安全性进行评估。研究结果表明，在车载通话功能中语音交互的安全性最高，手动交互的安全性较低。本文提出的安全评估方法为智慧座舱功能相关的安全治理提供了可靠依据，对智慧座舱的安全健康发展有重要意义。

关键词：智慧座舱；驾驶安全；驾驶模拟；人机交互

Abstract: With the development of intelligent cockpit, the safety of its calling function has not been effectively evaluated. In this paper, a driving simulation experiment was designed to allow the participants to make phone calls by using voice, touching screen and mixed interaction methods while driving. At the same time, vehicle dynamics and physiological indicators such as eye movements were recorded. A fuzzy comprehensive evaluation method was raised up to consider multi-source data and evaluate the safety of different human-machine interactions. The results show that the voice interaction is the safest, while the safety of touching screen is much lower. The evaluation method proposed in this paper provides a reliable basis for the safety management related to the intelligent cockpit function, which is of great significance to the safe and healthy development of the intelligent cockpit.

Keywords: intelligent cockpit; driving safety; driving simulation; human-machine interaction

1　引言

　　智慧座舱近年来发展迅速，但其中各类功能的交互设计可能导致信息过载，使驾驶人在使用时过度驾驶而分心。根据以往研究，驾驶人在行车过程中执行与驾驶无关的任务，会产生认知、视觉、听觉、身体动作多种分心，增大驾驶人的各项心理和生理负荷，对车辆的操控产生不良影响。根据美国国家高速公路交通安全管理局（National Highway Transportation Safety Administration，NHTSA）的研究，当车内电子设备的使用导致驾驶人视觉负荷超过一定指标时，会显著提高驾驶风险。一项电子设备对驾驶安全影响的综述表明，约1.66%的事故由使用电子设备造成。

　　车载通话功能是智慧座舱中的一项重要功能。随着法律对驾驶使用手机的限制愈发严格，利用车载通话设备替代手机使用可以解决驾驶人的通话需求。车载通话功能的交互设计应符合一定的安全性要求。NHTSA在2013年出台的指南中，基于自然驾驶研究结果对车辆内置电子设备、车内移动设备对驾驶人分心作用程度进行限制，要求驾驶人在使用上述设备的单次视线偏离道路时长小于2 s，视线偏离总时长小于12 s，85%的视线偏离道路时长不超过2 s。但该指南仅对驾驶人的视觉指标提出了阈值限制，目前针对车载通话功能的安全性评价仍无明确标准。

　　随着语音识别技术的发展和普及，智慧座舱的人机交互方式增加了新的途径。对车载通话功能交互方式的测试表明，相对于视觉-手动操作，语音识别系统在驾驶人反应时间、车辆控制和眼动指标等方面

作者简介：徐荣娇，同济大学道路与交通工程教育部重点实验室硕士研究生，研究方向为驾驶行为、心理与安全，分心驾驶研究。
　　　　　王雪松，同济大学道路与交通工程教育部重点实验室教授，研究方向为交通安全规划与政策，驾驶行为与车辆主动安全，驾驶模拟器应用，交通安全管理，交通设施安全分析。

有更好的绩效。进一步的研究对拨打电话的操作难易程度进行分级,结果表明不同难度的语音交互均不能完全消除视觉需求。Reimer等利用驾驶模拟探究了通过车机不同交互方式拨打电话的各项指标绩效。在该被试座舱中,只有语音拨号视线偏离总时长小于 NHTSA 建议的 12 s 的标准。Mehler 等利用驾驶模拟测试奔驰梅赛德斯车机语音拨打电话的绩效,结果表明通过语音交互给通信录中联系人拨打电话的眼动绩效均符合 NHTSA 指南中规定的指标。

针对车载通话的交互方式,语音交互是否可以减少驾驶人分心尚不明确,多种交互方式的混合操作安全性未有定论。以往研究仅根据联系人手机号码的数量进行拨打电话难度划分,未考虑不同通话情景下的交互。此外,上述研究仅在单一指标层面探究不同交互方式的特征,均没有考量多种指标建立综合评价体系。

基于上述背景,本研究采用驾驶模拟实验,综合多源数据进行系统分析,旨在对不同人机交互、通话情景的拨打电话操作进行安全性评估。在实验中本文的主要贡献在于:首先,囊括车载通话功能涉及的全部交互方式,包括语音、手动、以及语音和手动的组合。其次,本文探究了给常用联系人和不常用联系人拨打电话这两种通话情境,充分考虑了实际应用场景。最后,本文建立了基于车辆指标、眼动指标和生理指标的综合评价体系,并构建综合评估模型对交互方式的安全性进行客观评价。研究结果可应用于车载通话等功能的交互方案设计、选择以及安全性评估。

2　驾驶模拟实验

2.1　实验方法

目前车载通话安全性研究方法主要包括两种,分别为驾驶模拟研究和自然驾驶研究。驾驶模拟器是一种利用虚拟现实仿真技术营造虚拟驾驶环境的设备。先进的驾驶模拟器可以提供操作界面、视觉、声音、运动、方向盘力反馈等多维度的仿真。由于驾驶模拟器的实验条件可控性较好,数据测量方便,能为驾驶人提供安全的实验环境,是研究驾驶行为最常用的研究工具。在智慧座舱功能研究中,可根据实验需求设置驾驶次任务难易程度、交互方式,以及测试不同的车载通话系统。

自然驾驶数据采集设备是利用在车上安装摄像头、运动传感器、声音采集设备来获取驾驶人在自然条件下驾驶车辆的各种信息。由于它是采集真实环境的数据,其可靠性和有效性优于驾驶模拟器,但是由于其实验环境可控性较低、实验风险大、数据处理复杂,在实际驾驶研究中存在很多限制。

自然驾驶多用于发现问题,而驾驶模拟可以排除其他因素的影响设计实验。本研究旨在探究智慧座舱的人机交互安全性,故驾驶模拟实验为当前最为合适的研究方法。

2.2　实验设备

本研究采用固定式驾驶模拟器 cds-650,显示设备由3块显示屏组成,方向盘配备了力反馈系统,踏板包含加速和制动踏板(图1)。驾驶模拟器搭载的模拟仿真软件为 SCANeR。本实验利用德国 Dikablis 头戴式眼动仪采集驾驶人的眼动数据,利用腕戴式心率仪采集驾驶人的心率数据。实验将华为平板电脑固定在座舱内控屏所在的位置,用于驾驶人进行拨打电话的任务操作。

图 1　驾驶模拟器

2.3 实验场景及任务

实验场景为按照规范设计的环形城市道路，全长 20 km，双向四车道。道路共包含 6 个 2 km 长的直线段，2 个 2 km 长的曲线段，4 个 S 形曲线和 4 个缓和曲线。环境中有少量交通车辆。道路限速 70 km/h，驾驶人需依照限速靠最右侧车道行驶，在驾驶过程中无须变道。

驾驶人在驾驶时需根据图片提示完成拨打电话任务，每个提示图片均以相同格式显示在中央的模拟器屏幕中(用长度占比 20%，宽度占比为 20% 的卡片显示在场景的正前方，显示时间为 1.5 s)。驾驶人在看到卡片信息后，立即开始完成相应任务。在完成任务过程中需保证行车安全。

本实验共包含 6 种不同的拨打电话任务，即利用三种交互方式(语音、手动和混合)在两种通话情境(常用联系人、不常用联系人)下进行。其中，语音交互需要驾驶人通过特定的语音指令唤醒语音系统，然后通过说出"打电话给某某"完成语音操作；手动交互则需要驾驶人通过手动在屏幕上进行查找；混合交互方式则是在交互过程中涉及上述两种交互方式，是由驾驶人手动点击语音按钮完成语音指令输入，或者是在语音查找的结果界面手动进行选择。在通话场景中，常用联系人可直接在通话记录一栏中找到，不常用联系人则需要在通信录中通过联系人姓名进行查找。

本研究采用拉丁方的实验顺序，将上述 6 种不同的拨打电话任务循环 3 次，即驾驶人需要在一次实验中完成 18 次拨打电话任务。

2.4 驾驶人招募

本研究在上海招募 30 位驾驶人，要求有 C1 或以上驾驶证、生理心理健康。其中包含 21 名男性和 9 名女性，平均年龄为 28.22(std = 7.49)岁。年均驾驶里程 5 000 km 以下 15 人，5 000~10 000 km 6 人，10 000 km 以上 9 人。驾驶人通过参与实验获得 50 元/h 的酬劳。具体见表 1。

表 1 人口统计学分析表

项目	类别	数量(人)	百分比(%)
性别	男	21	70
	女	9	30
年龄(岁)	[18~25)	12	40
	[25~30]	10	33.3
	30 以上	8	26.7
年均驾驶里程(km)	[500~5 000)	15	50
	[5 000~10 000]	6	20
	10 000 以上	9	30

2.5 实验数据采集

在实验开始前，首先引导驾驶人填写知情同意书、信息登记表和基本信息问卷。然后为驾驶人讲解实验流程和任务，并让驾驶人体验仅驾驶和驾驶时执行次任务，直至驾驶人能够熟练使用。在驾驶人确认已对实验流程完全明确，并可以熟练使用实验设备时，结束对驾驶人的培训，准备进入正式实验。

正式实验开始时，由实验人员启动驾驶模拟场景，场景启动后由驾驶人独自完成驾驶任务，确保其在不被干扰的状态下连续完成实验。在实验过程中采集了车辆动力学指标、眼动和生理指标，每类指标下细分了详细的指标(见表 2)。实验结束后驾驶人填写主观评价问卷，并剔除有明显不良反应驾驶人的数据。

表2 实验采集数据汇总

指标类型	采集仪器	采样频率(Hz)	原始数据	分析指标
车辆动力学指标	驾驶模拟器	10	车辆速度	速度均值
				速度方差
			车辆加速度	纵向加速度均值
				纵向加速度方差
				横向加速度均值
				横向加速度方差
			车道偏移值	车道偏移值
				车道偏移值方差
				车身越线面积
			方向盘转角	方向盘转角
				方向盘转角速度
眼动指标	眼动仪	10	注视	注视总时间
				注视次数
				单次注视时间
				注视时长大于2 s次数
生理指标	心率仪	1	心率	心率均值
				心率标准差

3 基于模糊综合评价的安全性评估

本实验涉及的评价指标较多,需对实验中的各指标进行综合分析,从而全面评估智慧座舱车载通话功能的安全性。本文采取模糊综合评价方法,可以解决判断的模糊性和不确定性问题,克服传统方法结果单一性的缺陷,结果包含的信息量较为丰富(见图2)。

图2 模糊综合评价分析流程

3.1 构建评价指标集和评语集

1) 确定评价指标集

定义初始评价指标体系为实验中采集的所有变量。由于评价指标体系影响因素较多,本文需要剔除评价指标体系中在不同交互方式间无显著差异的变量,得到最终的评价指标集。

2) 建立评语集

对于每项评价指标,可划分为 n 个评价等级。本研究中将评语等级分为好、较好、一般、较差和差,得到具有5个等级的评语集。

3.2 建立评价矩阵

由于缺乏相应的分类参考,本文采用模糊聚类(Fuzzy C-Means,FCM)算法计算数据的聚类区间以确定各等级取值范围,进而利用指标隶属度函数建立评价矩阵。FCM算法是一种基于划分的聚类算法,通过使被划分到同一簇的对象之间相似度最大,而不同簇之间的相似度最小进行划分。本研究采用加权马氏距离作为距离度量,用隶属度确定每个数据点属于某个聚类的程度。马氏距离表示数据的协方差距离,是一种有效地计算两个未知样本集的相似度的方法。它考虑了各种特性之间的联系,并且与尺度无关,即独立于测量尺度。

对各个指标进行 FCM 聚类,将其划分为好、较好、一般、较差和差 5 个等级,并记录每个等级的取值区间(见表 3)。对于各项评价指标,除了车辆运行速度和心率标准差越大越好,其余各指标越小越好。以各类的最小值和最大值的中点位置作为划分阈值,确定各项指标的区间评价标准,最后通过各项指标加权确定最终分数。

表 3 数据特征等级取值区间

指标项	好	较好	一般	较差	差
平均速度	(72.75, 96.89]	(65.42, 72.75]	(58.12, 65.42]	(46.60, 58.12]	[14.26, 46.60]
平均加速度	[−1.88, −0.31]	(−0.31, −0.08]	(−0.08, −0.01]	(−0.01, 0.03]	(0.03, 0.28]
平均车道偏移	[−1.27, −0.54]	(−0.54, −0.28]	(−0.28, −0.04]	(−0.04, 0.21]	(0.21, 0.73]
方向盘转角均值	[−0.02, 0.01]	(0.01, 0.03]	(0.03, 0.06]	(0.06, 0.07]	(0.07, 0.11]
车身越线面积	[0.17, 3.71]	(3.71, 7.30]	(7.30, 12.66]	(12.66, 20.73]	(20.73, 33.48]
速度标准差	[0.00, 0.17]	(0.17, 0.34]	(0.34, 0.56]	(0.56, 1.35]	(1.35, 3.12]
加速度标准差	[0.08, 0.17]	(0.17, 0.24]	(0.24, 0.35]	(0.35, 0.52]	(0.52, 0.95]
车道偏移标准差	[0.00, 0.01]	(0.01, 0.04]	(0.04, 0.08]	(0.08, 0.26]	(0.26, 0.34]
方向盘转角标准差	[0.00, 0.10]	(0.10, 0.20]	(0.20, 0.32]	(0.32, 0.65]	(0.65, 0.94]
平均注视屏幕时长	[1.00, 12.50]	(12.50, 28.50]	(28.50, 48.50]	(48.50, 92.50]	(92.50, 140.00]
注视屏幕次数	[0.00, 2.12]	(2.12, 5.16]	(5.16, 9.59]	(9.59, 16.55]	(16.55, 27.48]
注视屏幕总时长	[93.05, 93.97]	(93.97, 95.95]	(95.95, 97.25]	(97.25, 97.72]	(97.72, 99.20]
心率均值	[0.00, 0.10]	(0.10, 0.36]	(0.36, 0.47]	(0.47, 0.73]	(0.73, 1.10]
心率标准差	(72.75, 96.89]	(65.42, 72.75]	(58.12, 65.42]	(46.60, 58.12]	[14.26, 46.60]

3.3 主成分分析法确定指标权重

本研究采用主成分分析法(Principal Component Analysis,PCA),根据各项指标的重要程度计算其在综合分析中的权重(见表 4)。PCA 是一种无监督降维方法,通过线性变换将原来可能相关的 n 个向量变换成线性无关的 k 维向量。用 PCA 确定权重系数需通过三个条件:指标在各主成分线性组合中的系数、主成分的方差贡献率和指标权重的归一化。

表 4 权重向量矩阵 A

指标项	指标项权重
平均速度	0.11
速度标准差	0.17
平均加速度	0.03
加速度标准差	0.18
平均车道偏移	0.04
车道偏移标准差	0.16
方向盘转角均值	0.00
方向盘转角标准差	0.18
车身越线面积	0.05
平均注视屏幕时长	0.02
注视屏幕次数	0.05
注视屏幕总时长	0.07
心率均值	−0.10
心率标准差	0.05

3.4 模糊综合评价结果

1) 建立权重判断矩阵

本文中的好、较好、一般、较差、差的等级,是相对模糊概念,不同人对其有不同的范围标准,故需要通过一些途径对这些等级的范围进行量化。而模糊隶属度函数即可处理此类问题。隶属度函数可描述现象差异的中间过渡,用 0 到 1 的隶属度突破了经典集合论中属于或不属于的绝对关系。

具体到本研究中的等级评价问题,其解决思路为:首先,利用隶属度函数计算每个观测值在根据上文 FCM 方法确定的好、较好、一般、较差、差五个等级的评价矩阵中对应的评价等级。在本文中利用简化的隶属度函数,即当观测值落入某个区间内,则取对应区间的评价值。其次,计算每个设计方案/情境所有观测值在各个指标上对应评价等级的比例,作为在各评价指标上的权重。

构造权重判断矩阵,得到各个指标对应的评价情况。表5~表7分别展示了不同交互方式拨打电话对应各评价指标的选择比例情况。

表 5 交互方式为语音的权重判断矩阵 R_1

指标项	好	较好	一般	较差	差
平均速度	0.16	0.31	0.34	0.20	0.00
速度标准差	0.47	0.35	0.12	0.04	0.01
平均加速度	0.01	0.02	0.38	0.49	0.10
加速度标准差	0.30	0.44	0.12	0.13	0.01
平均车道偏移	0.09	0.20	0.29	0.30	0.12
车道偏移标准差	0.36	0.34	0.20	0.08	0.02
方向盘转角均值	0.84	0.00	0.16	0.00	0.00
方向盘转角标准差	0.48	0.49	0.03	0.00	0.00
车身越线面积	0.88	0.09	0.02	0.01	0.00
平均注视屏幕时长	0.58	0.21	0.13	0.07	0.00
注视屏幕次数	0.60	0.19	0.11	0.10	0.00
注视屏幕总时长	0.21	0.47	0.24	0.08	0.00
心率均值	0.03	0.11	0.23	0.27	0.36
心率标准差	0.50	0.07	0.11	0.30	0.01

表 6 交互方式为手动的权重判断矩阵 R_2

指标项	好	较好	一般	较差	差
平均速度	0.11	0.19	0.30	0.31	0.10
速度标准差	0.31	0.35	0.16	0.11	0.06
平均加速度	0.07	0.07	0.36	0.39	0.12
加速度标准差	0.19	0.43	0.17	0.14	0.07
平均车道偏移	0.08	0.22	0.23	0.34	0.13
车道偏移标准差	0.22	0.33	0.28	0.11	0.06
方向盘转角均值	0.67	0.01	0.09	0.21	0.02
方向盘转角标准差	0.24	0.63	0.09	0.03	0.01
车身越线面积	0.84	0.08	0.05	0.03	0.01
平均注视屏幕时长	0.36	0.39	0.21	0.03	0.01
注视屏幕次数	0.43	0.29	0.20	0.06	0.02
注视屏幕总时长	0.31	0.32	0.29	0.08	0.00
心率均值	0.05	0.10	0.34	0.13	0.39
心率标准差	0.47	0.11	0.15	0.16	0.11

表7　交互方式为混合的权重判断矩阵 R_3

指标项	好	较好	一般	较差	差
平均速度	0.14	0.34	0.29	0.21	0.02
速度标准差	0.45	0.34	0.14	0.06	0.01
平均加速度	0.00	0.04	0.38	0.43	0.14
加速度标准差	0.31	0.42	0.14	0.13	0.00
平均车道偏移	0.08	0.16	0.34	0.25	0.16
车道偏移标准差	0.27	0.34	0.27	0.06	0.06
方向盘转角均值	0.83	0.00	0.08	0.09	0.00
方向盘转角标准差	0.40	0.52	0.06	0.02	0.00
车身越线面积	0.85	0.08	0.05	0.01	0.01
平均注视屏幕时长	0.58	0.22	0.12	0.06	0.02
注视屏幕次数	0.56	0.24	0.13	0.03	0.03
注视屏幕总时长	0.25	0.37	0.26	0.09	0.03
心率均值	0.04	0.10	0.36	0.14	0.36
心率标准差	0.53	0.10	0.14	0.21	

2) 建立隶属度矩阵

根据上述权重向量矩阵 A 和权重判断矩阵 R 计算总的隶属度矩阵,并进行归一化处理,得到各方案在不同评价上的隶属度(见表8)。

表8　权重计算结果隶属度矩阵

		好	较好	一般	较差	差
语音	隶属度	0.420	0.370	0.150	0.090	−0.020
	隶属度归一化	0.418	0.364	0.147	0.091	−0.021
手动	隶属度	0.290	0.380	0.180	0.130	0.020
	隶属度归一化	0.291	0.376	0.181	0.131	0.022
混合	隶属度	0.390	0.370	0.160	0.100	−0.010
	隶属度归一化	0.385	0.365	0.159	0.098	−0.007

3) 计算综合得分

根据上述得出的归一化后的隶属度,对不同的版面布局设计和交互方式进行综合得分的计算,满分为5分,得分越高表示该种设计或交互方式的性能越优良,三种车载通话交互方式的综合得分如表9所示。综上,根据模糊综合评价得出使用语音交互进行车载通话最优,使用混合交互方式优于使用手动交互方式的结论。

表9　不同交互方式的综合得分

综合得分		好	较好	一般	较差	差
		5	4	3	2	1
语音	4.151	2.090	1.458	0.441	0.183	−0.021
手动	3.785	1.455	1.503	0.542	0.262	0.022
混合	4.049	1.924	1.458	0.477	0.196	−0.007

4　结语

本文通过驾驶模拟实验对智慧座舱车载通话功能的交互方式进行安全性评估,研究结果表明在驾驶过程中使用智慧座舱的车载通话功能时,语音交互是较为安全的交互方式。该结论与 Simmons、Brumby 等人的研究结果一致。本研究中的拨打电话实验中各交互方式虽符合 NHTSA 指南中规定的视觉指标,但并未局限于单个指标的比较。通过模糊综合评价,本文将车辆动力学指标、驾驶人眼动和生理指标相结合,从多因素角度综合考虑各车载通话交互方式的安全性,研究结果更具说服力。本研究为后续智慧座舱功能的开发和交互方式的选择提供了可靠的研究基础和创新的评估方法。

参考文献

[1] Carsten O, Brookhuis K. The relationship between distraction and driving performance: towards a test regime for in-vehicle information systems [J]. Transportation Research Part F: Psychology & Behaviour, 2005, 8(2): 0-77.

[2] National Highway Traffic Safety Administration (NHTSA), Department of Transportation (DOT). Visual-Manual NHTSA Driver Distraction Guidelines for In-Vehicle Electronic Devices [S]. Federal Register: Docket No. NHTSA-2010-0053, 2013.

[3] Oviedo-Trespalacios O, Nandavar S, Haworth N. How do perceptions of risk and other psychological factors influence the use of in-vehicle information systems (IVIS)? [J]. Transportation Research Part F: Traffic Psychology and Behaviour, 2019, 67: 113-122.

[4] Simmons S M, Caird J K, Steel P. A meta-analysis of in-vehicle and nomadic voice-recognition system interaction and driving performance [J]. Accident Analysis & Prevention, 2017, 106: 31-43.

[5] Brumby D P, Salvucci D D, Howes A. Focus on driving: How cognitive constraints shape the adaptation of strategy when dialing while driving [C]// In Proceedings of the SIGCHI conference on human factors in computing systems, 2009, pp. 1629-1638.

[6] Jenness J W, Lattanzio R J, O'Toole M, et al. Effects of manual versus voice-activated dialing during simulated driving [J]. Perceptual and Motor Skills, 2002, 94(2): 363-379.

[7] Reimer B, Mehler B, Reagan I, et al. Multi-modal demands of a smartphone used to place calls and enter addresses during highway driving relative to two embedded systems [J]. Ergonomics, 2016, 59(12): 1565-1585.

[8] Mehler B, Reimer B, McAnulty H, et al. Phase II Experiment 2-2014 Mercedes CLA (2014t) [J]. Ann Arbor, 2015, 1001: 48105.

[9] Askari S. Fuzzy C-Means clustering algorithm for data with unequal cluster sizes and contaminated with noise and outliers: Review and development [J]. Expert Systems With Applications, 2021, 165: 113856.

[10] Bezdek J C, Ehrlich R, Full W. FCM: The fuzzy c-means clustering algorithm [J]. Computers & Geosciences, 1984, 10(2-3): 191-203.

上海"十四五"智能交通发展的若干思考①

Thoughts on the Development of Intelligent Transportation in Shanghai during the 14th Five-Year Plan Period

孙杨世佳

摘　要："十四五"是我国现代化建设进程中关键的五年,上海智能交通发展要贯彻交通强国、数字化转型、新型基础设施建设等一系列发展战略,以物联感知＋、人工智能＋、区块链＋、5G＋、互联网＋等创新技术为驱动,赋能上海城市智能交通发展,使精准感知、精确分析、精细管理和精心服务能力得到全面提升。本文在总结上海"十三五"智能交通发展现状的基础上,分析上海"十四五"智能交通发展要求,并提出上海智能交通发展的若干思考与建议。

关键词：智能交通；十四五；上海；发展建议

Abstract: The 14th Five-Year Plan period is the key period for China in the process of modernization. The development of intelligent transportation in Shanghai should implement a series of strategies, such as building a country with strong transportation network, digital transformation, and new infrastructure construction. Driven by innovative technologies such as IoT plus, Artificial Intelligence plus, Blockchain plus, 5G plus, and Internet plus, Shanghai will develop urban intelligent transportation, and comprehensively enhance its capabilities of accurate perception, accurate analysis, delicacy management and careful service. On the basis of summarizing the current situation of the development of intelligent transportation in Shanghai during the 13th Five-Year Plan period, this paper analyzes the requirements of the development of intelligent transportation in Shanghai during the 14th Five-Year Plan period and puts forward some thoughts and suggestions for the development of intelligent transportation in Shanghai.

Keywords: intelligent transportation; the 14th Five-Year Plan; Shanghai; development suggestions

1　引言

"十四五"时期是我国现代化建设进程中非常关键的五年,既要巩固提升第一个一百年全面建成小康社会的成果,又要为实现第二个一百年的奋斗目标开好局、起好步、打好基础。同时,中国正迈入新的发展阶段,人工智能、智能制造、5G、新能源等新技术带来一系列重大产业变革,对产业结构、社会就业、交通出行等多方面将产生革命性、颠覆性的影响。

"十四五"期间,上海围绕"人民城市人民建、人民城市为人民"、交通强国建设、数字交通规划、新型基础设施建设、城市数字化转型等重要理念与发展要求,以物联感知＋、人工智能＋、区块链＋、5G＋、互联网＋等创新技术为驱动,赋能上海智能交通发展,全面提升城市交通治理、交通出行、交通服务等多方面的综合智能化水平,在智慧高速、智慧铁路、智慧港口、智慧停车、智慧枢纽等方面不断推进创新技术的应用,支撑上海智能交通向智慧化、数字化转型与升级。

2　上海"十三五"智能交通发展现状

"十三五"期间,上海在道路交通、公共交通、对外交通的信息采集、监控、汇聚与发布的基础上,加快

---

① 本项目获上海市科学技术委员会项目《交通拥堵预判与智能主动管控技术研究与示范》(项目编号：19DZ1209000)和上海市科学技术委员会项目《城市综合交通平行仿真与决策支持系统应用示范》(项目编号：19DZ1208805)资助。
作者简介：孙杨世佳,上海市城乡建设和交通发展研究院,工程师。

IDPS 系统、公共停车平台、开放道路与测试场等方面的建设,同时以 5G、人工智能等创新技术赋能城市交通管理,实现从交通信息的采集与发布向数据驱动的智慧应用场景转变,从而支撑城市的精细化、智慧化、数字化治理。

2.1 IDPS 系统建设与试点应用

随着城市不断发展,上海全市机动车总量已经超过 600 万辆,市民出行的需求持续增长,但由于受到城市发展用地限制造成新增道路里程的涨幅不大,从而导致道路资源的供需矛盾日益突出。对标上海城市精细化的治理要求,上海市公安局会同市大数据中心、市交通委等多个部门,共同建设智能化公安道路交通管理系统(IDPS 系统),并在高速公路、城市快速路和部分区开展试点应用,打破了原有以人力管理、粗放式管理为主的传统交通管理模式。

IDPS 系统通过对人—车—路—环境的全域、全量、全时、全要素泛在感知,掌握路网出行"底数"和特征规律,形成"数字化、网络化、可视化、智能化"的道路交通管理新模式,并依托基础设施(I 层)—数据采集(D 层)—智能计算(P 层)—业务决策(S 层)这一道路交通管理创新架构,实现"安全、可控、智能、高效"的道路交通管理发展目标。IDPS 系统本质上是一个城市交通感知、认知和赋能系统,即以完善的设施建设为基础(Infrastructure),通过完备的数据采集,实现交通路网的全时、全域、全量、全要素精准认知(Data),掌控交通路网容量、需求、状态等动态演变规律(Platform),驱动精细化、精准化的交通管理警务(System)。依据智能计算的结果,为精细化、个性化分析与决策提供支撑,从而最大限度提升管理决策与对象需求间的匹配度。比如,通过调整信号配时、优化交通组织,均衡路网流量,缓解交通拥堵;通过监控来识别套牌车辆、危险车辆运输,预判交通安全风险,快速处置重大突发交通事件;通过实时信息推送,实现定制化的出行路径动态诱导。

2.2 推进智能网联发展

截至 2020 年底,上海累计开放 243 条总长为 559.87 km 的测试道路,向 22 家企业、152 辆车颁发道路测试或示范应用资质。2020 年上海智能网联汽车开放道路测试,有效测试时长为 1.17 万 h,有效测试里程为 39.7 万 km。同时,上海创新性地提出"全车型、全出行链、全风险类别、全测试环节和融合新基建基础设施"的智能网联汽车测试场景,在嘉定、奉贤、金桥、临港四大测试示范区打造"四位一体、错位互补"的发展格局(图 1)。

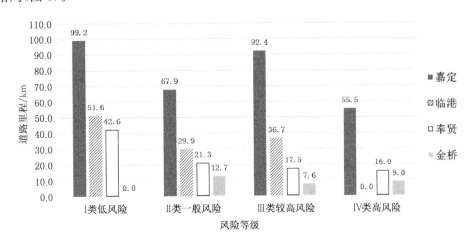

图 1 上海智能网联汽车测试区道路开放情况

嘉定测试示范区作为国内首批国家智能网联汽车试点示范区,累计开放 166 条总长为 315 km 的测试道路,涉及不同类型与等级的道路并将智能网联汽车的活动范围延伸至工业区、商业区、交通枢纽、住宅区等不同场景,致力于打造"L3+高度驾驶创新示范区",在上海四大测试示范区中发展时间较长、建设规模较大。临港测试示范区于 2019 年正式开园建设,目前已经完成一期建设并进行试运行,累计开放 41 条总长为 118.2 km 的测试道路。临港测试示范区定位打造"未来交通新模式创新示范区",实现了测试区内5G网络全覆盖,初步构建了车路协同智能交通系统场景。奉贤测试区累计开放24条总长为97.37 km的测试道路,包含城市道路、地下停车场道路、园区道路等不同类型道路,涉及地下停车场库、园区内部道路、公交接驳等多种测试场景,计划打造"全出行链智能驾驶创新示范区"。金桥测试示范区拥有上海首个中心城区自动驾驶开放测试道路、国内首个特大型城市中心城区智能网联汽车城市开放测试道路典型测试场景,定位打造"融合交通基础设施创新示范区",开放12条总长为29.3 km的测试道路。

2.3 加快智慧停车管理

"十三五"前期,上海市交通委完成了全市公共停车领域的电子收费系统标准化建设和全面信息联网工作。随着智慧停车理念的不断推广、技术应用的日益成熟,完成了上海市公共停车信息平台的建设,并面向公众发布"上海停车"App,覆盖4 300多个公共停车场(库)和收费道路停车场,包含89万个公共泊位。

上海市公共停车平台以"汇聚整合资源、联网数据监管、辅助决策支持、综合信息服务"为建设目标,实现公共场库联网、道路停车联网和管理、停车运营监管分析等功能,汇聚并整合零散的停车动静态数据,完成停车场库数据质量的监管,从而加强政府管理部门对于公共停车场(库)的监管力度,同时通过停车信息联网、共享和发布来提升停车信息服务能力(图2)。同时,开发的"上海停车"App具有"停车导航、停车换乘、枢纽停车、错峰共享、停车缴费、停车预约、停车充电、服务公告"等八大服务模块,并针对第三届进口博览会上线"停车预约"功能,有效提升了展会期间停车便利程度。

随着上海智慧停车场(库)建设的不断推进,停车预约、错峰共享等创新停车模式的覆盖范围也将不断拓展与完善,并逐步实现"出行前查询及预约车位""出行后精准导航至出入口""入场后内部导航至车位""出场时反向寻车和无感支付"等覆盖出行停车服务全过程的应用场景,逐步解决超大城市的医院、老旧小区、学校等区域"停车难"问题,并进一步提升停车管理水平与面向公众的服务能力。

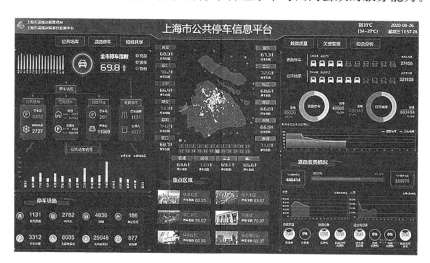

图2 上海市公共停车信息平台展示界面

3 上海"十四五"智能交通发展目标

"十四五"期间,围绕"人民城市人民建、人民城市为人民"、交通强国建设、数字交通规划、新型基础设施建设、城市数字化转型等重要理念与发展要求,以"交通场景泛感知基础建设网络化、城市交通治理与城市精细管理融合化、一站式公众出行信息服务综合化、创新技术驱动交通智慧化、长三角区域综合交通信息一体化、城市交通数字化转型常态化"为目标,以物联感知＋、人工智能＋、区块链＋、5G＋、互联网＋等创新技术为驱动,赋能上海城市智能交通发展,使精准感知、精确分析、精细管理和精心服务能力得到全面提升,使泛在感知设施、先进传输网络、北斗时空信息服务深度覆盖与融合,在道路运输、交通执法、应急指挥、行政审批、港口航运、建设管理等各类业务中,逐步示范推广智慧高速、智慧铁路、智慧航道、智慧港口、智慧停车、智慧枢纽、智慧服务等应用，并形成系列标准和规范，迈入智慧交通发展的新阶段（图3）。

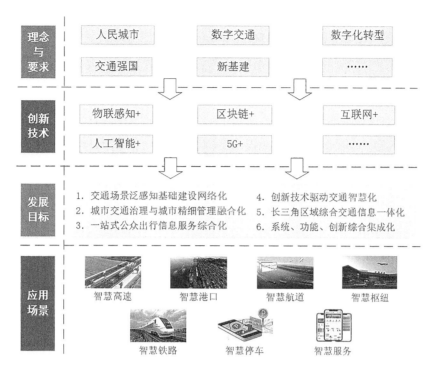

图3 上海"十四五"智能交通发展思路

4 上海"十四五"智能交通重点发展方向思考

1）交通场景泛感知基础建设网络化

泛在感知基础设施的建设、交通信息的采集与汇聚，是城市数字化治理、智慧化决策、创新服务模式的基础与根本。智慧高速、智能网联、智慧枢纽、智慧物流、智慧港口等不同交通场景的智慧化之路，泛感知设施的顶层设计、布局、布设等，都应该充分考虑"场景项目化、项目业务化、业务治理化"等需求，一方面满足当前场景内应用和跨场景复用需求，另一方面又能支撑业务在跨区域和跨行业拓展所必需的成网能力。在智慧高速建设中，不断提升道路基础设施"规划—设计—建造—养护—运行"全要素、全周期的数字化水平，整体提升基础设施风险评估、预警等智慧化水平。同时，不断探索在城市快速路、高速公路等不同场景下构建车路协同测试场景，完善车路协同的应用路径与标准规范等，实现自动驾驶车辆在复杂场景下的应用。

2）城市交通治理与城市精细管理融合化

"城市是生命体、有机体"，在全局下考虑交通治理，要跳出交通看交通，将其作为城市管理的有机组成部分，来部署智慧化建设与发展。将智慧交通与城市运行精细化管理有机融合，以"整体性转变、全方位赋能、革命性重塑"的理念，形成城市交通智慧治理的发展新模式，以超前视角发掘与相关行业领域的关联影响关系，构筑城市经济、生活、治理的可持续发展。基于大数据深度融合和交通仿真系统，实现对道路交通流量、车速、事故、异常事件、灾害天气等动态监测预警，完善交通缓堵方案的设计、评估和优化，提高交通优化决策方案的效率和效果。同时，加快北斗导航系统在交通行业的探索应用，推动高精度定位在地图服务、地面公交等行业的应用，将北斗系统与车路协同、ETC等技术深度融合，实现车道级精准定位，提升位置信息的准确性与服务的可靠性。结合人、车、路等多源交通数据，依托大数据引擎提供实时感知、全局理解、态势预测、精准控制的应急指挥服务，形成集监测、响应、决策、管理于一体的应急协同平台，支撑城市交通安全与应急保障。

3）创新技术驱动交通数字化

以数据作为关键要素，驱动大数据、人工智能、北斗、5G、建筑信息模型 BIM 等技术成果在交通各类业务的示范区落地，覆盖人、车、路等多维场景，实现面向城市交通决策、管理、服务的交通大数据组织、知识图谱构建、数字交通平行仿真、高精度定位地图、非结构化数据智能解译等创新技术的应用和推广，为实时感知、全局理解、态势预判、精准管控、优质服务提供智慧化引擎。构建交通行业"数字底座"，加强行业数据中心建设，以行业管理和服务需求为导向，加强数据汇聚共享交换能级，形成行业数据中枢，综合运营政府、科研机构、企业等数据资源，深化行业内大数据创新应用。打造交通"数字孪生"平台，结合城市高精度地图，虚拟空间中完成物理交通系统的映射关系，实现动态实时数据的交互，加强在数字世界中各业务部门的网络化协同，提升数据的应用能力与管理的效率，助力城市交通治理数字化转型。

5 总结

"十四五"期间，上海将围绕"人民城市人民建、人民城市为人民"、交通强国建设、数字交通规划、新型基础设施建设、城市数字化转型等重要理念与发展要求，以"十三五"智能网联、IDPS、停车平台等发展成果为基础，以"交通场景泛感知基础建设网络化、城市交通治理与城市精细管理融合化、一站式公众出行信息服务综合化、创新技术驱动交通智慧化、长三角区域综合交通信息一体化、系统功能创新综合集成化"为目标，以物联感知＋人工智能＋区块链＋5G＋互联网＋等创新技术为驱动，赋能上海城市智能交通发展，使精准感知、精确分析、精细管理和精心服务能力得到全面提升，使泛在感知设施、先进传输网络、北斗时空信息服务深度覆盖与融合，在道路运输、交通执法、应急指挥、行政审批、港口航运、建设管理等各类业务中，逐步示范推广智慧高速、智慧铁路、智慧航道、智慧港口、智慧停车、智慧枢纽、智慧服务等应用，并形成系列标准和规范，迈入智慧交通发展的新阶段。

参考文献

［1］ 王德荣,高月娥."十四五"我国交通运输发展面临的机遇、挑战和政策建议[J]. 交通运输研究,2019,5(6)：2-11.

［2］ 杨东援. 省市级综合交通十四五发展规划编制中需要考虑的几个关系[J]. 交通与港航,2020,7(2)：2-4.

［3］ 佘湘耘,苏志欣."十四五"交通发展前瞻与重点任务[J]. 中国投资,2020(Z4)：24-26.

智慧节能故障自动回报交通号志灯

周胜次　张俊宏

摘　要：本论文为"以电力线为媒介传输的智慧型号志灯监控系统"，不同于目前市场无线电力传输。将聚焦于交通路口之多个号志及拥挤环境之需求，并针对无法开挖路面布线及复杂的环境杂讯干扰等问题，提出抗杂讯、低单价与微小化的电力线通信模组，搭配具有号志灯LED故障电流侦测之电源模组，提供高可靠度且低布建成本的智慧型号志故障回报系统。在整体系统布建上提出两种方式：(1)电力线通信主机之串列界面与现有号志控制器通过RS485连接，以此界面回报或接收号志状态及控制信号。这对于都会区已经布建号志控制器的路口升级相当简便。(2)电力线通信主机直接连接LTE模组上网，并建立私有云端管理系统来进行远端区域型的号志管理及监控。这对于偏乡尚无布建号志控制器的路口管理相当有帮助，可节省许多的基础工程费用及时间。

关键词：故障回报；号志灯；电流侦测；电力线

1　前言

　　传统交通号志系统在号志灯故障时无法回报灯号状态，因而影响行车安全危及生命及财产损失。现行的方式是由民众通报交管处进行维修，然而针对同一处故障的通报电话不断涌入造成工程处应接不暇导致民怨。另外若多处路口在台风期间因积水或停电造成号志故障，县市政府若要统计有多少路口需要维修必须派员工开车巡视各路口，然而工程处人力编制不足以在短时间内将各路口巡视完毕，因此灾害回报经常是慢了好几拍。再者就各县市政府的号志维修备品而言，因为不知道哪些号志（红灯、绿灯或黄灯）出现故障，所以必须采购过多库存备品以应付不时之需，这也造成预算的浪费。若可以知道哪些灯已经有潜在的故障，但尚未全坏尚可使用一段时间，则趁此跟厂商订购所需的替换产品，就可以做良好的库存管理。若想解决以上这些陈年的难题，就必须设计一个能针对单一号志故障回报的系统，才能全面性地获得解决。

　　为解决这一问题近年来有许多方案被提出，这些方案大致分成两大类：有线传输回报系统及无线传输回报系统。因为路口的号志数量繁多且路口环境复杂，有时又有大型车辆阻挡，所以无线传输的可靠度一直备受怀疑不易被接受。有线传输方式最可靠，但在工程上却是另一个头痛的问题。若将传输线路埋入地下，路面开挖成本高昂，且必须封闭部分路面，造成交通不便。若以明线方式架设，则必须架设铁柱，一来施工成本不低，二来线路在空中容易因风灾受损或被大车钩断造成危险。

　　因此在本文中我们提出以既有号志系统中的电力线进行信号传输，将故障回报给交控中心，让这一系统得以实现。

2　LED电源驱动和电流感知电路

　　华光交通号志灯使用八颗LED晶粒，以四串二并排列方式做光源，加上反射罩与扩散罩而成。在线路设计上只要有一颗晶粒故障，其中一串会失效不点亮，电流立即产生0.35 A之变化。电流感知器立即将信号送至电源状态侦测模组。LED电源驱动和电流感知电路图见图1。

作者简介：周胜次，华光交通号志器材股份有限公司。

　　张俊宏，光寿科技有限公司。

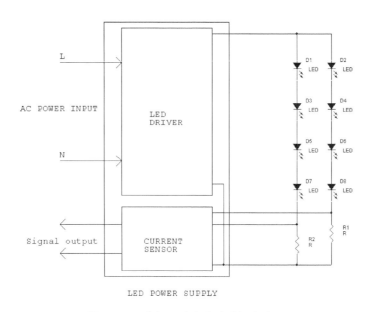

图 1　LED 电源驱动和电流感知电路图

3　电力线传输系统

电力线通信(Power Line Communication，PLC)，由于不需要额外布线以及具有相对封闭性，在这相关领域的讨论从未缺席。然而传统的电力线通信存在着诸多问题，不论是 Home Plug 还是 G. hn 的设计，其原意均着眼于扮演替代宽频网络通信的最后一里路，因此造成其结构复杂、模组体积过大且成本不易下降。同时因为扩展频宽，在交流电力所有的时间均加上高频载波，通信品质易受家电使用的干扰，同时距离受限，种种因素造成商业普及不易。

4　智慧号志灯监控系统

我们已经成功研发能够克服传统电力线通信缺点的新型系统，并验证其功能与效能完全可以在号志监控系统中使用。在本文中，我们将基于我们研发的新型电力线传输通信技术模组，进一步整合其他系统模组，以开发智慧号志灯监控系统的完整解决方案(total solution)。

一个典型的号志灯监控系统，在路口各灯杆上有一号志灯监控模组，此模组将侦测杆上每个 RYG 或方向灯号的电流状态，并将每颗号志灯进行 ID 编号设定，再将所侦测的号志灯状态经由电力线通信模组通过已经埋设在路口地底下的号志专用电线传到号志控制器端，号志控制器端的电力线通信主机将电力线载波信号解调解码后，将资料转换成 RS485 格式再传给号志控制器，最后由号志控制器通过既有的通信媒介将各号志灯的状态送回交控中心(图 2)。

图 3 是号志控制器端的次系统说明。在号志控制器的固态电力开关之后有一电力载波信号耦合器，其主要功能是将电力线高频载波耦合进电力线中，或将载波信号从电力线中撷取出来交由电力线通信模组解调并解码，接下来将解码后的号志灯状态信息以 RS485 格式与号志控制器沟通。

图 4 是灯杆端的次系统说明。在灯杆端使用 RYG LED 电源状态侦测模组将各号志灯的电流状态侦测出来，并针对各号志灯进行编码，然后将资信打包再将信号通过电力线通信模组及信号耦合器往号志控制器端传输。

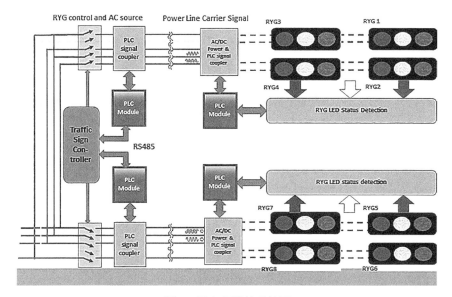

图 2　号志灯监控系统图

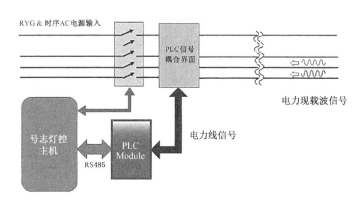

图 3　中央控制端系统架构图

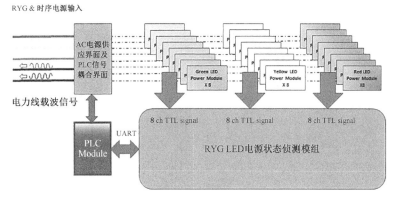

图 4　灯杆端系统架构图

5　结论

本论文揭示已利用交通号志灯杆电力线作传输媒介，并配合智慧节能号志灯，发展出交通号志灯故障回报系统，以有效解决智慧交通课题之一——自动故障回报。

以 App 及 IoT 协助视障朋友搭乘公车

Assist visually impaired passengers taking buses with App and IoTs

钟惠存　李世芬　刘依茹　王信璋　陈俊宇

摘　要：为建立无障碍公共运输环境，台北市政府交通局自 2019 年开发视障使用界面 App，方便视障朋友查询公车动态。为了提醒公车驾驶服务视障朋友，运用 IoT 技术，使用者可用 App 预约搭乘路线，相关路线资讯将呈现在资讯可变标志上，另于 2020 年试办将视障朋友预约搭乘之路线资讯通过无线传输技术呈现在公车车机上，以利公车驾驶提供服务。邀请视障朋友实际测试并进行满意度调查，2019 年平均 83.33%，2020 年平均 87.5%，显示该服务对于视障朋友搭公车而言，确实有帮助。未来台北市将由视障朋友较常搭乘的路线开始逐步增加服务路线。

关键词：视障；公车；App；IoT

Abstract: In order to establish a barrier-free public transportation environment, the Transportation Bureau, Taipei City Government has developed an App with a visually impaired user interface in 2019 to help visually impaired passengers to check real-time bus information. To remind the bus drivers to serve the visually impaired passengers, with the IoT technology, the App user could book a bus route and the booking message would be shown on the "changeable message sign". In 2020, we have a pilot program which shows the booking message on the "in-vehicle information system" on the route bus to facilitate the bus drivers to service the visually impaired passengers. Visually impaired people were invited to our actual tests and the satisfaction rate was 83.33% in 2019, and 87.5% in 2020. We will mainly focus on increasing our service bus routes in the future.

Keywords: visually impaired; bus; App; IoT

1　前言

1.1　台北市无障碍交通政策

台北市交通政策在"核心价值、愿景、目标、策略"的发展架构下，基于具备永续性(S)、机动性(M)、可及性(A)、回应性(R)、可靠性(T)之"SMART Taipei"核心价值，以"绿能、共享、安全、E 化"为发展愿景，朝"倡道绿运输""增进交通友善性""发展智慧交通""改善运输服务效率"及"提升交通安全性"等五大目标前进，并依"推动绿能公共运具""提升绿运输市占率""提升弱势族群交通友善性""营造友善交通环境""无障碍环境界面整合""推动智慧运输""构建交通行动服务""减少交通拥堵""提升城市物流效率""合理分配并充分利用停车资源""构建安全交通环境""落实交通安全教育"及"增加交通执法强度与涵盖面"等13 项发展策略，筹划台北市整体交通服务，以建设智慧、宜居及永续城市。

为保障弱势族群(包含高龄者、障碍者、儿童等)的交通权益及基本民行需求，台北市政府致力于提升公共运输的服务品质，如低地板公车、复康巴士服务、通用计程车、敬老爱心计程车及提供敬老爱心卡优

---

①　人文交通发展实践_02_钟惠存_以 App 及 IoT 协助视障朋友搭乘公车。
作者简介：钟惠存，台北市政府交通局运输资讯科科长。
　　　　　李世芬，台北市政府交通局运输资讯科技正。
　　　　　刘依茹，台北市政府交通局运输资讯科股长。
　　　　　王信璋，台北市政府交通局运输资讯科分析师。
　　　　　陈俊宇，台北市政府交通局运输资讯科助理管理师。

惠等;并持续改善人行环境,如扩建人行道、机车退出骑楼人行道及邻里交通环境改善等。截至2021年2月底台北市区联营公车之低地板公车共有3 066辆,约占公车总量的87%;复康巴士328辆,通用计程车349辆,未来仍将持续增加低地板公车及无障碍车辆的普及率,进而构建友善的无障碍交通环境。

1.2 视障者出行

台北市积极推动无障碍公共运输服务,可谓成果突出,然而针对视障者"搭乘公车"的需求却仍有不足。经统计截至2020年底,台北市与新北市约有1.4万位视障者,占台湾视障人口比例约25%。全盲视障者上班上学会尽量减少出行,且出行须接受定向师训练,由定向师拟定出行的固定路线进行练习。为鼓励视障朋友多搭乘大众运输,台北捷运公司有专人引道,然而在搭乘公车时,在看不到想搭乘的路线公车到站及公车司机不知道有视障朋友要搭乘的状况下,视障者搭乘大众运输"行"的困难度仍很高。

2 问题分析

2.1 视障者搭公车现况分析

目前台北市视障者出行主要运具为捷运及复康巴士,其中复康巴士为点对点接送,费率比照台北市计程车1/3计算,而捷运则可致电客服专线预约进站引道服务,进出站皆有道引。公车目前仅极少数人使用,主要问题分析如图1所示:

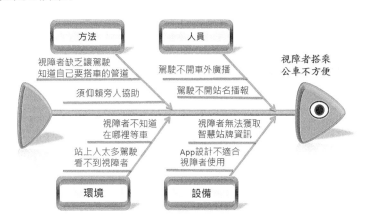

图1 视障者搭公车问题整理

2.2 视障者搭公车所遇困境

2.2.1 全盲视障者

视障者外出行为有许多的不便与困难,等公车时须举牌让公车驾驶员或旁边民众知道需协助搭哪部公车(图2)。交通高峰时间人潮过多,公车驾驶员无法得知视障者需协助上车。尤其多班公车进站时,视障者不知道是哪一条路线公车进站,容易错过搭车时机。

经访问多位视障者后,我们整理出视障者搭公车会遇到下列问题:

(1) 公车驾驶员未开启车外广播,于公车站候车之视障者无法判断是否该上车。

图2 视障者举着标示公车路线的牌子等车

(2) 公车驾驶员未开启车内站名播报系统,视障者无法判断是否该下车。

(3) 公车驾驶员无法得知有视障者需要协助搭车。

2.2.2 低视能者

经访问多位低视能者后,在搭乘公车时除了与全盲视障者遇到相同的问题外,还会遇到的其他问题如下(图3):

(1)因低视能者平常习惯不使用辅助手杖,造成公车驾驶员及周围民众不知道低视能者需要协助搭乘公车。

(2)低视能者也常会使用 App 获取公车资讯,但一般 App 操作界面并未针对低视能者进行优化设计。

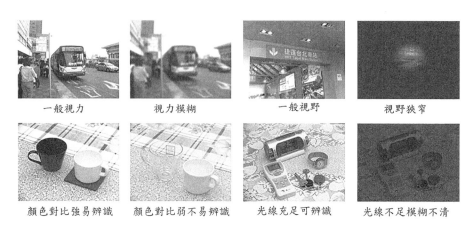

图3　低视能者所遇到的问题

2.2.3 公车驾驶员

依规定公车驾驶员需确认车内车外播报系统正常,若遇到视障者搭乘公车时,驾驶员须主动下车协助。

经访问公车驾驶员后,整理出公车驾驶员常遇到的问题(图4):

(1)当车外广播开启时常遇到附近住户抗议,声音太吵,未开启时常遇到视障者的抗议。

(2)车内广播开启时也有搭车民众抗议,声音太吵,未开启时常遇到视障者的抗议。

(3)公车驾驶员无法得知谁是视障者或低视能者。

图4　台北市等候公车环境,驾驶员难以发现视障者

3　实施策略及方法

3.1　解决思路(对策鱼骨图)

解决思路具体见图5。

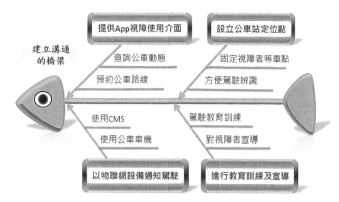

图 5　解决方法：建立沟通桥梁

3.2　服务设计

依前面所述整理出全盲视障者、低视能者以及公车驾驶的需求后，唯有通过建立完整的服务串接，结合政府单位、公车业者及相关资讯服务，才能完整地协助视障者搭乘公车。

通过物联网协助视障乘客搭乘公车之服务流程如下（图 6）：

第 1 步：提供 App 视障使用界面，让视障乘客可于公车站查询公车动态及预约公车。

第 2 步：视障者通过 App 视障使用界面预约公车路线。

第 3 步：通过公车车机提醒驾驶员，前方公车站有视障者乘车需求。

第 4 步：视障乘客于公车站牌定位点等候公车，以利公车驾驶员辨识，也可通过 App 及公车车外广播的提醒，让视障乘客能上对公车及下对公车站。

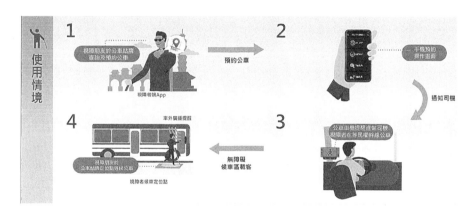

图 6　使用情境设计

3.2.1　台北好行 App 视障使用界面

为确保台北好行 App 视障使用界面满足视障者搭乘公车的需求，台北市邀请视障相关协会或单位进行多次需求访谈。

以台北好行 App 之公车动态查询功能为基础，并使用雏形与视障者确认需求，提高 App 画面对比度及使用易于辨识的色相，以满足低视能者的需求。视障使用界面提供常用路线、预约现况、路线搜寻、站牌搜寻等四项主功能，如图 7 所示。

（1）画面设计：针对低视能者，提高视障好行 App 画面对比度及使用易于辨识的颜色。全盲视障者操作 App 会开启银幕阅读器以聆听语音描述。视障使用界面支持 iOS 及 Android 双系统的银幕阅读器以服务视障者。

（2）功能设计：视障使用界面之首页提供路线搜寻、站牌搜寻、常用路线及预约现况等 4 项主功能。

① 路线搜寻：供视障者查询欲搭乘的公车路线（图 8）。

图7 视障使用界面首页功能　　　　图8 视障使用界面路线搜寻画面

② 站牌搜寻：视障者外出时临时需要搭车或只知起讫站关键字时可以搜寻搭乘的路线(图9)。

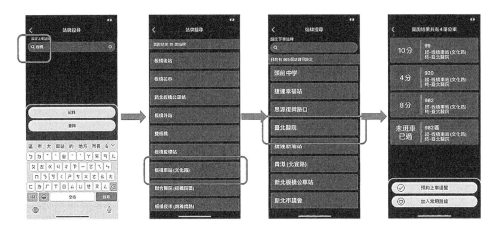

图9 视障使用界面站牌搜寻画面

③ 常用路线：提供视障者可以储存常用的公车搭乘路线(图10)。
④ 预约现况：供视障者查询目前公车预约现况(图11)。

图10 视障使用界面常用路线画面　　　图11 视障使用界面预约现况画面

3.2.2　运用IoT通知公车驾驶员

台北市交通繁忙，驾驶员需要专注在路况上，故通知系统设计须尽量不增加驾驶员的负担。App也设计视障者必须在公车站300 m内才可以使用预约服务，以免误触导致驾驶找不到人。

视障者于公车站完成查询公车路线及预约信息后,App 服务器发送信息至公车站,资讯可变标志(CMS)显示预约公车路线并于公车离视障者上车的前一站,发送信息通知公车车机,再由车机银幕显示下一站有视障者须搭乘公车。系统运作情境见详图 12。

1) CMS 设备介绍

CMS 可于该站显示视障者预约的公车路线(行经该站各路公车均可显示),协助公车驾驶员得知本站有视障者需协助搭乘公车(图 13)。

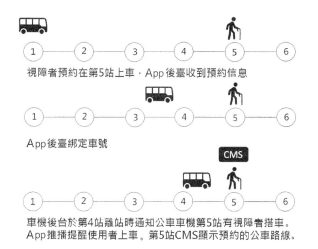

图 12 预约信息通知公车驾驶员　　　　　图 13 公车站 CMS

2) 公车车机介绍

车机收到信息会显示视障者所在站位(图 14),同时会触发喇叭播放一段提示音。

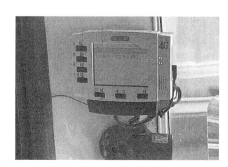

图 14 车机银幕显示画面

3.2.3 增设定位点

公车站位增设警示砖"定位点",供视障者候车,也方便公车驾驶员寻找视障者(图 15)。

图 15 视障者在公车站定位点等车

3.3 确保实际使用者参与

为确保所开发之系统最终能满足使用者需求,共邀请超过 10 个视障团体参与本研究(图 16)。2019 年召开 3 次需求访谈会议以及于测试前召开测试版 App 说明会。

图 16　邀请视障团体参加需求访谈会议

2019 年及 2020 年皆请视障朋友实际测试用 App 预约公车,并收集使用者回馈意见以修正服务流程(图 17)。

图 17　与视障朋友于公车站实测预约公车

2021 年于计划完成后至视障团体及启明学校推广宣传 App,并收集回馈意见以持续精进。

4　研究成果

4.1　概念实证

各项服务流程分析具体如下:
1) App 视障使用界面
(1) UI 应尽量简化,方便视障者使用。
(2) 可依视障乘客需求自行设定常用路线。
(3) 配合低视能者设计色调、字级及排版。
(4) 对于视障者需求,通过测试收集回馈意见再优化。
2) 搭车信息传递方式
(1) 使用 CMS(资讯可变标志)通知公车驾驶员。

A. 方案分析

ⅰ. CMS 可直接让所有公车驾驶员看到,该站所有路线皆适用。

ⅱ. 候车亭可多功能利用。

ⅲ. 对公车站形式及周边环境要求较高,需有候车亭、可供应电力,且面板不能被路树等障碍物遮蔽。

ⅳ. 因公车行进间无法长时间查看,不宜使用轮播形式,故 CMS 面板需有一定面积。

ⅴ. 公车驾驶员看到信息,已经即将到站,反应时间有限。

B. 对策:CMS 面板各站设置点尽可能一致,且大小尽可能大,以利公车驾驶员辨识。

(2) 使用 4G 信号串接车机通知公车驾驶员。

A. 方案分析

ⅰ. 不受公车站设计影响,但受公车设备影响。

ⅱ. 通信效果受 4G 信号影响(如:隧道、雨天等)。

ⅲ. 需计算最靠近使用者的车进行绑定提示驾驶员。

ⅳ. 公车驾驶行驶中可能会遗漏预约提示。

B. 对策:以提示语音或灯号提醒公车驾驶员。

3) 公车靠站后辨识方式

(1) 停靠区视障候车定位点。

(2) 白手杖。

(3) 应针对新搭车流程进行视障乘客及驾驶教育训练。

4.2　具体测试成果

4.2.1　试办范围

(1) 2019 年于 App 开发视障使用界面并建置 6 站 CMS,2020 年增加 1 站(图 18)。

(2) 2020 年于 2 条公车路线(共 60 辆公车)直接将视障乘客预约搭乘之路线资讯呈现在车机上,以通知公车驾驶员(图 19)。

4.2.2　试办成果

(1) 台北好行视障使用界面自 2019 年 12 月 App 更版开始提供服务,至 2021 年 4 月底使用次数达 5 065 次(平均约 298 次/月)。

(2) 满意度调查

① 2019 年及 2020 年各经 40 人次视障者实际测试,满意度分别平均为 83.3% 及 87.5%。

② 2020 年抽样访问 10 位公车驾驶员,满意度平均为 80%。

图 18　CMS 设置站点

图 19　以车机通知公车驾驶员路线：民权干线（上）、南京干线（下）

5　未来展望

5.1　服务优化

（1）将民众回馈纳入优化考量，如字体放大。

（2）依公车驾驶员回馈意见，2021 年试办增加灯号提示。

（3）参与视障团体活动，近距离了解视障朋友需求，进而作为使用界面及流程改善之参考。

5.2　后续推广

（1）2021 年将持续收集视障者需求（如启明学校等视障重点学校周边行经路线）并申请补助，扩大服务路线总数至 7 条以上。

（2）向视障团体宣传台北好行 App 以及预约公车功能，并收集使用者意见回馈，2021 年 3 月办理 4 场，至启明学校及视障团体宣传及访谈，以了解实际使用者需求（图 20）。

（3）将推动成果纳入公车车机需求规范，业者于采购车机时可具备接收 App 预约通知之功能。

图 20　至台北市立启明学校向视障老师宣传台北好行 App

针对台铁服务绩效之社群媒体情感分析
Social Media Sentiment Analysis on TRA' Service Performance

陶治中　邱柏元

摘　要：本研究借由自然语言处理、社群媒体挖掘技术以及视觉语意深度学习方法，建立一套结合图像和文字的意见挖掘模式，并应用于台铁服务评论。首先通过爬虫系统去收集有关台铁服务的评论，并标注为五个服务类别：列车运转、车站设施、员工权益、餐饮服务、票证系统，建立以台铁为本体的社群媒体评论资料库；然后建构台铁服务绩效评论意见挖掘之分类模式，以视觉语意向量建立视觉语意融合运算神经网络模式；最后借助视觉化仪表板开发一套台铁服务绩效之网络舆情显示界面。台铁管理阶层可观察各个服务类别评论情感意向的时空变化趋势，了解目前各项服务的绩效状态，亦可作为台铁提升服务品质的一环。管理阶层对于新出现的负面评论可进行即时检视，建立负面评论的回馈机制，并研拟改善措施。

关键词：社群媒体挖掘；情感分析；深度学习；视觉化

Abstract: This study applies natural language processing and social media mining techniques to assess highway bus station services that include establishing an opinion mining model combined with images and texts through semantic deep learning methods. Firstly, this study uses crawler algorithm to collect comments on Taiwan Railway Administration (TRA), labeling those comments into five categories: station facility, beverage service, train operation, ticketing system and labor issues, forming a social media comment database on the ontology of TRA. Secondly, this study constructs a classification model for mining comments on TRA services. The empirical study proves a satisfying predictive ability of the semantic classification model which the accuracy results. Finally, this study has also visualized the results of social media mining to present vivid graphs with five service categories.

Keywords: social media mining; sentiment analysis; deep learning; visualization

1　前言

1.1　研究动机

台铁创建至今已有一百三十多年的历史，一直扮演着台湾地区运输交通骨干之角色，对于经济发展亦有重大之贡献。轨道运输在台湾中长程大众运输环境占相当重要的地位，而台铁之发展历史最为悠久，由于其多车种、多站等之营运特性，列车运行环境极为复杂，若能借由全方位的数位基础建设（Digital Infrastructure）而提升台铁的服务绩效与品质，台铁严重亏损的窘况才可能浴火重生。

现时交通领域研究多采用结构化数据，非结构化数据之应用则不多见。本研究认为非结构化数据更能反映旅客实际感知的问题与不满情绪，对于改善服务水准具有极大的研究价值。尤其现今社群媒体的普及，使之成为民众表达意见的主要渠道，贡献着大量非结构化的评论资料，正是对于服务水准之改善具有极大的参考价值。

因此，本研究拟提出一套社群媒体数据分析流程，通过挖掘民众在社群媒体对于台铁相关服务绩效之评论，利用深度学习演算法，获得评论者的感受情绪，经分析后，通过视觉化图表，直观呈现各服务类别的状况，以供研拟台铁服务绩效改善策略之参考。

作者简介：陶治中，淡江大学运输管理学系教授。
　　　　　邱柏元，淡江大学运输科学研究所硕士。

1.2 研究目的

1.2.1 建立台铁服务绩效之社群媒体资料库

本研究在社群媒体上收集旅客对台铁相关服务之评论文本与图像,其元素包含评论文本内容,诠释资料部分则包含评价、评论留言时间、使用者资讯等。利用自行开发之爬虫系统,建立台铁服务之社群媒体评论资料库。

1.2.2 建构台铁服务评论意见挖掘之自动化分类模式

本研究分析社群媒体资料库之文本,通过深度学习、融合运算,建构适用于台铁服务的评论挖掘模式,包括评论意向情感识别、内容分类。利用深度学习法,使之得以自动化分类以了解民众对台铁服务的关注项目及情感分布。

1.2.3 提供台铁管理阶层视觉化之评论分析结果

本研究将设计直观显示界面,可选择一或多个服务类别,并交叉比对内容分类和意向分析,台铁管理阶层可直观负面意向的项目,便于改善以提升服务品质。

2 文献回顾

2.1 文本挖掘

文本多以非结构化或半结构化之形式表示,而文本挖掘则是利用资料挖掘技术进行文字资料的收集与分析,进而学习资料特征并预测资料中的模式与趋势。词向量是指学习训练资料的所有单词,并将其转化为向量表示的一种技术。词向量通常是密集(Dense)、实值(Real Value)。词向量的每个维度是用来表示每个字词的各个语义(Semantics)上的潜在特征,不少学者在过去提出了不同的演算法提取词向量,例如 Softmax、LBL 模型、Word2vec、Glove 等。

Mikolov 等人发表了 Word2vec 模型,其特色是通过 Hierarchical Softmax 将训练资料中的不同字词建置在霍夫曼树(Huffman Tree)上进行最佳化,另外以负面采样(Negative Sampling)取代最大似然估计(MLE),大幅加速其运算速度。Word2vec 有两种模型架构——CBOW(Continuous Bag-of-Words Model)和 Skip-gram(Continuous Skip-gram Model),如图 1 所示。CBOW 利用上下文来预测中心词,而 Skip-gram 利用中心词来预测上下文。Mikolov 等人继续示范如何操作词向量来展示字词之间的邻近关系(例如:Big-biggest)和类推关系(例如:Paris − France + Italy = Rome),以及使用二维主成分分析法(PCA)投影词向量。

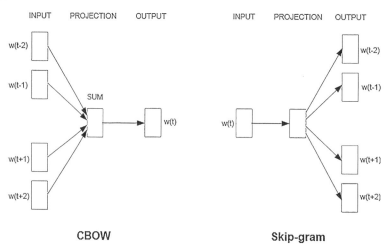

图 1 CBOW 和 Skip-gram 架构示意图

2.2 深度学习

深度学习又称深度神经网络(Deep Neural Network，DNN)，是含有至少一个以上的隐藏层的神经网络。目前深度学习网络又可分为监督式学习和非监督式学习，前者包含类神经网络(Neural Network，NN)、卷积神经网络(CNN)、递回神经网络(RNN)等，后者包含生成对抗网络(GAN)等。隐藏层包含许多神经元，神经元越多神经网络的非线性越明显，神经元之间会计算出加权值，计算出加权值后，再将外来资料输入神经网络操作。

传统的神经网络采用全连接的网络架构，即网络中任两层的神经元彼此之间都是全部连接的，如此大量的参数在训练网络时不仅耗时也使得网络更加难以训练。然而卷积神经网络则是通过上述提及的架构使得网络更加难以训练。然而卷积神经网络利用权值共享 Weight Sharing 的概念来解决网络训练时所遇到的问题，同时这也是卷积神经网络最具代表性的地方。卷积神经网络中主要有两种类型的网络层，分别是卷积层(Convolution Layer)与池化层(Pooling Layer)。卷积层也就是利用不同大小的卷积核来取得影像的各种特征，池化层最主要的目的是对这些特征进行缩减，进而大幅减少训练权重数量，同时还能使得这些特征能够保有一定程度的不变性如旋转、平移不变性等，以及减缓网络过拟合(Over Fitting)的程度。

递回神经网络(Recurrent Neural Network，RNN)可以解决带有顺序性的问题，例如：自然语言处理、语音辨识、手写辨识等。RNN 具有输入层、隐藏层、输出层。RNN 随时间一直递减，到后期会丧失学习记忆，进而就会产生梯度消失(Vanishing Gradient)或梯度爆炸(Exploding Gradient)的问题。现今有进阶的 RNN 演算法解决梯度爆炸，称为长短期记忆(Long Short-Term Memory，LSTM)，LSTM 在重复模块内增加了神经网络层，能判断是否要输出或者遗忘(清空)数值，以解决梯度爆炸的问题。

2.3 视觉语意融合计算

由于评论资料包含评论文本和图像，而它们各属于语意媒介及视觉媒介，所以需同时应用视觉语意两种媒介进行分析。

Chen 等人分析微博帖文内容并创建约 5 000 笔人工标注资料库，其中 45.1%是图文组合的帖文。作者依据图像与文字的相关度将帖文分为视觉、非视觉性，使视觉语义分类问题变成二元问题。视觉性指图文具有辅助关系，非视觉性指图文不具有辅助关系，部分非视觉性存在情感连接。文章最后用多种媒介互相补充，让模式解释成功率提升。

视觉语意向量是视觉语意的应用技术，利用视觉语意向量使电脑可以执行图像和文本两种媒介输入，进而构建更进阶的训练模型。Frome 等人指出现有图像辨识标注数目有上限，若是超过上限便会导致辨识度下降，于是利用其他来源的数据，即"图像-文字"的视觉语意分析作为补救办法，称为深度视觉语意向量模型(Deep Visual-Semantic Embedding Model，DeViSE)。经过训练后可以从已标注图像以及从未标注文本识别指定图像目标，说明视觉语意可以加强分类效果。

图像与文字同属于多媒体范畴，但分属为视觉媒介及语意媒介，为了得到更贴近现实的预测结果，目前有研究试着合并图像跟文字作为深度学习模型的输入，进行融合运算(Fusion Computing)，并输出不同种类的分类结果。Kiros 等人整理并结合现有针对文本及图像的单一媒介的深度学习模型后提出 Visual-Semantic-Embeddings(VSE)和全新的 Encoder-Decoder 模型，用来为图像自动产生描述文字。VSE 的 Encoder 合并了 RNN 编码的文字端和 CNN-LSTM 提取特征值的图像端，Decoder 则使用 Kiros 等人所创的 Structure-Content Neural Language Model (SC-NLM)模型，以编码器产生的分布式表示为条件，破解句子结构与内容，来产生对应图像的描述字句。

3 研究方法

从文献回顾得知，本研究需进行评论文本收集、评论文本预处理、评论文本转换、深度学习(CNN、

GRU-RNN)、评论分类输出,然后进行情感值计算。过程中需将服务绩效与网络舆情资料各自处理,期望推导出服务绩效与网络舆情之关联模型,最后以视觉化呈现服务绩效与网络舆情相互对照之结果。本研究之研究方法流程如图 2 所示。

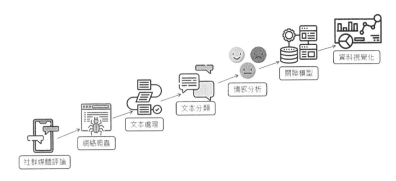

图 2　本研究之研究方法流程

3.1　评论文本断句

辨识字词是自然语言处理技术的核心之一,然而中文的自然语言需要特殊处理,其中之一是连续的中文句子,不似英文句子中间存在空白,因此处理文本前须先分辨出中文句子构造再进行断句。例如:"台北车站/是/三铁共构/的/建筑"一句,必须先分辨出文中的句子构造再进行断词,才能准确辨识文本语意。针对中文自然语言处理的断词处理,目前较流行的工具有开源程式 CKIPtagger、Jieba 等。CKIPtagger 断词系统是根据"中研院"自行设计的深度学习演算法,特色在于可将文本依词性进行断词,并呈现断词、词性以及实体辨识之结果,除了断词与词性标记外,专有名词辨识,或称实体辨识(Named Entity Recognition,NER)是非常实用的功能,其目标为在文字资料当中,能够辨识出感兴趣的专有名词(包含原本资料库不存在的新专有名词),并自动标记正确的分类,如人名、地名、组织名等,其是人工智慧当中理解语言的重要步骤。

本研究将使用 CKIPtagger 作为社群媒体评论文本的断词工具,按评论句子结构逐项分开,即将主词、动词、宾语等分开,并纳入由本研究自订的铁道版相关词汇的字典和权重,以获取更理想的断词结果。

3.2　评论文本转换

产出断句结果后,需要提取文字特征值进行电脑计算,提取特征值前会将其中一种资料学习训练转化为词向量,再利用词向量将文本转换成特征值。

本研究将使用 Word2vec 中的 Skip-gram 模型来提取评论文本的词向量,每个单词会被输入连续投影层的线性对数分类器,以预测每个单词前后的出现概率。

Word2vec 训练维度为 300,并选择 Skip-gram 模型,训练建立文本的词向量模型,然后建立模式辨认字词的机制,包括建立一个词向量矩阵,以矩阵位置编号储存词向量内容;建立一个字词矩阵,以矩阵位置编号记录字词对应其词向量的矩阵位置编号。

3.3　深度学习

深度学习是由神经网络演变的,具有多个网络层的神经网络,通过训练学习资料特征,实行自动化判断。主要步骤分为三步:选择函数集、定义优劣及挑选函数。

深度学习使用多层神经网络,理论上隐藏层越多自由度与精确度就越高,但是结果刚好相反,因为误差反向传播很难传递回上层的神经元,阶层太多时效果反而不佳,所以深度学习不但需要使用多层神经网络,同时也需要使用自动编码器进行非监督式学习。

卷积神经网络(CNN)是目前深度神经网络(Deep Neural Network,DNN)领域的发展主力,包含卷积层、池化层和全连接层,其用来识别图像资料的优秀能力,近年来也被应用在其他地方。例如人脸辨识、自驾车和医学影像判读。卷积神经网络系利用相对于影像的局部 $k×k$ 的大小,取得影像的局部特征,并通过权重共享的方式对局部影像做扫描运算,得到影像中各个区域的特征。卷积可以对各种影像大小的目标做特征撷取,权重共享可以减少训练过程所需调整的参数个数。卷积神经网络由一层输入层、多层卷积层、池化层及全连接层和一层输出层所组成。

3.4 视觉语意融合计算

神经网络中不同网络层的输出可借由运算子运算,使不同网络层合并。图像与文字同属于多媒体,代表视觉媒介与语意媒介。在文献回顾中已有视觉语意融合计算(Fusion Computing)的相关研究,方法是将处理视觉的网络层与处理语意的网络层两者的输出通过矩阵串接、矩阵乘积方法,融合至一个共享维度空间融合层,再向下进行之后的训练。

本研究之视觉语意融合方法是将文本经 Word2vec 中的 Skip-gram 模型提取后输入 RNN 架构之文本网络层来撷取文本特征值;图像经过矩阵转换后输入 ResNet V2 架构之图像网络层来撷取图像特征值,文本特征值与图像特征值会进行矩阵串接方法融合,进入融合层继续训练。

3.5 情感分析

情感分析是分析人们对某些有兴趣的实体,例如:产品、服务、组织、事件等的主观看法(意见、情感、评价等),并将这些资讯依据评论的对象与表达的主观意见做摘要汇总,转换成结构化的知识。

情感分析依其使用的技术主要可分为监督式与非监督式两种。监督式情感分析使用已标注之训练资料来训练分类器,借由所训练出的分类器进行目标资料的情感分类;非监督式情感分析则使用既有的情感辞典,或统计方法区别情感之正向、负向。情感识别为情感分析中的一环,以往有关情绪分析相关研究,多将文本内容分成三元(正向、负向及中立)或二元(正向、负向),三元情感分析有助于提高分类准确度,但仍无法探讨出其情绪反应,如:开心、悲伤、惊讶、恐惧等。

从文献回顾可得知,情感判别方法可分为两大类:正负面情绪与 N 点量表。正负面情绪将每条网络留言的意见倾向以正面、中性或负面三个分类标记,并另外计算意见强度。而 N 点量表则将每条网络留言的意见倾向以某个意见向度代表,数字同时代表意见强度,例如:正负面程度的分数,从 −2、−1、0、+1 到 +2,因此情感分析是一种"分类"的过程,每一个类别代表一种情绪反应,根据其规则将文本归类为某种情绪反应。

本研究将使用 SnowNLP 作为情感分析的工具。SnowNLP 是一个 Python 软件,可用来处理中文文本,主要功能内容包括:中文分词、情感分析、提取关键词、提取大纲等。本研究着重情感分析功能,软件的内建指令会对文本赋予 0 至 1 的分数,0 到 0.5 为负面,0.5 到 1 为正面。但由于软件内数据库针对买卖购物,因此本研究将自定语库,借由爬虫方程式收纳大量的台铁相关新闻、常见推文,作为铁道版用语的训练,以助于留言情感值的准确分析,过程如下:

(1) 首先分别建立正、负情感训练用语资料库,内容皆为铁道版常见推文及新闻,接着将两个用语资料库分别储存至软件底下的根目录进行训练,将训练好的档案储存为 sentiment.marshal,之后修改软件里的 data_path 指向训练好的档案即完成训练。

(2) PTT 网站每一篇帖文都有标题、本文、留言、推文数等架构,可先分成两大部分:标题与本文、推文。通常标题会与本文相关,由于本文的组成较为复杂,因此会先对本文截取一个摘要,并分别对摘要以及标题进行情感分析,此部分权重设定为 0.5。接着进行每一篇推文的情感分析,设定"推"为 +1、"嘘"为 −1(因为嘘文的人通常在反串)、箭头为 0,作为分数加总的正负号依据,此部分的权重设定为 0.5。最后将两部分分数加总后,即可得到该篇帖文的情感分析分数,然后再依推文数加权平均当天所有帖文的分数作为当天的总分,分数会落在 −1 到 1 之间,进而对当天评论进行情感分类。

(3) 本研究为了增加情感分类细致度,陈翰将情感值设计为五个区间,情感辨识设计为:非常不满意、不满意、普通满意、很满意、非常满意,各情感区间门槛值及颜色代表如图 3 所示。

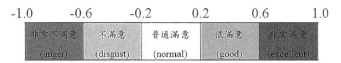

图3　情感区间尺度

4　实证结果

4.1　台铁相关服务评论文本之收集

本研究通过自编方程式网络爬虫收集Ptt实业坊Railway版上有关台铁的相关贴文,资料收集时间为2018年1月1日至2021年5月7日,总共收集2 054篇帖文,84 779条留言,并将评论主题分为"车站设施""员工权益""餐饮服务""票证系统""列车运转"五大类相关文本。

本研究根据人工设立之关键字进行计程收费网络舆情评论文本爬虫系统的设计,依据抓回之文本,并结合人工在来源网站抽验检视结果,发现文本数量短缺时即修正关键字组合,依据以下方式进行爬虫关键辞库之设计:

(1) 车站设施:与台铁车站硬体设施相关议题和名词的组成。
(2) 员工权益:与台铁员工工作内容、福利、改革等相关议题和名词的组成。
(3) 餐饮服务:与台铁便当相关议题和名词的组成。
(4) 票证系统:与台铁票务相关议题和名词的组成。
(5) 列车运转:与台铁列车运转及轨道线路相关议题和名词的组成。

采用人工定义关键词的方法,为前述五类项目建立关键辞库,并加入联合规则以提升爬虫搜寻文章之精确度。通过前述关键词对爬虫系统抓回之文章进行过滤,依前述所提到之分类项建立初步分类文本资料库,再通过人工检视删除不相关文本,并赋予相关文本简短结论后,存回分类资料库,如此爬虫分类资料库下之文本即不需要再进行文本去噪工作,可减少在文本预处理时因去噪方法的不同所造成的分析问题。

4.2　资料内容说明

本研究自2018年1月1日至2021年5月7日,针对Ptt实业坊Railway版上有关台铁的相关贴文抓取文本资料,共2 054篇帖文,包含:列车运转类927篇、餐饮服务类120篇、员工权益类266篇、车站设施类326篇、票证系统类415篇。留言共收集84 779条,包含:列车运转类40 000条、餐饮服务类3 639条、员工权益类13 669条、车站设施类11 624条、票证系统类15 847条。本研究之文本内容经过人工快速检视,可节省大量时间。图4为网络爬虫收集的台铁舆情文本列表范例,共有日期、推文数、标题、网址连接、内文等五个栏目。

图4　台铁舆情文本列表范例

4.3 网络舆情结果

4.3.1 车站设施类别

图5为车站设施类别的留言数,该图显示2020年2月27日的留言数最高,共有301条留言,原因是该日铁道事务主管机构宣布基隆轻轨无法采用Tram-Train系统,迫使基隆车站必须要轻轨、台铁二选一。因此网友便热烈讨论台铁是否将舍弃基隆车站的话题,有些民众认为基隆车站还是要由台铁来服务,方便基隆民众前往西部各县市,但部分民众认为台铁服务品质不佳且时常误点,营运班次亦不如轻轨密集,高峰时段候车时间至少半小时,希望由轻轨取代台铁,因此引来两方在网络上激烈辩论。

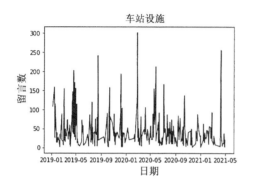 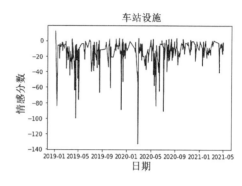

图5　车站设施类别留言数　　　　　　图6　车站设施类别留言情感分数

图6为车站设施类别的留言情感分数,该图显示同样在2020年2月27日的留言数情感分数为两年来最低,情感分数为-133分,显示民众对于基隆车站必须要轻轨、台铁二选一的决策不尽满意,多数民众仍希望轻轨计划不应影响台铁现有的营运,且基隆新站才刚完工启用,若要拆除改建,无疑是浪费公款。

4.3.2 员工权益类别

图7为员工权益类别的留言数,该图显示2021年3月16日的留言数为最多,共有451条留言,原因是该日台铁工会宣布要在清明假期发起大罢工,抗议台铁实行四轮三班制,落实周休二日。但此制度可能让员工月薪减少11 000元,因此台铁企业工会宜兰分会发起连署,拟于清明连假依规休假,预计有超过200人响应,此将冲击东部清明连假交通输运。对此,交通事务主管部门强调轮班制度在团体协约有规范,明年之前不会变动,请部分工会员工能够配合输运,网络上亦有不少民众持正反意见,有人支持工会行动,也有民众认为不应影响连假输运。

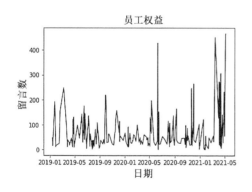 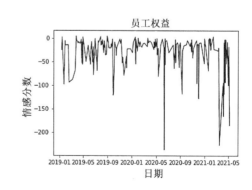

图7　员工权益类别留言数　　　　　　图8　员工权益类别留言情感分数

图8为员工权益类别的留言情感分数,该图显示2020年6月11日的留言数情感分数为两年来最低,情感分数为-237分,原因是该日有民众到嘉义火车站买票,并询问相关问题,未料售票员语气甚为不友善,让民众觉得莫名其妙,认为售票员态度不佳,也引发下方留言网友讨伐。

4.3.3 餐饮服务类别

图9为餐饮服务类别的留言数,该图显示2020年9月23日的留言数最高,共有125条留言,原因是

台铁为自家的铁路便当推出全新的品牌视觉识别系统与行销策略，盼能提升台铁便当本铺整体品牌形象好感度，并通过广告宣传，加深旅客与消费者的正面印象。台铁便当每年卖出千万个，为台铁进账7亿元，被视为台铁副业的"金鸡母"。此新闻立刻在网络上引起广大的反响，台铁每年卖出上千万个便当，销售量亮眼，确实是一个重要的副业，留言多支持"台铁的品牌价值展现在便当上"。

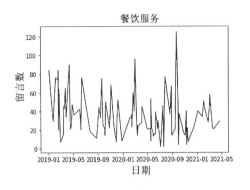

图 9　餐饮服务类别留言数　　　　图 10　餐饮服务类别留言情感分数

图 10 为餐饮服务类别的留言情感分数，该图显示相较于其他四类，餐饮服务类别的留言具有较高的正向情感分数，显示台铁在餐饮服务方面的表现较博得民众青睐，原因来自台铁便当的名气。图中唯一最低的负评发生在 2020 年 3 月 2 日，因为该日有民众留言在车站购买台铁便当无法使用移动支付，引来许多网友在下方留言，认为台铁服务太落伍，公营事业跟不上时代的脚步。

4.3.4　票证系统类别

图 11 为票证系统类别的留言数，该图显示 2021 年 4 月 29 日的留言数最高，共有 391 条留言，原因是台铁为缓解旅客乘车之需求，将于 2021 年 5 月 2 日起开放全线普悠玛号、太鲁阁号等新自强号于乘车当日每列次限量发售 120 张无座票，此举引发民众质疑，难道台铁之前说为了提升服务品质以及安全性素不开放站票均不属实，在网络上掀起一阵热议。留言数次高的日期是 2019 年 12 月 15 日，当日因民众质疑台铁超卖站票导致一群事先购买座票旅客无法上车，且发生问题第一时间站方处理态度非常消极，需权益受损旅客自行出站进行排队与服务中心联系，引起民众相当不满。因此，台铁不论是事前的危机预防还是事情发生后的应对处理方式，都引来批评。上述两例台铁的站票问题，时常引发民众的不满，台铁确实需要检讨其站票规定是否合宜。

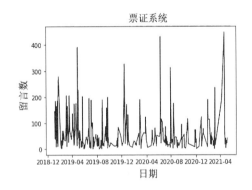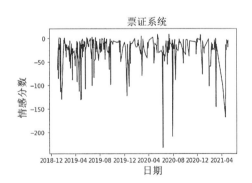

图 11　票证系统类别留言数　　　　图 12　票证系统类别留言情感分数

图 12 为票证系统类别的留言情感分数，该图显示 2020 年 7 月 30 日的留言情感分数为两年来最低，情感分数为 −209 分，原因是当天有两篇关于换票、一篇关于补票的新闻。该日有民众提早到车站想要换比较早的班次，结果因为该班车已没有座位，售票员好心帮他换成三段车票，却被乘客质疑明明是"换票"，为何要多收"退票"手续费，让民众质疑这样的退票手续费规定是否合理。对此台铁表示退票手续费会提高至两成，主要也是因为先前多次发生有人当天才退票，使得普悠玛号跟太鲁阁号空位一大堆造成损失，因此台铁出台新的退票规定。另一则新闻则是先前一位民众发现自己搭错车，却因为钱不够无法

补票,与列车长发生争执,因此被告违反社会秩序维护有关规定,不过,台中法官认为,整起事件的起因是台铁车次误点,导致该旅客搭错车,最终裁定不罚。上述两起事件皆引起网友热议,使得该日留言情感分数为两年来最低。

4.3.5 列车运转类别

图 13 为列车运转类别的留言数。2021 年 4 月 2 日 408 次太鲁阁号列车在行经花莲大清水隧道时,被一辆不慎沿着铁轨上方边坡滑落的工程车撞上,造成列车失控出轨擦撞山壁,多节车厢扭曲变形,酿 49 死、逾 200 轻重伤惨剧,这也是台铁史上死伤最多的事故。事故发生后隔日 4 月 3 日的留言数达到 3 184 条,为两年来最高,但到 4 月 7 日讨论热度就逐渐下滑,只剩 363 条留言。从图中可看出当重大事故发生时网络舆情的飙涨非常迅速,但衰退速度亦甚快。

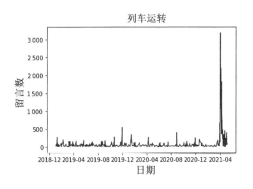

图 13　列车运转类别留言数　　图 14　列车运转类别留言情感分数

图 14 为列车运转类别的留言情感分数,该图显示太鲁阁号事故发生后民众悲愤不已,从网络留言的情感趋势可看出明显变化,2021 年 4 月 3 日的留言情感分数为两年来最低,情感分数为 -2 554 分,其他日期的情感分数皆落在 -200~10 分之间。

由图 13 及图 14 可发现留言数与情感分数刚好成反比趋势,留言数越多情感分数就越低,符合网络舆情贬多于褒之特性。

4.4　讨论

网络舆情趋势分析方法可用于台铁舆情文本分析,通过分析民众情感的倾向程度、关注话题是否随时间的推移而增长或消散、话题下的舆情情感倾向是否转向,可了解民众对台铁服务的满意程度。

图 15 为网络舆情五大评论类别正规化后的情感分数分布图,分数落在 -1~1 之间,该图显示五大类别的评论落在 -1~0 之间的比较多,表示负面评论远多于正面评论,符合网络舆情贬多于褒之特性。

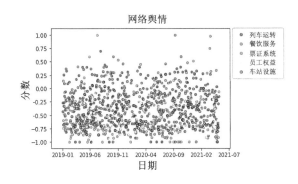
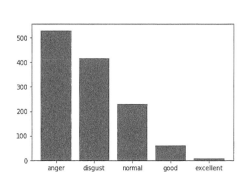

图 15　五大评论类别情感分数分布图　　图 16　留言情感占比

图 16 为每日留言情感占比。本研究将每日评论情感分类为五个类型:非常不满意(anger)、不满意(disgust)、普通满意(normal)、很满意(good)、非常满意(excellent)。其中情感倾向以非常不满意型数量最多,高达 529 次,非常满意型最少,只有 8 次,这反映整体旅客对台铁服务的情感倾向非常不满意。

后续工作则可根据前述类别,选定某一服务类别之话题,使用该话题有关之关键词进行文本挖掘、文本分类与情感分析等，建立关联模型。

5 结论与建议

5.1 结论

（1）本研究通过网络爬虫收集自 2019 年 1 月至 2021 年 5 月期间，Ptt 实业坊 Railway 版上有关台铁的相关帖文，总共收集 2 054 篇帖文，8 4779 条留言，并将评论主题分为"车站设施""员工权益""餐饮服务""票证系统""列车运转"五大类相关文本。

（2）五大类评论主题，平均情感分数最高的为餐饮服务类，最低的为票证系统类，且五个类别的平均分数皆为负数，这显示台铁各项服务皆有很大改善空间。

（3）本研究将每日评论情感分类为五个类别，包括：非常不满意（anger）、不满意（disgust）、普通满意（normal）、很满意（good）、非常满意（excellent）。其中情感倾向以非常不满意型数量最多，高达 529 次，非常满意型最少，只有 8 次，这反映整体旅客对台铁服务的情感倾向非常不满意。

（4）网络评论是旅客对体验品质的体现，营运管理者可观察各个服务类别评论情感意向的时空变化趋势，了解目前各项服务的绩效状态，亦可作为轨道营运业者提升安全性及服务品质的一环。

5.2 建议

（1）目前本研究所建置之爬虫系统抓取对象以社群媒体 Ptt 实业坊网站为主，考虑未来应用的扩展与分析对象的增加，社群媒体文本的来源亦可持续加广，如：对 Mobile 01、Facebook、Instagram、Twitter 等大型讨论网站之留言内容进行抓取，以利分析内容更加全面。同时亦建议应以固定时间（每天、每月、每周）定期爬虫抓取网络评论，将新评论收录至资料库并进行情感分析。

（2）碍于资料取得困难，本研究尚未针对单一类别对应网络舆情进行研究，未来台铁若系统性汇集统计报表资料，则可与不同类别的网络舆情结果相互对照，如：车站票箱营收、便当销量统计、旅客投诉项目等，以利网络舆情关联模型分析内容更加全面。

（3）本研究虽已建立台铁舆情情感分析模式，可作为相关领域研究参考，然而台铁服务范围广，各服务领域下的舆情评论文本是否具有可分析性，仍需进行尝试。若舆情评论文本数量过少，则较无分析价值。

参考文献

[1] 施伯烨.社群媒体-使用者研究之概念、方法与方法论初探[J].传播研究与实践，2014，4(2)：207-227.

[2] 陈誉晏.运用 R Shiny 建立文字探勘平台之语意分析及舆情分析[J].Journal of Data Analysis，2015，10(6)：51-78.

[3] 姚天昉，程希文，徐飞玉，等.文本意见挖掘综述[J].中文资讯学报，2008，22(3)：71-80.

[4] 徐任宏，林杜寰，孙千山，等.岛内外铁道安全保证机制之回顾与展望[J].中兴工程，2021，150：21-30.

优惠券投放应用于交通套票精准行销之研究
——以高雄 MenGo 为例

Precision Marketing Study for MaaS Package by Using Coupon
— Taking Kaohsiung's MenGo as an Example

胡仲玮　陈翔捷

摘　要：传统的行销方案多半属无差别化的优惠方式，例如在特定优惠期间提供固定折扣优惠，虽然容易执行，但由于不分客户新旧与忠诚度高低均一体适用的优惠会导致行销预算大幅攀高，故在电子商务时代各界逐渐采用精准行销之概念。本研究将此概念用于交通月票之优惠推广并以实验设计检定优惠投放之成效，检定结果虽然不显著，但由于投放对象原先就设定为沉睡用户，且优惠券未经兑换并不会产生成本费用，故就经营实务而言，针对特定用户以精准行销方式投放优惠券仍是相对可行之策略。

关键词：精准行销；统计检定

Abstract: Traditional promotion mostly use indiscriminate ways to implement, such as providing fixed discount during certain period. Although it's easy to implement, the promotion budgets are going to be increased due to this one-size-fits-all approach. Therefore, many industries gradually use precision marketing in the era of digital commerce. This study takes this approach in terms of sales promotion for MaaS package and uses experimental design to measure the effectiveness of this method. Despite the nonsignificant results, given the fact target group in this study is sleeping users, this approach is still a feasible strategy from transportation promotion prospective.

Keywords: precision marketing; statistical tests

1 研究背景与动机

高雄 Men.Go 属于一种公共运输 MaaS(Mobility as a Service)交通服务，目前会员超过三万多人，其官方网站（图1）采用了响应式网页设计（Responsive Web Design），主要功能特色为：

（1）即时购买大众交通工具定期票优惠方案。

（2）捷运、公车、轻轨、脚踏车、渡轮、双铁票价与时刻查询。

（3）智慧地图交通运具导航，快速抵达目的地。

（4）查询 MenGo 卡方案内容与搭乘纪录。

（5）周边旅游景点与优质店家推荐。

MenGo 最主要的销售产品为无限搭乘之月（套）票，根据购买者身份与搭乘运具限制有不同定价如图2。

图1　高雄 MenGo 官网截图

作者简介：胡仲玮，财团法人中兴工程顾问社副研究员。
　　　　　陈翔捷，交通事务主管部门运输研究所运输资讯组副研究员。

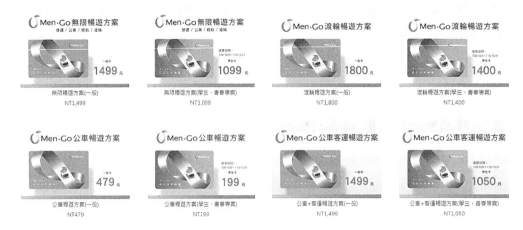

图 2　高雄 MenGo 套票产品清单

为了提升销售量，过去曾有不定期之折扣优惠，但由于是统一定价，无论新/旧户或忠诚度高低均享有相同优惠，导致营收明显降低，故从 2019 年起引进电子商务精准行销之概念，依据数据分析在适当时间提供适当优惠给特定会员，此举不仅绩效较佳，更可大幅减少折扣预算，过去曾锁定的优惠券投放策略如下：

1）潜在客户挖掘

探寻目前虽未购买套票方案，但已有一定数量的搭乘次数，只是月总费用尚未达方案牌价者，潜在会员基于优惠券折扣，购买方案意愿应会大增，购买后极可能因"畅游"特性而提高使用频率，进而培养使用习惯，未来即使没有优惠亦可能持续成为方案会员。

2）巩固既有客户

同理，也有少数会员虽购买了套票方案，但在有效期内的总搭乘费却比牌价还略低，这族群虽购置过套票方案，但极有可能流失，因此也视为该方案精准行销的锁定对象。

3）回馈忠诚客户

有别于前两种面向，本面向针对曾购买多次套票方案之会员给予优惠券，例如以"曾购买六次以上"且近期生日之寿星会员为投放对象。

至于实际执行方式则必须考虑会员之隐私，故数据分析团队采用经编码后的"识别码"进行数据分析，筛选出识别码投放名单后再提供给营运团队，营运团队根据名单寄送优惠资讯给会员，图 3 为本团队草拟之行销优惠券通知信。每位会员收到的内容会因其属性略有不同，除面额多或少外，不同原因（忠诚或潜力）筛选出来的会员的投放内容亦有差异，即使相同属性所挑出的之会员，他们收到的优惠信也都有不同的"优惠序号"，序号一经兑换将立即失效。

图 3　精准行销专属优惠寄送内容示意图

此行销程序看似合理,但未曾以统计检定或实验设计方法检视其成效,故本研究将配合营运单位欲执行之行销投放计划,设计实验检定其绩效,整体执行流程如图4所示,以下分别说明"首购优惠"及"忠诚会员1+1优惠"之案例分析成果。

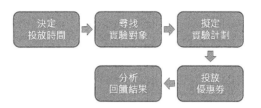

图 4　优惠投放实验设计分析流程图

2　首购优惠投放案例

"首购优惠"顾名思义是给予从未购买过套票的会员之优惠,通过实验与对照的方式,观察优惠对旧会员/沉睡会员首购的吸引力。以下分别说明实施内容、实验设计与检定结果。

2.1　实施内容

1) 投放时间

本案例于2020年7月底进行首购优惠券的投放,并将有效期限定在两周,本次优惠券于7月底通过电子邮件(内容如图5所示)投放优惠序号,优惠券之效期为7月25日至8月14日,其间实验组成员可凭信件中的优惠序号购买套票,折抵300元。

2) 目标实验对象

由于投放时间在暑假期间,因此找出近一年(即2019年8月至2020年6月间)加入MenGo且在2020年7月前从未购买方案的一般会员,作为实验对象,以避免学生族群暑假无通学需求的因素干扰。截至首购优惠计划规划,团队收集自营运开始到2020年6月30日的会员名册与方案购买纪录,避开暑假期间的干扰因素。

图 5　首购优惠投放信件内容

2.2　实验设计

1) 实验计划说明

本次优惠投放计划希望观察发送首购优惠券与否对购买比例的影响,进而探讨类别变数(发送与否、购买与否)之间的关联分布,将通过列联表分析(Contingency Table Analysis)搭配卡方检定(Chi-Square Test)进行类别变数间的独立性检定。

2) 实验对象编组

为了避免不同因素对结果的影响,该检定需在相同的控制变因下进行,本研究拟定两项控制变因,说明如表1。

表 1　首购优惠实验计划控制变因

控制变因	类别	说明
性别	• 男 • 女	资料初步分析发现 MenGo 会员以女性居多
会龄	超过三个月 未满三个月	MenGo 于 2020 年 3 月 29 日推出"爱的迫降"优惠,于此优惠推行前或推行后加入的会员可能有不一样的价格敏感度

从据第 2 项控制变因筛选而得的 MenGo 会员中剔除无联系资料者,最终符合实验条件者共 632 人,本研究将根据控制变因分组,由乱数决定各个实验组与对照组的成员,并向实验组成员发送首购优惠券,凭优惠代码购买套票时可折抵 300 元。在确保对照组人数超过 30 人,且尽量使实验组与对照组人数接近的前提下,编组如表 2 所示。

表 2　首购优惠实验计划编组

编组	性别	会龄	总人数	实验组人数	对照组人数
A	男	未满三个月	73	40	33
B	女	未满三个月	79	45	34
C	男	超过三个月	206	100	106
D	女	超过三个月	274	140	134

2.3　检定结果

首购优惠投放之列联表结果如表 3 至表 6,初步发现发送优惠券对于未满三个月的会员相对有吸引力。特别值得注意的是,部分有优惠券的 MenGo 会员虽然购买了套票,但并没有使用优惠券进行折抵,推估电子邮件被过滤为垃圾邮件,同时也代表对于这些会员而言,优惠券发送与购买套票与否可能无直接关联。

表 3　首购优惠券列联表(会龄未满三个月的男性)

	购买	无购买	合计
发送	4	36	40
无发送	5	28	33
合计	9	64	73

表 4　首购优惠券列联表(会龄未满三个月的女性)

	购买	无购买	合计
发送	13	32	45
无发送	6	28	34
合计	19	60	79

表 5　首购优惠券列联表(会龄超过三个月的男性)

	购买	无购买	合计
发送	2	98	100
无发送	1	105	106
合计	3	203	206

表 6　首购优惠券列联表(会龄超过三个月的女性)

	购买	无购买	合计
发送	4	136	140
无发送	1	133	134
合计	5	269	274

以 R 统计软件进行卡方检定，各组的 p 值汇整如表 7，对一般常用的显著水准(Significance Level)0.05 而言，皆无法拒绝虚无假设，这显示对从未购买方案套票的会员而言，发送优惠券与购买意愿无太大相关性。

表 7　卡方检定结果汇整表

组别	p 值	检定结果
会龄未满三月的男性(A)	0.505 2	无法拒绝 H_0
会龄未满三月的女性(B)	0.154 8	无法拒绝 H_0
会龄超过三月的男性(C)	0.526 9	无法拒绝 H_0
会龄超过三月的女性(D)	0.191 9	无法拒绝 H_0

3　忠诚会员 1+1 优惠投放案例

本研究第二个案例投放的目标族群改为 MenGo 忠诚用户，发送优惠券使其邀请新会员加入 MenGo，除了以增加会员人数为目标外，也同样以实施内容、实验设计与检定结果来说明优惠券对忠诚会员邀请新会员的吸引力。

3.1　实施内容

1）投放时间

本研究于 2020 年 8 月 27 日执行如图 6 之优惠券的投放，考虑学生族群于 9 月上、中旬陆续开学，因此将有效期设定为 9 月 30 日为止，兑换有效期约一个月。

2）目标实验对象

截至 1+1 优惠计划规划时，团队收集到自 MenGo 营运开始至 2020 年 7 月 31 日的会员名册与方案购买纪录，并从中找出近一年(即 2019 年 8 月至 2020 年 7 月 31 日前)至少购买“公车畅游方案”6 次的会员(定义为公车畅游方案忠诚会员)作为实验对象。

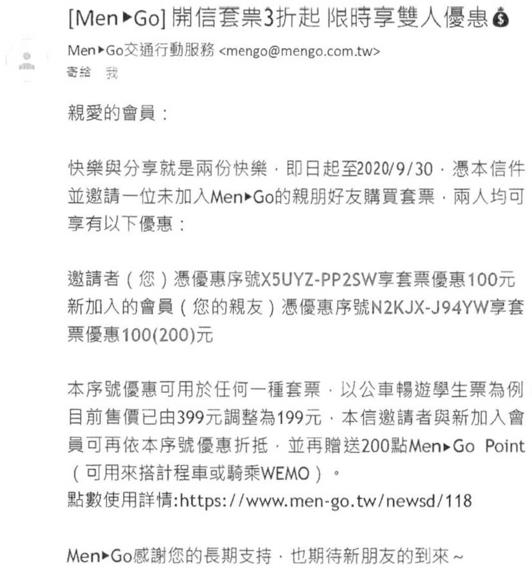
[Men▸Go] 開信套票3折起 限時享雙人優惠
Men▸Go交通行動服務 <mengo@mengo.com.tw>
寄給　我

親愛的會員：

快樂與分享就是兩份快樂，即日起至2020/9/30，憑本信件並邀請一位未加入Men▸Go的親朋好友購買套票，兩人均可享有以下優惠：

邀請者（您）憑優惠序號X5UYZ-PP2SW享套票優惠100元
新加入的會員（您的親友）憑優惠序號N2KJX-J94YW享套票優惠100(200)元

本序號優惠可用於任何一種套票，以公車暢遊學生票為例，目前售價已由399元調整為199元，本信邀請者與新加入會員可再依本序號優惠折抵，並再贈送200點Men▸Go Point（可用來搭計程車或騎乘WEMO）。
點數使用詳情:https://www.men-go.tw/newsd/118

Men▸Go感謝您的長期支持，也期待新朋友的到來～

图 6　“1+1 优惠”投放信件内容

3.2　实验设计

1）实验计划说明

本次优惠投放计划共投放两种优惠券：一种是邀请者(忠诚会员)邀请新会员，两人同时成功办卡后皆获得 100 元优惠；另一种则是邀请者邀请新会员且两人同时成功办卡后，邀请者获得 100 元优惠，新会员获得 200 元优惠。本研究欲通过实验计划，观察发送两种 1+1 优惠券或不发送对于购买比例的影响，进而探讨类别变数(发送 100+100、发送 100+200、不发送与购买与否)之间的关联分布，将通过列联表分析(Contingency Table Analysis)搭配卡方检定(Chi-Square Test)或 Fisher 精确检验(Fisher's Exact Test)进行类别变数间的独立性检定。

2）实验对象编组

为了避免不同因素对结果的影响，该检定需在相同的控制变因下进行，控制变因除了沿用首购优惠之性别外，同时以卡别(一般卡或学生卡)作为两项控制变因。详细说明如表 8 所示。

表 8 "1＋1优惠"实验计划控制变因

控制变因	类别	说明
性别	• 男 • 女	资料初步分析发现 MenGo 会员中以女性居多
卡别	• 一般卡 • 学生卡	一般会员与学生会员除了通勤、通学性不同之外,对优惠的敏感度也有差异

从据第 2 项控制变因筛选而得的 MenGo 会员中剃除无联系资料者,最终符合实验条件者共 460 人,本研究将根据控制变因分组,由乱数决定各个实验组与对照组的成员,并向两组实验组成员发送对应之优惠券,邀请者与新会员同时凭优惠代码购买套票时可折抵对应金额。在发送两种优惠的人数相同,并尽量使实验组与对照组人数接近的前提下,编组如表 9 所示。

表 9 "1＋1优惠"实验计划编组

编组	卡别	性别	总人数	实验组人数		对照组人数
				100＋100	100＋200	
A	一般	男	31	12	12	7
B	一般	女	109	40	40	29
C	学生	男	153	61	61	31
D	学生	女	167	68	68	31

3) 列联表

由前述内容可知有两项控制变因,交互后共有 4 组,因此实验结果将列出 4 张列联表,列联表范例如表 10 所示。其中由于 A 组总人数较少将以 Fisher 精确检验进行检定之外,其他 3 组都将进行卡方检定。

表 10 "1＋1优惠"实验计划之列联表范例

	是否发送优惠券			合计
	100＋100	100＋200	无发送	
使用	10	12	5	27
无使用	20	18	27	65
合计	30	30	32	92

4) 实验检定假说

虚无假设 H_0:三变项是独立的,即无论发送何种优惠券,皆与忠诚会员是否邀请新会员无关。
对立假设 H_1:三变项并非独立,发送优惠券与忠诚会员是否邀请新会员有相关。

3.3 检定结果

"1＋1投放"之列联表结果如表 11～表 14 所示,优惠券的使用率依然相当低,然而观察投放结果,可以发现无论发送优惠券与否,大部分仍持续购买 MenGo 套票。

表 11 "1＋1优惠"列联表(一般卡,男性)

	购买	无购买	合计
发送	4	36	40
无发送	5	28	33
合计	9	64	73

表 12 "1＋1优惠"列联表(一般卡,女性)

	购买	无购买	合计
发送	13	32	45
无发送	6	28	34
合计	19	60	79

表 13 "1+1 优惠"列联表（学生卡，男性）

	购买	无购买	合计
发送	2	98	100
无发送	1	105	106
合计	3	203	206

表 14 "1+1 优惠"列联表（学生卡，女性）

	购买	无购买	合计
发送	4	136	140
无发送	1	133	134
合计	5	269	274

以 R 统计软件进行卡方检定，各组的 p 值汇整如表 15，对一般常用的显著水准（Significance Level）0.05 而言，皆无法拒绝虚无假设。但考虑绝大部分的实验对象仍购买套票，此现象可能表示以电子邮件发送优惠券的成效确实不明显，或是优惠对于新会员无太大诱惑。

表 15 卡方检定结果汇整表

组别	p 值	检定结果
一般卡男性（A）	—	无法拒绝 H_0
一般卡女性（B）	0.452 6	无法拒绝 H_0
学生卡男性（C）	0.311 7	无法拒绝 H_0
学生卡女性（D）	0.480 8	无法拒绝 H_0

4 结语

有关优惠券实验设计的无母数检定，其目的初衷在于了解优惠投放是否能显著吸引购买，故无论检定结果如何均已达到目的，了解到针对这些长期不购买的用户，价格并非是关键因素。

特别是本研究的优惠投放以"沉睡用户"为主，他们过去未购买必有其原因，例如本身并无大量长距离通勤通学需求，故不易受几百元优惠所动，少数零星被优惠所吸引者，已属于 MenGo 体系额外之收益，故优惠券之投放仍有其价值，特别是就长期永续经营考量，MenGo 不可能每年都有大笔的行销预算补贴优惠券价差，因此这种相对低的兑换率反而适合行销预算拮据的系统。

新北市多元资讯整合平台应用

Multi-information Integrate Platform Application in New Taipei City

钟鸣时　陈建成　杨展昀　陈俊铭　黄宇辰

摘　要：新北市淡水区与汐止区主要干道皆无替代道路，高峰或发生交通事件时皆会造成交通极度拥堵。为有效改善交通拥堵状况，2018年至2021年分别对汐止大同路、新台五路及淡水民权路廊道进行改善，主要是通过时制重整及大数据进行收集及应用，并通过智慧情境式仪表板进行监控管理，使交控中心快速掌握交通资讯并进行调整，另于汐止导入旅行时间预测及发布，让用路人提早掌握交通状况。高峰路口延滞改善绩效皆逾3%，高峰速率绩效提升皆逾10%，后续将持续导入大数据及应用。

关键词：大数据；智慧监控；路况预测；时制重整

1　多元资讯整合平台建立缘由

先前交控中心在监控车流或道路状况时多依赖人工，由于交通相关资讯量过大，故常常无法有效即时处理，因此建置多元资讯整合平台掌握交通、气象、施工等多元资讯，并利用智慧化反应功能及仪表板情境管理进行相关交通管理及管制，以提高管制效率。

而汐止廊道无替代道路，当发生交通事件或车流较大时皆会造成极度拥堵，为有效改善汐止廊道交通拥堵状况，2018年起逐步于汐止导入大数据及智慧交控，设置11处eTag及3组智慧型CCTV，并搭配GVP资料掌握交通动态，将相关资讯汇集到多元资讯整合平台加以反应及应用。

2　多元资讯整合平台架构

多元资讯整合平台系整合多元资料来源之资讯管理平台，多元资料包含自有、外部资料，交通、非交通（例如气象、淹水、施工、事故等）资料，依不同情境提供使用者当下最需要之资讯，客制化不同情境所须注意之资讯界面，进而提高交通管理效率，并以多元资料大数据技术相互钩稽交通特性资料，其多元资讯整合平台架构如图1所示。除了整合大数据资料收集分析、地区路网管理、跨区路网管理、活动/灾害管理、旅行时间预测模式等功能，也规划满足民众（网页）、学术单位/加值业者（通过Open Data平台）、外单位交控中心与新北市本身的管理人员（通过多元资讯服务平台之管理界面以及新升级之网页式交通控制系统）之资料分析需求。

作者简介：钟鸣时，新北市政府交通局局长。
　　　　　陈建成，新北市政府交通局交通管制工程科科长。
　　　　　杨展昀，新北市政府交通局交通管制工程科专员。
　　　　　陈俊铭，新北市政府交通局交通管制工程科股长。
　　　　　黄宇辰，新北市政府交通局交通管制工程科技士。

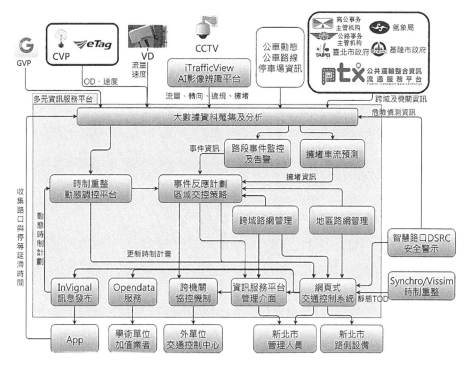

图 1　多元资讯整合平台架构

3　功能及应用

3.1　逻辑功能设计

1) 路网管理

提供跨域与地区的路网管理功能,基础功能是提供汐止地区之路网资讯,供显示层(即时动态资讯显示界面)应用,以实现对汐止地区路网之整合型监控。本系统开发架构具备扩充性,功能模组可通过提供新的地区组态资料的方式,快速应用于新的路廊或地区。

2) 路段事件监控及告警

该平台有道路拥堵自动判断机制,通过分析获得的拥堵门槛值,判断大数据所收集的多元交通资料,进行自动判断并采取反应措施。当发生事件时,事件监视模组会主动通报让操作人员确认,并进一步处理此事件。同时,提供车流影像辨识摄影机功能,路段事件监控功能也会整合此设备,以提升整体事件监控之准确性。具体见图 2。

在运作成熟的事件反应规则中,则采用全自动控制流程,例如拥堵状况时,自动调整时制计划并下载,以应对车流变化,减少管理人员操作工作。

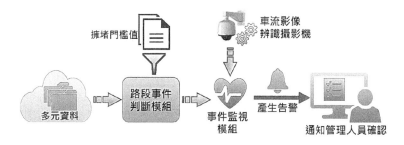

图 2　路段事件监控及告警流程示意图

3) 拥堵车流预测

根据大数据分析所得到的多元资料(eTag)与情境分析表,建立拥堵预测模组,利用EVP资料预估旅行时间或速率,并借由预估资料判断未来是否发生拥堵。而车流旅行时间及速率之预估为1小时内的预估,即预知1小时内的拥堵状况。

应用拥堵预测资料进行车流道引资讯发布,通过反应计划模组选择合适的道引策略,传送道引讯息至路侧设备(CMS),管理人员则通过多元资讯平台进行监控。

整个流程可以设定成全自动、半自动方式进行,提供不同情境下操作之弹性,管理人员也能通过监视画面了解先前拥堵车流状况与预测一小时内拥堵旅行时间趋势图,辅以道引资讯发布运作的情况,以提升拥堵缓解效率。具体见图3。

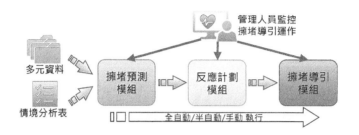

图3 拥堵车流预测示意图

3.2 智慧监控

多元资讯整合平台结合多图层显示、区分动态资料与静态资讯显示、地图缩放与元件过滤以及分区与专案显示等方式,包含有CCTV、CMS、VD、号志、eTag、施工、Google绩效等资讯,可协助操作人员快速了解整体交通状况(图4)。当画面大小上限固定时,太多的资讯同时显示,会容易让使用人员遗漏关键资讯,借由滑鼠不同操作以及上述各种显示方式,人员就能专注于处理核心问题。

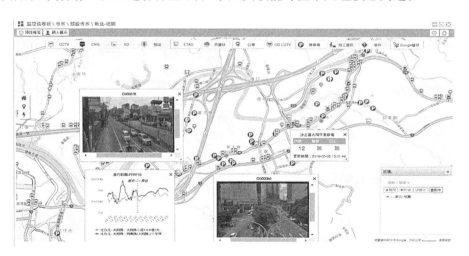

图4 多元资讯整合平台监控画面

而智慧监控结合情境式仪表板,操作人员可自由编辑所需资讯,并自由排列,针对不同情境[如上午高峰(图5)、下午高峰、易淹水路段(图6)等情境]加以应用,可让监控人员快速且聚焦掌握交通状况,并能即时反应。

另于汐止最瓶颈的路口(大同路与新台五路口)设置3组智慧型CCTV,以掌握该路口转向车流,并即时通过图表呈现转向量资讯,作为相关交通管理及管制措施之参考,如图7所示。

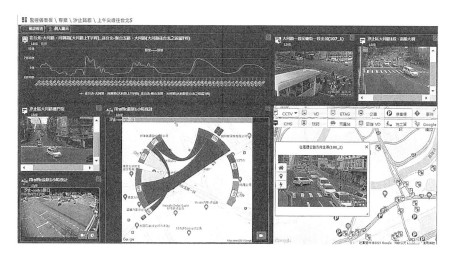

图 5 情境仪表板监控画面（上午高峰）

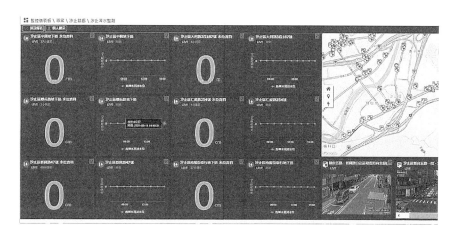

图 6 情境仪表板监控画面（汐止易淹水路段监控）

图 7 即时车流转向量侦测仪表板

3.3 智慧化反应

1）状态告警

多元资讯服务平台后端连接多种同质与异质资料，管理人员无法长期监看如此多种类又相异之资料，当发生状态时将无法立即反应，丧失连接多种类资料的意义。因此通过自动反应之 Rule Based 规则库，事先将各种情况预先设定好门槛与规则，当监控的资料超过临界状态时，管理人员就能马上收到告警通知。

如果处理的方式与管制的措施具备标准的 SOP,还能将其撰写至多元资讯服务平台的反应计划中,当告警发生之后,管理人员可以决定全自动处理,也可以选择半自动的方式,先确认是否真有事件发生,再让系统自动执行管制措施,以降低人员管理的负担并减少疏失发生。具体流程见图 8。

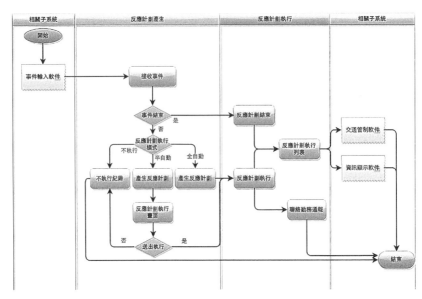

图 8　智慧化告警执行流程

2) 趋势预测

多元资讯服务平台具备收集大数据资料,通过大量历史数据分析进行路况预测之功能,能预测区间的路况是否拥堵,本研究使用 eTag 历史资料与即时资料进行预测。在地图上点击 eTag 设备,元件就会显示当下预测之路况结果,预测时间范围为未来一个小时。

此外支援时间轴的展示方式,不是只能用于显示预测的资料,也能显示历史的资料,通过此种展示元件,管理人员可以很方便地了解该地区过去的路况趋势,也能快速地检视多元资讯服务平台所推算的未来趋势,可用来辅助交通管理决策,例如当预测 30 分钟后拥堵程度将提升,值班人员应提升警戒,以缩短反应、处理时间。图 9 为实际应用路况预警之成果,通过系统告警未来 1 小时内达拥堵门槛,即刻发布路况预警信息,并即时监控,事后评估预测准确率约八成。

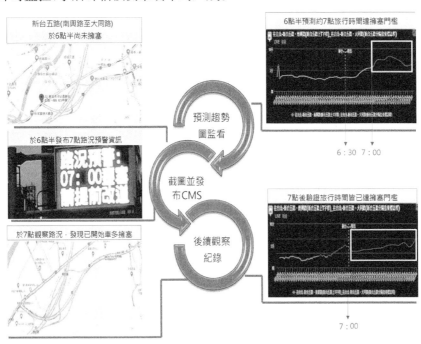

图 9　路况预警成果

4 效益

4.1 快速掌握多元资讯

事先须开启不同页面才能掌握各种所需资讯,现通过多元资讯整合平台建置,可有效掌握多种所需资讯(如雨量、路段旅行时间等)(图10)。

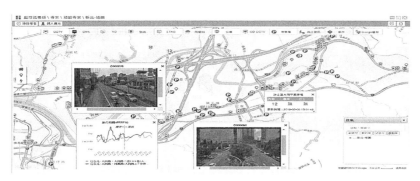

图 10　多元资讯整合平台地图界面

4.2 提升运作效率

交控中心以往判断交通拥堵时需经过人工判断,而本研究通过所建置的多元资讯整合平台结合大数据资料,并以视觉化呈现多元即时资讯,通过仪表板进行监控管理,使交控中心快速掌握各廊道及区域交通资讯,并利用智慧化反应功能及情境管理采取相关交通管制措施,以提高交通管理效率(图11~图13)。

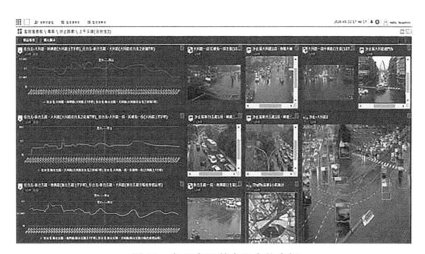

图 11　多元资讯整合平台仪表板

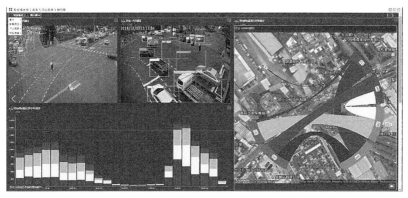

图 12　多元资讯整合平台之智慧路口监控

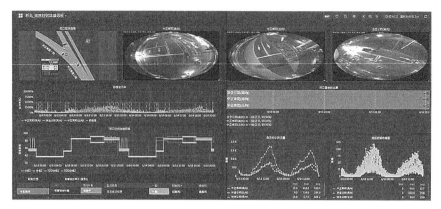

图 13　多元资讯整合平台之智慧号志控制监控

4.3　多元资讯导入对外民众网页，让民众掌握即时多元之交通信息

通过多元资讯整合平台汇集之多元资讯亦通过网页方式呈现给民众，全新改版新北市即时交通资讯网，通过全市道路上的 275 个 CCTV 即时影像传输，并连接到公路事务主管机构和高公事务主管机构的省道，以及北桃等县市交通路况，让民众除可上网查询到最新即时路况外，还可查询到停车场空位、YouBike 站，甚至可查询到气象资讯。

而先前许多资讯需另开启页面连接，稍微耗时，因此为了让民众更方便、更快速地掌握即时路况等信息，除了原有的 CCTV 即时影像、停车场空位、YouBike 站等资讯外还要加上全市 120 余个 CMS 即时资讯和施工、Google 路况等，其皆在 Google 地图中予以呈现，不需再另开连接页面，可更快速地掌握交通信息。

另外，还设计了主题式交通地图，即一点开就能清楚通过 CCTV 知道活动会场周边交通路况、停车场还有没有空位和活动最新消息等（图 14）。网页也将应景变换版面，让民众感受更便利、更人性化的交通网页服务。

图 14　多元资讯导入即时交通资讯网之画面

4.4　高峰路口停等延滞及路段旅行速率绩效

（1）汐止大同路：提升 5%～31% 高峰路口停等延滞绩效及提升 13%～26% 路段旅行速率绩效。

（2）汐止新台五路：提升 5%～30% 高峰路口停等延滞绩效及提升 10%～25% 路段旅行速率绩效。

4.5　首次导入路况预警发布，供用路人提早掌握交通状况

新北市交通局首次将路况预警实际应用于道路上，通过 eTag 掌握用路人路段旅行时间，并累积长时间历史资料进行未来 1 小时旅行时间预测，当预测未来 1 小时内达拥堵门槛，即刻发布路况预警资讯，让用路人提早掌握道路状态，作为用路人改道或改变旅运行为之参考依据。实施结果预测成功率约八成，未来将持续评估扩大推广应用。

都市运输走廊交通拥堵之解决方案：
CVP交通资讯系统之应用

Solutions to Urban Congested Corridors: Application of Cellular Probe Vehicle-Based Traffic Information System

钟惠存　曾诗渊　周玫芳　邱裕钧

摘　要：都市交通拥堵问题之解决，一直是交通主管部门努力的目标。然而，若无法有效掌握瞬息万变的交通状况与旅次起讫，势难以提出具体有效的拥堵解决方案。有别于传统车辆侦测器，以行动信令为基础的信令探侦车（Cellular-based vehicle probe，CVP）具有自动化、大范围、低成本的优势。基于此，本文旨在研拟一套CVP应用演算法，并透过微观及巨观验证，确认其精确性。结果显示，本文CVP演算法无论在微观及宏观验证中，均能维持10%以下误差率，准确率具有可接受性。进而以内湖科技园区（以下简称内科）交通拥堵问题诊断与解决方案之实例应用为例，研析进出及行经内科内外围旅运者类型（当地上班族、当地居民、过境旅客）以及拥堵路径之旅次起讫，以研拟可行性建议改道路径，证明CVP演算法的可应用性。最后，据以提出CVP传输规格与标准，以作为未来常态性系统构建与应用之参考。

关键词：行动信令；信令探侦车；内湖科技园区；交通拥堵

Abstract: How to effectively relieve urban traffic congestion remains one of tough challenges for traffic management authorities. Without knowing the temporal origin-destination of traffic along a corridor and constantly changing traffic conditions, it is barely possible to propose effective congestion relief programs. Traditional traffic information mostly relies on loop and video image processing detectors to collect traffic information at specific locations, lacking the information of origin-destination of road users, which is hard to propose feasible alternative routes for traffic diversion and integrated corridor signal plans for traffic control. CVP has the advantages of high coverage, high updating frequency, high efficiency and nearly zero extra cost. Based on this, this study aims to propose a CVP algorithm and validate the proposed algorithm micro — and macroscopically, respectively. The validation results show the proposed CVP algorithm performs satisfactorily at error rates ranging from 10%-30%. To investigate the applicability of the proposed algorithm, a case study on Neihu Technology Park in Taipei is conducted. The road users traversing Neihu Technology Park are identified and classified as commuters, residents and by-pass travelers. The origin-destination traffics along highly congested corridors are analyzed so as to propose possible and feasible alternative routes. The applicability of the proposed algorithm has been proven. Lastly, the protocol for the CVP algorithm is then proposed as the reference for future system-wise implementation.

Keywords: cellular data; cellular-based vehicle probe; Neihu Technology Park; traffic congestion

1　前言

台北的通勤及观光旅次相当频繁，衍生出常态性、事件及活动型等不同时段、不同类型的交通拥堵问题，尤其在特定地区每逢上下班的交通尖峰时段，经常出现严重堵车现象，大幅增加上下班通勤时间。台北市政府针对这些拥堵的路段，除进行号志时制计划调整、路边停车管理等交通改善策略外，更希望能掌

作者简介：钟惠存，台北市政府交通治理科科长。
　　　　　曾诗渊，远传电信股份有限公司转型办公室新经济应用开发与维运处大数据应用部协理。
　　　　　周玫芳，远传电信股份有限公司转型办公室新经济应用开发与维运处大数据应用部经理。
　　　　　邱裕钧，台北市交通安全促进会理事长、阳明交通大学运输与物流管理学系教授。

握造成交通拥堵的车流起讫来源。但若装设传统车辆感测器,如 eTag、VD 等,势将耗费庞大的设备装置及维护经费,而且未必能清楚掌握车流起讫资料。若采用人工问卷调查方式,则只能掌握少数抽样对象其部分时段的交通起讫资料,无法清楚掌握其即时、动态及全时段的交通旅运行为。

随着行动通信技术的快速发展,以及行动装置使用的普及强度,由使用者产生的电信数据资料因具备涵盖范围广,且可以长时间不断收集等特性,近年来已逐步发展出 Cellular-based Vehicle Probe(简称 CVP)资料,并累积了相当多的研究成果。但由于相关应用受限于 CVP 涉及用户的隐私权争议及 CVP 定位精确度,多数研究成果多以小规模、试验性为主,欠缺长期应用的实际案例,极少成为交通资讯的主要来源。针对上述问题,本研究旨在评估 CVP 处理技术目前的进展,并以内湖区作为分析区域实验场域,针对园区重要出入要道进行资料收集,分析拥堵路段的用路人 OD 来源,以验证 CVP 应用的可行性,并据以研拟 CVP 资料的交换标准格式,以作为未来 CVP 资料供给、需求方的资料交换依据。

本文章节安排如下:首先针对 CVP 的演算法与应用之相关理论及实例加以回顾及分析;其次,提出 CVP 演算法,并分别从微观及宏观层面加以验证;再次,以所研提 CVP 应用于内湖科技园区交通拥堵的分析与改善策略,并提出 CVP 的标准交换格式与内容,以供后续研订 CVP 实际应用机制之参考;最后为本研究结论与建议。

2　文献分析

CVP 技术应用于道路服务水准及旅运行为分析的研究与应用甚多,大致可分为:旅次链及旅次起讫分析、旅行时间推估、人流分析与交通预警、公车路线规划、号志控制优化等。

2.1　旅次链及旅次起讫分析

Reddy 等收集手机 GPS 定位资料和手机内加速感测器(Accelerometer)资料,并透过决策树和隐马可夫模型(Hidden Markov Model,HMM)判断旅行者静止、走路、跑步、骑脚踏车、搭乘机动运具之状态。结果显示使用决策树与隐马可夫模型的预测准确度高达 98.8%。Wang 等透过实验者使用行动电话通话之分析资料与 K-means Clustering 方法,分析某一起讫区间运具选择(开车、大众运输工具)方式与运具选择比例。研究结果显示,当研究样本数越大时,量测误差越小,同时假日的观察样本数较少导致量测误差较大。由于同一路段下小客车旅行时间远低于公共运输,故借由旅行时间来区分运具使用应相对准确。Astarita 等针对 CVP 资料漂移问题,如何透过技术方法提高其正确对应到道路的部分进行研究,发展出一套演算方法。该研究先以模拟的方式模拟资料漂移位置和该资料真实道路位置的差异,再透过 Map-mactching 验算法从资料点序列的关系,推算行驶轨迹后,将资料校正到道路上较精准的位置。Onwuka 等利用 K-means Clustering 方法以手机信令资料计算通过高速公路的道路流量参数,结果显示整体误差为 12.96%。证明透过信令资料推估在高速公路流量是可靠的,同时也建议后续可将信令资料作为用路人属性标签资料,并可作为规划替代路径之方法。Huntsinger 及 Donnelly 之研究范围的家户旅次调查资料在 2006 年完成,包含社经资料、交通分区、区内区外旅次,并细至每日分时资料、高速公路路网分类。信令资料来源也是向 CAMPO(Carolina Association of Metropolitan Planning Organizations)取得来自 Airsage 公司的信令资料,并因 Airsage 资料并非由家户问卷访问得来,故使用三角测量的技术推估出 50 m 范围内精准度的位置。处理 Airsage 资料须先转换成每日分时资料,且交通分区方式借助 TRM(Triangle Regional Model)资料中的社经资料作为分类因子。Iqbal 等运用手机信令资料推估旅次起讫矩阵。研究区域为孟加拉国首都达卡。首先透过手机信号对应的基地收发站依序串联出基地收发站对基地收发站的起讫矩阵,接下来透过叠图、筛选机制,转换为路网节点对路网节点的起讫矩阵资料。Larijani 等透过手机信令资料分析巴黎地区起讫点流量资讯,该研究中提及透过手机信令分析起讫,搜集成本相对经济便利且一家电信公司有许多使用者,透过电信公司可以即时获得大规模的资料,与传统方式相较在资料规模及资料更新频率方面相当具有优势。Liu 等以利用手机资料探勘的研究通过停留点侦测、住家侦测以及萃取个体移动模式三个步骤分析上海民众的活动方式,旅运者每天常见的 10

种移动模式约可解释 70% 用户的移动行为。Çolak 等讨论两个城市的信令资料议题，他将两个城市的信令资料加上人口密度，个别产生旅次矩阵，并且利用发生频次与每日分时资料区分家工作、家其他、非家旅次。Allström 等于 2015 年在斯德哥尔摩进行一项实验，在同样时间针对同一群受试者，同时以智慧型手机和传统的记录方式收集旅运资料，结果显示在 355 份旅次资料（两种调查方式皆有答复的资料）中，只有 189 份资料两种调查结果可相互对应。资料未能对应的原因为：(1) 忘记携带手机；(2) 两种方式回报的旅次目的不同；(3) 资料遗漏记录或未侦测到，例如：传统调查方式常遗漏记录返家旅次，而 MEILI（一个搭配信令或 GPS 资料自动记录旅行日志的系统）则可能不会侦测到接送的旅次。MEILI 对于定位推测具有高准确度，停留点的推测具有 97% 的准确度，而旅次链的推测具有 79% 的准确度，但旅次目的准确度却仅有 47%，其原因为旅次目的需根据使用者的历史资料以及最接近的吸引点推测，并且是在使用者只有单一旅次目的以及只会造访单一地点的假设下进行推测。Ye 等利用手机动态资料分析上海地铁站周边的空间使用情形，透过热力图的热度以及土地面积衡量空间使用强度，并利用吸引点资料衡量车站周边土地使用的多样性，最后综合两项因素计算每个车站的 TOD(Transit-Oriented Development) 指标，最后以 TOD 指标为因变量，以车站特性和环境特性为自变进行回归分析，其结果显示车站周边的空间使用受到转乘路线数、街区大小和公车站密度等因素影响。

台北市政府借由 CVP 电信大数据技术分析信义路车流，欲通过该研究作为评估台北市仁爱路恢复为双向之可行性的参考。此外，亦利用 CVP 资料分析信义路大范围 OD 资料，并借由区内与区外之移动定义出信义路热点服务范围，并将结果与转向量调查比对，误差约介于 1%～17% 之间。新北市政府透过 CVP 分析汐止区拥堵路廊的 OD 旅次起讫特性，成功地通过 CVP 资料剖析汐止运输廊带平日晨昏峰的旅次特性。

2.2 旅行时间推估

Ygnace 等利用 CVP 估计旅行速率时就算仅有 5% 之渗透率，其准确度也相当高，此外，若能利用其他资讯结合 CVP 所探测之交通参数，更可提升 CVP 预测之准确度。Astarita 及 Guido 指出 CVP 在高速公路上收集交通参数的能力会随着探侦车比例的增加而提高，其中在渗透率为 40% 时，估算密度之误差在 10%～27% 间、估算流量之误差在 3.5%～7.5% 间、估算速率之误差在 0.3%～2.4% 间；另在渗透率为 80% 时，流量误差在 5%～8% 间、流量在 1%～3% 间、速度误差在 0.03%～0.8% 间。Bar-Gera 在以色列利用行动网络信令资料推估车流运行速率与旅行时间之绩效，并将其所计算结果与实际车辆侦测器所计算结果进行验证，结果显示行动网络信令资料可以反映道路交通资讯。Haghani 等说明利用手机信令资料推估高速公路之速率时，其误差若可低于 20% 是可以被广泛接受的，在市区干道上若误差很高（将近 1 倍以上），则无法进行后续利用。另外，在道路服务水准较低之拥堵情况下，CVP 推估速率资料的变异性将很高，此外，若要提高手机信令推估路段速率之资料准确度，有三大重点：不可用路段速限来当作初始值计算；电信业者之市占率应具一定规模；利用其他可取得的资料（如 GVP）进行辅助分析与校准。Herrera 等利用 100 辆备有搭载 GPS 手机的车辆，在美国加州公路不断绕圈行驶 8 h，并利用该研究产制之虚拟旅行路径(Virtual Trip Lines)进行资料收集，研究结果显示在所有用路人中，若有 2%～3% 之渗透率便可提供足够之资料计算车流运行之速率。

新北市政府运用巨量资料分析道路资讯，以全台湾地区为范围收集高达 1 亿份以上的样本，比较不同的道路类型下，CVP 资料的涵盖率，发现其在快速公路、省道、重要道路均能达到 85% 以上的涵盖率；而平均速率的比较结果，比较 CVP 与 Google、VD、实车调查，显示 MAPE 介于 35%～40%，CVP 的速率有偏高的情况。台南市政府利用 CVP 资料剖析台南市的道路速率。该案例显示 CVP 计算之道路速率有机会应用于一个城市的道路路网上，并且可透过和其他探侦车资料以资料融合的概念，强化演算道路速率结果的真实性。基隆市政府以基金一、二路之 eTag 侦测器资料，验证 CVP 旅行时间模型，该计划旅行时间侦测模型系以车流理论融合类神经网络 AI 演算法为主，其分析资料系以 22 个路段、每 5 分钟 1 笔的资料进行验证，结果显示 CVP 推估的旅行时间较 EVP 或 Google 略低，推测原因与 CVP 包含机车有关联。

2.3 人流分析与交通预警

日本在 2011 年的"3·11"海啸灾难事件后,利用众多探侦车资料协助事后灾难分析和救灾行动,信令资料首次被大规模应用于灾难人流移动的行为分析,对于灾难当时的灾民避难行为做了非常有贡献的诠释,且透过灾难发生前最后一刻的灾民信令位置,有效协助救难搜索队的搜救效率,减少地毯式搜索可能因此浪费的黄金宝贵救援时间。罗马在 2010 年前即透过 Telecom Italia 建置的大数据资讯平台 LocHNESs (Localizing & Handling Network Event Systems)。LocHNESs 系以信令资料为基础所建置的多元资讯平台,其目的是利用统计方法评估即时的交通资讯。信令资料去识别化后传输至平台的过程,是透过在手机基地台和中央控制系统之间建立的界面运算处理,另为加速处理的速度,可能会筛选一定比例的样本作处理。这些手机资料接下来必须在平台上的地图图资视觉化呈现,同时以网格作为单位(市区长宽 250 m,郊区 500 m),计算信号在网格与网格之间的移动、停留之旅行时间、道路速率,并分析可能落在网格中的哪几条道路上,地图资料每 5 min 更新(每次更新是以当下最近 30 min 内的资料分析的)。Telecom Italia 在意大利的市占率为 40.3%,用户数量约 3 400 万户,并根据该公司的统计,其他辅助资料如公车,统计取得 7 268 辆公车每 30 s 1 笔的 GPS 资料;计程车的部分,统计取得 43 台车辆每 5 min 1 笔的 GPS 数据资料。该平台最重要的特色即提供视觉化应用,包含比较当前和昨日的活动资料密度(即饱和度地图)、透过 3D 城市模型构建特殊事件时的活动密度地图、呈现罗马知名旅游景点的热点分析,萃取出观光的外国旅客信号的分析,以及利用不同的颜色代表不同运具(公车、计程车、行人)在地图上的位置与密度资讯。经验证比较,旅行时间之通过性车辆 MAPE 为 15%、主要道路 10%、次要道路 18%;行人移动判断部分,没有移动却被判断为移动的比例为 16%;车辆移动判断部分,没有移动却被判断为移动的比例为 3.2%、移动却被判断成没有移动的比例为 19%。Telecom Italia 公司成功地应用手机资料的定位技术,配合演算法,并整合公车和计程车的 GPS 资料,以动态即时的方式在地图上呈现大数据的视觉化平台,这是相当新颖的技术,并且示范如何利用信令资料对城市交通状况进行监控管理。

2.4 公车路线规划

王以萱等人基于同一旅次链之各个旅次行为决策,必定彼此互相影响。基于此,利用行动信令资料所推估而得的旅次链资料为基础,建立一个数学规划模式,在固定限算限制下,设计公车路线及班次以最大化搭乘人数。模式中考虑两种公车路线型态:起讫对开线及循环线。为验证所提模式之可用性,该研究以宜兰地区多个观光景点为例,进行公车服务设计。结果显示,大多旅次链需求系往返转运站及观光景点,因此,模式设计出 4 条公车路线(2 条对开线及 2 条循环线)以衔接主要观光景点及转运站,以载运更多旅客。基隆市政府分析平日夜间(22:00~1:00)出现在基隆市境内且居住在基隆的远传电信使用者之信令资料,包含旅次起讫分布与饱和度,以观察潜在需求族群分布,并和市区公车与台铁电子票证资料进行检核,检讨 4 条夜间公车路线营运绩效,进行路线班表调整、新路线规划、改善台铁转乘接驳。此专案亦针对鸡笼中元祭分析旅客的观光需求,分析活动当日的旅次起讫分布,作为研提大型活动交通疏运措施之参考。花莲县政府以信令资料分析花莲各乡镇内活动旅次、跨乡镇活动旅次、乡镇内村里活动起讫分布等旅运活动特性,作为评估公车路线绩效、研拟新辟路线之参考。在"新竹生活圈干支线公共运输发展规划"专案中,分析 2 周以上的平日、假日以及连续假日之信令资料,包含旅次起讫分布与饱和度等旅次特性资料,与市区公车电子票证资料进行比对,并搭配"民众日常使用运具调查"估算搭乘公车之潜在需求,作为研提公车干支线路线规划之参考。嘉义县政府为找出既有大众运输路廊外是否有新辟公车路线之需求,利用行动数据资料扫描嘉义县公共运输服务缝隙,行动数据资料范围涵盖嘉义县各种不同运具及运输服务的旅次资料,对民众的旅运需求能有更精确地掌握,进而推估潜在需求,思考新辟路线之可能性。

2.5 号志控制优化

Matsumoto 等利用探侦车资料整合路口固定式侦测器资料,开发出能借由探侦车资料所提供之空间交通资讯,以作为号志控制之基础。该研究以模拟的方式,分两种情境分析模式内可侦测的探侦车样本比例对路口绩效的效果,从模拟结果来看,情境1(探侦车+侦测器两种组合)可达到最好的效果,主要是因为侦测器可以弥补探侦车侦测排队长度的缺点。Nakashima等研究探侦车资料和VD资料整合后,可推估等候线长度并透过模拟的方法分析应用于号志控制,结果显示以VD+探侦车的组合推估等候线长度效果最佳,此外,因探侦车与VD系互补关系,若探侦车的比例增加,则会减少VD的数量。Axer等说明探侦车辆资料要能够发挥效益有赖于一定规模的渗透率及应用于路径道路Mapping大数据的计算处理能力。该研究利用1/15 Hz之低频率FCD资料,推估交通控制需要之参数——延滞、周期、时比等,并且在德国Braunschweig的单一号志化路口中进行实作。Astarita等提出利用探侦车资料,并从车联网角度研究对交通号志进行管理与控制,该研究采用交通模拟系统(TRITONE)测试在不同的探侦车渗透率下,分析单一路口时志计划调整的可行性,模拟过程分成3种情境。

3 CVP应用演算法研拟与验证

本章旨在说明CVP应用演算法之执行步骤,以及微观及宏观验证之结果。

3.1 CVP应用演算法

行动信令资料为行动通信装置与基地台互动时产生的数据通信记录(Data Communications Detail Records,DCDR),其拥有资料量庞大及不间断之优势。这些记录都是用户日常活动模式的潜在资料来源,透过这些资料的传递时间及位置可以了解用户的时空位置,可用来进行用户移动分析,包含移动路径、停留时间、路径追踪及移动速率等计算,进而产制旅运相关资讯,远较传统家访调查样本数多,且更新频率较快、效益更高。以下就CVP演算法,简单说明如下:

3.1.1 信令资料采集及去识别化

透过行动装置回传的信号资料与电信基地台间的相对关系,界定该信号用户所在位置(或所属基站服务范围),并利用信号于基站与基站间之移动距离、时间、速度等资讯,得知用户于特定时间下的移动行为与轨迹。

目前常见信令资料类型,包含Call Detail Record(简称CDR)、Subscriber DR Data及Signal Data等三种类型,如表1所示。其中,CDR属于被动式传输且资料密度低,较难以观察使用者活动行为。而Subscriber DR Data及Signal Data皆能有效呈现使用者活动轨迹,尤其是Signal Data能够提供超高密度资料,且远传电信已投资购置资料采集之相关设备,不论是资料量以及运算作业的硬体需求均能将Signal Data运用大数据演算法得到更精密与相对精准度较高的分析结果。故本研究以Signal Data作为基础资料。

表1 信令资料特性比较

资料类型	资料特性	数据密集度	限制
Call Detail Record (CDR)	提供通信、SMS传输期间之基地台位置、时间	低	被动式资料传输,资料间隔期长,较不适合做精细之行为分析
Subscriber DR Data	个体行动装置活动追踪(包含通信、SMS、3G/4G网络等)	中	被动式资料传输,需使用者有通信、上网等活动时才产生
Signal Data	个体行动装置活动追踪(包含通信、SMS、3G/4G网络等)	超高	主动式资料传输,资料时间间隔短,资料量非常庞大,运算量高,需高规格硬体设备

Signal data信令资料系利用行动设备用户与基地台收发站(Base Transceiver Station,BTS)互动时产生之数据通信纪录,如图1所示。经去识别化程序,将用户个人资料(如姓名、身份证号、地址等)去除,改成国际行动用户辨识码(International Mobile Subscriber Identification Number,IMSI)编成临时性ID资料,并保留特征属性(如性别、年龄级距等)建构特征属性资料;此外,信令资料会记录使用者在时间与空间的变动关系,即会进入远传大数据平台,以利后续资料处理及应用分析。

图 1　Signal Data 信令资料采集及去识别化流程

3.1.2　信令资料产出流程

信令资料的产出,依序可分成母体建构、资料萃取、资料产出三大部分(如图 2 所示),说明如下:

为调校因单一电信业者市占率因素以及用户分布与母体结构不一的偏差,本研究基于抽样理论之原则,将远传 CVP 715.4 万用户(NCC 2019 Q1)视为抽样率达 35% 以上的大样本,再以内部事务主管部门最新公布之人口统计资料视为母体结构,将各行政区中之性别、年龄层之母体人数除以本案电信业者于该行政区相同之性别、年龄层用户数得到每位用户之加权放大系数,此机制加权放大后即可调整为符合母体之结构,进行后续的各项人流统计。

图 2　信令资料产出流程说明图

3.1.3　资料萃取:移动停留点判断

本步骤将原始轨迹资料进行分类,包含"停留点""移动点"及"跳点"等三种类型。"停留点"为在同一个区域持续停留该区域视为"停留点";"移动点"则在移动过程所产生之点位;"跳点"为受当地气候或环境之影响产生之异常轨迹点位。

本步骤运用 K-means Clustering 之分群技术,利用轨迹之点为停留时间、前后点位移动速度等因子进行分群,并将每一个轨迹进行贴标以分群。根据上述步骤分群结果,排除"跳点"的轨迹资料,且将连续的停留点进行收敛至一个群心之经纬度,即代表该用户之停留位置,如图 3 所示。

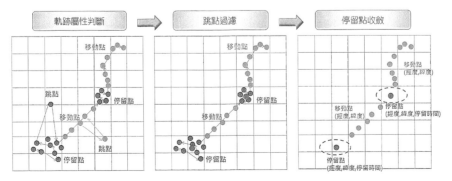

图 3　CVP 原始资料移动与停留判断过程示意图

3.1.4 资料产出

完成资料萃取后,已经完成对用户的轨迹、移动与停留的定义,接下来即可对欲利用CVP分析之项目进行解析并产出,如旅次起讫OD、旅行时间Travel Time、轨迹Path、热点Heat。产出过程主要包括计算停留时间与旅次特性判断。

1)计算停留时间

借由时间与空间资料的定义结果,可计算各停留点的停留时间,并且借由设定停留时间作为判断的门槛值,例如:在同一个区域停留时间超过30 min者视为停留。

2)旅次特性判断

可针对旅次的活动特性进行分类与定义,辨别该旅次的旅次目的、界内外旅次、移动运具判断、资料取样判断。旅次目的主要为辨识活动停留点属于家、工作、学校或是其他活动目的;界内外旅次主要针对特定地点或区域,辨识旅次是区内—区内,还是区内—区外或区外—区外;移动运具判断虽然目前CVP此部分技术尚未成熟,但仍有机会透过轨道、运输路线、场站、速率等辨识因子的标签分析,于未来持续研究和优化;资料取样判断是针对如OD、旅行时间分析应透过合适的取样方法,提高分析结果的精准度,例如:OD的取样判断为避免超过1天的资料分析可能因重复计算同一个使用者的旅次行为,造成取样的高估,若某ID符合空间及时间,且在收集时间范围内出现2日以上之记录时,则将再随机取1笔为代表,并标注其居住地。具体见图4。

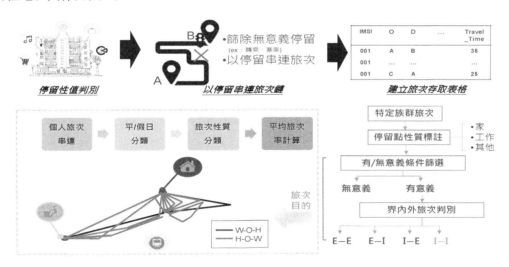

图4　旅次链之旅次目的判断分析流程

3.2　CVP应用演算法之微观验证

本研究CVP演算法验证分为微观及宏观验证。其中,微观验证系以单一用户为观察对象,将收集用户旅运行为资料和信令资料,建立信令资料旅次判断逻辑,进行调校后,验证判断逻辑之准确率。宏观验证则是以特定路段为观察对象,将收集外部交通资料(ETC、eTag),比对路段旅行时间、交通量等。

在微观验证部分,本计划采用平均绝对百分比误差(Mean Absolute Percent Error,MAPE)验证信令资料与实际旅运交通资讯之准确率。MAPE系考虑预测值与实际值的误差,以及预测值与实际值之间的误差比例,MAPE越小表示模式预测越准确。依据信令旅次判断流程,拟定下列五项验证项目,包含旅次数MAPE、旅次迄点停留时间MAPE、旅次目的判断误差率、路径MAPE、运具选择准确率,各项指标之计算方式详述如下:

1)旅次数MAPE

$$1-\frac{1}{nk}\sum_{i=1}^{n}\sum_{j=1}^{k}\frac{|\widehat{h_{ij}}-h_{ij}|}{h_{ij}}$$

其中：h_{ij}——用户 i 第 j 天的实际旅次产生数；

$\hat{h}_{ij}$——用户 i 第 j 天的信令推估旅次产生数；

n——观察用户总数；

k——观察天数。

2）停留时间 MAPE

$$\frac{1}{nkm}\sum_{i=1}^{n}\sum_{j=1}^{k}\sum_{t=1}^{m}\frac{|\hat{d}_{ijt}-d_{ijt}|}{d_{ijt}}$$

其中：d_{ijt}——用户 i 第 j 天第 t 个旅次迄点的实际停留时间；

$\hat{d}_{ijt}$——用户 i 第 j 天第 t 个旅次迄点的信令推估旅次迄点停留时间；

n——观察用户总数；

k——观察天数；

m——观察旅次总数。

3）旅次目的判断误差率

$$1-\frac{1}{nkm}\sum_{i=1}^{n}\sum_{j=1}^{k}\sum_{t=1}^{m}p_{ijt}$$

其中：p_{ijt}——用户 i 第 j 天第 t 个旅次目的相符指标，若实际旅次目的与信令推估旅次目的相同，则 $p_{ijt}=1$，否则 $p_{ijt}=0$；

n——观察用户总数；

k——观察天数；

m——观察旅次总数。

4）路径 MAPE

$$\frac{1}{m}\sum_{t=1}^{m}\frac{|\hat{l}_{t}-l_{t}|}{l_{t}}$$

其中：l_t——旅次 t 之路径长度；

$\hat{l}_t$——旅次 t 之信令判中部分路径之长度；

m——观察旅次总数。

5）运具选择准确率

$$\frac{1}{nkm}\sum_{i=1}^{n}\sum_{j=1}^{k}\sum_{t=1}^{m}Mode_{ijt}$$

其中：$Mode_{ijt}$——用户 i 第 j 天第 t 个旅次运具选择之相符指标，若实际旅次运具与信令推估旅次运具相同，则 $Mode_{ijt}=1$，否则 $Mode_{ijt}=0$；

n——观察用户总数；

k——观察天数；

m——观察旅次总数。

本研究使用 Leave-one-out Cross-validation 方法进行交叉验证，假设有 N 笔资料，每次都将其中一笔资料视为"测试资料"，剩下的 $N-1$ 笔作为"训练资料"，如此重复进行 N 次验证，直到每一笔都被当作"测试资料"为止。

为进行微观验证，本研究招募 50 位受测者进行微观资料验证，调查对象为原本即为远传电信之使用者，无须另外租用手机以及 SIM 卡，以确保其使用手机之习惯与平时相同。旅运行为调查涉及个人隐私，需经学术伦理审查，考量专案期程，受测者招募将分为两个阶段，两个阶段调查之受测人数及日期汇整如表 2 所示。

表 2　微观验证两阶段资料收集

	第一阶段	第二阶段
受测人数	20 人	30 人
招募方式	公开招募	公开招募，并控制常用运具分布均匀
受测日期	2019/5/27～7/14（受测时间为期14天）	2019/8/30 前结束（受测时间为期30天）

考量使用不同运具之受测者行经路线、旅运行为之差异，第二阶段将控制常用运具均匀分布，常用运具为受测者通勤时使用之运具，第二阶段将控制各项运具受测者多于五位，若受测者通勤使用多种运具可重复计算。

调查过程需每笔旅次填写一次旅运日志问卷，每天确认 Google 时间轴之起讫时间、运具判断正确后上传时间轴档案，问卷填写与档案上传皆使用线上问卷 Survey Cake，方便随时由后台监控，若发现有填写错误之情况，如受测者一天当中的旅次迄点与下一笔旅次起点不符，或是受测者之起讫点位置描述不明确等，需再请受测者详细说明。

旅运日志资料为受测者每一笔旅次所填写之资料，旅次系根据 FHWA(Federal Highway Administration)执行之 NHTS(National Household Travel Survey)2009 年说明文件定义，一个旅程(Tour)可以由许多旅次(Trip)描述，旅次是由两个停留点(Anchored)连接，停留点可以分类为家、工作、其他，当停留点时间超过 30 min 时都可以组成一段旅次，因此若受测者分别在起讫点停留 30 min 以上，就需要填写一份旅次问卷；运具组成当中的步行，则依据交通事务主管部门民众日常使用运具状况调查，将步行定义为行走超过 500 m(约 8 min)，资料栏位如表 3 所示。

表 3　旅运日志资料栏位说明表

栏位	说明
旅次起点	家或租屋处/公司或学校/重要地点/其他
起点出发时间	YYYY/MM/DD hh:mm
旅次迄点	家或租屋处/公司或学校/重要地点/其他
迄点到达时间	YYYY/MM/DD hh:mm
运具组成	轨道/公车/小客车/机车/自行车/步行
旅次目的	工作/购物/学校/商务/社交/娱乐/其他
同行人数	数字
中途停留	是否停留、停留时间、停留目的
路线简述	行经路线说明

Google 时间轴可以记录全天之路径轨迹，并且会有 Google 判断之停留点、停留时间、运具，如图 4 所示，资料栏位如表 4 所示，若判断错误可以自行修正时间与运具。后续在旅次配对时也将利用 Google 时间轴以时间区间的方式来计算处理，以计算旅次长度。若受测者当天未产生旅次，则将其停留时间加入每天 1 440 min 来作为其实际停留时间；若受测者于受测期间无法正常使用手机，例如：离岛、手机故障等，将视为重新开始调查。

表 4　时间轴资料栏位说明表

栏位	说明
旅次起点	WGS 84 坐标格式
起点出发时间	YYYY/MM/DD hh:mm:ss
旅次迄点	WGS 84 坐标格式
迄点到达时间	YYYY/MM/DD hh:mm:ss
路径	两个停留点之间经过的坐标点位
运具	轨道/公车/小客车/机车/自行车/步行

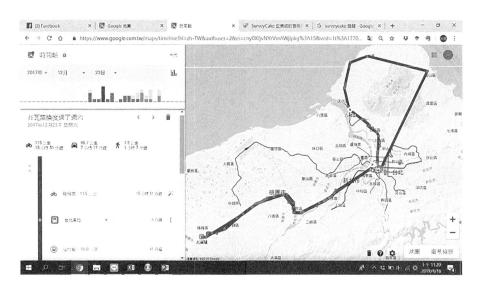

图 5　Google Timeline 资料示意图

第一、第二阶段调查资料包括受测者基本资料、旅运日志、Google 时间轴、信令资料收集。其中,受测者男性略多于女性,年龄以 21～25 岁、31～35 岁居多,多为上班族,常用运具多为机车,而公共运输、机车、汽车、步行等运具也至少有两位受测者选择。

本案于微观验证资料收集时,旅运日志资料及信令资料之旅次皆是依循 FHWA 执行 2009 年 NHTS 调查之定义:旅运过程中停留超过 30 min 之停留点视为有特定目的之停留,连续 2 个具特定目的之停留点间发生的旅运行为即为旅次,因此均以"起讫两点之停留时间是否均超过 30 min"当作旅次判断与切割基准。

根据调查结果,每日平均旅次率为 2.99 次/人,与信令资料所预测之平均旅次率 2.615 次/人相比,并无太大差异。然而这样的调查记录是代入旅次链的概念,将接送、购物等短暂顺道旅次计入,生活圈内各种旅次行为特性有较完整的描述,旅运日志虽较为详细,但受测者记录长旅次时会因为停留地点数量过多或中途停留较久而将旅次分段记录,若与 2018 年北台区域整体运输规划报告所调查之"北台区域各县市旅次率介于 1.77～1.97 次/人"相比,明显较高。

本研究微观验证结果如表 5 所示,根据 Lewis 所制定 MAPE 之评估准则,其将模式之预测能力根据 MAPE 结果分为四个等级,其中 MAPE 值越小,表示模式越佳。第一阶段+第二阶段之验证结果误差率皆小于 50%,显示模式具有合理预测(Reasonable Forecasting)能力。

表 5　微观验证 MAPE 之结果

验证项目		第一阶段	第一阶段+第二阶段
旅次数 MAPE		23.48%	25.22%
旅次目的 MAPE		32.22%	15.03%
旅次长度 MAPE		29.27%	20.59%
停留时间 MAPE		112.21%	33.76%
样本数	旅次数(天数)	105	872
	旅次目的(旅次数)	191	1 303
	旅次长度(旅次数)	58	438
	停留时间(旅次数)	191	1 442
	受测人数	16	50

本研究参考交通事务主管部门民众日常使用运具状况调查之定义,以公共运具优于私人运具、长程公共运具优于短程公共运具为原则,以每笔旅次之主运具作为验证目标,并考量目前信令资料之萃取技术与资料形式,还无法针对机动运具进行分类,故仅针对高铁、捷运、步行等运具进行判断,其余运具皆归

类为其他运具,包含自行车、机车、小汽车、公车。

另因远传电信于 8/7 调整运具辨识之演算法,仅筛选 8/7 以后之 765 笔旅次进行运具选择之验证,整体准确率约为 85%,各样本之运具判断结果如表 6 所示。由运具使用判断验证结果之混淆矩阵知,其中一笔"未判出"表示该旅次未能判断其主运具。

表 6 运具使用判断验证结果

实际	预测					总计	精确率(%)
	高铁	捷运	其他	步行	未判出		
高铁	5	0	0	0	0	5	100.0
捷运	4	122	31	0	0	157	77.7
其他	3	44	524	10	1	582	90.0
步行	0	3	17	1	0	21	4.8
总计	12	169	572	11	1	765	
召回率(%)	41.7	72.2	91.6	9.1		准确率=85.2%	

由表 6 可知,捷运和其他运具、步行和其他运具之间有较多旅次被误判之情形。再进一步参考验证混淆矩阵另外两项常见指标:精确率(Precision)以及召回率(Recall),精确率是指分类为正确的样本数,占所有被分类为正确的样本数的比例;召回率则是指分类为正确的样本数,占应该被分为正确的样本数的比例。

由结果可知,高铁之精确率最高(100%),表示实际主运具为高铁之旅次皆可被正确预测;而步行之召回率(9.1%)为最低,在 11 笔预测主运具为步行之旅次,仅有 1 笔实际主运具为步行。造成预测结果误差之原因大致可分为受测者旅运特性和信令资料之限制等两种。受测者旅运特性包括无固定工作地点、有两个以上之家地点、有多个短暂停留点之旅次。信令资料之限制则包括信号点位之缺漏。

综合上述各项分析,并与过去相关研究比较,虽然部分用户因其旅运特性无法预测,使得误差较大,进一步分析这些误差属于传统运输规划中较无法预测之旅运行为。整体而言,利用行动信令资料进行旅运行为分析具有未来发展性,但因为相关技术仍处于发展阶段,各项演算法仍需投入开发,故行动信令资料未来有机会取代传统之运输规划模式。

3.3 CVP 应用演算法之宏观验证

为确保本研究所提供之交通资讯符合实际车流状况,本研究收集一周的高速公路 ETC 资料及台北市 eTag 资料与信令资料,以作为比较及验证。

与微观验证相同,采用 MAPE 作为验证之标准,并拟定宏观资料之三项验证指标,分别为流量 MAPE、旅行时间 MAPE,以及延车公里 MAPE,各项指标之计算方式详述如下:

1) 流量 MAPE

$$\frac{1}{kT}\sum_{i=1}^{k}\sum_{t=1}^{T}\frac{|\widehat{q_{it}}-q_{it}|}{q_{it}}$$

其中:q_{it}——ETC、eTag 资料于节点 i、t 时的实际交通量;

$\widehat{q_{it}}$——节点 i、t 时的信令推估交通量;

k——观察节点总数;

T——观察总天数。

2) 旅行时间 MAPE

$$\frac{1}{RT}\sum_{r=1}^{R}\sum_{t=1}^{T}\frac{|\widehat{tt_n}-tt_n|}{tt_n}$$

其中:tt_n——ETC、eTag 资料于路段 r、t 时的实际平均旅行时间;

$\widehat{tt_{rt}}$——路段 r、t 时的信令推估平均旅行时间；

R——观察路段总数；

T——观察总天数。

3）延车公里 MAPE

$$\frac{1}{RT}\sum_{r=1}^{R}\sum_{t=1}^{T}\frac{|\widehat{q_{rt}} \times PathLength_r - q_{rt} \times TripLength_r|}{q_{rt} \times PathLength_r}$$

其中：$q_{rt} \times TripLength_r$——ETC 资料于路段 r、t 日的实际延车公里；

$\widehat{q_{rt}} \times PathLength_r$——路段 r、t 日的信令推估延车公里；

R——观察路段总数；

T——观察总天数。

宏观验证之资料来源可分为高公局的开放 ETC 资料，以及台北市政府运资平台提供的 eTag 资料，以下分别就两资料来源进行说明。

1）高公局 ETC 资料

验证范围挑选邻近内科的五股—堤顶交流道、三重—内湖交流道、圆山交流道—内湖交流道以及汐止—堤顶交流道共四处重要路段。以信令数据资料比对高公局 ETC 在收费门架区间的流量（M03A）、旅行时间（M04A）及旅次长度值（M06A）的相符程度。

2）台北市 eTag 资料

考量台北市 eTag 布设位置，进行信令资料与 eTag 旅行时间的相符程度验证，验证范围挑选出入内科之重要路段，路段位置如图 5 所示。

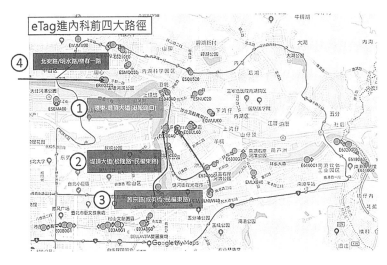

图 6　eTag 验证路段位置图

在流量验证方面，所验证的重要路段分别为内科的五股—堤顶交流道、三重—内湖交流道、汐止—堤顶交流道，以及圆山交流道—内湖交流道共四处路段。在流量验证结果方面，MAPE（转换为车流量前）落在 21%～41% 之间，MAPE（转换为车流量后）为将流量透过运具比例分配及平均乘载率将信令资料之人流量转为车流量，落在 30%～55% 之间，如表 7 所示。其中，ETC4-1 之 MAPE 较高，此为堤顶—汐止之高速公路高架路段。

表 7　各路段转换车流量前后之验证结果

路段	MAPE（转换为车流量前）	MAPE（转换为车流量后）	R^2
五股—堤顶（往北）	39.7%	52.5%	0.85
五股—堤顶（往南）	24.7%	39.8%	0.93

续表

路段	MAPE（转换为车流量前）	MAPE（转换为车流量后）	R^2
三重—内湖(经台北往北)	40.9%	55.4%	0.85
三重—内湖(经圆山往北)	34.9%	29.8%	0.85
三重—内湖(经圆山往南)	34.4%	40.6%	0.68
三重—内湖(经台北往南)	20.5%	30.5%	0.93
圆山—内湖(往东)	25.9%	41.5%	0.85
圆山—内湖(往西)	33.6%	38.1%	0.74
堤顶—汐止(往东)	38.1%	49.6%	0.77
堤顶—汐止(往西)	36.5%	39.8%	0.84

在旅行时间验证结果方面，不同路段旅行时间之MAPE落在4%~25%之间，速度MAPE落在4%~24%之间，如表8所示。其中，MAPE最高为ETC2-1-1之三重—内湖高速公路之路段。

表8 ETC各路段旅行时间之验证结果

路段	旅行时间MAPE	速度MAPE	旅行时间之R^2
五股—堤顶(往北)	10.3%	10.2%	0.86
五股—堤顶(往南)	4.3%	4.0%	0.92
三重—内湖(经台北往北)	18.4%	22.9%	0.91
三重—内湖(经圆山往北)	25.3%	24.3%	0.59
三重—内湖(经圆山往南)	7.5%	9.6%	0.91
三重—内湖(经台北往南)	24.3%	19.5%	0.60

在eTag流量验证方面，本次验证路线为进出内湖科技园区之重要路段，分别为堤顶大道(松隆路—民权东路)、堤顶大道(民权东路—永吉路)、旧宗路(成美桥—民权东路)及北安路/明水路/乐群一路。在验证各路段流量时，发现有些日期eTag资料之车辆数未有明显尖离峰，且每小时车辆数远低于一般市区道路流量的平均值，因此推测eTag资料可能有误，故后续计算MAPE时，仅以8月21日~23日三日之资料进行验证。

在验证结果方面，各路段转换为车流量前后之MAPE皆不佳，推测可能是由eTag设备的影响造成资料缺漏，虽然已移除8月19日、8月20日两日之资料，但8月21日~23日仍有许多eTag实际资料车辆数极低之情形，明显有误，导致验证结果不理想，结果如表9。

表9 各路段车流量之验证结果

路段	MAPE（转换为车流量前）	MAPE（转换为车流量后）	R^2	备注
环东—堤顶大道(港墘路口)	62.45%	35.54%	0.94	
堤顶大道(松隆路—民权东路)	294.59%	151.33%	0.80	EVP资料异常
堤顶大道(民权东路—永吉路)	25.37%	31.17%	0.86	
旧宗路(成美桥—民权东路)	284.68%	145.54%	0.74	EVP资料异常
旧宗路(民权东路—成美桥)	410.37%	227.03%	0.57	EVP资料异常
北安路/明水路/乐群一路	79.95%	33.94%	0.77	
乐群一路/明水路/北安路	123.8%	54.57%	0.73	EVP资料异常

出入内湖科技园区重要路段之旅行时间及速度之验证结果如表10所示。由表10知，旅行时间及速度之误差率仍在可接受范围内。

表 10　eTag 各路段旅行时间与速度之验证结果

路段	方向	旅行时间 MAPE	旅行时间 R^2	速度 MAPE	速度 R^2
堤顶大道（松隆路—民权东路）	进内科	11.10%	0.64	13.88%	0.30
堤顶大道（民权东路—永吉路）	出内科	10.73%	0.62	11.27%	0.80
旧宗路（成美桥—民权东路）	进内科	14.67%	0.59	20.58%	0.78
旧宗路（民权东路—成美桥）	出内科	25.08%	0.74	37.31%	0.75
北安路/明水路/乐群一路	进内科	25.62%	0.61	37.41%	0.61
乐群一路/明水路/北安路	出内科	32.57%	0.69	53.98%	0.56

4　内科拥堵分析与对策研提

内科拥堵可行性分析架构，如图 7 所示，分为交通分析与人流统计两部分，交通分析部分依内科范围为核心，定义分析范畴后，进行四大课题的分析，包括居住地、拥堵道路扫描、拥堵道路 OD、热力影片，以利厘清内湖拥堵议题；人流统计部分可根据内湖特定热区掌握人数、性别、年龄、居住地等，进一步掌握实际用路人特征，以协助台北市政府后续政策推动之参考。

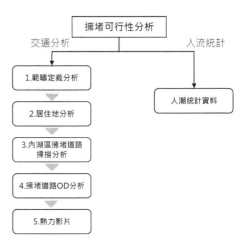

图 7　内科拥堵可行性分析架构图

据拥堵可行性分析架构之目标，本研究针对分析之空间范围、族群标的，以及时间范围规划之，详述如下：

本研究将以内科为核心标的，并将内科划分为五个区域，分别为基湖路内圈、西湖内圈、港墘路内圈、阳光街内圈及民权东路六段内圈等，以利比较不同区域上班族之旅运行为。此外，考虑到内科邻近区域对于内科之交通冲击也带来影响，故建立内湖科技园区外圈，目的是希望利用 CVP 厘清该区域之旅次量对于内湖科技园区之影响。

进入内科的旅运者则可进一步加以区分。区分族群标的主要目的，是希望厘清不同族群对内科交通带来影响的旅次情况，以利相关单位后续决策之参考。分群结果如图 8 所示，分为三大族群共六种类型，相关定义说明如下：

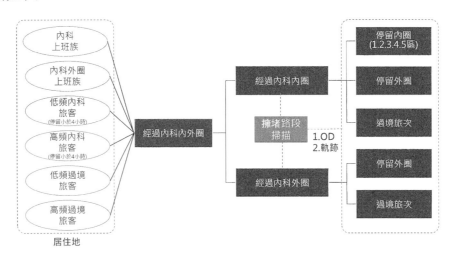

图 8　族群标的分群说明

1) 上班族

常态性在内科内外圈工作族群,并依据其上班地点分区,包括:

(1) 内科上班族:在内科范围内的常态性上班族,且平日需停留上班地点平均超过 4 h;

(2) 内科外圈上班族:在内科外圈范围内的常态性上班族,且平日需停留上班地点平均超过 4 h。

2) 旅客

停留在内科内外圈之旅客,但停留时间低于 4 h 视为短暂停留的内科旅客。为进一步掌握其旅运行为,本文依据其出现在内科内外圈之重现率,以高频率与低频率重现率进行分类,定义如下:

(1) 高频内科旅客:计算每一日是否出现在内科内外圈短暂停留 4 小时以内。当出现周数在 2 周以上,且周内出现 3 天以上时视为高频旅客。

(2) 低频内科旅客:当不符合高频内科短暂停留旅客时,视为低频内科短暂停留旅客。

(3) 过境旅客:以其旅次行为经过内科内外圈,但其起讫点不在内科内外圈视为过境旅客,同样依据其过境内科内外圈之重现率,以高频率与低频率重现率进行分类,定义如下:

a. 高频过境旅客:计算每一日是否出现。当出现 2 周以上且周内出现 3 天以上时视为高频过境旅客。

b. 低频过境旅客:当不符合高频过境旅客时,视为低频过境旅客。

根据上述族群分类结果,本研究以 5 月的 CVP 资料进行评估,结果如表 11 所示。总计平日在内科内外圈产生旅运行为,约有 163 万人。其中内外圈上班族约 17.6 万人,占 10.8%,而高频内科旅客及高频过境旅客约有 23.6 万人,占 14.5%。从上述族群可视为常态性经过内科内外圈约占 24.7%,而非常态性旅客则占 75.3%。若对晨峰(6~10 时)及昏峰(16~20 时)经过内科内外圈的人进行统计,在晨、昏峰时段,常态性旅客比例会由 24.7% 提高至 32.0%,代表常态性进出内科的用路人在上下班尖峰时段约占总量的 1/3。

表 11 内科各族群人数统计

类别	族群	分区	人数	百分比	出现在晨昏峰人数	晨昏峰人数百分比
上班族	内科上班族	基湖路内圈	7 807	0.5%	7 264	0.6%
		西湖内圈	25 663	1.6%	23 671	2.0%
		港墘路内圈	31 710	1.9%	27 830	2.3%
		阳光街内圈	28 170	1.7%	26 042	2.2%
		民权东路六段内圈	9 613	0.6%	8 546	0.7%
	外圈上班族	内科外圈	72 797	4.5%	60 372	5.0%
内科旅客	低频内科旅客	—	217 449	13.3%	142 209	11.9%
	高频内科旅客	—	15 245	0.9%	14 953	1.2%
过境旅客	低频过境旅客	—	1 001 160	61.4%	673 212	56.2%
	高频过境旅客	—	221 183	13.6%	214 359	17.9%
总计			1 630 797	100%	1 198 459	100%

依据信令资料统计结果如表 12 所示。由表已知,内科内外圈于平日总计接近 1 660 万旅次,其中内外圈上班族产生 491 万旅次,约占总旅次的 29.6%,而高频内科旅客及高频过境旅客 704 万旅次,约占 42.4%,总计常态性旅客产生旅次为 1 195 万旅次,约占整体旅次的 72.0%,其人数为 41.2 万,仅占 24.7%,常态性旅客人数较少但对内湖科技园区产生七成以上的旅次。进一步以平日晨昏峰时段分析,其旅次比率会由原先的 72.0% 再提升至 78.1%。至于低频的旅客,人数为 121.9 万,占 74.8%,旅次占比 28.0%,晨昏峰则降低至 21.8%,其中,以低频过境旅客占 18.5% 为多数,若晨昏峰时段能够有效引导低频过境旅客利用其他道路或错开时段,则可有效改善内科晨昏峰的拥堵问题。

表 12 内科族群与旅次人数统计

旅客类型	总人数	人数	旅次数	旅次	晨昏峰总人数	人数	晨昏峰旅次数	晨昏峰旅次
内科上班族	102 963	6.3%	3 106 357	18.7%	93 353	8.0%	2 429 019	23.1%
外圈上班族	72 797	4.5%	1 807 574	10.9%	60 372	5.0%	1 313 178	12.5%
低频内科旅客	217 449	13.3%	638 083	3.8%	142 209	11.9%	351 938	3.3%
高频内科旅客	15 245	0.9%	502 001	3.0%	14 953	1.2%	373 354	3.6%
低频过境旅客	1 001 160	61.4%	4 008 910	24.2%	673 212	56.2%	1 944 813	18.5%
高频过境旅客	221 183	13.6%	6 534 005	39.4%	214 359	17.9%	4 106 426	39.0%
总计	1 630 797	100%	16 596 930	100%	1 198 459	100%	10 518 729	100%

为有效了解内科之用路人居住地,本研究依前述之族群分类,逐一比较不同族群的居住地差异。

1) 上班族

上班族依据其工作地点,主要分为在内科区内上班之内圈上班族及邻近区域上班之外圈上班族。由 CVP 资料分析知,上班族总计 175 760 人,总计产生 4 913 931 旅次,其中在晨昏峰时段计有 3 742 197 旅次,尖峰时段交通集中度高。

内科内圈上班族为 102 963 人,其内圈上班族居住在北北基范围约 95%,其中,台北市 56.5%、新北市 34.1%、基隆市 4.1%。若依行政区区分,各区的排名大致接近,台北市内湖区、新北市汐止区、台北市士林区、新北市板桥区、台北市中山区、新北市三重区等 6 个行政区皆排名前十,而台北市南港区、台北市大安区、台北市北投区、台北市松山区、台北市信义区、新北市中和区、台北市文山区等 7 个行政区,亦在各分区出现至少两次以上,这 13 个行政区大致涵盖了内圈居住地所有前十名名单。就居住地比例而言,内圈各分区居住地在内湖区的比例约 20%,远高于总排名第二的汐止区(约 6.7%)一倍以上,至于第 3 至第 10 名的百分比差距在 3% 以内,差异不大。

而内科外圈上班族有 72 797 人,外圈上班族居住在北北基范围约 92%,其中,台北市 55.6%、新北市 32.8%、基隆市 4.0%。与内科内圈上班族进行比较,外圈居住地在内湖区的比例为 15% 低于内圈,但整体前十排名的行政区仍然与内科内圈上班族名单一致。

2) 内科旅客

内科旅客为短暂停留在内科之旅客,计有 232 694 人,1 140 084 旅次,于晨昏峰产生为 725 295 旅次。其中,高频内科旅客有 15 245 人,其居住县市主要集中于台北市,约占 74.6%,次之为新北市,约占 18.9%,而从行政区来看主要为台北市内湖区及中山区,该两区即占 62.6% 之人数,相对于上班族内外圈族群,更明显集中于内科内外圈邻近区域,包含内湖区江南街、捷运西湖及港墘站邻近住宅和中山区大弯北段住宅区等,该族群之生活圈与内科重叠,所以频繁出没于该区域。

低频内科旅客总共有 217 449 人,其居住县市最多为新北市,占比 40.2%,次之为台北市,占比 35.8%,再次之为桃园市 9.1%,居住地分布和高频明显不同。以行政区排名与高频内科旅客进行比较,并无明显特别集中的区域。

3) 过境旅客

过境旅客有 1 222 343 人于 2019 年 5 月期间曾通过内科内外圈的范围,总计产生 10 542 915 旅次,晨昏峰时段有 6 051 239 旅次,为最大旅次之族群。其中,属于高频过境旅客之居住地分布,主要涵盖范围仍以北北基为主,其所占百分比约 96.8%,而在台北市百分比为 60.6%、新北市为 24.7%。而低频过境旅客之居住地相对于高频过境旅客则较为分散,并无集中于内科内外圈邻近区域之现象,北北基范围内约占 83.7%,其中台北市占 39.6%,新北市占 37.4%。

另外,针对内科进出拥堵路段,进一步进行 OD 矩阵分析。以堤顶大道(基湖路—港墘路)路廊为例,本研究以交通分区分别建立晨昏峰之 OD 矩阵,以分析行经该拥堵路段之旅次起讫。结果显示晨峰起点群聚分布多发生在内湖区、中山区、汐止区,内湖区以内科周边较多,中山区以大直美丽华附近较多,汐止区的旅次起点多属于北向的部分,讫点则以内科、中山区大直美丽华附近以及士林区文化大学区域较多。

各拥堵路段之 OD 分析结果如表 13 所示。

表 13　拥堵路段 OD 分析特征说明

拥堵路段	分析结论与路段特征
北安路—明水路—乐群一路	• 主要用路人来自北安路西侧的士林区、中山区、大同区、三重区到内科上班 • 晨昏峰通勤时段用路人，超过一半属于内科上班族 • 昏峰的 HBW 旅次较晨峰减少 20%，转移到 NHB 旅次，代表下班后应酬或聚餐旅次行为约 20% • 用路人 OD 分布高度集中于特定行政区和晨峰 8～9 时，昏峰 18～19 时
堤顶大道（基湖路—新湖二路）	• 主要用路人 OD 包括中山区、士林区、内湖区、信义区、松山区，是本路段衔接的行政区 • 用路人占比最多的是过境旅客，约 47.9% • 昏峰的 HBW 旅次较晨峰减少 20%，转移到 NHB 旅次，代表下班后应酬或聚餐旅次行为约 20%
堤顶大道（堤顶交流道）—港墘路（内湖路—堤顶大道）	• 主要用路人 OD 包括内湖路以北的住宅区、南京东路、基隆路周围地区，如内湖 COSTCO、捷运南京三民站、信义百货商圈 • 过境旅次的数量由原本晨峰进内科的 36.6%，提高至昏峰出内科的 47.4% • 昏峰的 HBW 旅次较晨峰减少 20%，转移到 NHB 旅次，代表下班后应酬或聚餐旅次行为约 20%
瑞光路（基湖路—民权东路）	• 主要用路人 OD 包括内湖区、汐止区、南港区等，本路段横贯内科园区，上班族占比超过 60%，东西双向旅次量都高且差异不大 • 昏峰的 HBW 旅次较晨峰减少 20%，转移到 NHB 旅次，代表下班后应酬或聚餐旅次行为约 20%

5　CVP 资料传输格式与机制研提

由于 CVP 技术针对手机进行定位，可能引发隐私权争议，因此行动信令相关应用的产出，均需以"统计量"的形式呈现，例如 A 点到 B 点总旅次量、路段平均旅行、单位时间路段旅次密度等进行应用，无法提供原始资料至电信公司外部利用。本研究将综合上述可行性分析，研拟提出电信数据分析成果资料交换格式，以利建置分析区域之即时或历史资料库，供长期观察了解分析区域变化趋势，项目包括划定不同级别 CVP 资料单元、订定 CVP 资料时间频率、定义 CVP 资料交换格式。

考量政府单位对于 CVP 资料的需求及电信业者提供 CVP 资源的商业模式，为使两单位之间能够彼此取得资料交换的供需平衡，本研究建议 CVP 分析数据交换格式，应从"产品服务"的角度出发规划与建构，并且尽量使产品本身能够符合客户单位的需求，亦即前所提及之不同级别资料单元、时间频率、交换格式。

依本研究之经验与商业规划，CVP 分析数据交换格式的产品，应可分成四大类：CVP OD、CVP Heat、CVP Speed、CVP Path 拥堵路段分析资料，就各产品的特性，建议交换格式与范例如下：

地区资料包含 CVP OD 与 CVP Heat。其中，CVP OD 提供地区与地区间的旅运量资讯，而 CVP Heat 提供地区的人流量资讯；道路资料包含 CVP Speed（Travel Time）以及 CVP Path，CVP Speed（Travel Time）提供道路路段的行驶速度及旅行时间资讯，CVP Path 提供用路者的轨迹资讯。本标准同时定义了 CVP 资料交换时所参考的相关静态资料格式。各类 CVP 应用之更新频率如表 14 所示。

表 14　各类 CVP 应用之资料频率

资料分类	资料项目	更新频率	更新时间
地区资料	CVP OD 历史资料	7 d	每周四 0 时提供上周资料
地区资料	CVP Heat 历史资料	7 d	每周四 0 时提供上周资料
道路资料	CVP Speed 历史资料	1 d	24 时后
道路资料	CVP Speed 即时资料	5 min	每 5 min
道路资料	CVP Path 历史资料	7 d	每周四 0 时提供上周资料

CVP 资料源自"行动信令资料"，"行动信令资料"为行动通信装置与基地台互动时产生之数据通信记录（Data Communications Detail Records，DCDR），当前台湾手机普及率超过 100%（根据 NCC 2016 年台湾行动网际网络基础统计资料：手机总用户数 2 892.9 万，普及率 126%），因此 CVP 资料具有"样本数庞大""提供 24 小时×365 天连续资料"与"资料收集范围涵盖全岛"等优势。同时，"行动信令资料"反映

个体使用者的时空位置，可用于进行用户移动分析，包含移动路径、停留时间、路径追踪以及移动速率等计算，用途广泛。

参考岛内外 CVP 资料应用案例，CVP 资料于交通领域之主要应用可分成"旅次起讫分析""道路旅行时间资讯推估""交通号志调整""移动轨迹资料"及"人流分析"五个方面，根据以上应用以及 CVP 资料所提供的资讯性质，将 CVP 资料服务规划为四大类，即 CVP OD、CVP Heat、CVP Speed 与 CVP Path，如图 9 所示。其中，CVP OD 提供"地区间旅运量"资讯、CVP Heat 提供"地区人流量"资讯、CVP Speed (Travel Time) 提供"路段行驶速度"及"路段旅行时间"资讯、CVP Path 提供"进出入路径"资讯。

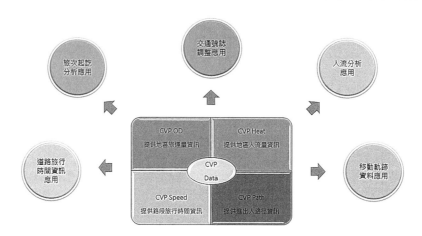

图 9　CVP 资料服务支援交通领域应用示意图

CVP 资料在时间与空间维度广泛，又可以精细至个别用户轨迹，如此庞大却又精细之资料，蕴含资讯量丰富，应用价值高，却也隐含泄露个人资料之风险，基于保护用户隐私与不揭露用户个人资料原则，CVP 资料需以统计形式提供，并将可能泄露特定用户之计算结果加以模糊化，例如：提供与地点、时间相关之资料时，当结果数字小于 5 以下时，不提供该笔记录的真实数字（以 * 取代），以确保整份资料无个人资料泄露之疑虑。

CVP 资料以统计结果报表呈现，因此取用时除表明何种 CVP 资料类型（OD、Heat、Speed、Path）外，资料统计的"时间单位""地区单位""时间范围""空间范围"以及其他必要之定义也需清楚描述，以上四项参数为 CVP OD、Heat、Speed 资料传输格式的基本规格，CVP Path 相较其他三种资料规格，多了"目标地区（路段）"与"目标时间"额外规格，故前三者属于基本型 CVP 资料，CVP Path 则偏向应用型 CVP 资料，不同的应用情境适用不同的资料规格。

"时间单位"常见的有"分钟""小时""天""月"等，举例来说，CVP OD 可以提供"每小时"台北地区 OD 矩阵表，而 CVP Travel Time 可以提供"每 5 分钟"路段旅行时间，这里的"每小时"与"每 5 分钟"即为"时间单位"定义。虽然 CVP 资料原始信令资料可以精准到"秒"，但"秒"统计资讯过于细小，且容易造成统计数字太小资讯破碎，因此"分"较适合作为 CVP 资料格式"基础时间单位"。

"地区单位"之基础单元为"基础网格"（Grid），就是将地图由长宽一样的矩形组成，源自网际网络呈现地图资讯的标准做法［地图图砖服务（Tile Map Service，TMS）了，网格切割与编码方式则可参考目前常见的 GeoHash 标准。GeoHash 是公开的地理网格编码系统，提供不同解析度（网格大小）的网格地区编码与经纬度资讯。

网格用于 CVP 资料传输格式上，除方便作为空间统计单位外，另一个考量是由于 CVP 资料有一个先天限制："定位误差"。由于 CVP 资料是借由基地台位置进行定位推估用户位置，受限于现实环境，如：郊区基地台密度低，距离遥远，或有信号死角，而市区基地台密度虽高，但用户多干扰也相对较多，以及大楼建物遮蔽反射信号等种种不利因素，造成 CVP 资料用户定位技术目前存在距离误差。CVP 资料所推估的用户位置与实际位置误差可能在 50～1 000 m 间，不同的定位技术、不同时段、不同地区甚至用户本身的使用行为等因素都会对定位精准度造成影响，目前定位技术可以做到约 50 m×50 m 之网格，即实测时真实位置八成以上概率不超过此网格范围。

以"网格"代表用户的所在地,即用户位置在此网格区域范围内,"基础网格"(最小尺寸网格)大小反映出CVP资料的定位准确度,"基础网格"越小显示定位准确度越高。目前,CVP资料格式实务上提供三种不同大小的基本网格尺寸(35 m×35 m、50 m×50 m与250 m×250 m网格),以满足不同的需求,针对较大范围的分析场域,就该使用较大尺寸的网格,以确保统计结果不会过于零碎,零碎资料就容易产生个人资料泄露风险,而不同尺寸网格间应有对应方式,最简单的方式可以根据网格中心点落在哪个基准网格来对应。

"时间范围"表示CVP资料的起讫时间,一般常见的包括"小时""日""月""年"等,例如:CVP Heat提供2019年"暑假2个月(7、8月)"每日台北市各行政区为统计单位的Heat资料,"暑假2个月(7、8月)"即为明确的"时间范围"定义描述。

"空间范围"表示CVP资料收集的场域,常见的有"县市""行政区""自定义地区"等,如上段所述CVP资料描述:CVP Heat提供2019年暑假每日"台北市"各行政区为统计单位的Heat资料,"台北市"为此资料的"空间范围"描述。"空间范围"常出现"自定义区域",例如:"信义商圈""新竹科学园区""某次活动场地"等,这类型的"空间范围"需要事先经过定义,将指定的"特定范围区域"所对应的"基础网格"(最小尺寸地区单位)集合建立好,方可用于后续产制CVP资料。

6 结论与建议

本研究旨在提出及验证CVP应用演算法,并以内科之交通拥堵问题之研析为例,进行实例应用。最后,提出CVP资料的交换标准格式及资料传输机制,以作未来CVP系统建置与应用之参考。

对于CVP的微观验证中,系与50位受测者的连续14至30天的旅运日志比对。验证过程发现多数的误差其实来自少量的样本,故移除离群值后的验证结果,MAPE误差最低的是旅次目的仅15.03%,其次是旅次长度20.59%,再次是旅次数25.22%,最高的是停留时间33.76%,但都在合理的预测范围内。在宏观验证中,本研究分别与ETC(高速公路)及eTag(市区道路)所侦测之路段流量与旅行时间资料进行比对。结果显示ETC验证的流量MAPE介于29%~56%,虽已接近不准确的预测,但其R^2大多超过0.75,显示车流变化趋势仍是相当接近。旅行时间部分MAPE则介于4%~25%,为高精准度预测,且R^2多超过0.75,亦与车流率速度变化趋势接近。eTag验证的流量验证中,则由于多组路段的eTag流量不合理得偏低,故就eTag流量相对正常的3组路段比较而言,MAPE介于25%~80%,且R^2均超过0.75,显示车流趋势仍然是接近的。至于旅行时间MAPE介于10%~33%,其中有3个路段低于20%,属于良好或合理预测范围。

经由本研究对内科之分析结果,包括内科内外圈族群分类、居住地分布、拥堵道路扫描、拥堵路段OD分析、热力影片制作与解析、区域人潮统计、案例分析等,已证明利用CVP大样本翔实记录旅运行为的优势,很适合针对特定区做许多详尽的大数据研究与分析,以往此种分析仅能依赖调查方法或路侧设备,再结合交通模型整合分析,CVP则可完全使用自身资料完成。本研究针对内科分析之结果,得到各分析项目的结论如表15所示。

表15　内科拥堵分析总结表

工作项目	重要结论
族群分类	• 将用路人分为6种族群:内科上班族、内科外圈上班族、高频内科旅客、低频内科旅客、高频过境旅客、低频过境旅客 • 上班族群占35.6%,短暂停留旅客占6.9%,过境旅客占57.5% • 若只统计对内科有高频需求的用路人,则上班族占45%,短暂停留旅客占4.6%,过境旅客占49.8% • 内科有半数用路人为过境旅客,若能透过交通管理手段加以分流,可有效改善内科的交通拥堵问题
居住地分布	• 内科内圈上班族102 963人,外圈上班族72 797人 • 内科上班族的居住地分布以内湖区最多,约占20%,越邻近内科的地方,居住人数也越多 • 居住地排名第二的行政区为邻近内湖区的新北市汐止区 • 从交通规划的角度而言,规划方便且吸引住在内科邻近地区的高比率用路人使用公共运输,是道引交通需求的重要目标

续表

工作项目	重要结论
拥堵道路扫描	• CVP 推估之流量和调查所得之道路服务水准符合度低,速率的符合度较高 • 主要拥堵路段:乐群一路、堤顶大道、港墘路、瑞光路
拥堵路段 OD	针对 4 个最拥堵道路,就族群分类、旅次目的、分时 OD 分布统计分析,主要结论包括: • 晨峰 8~9 时、昏峰 18~19 时旅次量最多 • 旅次目的最多的是到内湖区上班的 HBW,超过一半,但是,昏峰时 HBW 旅次较晨峰减少 20%,转移到 NHB 旅次,代表下班后应酬或聚餐旅次行为约 20% • 昏峰时段的过境旅次数量较晨峰增加,特别是堤顶大道与港墘路
热力影片制作	• 以每 5 分钟的频率呈现全日用路人进出内湖区的人流变化 • 全日热力图的主要功能是观察时间变化下人潮的集中与消散,以及判别各用户移动轨迹累积而成的主要路径
区域人潮统计	• 内科平日的总人流变化很稳定 • 男女性别比例接近 • 平日 8~18 时上班时段,内科约产生 22~49 岁工作人口 1%~2% 比例的增加,增加的外县市以新北市 22% 占最多 • 全区人潮主要集中于内科、捷运内湖站、东湖地区
案例分析	• 分析堤顶大道旁河滨道路作为替代道路道引南京东路以南至中山区基隆河以北的旅次使用的可行性,透过 CVP 掌握的 OD 资料和路径比例,符合使用此替代道路的用路人族群中,约 20% 比较有机会选择改道 • 利用 CVP 区别下堤顶交流道用路人,计算其平均速率,发现无论在尖峰或离峰时,下交流道的速度均低于 60 km/h,而主线大致可以保持速度为 60~100 km/h,部分尖峰时段主线和下交流道车流速率可能接近,代表 CVP 除了可分析下交流道车速外,也能掌握交流道拥堵异常影响主线的时刻 • 晨峰进入内科前三大路径分别是麦帅二桥 11.9%、民权大桥 10.8%、自强隧道 7.8%,显示 CVP 可做大范围的路径比例分析

由于信令资料涉及用户的隐私权及受限于 CVP 定位精确度,考量政府单位对于 CVP 资料的需求及电信业者提供 CVP 资源的商业模式,建议 CVP 分析数据交换格式及传输机制分成四大类:CVP OD、CVP Heat、CVP Speed、CVP Path。CVP 在即时资料的应用部分,现况应以 CVP Travel Time 和 CVP Heat 较有机会以即时的方式提供服务,至于 CVP OD 和 CVP Path 的即时化,由于资料处理程序较为复杂,短期之内仍难实现,有赖电信业者持续研发。

此外,虽然本研究之 CVP 应用演算法无论在微观或宏观之验证中,均证明其准确度能维持在一相当精确之水准。不过,仍存有相当程度的改善空间,未来应持续进行其演算法之改善与精进,并扩大验证的规模与范围。另外,在内科联外交通拥堵之分析上,本研究提出将旅运者加以归类,以利交通管理策略研拟之用。尤其是针对过境旅客,如何因应其起讫旅次及时段,有效规划及引导其使用替代路径,以减少重要联外道路之交通负荷实为研究重点。因此,对于旅运者归类之合理性与适合度,可再加以审视检验。

交通资讯管理平台持续收集多元资料,平台界面上通常以提供即时资讯为主,历史资料则储存在平台后端供调阅、比较分析、异常情况之警示。CVP 适合应用于历史资料之交通运输规划的使用。然而,现阶段 CVP 资料确实尚无法建立一套与其他资料源如 eTag、VD 比对或资料融合的方式,且现阶段 CVP OD、Heat、Path 的产出由于受到单一电信业者样本数无法代表母体的限制。如何透过交换格式与传输机制之建立,整合各家电信公司之信令资料,亦值得再加以研析评估。

参考文献

[1] Alexander L, Jiang S, Murga M, et al. Origin-destination trips by purpose and time of day inferred from mobile phone data[J]. Transportation Research Part C: Emerging Technologies, 2015, 58, 240-250.

[2] Bohte W, Maat K. Deriving and validating trip purposes and travel modes for multi-day GPS-based travel surveys: A large-scale application in the Netherlands[J]. Transportation Research Part C: Emerging Technologies, 2009, 17(3), 285-297.

[3] Chung E H, Shalaby A. A trip reconstruction tool for GPS-based personal travel surveys[J]. Transportation Planning and Technology, 2005, 28(5), 381-401.

[4] Çolak S, Alexander L P, Alvim B G, et al. Analyzing Cell Phone Location Data for Urban Travel[J]. Transportation Research Record: Journal of the Transportation Research Board, 2015, 2526: 126-135.

[5] Crevo C C. Impacts of zonal reconfigurations on travel demand forecasts[J]. Transportation Research Record: Journal of the Transportation Research Board, 1991, 1305: 72-80.

[6] Demissie M G, Phithakkitnukoon S, Sukhvibul T, et al. Inferring passenger travel demand to improve urban mobility in developing countries using cell phone data: A case study of Senegal[J]. IEEE Transactions on Intelligent Transportation Systems, 2016, 17(9): 2466-2478.

[7] Dia H. An agent-based approach to modelling driver route choice behaviour under the influence of real-time information[J]. Transportation Research Part C: Emerging Technologies 2002, 10: 331-349.

[8] Dia H, Panwai S. Modelling drivers' compliance and route choice behaviour in response to travel information[J]. Nonlinear Dynamics 49, 2007, 493-509.

[9] Dong H, Wu M, Ding X, et al. Traffic zone division based on big data from mobile phone base stations[J]. Transportation Research Part C: Emerging Technologies, 2015, 58: 278-291.

[10] Golob T F. A nonlinear canonical correlation analysis of weekly trip chaining behaviour[J]. Transportation Research Part A: General, 1986, 20(5): 385-399.

[11] Hoteit S, Secci S, Sobolevsky S, et al. Estimating human trajectories and hotspots through mobile phone data[J]. Computer Networks, 2014, 64: 296-307.

[12] Isaacman S, Becker R, Cáceres R, et al. Identifying important places in people's lives from cellular network data[J]. In International Conference on Pervasive Computing, 2011, 133-151.

[13] Järv O, Ahas R, & Witlox F. Understanding monthly variability in human activity spaces: A twelve-month study using mobile phone call detail records[J]. Transportation Research Part C: Emerging Technologies, 2014, 38: 122-135.

[14] Kung K S, Greco K, Sobolevsky S, et al. Exploring universal patterns in human home-work commuting from mobile phone data[J]. PloS one, 2014, 9(6): e96180.

[15] Mohamed R, Aly H, & Youssef M. Accurate real-time map matching for challenging environments[J]. IEEE Transactions on Intelligent Transportation Systems, 2016, 18(4): 847-857.

[16] Nitsche P, Widhalm P, Breuss S. Supporting large-scale travel surveys with smartphones — A practical approach[J]. Transportation Research Part C: Emerging Technologies, 2014, 43: 212-221.

[17] Ratti C, Frenchman D, Pulselli R M. Mobile landscapes: using location data from cell phones for urban analysis[J]. Environment and Planning B: Planning and Design, 2006, 33(5): 727-748.

[18] Van Dijk J. Identifying activity-travel points from GPS-data with multiple moving windows[J]. Computers, Environment and Urban Systems, 2018, 70: 84-101.

[19] Widhalm P, Yang Y, Ulm M, et al. Discovering urban activity patterns in cell phone data[J]. Transportation, 2015, 42(4): 597-623.

[20] Yin M, Sheehan M, Feygin S, et al. A generative model of urban activities from cellular data[J]. IEEE Transactions on Intelligent Transportation Systems, 2017, 19(6): 1682-1696.

[21] Zhao F, Pereira F C, Ball R, et al. Exploratory analysis of a smartphone-based travel survey in Singapore. Transportation Research Record[J]. Journal of the Transportation Research Board, 2015, 2(2494): 45-56.

[22] Assemi B, Safi H, Mesbah M, et al. Developing and validating a statistical model for travel

mode identification on smartphones[J]. IEEE Transactions on Intelligent Transportation Systems, 2016, 17(7): 1920-1931.

[23] Bolbol A. Sample Size Calculation for Studying Transportation Modes from GPS Data[J]. Transport Research Arena 2012, 48: 3040-3050.

[24] Allström A, Kristoffersson I, Susilo Y. Smartphone based travel diary collection: Experiences from a field trial in Stockholm[J]. Transportation Research Procedia, 2017, 26: 32-38.

基于 4G LTE GPS 的列车即时定位系统
——以淡海轻轨为例

Real Time Train Positioning System Based on 4G LTE GPS
— A Case Study of Danhai LRT

吴国济　陈耿民　陈恒宇

摘　要：过去轨道业尝试过许多技术来即时定位列车的位置与状态，这些列车定位系统通常需要花费大量成本在轨道侧与列车上的硬体设备建置上，造成营运单位在系统引入与建置上的成本负担。本研究建立一套演算法，利用 4G LTE GPS 设备所收集的数据搭配一阶差分、球面距离与余弦定理等公式来即时计算列车位置，并有效判断列车运行方向、角度、速度与红灯停等状态。研究结果可供相关营运单位参考，可以低成本方式建立一套列车即时定位系统来监控列车运行状态，并可进一步与旅客资讯系统结合提供列车即时资讯。

关键词：淡海轻轨；列车即时定位系统；GPS

Abstract: In the past, railways sector has tried various technologies to locate the positioning of trains and these train positioning systems usually cost a lot to install a combination of track-side equipment and on-board units. In this study, we build an algorithm which uses data collecting by 4G LTE GPS devices to compute real time train position. The algorithm uses first-order difference, distance formula, the spherical law of cosines and so on to determine the direction, angle, speed, waiting status and so on. The results can allow train operators to use lower cost to build a real time train positioning system and provide real time information to travellers by combining it with traveller information systems.

Keywords: Danhai LRT; Real time train positioning system; GPS

1　前言

过去轨道业尝试过许多技术来即时定位列车的位置与状态，且为了定位列车的位置，通常需要花费大量成本在轨道侧与列车上的硬体设备建置上，测量列车的数据诸如转速计、里程表及信号等。除了这些基础设施外，全球卫星导航系统和惯性测量单元感测器亦广泛应用于测量列车位置。但是，这些系统中的大多数都必须花费大量资源来构建，并且主要应用于载运量需求较高的路线上。

为了降低开发及时定位系统的成本，在本研究中，利用 4G LTE GPS 设备收集的数据建构可以即时计算列车位置的演算法，而无须任何其他设备的帮助。本演算法可以为旅客和运营商提供准确且即时的信息，不仅可以增加旅客的服务体验，还可以使运营商即时掌握所有列车情况。

2　研究方法

2.1　方法论

全球定位系统（GPS）由 24 颗人造卫星组成，这些人造卫星在绕行地球轨道的同时将信号传输

作者简介：吴国济，新北大众捷运股份有限公司总经理。
　　　　　陈耿民，新北大众捷运股份有限公司工安组正工程师。
　　　　　陈恒宇，新北大众捷运股份有限公司企划组专员。

到地球上的 GPS 接收器。这些信号可以计算接收器的纬度、经度、高度、方向、速度、时间及行进距离，并搭配长期演进技术（LTE）。LTE 是一种具有高网络容量和低延迟特性的无线宽频技术，可以为用户提供更多的即时和高速服务。通过这些技术的应用，我们可以使用 4G LTE GPS 装置去定位有装设接收器的列车和车站，最后将这些资讯呈现于地图上。即时列车定位流程如图 1 所示。

一旦接收到从列车上的接收器传送的信号，我们就可以进行一阶差分计算每秒内的经度和纬度变化量，并利用距离公式来计算列车从 t 秒移动到 $t+1$ 秒的距离，计算出第 t 秒时的列车的速度。

值得注意的是，由于我们仅能获得列车经度和纬度数据，因此我们必须使用大圆距离公式计算球面上两个点之间的最短距离 d，公式如下：

图 1　即时列车定位流程

$$d = r \times \cos^{-1}(\sin\varphi_t \sin\varphi_{t+1} + \cos\varphi_t \cos\varphi_{t+1}\cos\Delta\lambda)$$

其中：r——地球半径；

φ_t——t 秒时列车纬度；

φ_{t+1}——$t+1$ 秒时列车纬度；

$\Delta\lambda$——t 到 $t+1$ 秒时经度差的绝对值。

再计算最短距离 d 之后，我们需要确定列车前进方向，因此，我们首先确定了在 t 秒及 $t+1$ 秒的方位角，接着利用余弦定理计算出 t 及 $t+1$ 之间的方位角变化量，以辨识列车行进方向，公式如下：

$$\cos(c) = \cos(a)\cos(b) + \sin(a)\sin(b)\cos(C)$$

其中：a,b,c——球面三角形之三边长；

C——与 c 相对应之角度。

除了计算列车从 t 秒移动到 $t+1$ 秒的行经距离，我们另外设计两个门槛值，分别为 10 m 及速度 5 km/h 的标准来计算在 $t+1$ 秒时列车与车站间的距离及速度，用以了解列车是否进入车站。举例而言，如果列车与车站的距离首次小于 10 m，可以判断出列车即将进入车站；如果列车速度低于 5 km/h，即可以确定列车停靠在该车站。借由上述的计算及门槛值的建立，可以更准确地知道列车在车站的行为。

2.2　小结

本研究中，利用本公司自行建立的 Wi-Fi 服务系统，包含列车上所建置的 30 台无线 AP 及车站上所建置的 15 台无线 AP 提供定位服务取得所有列车之 GPS，并利用差分运算计算时间上所有数值变化，进而推算出距离方位角，并换算出移动角度，判断出列车行进方向及进站与否等更详细的资讯。

简而言之，我们利用了 4G LTE Wi-Fi GPS 资讯与时间差，并结合演算法得出：

（1）每一列车每一秒移动的距离。

（2）每一列车移动的方位与角度。

（3）由每一秒移动之距离，并反推导得到行驶速度。

（4）由行驶速度与时间计算，可得列车是否停等红灯，是否正常运行。

（5）列车与车站的距离，推导列车是否进站或离站。

3 结果与结论

3.1 结果

淡海轻轨为北台湾第一个轻轨系统,目前营运路线包含绿山线及第一期蓝海线,除了提供运输旅客的用途之外,每条路线本身也是一个大型的公共艺术,绿山线是由世界知名绘本作家几米所设计的;而第一期蓝海线则融入当地历史,重现当年清法战争古战场的地点,整体路线图如图2所示。

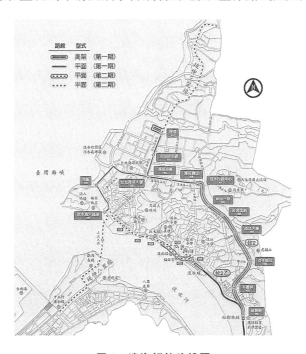

图 2 淡海轻轨路线图

本研究利用演算计算轻轨系统中每列列车的资讯,将这些即时资料保存于 SQL 资料库中,并将资讯串接于网页及应用程式上,可即时显示所有有用资料,如经度、纬度及速度等,并转换为抵达站点时间及等待时间等进一步的资讯,即时动态系统如图 3 所示。

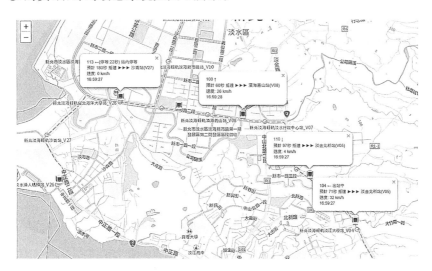

图 3 即时动态系统

对乘客而言,他们可以利用这些资讯做出更有效的选择,例如他们应该什么时候去搭乘轻轨,是否来得及搭乘这班列车等;对于营运单位,我们也可以随时监测每列列车的状态,并随时掌握发生事故的地点及时间,在第一时间进行故障排除。

3.2 结论

本研究仅利用在列车及车站上的 4G LTE GPS 装置建构出本演算法,除了可以计算出列车即时位置,亦可了解列车当下状态如速度、方向、是否等待红灯、进站或出站等状态,透过本演算法,营运单位可以使用较低的成本建构出即时列车定位系统,并提供如列车到站时间、下一列车发车时间等信息供旅客使用。

参考文献

[1] Otegui J, Bahillo A, Lopetegi I, et al. A Survey of Train Positioning Solutions[J]. IEEE Sensors Journal, 2017, 17(20): 6788-6797.

[2] Rashmi Bajaj, Samantha L, Ranaweera, et al. GPS: location-tracking technology[J]. Computer, 2002, 35(4): 92-94.

[3] Maddison R, Ni Mhurchu C. Global positioning system: a new opportunity in physical activity measurement[J]. Int J Behav Nutr Phys Act, 2009, 6: 73.

[4] Araniti G, Campolo C, Condoluci M, et al. LTE for vehicular networking: A survey, IEEE Commun[J]. Mag., 2013, 51(5): 148-157.

[5] Xu Z, Li X, Zhao X, et al. DSRC versus 4G-LTE for connected vehicle applications: A study on field experiments of vehicular communication performance[J]. Journal of Advanced Transportation, 2017.

台北市外送平台交通事故防制作为

Food Delivery Platform Traffic Accident Prevention Measures in Taipei

彭志文　冯世男　林雨萱

摘　要：为强化外送服务安全，台北市政府率先制定《台北市外送平台业者管理自治条例》保护外送平台之外送员，并于2020年3月27日公布施行，积极管理外送餐饮之食物安全，以及外送员之职业安全及交通安全。台北市政府已公告台北市外送员发生交通事故之相关统计资料，并由外送平台业者及相关单位分别从多面向研拟相关因应作为，以提升外送员安全价值观念及降低事故发生，维护外送员交通安全。

关键词：外送平台；机车；交通安全

Abstract: In order to intensify the safety of food delivery services, Taipei City Government took the lead in enacting the "Taipei City Food Delivery Platforms Operators Management Autonomous Regulations" to protect couriers. As well, it was announced and implemented on March 27, 2020 to actively manage the food safety of delivery food, the occupational safety and traffic safety of couriers. However, Taipei City Government statistics related traffic accidents involving couriers in Taipei City. Therefore, the food delivery platforms operators and the authorities have respectively strategized from multiple aspects to enhance safety values, reduce accidents and improve couriers traffic safety in purpose.

Keywords: food delivery platform; motorbike; traffic safety

1　前言

随着网际网络发展及手机等移动装置之进步，消费者之购物形态逐渐转型，网络交易模式兴起亦带动机车外送平台提供外送餐饮服务之成长；然而受疫情影响亦加速外送餐饮服务之发展，交通产业面临再次转型的契机，亦衍生出外送平台业者与外送员间关系、外送食品安全、外送员职业安全及交通安全等问题，故如何因应交通产业创新发展所面临的管理制度将成为重要的课题，而台北市率先制定《台北市外送平台业者管理自治条例》，并于2020年3月27日公布施行，积极管理外送服务及外送员之安全。

本文借由分析2020年第1季至2021年第1季外送员交通事故资料，了解外送员发生交通事故情形及肇事原因，探讨外送员面对交通环境之风险，透过台北市政府相关单位分别从多面向研拟相关因应作为，并要求外送平台业者透过内部自主管理策略，主动研拟相关防制作为，建立外送员防御驾驶观念，改善外送员交通安全，达到减少外送员交通事故及友善交通环境之目的。

2　台北市外送员交通事故及肇事原因分析

2020年2月起随着COVID-19岛内疫情升温，民众在家用餐机会增加，美食外送需求亦相对增加，而机车为外送员主要运具，且机车机动性高，易于车阵及巷弄中穿梭，也因机车为两轮运具，平衡性较差，遇紧急状况急刹车易失控，发生交通事故时亦可能导致较高的受伤严重度。统计2020年第1季度至

作者简介：彭志文，台北市政府交通局科长。
　　　　　冯世男，台北市政府交通局股长。
　　　　　林雨萱，台北市政府交通局科员。

2021年第1季度共发生2 474件外送员涉入交通事故,外送交通事故件数略有增加趋势(如图1),共造成0人死亡,1 089位外送员受伤,如表1所示。

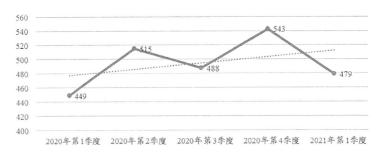

图1 台北市机车外送员涉入事故件数趋势图

表1 台北市机车外送员涉入事故件数及伤亡人数统计

年度	件数	死亡人数	受伤人数	A1			A2		A3	
				件数	死亡人数	受伤人数	件数	受伤人数	成案件数	息事件数
2020年第1季度	449	0	198	0	0	0	232	198	52	165
2020年第2季度	515	0	221	0	0	0	276	221	66	173
2020年第3季度	488	0	205	0	0	0	249	205	64	175
2020年第4季度	543	0	259	0	0	0	310	259	73	160
2021年第1季度	479	0	206	0	0	0	257	206	66	156
合计	2 474	0	1 089	0	0	0	1 324	1 089	321	829

资料来源:台北市政府警察局交通警察大队2021年4月6日前建档资料。
注1:本表为外送员涉入事故:如1件事故中有2个外送员,则只计1件。
注2:包含财损事故当场自行和解(A3)及不需警方处理案件(A4)。

2.1 外送员涉入交通事故占所有机车涉入交通事故比例

分析2020年第1季度至2021年第1季度外送员交通事故件数占所有机车涉入事故件数之比例,2020年第1季度为3.84%,第2季度为4.41%,第3季度为3.87%,第4季度为4.19%,2021年第1季度为3.81%,整体而言平均为4.02%,即使外送交通事故件数有所上升,但透过外送平台业者及相关单位之努力,外送交通事故占比有下降趋势(如图2),且仍控制在5%以下,如表2所示。

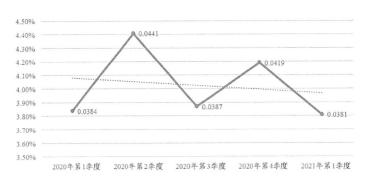

图2 台北市机车外送员涉入事故占比趋势图

表2 台北市机车外送员涉入事故占比

年度	外送员涉入事故件数	所有机车涉入事故件数	比例
2020年第1季度	449	11 694	3.84%
2020年第2季度	515	11 668	4.41%
2020年第3季度	488	12 598	3.87%

续表

年度	外送员涉入事故件数	所有机车涉入事故件数	比例
2020年第4季度	543	12 973	4.19%
2021年第1季度	479	12 584	3.81%
总计	2 474	61 517	4.02%

资料来源:台北市政府警察局交通警察大队2021年4月6建档资料。
注1:本表为外送员涉入事故;如1件事故中有2个外送员,则只计1件。
注2:包含财损事故当场自行和解(A3)及不需警方处理案件(A4)。

2.2 外送平台业者外送员交通事故发生情形

依外送员所属外送平台业者区分,统计2020年第1季度至2021年第1季度外送员涉入交通事故总计2 494件,而台北市外送员发生交通事故占最高比例之外送平台为Uber Eats计1 464件,受伤645人,其次是Foodpanda计1 011件,受伤433人,如表3所示。而Uber Eats及Foodpanda为目前外送员人数最多的外送平台,故其所属之外送员发生交通事故数量相对于其他外送平台外送员发生交通事故之数量较多。

表3 台北市机车外送员涉入事故统计(以业者区分)

外送平台	件数	伤亡人数
Uber Eats	1 464	645
Foodpanda	1 011	433
户户送(Deliveroo)①	10	6
专联(Foodomo)	0	0
有无外送(Yo-Woo)	9	5
街口外送②	0	0
虾皮外送	0	0
总计	2 494	1 089

资料来源:台北市政府警察局交通警察大队2021年4月6日前建档资料。
注1:若1件事故中有2个外送员,则会分别计入不同业者之交通事故资料。
① 户户送(Deliveroo)于2020年4月10日停止服务。
② 街口外送于2020年12月停止经营外送服务。

2.3 外送员时段与年龄交叉分析

依时段及年龄交叉分析2020年第1季度至2021年第1季度所有外送员受伤事故,交通事故主要发生于11~13时(200人)及13~15时(166人)用餐时段为主,事故发生年龄以30~39岁青壮年为主(360人),18~25岁年轻族群次之(251人),如表4所示。

表4 台北市机车外送员伤亡事故时段及年龄交叉分析

年龄	时段												总计
	01~03	03~05	05~07	07~09	09~11	11~13	13~15	15~17	17~19	19~21	21~23	23~01	
18~25岁	10	2	2	8	12	40	23	29	38	38	31	18	251
26~29岁	4	0	0	5	8	40	24	19	23	16	17	11	167
30~39岁	6	4	1	13	23	67	62	35	49	41	40	19	360
40~49岁	7	0	0	5	20	34	37	21	40	26	22	14	226
50~59岁	1	0	1	3	6	14	17	9	6	4	7	1	69
60~65岁	0	0	0	0	2	4	2	0	1	0	0	0	12
>65岁	0	0	0	0	1	0	1	0	1	0	0	1	4
总计	28	6	6	35	71	200	166	113	158	125	117	64	1 089

资料来源:台北市政府警察局交通警察大队2021年4月6日前建档资料。
注1:本表为所有外送员伤亡人数。

2.4 外送员肇事行政区分析

依行政区分析 2020 年第 1 季度至 2021 年第 1 季度外送员涉入之交通事故,以大安区为最多(19.3%),中山区次之(11.7%),中正区再次之(10.3%),事故最少者为南港区(3.8%),如表 5 所示。然而交通事故与该区域之外送需求量有关,主要集中在市中心及办公商业活动较为活跃之区位。

表 5 台北市机车外送员肇事行政区分析

排序	行政区	排序	行政区
1	大安区(19.3%)	7	信义区(7.3%)
2	中山区(11.7%)	8	北投区(6.1%)
3	中正区(10.3%)	9	士林区(5.6%)
4	内湖区(9.7%)	10	大同区(4.2%)
5	松山区(9.2%)	11	万华区(4.1%)
6	文山区(8.7%)	12	南港区(3.8%)

资料来源:台北市政府警察局交通警察大队 2021 年 4 月 6 日前建档资料。

注 1:本表为外送员涉入事故;如 1 件事故中有 2 个外送员,则只计 1 件。

2.5 外送员肇事原因分析

分析 2020 年第 1 季度至 2021 年第 1 季外送员涉入交通事故之前 5 大肇因分别为"未注意车前状况""未依规定让车""超速失控""左转弯未依规定""未依规定减速",如表 6 所示。显示外送员对于路权观念不清(如疏忽车前状况等),安全驾驶观念及速度管理认知不足,以及在车辆左转弯时常疏于注意周边车况,导致易与另一方用路人发生交通事故,仍应再加强机车驾驶安全教育。

表 6 台北市机车外送员前 5 大肇事原因分析

排序	外送员涉入事故
1	未注意车前状况(23.7%)
2	未依规定让车(20.0%)
3	超速失控(8.9%)
4	左转弯未依规定(7.2%)
5	未依规定减速(6.8%)
累计比例	66.6%

资料来源:台北市政府警察局交通警察大队 2021 年 4 月 6 日前建档资料。

注 1:如 1 件事故中有 2 个外送员,则只计 1 件。

3 外送员交通安全作为

整体而言,2020 年第 1 季度至 2021 年第 1 季度外送员交通事故件数占所有机车涉入事故件数之比例平均为 4.02%,台北市政府交通局将持续掌握外送员发生交通事故之情形,以避免占比超过机车整体事故件数 5%。为提升外送员交通安全,台北市以提升安全价值观念及降低事故发生为主轴,由外送平台业者及相关单位分别从多面向提出相关因应作为。

3.1 规范面

3.1.1 公告外送员事故资料

交通局配合自治条例规定按季公告外送员事故资料(含各月),为加强外送员事故防制,自 2020 年 11 月起改为按月公告外送员事故资料,并同时通知各外送平台业者知悉,交通局将持续配合自治条例规定公告外送员事故资料。

3.1.2 要求外送平台业者依限提送降低外送员发生交通事故计划

交通局将持续要求交通事故高于前一季之外送平台业者限期提送"降低外送员发生交通事故计划"，外送平台业者透过研拟计划以了解事故发生原因及形态，借以促使业者更重视并加强管理外送员。

3.2 执法与稽查

3.2.1 不定期实施联合检查

劳动局不定期实施外送平台执法联合检查，持续要求外送平台业者依《台北市外送平台业者管理自治条例》办理，交通局依自治条例规定检视有关交通安全教育训练，要求外送平台业者对新加入之外送员应落实交通安全教育训练内容及完成训练课程时数。

3.2.2 持续加强执法强度及增加见警率

警察局交通警察大队将持续透过执法方式，持续针对机车外送员违规热区及热点加强违规取缔，提升违规地点之执法强度，并针对事故热点增加见警率，强化交通事故防制作为。

3.3 教育训练

3.3.1 办理外送员机车安驾训练

交通局已于2020年6月24日在北投区福安驾训班场地开办100人次以上送员机车安全骑乘训练（如图3、图4），课程训练重点包含紧急刹车、转弯要领、变换车道及防御驾驶，并在训练过程中搭载外送保温箱，使外送员熟悉实际驾驶情况，落实机车行车安全观念之重要性。另印制500本《外送伙伴机车安全骑乘手册》，提供给业者作为外送员教育训练之参考教材，以鼓励业者自主推动安全骑乘训练之目的。

图3　外送员机车安全骑乘教育训练　　图4　外送员机车安全骑乘教育训练记者会

3.3.2 落实新进外送员教育训练

交通局依自治条例规定，持续宣传外送平台业者对新加入之外送员施以交通安全教育训练，并请外送平台业者掌握外送员肇事资料，加强关注外送员交通安全问题。为加强外送员事故防制，要求外送平台业者自2020年11月起配合有效规划新进外送员教育训练课程时数配比，总时数仍需符合自治条例规定至少3小时以上。

3.3.3 加强外送员教育训练回训

因受疫情影响外送服务持续成长，衍生出外送员发生交通事故之问题，为加强外送员事故防制，交通局要求外送平台业者自2020年11月起配合针对发生交通事故之外送员，于事故发生后3个月内实施加强教育训练回训，加强道路安全观念宣传，以维护外送员及其他用路人之交通安全。

3.4 宣传面

3.4.1 召会加强宣传交通安全

交通局于2020年6月8日及2020年10月6日邀集各外送平台业者召开"研商台北市外送平台业

者降低外送员发生交通事故计划措施及宣传会议"及"研商加强落实外送平台外送员职前教育训练机制会议",提供相关宣传资料及相关训练内容供业者参考,并要求外送平台业者应依限提送"降低外送员交通事故计划"予本局备查;另要求外送平台业者针对发生交通事故之外送员应实施教育训练回训,并应有效规划新进外送员教育训练课程时数配比。

3.4.2 透过各种宣传渠道加强宣传

交通局持续运用各种宣传渠道如网络媒体、户外媒体及公益资源等宣传交通安全观念及办理机车安驾补助,亦运用各种宣传渠道,如刊登于商办大楼之电梯电视,宣传交通安全观念,另加强对外送平台业者宣传申请"交通安全守护团"讲座课程,2020 年 12 月 Uber Eats 已向交通局申请办理 2 场讲座(如图5)。

图 5　交通安全守护团讲座

3.5　增设机车限时 15 分钟临时停车空间

为处理外送机车临时停车问题,台北市截至 2021 年 5 月 31 日已划设共 19 处 130 格限停 15 分钟机车停车格(如图6、图7)。其中机关学校有 10 处 70 格,夜市或商圈有 9 处 60 格;另有 23 处机关学校利用自有土地提供 115 辆外送机车临时停车使用,不另规划机车停车格,交通局(停管处)将持续在交通条件允许的地点,以及在外送需求较高地区周边适度设置机车停车格,以兼顾外送机车临时停车需求及道路交通安全与顺畅。

图 6　台北市立第一女子高级中学(15 格)　　图 7　士林夜市-基河路 181 号(6 格)

4　结语

交通局将持续收集外送平台相关数据及分析交通事故,针对外送员交通事故研拟整体因应作为,透过规范面、执法面、教育面及宣传面等各面向之因应作为提升安全价值观念及降低事故发生;另交通局亦会持续针对外送员涉入事故件数占机车整体事故件数比例进行监控,加强外送员事故防制,持续要求各外送平台业者透过自主管理方式并配合办理相关措施,以期能强化外送员与业者之交通安全价值观念,保障外送员之交通安全。

台北市 2020 智慧号志

The Study of Smart Traffic Management on the Signal Control in Taipei City

叶梓铨　王耀铎　罗之琪　董尚义　林大钧　陈冠玮

摘　要：台北市自 2019 年开始于重点区域路廊与部分路口引入智慧号志，并结合 AI 辨识技术进行行人与行车之物件侦测，成绩斐然，行车时间可改善 7%～15%，路口延滞减少 10%～20%，并且每年节能减碳成效约可带来近 6 000 万元之经济效益。

因此，智慧号志于 2020 年持续扩大办理，在台北市中心商业区的信义计划区周边，于基隆路与信义路两大主要路廊择 10 处路口实施动态号志控制，并首次引入"疏流"与"节流"之容量调配管理概念，动态调整路口时制计划，改善区域路廊因交通变异大并且过于饱和的交通拥堵问题。智慧号志除了动态号志外，也另在北市八横八纵主要路廊上，择 12 处路口实施感应性号志控制技术，结合 AI 影像辨识即时侦测支道行人行车到达与停等状态，即时调节绿灯秒数，不仅能降低干道红灯空等情形与提升路口长绿续进效果，更可弹性地确保行人行车通过路口之安全，达到行人行车效率兼顾的智慧控制目标。

2020 年的智慧号志扩大办理执行成果亦获得显著成效，动态控制策略成功地改善基隆路与信义路路廊旅行时间与停等延滞 10%～15%，感应性号志约节省路口停等延滞 25%，推估全年货币化效益至少新台币 1 亿元。

关键词：智慧号志；动态号志控制；感应性号志控制；智慧影像辨识系统

Abstract: Since 2019, Taipei has established intelligent traffic signal system on main corridors and critical nodes combined with AI image recognition technology detecting pedestrians and vehicular objects. The results have been remarkable travel time reduced by 7%-15% and intersection delay reduced by 10%-20%. It is estimated to be able to save greater than 60 million NT dollars annually for the monetization benefit of energy saving and carbon reduction.

In order to continue the success of intelligent traffic signals, the system will expand to a larger scope in 2020. Ten intersections have been selected as dynamic signal control strategy around the Xinyi District CBD along the two main corridors — Keelung Road and Xinyi Road. And for the first time the concept of "local departing strategy" and "external metering strategy" has been developed and executed to improve the traffic congestion problem due to the high traffic flow variation and frequently oversaturation. In addition to dynamic signal control system, twelve intersections have been selected as the traffic-responsive signal control system located on the main corridors network in Taipei City. The traffic-responsive signal control system is also combined with AI image recognition detecting arrival and stops of pedestrians and vehicles to assist signal control. The system is aiming to keep main corridors green wave at most time, not only reduce red light waiting situation for vehicles but also ensure the safety of pedestrians crossing the intersections by extending green time if needed.

The results of the intelligent traffic signals have also achieved great effectiveness in 2020. The dynamic control strategy has successfully reduced the travel time and stops delay of Keelung Road and Xinyi Road corridors by 10%-15%, and the traffic-responsive signal control system has reduced stop delays greater than 25% for each intersection. It is estimated that the annual monetization benefit will be at least 100 million NT dollars.

Keywords: smart signal; dynamic signal control; traffic-responsive signal control; AI image recognition system

---

作者简介：叶梓铨，台北市交通管制工程处处长。
王耀铎，台北市交通管制工程处主任。
罗之琪，台北市交通管制工程处帮工程司。
董尚义，资拓宏宇国际股份有限公司智慧运输处处长。
林大钧，资拓宏宇国际股份有限公司项目经理。
陈冠玮，资拓宏宇国际股份有限公司规划师。

1 前言

交通拥堵是都市中最常见的问题,因号志设计不够弹性或设计不良,衍生出的空污排放、驾驶人旅行时间浪费等,都是都市交通相关业务单位必须面临的课题。在台湾95%以上的路口采取的控制策略为定时号志(Time of Day,TOD)。定时号志是将一天分成若干时段,每一时段均有其特定的时制计划,然后按照此一预定时间表,每天周期性地执行此固定时制计划,而周期性时制计划通常是依照过去的尖、离峰交通量来设计,实务上,各县市交通业务单位不定期检讨并调整既有的时制计划,通常在重要瓶颈及易拥堵路口或是交通特性改变之状况下,需要进行号志时制重整作业,调整单一或多个路口的定时号志。

此运作方式当交通量变化量大或是有突发交通事件时,因号志设计不够弹性或设计不良导致交通路况迅速恶化,交通控制中心仅能借由路况监视器观测现场车流动线或民众自行通报(针对未装设路况监视器之路段),并由中央电脑手动连线或派员至现场手动调整增加相对方向的绿灯时间与引导车流动线,待拥堵情况稍微舒缓,再将绿灯时间恢复至定时号志状态;抑或是路口干支道人车流量差异大,在离峰时段于干道红灯时常因支道无人车通过发生干道红灯空等之情况,因此定时号志控制策略之运作方式对于上述情况反应较不够智慧化,导致路口或干道路廊行车效率降低。再者,周而复始地进行时制重整,调整时制计划对整体资源的使用效率不佳,因此台北市自2019年起开始针对重点区域路廊与部分路口引入智慧化号志控制系统,并依据车辆旅行时间、停等长度、车流量、行人量等,自动化且智慧化地调适路口每个方向的红绿灯。由于该年度试办成效斐然,行车时间可改善7%~15%,路口延滞减少10%~20%,并且每年节能减碳约可带来近6 000万元之经济效益。基于此,台北市于2020年扩大智慧化号志控制系统建置,并规划在市中心商业区的信义计划区周边基隆路与信义路两大主要路廊择10处路口实施动态号志控制,以及八横八纵主要路廊上择12处路口实施感应性号志控制,如图1所示。以下将依序介绍台北市2020年引入的动态号志与感应性号志系统,以及2020年度实施智慧化号志控制系统之成效等。

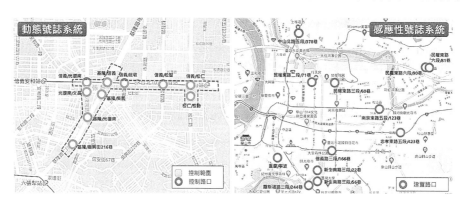

图1 2020年度台北市实施智慧化号志控制系统场域

2 动态号志控制系统

2019年台北市于内湖科学园区与南港科学园区周边引入动态号志控制系统,经检视系统启用后之运作绩效,约可降低14.5%路口总体延滞、10%旅行时间,以及节能减碳可带来新台币67 164 698元之经济效益,为此2020年台北市规划于中心商业区的信义计划区周边也引入动态号志控制系统,信义计划区位于台北市信义区的都市更新区域,自20世纪80年代开发以来,现已成为台北市首要的中心商业城区(CBD),台北市政府、台北市议会、台北世界贸易中心、台北101、市府转运站等重要设施皆位于区内,且区内亦汇集众多百货公司、旅馆饭店、企业总部、豪宅。因此,信义计划区平日有大量因地区多样化特性衍生的通勤、商业往来、观光旅游、逛街购物、大型展览活动旅次,虽然已有台北捷运板南线、信义线和众多公车路线提供公共交通服务,但仍难以负荷庞大的运输需求,特别是信义路为台北市利用文山隧道衔接的主要道路之一，基隆路为台北市南侧行政区(包括信义区、大安区、文山区)，与新北市中和区、永和区、新店区和内湖科技园区的主要联络南北干道，导致平、假日尖峰时间，以及特殊活动期间(百货公司周年庆、大型展览活动)，信义区与基隆路长期存在严重的交通拥堵问题，因此期望透过有效的动态号志控制策略，以及透过智慧交通管理方法，提升路口或廊道之效率，进而缓解区域拥堵。以下将针对信义区周边道路区域交通问题分析、系统架构与控制策略以及运作绩效等内容进行说明。

2.1 区域交通问题分析

实作场域之区域交通问题分析可从关键路口与平均延滞、路廊瓶颈与时制计划等三个关键课题进行分析。以下将针对每个关键课题进行分析与说明。

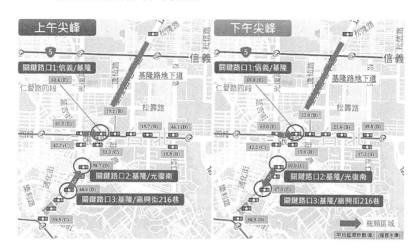

图 2　系统上线前上午、下午尖峰关键路口与各路口平均停等延滞

1) 关键路口与平均延滞

本研究范围基隆路共有 3 个关键路口，如图 2 编号 1 至 3，依序为：基隆/信义、基隆/光复南、基隆/嘉兴街 216 巷。在平日上午尖峰，基隆路廊南往北方向车流众多，而因关键路口 1 与下游路口号志周期不同，导致发生上游关键路口 1 已绿灯但下游基隆/松隆路路口却是红灯之情形，使得上游路口绿灯时间无法被有效使用，以致车流沿着基隆路地下道发生回堵之溢流效应扩大到研究范围(如图 3 左)，造成车辆难以驶离，导致瓶颈区域容易累积停等车队，从而降低道路服务水准。

在平日下午尖峰，大部分车辆沿着基隆路廊北往南行驶，关键路口 1 北往南、东往南左转基隆路与关键路口 2 北往南右转之 3 股车流庞大，尖峰小时约 4 000 pcu 汇集到瓶颈区域 2，因为关键路口 3 道路容量小于这三股车流量(如图 4 左)，所以造成车流从关键路口 3 开始回堵之情形(如图 4 右)，严重时甚至会影响到基隆路地下道南向车流。

图 3　上午尖峰基隆/信义路路口车流回堵问题(左)与瓶颈区域(右)

图 4　下午尖峰基隆/光复南路路口车流回堵现象

2) 路廊瓶颈

在本研究范围路廊上有 2 个主要瓶颈如图 2 中箭头所示,因为道路容量不足且易受下游号志影响,发生停等长度过长之情况,如图 3 右、图 4 右。以关键路口 1 为例,因瓶颈区域 1 街廊过短(仅 180 m)且受关键路口 1 疏解效率不佳影响,此路段的车流停等延滞较高,以致上游路口信义/光复南路口车辆进入该路段时因路段所剩容量无几,最终出现车辆被迫在路口处停等,严重影响路口净空和疏解效率(如图 3 右)。

3) 时制计划

在动态号志控制系统上线前,控制区域采用定时控制策略(TOD)。因基隆路、信义路常有短时间内车流快速增长和不稳定转向比的特性,常导致交通路况迅速恶化,因此拟引入动态号志控制策略,进而解决上述问题。

2.2　动态号志控制策略

台北市于 2019 年在内湖科技园区与南港软件科技园区周边引入的动态号志控制系统为 PTV BAL-ANCE,2020 年引入台湾自行开发的 PaSO Plus 智慧动态号志控制系统。PaSO Plus 是以台湾号志控制软件(PaSO)模拟软件为开发基础工具,并结合旅次起讫树之动态控制策略模组之创新整合软体开发成果。所谓旅次起讫树控制策略,主要是将控制区内的路口依据拥堵方向组合成一些相同起点或相同讫点的树,再依据车流分配、道路几何特性将这些路口从路廊划分成上—中—下游等区域,分别实行分流—节流—疏流策略,纳入车流总量管制与车流压力分摊概念,故执行路网式号志策略控制会先分析整体路网中之起讫旅次树及各车流之主要路径,依照路网中主要车流行经之路径归纳出瓶颈路口,分析其需求流率。起讫旅次树的分群控制逻辑如图 5 所示,详述如下。

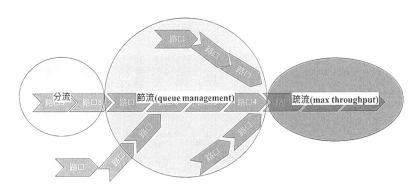

图 5　旅次起讫数分群控制逻辑

1) OD Tree 起讫树

所谓起讫树(O-D-Tree)路网号志控制概念,系透过现场调查或侦测设备取得路网车流主要起讫路径,进行分析,并将该等起讫路径加以组合成为一起讫树。如图 6 所示为本研究范围的主要路径起讫。

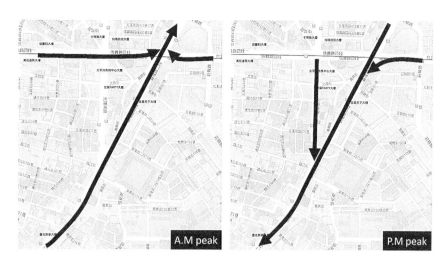

图 6　本研究场域平日上午尖峰/下午尖峰时段主要路径起讫

2）分群控制

在取得起讫树后，依车流路径中的上、中、下游区域进行分群，并且将起讫树上不同群组予以采用不同控制策略。整体架构如图 6 所示。

- 对下游瓶颈区域群组，采取疏流策略，以整体起讫树最大疏解车辆数为目标，借以提高下游区域车流疏解效率，减少拥堵时间。
- 在中或上游群组，则搭配下游群组疏解最大量后，做剩余车队（Residual Queue）的停等车队管理，目的在于对主要控制区域、净空区域等，进行流量调节管控，避免溢流及提高净空区之车速等。

3）疏流策略

于下游群组使用疏流策略是一种群组路口即时交通号志控制方法及疏解路口车流所需绿灯时间的预测方法。该策略是将主要进入下游路口之车流划分为不同路径，并借由冲击波原理，结合本研究于各路线起讫点所建置之流量收集设备，获得各路径之旅行时间，并预估路径平均旅行时间及路径车流疏解所需绿灯时间，计算出主要车流路径之均衡绿灯时间（所谓均衡之意义系指各路径的需求绿灯时间与所分配到的绿灯时间相同），如图 7 所示，以确保在群组路口主要车流路径皆能顺畅通行，演算方法如图 8，目标式为对路径所需绿灯时间之最佳化。

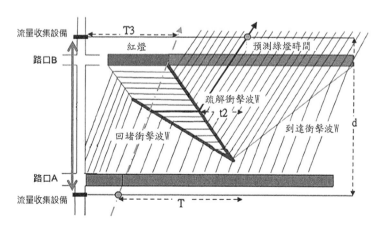

图 7　冲击波与探侦车预测绿灯时间

4）节流策略

于中上游群组使用节流策略的目的是将车流进行总流量调节控制，调节主要路径车流进入控制区域之优先权，其目标是将下游车流量及中上游车流量控制在理想车流密度下，避免下游车流量陷入拥挤车流密度之情形，以及减少车流交织情形及增加路段净空，以提升车流疏解效率与车辆通行之安全性。以

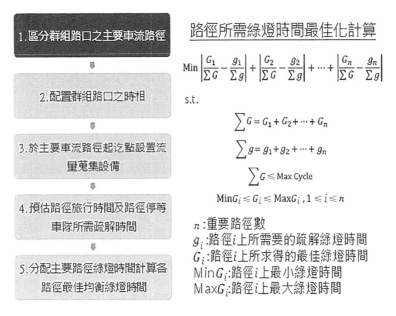

图 8　关键路径疏解演算法

下以本研究范围平日上下午尖峰进行说明。

- 在上午尖峰时段，在区域 4 进行进入基隆路之车流量管制，以减少瓶颈区域 2（如图 2）的流量；在区域 5 进行进入信义路（信义路为往东之单向道）之车流量管制，以减少瓶颈区域 1 处（如图 2）所汇集之车流量，同时在关键路口 2（如图 2）进行左转流量管制，以提升该路口直行车辆之行驶效率（如图 9 左）。
- 在下午尖峰时段，为提升基隆路往南之车流疏解效率，于区域 1、2、4 采取节流控制策略，以减少瓶颈区域 2（如图 2）所汇集之车流量。此外，关键路口 3（如图 2）为基隆路往南路径上之关键路口，其疏流的成效对瓶颈区域 2（如图 2）会有很大的影响，因此有效疏解关键路口 3（如图 2）之左转车流将会减少其对往南直行车辆之影响（如图 9 右）。

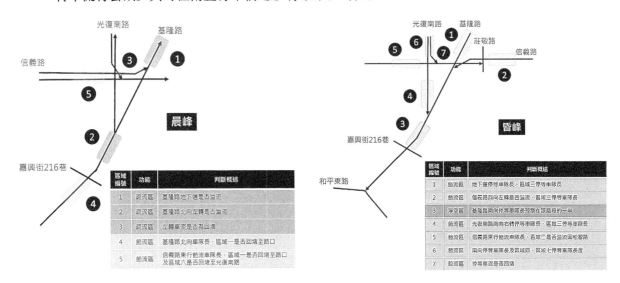

图 9　平日上午/下午尖峰时段基隆路干道群组控制策略

2.3　动态号志应用说明

1）车辆侦测器于控制场域之应用

依据 2.2 动态号志控制系统逻辑策略，为能计算各路径之即时旅行时间、停等延滞与停等长度，本研究于控制范围内安装 12 套流量收集设备、4 套 AI 影像辨识侦测器,并于各路径起讫点建置 1 套流量收集设备,车辆通过起讫点之时间换算成旅行时间,并与 AI 影像辨识侦测器搭配侦测关键路口之停等延滞与停等车辆数。PaSO Plus 依据上述设备的即时侦测结果,并依据不同交通情境下之门槛值,在极短时间内(约 1 分钟以内)计算出最佳时制计划,每周期更新执行。

图 10　车辆侦测器布设说明

2)既有时制计划之调整

在执行动态号志前,需要针对研究范围内路口号志之时制计划进行通盘检视与调整,以利符合本系统之控制需求。以基隆/光复南路路口上午尖峰为例,该时段之时制需配合疏流策略进行调整,如图 11 所示,为了避免因左转车辆停等车队影响南往北直行车辆,因此将原有分相 2 秒数拆为 2 个分相执行,分别为新时制计划分相 1 与分相 2,以利左转车流可尽快疏散。为了能够准确地掌握左转停等车队,借由 AI 影像辨识侦测器侦测左转车道之停等长度与延滞,并依据实际侦测状况即时调整分相 1 与分相 3 之绿灯时间。

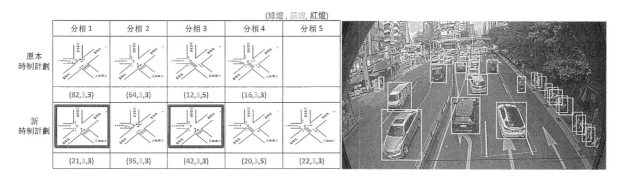

图 11　以基隆/光复南路结合疏流策略进行时制计划调整之案例的既有时制调整

2.4　动态号志控制系统运作成效说明

为了验证 PaSO Plus 动态号志控制逻辑策略之有效性,本研究透过实际现场调查与收集系统上线(2020-10-06)前后 1 个月之资料进行系统运作绩效分析,分析结果说明如下:

(1)旅行时间调查运用在研究范围与周边上下游路口建置的 12 组流量收集设备进行相关资料收集,经分析 10 条路径旅行时间事前事后绩效,结果显示平日旅行时间减少 8.9%,假日减少 16.2%,亦即旅行时间减少 8%～17%,其改善幅度看似有限,毕竟总体绩效涵盖平日尖峰与离峰各时段,无法单从数字得知系统对于研究范围重要路径真实的改善效果。经观察最重要的三条路径,即"路径 1、基隆路(和平东路到信义路)"上午尖峰、"路径 2、基隆路(信义路到嘉兴街 216 巷)"下午尖峰、"路径 4、信义路(和平东路到基隆路)"事前与事后的旅行时间比较图如图 12～图 14 所示,可知系统上线后,使基隆路、信义路主干道原本的时段性高峰旅行时间获得相当大幅度的改善,且本次所采用之动态号志控制系统 PaSO

Plus 的逻辑策略于交通拥堵越严重时,其改善绩效会更加显著。

图 12　基隆路上午尖峰主干道事前事后旅行时间比较

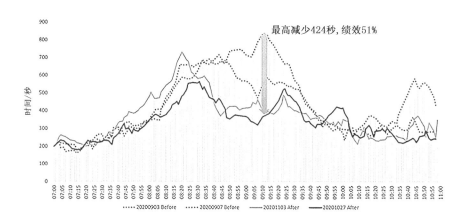

图 13　信义路上午尖峰主干道事前事后旅行时间比较

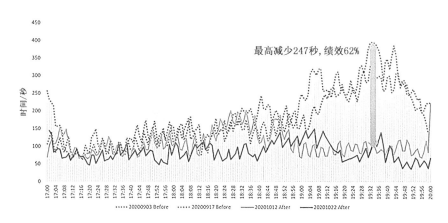

图 14　基隆路下午尖峰主干道事前事后旅行时间比较

（2）本研究透过录影后人工计算方式进行路口停等延滞调查,分别在 2020 年 5、6 月做事前调查,2020 年 10 月做事后调查,经检视 11 处路口事前事后分析结果显示,平日路口停等延滞减少 15.5%、假日减少 10.7%,亦即路口停等延滞减少 10%～16%。另额外观察系统上线后对于原本路口服务水准恶劣的路口方向,几乎使路口停等延滞减少,且服务水准为 E 级或 F 级的几处关键路口方向,服务水准改善一至两个等级,效果相当显著。平日上午/下午尖峰服务水准恶劣路口方向之改善分析如表 1～表 2 所示。本系统虽然是以下游路口疏流策略,配合中、上游路口节流策略,一般而言,会担心因为被节流而牺牲绿灯秒数的路口方向的停等延滞因此恶化,但是在本系统的演算和控制下,这些被牺牲的路口方向多未有显著差异,即便延滞增加也都在可接受的范围内。

表 1　平日上午尖峰服务水准恶劣路口方向之改善分析

路口方向			路口停等延滞（秒/车）			服务水准		通过车辆数	
路口	方向	方位	事前	事后	差异	事前	事后	事前	事后
信义路 5 段/松仁路	东	C	71.1	68.9	−2.2	E	E	798	791
信义路 4 段/基隆路 2 段	东	C 左	124.1	92.2	−31.9	F	F	580	579
信义路 4 段/基隆路 2 段	东	C 右	95.2	75.6	−19.6	F	E	1 390	1 325
信义路 4 段/光复南路	东	C 左	162.1	72.2	−89.9	F	E	661	742
信义路 4 段/光复南路	东	C 右	72.2	69.6	−2.6	E	E	1 085	945
基隆路 2 段/光复南路	北	B	57.6	19.1	−38.5	D	B	1 745	2 062
基隆路 2 段/嘉兴街 216 巷	北	B	85.3	40.2	−45.1	F	C	1 426	1 603
基隆路 2 段/嘉兴街 216 巷	西	A	99.5	57.9	−41.6	F	D	217	204
基隆路 2 段/嘉兴街 216 巷	东	C	63.0	60.4	−2.6	E	E	185	206

表 2　平日下午尖峰服务水准恶劣路口方向之改善分析

路口方向			路口停等延滞（秒/车）			服务水准		通过车辆数	
路口	方向	方位	事前	事后	差异	事前	事后	事前	事后
信义路 5 段/松仁路	东	C	95.0	74.0	−21.0	F	E	934	846
信义路 4 段/基隆路 2 段	东	C 左	87.9	65.3	−22.6	F	E	739	569
信义路 4 段/基隆路 2 段	东	C 右	105.2	79.7	−25.5	F	F	1 072	1 084
信义路 4 段/基隆路 2 段	南	D	75.4	49.9	−25.5	E	D	1 853	2 078
信义路 4 段/光复南路	东	C 右	70.2	68.1	−2.1	E	E	895	795
基隆路 2 段/光复南路	东	C	77.7	69.6	−8.1	E	E	526	556
基隆路 2 段/光复南路	南	D	56.0	18.3	−37.8	E	B	2 366	2 308
基隆路 2 段/嘉兴街 216 巷	南	D	53.6	18.7	−34.9	D	B	2 407	2 680
基隆路 2 段/嘉兴街 216 巷	西	A	88.1	88.1	0	F	F	143	157
基隆路 2 段/嘉兴街 216 巷	东	C	173.8	200.3	26.5	F	F	177	132

（3）本研究范围合计全年节省时间为 362 117 小时,换算成全年时间价值为 87 922 104 元;全年油耗节省为 509 222 升,换算成全年油耗节省价值约为 11 915 795 元;CO_2 排放量减少 1 114 吨,换算成全年 CO_2 减少货币化效益为 657 260 元,总计全年经济效益为 100 495 159 元。而本系统之建置成本为 19 000 000 元,其所带来的经济效益足以摊平系统建置成本,效益高达 81 495 159 元/年,约 8 150 万元/年。

3　感应性号志控制系统

在台北市部分路幅较宽之主要干道,受限行人安全穿越路口绿灯秒数或支道行车通过路口绿灯秒数等需求,在无人或无车通过主要干道时,常发生干道车流会有红灯空等,影响路口疏解效率之情形。

台北市于 2019 年,在北投区文林北路 75 巷路口引入感应性号志控制系统,透过研拟感应性号志半触动控制逻辑,AI 影像辨识侦测器与行人触动延长按钮侦测支道行人、行车之状态,并依据侦测资料即时调整路口号志,以增加号志运作之弹性与减少干道车辆红灯空等之时间,经检视其系统启用后之运作绩效,可降低 15%～78% 路口总体延滞、2%～115% 旅行时间与其节能减碳可带来新台币 1 839 074 元之经济效益,并且其于白天离峰或夜间支道人车较少之时段效果尤其显著,为此 2020 年台北市于八横八

注:本文所提元、万元皆为新台币。

纵之主要路廊上扩充 12 处路口（如图 15 所示）建置感应性号志系统。以下将针对部分路口现况问题分析、系统架构、情境规划与运作绩效等内容进行说明。

图 15　感应性号志系统建置清单

3.1　现况问题分析

有关感应性号志路口之现况问题，可从干道红灯空等与支道行人/车通过秒数不足 2 个关键课题进行分析。

1）于离峰时间常发生干道红灯空等之情况

台北市部分路幅较宽之于主要干道，因顾及行人安全穿越路口所需时间，因此其分相会规划较长之绿灯秒数，但因路口干支道流量差异悬殊，以致在离峰且支道人车较少时段（如深夜），常发生没有行人或行车穿越时干道车流只能红灯空等，影响疏解效率情形。

2）支道绿灯行人/车绿灯剩余秒数不足，影响其通过路口之安全性

经实际观察，部分支道行人/车会于绿灯秒数快结束前进入路口，此时剩余绿灯秒数不足以提供行人/车安全通过路口，以致可能发生进入红灯时行人/车仍未安全通过路口，恐有通行安全之疑虑。

3.2　系统架构设计与路侧设备布设方式

本系统采用现场端辨识、运算与控制，整体架构设备等详见图 16，规划于支道近端号志杆件上安装 AI 影像辨识侦测器与横交干道行穿线端点布设行人触动延长按钮，借此透过 AI 影像辨识侦测器与触动按钮收集支道欲通过路口之人车状态，并利用 RS232 传输方式取得路口时制即时运作资讯，依照资料收集与运算结果，采用步阶控制方式进行即时调整现场号志时制计划，以达到增加路口运作之弹性，并减少干道车辆红灯空等之状况产生。其系统路侧设备布设方式说明如图 17 所示。

3.3　情境规划

为解决干支道流量差异大，且干道车辆常受限于支道最短绿灯之影响，导致常发生车辆空等之问题，感应性号志设计将采用可依支道现况即时调配合适干支道绿灯时间为原则，以下详细介绍本系统所规划的 3 种应用情境。

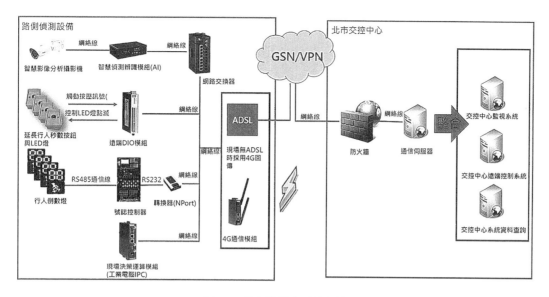

图16 感应性号志系统架构

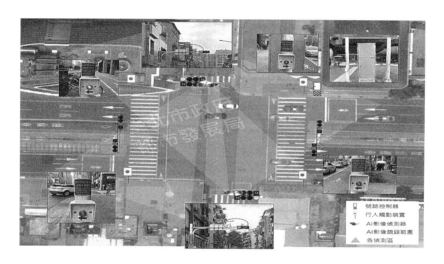

图17 感应性号志路口现场硬体设备布设——以南京东路五段 123 巷为例

1）干道绿灯时发生行人/车（包含汽车、机车）之触动，开启支道绿灯

本系统于支道设置影像辨识摄影机与行人按钮以收集欲穿越干道之行人/车之资讯，并结合号志控制器取得路口现场时制资料，当干道绿灯时人行道有行人或是中央分隔岛有行人欲穿越干道（或同时有行车时），将执行行人最短绿灯；当人行道无行人但支道有行车欲通过干道，将执行行车最短绿灯，如图 18 所示。另考量车辆及行人通过路口所需最小绿灯时间不同，为了避免支道行人与行车因错过单一启动支道绿灯之时间点导致需再多等候一个周期才能通过，针对上述之情况，共规划 3 个时间点，其一为行人应于图 19 中之第 2 时间点前触动，方能于当前周期取得行人绿灯通过路口；其二为车辆应于图 20 中之第 3 时间点前触动，方能于当前周期取得行人绿灯通过路口；其三为若车辆或行人未能于该时点前触动，则待下一周期方能取得绿灯通过路口。

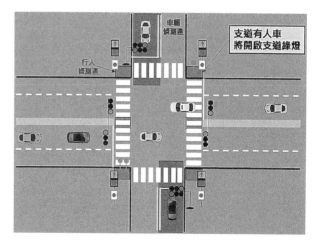

图18 感应性号志开启支道绿灯情境

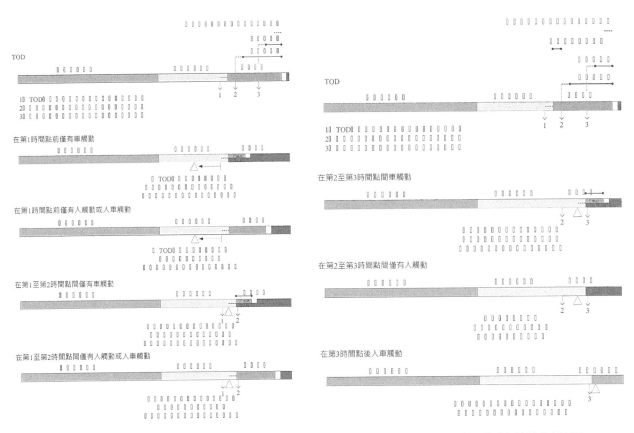

图 19 支道触动启动支道时相情境分析（Ⅰ）　　图 20 支道触动启动支道时相情境分析（Ⅱ）

2）支道绿灯时发生触动，进行支道绿灯时间延长

当支道绿灯结束前还有行人欲穿越路口、行人尚未离开路口或是有车辆将驶入路口，而剩余秒数可供行人/车安全通过之情况下便不进行绿灯时间之增加；当剩余秒数无法供行人/车安全通过且延长后支道绿灯（最短绿灯＋延长绿灯）尚未达到最大绿灯时间门槛之情况下，便进行支道绿灯时间延长；反之当剩余秒数无法供行人/车安全通过且延长后支道绿灯（初始绿灯＋延长绿灯）已超过最大绿灯时间门槛之情况下，便不进行支道绿灯时间延长，如图 21 所示。以下依行人与行车触动分析支道绿灯延长情境。

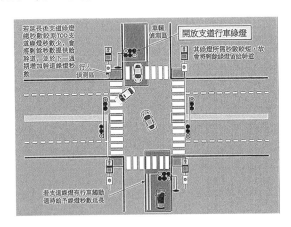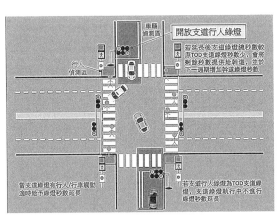

图 21 感应性号志路口行车/行人触动支道绿灯情境

- 行车触动延长
- 支道行人灯未启动绿灯

如图 22，每次车辆触动时均检核在当下时间再延长一足够车辆通过路口时间是否小于最大绿灯，若延长后仍在最大绿灯时间内，则延长至该车辆可通过路口之时间。而若进入黄灯步阶再有车辆触动，则保留触动信号至下一周期。

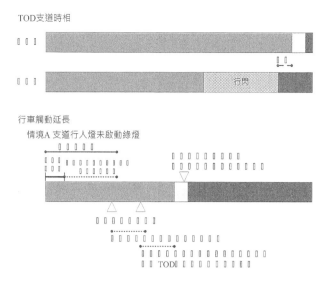

图 22　支道触动延长支道绿灯情境分析（Ⅰ）

- 支道行人灯启动绿灯
- 行红步阶结束前触动

如图 23，每次车辆触动时均检核在当下时间再延长一足够车辆通过路口时间是否小于最大绿灯时间，若延长后仍在最大绿灯时间内，则延长至该车辆可通过路口之时间。

- 行红步阶结束后触动

行红步阶结束后触动，将触动信号保留至下一周期。

- 行人触动延长

如图 23，每次行人触动时均检核在当下时间再延长一足够行人通过路口时间是否小于行人最大绿灯时间，若延长后仍在行人最大绿灯时间内，则延长至该行人可通过路口之时间，否则保留行人触动信号至下一周期。

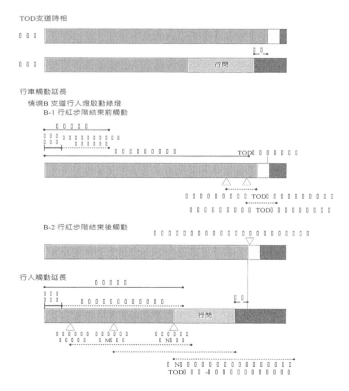

图 23　支道触动延长支道绿灯情境分析（Ⅱ）

3) 干道绿灯时无发生触动,进行干道绿灯延长

当干道绿灯结束前无任何行人/车之触动信号产生,便启动干道绿灯时间延长。另外为避免 AI 侦测误判之情况,本系统另设计最大干道绿灯之门槛(预设 7 分钟),当干道绿灯执行时间大于等于最大干道时间时,便不进行干道绿灯延长且执行支道行人最短绿灯,以避免当 AI 漏报时导致支道行人/车无法通行之情况(如图 24)。

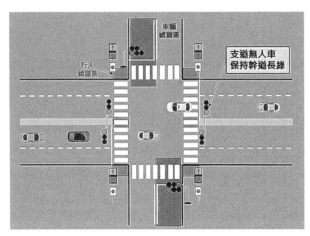

图 24　感应性号志路口干道绿灯无触动情境

3.4　感应性号志系统运作成效

为验证感应性号志控制逻辑策略之有效性,本研究依系统运作所产制 log 资料进行系统绩效评估,以下分为支道绿灯启动比例与干道绿灯增加时间等细项进行说明,相关分析结果说明如下。

1) 支道绿灯启动比例

本系统系根据行人/车进入支道侦测区域之状况进行开启支道绿灯或是延长干道绿灯之判断,若有行人/车进入侦测区域,则依照触动种类开启其对应之支道绿灯。以下检视感应性号志系统启用后分时支道绿灯启动比例,以了解系统启用前后支道绿灯开启之变化,若支道启动比例越高表示该时段支道常有车辆或行人将进入路口,系统将开启支道绿灯;反之,支道启动比例越低表示该时段支道无车辆或行人将进入路口,系统进行无触动干道绿灯次数越多。

经检视与分析本研究 12 处路口平均分时支道绿灯启动比例,每日 6～22 时皆会启动支道绿灯,且其支道绿灯启动类型超过九成为支道行人绿灯,考量所挑选之点位多数位于商办区、捷运站出入口等人潮较多地区,因此支道绿灯启动之情形与实际人车流量分时分布状况吻合;另由于深夜时段(1～4 时)流量较少,因此该时段支道绿灯比例皆低于八成,最低可低于六成,此时由于行人通过量较少,因此较容易启动支道行车最短绿灯(如图 25、图 26)。

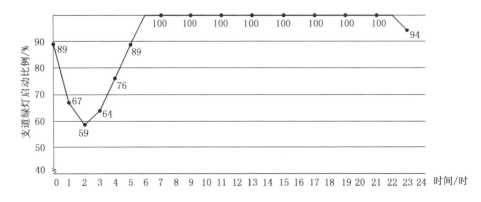

图 25　感应性号志系统支道绿灯每日分时支道绿灯启动比例

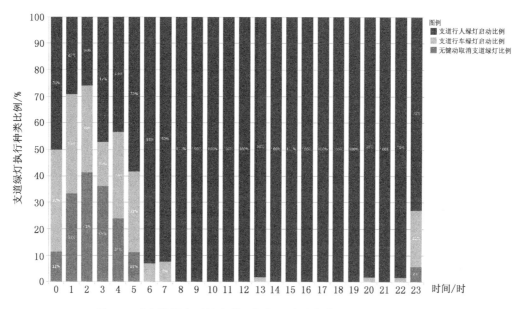

图 26　感应性号志系统支道绿灯每日分时支道绿灯执行种类比例

2) 干道绿灯增加时间概况

当干道绿灯支道无车辆和行人进入进行延长干道绿灯或是有剩余支道绿灯(与 TOD 秒数比较)时,皆会增加干道绿灯运作之秒数。

由于每日 6～22 时皆会启动支道绿灯且其种类皆是绿灯秒数较长之行人绿灯,因此该时段平均每周期干道绿灯可增加 3～4 秒干道绿灯时间,唯晨峰时段仅可增加 1～2 秒干道绿灯时间;另由于夜间支道绿灯启动较少且多为执行绿灯秒数较短之行车最短绿灯,因此于深夜时段平均每周期可增加 20～30 秒之干道绿灯时间(如图 27)。

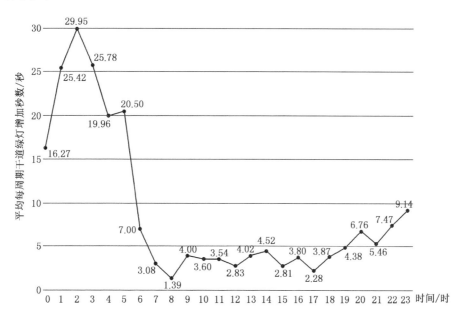

图 27　感应性号志系统支道绿灯每日分时平均每周期干道绿灯增加秒数

综上所述,白天时段虽然支道行人与行车较多,但透过即时感应支道行人/行车之情况动态调整支道绿灯秒数,达到同时提供支道人车安全通过路口绿灯秒数、增加干道绿灯秒数的双重目标,进而提升干道疏解效率与降低等候延滞之时间;另于夜间时段由于人车较少,因此较容易发生红灯空等之行为,经分析,该时段可减少三～四成支道绿灯启动的次数,进而保持干道长绿,以降低干道车辆红灯空等情况发生。

实施感应性号志后可提升干道绿灯时间,减少干道车流旅行时间,因干道车流量为支道车流量之数倍,因此可显著减少整体车流延滞。总计 12 处实施感应性号志之路口,全年总延滞可减少 98 186 小时、全年油耗减少 151 207 升、全年 CO_2 排放量减少 342 吨,换算成货币化效益,可节省旅行时间约 22 965 705 元/年、油耗节省约 4 006 986 元/年、CO_2 减少货币化效益约 201 780 元,总经济效益可达 27 174 471 元,而本系统之建置成本为 23 000 000 元,其所带来的经济效益足以摊平系统建置成本。

4 结语

利用 AI 新技术整合号志控制的智慧号志控制系统,已经成为现代交通控制技术的主流。台北市自 2019 年起逐步推动智慧号志控制系统,以动态号志控制系统改善易拥堵区域的严重交通拥堵问题,以感应性号志控制系统改善主要干道常有离峰时段干道红灯空等与支道行人/车常无法安全通过路口之路口疏解效率与安全问题。

动态号志控制系统部分,2019 年、2020 年合计已于 19 处路口实施,使拥堵区域范围旅行时间减少 7%～15%、整体延滞减少 10%～20%,货币化效益高达每年 6 000 万元～8 000 万元;感应性号志系统部分,2019 年、2020 年合计已于 12 处路口实施,有效提高主要干道部分路口的疏解效率,平均单一路口延滞减少 10%～16%,货币化效益高达每年约 2 700 万元。

在连续两年引入智慧号志控制的卓越效果下,未来仍将在有需要的路口实施智慧号志,期许能全面提升全市号志化路口的自动化与智慧化,改善交通拥堵情况,提升路口疏解效率,提升路口交通安全。

参考文献

[1] Tseng M T, Wang M H, Chen C T, et al. PaSO: A Path-based Signal Optimization Model for Signalized Intersections with Mixed Traffic Flows in Taiwan [J]. Singapore, 26th ITS World Congress, 2019.

[2] Tseng M T, Wang M H, Liu C P, et al. A Hierarchical Traffic Control Policy for Managing the Congested Bottlenecks on a Commuting Corridor Due to Heavy Accessing and Merging Flows[J]. Singapore, 26th ITS World Congress, 2019.

台北市即时车辆讯息汇流及运输资讯
管理平台建置与应用①

The Implementation and Application of Taipei's Real-time Vehicle Information Convergence and Transportation Information Management Platform

钟惠存　林宜达　钟仁傑　陈薇亘

摘　要：台北市政府办理交通管理业务，系由各单位各自开发资讯系统。由于各系统资料格式未统一，且交通资讯资料量庞大，以至于无法有效进行资料整合、交换及分析。再者，因数据分析之需求提升，需有具备大量资料储存、处理及交换等功能之硬体平台。基于上述原因，台北市政府交通局建置"台北市即时车辆讯息汇流及运输资讯管理平台"，搜集及整合交通相关资讯，进行资料萃取、清洗及转换为统一格式，并以大数据技术储存、分析及处理。其交通资料包含车流即时资讯、交通监控系统、停车管理系统、公共运输系统，及交通安全系统等，并将外部资讯如天气、雨量、油价等一并纳入。此运输资讯平台也建立运输决策支援系统，针对各类运具或跨运具交通特性进行分析规划应用，建立分析模式。此决策支援系统目前有车流交通特性、YouBike 服务特性、道路绩效、公共运输服务绩效、跨运输系统绩效、历史趋势等各项相关分析功能，使决策者或业务单位能够透过仪表板，以视觉化的方式检视汇整性之分析结果。

关键词：运输资讯管理平台；运输决策支援系统；大数据

Abstract: In order to carry out traffic management, Taipei City Government's affiliated units developed their own information systems. Because the data format of each system is not unified, and the amount of traffic information is huge, the data exchange and analysis cannot work effectively. Furthermore, in response to the increasing demand for data analysis, a platform with functions such as real-time data exchange and large-scale data storage is required. Based on the above reasons, Taipei City Government's Department of Transportation has established the "Taipei's Real-time Vehicle Information Convergence and Transportation Information Management Platform" to collect and integrate transportation relevant information, and perform data extraction, cleaning and conversion into a unified format, and to store, analyze, process these data using big data technology. Its data includes traffic flow, traffic monitoring system, parking management system, public transportation system, and traffic safety system, and incorporates external information such as weather, rainfall, fuel prices, etc. This transportation information platform also provides the transportation decision support system to carry out long-term strategic analysis and to establish analysis models. The decision support system has various analysis functions such as traffic flow characteristics, YouBike user behavior, road performance, public transportation service performance, cross-transport system performance, historical trends, etc., enabling decision makers to visualize the analysis result through the dashboard.

Keywords: Transportation Information Management Platform; Transportation Decision Support System; big data

1　前言

台北市政府办理交通管理业务，系由各单位各自开发资讯系统，由各系统自行取得所需交通资讯并

---

① 本研究系"台北市即时车辆讯息汇流及运输资讯管理平台建置案"及"2019 年度台北市即时车辆讯息汇流及运输资讯管理平台功能扩充计划"之部分成果。
作者简介：钟惠存，台北市政府交通局运输资讯科科长。
　　　　　林宜达，鼎汉国际工程顾问股份有限公司副总经理。
　　　　　钟仁傑，鼎汉国际工程顾问股份有限公司副理。
　　　　　陈薇亘，鼎汉国际工程顾问股份有限公司助理规划师。

开发功能,例如:交控系统、公车动态系统、停车管理(含道引)系统、YouBike 系统、肇事处理系统等。首先,由于各系统存在资料格式未统一,交通资讯资料量庞大,资讯不一致及更新速度较慢等问题,以至于无法有效进行资料整合、交换及分析,不利于交通决策分析管理使用;其次,台北市交通资讯自动侦测将车辆侦测器(VD)作为路段交通侦测,车辆辨识侦测器(AVI)作为旅行时间计算,eTag 侦测器作为旅行时间计算与 OD 分析等;然后,唯以台北市交通繁忙的程度,以上侦测设备之数量仍不足以应付,但若持续扩建现场侦测设备,将需要更多设备建置经费、维运之通信费用,且有后续长期维护的经费负担问题,故必须评估选择其他车辆讯息之搜集方式;最后,因数据分析之需求提升,交通管理更重视交通分析需求,在不同系统之串接需求下,需有具备大量资料储存、处理及交换等功能之硬体平台。

基于上述原因与发展规划,必须综整内外部交通资讯为单一整合平台,并统一格式及节省人力、预算,以有效加强交通管理决策应用分析,因此台北市政府交通局以大数据技术建置"台北市即时车辆讯息汇流及运输资讯管理平台"(以下简称运资平台),透过建置此整合性交通数据汇集平台,搜集及整合交通所需相关资讯,进行资料粹取、清洗及转换为统一格式,并以大数据技术储存、分析及处理;其交通资料包含搜集车流讯息汇流(如 VD、公车、计程车轨迹资料)、交通监控系统、停车管理系统、公共运输系统,及交通安全系统(如肇事、违规)等交通资讯,并将外部资讯如天气、雨量、油价等一并纳入。

本运输资讯管理平台的任务依流程的先后包含 3 个主要阶段:数据接取、资料清洗转换收纳以及对外提供数据服务。为配合此 3 阶段作业所需,本运资平台整体架构设计如图 1 所示,根据性质划分为 3 个作业层:数据收纳、汇流分析以及平台服务。数据收纳层负责接收交通局交控中心资料、公共运输 GVP 资料、停管资料及外部交通事务主管部门所属机关高公局、公总与邻近县市机关交通相关的数据;汇流分析层,依应用差异及本案仓储架构分类转换存放,经 ETL 处理的资料会再进一步进行聚合(Aggregation)、统计、主题统计分析等进阶的处理;平台服务层则透过管理服务网站与视觉化分析工具提供数据服务,并提供外部如台北市 data.taipei、交通局建置之联合运输管理中心、运输决策管理系统资料服务介接。

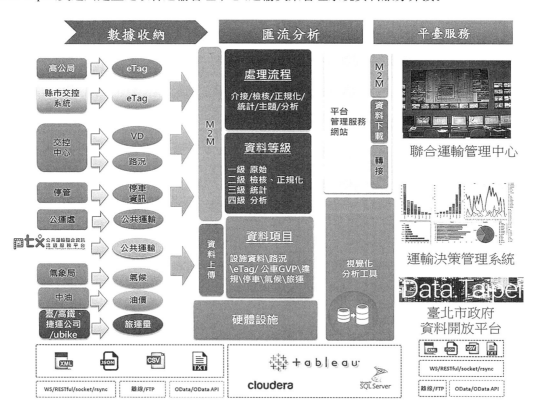

图 1 整体系统架构

本文将依序介绍此运输资讯平台之即时车辆讯息汇流资料处理方式、资料分析与管理设计、运资平台报表内容,以及运输决策支援系统之应用范例。

2 即时车辆讯息汇流规划

台北市政府建置之运输资讯管理平台采用多元车辆讯息搜集资料,除透过交控中心介接现场设备搜集现场即时交通资讯,例如:车辆侦测器(VD)、eTag 侦测器等,亦搜集经由公车动态系统所发布之公车 GPS 资料;后续因 CVP 技术已趋于成熟,运输资讯管理平台应扩大搜集 CVP 资料。经与相关电信公司访谈后,电信公司所提供之资料应属于 CVP 已转换为路段交通速度或流量之交通资料,而非原始行动数据辨别资料。对于所搜集之不同资料融合处理方式,将于 2.2 节说明。

2.1 资料转换处理

2.1.1 VD 资料产生道路速率

1) 资料前置处理

将 VD 资料转换为道路速率前,就 VD 资料进行初步筛选,删除不合适的资料,检核方式包含:

(1) 设备对时异常检核;

(2) 资料内容检核。

2) 路段定义

VD 资料一般依事先定义的路段长度,转换为路段路况资讯。市区道路多以 VD 前后的重要号志化路口所组成之路段为代表;市区高架道路主要以上下匝道以及相邻 VD 之中间点作为切分路段的原则。

3) 速率计算

多数交通管理单位之 VD 资料每分钟更新一次,取最近五分钟(最近五个一分钟资料)资料进行移动平均,计算出路段的五分钟道路速率。

2.1.2 GVP 资料产生道路速率

公车动态及计程车车机所搜集到的 GPS 资料,均属于 GVP 资料,而 GVP 资料产生道路速率之方法说明如下:

1) 资料前置处理

GVP 资料检核程序准则主要包括无用资料、勤务状态、重复值筛选、瞬时速度、平均旅行速度、特殊站点位置筛选及延滞资料筛选等方式。

2) 速率计算方法

GPS 时速演算利用 GPS 单点定位瞬时速率,或 GPS 两点以上之定位点平均速率进行即时时速推估演算。由于 GPS 具有偏移现象,为降低车辆轨迹推估错误率采用 GPS 多点定位进行地图匹配(Map Matching)。此外,将针对公车之特性进行 GPS 时速演算法调整(如:公车到离站状态、班表路线等),以提升速率演算正确性。

2.1.3 CVP 资料检核

CVP 资料于接收资讯后,仅需针对路况资讯进行检核与资料钩稽,检核部分包含资料搜集即时性、资讯传输即时性、资讯完整性、涵盖率之检核,之后即进入后续资讯融合阶段。

2.2 资料融合处理

2.2.1 资料融合方法回顾

1) Dempster-Shafer 理论

曾治维将 Dempster-Shafer 理论应用在交通资料整合上,为了解决两资料来源的冲突,此模式先将两组资料样本数与标准差的特性,移至同一平均值之后,再处理资料融合的程序。虽然能降低两资料来源的冲突,但却容易将资料平移至样本数较多的平均值,若在其误差较大的情况下,融合后的结果较不尽理想。

2) 类神经网络法(Neural Network)

Cheuet 等用类神经网络法融合 GPS 探针车与固定式车辆侦测器的资料,推估主要干道上的平均车速。在其测试范例中,使用了 1 032 处的历史资料来校估权重,其融合后的结果与单一来源估计相比,可以减少超过 50% 的误差,但其模式无法修正车速因车辆等红绿灯所造成的误差。

3) 模糊回归(Fuzzy Regression)

Choi 和 Chung 利用 GPS 探针车与固定式车辆侦测器的历史资料,以模糊回归的方式取得两资料来源的权重,来估计路段上的平均车速。由于探针车与车辆侦测器回传资料的频率不相同,因此,在资料融合前先利用投票法(Voting Technique)将两者频率修正为相同后再进行融合,然后以模糊回归的方式取两资料来源的权重,以估计路段上的平均车速。

4) 最佳权重法(The Optimal Weighting Scheme)

吴欣洁将熵(Entropy)应用于交通资讯的融合,以最佳权重法使得融合的交通资讯有最小的不确定性,并依道路服务等级对交通资料进行分类,计算出各资料来源的熵值后再加以处理。

5) 资料融合方法比较

Faouzi 等将资料融合演算法分成统计方法、概率模型及人工智慧方法三大类,各类别所包含方法如下:

(1) 统计方法(Statistical Approaches):以统计为基础所衍生出来的方法,如算术平均、加权平均、多变量统计分析(Multivariate Statistical Analysis)以及其他相关的资料探勘(Data Mining)方法等。

(2) 概率模型(Probabilistic Approaches):以概率理论为基础所衍生出来的方法,如贝氏网络(Bayesian Network)、最大似然法(Maximum Likelihood Method)、卡尔曼滤波器(Kalman Filter)、证据推理(Evidential Reasoning)等。

(3) 人工智慧方法(Artificial Intelligence):以人工智慧理论为基础所衍生出来的方法,如人工智慧(Artificial Intelligence)、类神经网络(Artificial Neural Network)、基因演算法(Genetic Algorithms)等。

2.2.2 资料融合方法研拟

资料融合之演算法涉及众多领域,各演算法各有优缺点,要采用何种方法,应视应用领域与欲融合之资料特性而定。在进行资料融合处理时,由于广泛搜集时速资料真值进行模型训练成本过高,故初步建议后续可采用统计方法之加权平均法,定期搜集 VD、GVP 或 CVP 资料,先分析历史路况资料及资料来源的特性后再进行权重设定,以加速平台即时分析。

1) 最佳权重法

参考吴欣洁所提出的最佳权重法,并透过熵值来决定权重,再进行资料融合。熵是对不确定性的一种度量,资料量愈大,不确定性愈小,熵亦随之愈小;资料量愈小,不确定性愈大,熵亦随之愈大。针对某资料来源,其熵值的计算公式如下式(1):

$$H = -\sum_{i=1}^{n} p_i \log p_i \tag{1}$$

其中:p_i——分群后状态 i 的期望值;

H——熵值;

n——分群数。

在分群上,运资平台以自由车流速率区分道路等级后再将道路服务水准分为三个等级。将资料分类之后,再将上述公式所求得的不确定性 H,作为最佳权重法的参数,推得权重的计算方式为:

$$W_k = \frac{1}{H_k^2 \sum_{k \in s} H_k^{-2}} \tag{2}$$

其中，$k \in s$ 为资料来源数，运资平台资料来源分为三类，则 s 为 3，其中 $k=1$ 表示资料来源为 VD，$k=2$ 表示资料来源为 GVP，$k=3$ 表示资料来源为 CVP。故 VD 以及 GVP 经资料过滤后所回传之资料，经资料分类后，求出彼此的熵值，配合最佳权重法产生个别权重，再将三者资料予以融合，产生一组新速度。

2）经验值权重法

依据本团队在其他县市的经验，依照资料来源稳定程度、涵盖范围，拟将 VD、GVP 与 CVP 之权重定为 7、2、1。在一个路段上未必同时存在三种资料，若某一种资料不存在，则该资料的比重亦不会被使用。得到路段平均速率之后，再根据该路段的门槛值，将其转换成路段的拥堵等级。

2.3 资料收纳

1）资料分级

依不同的分析应用种类将资料分为四个级别，使用者可依不同需求，按授权管理原则下载不同等级资料，其分级包含：

（1）一级资料：原始资料，依照来源单位提供之格式保存，供后续清洗、检核、统计与汇整使用。

（2）二级资料：正规化资料，资料经过清洗、检核与正规化后，如有异质资料串接之需求，可依需求增加串接栏位，并以共通资料表纲要格式保存，供后续资料统计与汇整使用。

（3）三级资料：统计资料。资料经过统计汇整后，或来源单位直接提供统计性资料，依设计确认之格式保存，供使用者查询与后续汇整使用。

（4）四级资料：主题性资料，设定特定主题，预先串接相关之异质资料，以多元资料集合方式保存，并提供查询，如特定节日资料分析。

本运资平台提供收纳资料服务，以一、二级资料搜集、检核与正规化为主，而三级与四级资料主要由业务单位、研究单位自行产制或以协作方式产制。

2）资料收纳与发布分析

本运资平台之建置目的为搜集及整合交通所需相关资讯，进行资料粹取、清洗及转换，以大数据技术储存、分析及处理，以下为本运资平台之资料搜集分析项目。

（1）VD、eTag、计程车、停车（含供需）、捷运、交通违规与肇事、公车（含票证刷卡、旅次推估）、气候、道路施工、油价、YouBike（含交易刷卡）、公路客运、即时影像、时制计划等相关资料分析。

（2）车辆旅次分析（OD）。

（3）道路速率（以 VD 计算、以计程车计算、以公车计算）分析。

（4）道路绩效分析（含 Google 旅行时间）。

（5）标准路段交通资料。

3 运输资讯管理平台报表

3.1 高速公路 eTag 旅次（OD）

本节针对高速公路台北门架之旅次起讫与车辆通行量，探讨不同空间下区内旅次、区间旅次或通过旅次之旅次发生频率，以及不同时间下门架通行量大小排序状况，从空间与时间两个角度探讨台北区域内的车辆来源与易拥堵时间与地点，以利交通管理单位于不同情境下，研拟应对之交通管理措施与对策。

3.1.1 高速公路旅次起讫通行量

1）报表内容

高速公路旅次起讫通行量仪表板，可提供台北高速公路各门架在每小时、每日、每月、每年之统计条件下的起讫分布形态。仪表板左边日期形态选单以日历格式呈现，蓝色文字代表平日、橘色文字代表假日或连续假期，使用者依照需求点选特定日期、星期、月份或年份。仪表板右边可依据不同车种查询，分别为联结车、小汽车、小货车、大客车与大货车，共 5 种车型选项，预设为全部勾选；右边门架编号选单亦可依据使用者观察门架的方式进行单一或多重勾选，中间区块会即时显示旅次起讫量矩阵分布。具体见图 2。

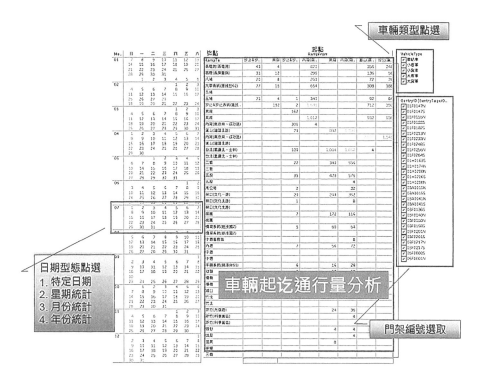

图 2 高速公路旅次起讫通行量报表

2）应用分析成果

（1）分析上、下午高峰时段各门架主要起讫点，起讫点是否位于同一区域，当起讫点有明显同质性或同方向性时，思考以公共运输解决私人运具通勤之可行性。

（2）针对过境旅次，其起讫点均在台北区域外，仅行程经过台北地区，思考及早发布替代道路旅行时间之可行性，或以移峰填谷方式诱导用路人选择其他离峰时段出发。

3.1.2 高速公路门架车辆通行量

1）报表内容

高速公路门架车辆通行量仪表板，可提供台北高速公路门架在每小时、每日、每月、每年之统计条件下的交通量统计。仪表板左边日期形态以日历格式呈现，蓝色文字代表平日、橘色文字代表假日或连续假期，使用者可依照需求点选特定日期、星期、月份或年份。仪表板右边可依据不同车种进行查询，预设为全部勾选；右边起讫类型可依据使用者关注类型进行单一或多重勾选，类别包含离开台北、进入台北、起讫皆为台北以及通过台北，预设为 4 种类型全部勾选，中间区块会即时显示门架通行量之交通量排序，并显示与上期比较画面(图 3)。

2）应用分析成果

（1）盘点假日、特定日期、星期、月份或年份易拥堵路段与时段。

（2）针对最拥堵或重点路段以交管措施积极介入，与上期交通量比较后，分析实施成效。

（3）以过去连续假期之历史交通量作为参考，提前公布易拥堵路段及时段资讯，使用路人避开高峰时段，选择其他替代道路行驶。

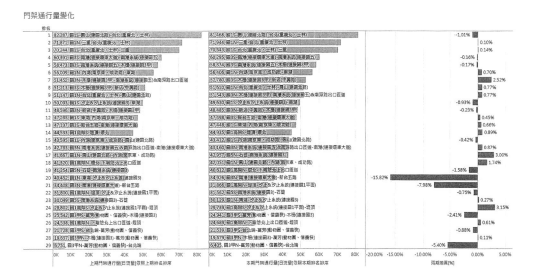

图 3　高速公路门架车辆通行量与上期比较

3.2　交控 eTag 统计资料

3.2.1　旅次起讫通行量

1) 报表内容

旅次起讫通行量报表包含 OD 矩阵表、起/讫点流量排序长条图(图4)。下方 OD 矩阵表包含各 OD Pair 平均流量、OD Pair 流量占总流量的百分比、资料分析天数，颜色深浅代表流量多少，最后一行为各起点总流量、各起点总流量占总流量的百分比，最后一列则为各讫点总流量、各讫点总流量占总流量的百分比。上方为起点与讫点流量长条图排序，可快速看出哪一个起点或讫点流量较高与流量差距。查询条件包含路网、月份、时段(晨峰 8:00～10:00、昏峰 17:00～19:00)。

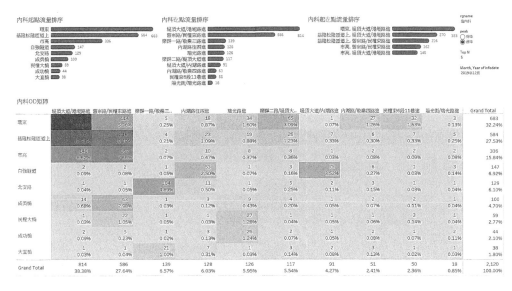

图 4　旅次起讫通行量报表

2) 应用分析成果

（1）检视特定起点之各讫点流量或特定讫点之各起点流量。

（2）检视特定起讫范围内所有可能起讫配对之流量变化。

（3）分析特定起讫范围内其瓶颈路段(起讫流量最大)。

3.2.2 门架车辆通行量

1) 报表内容

门架车辆通行量报表包含分时流量纵断面和横断面报表，纵断面报表可比较同一门架不同时间的通行量，横断面报表可比较同一时间不同门架的通行量。根据资料时间间隔可分为日统计报表、周统计报表、月统计报表。图 5 为设备车辆通行量横断面日分时统计报表。

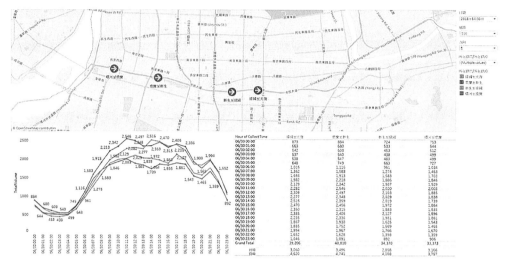

图 5　设备车辆通行量横断面日分时统计报表

2) 应用分析成果

（1）检视同设备，依其时间维度之流量变化。

（2）检视同设备，其上下游设备之流量变化。

（3）探讨特定路廊或区域内瓶颈路段。

（4）探讨各路段使用高峰时段（流量最大）。

3.2.3 路段旅行时间

1) 报表内容

路段旅行时间报表包含纵断面和横断面报表，纵断面报表可比较同一路段不同时间的旅行时间与速率，横断面报表可比较同一时间不同路段的旅行时间与速率。根据资料时间间隔可分为日统计报表、周统计报表、月统计报表。图 6 为路段旅行时间横断面日统计报表。

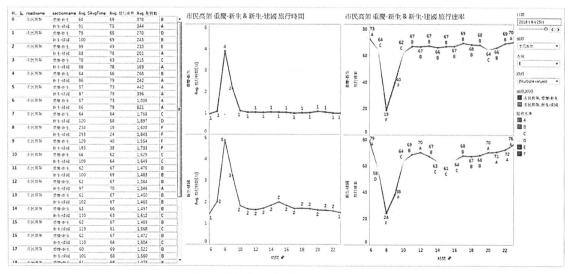

图 6　路段旅行时间横断面日统计报表

2) 应用分析成果

(1) 检视同路段，依其时间维度之旅行时间变化。

(2) 检视同路段，其上下游路段之旅行时间变化。

(3) 探讨特定路廊或区域内瓶颈路段（平均旅行速率最低）。

(4) 探讨各路段拥堵时段（平均旅行速率过低）。

3.2.4 封闭区域延时

1) 报表内容

封闭区域延时报表将进入封闭区域车辆分为三类族群，分别为 A（停留时间跨日，且停留时间超过 4 小时）、B（停留时间不跨日，且停留时间在 4 小时以内）、C（停留时间在 4 小时以内），可比较三群车辆进入与离开分时分布趋势、平均延时与重现次数（图 7）。查询条件包含区域、月份。

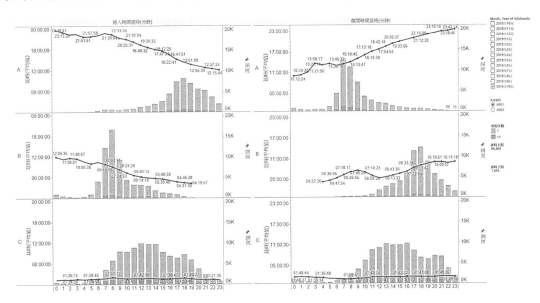

图 7　封闭区域延时报表

2) 应用分析成果

(1) 检视特定时间进入区域车辆之平均停留时间分布与离开时间分布。

(2) 检视特定时间离开区域车辆之停留时间分布与进入时间分布。

(3) 探讨区域内最大承载车辆（通勤）时间。

3.2.5 车辆重现率

1) 报表内容

重现率报表包含各设备通过车辆之属性统计圆饼图，有利于了解各设备于特定时间内四种不同属性通过车辆之流量与比例，并以地图标示设备所在位置（图 8）。显示资料依据查询条件可设定为单周或多周的晨峰（8:00～10:00）或昏峰（17:00～19:00）2 小时通过车辆符合各属性之总流量与比例。进一步统计各设备之重现性（高周数高天数＋高周数低天数＋低周数高天数）与非重现性（低周数低天数）车辆比例，包含各设备每日比例、相同周内日平均比例与整体道路相同周内日平均比例。

2) 应用分析成果

(1) 探讨各设备之车辆重现特性（包含重现时段、重现次数、重现属性）。

(2) 了解特定时间内车辆之通勤特性（通勤、非通勤）。

(3) 针对特定路廊或区域且针对特定时间，探讨具有重现属性的车辆组成比例。

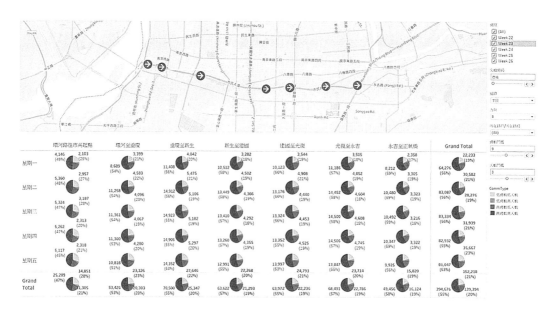

图 8　重现率报表

3.3　其他交通资料统计分析报表

1) 公路客运统计资料

搜集公共运输整合资讯流通服务平台提供之公路客运动态定点资料，分别依资料的到/离站属性，统计台北市市府转运站、台北转运站、南港转运站西站每小时到/离站班次数，并提供报表用以检视或比较各转运站每时段之吞吐量，供机关后续拟定交管配套措施或交控策略之参考。

2) 停车场停车格使用率与周转率

搜集台北市停车管理工程处提供的路外停车场与路边停车格之收费资讯，计算各停车场与各路段数个停车格的使用率与周转率，并提供分析报表，以图形与表列的方式汇整与比较，供机关后续拟定交管配套措施或交控策略之参考。

3) 台北捷运旅次统计分析

搜集台北捷运之刷卡资料，并依据每旅次原始交易资料，统计各车站之分时、日、月、年等进出站统计量，以及各旅次之统计排序等，并提供图形化报表以供查询相关统计资讯，可作为机关后续拟定交管配套措施或交控策略之参考。

4) YouBike 旅次统计分析

搜集 YouBike 之刷卡资料，并依据每旅次原始交易资料，统计各场站之分时、日、月、年等进出站统计量，以及各旅次之统计排序等。此外，本运资平台亦接收场站剩余车位即时资料，计算各场站无车可借与无位可还之持续时间，并生成统计报表。提供图形化报表以供查询相关统计资讯，可作为机关后续拟定交管配套措施或交控策略之参考。

3.4　专案分析

本运资平台亦可根据使用者需求，提供资料予使用者进行专案分析，例如：

1) 联外桥梁/干道特性分析

(1) 联外桥梁/干道 VD 流量分析：分析 14 处联外桥梁/干道中具有 VD 之桥梁，根据检核机制筛除异常资料，分析平日进出城流量月趋势与分时流量变化。

(2) 匝道 eTag 进城流量分析：分析匝道进城 eTag 流量，分析平日进城流量月趋势、分时流量变化与车辆来源。

2)公共运输定期票之运具使用特性分析

(1)使用者分群分析:依定期票开通时间与刷卡纪录,将分析范围内的所有公共运输卡号进行贴标,分析各族群使用卡数月趋势变化与使用运量比例。

(2)定期票使用特性分析:分析定期票使用者每月开通张数变化、各运具使用运量变化与分布特性。

(3)转乘旅次使用特性分析:分析定期票与非定期票使用者每月转乘运量变化、转乘OD特性与转乘运具。

(4)定期票开通前后变化:分析定期票开通前30天与开通后30天运量之变化与OD特性;同时针对"持续使用定期票族群"分析其在定期票政策推出前后使用次数年趋势之变化。

3)邻里交通环境改善计划对交通之影响分析

(1)建立邻里改善计划事前事后肇事查询系统:根据肇事资料与邻里改善计划施作资料建立邻里改善计划事前事后肇事查询系统,可以分析邻里改善计划完工后,在不同时空范围的筛选条件下,肇事件数与死伤件数的变化情况。

(2)事前事后分析:根据邻里改善计划事前事后肇事查询系统,分析标线型人行道等交通改善措施在行政区、邻里等不同层级下,肇事件数与死伤件数的变化情况。

4 运输决策支援系统应用

此运输资讯平台也可建立运输决策支援系统,针对各类运具或跨运具交通特性进行分析规划应用,建立分析模式。此决策支援系统之系统架构如图9所示,并可进行扩充(如下图红圈处为2020年最新扩充功能)。受限篇幅,本章仅简要举例介绍道路绩效仪表板与跨运输系统绩效仪表板之内容。

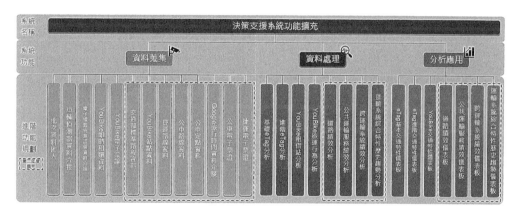

图9 决策支援系统功能扩充架构图

4.1 道路绩效分析功能

1)仪表板综合资讯(图10)

(1)查询条件:插补资料选择、查询时间、区域选择、基准值选择。

(2)平日高峰平均拥堵比例:呈现晨、昏峰拥堵比例,以及相对基准值差异。

(3)平日全日平均拥堵比例:呈现拥堵比例,以及相对基准值差异。

(4)平日最拥堵时段:呈现最拥堵周内日、小时、拥堵比例,以及相对基准值差异。

(5)平日周内日尖峰拥堵比例:呈现各周内日晨、昏峰拥堵比例,以及相对基准值差异。

(6)周内日分时拥堵比例:呈现各周内日、小时拥堵比例之热力图。

(7)分时拥堵比例趋势图:呈现日、周、月之分时拥堵比例趋势线,以及基准值趋势线。

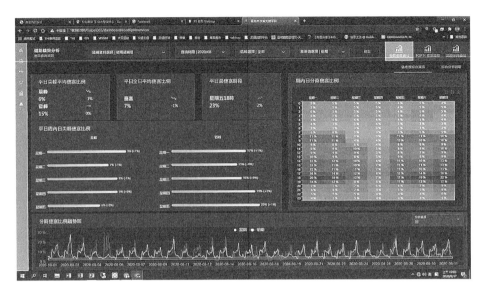

图10　仪表板综合资讯

2) 综合分析说明(图11)

(1) 资料说明:资料所包含之时间范围与空间范围说明。

(2) 拥堵比例:本期平日晨、昏峰平均拥堵比例,相对基准值差异。

(3) TOP10 拥堵路段:本期平日晨、昏峰之平面、快速道路 TOP10 拥堵路段之道路绩效,相对基准值差异。

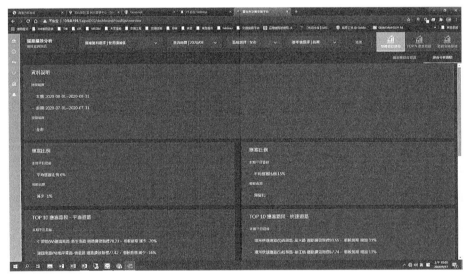

图11　综合分析说明

3) TOP N 拥堵路段进阶查询资讯(图12)

(1) 查询条件:插补资料选择、基准值选择、查询时间。

(2) TOP N 拥堵路段:平日晨、昏峰之平面、快速道路 TOP N 拥堵路段之道路绩效,相对基准值差异。

4) 路段分时绩效进阶查询资讯(图13)

(1) 查询条件:查询时间、道路选择。

(2) 周内日分时拥堵比例:各周内日分时拥堵比例变化,下方路段单一周内日分时道路绩效。

(3) 路段分时道路绩效:配合上方周内日互动,呈现单一周内日或不分周内日各路段分时道路绩效。

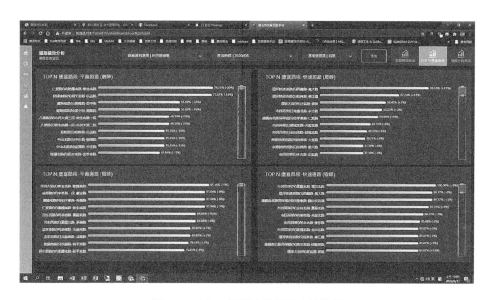

图 12　TOP N 拥堵路段进阶查询资讯

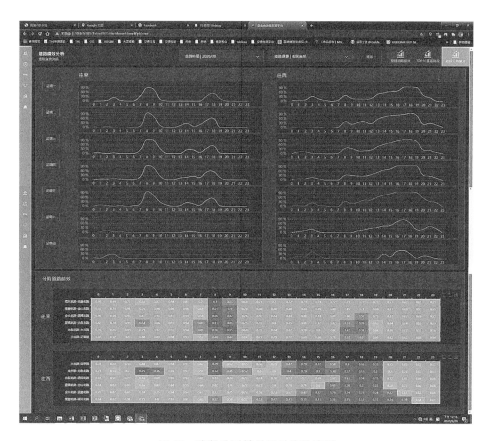

图 13　路段分时绩效进阶查询资讯

4.2　跨运输系统服务绩效分析功能

1) 仪表板综合资讯（图 14）

（1）查询条件：时间区间设定、区域选择（联外桥梁/干道、市区道路）、基准值选择（前期、去年同期）。

（2）整体公车/VD 人流量比长期趋势图：呈现分时、日、周、月拥堵比例趋势线，以及基准值趋势线。

（3）平日晨、昏峰同期比较：呈现晨、昏峰公共运输路段流量、私人运具路段流量与公车/VD 人流量比，以及相对基准值差异。

（4）平日平均公车/VD 人流量比画面：以地图与颜色呈现各路段公车/VD 人流量比之时空趋势特

性,可透过分时动画窗格呈现不同时间比值变化。

（5）公车/VD人流量比路段排名:呈现前几名公车/VD人流量比的路段。

（6）公车/VD人流量比统计比例:呈现公车/VD人流量比之各级距路段数占所有路段的比例。

（7）周内日分时公车/VD人流量比:呈现各周内日、小时公车/VD人流量比之热力图。

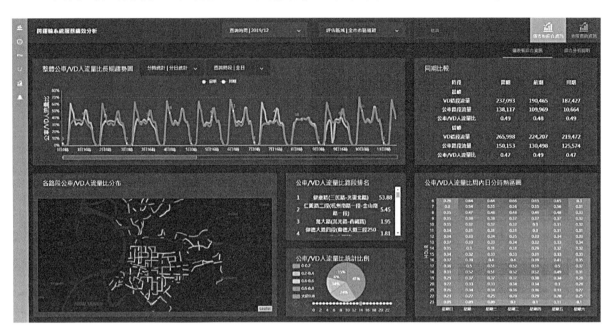

图14　跨运输系统服务绩效仪表板综合资讯

2) 综合分析说明（图15）

（1）资料说明:资料所包含的时间范围（本期、前期、去年同期）与区域选择（联外桥梁/干道、市区道路）说明。

（2）公车/VD人流量比:本期平日晨、昏峰平均公车/VD人流量比,相较前期、去年同期的差异。

（3）TOP N 公车/VD人流量比:本期各路段平日晨、昏峰TOP N公车/VD人流量比,相较前期、去年同期的差异。

（4）TOP N 路段流量:本期各路段平日晨、昏峰TOP N路段流量,相较前期、去年同期的差异。

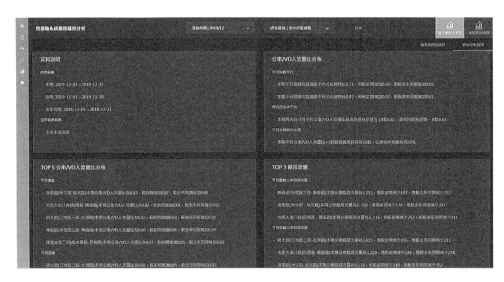

图15　跨运输系统服务绩效综合分析说明

3) 进阶查询资讯(图 16)

(1) 查询条件：设定时间区间、分析路段选择(特定联外桥梁/干道、特定市区道路)、分析指标选择(公车/VD 人流量比、公车路段流量、捷运路段流量、VD 路段流量)。

(2) 特定道路公车/VD 人流量比之长期趋势图：呈现特定道路分时、日、周、月拥堵比例趋势线，以及基准值趋势线。

(3) 特定道路平日晨、昏峰同期比较：呈现特定道路晨、昏峰公车、捷运与 VD 路段流量以及公车/VD 人流量比，以及相对基准值差异。

(4) 特定道路平日分时公车/VD 人流量比：呈现特定道路内各路段平日各小时公私运具比之热区图。

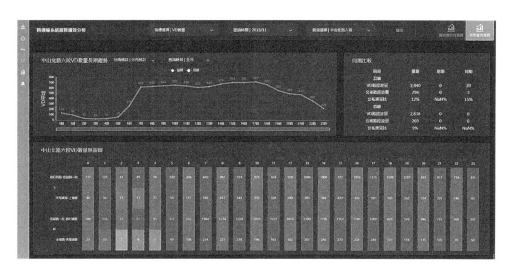

图 16　跨运输系统服务绩效进阶查询资讯

5　结论与后续发展

5.1　结论

运输资讯平台为台北市交通局基础环境建设的重要环节之一，可提供决策支援系统、联合运输管理平台等其他系统所需的各种交通资料，可作为长期趋势分析或即时交通管制的资料来源。

此运输资讯平台自 2017 年起，陆续完成了软硬体基础环境建置、平台系统建置、平台网站建置、资料与界面管理分析设计、标准设计等，以及相关软体及运输决策支援系统功能的开发与扩充，且已运用于每月定期之相关周期性分析与特殊需求之专案分析上，例如联外桥梁/干道特性分析、公共运输定期票之运具使用特性分析、邻里交通环境改善计划对交通之影响分析等。

此外，本运输决策支援系统也具备车流交通特性、YouBike 服务特性、道路绩效、公共运输服务绩效、跨运输系统绩效、历史趋势等各项相关分析功能，使决策者或业务单位能够根据仪表板，以视觉化的方式检视汇整性之分析结果。

5.2　后续发展

1) 运输资讯平台基础环境扩充

由于运输资讯平台搜集的资料种类与资料量持续增加，且后续平台的统计运算功能需求可能持续增长，因此必须定期评估扩充平台主机数量或提升规格，同时应视需求增加平台储存设备的空间。

2) 运输资讯平台系统功能扩充

建议后续持续了解各相关机关的应用需求，扩充系统之统计运算功能，充实系统资料仓储内第三级资料的内容,以改善分析时效,提高分析应用的实用性。

3) 决策支援功能扩充

建议未来可思考将台北市交通局既有决策系统中仍有使用需求的功能改写至本运资平台所开发的决策支援系统,将决策支援功能与资料进行整合,并考量后续使用需求规划开发的新功能,包含事件应变分析、重点区域趋势监控、公共运输等分析功能开发,具体见表1。

表1 决策支援功能扩充

子系统	道路系统查询分析	事件应变分析	重点区域趋势监控	运输规划	公共运输	交通安全
功能项目	*高速公路交通量分析*	**交通事件影响分析**	**交通流量特性分析**	*旅次产生查询*	**大众运输可及性分析**	**肇事CBI热力图**
	高速公路旅次分析	*事件应变影响分析*	**运输系统特性分析**	*旅次分布查询*	*运输系统服务绩效分析*	*行政区肇事分析排行*
	交通流量调查	—	**长期趋势分析**	*运具分配*	**历史公车改道管理**	*邻里改善肇事分析*
	道路系统特性分析	—	—	*OD旅次查询*	—	*肇事框选统计*
	—	—	—	—	—	*道安观测指标*

注1:斜体字为改写既有决策系统功能。
2:粗体字为开发新决策扩充功能。

参考文献

[1] 曾治维. Dempster-Shafer 理论于交通资料整合技术之应用[D]. 新竹:台湾交通大学,2014.

[2] Cheu R L, Lee D H, Xie C. An arterial speed estimation model fusing data from stationary and mobile sensors[J]. IEEE:573-578.

[3] Choi K, Chung Y. A data fusion algorithm for estimating link travel time[J]. Journal of Intelligent Transportation Systems,2002,7:235-260.

[4] 吴欣洁. 熵应用于交通资料融合之研究[D]. 新竹:台湾交通大学,2004.

[5] Faouzi N E, Leung H, Kurian A. Data fusion in intelligent transportation systems:Progress and challenges:A survey[J]. Information Fusion,2011,12(1):4-10.

台中水湳自驾巴士混合车流虚实整合测试

叶昭甫　林俊甫　邱诗纯　陈品帆

摘　要：台湾将于2025年迈入超高龄化社会，客运业面临驾驶高龄化、少子化与工时管理之大环境变化，驾驶招募不易，如何提升驾驶安全、弥补人力短缺等成为客运业生存之重要课题。近年来台中市致力于发展智慧城市，透过公共运输自驾化的发展，有策略地协助客运业转型为自驾巴士。

台中市政府与GBUS团队（由鼎汉顾问、丰荣客运、纬创资通、工研院机械所与台佳光共同组成）目标将水湳智慧城打造为自驾巴士示范训练场域，2018年打造1.0自驾巴士封闭场域测试，2020年进化为自驾巴士2.0半开放混合车流场域，同时引入"数位双生、虚实整合"概念，将实际场域及在地化交通车流导入虚拟平台，以训练自驾车应变决策，完成12项单一交通情境的模拟验证。

水湳自驾巴士2.0向经济事务主管部门申请沙盒试验测试车牌，共测试3个月，含17天载客测试，总载客人数为861人，累计完成1 512.8千米以上的自驾运行里程。试乘路线情境包括号志化路口左右转、两辆自驾巴士跟车、自驾巴士靠站载客、与他车混流、机车超车切入行驶车道、行人路中穿越、停靠站闪避违规停车等情境，自驾巴士皆能顺利通过，同时场域内结合智慧安全路口，包括自驾车通过警示系统、盲点侦测系统及优先号志，应用V2X技术有效提升自驾巴士之运行效率及安全性。整体而言，本研究成功整合自驾控制系统、虚拟模拟场域、车联网路口与载客营运之自驾公共运输案例，展现自驾巴士平稳行驶于人车混流复杂交通环境的能力。

关键词：台中；自驾巴士；虚拟场域；车路整合

1　计划缘起与目标

台湾将于2025年迈入超高龄化社会，客运业面临驾驶高龄化、少子化与工时管理之大环境变化，驾驶招募不易，如何提升驾驶安全、弥补人力短缺等成为客运业生存之重要课题。近年来台中市致力于发展智慧城市，基于水湳智慧城整体发展愿景，持续推动智慧运输系统之目标，台中市政府交通主管部门延续2018年自驾巴士在水湳智慧城封闭场域之示范推动成果，进一步提出"水湳智慧城自驾巴士虚实场域整合运行计划委托服务案"，推动自驾巴士在半开放场域内试运行，并进行模拟验证等测试。透过公共运输自驾化的发展，有策略地协助客运业转型为自驾巴士，同时，建构并打造属于台中市自驾巴士的运行场域，创造具台湾特色的自驾车技术。

2　GBus自驾巴士团队与车辆打造

自驾巴士为新形态运具，需结合跨领域之产业，团队成员包括鼎汉国际工程顾问，负责本研究虚拟场域平台建置与交通规划；丰荣客运，负责自驾巴士营运；IT产业纬创公司，负责车路云整合之智慧路口规划；台佳光公司，负责光纤与路侧设备建置；工研院机械所，负责自动驾驶定位、感知、决策与控制系统建置，他们组成了岛内自驾车MIT团队。

本研究打造了两辆自驾巴士GBus-1与GBus-2，系由工研院机械所根据丰荣客运所提供的9米柴油甲类大客车改装设计而成，车体结构维持原通过验测之结构，仅改装控制系统，自驾巴士所搭载之设备

作者简介：叶昭甫，台中市政府交通局局长。
　　　　　林俊甫，鼎汉国际工程顾问股份有限公司协理。
　　　　　邱诗纯，鼎汉国际工程顾问股份有限公司经理。
　　　　　陈品帆，鼎汉国际工程顾问股份有限公司规划师。

及系统包含车辆线控底盘系统(Drive-by-wire System)、感知系统、自驾系统以及通信系统等 4 大系统，透过系统软、硬体整合，GBus 便具备可靠稳定之行车功能，同时整合三轴加速计、三轴陀螺仪与即时校正的全球导航卫星系统接收器，提供车辆定位以及航向资讯，并可准确量测车辆加速度与角速度。自驾巴士之车辆规格与外观详见图 1 所示。

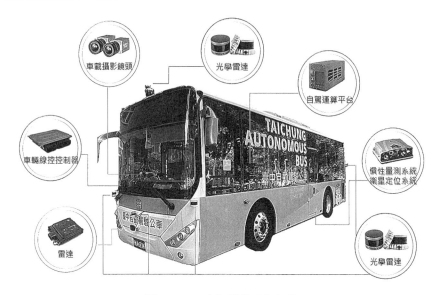

图 1　GBus 车辆搭载设备规格

3　试验场域路线与情境盘点

自驾巴士路线包括中科路及大鹏路，总长度约 5.8 千米，停靠 5 个站点。中科路为双向四车道，车道宽度大于 3.5 米，自驾车行驶于外侧车道；大鹏路为双向两车道，车道宽度在 3.2~4.2 米之间。自驾车行驶期间封闭大鹏路，仅横向道路维持通行。仿照类似公车专用道之形式，其路线规划可连接逢甲大学、公园与大鹏路，路线详见图 2 所示。本研究试验路线共有 12 项测试情境，3 个智慧路口，详见图 3 所示。

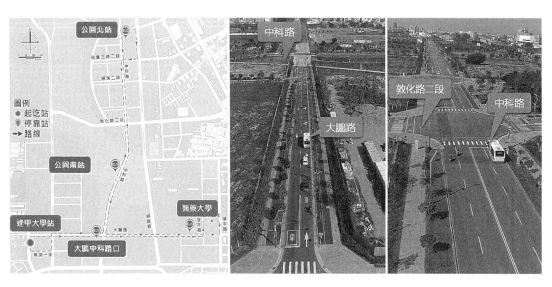

图 2　场域试验路线与现况示意图

图 3 场域试验情境规划

4 首创真实道路之虚实整合与验证

本研究建立了虚实整合场域安全验证平台,根据自驾车使用的高精地图建立虚拟道路路网,自驾控制系统在虚拟环境得以接收与真实环境相同的交通资讯与车流情境,达到高度虚实整合。该平台主要由工研院机械所开发的自驾车系统、鼎汉使用的交通微观模拟软体 VISSIM 及自驾车模拟软体 CARLA 三个系统组成,详见图 4 所示。工研院机械所开发的自驾车系统以 ROS (Robot Operating System) 为基础,其中的决策控制模组与 CARLA 连接后,自驾系统程式即可在模拟环境中接收周围车辆、行人和其他物件的资讯,计算适当的决策控制命令,完成 CARLA 环境中的自驾车控制。VISSIM 的主要功能为建立虚拟交通流与自驾车互动,将交通流的车辆和行人导入 CARLA,触发自驾车反应,即可测试自驾车未来实车运行的安全性。CARLA 为自驾车安全测试提供极有弹性的整合平台,可以快速连接 VISSIM 和 ROS 完成即时协同模拟,以 VISSIM 的高拟真交通流验证自驾车安全性。情境模拟成果,可分为单一情境及复合情境,本研究一共完成了 12 项单一情境测试,同时于复合情境模拟完成了 10 项检测,相关情境参考表 1 所示。

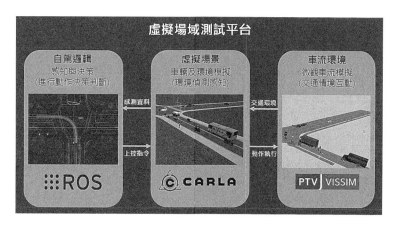

图 4 虚拟场域测试平台架构图

表 1　自驾车辆测试情境与决策反应表

项次	情境说明	模拟环境测试图	车辆决策反应
(1)	自驾车辆右转,遇对向车辆左转		自驾车辆可依循虚拟场域的标线行驶,路口右转时侦测到对向车道有车辆左转,自驾车辆立即减速并停止以避免碰撞
(2)	自驾车辆直行,遇前方车辆左转		自驾车辆可依循虚拟场域的标线行驶,通过路口时侦测到前方有左转车辆,立即减速以避免碰撞
(3)	自驾车辆直行,遇前方车辆左转,及后方机车超车		自驾车辆可依循虚拟场域的标线行驶,通过路口时侦测到前方有左转车辆,并侦测到机车从自驾车辆左侧超车,自驾车辆立即减速并停止车辆以避免碰撞
(4)	自驾车辆右转,遇行人穿越道路		自驾车辆可依循虚拟场域的标线行驶,侦测到行穿线上有行人穿越道路,自驾车辆立即减速并停止车辆以避免碰撞
(5)	自驾车辆右转遇行人穿越道路,并自动停靠站载客		自驾车辆可依循虚拟场域的标线行驶,侦测到行穿线上有行人穿越道路,判断该行人不会影响行驶路线,因此并未做出反应,右转完成后侦测到前方有停靠站,因此自动停靠至指定的停靠空间,待乘客完成上下车后自动驶离停靠站

续表

项次	情境说明	模拟环境测试图	车辆决策反应
（6）	自驾车辆于非号志化路口直行，遇后方机车超车右转，以及行人穿越道路		自驾车辆可依循虚拟场域的标线行驶，通过路口时侦测到后方机车超车，自驾车辆立即减速并停止车辆以避免碰撞，停止期间侦测行人欲穿越道路，因此车辆继续停止，待行人通过后再通过路口

5　实车测试与试运行

本研究于2018年10月通过经济事务主管部门无人载具科技创新试验计划审查，取得台中市自驾车试验车牌如图5所示。本研究先进行空车测试，取得同意后再办理载客运行，于2018年10月28日至2020年11月12日及12月26日举办自驾车试运行活动。本研究实车运行共发车328班次，总载客人数为861人，搭乘人士包括学界人员与民众，GBus系统在台中水湳场域累计完成1 512.8千米以上的自驾运行里程。自驾路段行驶、两车自驾巴士跟车、自驾巴士靠站载客、号志化路口左右转运行、停靠站闪避违规停车、与他车混流、机车超车切入自驾车行驶车道及行人穿越皆都顺利完成测试。运行画面见图6～图8。

图5　自驾车试验车牌

图6　自驾车运行画面

图7　台中试运行画面

图8　自驾车运行试乘

6 自驾车与智慧安全路口整合

未来自驾车与车联网技术发展息息相关，双方同步进步将能提高个别自驾车与整体交通系统之安全性与顺畅性。本研究进行自驾车与智慧路口车路整合技术测试，共计 3 处路口，其功能与成果汇总如表 2 所示。

表 2 自驾车车路整合功能汇总

项目	功能	示意图
自驾车接近警示情境	通过追踪自动驾驶巴士的坐标资讯，于巴士即将通过路口前，提供 CMS 警示资讯，提醒横向用路人注意，在本计划中整体实车触发概率高达 98.9%	
优先号志情境	为提升自动驾驶巴士行驶速率，在中科路敦化路口以延长绿灯时间的方式展示南北双向优先号志功能。决策逻辑主要是根据即时追踪自动驾驶巴士坐标、速度、行进方向等资讯进行判断决策，本研究整体实车测试结果之触发率为 20%（不是每次通过都会遇到需要触发的状况）	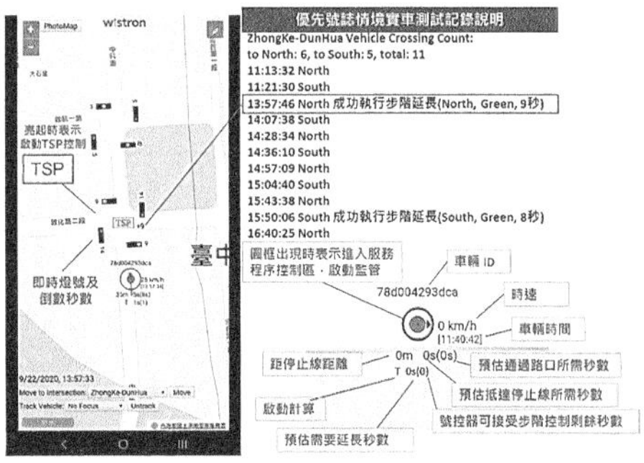
路口盲点侦测情境	将路口摄影机及雷达所侦测到的路口物件，经人工智慧边缘计算、推理运算融合后，即可取得各物件之分类、坐标、速度、移动方向等资讯（如图中黄点）。自动驾驶巴士再利用 4G/5G 或 C-V2x 通信系统接收上述物件资讯，扩大侦测区域，并将侦测物件资讯提供给自驾巴士作为判断参考，以辅助车上固定安装之感测器感测可能遇到的场域或路径盲点。测试期间原先物件辨识率约为 85%，试运行时间累积超过 220 小时，不断调整 AI 模型及训练资料，物件辨识率提高至约 97%	

(1) 自驾巴士优先号志情境：通过优先号志情境，提升公共运输行驶速率。

(2) 自驾车接近警示情境：警示横向用路人自驾车即将通过，可增加自驾车通过安全性，未来可用于非号志化路口。

(3) 路口盲点侦测情境：扩大侦测区域，并将侦测物件资讯提供给自驾巴士作为判断参考，未来可用于遮蔽场域或路径盲点。

7 民众满意度与未来发展期望

为了解民众对自驾车搭乘之体验感受及未来发展期望，本研究在活动体验期间同时发放问卷了解民意，活动期间总载客人数为861人，回收的总问卷样本数有680份，剔除填写不完整之无效样本后，有效样本数为581份，有效回收问卷率约85%。分析搭乘GBus民众试乘前信心度与试乘后满意度，结果如图9所示，试乘前信心度占比为69.54%～82.96%，试乘后满意度占比为73.83%～92.08%，可发现试乘后满意度比试乘前信心度增长4%～16%，其中以增长幅度最高（15.84%）的安全感受最为明显，这代表民众对本研究自驾巴士之安全性是非常肯定的。询问民众"再搭乘自驾巴士的意愿"与"推荐他人搭乘自驾巴士的意愿"，结果如表3所示。由表可知，无论是再次搭乘的意愿或推荐他人搭乘的意愿，民众之愿意度皆相当的高，其中在愿意以上（愿意与非常愿意）比例加总高达90%以上，这意味着民众对于自驾巴士的发展相当期待，参与意愿亦相当高。

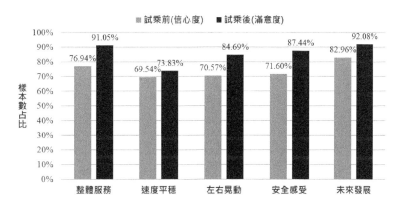

图9　民众整体试乘前信心度与试乘后满意度比较统计图

表3　再搭乘自驾巴士的意愿与推荐他人搭乘自驾巴士的意愿统计表

类别	项目	样本数	样本比例
再搭乘自驾巴士的意愿	非常愿意	282	48.54%
	愿意	254	43.72%
	普通	37	6.37%
	不愿意	4	0.69%
	非常不愿意	4	0.69%
推荐他人搭乘自驾巴士的意愿	非常愿意	292	50.26%
	愿意	248	42.69%
	普通	36	6.20%
	不愿意	1	0.17%
	非常不愿意	4	0.69%

此外，为了解民众对自驾巴士的未来发展期望，本问卷从9个方面调查民众对自驾车的未来发展期望。由图10可知，"人力不足""增加深夜公车""节能减碳""增加偏乡接驳"与"提升交通安全"为民众期望之前五名，其中人力不足与增加深夜公车所占比例都高达50%。这意味着民众期待自驾巴士之自驾技术能够改善客运司机人力不足之问题，以及通过无人驾驶之概念弥补深夜无巴士可搭乘的状况。

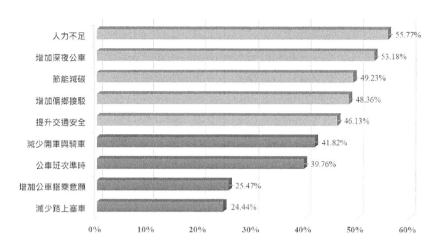

图 10　民众期待自驾巴士带来之改变统计图

8　结论与建议

台中自驾巴士2.0计划从封闭场域走向半开放场域,行驶于类公车专用道之半封闭道路(大鹏路),全开放混合车流道路(中科路),通过沙盒试验计划完成跨部门审查,并从台中监理站取得2个试验车牌进行测试。

本研究同时建立虚实整合场域模拟平台,结合ROS自驾车控制系统、交通微观模拟软体VISSIM及自驾车模拟软体CARLA三个系统,完成单一情境模拟,包括一般情境7项、随机情境4项及违规情境1项。考虑到自驾车实际上路时,所面临的环境并非只有单一情境,本研究同时完成了复合情境模拟,充分展现模拟随机性与交通情境连续性。

本研究实车载客运行共17天,共发车328班次,总载客人数为861人,搭乘人士包括学界人员与民众,累计完成1 512.8千米以上的自驾运行里程。自驾路段行驶、两车自驾巴士跟车、自驾巴士靠站载客、号志化路口左右转运行、停靠站闪避违规停车、与他车混流、机车超车切入自驾车行驶车道及行人穿越皆都顺利完成测试,这显示岛内已有足够技术及人才自行研发打造自驾巴士系统。

同时本研究首创将车、路、云整合,建置3处智慧安全路口,利用部分路口完成自驾车警示系统、盲点侦测及优先号志之运用,其可显示V2X技术之应用可有效提升自驾巴士运行安全性与效率性,这不仅对于自驾巴士而言有助益,同时亦可提升其他车辆之警觉性。

本研究显示台湾已具备自驾巴士改造、测试、运行之POS整合能力,下一个阶段应进入POB商业营运模式,建议挑选具备运量与交通形态单一之道路,作为台中自驾巴士3.0计划场地。只有政府提供永续政策支持,协助争取相关资源,同时与各部门进行协助与沟通,才能促进台中自驾快捷运输(ART:Autonomous Rapid Transit)系统发展,提升台中公共运输之安全性、可靠性与舒适性。

9　致谢

感谢交通事务主管部门科技顾问室提供ITS计划指导,经济事务主管部门技术处及经济事务主管部门无人载具科技创新实验办公室两单位及相关委员协助完成沙盒试验计划审查;感谢内部事务主管部门、高精地图研究发展中心协助取得水滴场域高精地图,感谢台湾世曦工程顾问有限公司协助测绘水滴园区地图;感谢逢甲大学、台湾医药大学及邻里周边区公所、里长、议员等对自驾公交的宣传与支持;感谢台中公车联营委员会、台中市建设局协助现勘设置牌面与公车站牌;感谢公路总局、台中监理所协助取得试车牌;感谢台中市警察局与交通大队的交通维持等,本研究才得以顺利执行圆满完成。

高雄市交通行动服务 MenGo 定期票之电子票证大数据处理与顾客特性分析

Big Electronic Ticket Data Processing and Customer Characteristic Analysis on MenGo Monthly Pass of Kaohsiung City's MaaS

陶治中　郭铭伦

摘　要：自 2016 年起,台湾开始推动高雄都市型 MaaS 示范计划——MenGo 定期票,纳入捷运、轻轨、渡轮、市区公车、客运、共享单车、共享机车、计程车等多元交通工具,提供多种具有经济效益的付费组合方案。根据交通事务主管部门运输研究所提供的高雄市 MenGo 定期票方案购买会员电子票证资料,本研究先确认一卡通原始票证资料栏位及可用性,方能进行定期票电子票证大数据分析。因此本研究在实证资料处理上,将建立一个电子票证资料清洗及检验流程,而此过程中亦需串联多个资料库以填补资料遗漏及错误。然后本研究分别以销量图、定期票使用里程及金额可视化图表呈现"无限畅游方案"定期票于高雄市全域发售的现况以及定期票使用基本行为特征,以行销学 $P*Q$ 观点来说明各行政区定期票销售总金额。

关键词：交通行动服务；电子票证大数据；MenGo 定期票

Abstract: A Mobility as a Service (MaaS) project entitled with MenGo has been promoted in terms of monthly pass in Kaohsiung City since 2016. Multiple modes including mass rapid transit, bus, light rail, ferry, carsharing, motorbike sharing taxi and public bike are bundled with different fares. This study aims at data formatting, data cleansing and data processing to conduct customer characteristic analysis from electronic ticket database provided by MenGo monthly pass operation companies. GIS-based outcomes are demonstrated to overview ticket sales distributions of MenGo monthly pass which will be used to modeling customer segmentations and precision marketing in the future.

Keywords: Mobility as a Service; big data analytics; MenGo monthly pass

1　前言

1.1　研究动机

交通行动服务(Mobility as a Service, MaaS)一词在 2014 年问世,强调"使用代替拥有",主要含义为运用信息通信技术(ICT),通过专属平台将公共运输、公共自行车、计程车、共乘等多元运输服务纳为一体,整合服务、资讯、支付方式及捆绑费率(Bundling),满足民众日常运输所需,减少民众日常对于私人运具的依赖,达到私人运具减量之目的。芬兰、瑞典、丹麦、英国等诸多先进国家,近年来大力推动 MaaS 平台的建置,提供民众多元交通工具的"运输整合服务",通过具备即时服务资讯查询功能的手机 App 及具备经济效益的付费方案组合,提高民众选择 MaaS 的意愿,借以减少自行开车对社会产生的负面效益。

自 2016 年起,高雄都市型 MaaS 示范计划——MenGo 定期票由交通事务主管部门运输研究所、高雄市交通局、中冠资讯股份有限公司、一卡通票证公司与当地运输服务业者联合推出,首张纳入捷运、轻轨、渡轮、市区公车、客运、共享单车、共享机车、计程车等多元交通工具的公共运输定期票于 2018 年 9 月开卖,该定期票提供多种具有经济效益的付费组合方案,以满足民众通勤需求。

作者简介：陶治中,淡江大学运输管理学系教授。
　　　　　郭铭伦,淡江大学运输科学研究所硕士。

在今日电子票证普及的时代，运用大数据分析技术了解顾客需求已非难事，亦能借由 MenGo 定期票使用行为的探讨，了解 MenGo 方案设计的产品力，再经由顾客分群（Customer Segmentation）分析，进行产品差异化的行销推广。鉴于此，本研究在取得交通事务主管部门运输研究所的同意下，获取 MenGo 会员交易资料，尝试进行 MenGo 月票的资料处理与顾客特性分析，探讨如何提升 MenGo 使用率之议题。

1.2 研究目的

目前高雄 MenGo 定期票销量虽然稳定，但定期票产品设计较难吸引新客群购买，亦缺乏顾客使用特性分析，因此较难了解顾客定期票使用上的真实行为。本研究经由交通事务主管部门运输研究所同意，取得所需之 MenGo 定期票方案购买会员电子票证交易纪录，拟以大数据分析（Big Data Analytics）达到以下目的：

1）建构电子票证资料清洗及串联流程

根据交通事务主管部门运输研究所提供的 MenGo 定期票方案购买会员电子票证资料，本研究需确认一卡通原始票证资料栏位及可用性，方能进行定期票电子票证大数据分析。因此本研究在实证资料处理上，将建立一个电子票证资料清洗及检验流程，而此过程中亦需串联多个资料库以填补资料遗漏及错误。

2）对定期票 MenGo 顾客进行特性分析

本研究将回顾岛内外电子票证资料之顾客特性的相关文献，汇整适合的顾客行为特征，依据定期票使用行为特征（金钱、运输行为、空间距离特征）进行顾客特性分析。

2 文献回顾

2.1 全球交通行动服务案例

芬兰首都地区（赫尔辛基、埃斯波、万塔、考尼艾宁等四个城市）及邻近市镇的 MaaS 服务以手机 App "Whim"的形式问世。赫尔辛基首都圈的交通联票并非首次出现，HSL（赫尔辛基交通管理局）在过去亦曾发行过公共运输定期票，其整合公车、地铁、轻轨、通勤铁路、渡轮等多元交通工具；而在正式的 MaaS 平台问世后，Whim 在既有 HSL 定期票的基础上额外再纳入公共自行车、计程车、电动滑板车、租车等服务，使交通工具选择更为多元。

瑞典斯德哥尔摩的 MaaS 服务由 UbiGo 公司于 2014 年推出，UbiGo 过去曾与瑞典运输公司 Västtrafik 发生纠纷而暂停 UbiGo 营运。现今，东山再起的 UbiGo 服务整合平台，借由 App 整合斯德哥尔摩交通公司（SL）旗下的公共运输服务（包含郊区电车、地铁、轻轨、公车等），并与租车公司、共享汽车公司、当地计程车服务商合作，提供不同的"定量包"方案。斯德哥尔摩 Ubigo 套票的销售方式与芬兰赫尔辛基的 Whim 截然不同，采取的是定量包销售模式，顾客可依照对于 SL（公共运输）的使用频率以及市区代步车（共享汽车）的使用需求，选择适量的 Ubigo Package。

丹麦首都大区及西兰大区提供一体式运输整合服务，DSB（国铁）、Movia 及 Metroselskabet 三家运输公司共同合资成立 Din Offentlige Transpot（DOT）组织，并将其塑造为都市公共运输的唯一品牌，不仅统一以电子票证作为支付工具，更以地理区（Zone）制度作为区内公共运输统一计价基础。丹麦 DOT 定期票费率依照通勤距离长短，提供 1～30 个 Zone(s)差别定价。DOT 基本定期票涵盖公车、市郊铁路及国铁等交通工具，顾客亦可依照自身需求加购地铁（Metro）及区域铁路（DSB1'Regional Train）服务，使此定期票更能贴近使用者实际的需求。

法国巴黎的公共运输单程票的使用地区主要分为巴黎市及巴黎市以外的地区，凡在巴黎市内限定时间内使用"公车＋电车"或"地铁＋RER"单程票均采用单一费率 1.9 欧元计价，巴黎市以外地区的单程票为里程计费。相较于昂贵的单程票，巴黎交通卡（Navigo）提供单日无限畅游方案，顾客使用 Navigo 卡可在指定区域内无限次数、无限里程搭乘公车、地铁、轻轨及快铁（RER）。巴黎首都圈公共运输区域划分以巴黎市区作为核心，并以同心圆向外进行划分，1 区为巴黎市内，2～5 区则为巴黎首都圈的近郊。巴黎的公共运输定期票主要分为周票、月卡及年票,采取实名制发售,定期票价格依照购买区域而有不同,但一律包含所有交通工具。

德国慕尼黑(München)交通及费率协会(MVV)整合区域内通勤铁路(Stadtschnellbahn)、地铁、轻轨电车及公车等服务,运输服务商包含德国区域铁路公司(DB Regio AG)、慕尼黑公共运输公司(Münchne Verkehrsgesellschaft)以及数十家汽车客运公司。MVV 不仅在品牌上塑造公共交通服务的统一形象,更是在费率上充分整合,提供与丹麦 DOT 类似的起讫区间计价、时间限制内无限转乘服务,营运区以同心圆划分出 7 个计价分区,分为 M 区(慕尼黑市)及 1～6 区。MVV 公共交通单程票计费方式以是否进入慕尼黑市(M 区)而有所差异。MVV 发行一日票以及 IsarCsrd 定期票(周票及月票),其定期票发售依使用者购买区域差别定价,但交通工具选择上则是仅提供单一交通工具组合。此外,MVV 发售定期票除依购买时间长短提供折扣外,针对不同身份分别提供折价优惠。

英国伦敦牡蛎卡(Oyster Card)自 2003 年推出大伦敦区的公共交通支付服务,可用于公车、电车、地下铁、轻便铁路、路面电车、TfL 铁路、河上巴士等公共交通服务。Oyster 作为电子票证支付载具,实现了 MaaS 概念的"支付方式整合"。顾客可通过同一张电子票证支付不同交通工具的费用,美中不足的是不同交通服务供应商并未合作推出一站式月票。民众仍可使用同一张 Oyster 卡,分别向不同交通服务供应商绑定个别的交通票。另外,Citymapper App 则能串接多元交通工具的即时资料,并提供路径规划及道航功能。Citymapper Pass 定期票费率核算与欧洲众多城市相同,纳入以市中心为核心,向外以同心圆方式扩展的分区计价制度。在英国伦敦,Citymapper Pass 定期票购买区域越大,票价越为昂贵,但可在购买区域内无限使用铁路运输服务与大伦敦全区域巴士服务。Citymapper Pass 发售的两种周票方案,差异仅在于公共自行车及加值服务(计程车及网约车)。

2.2 高雄 MenGo 卡

自 2010 年起,高雄捷运及一卡通公司迄今已发售多款"跨运具"及"单运具"的定期票种。以月票发售时间轴来看,即使整合不同运具的"跨运具定期票"问世甚早,但销售过程断断续续,直至 MenGo 定期票推出后才得以延续。实际上早年发行的幸福卡因受惠于环保基金的补贴,其票价远低于现今发售的 MenGo,但幸福卡因补贴款限缩而中止,此亦说明公共运输定期票之存续亦需以自偿为基础。

MenGo 以 App 为主,实体电子票证(一卡通)为辅,顾客仅需持手机及记名的一卡通票卡,即可选择多元交通工具。MenGo 手机 App 提供动态资讯、静态资讯整合、路径规划、定期票购买、生活资讯推荐等功能,通过 URL Link 连接对应的外部网站以提供公共运输资讯、Google Maps 以及 Deep Link(App Link)连接新形态运输服务(如共享机车、网约车),如图 1 所示。MenGo 示范计划推行上非常成功,自 2018 年 9 月试营运至今,会员注册数已超过 20 000 人,每月销售量稳定维持在 6 000 张以上。

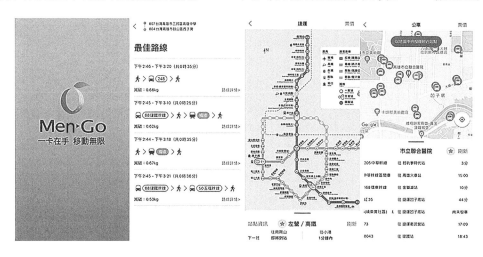

图 1　MenGo App 功能及界面展示图

2.3 综合比较

本研究依据交通工具组合模式、套票贩售类型及交通工具种类,将前述 MaaS 案例,进行分类并汇整成表 1,说明如下:

1) 交通工具种类丰富度

若考虑定期票纳入的交通工具种类丰富度,除了各地政府主导的 MaaS 示范计划外,多数城市纳入定期票的交通工具均仅包含传统(狭义)的公共运具,而共享运具及大众运输则较少被纳入。

赫尔辛基 Whim、伦敦 Citymapper 及高雄 MenGo 纳入的交通工具种类为众多城市当中最为多元者,不仅纳入传统上的公共运具,亦将多种共享运具(公共自行车、共享机车、租车等)纳入定期票方案,其中 Citymapper 纳入的共享运具及大众运输工具服务商数量更是略胜一筹,其从聚合平台(Aggregation Platform)观点出发,连接大伦敦地区众多的运输服务。

2) 交通工具组合弹性

除了多元交通工具可供选择之外,公共运输定期票涵盖的交通工具的"捆绑组合"更为重要。从经济学观点出发,顾客往往会在商品市场中选择对自身效益(Utility)最大的方案。在产品进行捆绑(Bundling)合售的前提下,顾客仍会评估捆绑产品为自己带来的经济效益是否与付出金额等值,进而选择是否购买。

本研究将城市公共运输定期票的"交通工具组合"归纳为单一组合、多种组合及自选组合三类。赫尔辛基 Whim、斯德哥尔摩 UbiGo、哥本哈根 DOT、伦敦 Citymapper 等定期票捆绑设计上最为弹性,顾客可视自身需求"自选运具"使经济效益最大化。

多数城市在公共运输定期票贩售上,以单个或多个"固定组合"套装进行贩售。此可能是为实现 MaaS 基本核心理念——使用代替拥有而设计,而在公运定期票产品销售前期,规划者并不确定多数用户最需要的运输服务,因此将所有运输服务全纳入固定套装方案,并通过大数据分析了解顾客真正所需。

3) 定期票类型

本研究主要将定期票类型分为全域、区域及次数包三类。众多城市在定期票费率设计上均考虑使用者付费原则,定期票依照使用区域(里程)的差别费率定价,顾客仅需负担通勤区域的交通月费,此种定期票设计特别适合于幅员广大的城市或都会区。

高雄 MenGo 定期票均采用"全域通票"的基本概念,此对于居住在市中心的居民来说较为不利。MenGo 定期票的前身"高雄捷运定期票"甚至采用起讫车站距离定价,现今定期票均以全域票进行贩售,然而定期票的区域差别计价制度仍有深入探讨的必要。

表 1 各地 MaaS 之综合比较

城市	MaaS服务或定期票	整合层级	交通工具组合模式			套票贩售类型			套票纳入交通工具种类							其他及备注
			单一组合	多种组合	自选组合	全域吃到饱	区域吃到饱	次数方案包	公车	捷运	轻轨	渡轮	铁路	自行车	计程车	
赫尔辛基	whim	4			v	v	v	加值服务	v	v	v	v	v			租车、滑板车
斯德哥尔摩	UbiGo	4			v	v			v	v	v	v			v	租车、共享汽车
哥本哈根	DOT	4			v	v			v	v		v	v			
巴黎	navigo	3	v			v			v	v			v			
慕尼黑	MVV	4	v			v			v	v			v			
伦敦	oyster	3		v			v		v	v		v	v			
	Citymapper	3		v			v	加值服务	v	v		v	v	v	v	Uber等多家叫车软体、共享运输服务
东京	Tokyo Metro	3	v			v				v						
首尔	Seoul Metro	3					v			v						
吉隆坡	My30	4	v			v			v	v			v			
香港	九巴月票	3	v			v			v							
台北	ALL PASS TICKET NT$1,280	3	v			v			v	v				v		
高雄	MeN-Go	4		v		v			v	v		v		v		共享机车
	高雄捷运定期票	3				v			v	v						部分期间配合政策包含公车,现已取消

3 实证分析

本研究之研究方法与流程，着重于资料处理流程，包含研究资料说明、研究资料清洗过程、资料串联流程及特征资料档建立。然后针对建好的资料档以顾客行为特征，进行统计分析。

3.1 资料格式

本研究资料来源为“一卡通票证公司”，内容涵盖高雄市所有公共运输。一卡通公司提供的交易纪录虽有统一的栏位，事实上不同运输业者在同一栏位记录资料的方式却不尽相同。例如：不同运输业者分别以站牌代号、路线站序或中文站名方式填入“进上车站/出下车站”的栏位，因此需额外向不同运输业者申请调用对照资料，方能统一栏位内容。此外，为达到运输行为资料空间化之目的，本研究亦需搜集站点定位(GPS)资料。

鉴于此，本研究向统联客运公司索取 2019 年 9 月至 2019 年 11 月高雄市区公车“验票机营运明细”，以及向宏棋智通公司索取高雄市区公车“路线站点对照表”及“站点点位资料”。此外，本研究亦借助公共运输整合资讯流通服务平台(PTX)的“捷运起讫站间票价资料”以补充原始资料。

本研究取得的一卡通电子票证交易资料涵盖 2019 年 9 月至 2019 年 11 月期间共计 2 417 692 笔交易记录，资料共纪录 8 174 名“MenGo 方案购买会员”连续三个月于高雄市公共运输系统内的电子票证交易记录，涵盖运输业者及交易次数。一卡通电子票证原始资料形态如图 2 所示，资料栏位说明则如表 2 所示。

交易日期	卡別	卡號	票卡序號	原始票價	扣款金額	運輸業者	進上車站	出下車站	交易類別	路線	備註
20190924_075802	Adult	452E9B485F6D:	40	0	0	高雄捷運	高捷前鎮高中站		進站		
20190924_081541	Adult	452E9B485F6D:	41	0	0	高雄捷運	高捷前鎮高中站	高捷後驛站	定期票出站		
20190924_134512	Adult	452E9B485F6D:	42	0	0	高雄捷運	高捷後驛站		進站		
20190924_140941	Adult	452E9B485F6D:	43	0	0	高雄捷運	高捷後驛站	高捷後勁站	定期票出站		
20190924_142333	Adult	452E9B485F6D:	44	12	0	南台灣客運	59	0	定期票交易	8601	
20190924_143037	Adult	452E9B485F6D:	45	12	0	南台灣客運	59	64	定期票交易	8601	
20190924_155938	Adult	452E9B485F6D:	46	12	0	港都客運	51	0	定期票交易	6	

图 2 一卡通原始交易资料形态

表 2 一卡通交易资料栏位及说明

资料栏位名称	栏位说明	资料栏位名称	栏位说明
交易日期	当次过卡日期及时间	运输业者	运输业者
卡别	电子票证卡种(全票/学生)	进上车站	进站、上车站(站名或代码)
卡号	去个资识别处理后卡号	出下车站	出站、下车站(站名或代码)
票卡序号	票卡交易次数	交易类别	交易类型
原始票价	当次交易票卡余额	路线	路线
扣款金额	当次交易扣款金额	备注	备注栏位

研究资料虽源自票证公司，然而，不同运输业者在相同的资料栏位对于资料记载的格式、完整性及正确性仍有差异，表 3 为不同运输业者一卡通电子票证资料记录内容。

资料规格统一性、完整性及正确性对于研究者而言尤其重要，在条件限制下，本研究参考 MenGo 现行发售方案及使用特性后，最终保留“高雄捷运”“市区公车”票证资料作为研究资料样本，由于市区公车业者资料记录方式不一，因此本研究提出资料串联及插补方法，统一资料栏位并修正错误资料。

表3 不同运输业者一卡通电子票证资料记录内容

运输业者	交易时间	卡别 卡号 卡片交易序号	票卡余额	消费应扣金额	上车站	下车站	交易类型 （记载字样）	路线
高雄捷运	上下车各一笔交易记录	记录方式均相同	遗漏	遗漏	中文站名		进站 定期票出站 定期票开卡	不记录
公车（远易通验票机）			补贴后运价	遗漏	路线站序（无效资料）		定期票交易	错误资料（无效资料）
公车（宏棋验票机）			原始票价	遗漏	路线站序		定期票交易	路线代码
高雄轻轨	一笔交易记录	记录方式均相同	遗漏	遗漏	不记录	不记录	定期票卡 出站/下车/ 段次乘车	不记录
渡轮公司			原始票价	遗漏	卡机编号		定期票交易	不记录
公共自行车	系统厂商转换导致交易资料不全							
台铁	非属MenGo套票范围							

3.2 原始资料清洗及串联

交通事务主管部门虽明确规定了公共运输电子票证资料的统一标准格式，但实际上电子票证公司、验票机厂商、运输业者却因应用需求不同，三者持有的票证资料格式略有出入。本研究取得的一卡通票证资料以"单次过卡"计为一笔资料，资料格式有别于运输领域的最小单元"起讫"，最后本研究保留高雄捷运及7家公车（客运）业者资料用于后续分析。

此外，高雄市公车业者分别采用宏棋、神通（远易通）两家验票机公司的产品，然而在一卡通公司电子票证资料中，两者的资料记录格式均非PTX唯一识别代码，而是两家验票机厂商自编代码。因此，本研究分别向两家验票机公司索取站点、站位、站序等资料，通过资料扩充方式补足缺漏及研究所需之额外资料栏位，资料清洗及串联流程简图，如图3所示。

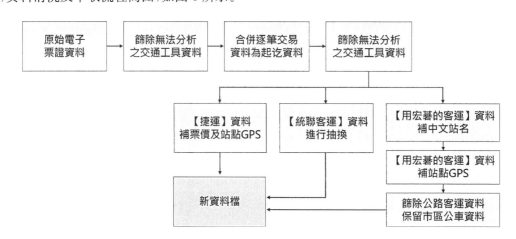

图3 资料清洗及串联流程简图

高雄捷运场站因受理一卡通电子票证业务，故"高雄捷运"资料的交易类型是所有运输业者中最为复杂者，例如：容易出现人工解卡、特许交易类别的交易记录等。本研究的"高雄捷运"资料仅保留研究所需的"定期票开卡""进站""定期票出站"资料，共计保留1 542 905笔交易记录。相较之下，"公车"交易资料较为单一，共计保留874 787笔交易记录。

本研究将高雄捷运资料分为"开卡上车"及"出站"两个资料库，比对两笔资料卡号、上车站点及交易序号进行合并处理。公车资料分为"上车"及"下车"两个资料库，处理方式均与捷运资料相同。最终，共计保留779 041笔捷运起讫资料及388 108笔公车起讫资料，总计1 167 149笔资料，资料清洗及合并处理流程简图如图4所示。

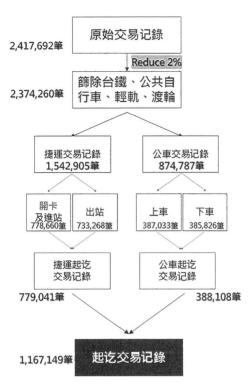

图 4 研究资料清洗及合并处理流程简图

本研究资料串联填补方式及流程,说明如下:

1) 高雄捷运资料遗漏票价栏位

本研究拟以 MenGo 定期票会员一卡通电子票证资料,依据顾客金钱特征(应付原始票价)、运输行为特征、空间距离特征等进行顾客分群,因此补足遗漏票价栏位甚为重要。高雄捷运票证资料在定期票顾客"票价栏位"均为遗漏值,本研究将连接交通公共运输整合资讯流通服务平台(PTX),取得高雄捷运起讫站间票价资料,以补齐交易记录遗漏票价之栏位。

2) 市区公车无路线站序对照表

由于运研所提供的 MenGo 定期票会员一卡通电子票证资料,有关公车(客运)业者资料栏位均以"代码"记载(路线、上车站、下车站等栏位),并无原始资料对照说明文件,因此为解决此问题,本研究向宏棋智通公司索要路线站点对照表,经抽样比对后,确认一卡通资料栏位记录的资料内容,属于验票机厂商自编站序,而非公车动态系统编码及交通事务主管部门旅运资料的统一编码。在研究资料处理上,本研究利用宏棋智通公司提供的编码资料,将起讫交易记录"上车站""下车站"自编码形式转换为中文站名。

3) 统联客运路线及站序栏位记录逻辑不同

统联客运使用的验票机厂商与其他公车业者不同,其验票机程式撰写逻辑使得一卡通交易记录的"路线编码""上车站""下车站"等栏位均呈现差异而无法使用。

因此,本研究向统联客运索要该公司高雄市区公车验票机营运明细,以替换原始无效资料(资料签保密协定取得)。一卡通原始资料因个资保护将卡号栏位加密处理,使得资料合并无法通过卡号栏位进行替换,本研究最后采用"上车时间、下车时间、上车站序、下车站序"等栏位作为资料替换的依据。

4) 后续需补齐站点位置资料

本研究以金钱特征(应付原始票价)、运输行为特征、空间距离特征等进行 MenGo 既有顾客的特性分析。标记及处理"空间距离特征"需以每次交通工具使用起讫位置记录作为顾客特征的统计资料。因此,本研究分别向统联客运(远易通)及宏棋智通索要高雄市区公车站点 GPS 站位资料,并在一卡通原始资料中增加起讫站点经纬度栏位。最后,本研究建立了一个资料串联填补流程,用以解决电子票证资料资讯遗漏、既有栏位不足等问题。

3.3 原始资料顾客特征标记

本研究为了后续顾客分群之需要,建立了"用户特征资料档",必须对合并处理后的"起讫资料档"逐笔标记资料特征,图5汇整各资料处理阶段资料栏位增减情况,并详述特征标记内容。

資料處理階段	資料欄位	
原始資料	● 交易日期(年月日及時間) ● 卡別 ● 卡號 ● 卡片交易序號 ● 初始餘額 ● 消費應扣金額	● 運輸業者 ● 進上車站 ● 出下車站 ● 交易類別 ● 路線 ● 備註
資料修正及資料串聯	**修正欄位** ● 交易日期 YYYYMMDD ● 進上車站(統一為站序代碼) ● 出下車站(統一為站序代碼) ● 路線 (修正統聯路線代碼)	**新增欄位** ● 進上車站(代碼) ● 出下車站(代碼) ● 交易類別 ● 日期 (以1~91記錄) ● 進上車站(中文站名) ● 出下車站(中文站名) ● 上車時間(HHMMSS) ● 下車時間(HHMMSS) ● 週天 (星期X) ● 新價格 (修正後) ● 平假日 ● 上車站經度 ● 上車站緯度 ● 下車站經度 ● 下車站緯度

	新增特徵變數標記欄位	
	特徵欄位名稱	欄位說明
1	Timestampp	Pyhton時間辨識欄位
2	Usercount	用戶交易次數(第幾次)
3	DurationFreq	第n次定期票開卡效期
4	Durationcount	定期票效期內第n次交易 *定期票初次開卡記8888 *定期票非初次開卡記9999
5	DurationDateNum	定期票效期的第n天
6	Thatdatecount	當天的第n筆交易資料
7	Iamcomplete	檢視資料遺漏欄位
8	Fullweek	資料位在第n個完整週 *非完整週填入777識別
9	TransferTime	與下趟旅次轉乘時間空隙 *單位為秒 *轉乘上限為1小時
10	TransferCount	當天轉乘次數
11	Tripchain	當天第n個行程段 *兩筆交易記錄間隔>1小時 下筆記作n+1段
12	FirstTrip	是否為當天第1個旅次
13	LastTrip	是否為當天最後1個旅次
14	IsWeekay ,IsWeekend ,IsHoliday	定期票期間 第n天平日,第n天假日,第n天連假
15	Alldayduration	首末趟間隔時間
16	Eachdist	當趟次里程(起訖點直線距離)
17	Alldaydist	當日累計里程

图5 本研究各阶段资料档位增减汇整

3.4 顾客特征资料档

若将标记有行为特征的起讫资料"逐笔"输入统计软体进行集群分析,既耗时亦无效率,同时受限于研究者非资讯相关科系背景,在资料处理上仍需通过SAS、SAS EG等统计软体进行特征提取,并将统计出的特征资料输入软件进行二阶段式顾客分群(集群分析),因此本研究建立了"顾客特征资料档"以解决前述问题。

本研究从起讫资料中提取出15个用户特征值,作为后续顾客分群的特征变数本研究选取的特征变数参考交通事务主管部门运研所及岛外相关研究,纳入"金额""运输行为""空间距离"三个构面的特征,特征变数选用汇整如图6所示。

本阶段顾客特征资料档案共计8 822笔资料,每笔资料均记载1名用户、1次MenGo定期票方案购买期间内的月票使用行为特征,图7为资料档栏位及资料记载格式。

特徵構面	特徵變數	特徵變數名稱及說明	
金錢特徵	TOTALUSE	全月使用總額	
	WEEKDAYUSE	工作日使用總額	
	WEEKENDUSE	例假日使用總額	
	MRTUSE	捷運使用金額	
	BUSUSE	公車使用金額	
運輸行為特徵	ALLDAYUSEDATE	全月使用天數	
	WEEKDAYUSERATE	工作日使用率	(使用天數/開票期間工作日天數)
	WEEKENDUSERATE	例假日使用率	(使用天數/開票期間例假日天數)
	TRANSFERGAP	平均轉乘時間	
	TRANSFERCOUNT	全月轉乘次數	
	WEEKDAYAVERAGETIMEALLDAY	平均工作日外出時長	(首趟上車&末趟下車時間間隔之平均)
	TRIPCHAINWEEKDAY	工作日停留點數量	(停留點定義: 停留時間 > 1小時)
	LASTMILE2	最後一哩路指標	(每日第一趟行程最常出現起點位置& 每日最終趟行程最常出現終點位置距離)
空間距離特徵	MONTHDISTANCE	全月使用里程	(每趟次起迄直線距離加總)
	WEEKDAYDISTANCEAVERAGE	工作日平均里程	(工作日每趟次距離加總之平均)

图 6 顾客分群选用特征变数汇整

用戶基本資料				金額(金錢特徵)					運輸行為特徵		
UNIQUEID	ANALYSIS	NEXTTIMEBUYAGAIN	BEGINDATE	TOTALUSE	WEEKDAYUSE	WEEKENDUSE	MRTUSE	BUSUSE	ALLDAYUSEDATE	WEEKDAYUSERATE	WEEKENDUSERATE
71CB1D97B88FE	分析戶	下次續購	17	1556	1252	304	1436	120	22	0.9	0.4
FFEC9CE236DCF	分析戶	下次不續購	54	2141	1844	297	1741	400	26	0.954545455	0.625
9E8FEDFABA2E	分析戶	下次不續購	4	2079	1758	321	1549	530	26	0.55555556	
9E8FEDFABA2E	分析戶	下次不續購	35	2003	1239	764	1373	630	29	0.944444444	1
71CB1D97B88FE	分析戶	下次續購	47	1606	1468	138	1476	130	23	0.954545455	0.25
B8B2A5C3B780	分析戶	下次續購	10	1782	1521	261	1782	0	20	0.80952381	0.333333333
B8B2A5C3B780	分析戶	下次不續購	42	1190	658	532	1190	0	13	0.35	0.6

運輸行為特徵				空間距離特徵		
TRANSFERGAP	TRANSFERCOUNT	WEEKDAYAVERAGETIMEALLDAY	TRIPCHAINWEEKDAY	LASTMILE2	MONTHDISTANCE	WEEKDAYDISTANCEAVERAGE
87	12	39455.88235	2	0	426.6661859	18.87254304
376.7941177	34	38883.1579	2.047619048	0	648.0547045	26.63753232
425.2093023	43	43889.66667	2.047619048	0	563.8651951	22.92195932
405.625	40	41002.17647	1.882352941	0	501.2967743	20.4402652
125.8461539	13	39104.19048	2.047619048	0	444.6160884	19.32459373
1599	1	13199.625	1.823529412	0	592.540261	29.78915347
10000	0	13987.85714	1.857142857	0	396.3880604	31.51412374

图 7 特征资料档资料格式

3.5 顾客特性分析

本研究在实证分析资料时选用"无限畅游方案"购买会员作为分析对象,包括 2 895 名一般会员及 2 863 名学生会员,共计 8 822 次方案购买次数,如表 4 所示。

表 4 实证资料会员及购买方案数统计

	方案购买会员数	方案购买次数
原始资料	8 133	24 313 (包含周期资料未完整记录方案次数)
实证分析资料	5 758 (一般会员 2 863/学生会员 2 895)	8 822 (一般会员 4 436/学生会员 4 386)

高雄 MenGo"无限畅游方案"定期票费率采用全票新台币 1 499 元、学生票新台币 1 299 元"全域票"的固定费率贩售。多数公共运输系统单程票均依里程核算费率,高雄市的公共运输系统亦不例外,高雄捷运单程票费率依实际搭乘里程以 5 元为区间递增,公车则以每 8 千米作为一段票进行累加。高雄目前仍为单一商业中心城市,居住于城市外围居民的通勤金钱及时间成本均较城市核心(市中心)居民高,定期票对于居住于市郊、郊区通勤者相对划算。

为了解地理空间位置对于定期票销量之影响,本研究借助 QGIS 地理资讯系统软件进行绘图,图 8 及图 9 给出了高雄都会区内各行政区 MenGo 无限畅游定期票方案销售量。

从图 8 中可发现,MenGo 无限畅游客群集中在捷运路网覆盖沿线区域及紧邻行政区,而从图 9 中亦能看出定期票销量以捷运红线端点站地区最高,销量随着距商业中心距离缩短而递减。

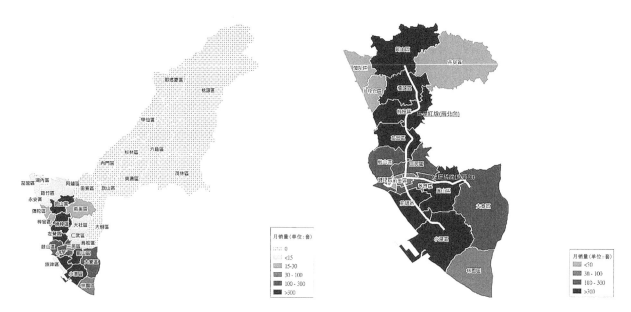

图 8 各行政区 MenGo 无限畅游方案月销量图(全域)　　图 9 各行政区 MenGo 无限畅游方案月销量图(部分)

本研究为了解高雄市居民通勤特性是否如一般商业中心都市,于是计算了不同行政区"无限畅游方案"用户工作日平均使用定期票之里程并将结果绘制成图10。从图 10 中可看出居住于都会区外围(郊区及市郊)的定期票用户工作日定期票使用里程较整体略长,定期票使用里程随用户居住位置距商业中心的距离递减而递减。

图 11 则呈现不同行政区"无限畅游方案"用户的平均定期票使用金额,结果与前述使用里程特征相同,即居住离市中心越远的用户,每日使用里程越长、全月使用金额越高;居住于高雄市区(市中心)的用户,每日使用里程短,使用金额亦更低。

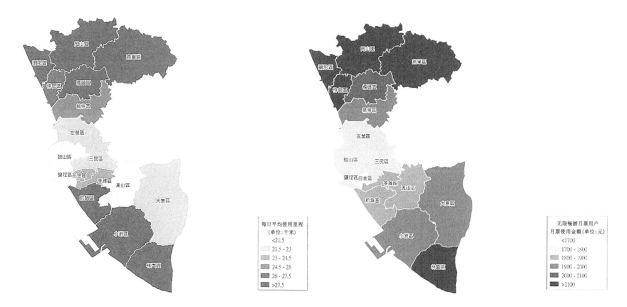

图 10 不同行政区无限畅游用户工作日定期票使用里程　　图 11 不同行政区无限畅游用户定期票使用金额分布图

由图 10 及图 11 可得出居住于高雄外围行政区的民众,定期票使用金额及工作日通勤里程均相对市区高的结论,验证了单核心发展都市的居民通勤成本,随着居住位置距离都市中心里程越远而成本越高的理论。

顾客在衡量是否购买预售型商品时,常会以过去使用经验及预期心理衡量产品为自身带来的经济效益。公共运输定期票亦为相似概念,顾客在决定是否购买未来 30 天的公共运输定期票,会根据过去的通勤经验评估购买定期票是否具备经济效益。若单考虑定期票使用金额是否"回本",住在越外围行政区的顾客,越有机会回本,然而此系基于整个高雄公共运输服务水准相同的前提,但实际上并不容易达到,因此无法单就以"月票使用金额"空间特征,推估都市外围行政区定期票之销售较都市中心区为佳。

如前所述,本研究分别以销量图、定期票使用里程及金额可视化图表,呈现"无限畅游方案"定期票于高雄市全域发售的现况以及定期票使用基本行为特征,并以图12呈现的行销学 P∗Q 观点说明各行政区定期票销售总金额。

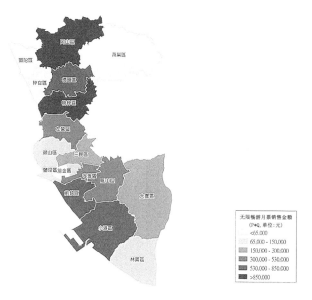

图12 不同行政区无限畅游用户定期票使用金额分布图

4 结论与建议

4.1 结论

(1) 虽然交通事务主管部门已明确规定了公共运输电子票证资料的统一标准格式,但实际上票证公司、验票机厂商及运输业者因应用需求不同,三者持有的资料格式亦不尽相同,因此资料栏位及格式并非全以交通事务主管部门指定的方式呈现,导致资料在可用性与信息涵盖量上有所差异。

(2) 本研究经由交通事务主管部门运输研究所同意,取得"一卡通"票证公司多元交通工具的电子票证交易记录,但研究发现该电子票证资料并非PTX唯一识别代码。为符合实证分析需求,本研究在运研所的积极协助下,分别向验票机厂商、客运业者索要资料代码、对照资料档及营运明细,在资料处理过程中建立了一个电子票证资料清洗及串联流程,可为后续相关研究者节省时间成本。

(3) 本研究在MenGo月票资料处理过程中,建立了一个电子票证资料清洗及串联流程,然后选取使用金额、运输行为、空间距离等特征,呈现以GIS为基础的全区、分区的分布图,其可作为下一步MenGo顾客分群的参考依据。

4.2 建议

(1) 目前电子票证资料格式仍不是交通事务主管部门指定格式,此系因票证公司、验票机厂商及运输业者三方对于电子票证的实际应用需求不同,建议交通事务主管部门能强化资讯标准格式的要求及监督是否落实。

(2) 本研究发现绝大多数的MenGo无限畅游用户,定期票使用均以捷运服务为主,公车、轻轨及公共自行车服务对于多数使用者较无吸引力。这主要归因于居家地理位置不同,从居住地空间特征热点图即能得知。建议研拟定期票交通工具拆售、定期票分区计价之建议策略,期望MenGo经营单位能纳入参考。

（3）限于时间，本研究虽建立了一个多元交通工具电子票证资料清洗及串联流程及公共运输定期票顾客分群架构，但针对具体的定期票新产品捆绑设计，仅能依据 MaaS 成功案例经验，进行定期票设计架构上的汇整。建议在后续顾客分群研究结果的基础上，有关捆绑组合的重新设计、定价策略及精准行销策略评估等课题，后续研究可进一步深入探讨。

参考文献

[1] Kamargianni M，Li W，Matyas M，et al. A critical review of new mobility services for urban transport[J]. Transportation Research Procedia，2016，14：3294-3303.

[2] Kamargianni M. Feasibility study for "Mobility as a service" concept in London[M]. London：UCL Energy Institute，2015.

第三篇

公交优先绿色出行

小城市绿色交通治理路径探索

莫明龙

摘　要：小城市是新型城镇化的重要组成部分，提升小城市交通治理能力是实现我国交通治理现代化的重要任务。本文分析了小城市交通特征，针对慢行路权保障不足、公交发展陷入困境、供需矛盾日益突出及交通拥堵逐渐加剧等问题，提出了构建综合交通治理体系、转变城市交通发展模式、完善交通设施规划建设、提高城市交通管理水平等四条策略，并以启东市为例进行了实践，对提升类似小城市交通治理能力、推动城市交通高质量发展具有一定的参考价值。

关键词：小城市；交通治理；绿色交通

伴随着城镇化进程的快速推进以及机动车保有量的迅猛增长，"停车难""行路难"等"城市病"逐渐从大城市向中小城市扩散。百度地图发布的《2020年度中国城市交通报告》表明：2020年共有8个中小城市进入全国百城交通拥堵前50名，且其拥堵指数同比2019年呈上升趋势。中小城市是我国城镇化体系的重要组成部分，截至2018年底，中小城市直接影响和辐射的区域行政区面积达934万 km^2，占国土面积的97.3%；总人口达11.81亿，占全国总人口的84.66%[1]。因此，有必要提高中小城市交通治理能力，缓解中小城市交通问题，切实提升人民交通出行获得感、幸福感、安全感，支撑人民满意交通强国的建设。

本文以启东市为例，分析小城市中心城区面临的交通问题及成因，探索基于绿色交通理念的交通治理路径，对经济发展水平较高的平原地区小城市制定交通治理措施具有一定的参考价值。

1　小城市交通特征分析

1.1　慢行交通缺乏保障

步行和自行车交通是小城市的主要出行方式，出行分担率高达70%，但其主体地位并未体现在小城市交通基础设施建设与管理中。有限的道路交通资源往往偏向机动车，滨水绿道、休闲健身道等慢行专用道发展滞缓，新城区市政道路慢行空间建设滞后于机动车道。步行和自行车道路权被侵占现象较为常见，如：路段占用慢行空间设置路内机动车停车泊位和港湾式公交停靠站、交叉口侵占慢行空间增加进口道机动车道数量、自行车停车泊位侵占步行空间以及摊贩占道经营等。

1.2　公共交通陷入困境

公共交通出行的优势距离为3~10 km，而小城市居民出行以中短距离为主，使得公共交通不能充分发挥其比较优势。小城市盲目追求公共交通优先发展，非但不能大幅提高公交出行分担率、缓解交通拥堵等"城市病"，反而容易占用大量的空间资源与资金，影响城市交通系统的健康发展。

1.3　供需矛盾日益突出

1) 停车泊位缺口较大

近年来，小城市机动车保有量快速增长（以启东市为例，如图1所示），增速远高于停车泊位增速。中心城区车均泊位仅0.31~0.58个（以启东、灌南、石台、海安等县市为例，如图2所示），泊位规模严重不足。老城区配建泊位历史欠账较多，老旧小区基本没有配建机动车停车泊位，部分新建建筑配建泊位无

作者简介：莫明龙，华设设计集团股份有限公司，工程师。

法满足实际使用需求。公共泊位建设滞后，且结构不甚合理。公共停车场用地控制长期被忽视，停车场"落地难"问题突出，导致路外公共泊位占比极低。路内停车泊位设置率过高，涉及主干路、次干路、支路等各级城市道路，对道路交通运行影响较大。

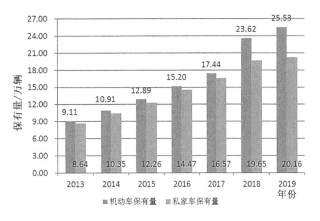

图1　启东市历年机动车保有量图

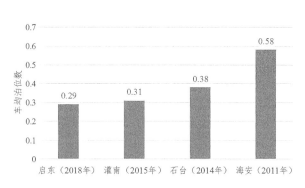

图2　小城市车均泊位数示意图

2）路网级配不合理

小城市新老城区路网级配存在较大差异，老城区支路及巷道丰富，长度约占道路系统的40%～45%[2]；新城区街区尺度往往偏大，主、次干路网相对较为完善，但支路规模不足。

1.4　交通拥堵逐渐加剧

小城市机动车交通量不大，高峰拥堵指数通常低于1.8（以启东市为例，如图3所示），路网整体运行良好。老城区往往依托过境公路发展而成，老城核心区过境交通与当地生产生活交通冲突严重，是主要交通运行秩序的乱点、拥堵点。医院、商业、学校等用地集中布局于老城核心区，进一步增加交通复杂程度，导致老城区部分路段高峰时段交通拥堵问题愈发严重。

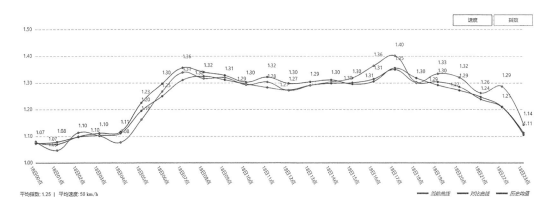

图3　启东市24 h拥堵指数变化示意图

2　小城市交通治理策略

2.1　构建综合交通治理体系

城市交通治理的基本内涵是建立多元主体在交通服务体系构建过程中的新型权责关系[3]。小城市交通综合治理需适应城市与交通发展趋势，坚持以人文本理念，构建交通体制机制，完善交通政策法规，建立交通综合治理标准体系，推进交通基础设施、运输组织网络与信息化协同发展，为居民提供绿色低碳的高质量出行服务。

2.2 转变城市交通发展模式

扭转以小汽车为主导的现状发展模式是缓解和治理小城市交通拥堵问题的关键举措[4]。在城市发展转向绿色生态城市的背景下,城市交通应加快从以往的"车本位"发展模式转向"人本位"发展模式。结合小城市城区尺度、人口密度等要素以及现状交通特征,宜建设"市县全域优先发展公共交通、中心城区重点保障慢行交通"的绿色交通系统。积极探索智慧响应式公交,提高公共交通资源利用率,保障公交系统可持续发展。在城市交通规划、建设、管理等过程中全面体现步行和自行车交通的主体地位,为行人、骑行者等各类出行群体提供均等化的城市交通服务。

2.3 完善交通设施规划建设

1) 加强慢行网络建设与环境塑造

保障城市道路慢行空间路权,鼓励居住社区建设慢行专用道并对外开放,增加慢行网络密度,步行道密度宜为 $10\sim13\ km/km^2$,自行车道密度宜为 $7\sim12\ km/km^2$。根据新老城区内用地功能布局,实行差异化的有效通行宽度要求及机非隔离策略。优化无障碍设施,提高老人、小孩、残疾人等特殊人群慢行体验。加强林荫道与街道家具建设,塑造安全舒适的慢行出行环境。

2) 明确道路功能与路权分配策略

结合城市发展需求,适度开展道路建设,重点提高既有道路交通资源使用效率。根据道路实际承担的功能及道路基础条件,采取差异化的交通组织措施,均衡路网交通流,缓解局部拥堵问题。实施慢行优先的路权分配措施,推动一块板及两块板断面道路单车道宽度缩减至规范要求的宽度。

3) 加大路外停车泊位挖潜力度

积极推进机械式立体停车设施建设,加大老旧小区挖潜停车泊位规模。鼓励利用学校操场、公园绿地等地块地下空间建设社会停车场,严格要求新、改建建筑按标准配建停车泊位,逐步削减路内停车泊位规模,形成"地块内配建停车泊位为主、路外公共停车场为辅、路内停车泊位为补充"的停车系统格局。

2.4 提高城市交通管理水平

1) 完善交通管理设施

完善中心城区主要交叉口信号灯,主干路与主干路交叉口信控率达到100%,提高信号灯配时智能化水平。结合现行标准及中心城区既有交通标志样式,对城区交通标志进行标准化改造。完善待驶区标线、大型车右转盲区警示线等标线,清晰地展示路段行车要求,确保交通运行通畅。

2) 加强动态交通组织

从"点、线、面"三个层次加强动态交通组织。"点"是指针对医院、学校等交通拥堵点,采取针对性措施,改善周边交通运行情况。"线"是指针对某条道路,对其路权分配及沿线交叉口、地块开口等进行提升改善。"面"是指在中心城区层面,完善车辆限速、货车限行以及单行道等措施。

3 启东市绿色交通治理实践

3.1 启东市城市交通现状概述

通过全面增加交通基础设施供给、全面覆盖交通组织管理以及全面提升公众文明出行意识等措施,启东市交通系统运行良好。但启东市人口老龄化与出行机动化趋势显著,给城市交通系统造成了巨大的压力。启东市划设了大量的路内停车泊位,加之交通管理与交通设施精细化、智能化水平不足,引发了交通拥堵、慢行环境恶化等一系列交通问题。

3.2 启东市绿色交通治理措施

按照用地开发情况,将启东市中心城区划分为核心区、重点区与一般区,根据片区内交通出行需求、交通改善条件提出针对性的交通治理措施。落实绿色交通与智慧交通理念,从道路、停车、慢行、公交及管理五个方面改善启东市交通。

1) 优化道路空间

落实"行人优先"的原则,依据机动车道服务的车辆类型以及道路限速,调整机动车道宽度。优化地块出入口设置位置与交通流线组织形式,降低地块进出交通对城市道路,尤其是城市主干路的干扰。

2) 完善停车系统

逐步取消4条主干路沿线路内停车泊位,严格控制车辆沿线路内停车泊位规模,还路于行人,减少动静态交通冲突。通过合理的停车收费政策,促进路内停车泊位即停即走,加快路内停车泊位周转率,实现以静制动、需求管理的目的。

3) 保障慢行交通

结合建筑前区一体打造慢行空间,以解决道路红线范围内有效慢行空间不足且缺乏道路拓宽条件的问题。结合启东市不同分区的用地性质、空间分布等情况,完善平面过街设施(如表1所示)。优化无障碍设施设置,打造包容性交通系统,体现启东市人文精神。

表1 平面过街设施间距要求一览表

项目	核心区	重点区与一般区	
		一般路段	居住、商业等步行密集地区
主干路	≤250 m	≤400 m	≤200 m
次干路	≤150 m	≤250 m	≤150 m
支路	≤150 m	≤150 m	≤150 m

4) 提升公共交通

根据客流强度将公交线路划分为沿交通走廊布设的快线、联系城区不同片区的干线以及联系大片区内节点的支线,形成分层联动的公交线网。提示既有公交线网运行效率,试行交叉口公交优先道,落实公交优先战略。完善公共交通停靠站,将邻近进口道的公交停靠站与交叉口渠化进行一体化设计(如图4所示),提高道路运行效率。

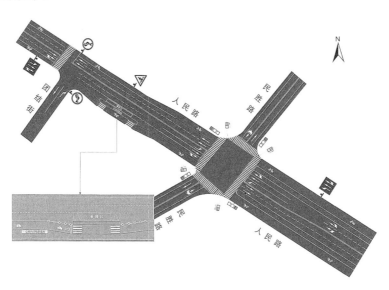

图4 启东市幸福岛站改善示意图

5）强化交通管理

完善交通管理设施，制定启东市区标识标牌标准，逐步替换现有不规范、不一致的标识标牌。科学规划市区货运交通组织、市区过境交通组织、对外客运交通组织、单向交通的设置以及慢行交通系统的交通组织。

4 结语

小城市交通拥堵的主要原因不是交通量过大，而是交通治理能力不足导致的交通秩序混乱、交通流分布不均衡。在小城市交通发展从以建设为主转向建管并重的背景下，要充分考虑小城市交通特征与需求，打造慢行优先的绿色交通系统，提升交通管理精细化、智能化水平，因地制宜地构建交通综合治理体系，方能对小城市交通进行精准治理，缓解和改善"停车难""行路难"等"城市病"。

参考文献

[1] 中国中小城市高质量发展指数研究课题组，中小城市发展战略研究院，国信中小城市指数研究院. 2019年中国中小城市高质量发展指数研究成果发布[N]. 人民日报，2019-10-08.
[2] 张益邦，过秀成，张小辉，等. 中小城市交通综合治理能力提升策略[J]. 城市交通，2019，17(4)：80-84.
[3] 汪光焘. 城市交通治理的内涵和目标研究[J]. 城市交通，2018，16(1)：1-6.
[4] 刘光新. 浅谈小城市绿色交通治理思路与实践[C]//中国城市规划学会城市交通规划学术委员会. 交通治理与空间重塑：2020年中国城市交通规划年会论文集. 北京：中国建筑工业出版社，2020：8.

基于 SP 调查的轨道交通换乘分析

乔泷麒　陈　茜　吴辰旸

摘　要：为了研究通勤时轨道交通与其他交通方式的联程出行行为，本文以出行距离和出行方式属性为影响因素，采用 SP 实验的方式收集用户选择行为数据，然后基于问卷数据标定了以共享单车/网约车/公交车换乘轨道交通为选择肢的 MNL 模型，并对参数敏感性进行了分析。结果显示：出行时间、费用、等待时间和步行时间这四个属性对三种出行方式的效用都有负的影响；而相比共享单车，收入和家到轨道交通站点的距离都对公交车和网约车的效用有正的影响，即收入越高，家到轨道交通站点距离越远，选择公交车与网约车的概率就会越大。由敏感性分析可知：对于通勤时的联程选择行为，在接驳时间方面，乘客对公交车、网约车以及共享单车的接驳时间敏感性均较高；在费用方面，乘客对网约车的费用敏感性较高，而对公交车、共享单车的敏感性不高；在步行时间以及等待时间方面，三种方式均不敏感。

关键词：SP 调查；联程出行；换乘行为

Abstract: In order to study the joint travel behavior of rail transit and other modes of transportation during commuting, this paper uses travel distance and travel mode attributes as influencing factors to design an SP questionnaire, and then calibrates the use of shared bicycles/online ride-hailing/buses based on the questionnaire data. The transfer to rail transit is an MNL model for selecting limbs, and the sensitivity of the parameters is analyzed. The results have shown that for the connection choice behavior during commuting, passengers are more sensitive to the connection time of buses, online car-hailing and shared bicycles in terms of connection time; in terms of cost, passengers are sensitive to the cost of online car-hailing high performance, but not sensitive to buses and shared bicycles; in terms of walking time and waiting time, none of the three methods are sensitive. Therefore, in order to improve the competitiveness of the interline travel mode, it is mainly necessary to increase the speed of bus operation through the public transportation priority policy and reduce the cost of online car-hailing in the interline travel.

Keywords: SP survey; multimodal transport; transfer

1　研究背景与文献综述

1.1　研究背景

近年来，我国的城市轨道交通建设发展迅速，截至 2021 年 4 月，全国（不含港澳台）共有 45 个城市开通运营城市轨道交通线路 237 条，运营里程约 7 546.9 km。轨道交通能够在一定程度上减少居民出行对于小汽车的依赖，但是相比私家车，其最大的短板是不能满足居民门到门的出行需求，因此需要与其他交通方式配合使用。联程指的是旅客经过至少一次交通工具的换乘到达目的地的出行方式。以往居民的联程方式选择大多仅限于"公交＋地铁"，而近些年"共享单车＋地铁""网约车＋地铁"出行方式也被越来越多的人青睐。但是由于缺乏信息互通，大多数城市的公交与地铁之间缺乏换乘优惠，"共享单车/网约车＋地铁"的换乘优惠更是没有，这无形中增加了乘客使用轨道交通出行的负担。因此需要通过对轨道交通的联程出行选择行为进行研究，分析影响居民选择不同联程方式的影响因素，为政府制定合理的联程优惠政策提供依据，同时为共享交通企业发展提出建议，从而增加城市绿色出行比例，缓

作者简介：乔泷麒，东南大学交通学院交通工程 2017 级本科生。
　　　　　陈　茜，工学博士，东南大学交通学院副教授，研究方向：交通行为分析、交通设计、公共交通规划与管理。
　　　　　吴辰旸，东南大学交通学院助理教授，伦敦帝国理工学院土木与环境工程系城市系统实验室名誉研究员。

解交通问题。

1.2 文献综述

近年来，国内外对于联程优惠和交通方式选择行为做了大量研究。

在联程优惠方向，Hrisch等人分析了纽约大都会运输管理局推行票价优惠措施后公共交通系统客流量的变化。文章指出在实施免费多式联运、地铁卡批发折扣、快速公交票价降低以及7/30天内无限制地铁卡等政策后，纽约市工作日的地铁和常规公交客运量都有明显提高；并且实现多方式间免费换乘后，原先在公交内部换乘的乘客也开始使用公交+地铁的出行方式[1]。Jin等人从乘客和公交公司两个角度分析了他们能够接受的换乘优惠价格，并且利用分析预测得到若在免费换乘的情况下，将有54%的出行者从非机动车转移到联程出行；若普通公交卡乘车五折，学生卡两折的情况下实施免费换乘，换乘乘客比例将会从14.7%升至19.8%[2]。Sharaby等人评估了以色列Haifa市票价一体化对公共交通出行以及居民出行行为的影响。该市将按次计价的乘坐模式改为五个区域内的免费换乘模式，减少了许多乘客的出行费用；通过费用数据、车上调查以及出行行为模型研究，文章发现新政策有效减少了公共出行量减少的趋势，并且乘客的换乘次数也有所增加[3]。杨利强等人曾使用基于广义费用的MNL模型来进行常规公交和地铁的联程优惠的研究，通过比较优惠前后广义费用的变化，合理确定换乘优惠幅度，从而达到降低小汽车出行分担率的目的[4]。王镜等人曾利用双层规划模型对城市公交换乘优惠幅度问题进行了研究。模型上层实现网络经济效益的最大化，下层为基于弹性需求的随机用户均衡模型，通过对算例模型的求解，结果表明该双层模型能够在实现公交网络效益最大化时确定合理的换乘优惠幅度[5]。

在交通方式选择方向，林园对加入网约车之后居民的出行方式选择进行了研究。文章利用结构方程模型对网约车的选择意向进行了研究，很好地解释了出行者选择网约车的关键因素，之后又用Logit模型进行网约车条件下出行方式选择行为研究，分析得出影响居民选择不同交通方式的主要因素[6]。曾思萌等人为研究共享单车的引入对通勤者出行方式选择的影响，通过对南京市通勤居民进行出行问卷调查，从社会经济属性、家庭属性、出行特性及出行意愿4个方面，采用混合Logit模型分析通勤者在共享单车出现后的出行方式选择影响因素，并进行敏感性分析，得出显著影响出行者选择共享单车和公共交通的因素[7]。王慧芬等人曾对汽车共享换乘地铁选择行为进行研究，研究结果表明，性别、年龄、职业、家庭年收入、家庭拥有小汽车数量、可以忍受的乘车最长步行距离、可以忍受的中心区道路平均车速、乘车时间、候车时间、出行费用等因素对汽车共享换乘地铁影响显著[8]。柏喜红利用NL模型分析公共交通换乘优惠幅度、私家车换地铁的停车费和私家车地铁联乘优惠幅度对居民出行方式与换乘选择的影响，并得出以下结论：从整体角度而言，公共交通换乘优惠以及私家车地铁联乘优惠措施的实施，对于私家车直达出行者向换乘出行的转移具有一定的积极作用，且相较于其他优惠措施，地面公交地铁换乘优惠措施对私家车直达出行者吸引较大[9]。

综上所述，换乘优惠的研究主要集中在常规公交与地铁之间，缺乏共享单车/网约车+轨道交通的联程行为研究，同时现在对于"互联网+"交通方式的研究仅限于单一的出行方式选择中，将其加入联程出行的研究比较少。为此，本文拟对基于轨道交通的联程行为进行研究。通过将共享单车+轨道交通、网约车+轨道交通、公交车+轨道交通三种方式作为选择肢，利用SP调查收集出行者在出行时间、出行费用、步行时间和等待时间四个因素影响下，在早高峰通勤时对不同联程方式的选择意向数据，构建MNL模型并对参数进行标定，分析出行者对不同影响因素的敏感性。

之所以选择早高峰通勤作为研究对象，主要有以下两个原因：第一是相比晚上下班的通勤，早上通勤模式较为固定，绝大多数为"从家到公司"的出行行为，而下班的通勤可能涉及更多的中间地点，不具有普遍性；第二是相比早上平峰时段的通勤行为，早高峰的通勤行为更为普遍，调查的数据更为准确全面。

2 数据收集

2.1 SP问卷设计

在进行SP调查前,首先要给受访者设置一个合理的情景,本文根据受访者实际的家到轨道交通站点的距离,将其划分为两类不同的受访者,每一类受访者都会看到不同的SP调查情景,以更加准确地模拟受访者在真实情况下的选择。其次,根据南京市的实际情况,每种交通方式的属性及水平值确定如下(如表1所示):

表1 属性及其水平值

接驳距离	接驳方式	接驳时间/min	接驳费用/元	步行时间/min	等待时间/min
1.5 km	公交车	5/7/10	0/1/2	3/5/10	2/5/10
	网约车	3/5/8	5/7/10	1/3/5	1/3/7
	共享单车	9/12/14	0/1/1.5	2/5/10	0/2/5
3 km	公交车	10/15/20	0/1/2	3/5/10	2/5/10
	网约车	5/10/15	8/10/15	1/3/5	1/3/7
	共享单车	20/25/30	0/1/1.5	2/5/10	0/2/5

确定属性及其水平值之后,本文采用D-efficient设计方法[10]进行SP问卷统计设计,每一种调查情境下各生成12个场景。

2.2 受访者特征统计分析

本文使用"Credamo"平台发放了390份问卷,剔除前后作答相矛盾以及作答时间过短的问卷,最终得到239份有效样本,问卷有效率为61.3%。受访者的信息统计如表2所示。

表2 数据统计特征

调查内容	选项	样本数	比例/%
日常通勤时间	30 min及以内	84	35.1%
	大于30 min小于60 min	134	56.1%
	60 min以上	21	8.8%
家到轨道交通站点距离	小于等于1.5 km	141	59.0%
	1.5 km以上	98	41.0%
性别	男	110	46.0%
	女	123	51.5%
	不愿意回答	6	2.5%
职业	民营企业	82	34.3%
	国有企业	44	18.4%
	事业单位	35	14.6%
	公务员	7	2.9%
	学生	38	15.9%
	自由职业	12	5.0%
	外资企业	19	7.9%
	不愿意回答	2	0.8%

续表

调查内容	选项	样本数	比例
学历	初中	2	0.8%
	普高/中专/技校/职高	13	5.4%
	专科	34	14.2%
	本科	170	71.1%
	硕士	15	6.3%
	博士	5	2.1%
收入	3 000 元及以下	33	13.8%
	3 001 元～6 000 元	51	21.3%
	6 001 元～10 000 元	115	48.1%
	10 001～20 000 元	27	11.3%
	20 000 元以上	10	4.2%
	不愿意回答	3	1.3%

（1）日常通勤特征分析

在通勤时间方面，绝大多数人的通勤时间在 60 min 以内，即中短距离的通勤；在家到轨道交通站点距离方面，有 41% 的人住址到轨道交通站点距离在 1.5 km 以上，说明联程出行是有较大推广潜力的。

（2）受访者社会经济属性特征分析

在受访者的社会经济属性方面，239 份样本中男性比例为 51.5%，女性比例为 46%，另有 2.5% 的人不愿意回答，男女比例大致相等。在学历方面，绝大多数（71.1%）的受访者是本科学历，其次有 14.2% 的受访者是专科学历。根据统计数据，截至 2019 年，我国专科学历人群占比 13.5%，本科学历人群占比 3.98%。由此可见，本次调查收集的样本学历普遍偏高，缺乏低学历人群的数据，这也是本次样本的不足。在受访者的职业方面，民营企业员工占比最多，为 34.3%；国有企业、事业单位、学生分别占比 18.4%、14.6% 和 15.9%；外资企业、公务员、自由职业占比较少，分别为 7.9%、2.9%、5.0%。由此可见本次调查的受访者覆盖面较广，克服了以往网上发放问卷数据样本特征相近的问题。在收入方面，6 000～10 000 元收入的人群最多，其次是 3 000～6 000 元的收入人群，说明本次调查对象中高收入人群较多，这与样本的学历特征相匹配，侧面印证了数据的有效性。

3 模型构建与分析

3.1 MNL 模型建立

MNL 模型中，每一种交通方式的效用包括可观测部分和随机误差项两部分，其数学表达式如下：

$$U_j^i = V_j^i + \varepsilon_j^i, \forall j \in I^i \tag{1}$$

其中可观测部分的效用 V_j^i 是一个用来定量描述与备选方案和决策者属性有关的函数。这个函数可能有多种形式，但是为了数据处理与分析的方便，一般假设这个函数是线性的。该函数的一般形式如下：

$$V_j^i(\boldsymbol{X}_j^i) = \sum_k \beta_k X_{kj}^i = \boldsymbol{\beta}^T \boldsymbol{X}_j^i \tag{2}$$

式中：$\boldsymbol{X}_j^i$——与备选方案 j 和决策者 i 相关的 k 维属性向量；

β_k——第 k 个属性的系数。后面则是该函数的向量表达形式。

随机误差项则是用于描述决策者所感知的效用中一些难以测定的影响因素。当式（1）中的随机误差项相互独立，且均服从最频值为 0，尺度参数为 θ 的二重指数分布（Gumbel Distribution）时，可以推导出得出具有如下形式的 MNL 模型：

$$p[j] = \frac{\exp(V_j/\theta)}{\sum_{i=1}^{m}\exp(V_i/\theta)} \tag{3}$$

其中：$p[j]$——选择集 I 中第 j 种出行方式被选择的概率。

3.2 模型标定

本文使用 Biogeme 软件进行 MNL 模型的标定，各参数的标定结果如表 3 所示：

表 3 模型拟合结果

变量名	Name	Value	Std err	t-test	p-value
Number of observations：		2 772			
Rho-square：		0.137			
Adjusted rho-square：		0.134			
公交车固有常量	ASC_1	−0.390	0.187	−2.08	0.04
网约车固有常量	ASC_2	−1.26	0.208	−6.06	0.00
共享单车固有常量	ASC_3	0.00	fixed		
公交车出行时间	TT_1	−0.155	0.011 8	−13.13	0.00
网约车出行时间	TT_2	−0.141	0.014 5	−9.76	0.00
共享单车出行时间	TT_3	−0.136	0.008 85	−15.38	0.00
出行费用	F	−0.163	0.015 6	−10.46	0.00
等待时间	WT1	−0.130	0.009 40	−13.85	0.00
步行时间	WT2	−0.146	0.008 91	−16.35	0.00
家距离轨道交通站点距离	D	0.011 1	0.003 83	2.90	0.00
收入	I	0.108	0.044 1	2.44	0.01

模型标定结果显示，出行时间、费用、等待时间以及步行时间的系数符号都为负，说明当这几个属性水平值上升时，三种交通方式的效用会有所下降。同时，收入和家到轨道交通站点的距离都对公交车和网约车有正的效用，即收入越高，家到轨道交通站点距离越远，选择公交车与网约车的概率就会越大，这与平时的认知一致。

由表 3 可得包括协变量在内的效用函数表达式为：

$$U_{\text{Bus}} = -0.390 - 0.155 \times Bus\_Time - 0.163 \times Bus\_Fare - 0.130 \times Bus\_WT1 - \\ 0.146 \times Bus\_WT2 + 0.108 \times Income + 0.011\ 1 \times Dis + \varepsilon_1 \tag{4}$$

$$U_{\text{CH}} = -1.26 - 0.141 \times CH\_Time - 0.163 \times CH\_Fare - 0.130 \times CH\_WT1 - \\ 0.146 \times CH\_WT2 + 0.108 \times Income + 0.011\ 1 \times Dis + \varepsilon_2 \tag{5}$$

$$U_{\text{BS}} = -0.136 \times BS\_Time - 0.163 \times BS\_Fare - 0.130 \times BS\_WT1 - \\ 0.146 \times BS\_WT2 + \varepsilon_3 \tag{6}$$

4 敏感性分析

4.1 弹性理论

为了得到不同变量变化对方案选择结果的影响程度大小，需使用弹性值法或边际效用法对各变量的敏感度进行分析[11]。本文通过计算弹性值对敏感性进行分析。

弹性是指一个变量相对于另一个变量发生的一定比例的改变的属性。弹性值的计算是用来测量特定变量对于某一交通方式的影响程度大小。弹性值的大小可以通过求偏导计算，公式为：

$$E_{x_{ki}}^{P(i)} = \frac{\partial P(i)}{\partial x_{ki}} * \frac{x_{ki}}{P(i)} \tag{7}$$

其中：$P(i)$——选择 i 的概率；

x_{ki}——选择 i 中变量 k 的值。

MNL 模型计算偏导后的弹性计算公式为：

$$E_{x_{ki}}^{P(i)} = [1 - P(i)]\beta_{ki} x_{ki} \tag{8}$$

弹性值的大小可以被理解为当变量 x_{ki} 的值变化了 1% 时，对应交通方式选择概率 $P(i)$ 的变化大小。若计算出来 x_{ki} 弹性绝对值小于 1，那么可以说变量 x 是缺乏弹性的，相反若大于 1，则称变量 x_{ki} 是富有弹性的。在需求分析中，弹性的绝对值的范围是 0 到正无穷。弹性值为正无穷时说明当变量 x 发生细微变化时也能引起选择概率值的极大改变，这时 x_{ki} 被称为完全弹性。

4.2 弹性分析

由上一章数据统计分析特征可知，大部分人的通勤时间在 30 min 至 60 min，且有 41% 的受访者家到轨道交通站点距离在 1.5 km 以上，所以基于轨道交通的联程出行方式有较大的竞争潜力。因此，此处将以 3 km 的接驳距离为例，分别计算在平均的属性水平下，有无联程优惠时的交通方式分担比例及各属性的弹性，并进行前后的对比分析。

各个情境下不同选择肢的属性水平值如表 4 所示。需要说明的是，公交车和共享单车的联程优惠为在乘坐轨道交通的情境下免费，网约车的联程优惠为七五折优惠。

表 4　不同情境及属性水平值表

情境	选择肢	接驳时间/min	接驳费用/元	步行时间/min	等待时间/min
无优惠	公交车	15	2	5	5
	网约车	10	10	3	3
	共享单车	25	1.5	5	2
仅公交车、共享单车有优惠	公交车	15	0	5	5
	网约车	10	10	3	3
	共享单车	25	0	5	2
均有优惠	公交车	15	0	5	5
	网约车	10	7.5	3	3
	共享单车	25	0	5	2

根据表 4，计算出各个交通方式的选择概率以及总效用如表 5 所示：

表 5　不同情境下交通方式选择效用及概率

	无优惠			仅公交车、共享单车有优惠			均有优惠		
	公交车	网约车	共享单车	公交车	网约车	共享单车	公交车	网约车	共享单车
效用值	−3.828	−4.626	−4.575	−3.47	−4.626	−4.306	−3.47	−4.179	−4.306
概率	52.0%	23.4%	24.6%	57.2%	18.0%	24.8%	51.9%	25.6%	22.5%
总效用	−13.029			−12.402			−11.955		

从表 5 中可以看出，相比无优惠时，仅公交车、共享单车优惠的情况下公交车的选择概率由 52% 提升到了 57.2%，网约车的选择概率由 23.4% 下降到了 18%。总效用上升了 0.626 5，而三种交通方式均有优惠的情况下总效用上升了 1.074。并且，由于公交与共享单车的费用随距离变化的程度较小，因此当接驳距离上升时，公交车和共享单车的效用增加会更加明显。

之后,对各个情况下各变量的弹性进行了分析,分析结果如表6所示。

表6 弹性分析

变量	选择肢	无优惠		仅公交车、共享单车 有优惠		均有优惠	
时间	公交车	−1.110	富有弹性	−0.989	缺乏弹性	−1.111	富有弹性
	网约车	−1.172	富有弹性	−1.255	富有弹性	−1.139	富有弹性
	共享单车	−2.506	富有弹性	−2.501	富有弹性	−2.577	富有弹性
费用	公交车	−0.172	缺乏弹性	0.000	缺乏弹性	0.000	缺乏弹性
	网约车	−1.371	富有弹性	−1.468	富有弹性	−0.999	缺乏弹性
	共享单车	−0.202	缺乏弹性	0.000	缺乏弹性	0.000	缺乏弹性
步行时间	公交车	−0.329	缺乏弹性	−0.293	缺乏弹性	−0.329	缺乏弹性
	网约车	−0.315	缺乏弹性	−0.337	缺乏弹性	−0.306	缺乏弹性
	共享单车	−0.516	缺乏弹性	−0.515	缺乏弹性	−0.531	缺乏弹性
等待时间	公交车	−0.355	缺乏弹性	−0.317	缺乏弹性	−0.356	缺乏弹性
	网约车	−0.340	缺乏弹性	−0.364	缺乏弹性	−0.330	缺乏弹性
	共享单车	−0.223	缺乏弹性	−0.223	缺乏弹性	−0.229	缺乏弹性

首先从总体上看,出行者对三种方案接驳时间的敏感度都较高,对网约车费用的敏感度也较高,对其余因素敏感度较低,比较符合认知中早上通勤时的交通选择行为。

(1) 公交车敏感性分析

在无出行费用优惠时,公交车对接驳时间、接驳费用、步行时间、等待时间这四个因素的弹性绝对值分别为1.109、0.172、0.329、0.355。说明当这四个属性的值每增加1%时,公交出行的选择概率将会分别降低1.109%、0.172%、0.329%、0.355%。由于这四个属性中只有接驳时间是富有弹性的,接驳费用、等待时间、步行时间是缺乏弹性的,因此可以得出结论:选择公交车出行的人群对接驳时间最为敏感,对费用最不敏感。这也符合其早上上班时的通勤场景。

在给予换乘优惠后,公交车对四个属性的弹性绝对值变为0.989、0、0.293、0.317。除费用外,公交车对其余三种属性的敏感度均有所降低,由此可得,给予联程优惠后,乘客对公交车其余特性更加包容,因此选择概率也有所增高。

若三种交通方式均被给予联程优惠后,公交车对于接驳时间的敏感性与无联程优惠时的情景大致相同。

(2) 网约车敏感性分析

在三种不同优惠情况下,网约车的接驳时间是富有弹性的,弹性绝对值分别为1.172、1.255、1.139。即当网约车的接驳时间每增加1%时,三种情况下网约车的选择概率分别会下降1.172%、1.255%、1.139%。分析原因可能是因为接驳时间是网约车相比其余两种交通方式的最大优势,因此受访者会更加敏感。而对于费用来说,网约车在三种不同优惠情况下的弹性绝对值分别为1.371、1.468、0.999。说明当网约车的接驳时间每增加1%,网约车的选择概率会下降1.371%、1.468%、0.999%。其原因可能为网约车的费用相较于其余两种交通方式的价格本身就偏高,因此他们会对价格提高更加敏感。最后,网约车对于步行时间、等待时间是缺乏弹性的。

(3) 共享单车敏感性分析

共享单车对四个属性的敏感性与公交车较为类似,都是对接驳时间较为敏感,而对接驳费用、步行时间和等待时间不敏感。但是相比公交车,共享单车对于出行时间的敏感性更高,在三种联程优惠情况下,共享单车的弹性绝对值分别为2.506、2.501、2.577,说明当接驳时间增加1%时,共享单车的选择概率分别会下降2.506%、2.501%、2.577%。

5　结论

根据模型的敏感性分析,本文得出结论如下:

(1) 乘客在选择公交车前往轨道交通站点时,对于接驳时间的敏感性最高,而给予一定换乘优惠时可以使这种敏感性有所降低。因此,若想要增加公交车在通勤时联程出行中的分担比率,应当采取措施保障公共交通的优先通行,如设置公共交通专用车道、路口设置公共交通优先信号灯等。其次应该给予其适当的联程优惠。

(2) 相比公交车,网约车除对时间敏感外,还对价格的敏感度较高。因此,当道路拥堵时网约车的选择概率会有较大的下降。对于一些交通问题并不严重的城市,可以不对网约车设置联程优惠,而仅对公交车和共享单车设置联程优惠,从而促进更加绿色的出行。对于一些城市拥堵问题较为严重的大城市,可以适当给予网约车一些联程优惠,从而提升居民选择联程出行方式获得的总效用,增加整个联程出行相对于私家车出行的竞争力。

(3) 共享单车对于接驳时间非常敏感,这可能由于在 3 km 的距离下,受限于车辆本身的设计原因等,长时间共享单车的骑行使受访者较为反感。因此,共享单车企业可以通过增加投放一些共享电动车,同时设置一定联程优惠的手段,来满足中长距离出行的联程出行者;或者与轨道交通公司合作,对使用共享单车的联程出行者依据骑车时长来给予优惠额度,从而有效提高共享单车在联程出行中的选择概率。

综上所述,除网约车外,虽然价格并不是影响联程选择行为的最大因素,但是在其余条件没有被改进的情况下,给予联程优惠可以有效提高居民采用该交通方式进行联程出行的概率。同时,若所有的联程出行都被给予优惠,那么联程出行的总效用会有较大的提升,从而吸引更多的用户从私家车出行转向联程出行。

参考文献

[1] Hirsch L, Jordan J, Hickey R, et al. Effects of Fare Incentives on New York City Transit Ridership[J]. Transportation Research Record Journal of the Transportation Research Board, 2000, 1735: 147-157.

[2] Jin J, Zhang D, Yang D, et al. Psychological Behavior Analysis of Bus Fare System[C]// International Conference on Transportation Engineering. 2009: 3142-3147.

[3] Sharaby N, Shiftan Y. The impact of fare integration on travel behavior and transit ridership[J]. Transport Policy, 2012, 21: 63-70.

[4] 杨利强,黄卫,张宁.基于广义费用的公共交通联乘优惠研究[J].交通信息与安全,2009,27(3):20-23,27.

[5] 王镜,邵春福,毛科俊.公交换乘优惠的双层规划模型[J].中国公路学报,2008(2):93-97.

[6] 林园.网约车条件下居民出行方式选择研究[D].成都:西南交通大学,2018.

[7] 曾思萌,叶茂,刘英舜,等.共享单车引入后通勤者出行方式选择影响因素建模[J].交通信息与安全,2019,37(1):104-112.

[8] 王慧芬,王立晓,孙小慧.基于 Logit 模型的汽车共享换乘地铁选择行为研究[J].交通科技与经济,2020,22(4):33-38.

[9] 柏喜红.换乘优惠对城市居民出行选择行为影响研究[D].北京:北京交通大学,2015.

[10] Bliemer M, Rose J. Serial choice conjoint analysis for estimating discrete choice models[Z]. 2009.

[11] Washington S P, Karlaftis M G, Mannering F L. Statistical and Econometric Methods for Transportation Data Analysis[M]. Chapman & Hall/CRC, 2003.

综合体车位级停车需求特性分析

郭昊旻　陈　峻　杨雨薇

摘　要：为了对大型综合体停车需求精细化研究、为停车者便捷寻泊提供理论依据，本文以大型综合体停车场为研究对象，提出了系统化的停车需求调查方法，以及停车场、层、区、位的多粒度特性分析方法，以南京市某综合体停车场为例来验证方法可行性，为场内差异化收费等需求管理策略提供方案建议。

关键词：车位级；综合体停车需求；时空特性分析

Abstract: Aiming at refining the research on the parking demand of large-scale complexes and providing theoretical basis for the convenience of parking users, this paper takes the large-scale complex parking lot as the research object and proposes a systematic parking demand survey method and the analysis method of multi-granularity characteristics of location and location, using a complex parking lot in Nanjing as an example to verify the feasibility of the method, and provide plan suggestions for demand management strategies such as differentiated charges on the site.

Keywords: parking space level; complex parking demand; time and space characteristics analysis

1　引言

随着国家的不断建设，城市发展呈集约化态势，机动车保有量逐年攀升使得停车矛盾日益突出。然而，由于综合体内部空间结构复杂等问题，停放者在停车场内部的寻泊、寻路过程较为困难，显著影响到出行者的满意度。

而在研究中，车位级需求的智能化数据获取难度大、保密程度高，缺少系统化的调查和分析方法。需求调查方法主要为获取停车总需求量[1-2]，但大型综合体内部停放流程复杂，进入时涉及多个出入口，停放后涉及多个停车场内进入设施，针对停放全过程的系统化需求调查研究较少。在停车需求特性分析研究中，由于综合体空间结构的复杂性，其衍生出的停车层、区、位等单位粒度的需求特性研究较少[3-4]，需求规律缺少精细化的分析与度量。

本文以大型综合体停车场为研究对象，从"车位级"入手，提出大型综合体停车场的系统化停车需求调查方法，在智能化数据缺失情况下全面获取综合体停车场内所涉及的停车、客流等需求数据；依托调查获取的全需求数据，研究城市综合体内停车场、层、区、位需求的时空分布特性，从而借助停车诱导等技术手段，降低寻泊的难度和车辆的停放延误，提高停车资源的利用程度。

2　综合体停车需求系统化调查

大型综合体停车需求调查的目的是获取以下供给、需求要素，包括：(1)停车场出入口、车位、进入设施分布等静态数据；(2)车位级的停车需求数据；(3)电梯扶梯等进入设施的客流需求数据；(4)出入口的流量数据。

作者简介：郭昊旻，东南大学交通学院，硕士研究生，研究方向为交通运输规划与管理。
　　　　　陈　峻，东南大学交通学院院长、教授，研究方向为交通运输规划与管理、停车设施规划与管理等。
　　　　　杨雨薇，东南大学交通学院，博士研究生，研究方向为交通运输规划与管理。

2.1 车位级需求调查

出入口和进入设施的需求流量调查方法研究已较为完善,采用 5 min 车流、客流连续调查,保证数据精度[5]。而车位级停车需求调查方法特点各异,大致分为连续调查、巡逻调查和智能化数据 3 类。在智能化数据获取受限的情况下,巡逻调查效率高、成本低,因此本研究选用巡逻调查;对于大型综合体停车场,研究选用机动车作为交通工具进行巡逻,并以摄像法拍摄车位情况,减小数据误差,提高调查精度。

2.2 综合体停车需求调查方法

1) 调查对象与时间

选定具有典型特征的大型综合体地下多层停车场,获取综合体建筑内部业态类型、面积等静态信息,获取周边道路供给与管控措施等情况。调查时间应包括工作日和节假日,调查时间段应包括停放的早晚高峰。

2) 静态数据

确定停车场楼层数量 n_1,出入口、停车场内进入设施、停车泊位的位置和数量 n_2、n_3、n_4,绘制停车场平面图。

3) 动态数据

获取出入口流量,用于分析出入口的车流强度。获取进入设施客流量,分析设施的使用强度。

获取车位需求量(图 1)。(1)确定巡逻的时间间隔和时刻。(2)确定巡逻组数。(3)设计巡逻流线。行驶流线需不重复且覆盖停车场所有车位。(4)配置人员和设备。每组调查人员包括驾驶员、拍摄员,分工拍摄左右视角和车牌号 2 个要素。

图 1 巡逻摄像法拍摄示例

4) 调查数据预处理

(1)记录车位占用信息。(2)计算小时流量。(3)占用矩阵数字化编码。以数字"33"作为标记字符,标记车辆停放时刻,并对占用矩阵清洗和完成数值编码,33 为车辆驶入,1 为车位占用,0 为车位空闲。(4)计算车位停放指标。基于占用矩阵表格,计算泊位占有率、周转率等分析指标(图 2)。

3 综合体停车场、层、区、位特性分析

本文选取南京市某综合体停车场作为实例,验证大型综合体停车需求调查方法的可行性与适用性,获取特性分析的基础数据。

3.1 需求特性指标与空间模型构建

南京某大型综合体是一个集商业、办公、酒店和居住于一体的大型综合体,其停车场共有 3 个车行出入口,2 个出入口服务综合体,属于公共停车场;1 个出入口服务住宅区,该出入口采取封闭式管理。

该综合体 B2 层部分区域为停车场,B3 层全部为停车场。该综合体停车场共 574 个泊位。B2 层共

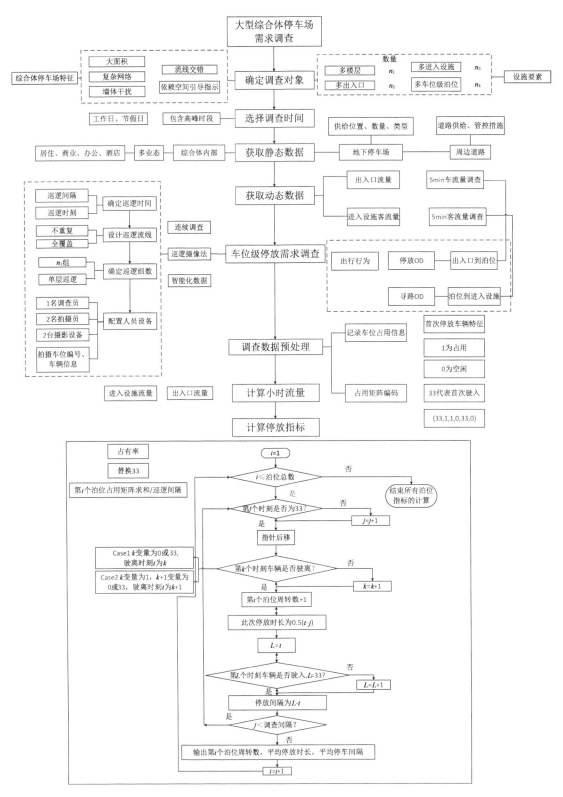

图2 大型综合体停车场车位级需求调查方法

125个泊位,停车场B3层共449个泊位。

进入设施方面,停车场B2层进入设施共3个,B3层进入设施共6个。因此,其进入设施对应业态为:酒店电梯通向酒店,KTV和电影院电梯使用者出行目的多为休闲娱乐,其他进入设施均通向综合体内部(图3)。

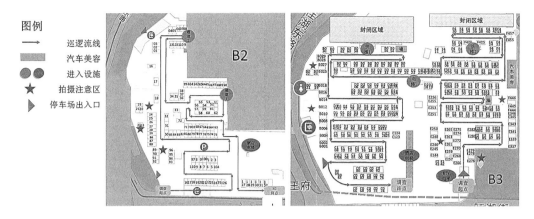

图 3　南京某综合体调查流线设计方案

动态数据方面,车位需求量调查时段为 9:00～22:00,巡逻间隔选定为 30 min 一次。调查所用装置为 4 台 Gopro 运动相机,型号为 Gopro Hero 9(表 1)。

表 1　南京某综合体占用矩阵数据结构

数据变量	数据内容
泊位数量	574
占用信息	33,1,0
日期性质	工作日(1)、节假日(2)
时间	9:00～22:00,{9:00,9:30,10:00..21:30,22:00}共 27 个巡逻时刻
楼层	B2,B3
进入设施编号	B2 层 1～3,B3 层 4～9

1)需求特性指标

基于调查获取的占用矩阵,计算单个泊位的需求特性指标,共包含以下 4 个。

占有率(Parking Space Occupancy):用于判断停车设施的供需状态,是服务水平的评价指标。

周转数(Parking Space Turnover):是指单位时间内单个泊位的停放次数,用于描述泊位停放需求强度的指标。

停放时长(Parking Space Duration):是指单个泊位所有停放车辆停放时长的均值,用于反映泊位使用者的停放行为和特征。

停放间隔(Parking Space Gap):是指两个车辆停放之间的时间差,一定程度上反映了泊位的寻泊难度和停放者的停放偏好。

2)空间模型构建

底图是空间模型构建的前提。基于 AutoCAD 平台绘制综合体停车场底图,主要包括车位、道路边线和中心线、进入设施、墙体、车行和人行出入口等供给空间要素尺寸与宽度。而后,基于 Arcgis 平台分图层导入 dwg 文件,得到具有空间位置信息的综合体停车场车位、道路中心线 GIS 模型(图 4)。

3)停车场、层、区、位需求分析方法

依托需求数据和 GIS 模型,本文提出了停车场、层、区和位的多粒度时空需求特性分析方法,提取综合体停车需求的基本特征。该方法可以通过停车场、层、区和位的需求同质性和差异性特征,获得车位使用的扩散、消散规律,识别通勤特性片区以及场内空间热点(图 5)。

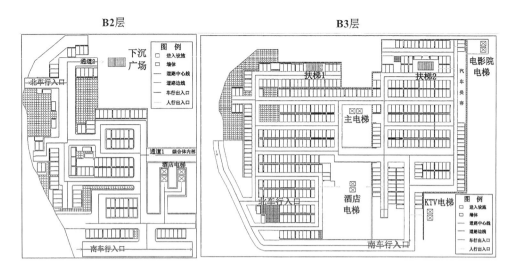

图 4 停车场底图 dwg 文件示意图

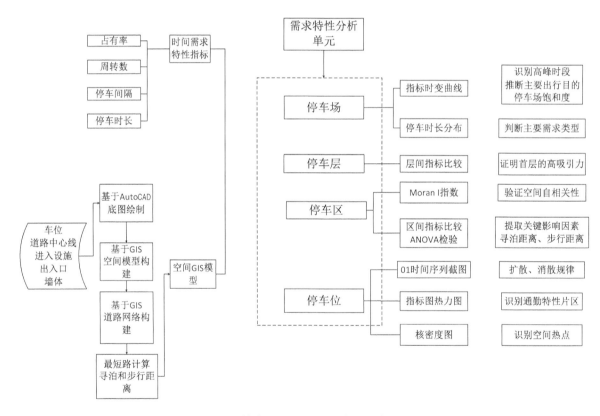

图 5 停车场、层、区、位需求分析方法

3.2 综合体停车场需求特性

从占有率时变特征分析,工作日存在 12:00～13:00、20:00～21:00 的 2 个占有高峰;节假日同为双高峰,与工作日相比高峰提前,晚高峰持续 3～4 h,具有明显的商业停车需求特征。

停车场周转数与出行目的、停车场的需求强度密切相关。节假日高峰小时为 10:00,主要停放目的是送孩子参加培训机构的课程(图 6,7)。

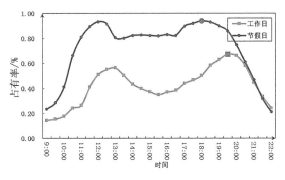
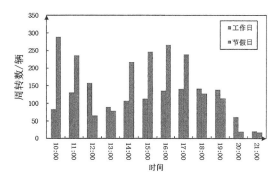

图 6　综合体停车场占有率时变曲线与周转数条形图

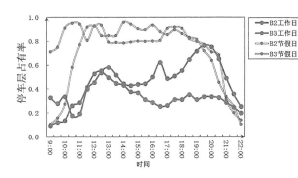
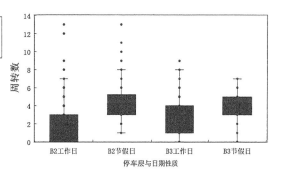

图 7　综合体停车层占有率时变与周转率箱图

3.3　综合体停车层需求特性

从周转数分析，B2 层车位间周转波动性较大，B3 车位的使用更加均质化，因为 B2 泊位的停放便利性，停放目的混合程度高，用户间停放行为差异性更大。

从停车时长分析，B2 层 1 h 内短时停放比例高于 B3，即用户选择 B2 层时短时停放概率高。从停车间隔分析，B2 泊位平均停放间隔低于 B3，即用户首先寻泊 B2（表 2）。

表 2　综合体停车时长与停放间隔分布表

楼层/日期 1—工作日 2—节假日		停车时长/h					停车间隔/h				
		(0,1]	(1,1.5]	(1.5,2]	(2,3]	>3	(0,1]	(1,1.5]	(1.5,2]	(2,3]	>3
B2	1	**0.593**	0.067	0.159	0.075	0.11	0.234	**0.072**	**0.038**	0.153	0.50
B3	1	**0.432**	0.132	0.207	0.092	0.14	0.222	**0.158**	**0.077**	0.185	0.36
B2	2	**0.588**	0.109	0.049	0.083	0.17	0.376	0.204	0.094	0.138	0.19
B3	2	**0.416**	0.157	0.098	0.160	0.17	0.374	0.184	0.145	0.132	0.16

3.4　综合体停车区需求特性

1）空间集聚证明

全局 Moran's I 指数（Global Moran's I）是通过假设检验的方式，检验空间上某点与邻近区域是否存在相似性[6]，其计算公式如下：

$$I = n\left[\sum_{i=1}^{n}\sum_{j=1}^{n}C_{ij}(x_i-x)(x_j-x)\right]/\left[\sum_{i=1}^{n}\sum_{j=1}^{n}C_{ij}\sum_{i=1}^{n}(x_i-x)^2\right] \tag{1}$$

其中：x_i——区域的属性值；

C——空间权矩阵；

C_{ij}——空间单元 i 和 j 之间的影响程度，即泊位之间的影响关系，$x=\dfrac{1}{n}\sum_{i=1}^{n}x_i$ 是属性值均值。

Moran's I 指数取值区间为[−1,1],接近于−1表明分布分散不集中,属性值不呈区域分布;接近于1表明指标呈聚集分布,与空间关系密切;接近于0则表明与空间无关。

所有的指标在空间上都有集聚的显著性。节假日的显著性低于工作日,原因为节假日停车场饱和度较高,停放者的选择行为有很大的局限性且不随机。占有率、周转率和停车间隔此类停车泊位需求指标与空间相关性强,而停车时长描述用户属性指标,与空间的相关性不明显。

南京某综合体停车场 Moran's I 指数见表3。

表3 南京某综合体停车场 Moran's I 指数

楼层	属性	工作日			节假日		
		Moran's I 指数	Z 得分	P 值	Moran's I 指数	Z 得分	P 值
B2	占有率	0.572	10.77	0	0.302	5.95	0.001
	周转数	0.401	7.78	0	0.259	5.02	0.001
	停车时长	**0.100**	2.08	0.038	**0.275**	5.39	0
	停放间隔	0.496	9.34	0	0.286	5.76	0
B3	占有率	0.626	20.18	0	0.583	18.83	0
	周转数	0.563	18.16	0	0.211	6.87	0
	停车时长	**0.128**	4.24	0.001	**0.0967**	3.24	0.001
	停放间隔	0.586	18.89	0	0.494	16.28	0

2)组间指标比较

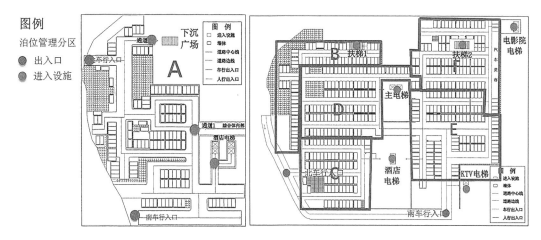

图8 综合体泊位管理分区图

从分区指标分析(图8,表4):(1)C区在工作日利用率高、周转次数多、停车间隔短,原因为其距离B3层北车行出入口近,寻泊距离短;(2)D区在工作日和节假日使用效率均较高,原因为该片区距离通向综合体主电梯近,停放后步行距离短;(3)B区车位效率较低,原因为该片区距离出入口远,寻泊距离长。

表4 综合体泊位分区指标热力分析表

所在楼层		车位效率指标						用户特性指标	
		工作日占有率	节假日占有率	工作日周转数/次	节假日周转数/次	工作日停车间隔/h	节假日停车间隔/h	工作日停车时长/h	节假日停车时长/h
停车场	均值	0.41	0.67	2.51	3.74	5.31	2.08	2.03	2.73
停车区	A	0.33	0.79	2.25	4.24	6.83	1.83	2.05	3.21
	B	0.29	0.67	1.77	3.29	6.10	2.03	2.06	3.51
	C	0.78	0.63	4.46	3.73	1.88	1.83	2.04	2.47
	D	0.57	0.76	3.82	3.86	2.49	1.33	2.53	2.91
	E	0.18	0.44	0.82	3.13	8.65	3.68	1.59	1.94
	F	0.38	0.71	2.38	4.01	4.65	1.53	1.92	2.53

由此，可从分析结论提取出影响需求表征的关键因素，即泊位的寻泊距离和步行距离；此外，大型综合体地下停车场存在明显的区域差异性，根据停车区的区域位置、日期性质等变量呈现着不同程度的差异。

3.5 综合体停车位需求特性

1) 时间需求特性

车位级时间需求特性分析主要是以时间为自变量轴绘制占用时间截图，观测高峰生成与消散的过程（图9）。

在工作日，停放者首先停放在进入设施附近，停放后步行距离短。9:00 至 12:00 期间，停放由出入口向内部扩散，即停放沿着寻泊路径扩散。而后，寻泊距离较远的 F 区部分短时停放车辆离开，沿着消散路径需求减少。

在节假日，通勤上班人员减少，9:00 时停放的多为接送孩子的家长，优先停放在 B2 层，即按照楼层向下依次寻泊。

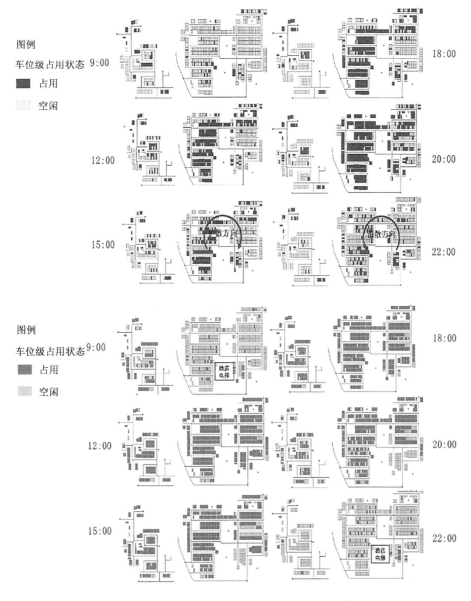

图 9　工作日和节假日综合体停车位占用时间截图

2) 空间需求特性

从占有率分析,停车场饱和度较低时出入口、设施周围、寻泊主流线的泊位占有率、周转率高(图10)。从停车时长分析,B3 酒店周边 E 区周边泊位存在明显的长时占用,存在一定比例的酒店和办公停放需求。从停车间隔分析,利用率低的区域停车间隔较大,便利性高的泊位停车间隔短。

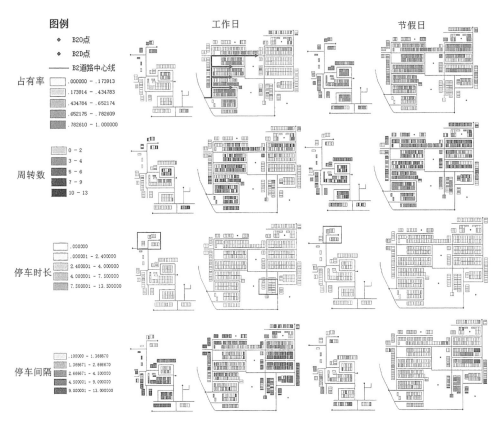

图 10　综合体停车指标热力图

核密度估计(Kernel Density Estimation,KDE)是统计学中估计密度的函数[7],主要以含有信息量的点估计密度,通过距离衰减来表征指标密度的衰减,探究指标分布的热点区域和分布模式,是描述指标空间特征的实用方法,其公式定义如下:

$$f(x) = \frac{1}{n}\sum_{i=1}^{n}\frac{1}{h}K\left\{\frac{x-x_i}{h}\right\} \tag{2}$$

其中:x_i——点 i 的指标数据;

　　K——核密度函数;

　　h——带宽。

对比 4 个指标,同一时段指标具有类似的中心相似性,热度沿核中心向外扩散。节假日高饱和热度情况是在工作日基础上的扩散;周转核数量多于其他指标,指标的热度敏感度更高;停车时长空间分布的随机程度更高、核数多热度低(图11)。

4　结论

本文以综合体地下停车场为研究对象,主要有以下研究成果。

1) 基于车位级的系统化综合体停车需求调查方法

依托巡逻流线设计选定巡逻摄像法获取车位级需求停放数据,流量调查获取其他设施需求数据,提出了系统化获取综合体停车需求数据的方法。

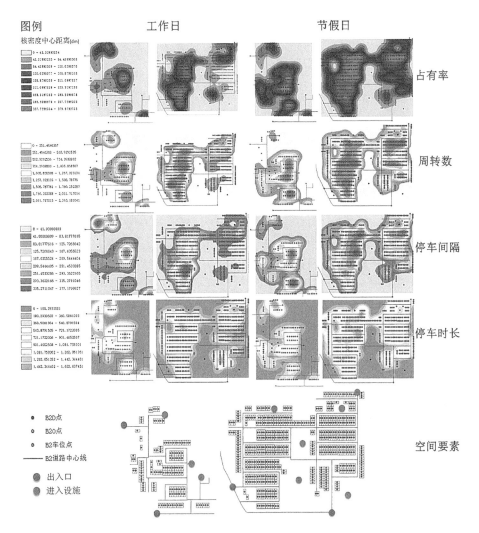

图 11 停车指标核密度图分析

2）微观化的综合体停车需求特性分析方法与模型验证

基于时间上占用矩阵计算泊位的需求特性指标以及 Arcgis 空间模型，提出了以停车场、层、区和位为分析单元的定性化特性分析方法。

停车需求调查方法为精细化的车位级需求特性分析提供数据支撑；多粒度需求特性分析方法可以获取需求特征与规律，从而为综合体停车场的需求管理提供理论依据和支撑。

参考文献

［1］ 马龙斌,王超,程群群. 深圳市停车大调查方法与实践[C]//2018 年中国城市交通规划年会. 2018.
［2］ 王庆刚. 允许泊位共享的城市综合体停车需求分析方法研究[D]. 济南：山东大学,2019.
［3］ 王斌. 城市中心区组合用地配建停车泊位共享匹配研究[D]. 南京：东南大学,2017.
［4］ Smith M S. Shared Parking, 3rd Edition：What to Expect[J]. ITE Journal, 2019, 89(2)：36-39.
［5］ Bates E G. A study of passenger transfer facilities[J]. Transportation Research Record Journal of the Transportation Research Board, 1978：23-25.
［6］ Sawada B M. The General Cross-ProductStatistic.[J]. Matrix, 2009：1-8.
［7］ 崔丽丽,吴明光. 基于核密度估计方法的地图色域分析[J]. 测绘科学,2017,42(3)：98-102.

基于用户画像的城市轨道交通票价优化研究

高劭昂　陈　茜　吴辰旸

摘　要：本文在 MaaS 的背景下，选取了地铁与公交车、共享单车、网约车的联程出行作为研究对象，通过对不同地铁使用频率用户的社会经济属性信息进行画像分析，获取每种出行频率下代表用户特征。然后利用 SP 设计为每类用户设计了个性化的套票形式，通过多项 Logit 模型，分析不同类别用户对不同票价票制的偏好程度。结果显示地铁使用频率不同的用户对套票属性的敏感性各不相同。用户的年龄、私家车和孩子拥有情况、学历、是否是学生、收入、性别、居住地情况均对用户的选择有影响。年龄越大，选择一等票概率越大；有孩子的用户选择一等票概率最大，选择三等票概率最小；学历越高，选择三等票概率越高；收入越高，选择一等票概率越高；男性选择二等票概率最大，选择一等票概率最小；住在城市的用户更愿选择一等票。研究最后从套票运营商和政府政策的角度分别确定了联程票价的优化策略。

关键词：MaaS；联程票制；票价优化

Abstract: In the context of MaaS, this paper selects the joint travel of subway and bus, shared bicycle, and online car-hailing as the research object. Through profile analysis of the social and economic attribute information of users with different subway usage frequencies, the characteristics of representative users at each travel frequency are obtained. Then use the SP design to design a personalized package form for each type of user, and analyze the preference degree of different types of users for different fare ticket systems through multiple Logit models. The results have shown that users with different subway usage frequencies have different sensitivities to package attributes. The user's age, private car and child ownership, educational background, student status, income, gender, and place of residence all have an impact on the user's choice. The older the age, the greater the probability of choosing the first-class ticket; the user with children has the greatest probability of choosing the first-class ticket, and the least-probability of the third-class ticket; the higher the educational background, the higher the probability of choosing the third-class ticket; the higher the income, the higher the probability of choosing the first-class ticket; the probability of men choosing the second-class ticket is the greatest, and the probability of the first-class ticket is the smallest; users who live in the city are more willing to choose the first-class ticket. At the end of the study, the optimization strategy of connecting fare is determined from the perspective of package operators and government policies.

Keywords: MaaS; integrated transport ticket; ticket price optimization

1　研究背景与文献综述

1.1　研究背景

随着国内地铁修建热潮盛行，越来越多的城市开始建设城市地铁网络，地铁线路长度不断增加。但地铁站点的位置有时与出行者的起点/终点较远，因此需要配合其他交通方式完成一次出行。另外，我国城市交通仍存在出行服务体验差等问题，共享单车、网约车等新型交通服务模式虽缓解了部分城市交通部分问题，但交通出行者仍面临着交通换乘衔接体验差、出行信息获取不便、出行路径规划不及时等困扰。

作者简介：高劭昂，东南大学交通学院 2017 级本科生。
　　　　　陈　茜，工学博士，东南大学交通学院副教授，研究方向：交通行为分析、交通设计、公共交通规划与管理。
　　　　　吴辰旸，东南大学交通学院助理教授，伦敦帝国理工学院土木与环境工程系城市系统实验室名誉研究员。

因此，整合不同的交通方式，为出行者提供门到门的服务，是推动联程交通发展的首要任务。在联程交通模式和智能信息技术的基础之上，城市出现了全新的交通理念——"出行即服务（Mobility as a Service，简称 MaaS）"。MaaS 通过将各种交通方式的出行服务进行整合，用一个平台即可满足用户从出行计划制订、路线规划到下单和支付的所有事务，为用户提供一站式服务。所以，对 MaaS 进行研究，发挥各个交通方式之间的协同效益，吸引更多的居民使用联程出行的方式取代私家车出行，以缓解供需矛盾十分重要。

1.2 文献综述

近年来，国内外学者对于联程票价票制优化和用户特征对选择行为的影响做了大量研究。在票价票制优化方面，华盛顿、伦敦、纽约、台北[1]等城市提高高峰期票价，墨尔本、新加坡、荷兰[2]等降低非高峰时段票价，利用价格杠杆实现高峰时段客流的部分转移，以减轻高峰时段的客流压力。David 等通过研究发现，用于公共交通服务的综合售票和支付系统可以在短期内将公共交通乘客数量增加 2%至 5%，在某些情况下高达 25%[3]。法国国家铁路公司（SNCF）建造了 MaaS 平台 Mon Chauffer，为法国高铁（TGV）乘客提供了在全国范围内预订出租车或私人出租汽车以完成旅行首英里或最后一英里的服务，降低了用户出行的总成本，吸引了更多用户采用联程交通[4]。

在用户选择对联程套票偏好的异质性方面，研究一般从问卷调查和聚类分析方面展开。关于个人特征对用户对联程套票的偏好的影响，Kim 研究发现年龄对订购意愿的影响较大，年轻一代更有可能订购这项服务[5]。Gairal 等通过建立多项 Logit 模型，发现家庭中孩子的数量和年龄对 MaaS 包的选择有重要影响[6]。Fioreze 等发现收入和私家车的拥有和使用情况对套票选择有重要影响，高收入群体更易选择高价票，而有私家车的用户则倾向选择低价票作为出行补充[7]。在聚类分析方面，Walker 等对个人使用 MaaS 的意图进行聚类分析。并将用户分为四个不同的群体：好奇 MaaS 的人（MaaS curious）、联程旅客（multimodal travellers）、经常开车的人（frequent car drivers）和爱车人士（car lovers）[8]。Matyas 通过潜类别分析，将用户分为避免 MaaS 者（MaaS avoiders），探索 MaaS 者（MaaS explorers）和热衷 MaaS 者（MaaS enthusiasts）三类，并利用 LCM 模型研究了不同类别用户偏好的异质性[9]。

国内目前对联程套票的研究较少，鲜有学者从出行者个人属性及 MaaS 服务特征的角度出发，探究城市出行者对联程套票的偏好。国外学者在研究时，通常将地铁与公交统归为公共交通进行研究，并不存在分开研究的情况。

为此，本文拟选取地铁与公交车、共享单车、网约车的联程出行作为研究对象，采集三类用户（每周少于 2 天、每周 2~4 天、每周 4~7 天）的社会经济属性信息，利用 SP 调查收集用户对不同联程优惠的选择数据，构建 MNL 模型并对参数进行标定，分析用户对不同票价票制的偏好和个人属性对偏好的影响。并分别基于套票运营商和政府角度提出优化策略。

2 调查设计

2.1 用户社会经济属性信息采集

为了更好地对用户进行画像分析，研究用户的个人社会经济属性特征对不同地铁联程套票的偏好的影响，本研究设置了年龄、性别、月收入、学历、就业情况、是否有私家车、是否有孩子、居住地情况等 8 个问题，从多个角度采集用户信息，如表 1 所示。

表 1　用户社会经济属性信息采集表

1. 您的性别	A. 男 B. 女 C. 不方便回答	5. 您的就业情况	A. 全职 B. 兼职 C. 找工作中 D. 退休 E. 学生 F. 其他 G. 不方便回答
2. 您的年龄	A. 0～20 岁 B. 21～30 岁 C. 31～40 岁 D. 41～50 岁 E. 51～60 岁 F. 60 岁以上 G. 不方便回答	6. 您的私家车拥有情况	A. 有私家车 B. 无私家车 C. 不方便回答
3. 您的月收入	A. ＜3 000 元 B. 3 000～5 000 元 C. 5 001～10 000 元 D. 10 001～20 000 元 E. ＞20 000 元 F. 不方便回答	7. 您的居住地情况	A. 城市 B. 郊区 C. 农村 D. 不方便回答
4. 您的最高学历	A. 高中/中专及以下 B. 专科 C. 本科 D. 硕士及以上 E. 不方便回答	8. 您的孩子拥有情况	A. 有孩子 B. 无孩子 C. 不方便回答

2.2　基于每周使用地铁频率的用户分类

根据受访者平均每周使用地铁的频率将其分为 4 类：地铁高频使用人群（平均每周使用地铁 4～7 天）、地铁中频使用人群（平均每周使用地铁 2～4 天）、地铁低频使用人群（平均每周使用地铁少于 2 天）、不使用地铁人群。不使用地铁的受访者在选择对应选项后会直接跳出问卷。使用地铁的受访者会根据其选择的选项，进入为其设置的低频使用票、中频使用票、高频使用票的个性化场景，进行偏好选择。

2.3　交通模式属性设置

在确定地铁、公交车、网约车、共享单车属性（attribute）时，可以采用多种方式，如折扣、不限制使用天数、小时数、随用随付、免费搭乘次数等。地铁的属性需要匹配用户选择的地铁使用频率，因此研究选用不限制使用天数作为属性，如受访者每周使用地铁天数少于 2 天，可为其设置每月选择 3/4/7 天不限制使用地铁的选项。公交车属性延续 IC 卡中的折扣设置。对于共享单车，考虑到采用免费使用的时长效用函数会分段的现象，亦采用折扣作为属性。

相比之下，网约车的属性选择有一定的复杂性。网约车的高价格导致大部分受访者不可能在每次行程中使用网约车，只是当作备选方案救急使用。在这种情况下，单独采用折扣不尽合理。通过参考美团打车、滴滴打车的优惠策略，研究选取网约车打 7 折次数作为属性进行设计。

2.4　选项数目确定（MaaS 包种类确定）

研究早期确定了使用有标签设计，针对每类受访者群体，均设置了三等票、二等票、一等票三种 MaaS 包的形式（不使用地铁的受访者除外）。三等票、二等票、一等票的价格逐渐升高，优惠方式和力度各不相同。具体信息如表 2 所示。

表 2　MaaS 包种类及特征

票制	三等票	二等票	一等票
主要组成	三等票关注低碳交通，为用户提供了免费地铁天数以及较小的公交和共享单车优惠，不包含网约车优惠	二等票除了免费的地铁外，还给用户提供了较大的公交和共享单车优惠，同时包含几次网约车优惠，供用户救急使用	一等票包含了免费天数的地铁、公交和共享单车。除此之外，还为用户提供了足量次数的网约车优惠
价格	永远最便宜	永远中等	永远最贵

2.5 属性水平设计

研究根据 MaaS 包的种类和特征，设置了每个属性的属性水平。MaaS 包的使用时间段没有作为属性进行设计，均采用的是月票形式。在设计属性水平时，地铁不限制使用天数应与受访者选择使用地铁的天数相匹配。对于同一人群的不同 MaaS 包，地铁不限制使用天数均采用同一选择集。如低频出行票中，三等票、二等票、一等票均采用了 3/4/7 天作为设计属性水平。可以保证在地铁服务水平相同的情况下，让用户根据自身情况选择多种多样配套服务类型，满足个性化需求。需要说明的是，公交车、共享单车、网约车的优惠不与地铁进行绑定，即用户在不使用地铁当天或者地铁不限制使用天数用完时也可享受三种交通方式的优惠。最终确定的属性和属性水平如表 3～表 5 所示。

表 3　低频出行票属性水平设计

低频出行票			
	三等票	二等票	一等票
属性	属性水平		
地铁(不限制使用天数)	3/4/7	3/4/7	3/4/7
公交车(折扣)	−20%/−30%/−40%	−50%/−60%/−80%	免费(−100%)
共享单车(折扣)	−20%/−30%/−40%	−50%/−60%/−80%	免费(−100%)
网约车(打 7 折次数)	N/A	1/2/3	6/9/10
价格/元	25/35/40	55/60/70	80/90/100

表 4　中频出行票属性水平设计

中频出行票			
	三等票	二等票	一等票
属性	属性水平		
地铁(不限制使用天数)	11/13/16	11/13/16	11/13/16
公交车(折扣)	−20%/−30%/−40%	−50%/−60%/−80%	免费(−100%)
共享单车(折扣)	−20%/−30%/−40%	−50%/−60%/−80%	免费(−100%)
网约车(打 7 折次数)	N/A	3/5/6	10/20/25
价格/元	70/90/100	120/130/150	170/200/220

表 5　高频出行票属性水平设计

高频出行票			
	三等票	二等票	一等票
属性	属性水平		
地铁(不限制使用天数)	20/24/27/30	20/24/27/30	20/24/27/30
公交车(折扣)	−20%/−30%/−40%	−50%/−60%/−80%	免费(−100%)
共享单车(折扣)	−20%/−30%/−40%	−50%/−60%/−80%	免费(−100%)
网约车(打 7 折次数)	N/A	3/5/8	30/40/50
价格/元	120/160/180	220/260/300	360/400/450

2.6 场景总数确定与情景组合设计（D-efficient Design）

在场景总数上,研究决定采用13个场景,其中包括12个正式场景和1个测试场景。测试场景中一等票的各项服务和优惠力度均大于二等票和三等票,且价格最低,用于检测不认真的受访者。在情景组合设计方面,研究采用效率设计中的D-efficient法进行设计。

3 用户描述性统计

本研究借助见数(credamo)平台于2021年5月向社会大众发放网络问卷,共回收375份。剔除明显不合理或回答前后矛盾的问卷,最终获得298份有效问卷,有效回收率79.5%。其中不使用地铁67人,低频使用者28人,中频使用者108人,高频使用者95人,统计结果如表6所示。

表6 用户类别组成

用户类别	样本数	比例
不使用地铁	67	22.5%
低频使用(每周少于2天)	28	9.4%
中频使用(每周2～4天)	108	36.2%
高频使用(每周大于4～7天)	95	31.9%

受访者每周使用地铁天数多集中在2～4天和4～7天,只有很少的受访者每周使用地铁少于2天。统计得到的样本信息分布如表7所示。

表7 用户特征组成

属性	选项	低频用户	中频用户	高频用户
性别	男	50%	38.8%	35.7%
	女	50%	61.1%	64.2%
	不方便回答	N/A	N/A	N/A
年龄	0～20岁	17.8%	4.6%	1.0%
	21～30岁	53.5%	62.0%	62.1%
	31～40岁	28.5%	26.8%	34.7%
	41～50岁	N/A	4.6%	1.0%
	51～60岁	N/A	0.9%	1.0%
	60岁以上	N/A	N/A	N/A
	不方便回答	N/A	0.9%	N/A
月收入	<3 000元	42.8%	20.3%	1.0%
	3 000～5 000元	25.0%	23.1%	12.6%
	5 001～10 000元	25.0%	45.3%	72.6%
	10 001～20 000元	7.1%	8.3%	12.6%
	>20 000元	N/A	1.8%	1.0%
	不方便回答	N/A	0.9%	N/A
最高学历	高中/中专及以下	3.5%	1.8%	N/A
	专科	3.5%	11.1%	24.2%
	本科	85.7%	74.0%	68.4%
	硕士及以上	7.1%	12.9%	7.3%
	不方便回答	N/A	N/A	N/A

续表

属性	选项	低频用户	中频用户	高频用户
就业情况	全职	42.8%	**76.8%**	**97.8%**
	兼职	10.7%	0.9%	1.0%
	找工作中	N/A	N/A	N/A
	退休	N/A	N/A	N/A
	学生	**46.4%**	21.2%	1.0%
	其他	N/A	0.9%	N/A
	不方便回答	N/A	N/A	N/A
私家车拥有情况	有私家车	42.8%	**55.5%**	36.8%
	无私家车	57.1%	44.4%	**63.1%**
	不方便回答	N/A	N/A	N/A
居住地情况	城市	**89.2%**	82.4%	96.8%
	郊区	7.1%	12.9%	3.1%
	农村	3.5%	3.7%	N/A
	不方便回答	N/A	0.9%	N/A
孩子拥有情况	A. 有孩子	39.2%	50.0%	**60.0%**
	B. 无孩子	**60.7%**	50.0%	40.0%
	C. 不方便回答	N/A	N/A	N/A
样本量		28	108	95

1) 用户特征差异分析

根据统计结果,低频出行用户、中频出行用户和高频出行用户的特征存在显著差异。低频出行用户中,男女比例均衡,随着出行频率增加,女性比例不断提高,从最初的50%提升到最后的64.2%。在年龄方面,低频出行用户0~20岁占比17.8%,远高于中频用户的4.6%和高频用户的1.0%。低频出行用户最多群体月收入<3 000元,而中高频用户大部分月收入在5 001~10 000元之间。在学历方面,本科学历用户在各类用户中均占据了主体。在就业情况方面,随出行频率的增加,全职在岗人员的比例从低频的42.8%攀升至中频的76.8%,最后高频达到97.8%,学生比例从低频的46.4%降低到中频的21.2%,高频仅占1.0%。分析可知低频出行用户的主体为学生,而中高频出行用户大部分为全职在岗的工作人员。在有无私家车方面,大部分低频用户(57.1%)和高频用户(63.1%)没有私家车,而中频用户有私家车人数占比略高。在居住地情况方面,大部分都住在城市。从孩子的拥有情况来看,使用地铁频率越高,有孩子用户占比越高。

2) 主体用户分析

通过表7可以得出,低频出行用户的主体为年龄21~30岁、月收入<3 000元、学历本科、居住在城市、无私家车无孩子的男学生或女学生。中频出行用户的主要用户为21~30岁、月收入5 001~10 000元、学历本科、居住在城市、有私家车全职在岗的女性。高频出行用户的主体为年龄21~30岁、月收入5 001~10 000元、学历本科、居住在城市、无私家车有孩子的全职在岗女性。

4 多项Logit模型的建立与用户偏好分析

本研究基于非集计模型的随机效用理论,通过构建MNL模型,从概率的角度探究考虑用户属性的联程套票选择行为,然后通过对模型进行参数估计,定量地分析影响联程套票(三等票、二等票、一等票)选择行为的主要因素。

利用biogeme对模型进行拟合,根据90%的置信区间,筛除$p\text{-value} > 0.1$的不显著变量,再拟合后得到结果如表8所示。

表 8 包含用户属性的 MNL 模型结果

		低频出行模型		中频出行模型		高频出行模型	
n		336		1 296		1 140	
R^2		0.119		0.168		0.181	
Adjusted R^2		0.065		0.124		0.145	
变量名	Name	Value	p-value	Value	p-value	Value	p-value
一等票常数	ASC1	0		0		0	
二等票常数	ASC2	*		−2.36	0	*	
三等票常数	ASC3	*		−2.39	0	*	
地铁不限制使用天数	SD	0.217	0	0.107	0	0.101	0
共享单车折扣	SBD	1.57	0.04	1.66	0	0.872	0.05
公交车折扣	BD	1.63	0.03	1.66	0	0.903	0.03
网约车打7折次数	CF	*		0.029	0.03	0.031 1	0.02
价格	P	0.047 8	0	−0.025 2	0	−0.013 3	0
年龄	AGE2	*		*		−0.436	0.01
	AGE3	−0.746	0.03	*		−0.695	0
私家车情况(有)	CAR2	*		−0.451	0.01	*	
孩子情况(有)	CH2	*		*		−0.358	0.09
	CH3	*		*		−0.428	0.05
学历	EDU2	*		*		0.356	0.04
	EDU3	*		*		0.515	0
就业情况(学生)	STU2	*		0.483	0.1	*	
	STU3	*		0.865	0	*	
收入	IN2	*		*		−0.408	0.02
	IN3	*		−0.218	0.07	−1.01	0
性别(男)	MA2	*		*		0.489	0.01
	MA3	*		*		0.458	0.02
居住地情况(城市)	CIT3	*		−1.42	0	−1.76	0
居住地情况(郊区)	SUB2	*		−1.05	0.04	*	
	SUB3	*		−2.09	0	*	

* 表示变量不显著。在建模之前,已删除这些初始显著性水平 $p>0.1$ 的所有参数。尾标为 2 的系数属于选择二等票用户,尾标为 3 的系数属于选择三等票用户

根据模型标定结果,低频模型的 Adjusted R^2 为 0.065,拟合效果不好,判断是样本量较少所致(仅收集到 28 个样本)。中频模型和高频模型的 Adjusted R^2 分别为 0.124 和 0.145,模型精度较好。

4.1 套票属性对偏好影响分析

就套票属性而言,除低频模型中网约车打 7 折次数不显著外,其余变量均显著。其中,地铁不限制使用天数、公交车折扣、网约车折扣对用户选择具有显著的正向影响,票价具有显著的负面影响,与实际情况相符。通过分析可得出如下结论:

1) 同一模型中用户对公交车和共享单车折扣敏感性基本相同

同一模型中,由于各套票属性数量级不同,除公交车和共享单车折扣外,其余均不在一个数量级。因此只能对二者进行敏感性分析。低频模型中共享单车折扣和公交车折扣系数分别为 1.57 和 1.63;中频模型均为 1.66;高频模型分别为 0.872 和 0.903,三个模型系数均接近。这证明在选择时,用户对共享单车折扣和公交车折扣变动的敏感性基本相同。

2) 不同模型中用户对套票属性的敏感性各不相同

就地铁而言,不限制使用天数的系数分别为 0.217,0.107,0.101,这代表套票上的地铁不限制使用天数每增加 1 天,给低频用户、中频用户、高频用户带来的效用增量分别为 0.217,0.107,0.101。也就是说,低频用户对天数最敏感。这与套票提供给低频用户的不限制使用天数较少(3/4/7)有关。

就共享单车和公交车而言,折扣系数分别为 1.57,1.66,0.872 和 1.63,1.66,0.903,证明无论对于共享单车还是公交车折扣的变化,中频出行用户最敏感。

就价格而言,三个模型系数分别为 $-0.047\,8$,$-0.025\,2$,$-0.013\,3$。即低频用户对价格最敏感,高频用户对价格最不敏感。这与票的基价相关。如低频出行票中,一等票的票价分别为 80,90,100 元,高频出行票中,一等票的票价分别为 360、400、450 元。所以票价变动 1 元时,低频用户较高频用户敏感。

4.2 用户特征对偏好影响分析

从模型来看,对于用户社会经济属性对选择概率的影响,不同模型中显著变量不同。低频模型中,只有用户年龄显著;中频模型中,私家车拥有情况、是否为学生、收入、居住地情况对选择影响显著。高频模型中,用户的年龄、是否有孩子、学历、是否是学生、收入、性别、居住地情况均对选择影响显著。整体来看,用户每周使用地铁频率越高,显著变量也就越多。也就是说,用户出行频率越高,考虑因素越多,用户特征的差异性在选择行为上反映得就会更明显。

低频出行模型中只有选择三等票的用户年龄是显著的,这可能与低频样本数较少(仅收集到 28 个样本)、用户个体特征差异不明显有关。以下仅对中频模型和高频模型做出分析。

就中频模型而言,有私家车、居住在郊区,对用户选择二等票和三等票具有显著的负向影响,而学生身份对用户选择二等票和三等票具有显著的正向影响。有私家车的用户更倾向于选择一等票;住在郊区的用户选择一等票概率最大,选择三等票概率最小;学生选择三等票概率最大,选择一等票概率最小;相较于三等票,收入高的用户和住在城市的用户更愿选择一等票。

就高频模型而言,年龄、有孩子、收入、居住在城市均对用户选择二等票和三等票具有显著的负向影响,而学历和性别(男)对用户选择二等票和三等票具有显著的正向影响。年龄越大,选择一等票概率越大,选择二等票和三等票概率越小;有孩子的用户选择一等票概率最大,选择三等票概率最小;学历越高,选择三等票概率越高;收入越高,选择一等票概率越高;男性选择二等票概率最大,选择一等票概率最小。相较于三等票,住在城市的用户更愿选择一等票。

5 票价优化策略

5.1 基于套票运营商的高频出行用户票价优化

根据第 4 节的讨论,高频出行用户的主体为年龄 21~30 岁、月收入 5 001~10 000 元、学历本科、居住在城市、无私家车有孩子的全职在岗女性。本节基于这一群体和套票运营商提出了票价的优化策略。

高频出行用户通常为通勤用户,出行频率高,交通花费多,是地铁联程套票的运营商的主要收益群体。一方面,运营商希望用户更多地选择一等票;另一方面,运营商希望提高票价以获取更多的收益。但由于定价与选择概率成反比,如何平衡定价与选择概率,是票价优化的要点。

经济学上常利用预期收益率的概念来衡量效益。效益 $R = price1 \cdot P_1$,$price1$ 代表一等票的价格,P_1 代表用户选择一等票的概率。模型标定后,根据属性水平即可确定一等票选择的概率。接下来分两种情况来讨论一等票的定价区间。

1) 一等票最低价

假定服务水平最低,即各套票的属性均取最低水平。根据标定模型,可计算出一等票、二等票、三等票的效用和运营商的收益,如表 9 所示。

表9 最低服务水平下一等票效益计算

	U_i	e^{U_i}	$\sum e^{U_i}$	P_i	R
一等票	−0.06	0.94	1.68	0.56	
二等票	−1.31	0.27	1.68	0.16	202.16
三等票	−0.76	0.47	1.68	0.28	

由于无法确定此时收益是否最大,因此可以绘制效益—价格曲线(如图1),观察定价对效用的影响。在票价取297元时,效益为222.01,此时运营商收益达到最大,即最低价应设定在297元。

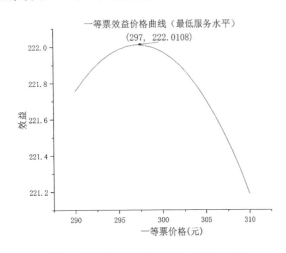

图1 最低服务水平下效益—价格曲线　　　　图2 最低服务水平下效益—价格曲线

2) 一等票最高价

一等票最高价假定各套票服务水平最高,即各套票的属性均取最高水平。通过绘制效益—价格曲线(如图2),在价格为357元时,效益为282.17,达到最大,即最高价应设定在357元。

综上所述,从运营商的角度来看,相较于设计中的最低价360元,最高价450元,运营商最低价定在297元,最高价定在357元时所获效益最大。考虑到价格一般为整十或整百数,可以用300元和360元作为最终定价。

5.2 基于政府政策的中频出行用户票价优化

从第4节可知,中频出行用户的主要用户为21~30岁、月收入5 001~10 000元、学历本科、居住在城市、有私家车全职在岗的女性。本节基于这一群体和政府角度提出了票价的优化策略。

发挥各个交通模式之间的协同效益,吸引用户采用联程出行取代私家车出行,以实现公交优先一直都是政府工作的重点。二等票除了免费使用地铁外,还给用户提供了较大的公交和共享单车折扣,同时包含几次网约车优惠,以备用户不时之需,很好地满足了政府的这一诉求。由表8得,中频出行用户的效用函数为:

$$U_3 = -2.39 + 0.107SD3 + 1.66SBD3 + 1.66BD3 + 0.029CF3 - 0.0252P3 \\ + 0.865STU3 - 0.218IN3 - 1.42CIT3 - 2.09SUB3$$

$$U_2 = -2.36 + 0.107SD2 + 1.66SBD2 + 1.66BD2 + 0.029CF2 - 0.0252P2 \\ - 0.451CAR2 + 0.483STU2 - 1.05SUB2$$

$$U_1 = 0.107SD1 + 0.029CF2 - 0.0252P2$$

其中:U_3、U_2、U_1分别代表三等票、二等票和一等票的效用。通过将套票属性水平和用户特征代入模型,可得现有情况下,服务水平最低时,一等票、二等票、三等票的效用分别为−2.817,−2.911,−4.387。服务水平最高时,一等票、二等票、三等票的效用分别为−3.107,−3.605,−3.944。即无论服务水平如何,用户选择一等票概率最大,三等票概率最小,二等票无法与一等票进行竞争。

这时,政府可以通过降低二等票的票价以提升用户选择的概率。假设票价为未知数,服务水平最低时,票价为116元时,$U_1 = U_2$。服务水平最高时,票价为136元时,$U_1 = U_2$。即二等票最低价定在116元,最高价定在136元时,可认为可与一等票进行竞争,满足政府的诉求。通过取整确定最终定价为120元和140元。

6 结论

本文以地铁与公交车、共享单车、网约车的联程出行作为研究对象,研究了用户对不同票价票制的偏好和个人属性对偏好的影响。通过采集三类用户(每周少于2天、每周2~4天、每周4~7天)的社会经济属性信息,分析用户特征差异,明确了每类用户的代表特征。利用SP调查收集用户对不同联程优惠的选择意向数据,构建MNL模型并对参数进行标定,分析用户的年龄、私家车和孩子拥有情况、学历、是否是学生、收入、性别、居住地情况对选择行为的影响。最后分别基于套票运营商和政府角度提出优化策略。本文获得以下主要结论:

(1) 地铁使用频率相同的用户对公交车和共享单车折扣敏感性基本相同。

(2) 地铁使用频率不同的用户对套票属性的敏感性各不相同。低频用户对地铁不限制使用天数和价格最敏感,中频用户对公交车和共享单车的折扣最敏感。

(3) 在研究个人属性对选择偏好的影响时,不同模型中显著变量数目不同。用户每周使用地铁频率越高,显著变量也就越多。总的来看,用户的年龄、私家车和孩子拥有情况、学历、是否是学生、收入、性别、居住地情况均对用户的选择有显著影响。高频模型中,年龄越大,选择一等票概率越大,选择二等票和三等票概率越小;有孩子的用户选择一等票概率最大,选择三等票概率最小;学历越高,选择三等票概率越高;收入越高,选择一等票概率越高;男性选择二等票概率最大,选择一等票概率最小。相较于三等票,住在城市的用户更愿选择一等票。

(4) 基于运营商角度,为实现效益最大化,高频用户一等票价格区间应确定为300元到360元;基于政府角度,为推进联程交通,公交优先,中频用户二等票价格区间应确定为120元到140元。

在研究个人属性对选择偏好的影响时,本文具体分析了每个属性对用户选择的影响,并没有通过聚类分析的方法,将用户分为几个潜在类,建立潜类别模型(latent class model)。未来可以在这一方面加以研究。

参考文献

[1] Wen C H, Lan L W, Lee H Y. Effects of Temporally Differential Fares on Taipei Metro Travelers' Mode and Time-of-day Choices[J]. International Journal of Transport Economics, 2010, 37(1): 97-118

[2] Peer S, Knockaert J, Verhoef E T. Train commuters' scheduling preferences: Evidence from a large-scale peak avoidance experiment[J]. Transportation Research Part B Methodological, 2016, 83: 314-333.

[3] Hensher D A, Collins A T, Greene W H. Accounting for attribute non-attendance and common-metric aggregation in a probabilistic decision process mixed multinomial logit model: a warning on potential confounding[J]. Transportation, 2013, 40(5): 1003-1020.

[4] Greene W H, Hensher D A. Revealing additional dimensions of preference heterogeneity in a latent class mixed multinomial logit model[J]. Applied Economics, 2013, 45(14): 1897-1902.

[5] Kim K J, Rasouli S, Timmermans H. Satisfaction and uncertainty in car-sharing decisions: An integration of hybrid choice and random regret-based models[Z]. 2017.

[6] Casadó R G, Golightly D, Laing K, et al. Children, Young people and Mobility as a Service: Opportunities and barriers for future mobility[J]. Transportation Research Interdisciplinary Perspectives, 2020, 4: 1001075.

[7] Fioreze T, de Gruijter M, Geurs K. On the likelihood of using Mobility-as-a-Service: A case study on innovative mobility services among residents in the Netherlands[J]. Case Studies on Transport Policy, 2019, 7(4): 83-89.

[8] Walker J L, Li J P. Latent lifestyle preferences and household location decisions[J]. Journal of Geographical Systems, 2007, 9(1): 77-101.

[9] Melinda M, Maria K. Investigating heterogeneity in preferences for Mobility-as-a-Service plans through a latent class choice model[J]. Travel Behaviour and Society, 2021, 23(4): 143-156.

综合体配建停车泊位空间评价指标研究

周子豪　陈　峻

摘　要：针对综合体配建停车设施规模庞大、泊位空间利用不均衡、设施布局效能难以衡量的问题，本文从可达性和便利性两个角度，以时间为统一度量单位提出了泊位空间评价指标，并以苏州新区港龙城市商业广场为案例应用评价指标分析现状泊位布局情况，验证了指标的应用价值。

关键词：综合体停车；泊位可达性；评价指标

Abstract: Aiming at the problems like large scale of complex parking facilities, unbalanced utilization of parking space and difficulty in measuring the efficiency of parking layout, this paper puts forward the evaluation indicators of parking space with time as a unified measurement unit from the perspectives of accessibility and convenience, and takes Ganglong City Commercial Plaza in Suzhou New Area as an example to analyze the current berth layout and verify the application value of the index.

Keywords: parking in complex; accessibility of parking space; evaluation indicator

1　引言

随着城市用地资源的日益紧张和用地集约化程度的不断提高，将多种用地需求有机组合的大型综合体已经成为普遍的开发模式[1]。实际运营中，综合体配建停车设施的不同片区泊位利用效率有明显差异，部分片区过度饱和而部分片区空置严重，导致停车资源整体利用效率不高。因此，对综合体配建停车泊位的空间布局做出评价，有助于把握此类停车场泊位的宏观和微观特征，量化分析空间布局的效能，以此促进停车资源精细化开发和管理。

综合体配建停车设施类型众多、规模庞大、布局形式各异，各类设施的空间布局方案生成后，难以把握其合理性。理想的综合体配建停车设施应当在保证可达性和便利性都较高的前提下，达到空间的均衡高效利用，促进停车资源价值最大化。本文以交通网络结点可达性理论为基础，行程时间为统一度量单位，提出泊位空间布局评价指标，量化确定设施布局下泊位的性能。

2　文献综述

在停车场各维度的评价指标研究方面学术成果已经相当丰富，如金书鑫[2]综合分析不同角度下成本与收益的关系，以选出收益最高的停车规划方案为目标，对停车场的经济效益、环境效益、技术效益三种效益做出评价。梁先登等[3]同样是建立停车设施规划方案的综合评价体系。通过分析影响因素构建评价指标体系，采用灰色逼近法对停车设施规划方案进行排序，并给出了应用此方法的步骤。提出了用客观条件逐层递进分析来确定选用何种规划方案的方法。郑淑鉴等[4]从四个方面构建了停车场运营的评价指标，分别是经济收入、停放效率、交通影响和其他指标。基于停车场运营商上传的停车场物理特性和停放行为数据，解释了上述指标的定义和计算方法。蔡家明[5]构建的停车场评价模型主要是面向城市停车场，基于市区停车场物理特性和停车者问卷调查分析，用层次分析法和模糊理论建立了这一模型。通

作者简介：周子豪，江苏省规划设计集团助理工程师，研究方向为停车设施规划与管理。
　　　　　陈　峻，东南大学交通学院院长，教授，研究方向为交通运输规划与管理、停车设施规划与管理等。

过对上海一些停车场的评价实例,证明了该方法的可行性。

既有研究都是以停车场整体作为评价对象提出综合性能的评价指标,对于综合体配建停车设施这一停车规模通常可达数百上千的停车场景,应用具有局限性。以停车设施供给特性构建车位级的评价指标,有助于促进此类大型停车场的合理化规划和精细化管理。

3 泊位空间评价指标

综合体配建停车设施的网络结构可以抽象为一个带权有向图[6],然而在这一场景网络中的结点各自具有不同的意义和特性,无法直接套用常规的可达性计算公式。停车设施网络中的结点可分为泊位、交叉口、机动车出入口和人行出入口,交叉口为连通性功能结点,其余三类结点可视为交通活动的O点和D点,则泊位的空间评价转化为OD(Origin-destination)对之间出行成本的综合考量。将停车者在综合体配建停车设施中活动的全过程划分为几个部分用以从不同角度衡量泊位性能,如图1所示。

图 1　泊位空间评价指标示意图

3.1 泊位可达性评价

泊位可达性定义为:完成整个停车活动的过程中,停车者驾驶机动车在综合体配建停车设施内活动的时间。该时间包括两个部分,分别为驶入停车设施停放至某一泊位和从泊位离开驶出停车设施,如图2所示。

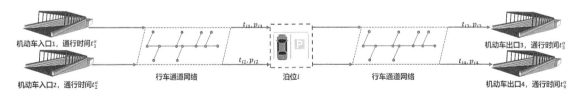

图 2　泊位可达性计算示意图

泊位的机动车期望行程时间A_i越短,则该泊位的可达性水平越高。计算方法为:

$$A_i = A_i^{in} + A_i^{out}$$

$$A_i^{in} = t_i^\beta + \sum_j^M p_{ij} \times (t_{ij} + t_j^a)$$

式中:A_i^{in}——进入停车设施后停车者驾驶机动车停放至泊位的期望行程时间;

A_i^{out}——离开泊位驶出停车设施的期望行程时间。A_i^{out}的计算逻辑与A_i^{in}一致但路径可能存在差别,当停车设施内所有的机动车出入口都为双向通行时,$A_i^{in} = A_i^{out}$;

M——与泊位i连通的机动车入口的集合,当停车设施存在专用停车分区和专用机动车入口时,M可能不为停车设施包含的机动车入口总数;

t_j^a——车辆在机动车入口j的通行时间;

$$t_j^a = \delta \times \frac{L_j}{v_a} + t_r$$

式中：L_j——机动车出入口 j 的坡道中心线长度，不同楼层的 L_j 应分开计算，当泊位位于地下多层时，在坡道的通行距离相应增长；

v_a——坡道基本通行速度，在无限速的前提下可取 15 km/h，若限速低于 15 km/h，按限速标准计算；

δ——弯道时间损耗系数，直坡取 1，螺旋形坡道取 1.5；

t_r——层间绕行时间，若该机动车出入口为单向通行，下至更低楼层需要在上层绕行，螺旋形机动车出入口通常不存在绕行时间。

t_i^β——车辆停入泊位所花费的时间，对于一般的垂直式泊位取 $t_i^\beta = 5$ s。

p_{ij}——使用泊位 i 的车辆来自机动车入口 j 的比例，对于 p_{ij} 有：

$$\sum_j p_{ij} = 1$$

$$0 \leqslant p_{ij} \leqslant 1$$

p_{ij} 的计算首先考虑车辆自机动车入口 j 进入停车设施后选择各泊位停放的概率，实际的泊位选择行为是综合驾驶员习惯和停车库空闲泊位动态情况的复杂决策过程，需要大量数据支撑，且不具有普适性。因此本研究仅从停车设施的供给特性出发，弱化需求特性，以停放结果考虑车辆自确定的机动车入口进入的停放分布，对停车者选择泊位停放的行为做出以下假设：

（1）停车者选择泊位时不受到目的地的影响，仅以尽快停放车辆为目标。
（2）泊位离停车者驶入停车库的位置越近，被选择的概率越高。
（3）停车库内视线良好，便于停车者观察泊位空闲状态和最近的路线。
（4）停车库的饱和度维持在合理水平，停车者行驶路线不会受到前后车辆干扰，且几乎不存在绕路寻泊的行为。

满足以上假设则仅考虑供给特性的泊位选择概率计算方法为：

$$p_i^j = \frac{d_{ij}^{-2}}{\sum_i (d_{ij}^{-2})}$$

式中：d_{ij}——机动车入口 j 与泊位 i 之间最短路径的长度。

则根据贝叶斯公式，使用泊位 i 的车辆来自入口 j 的比例为：

$$p_{ij} = \frac{P(V_j) \, p_i^j}{\sum_k P(V_k) \, p_i^k}$$

式中：$P(V_j)$——整个综合体配建停车设施机动车流量自入口 j 进入的比例。在规划设计初期，应对各出入口流量做出预测，已建成的停车设施可按实际调查流量比例计算。若无参考数据，可按各机动车入口连接的道路机动车流量计算该比例。

t_{ij}——车辆自机动车入口 j 进入停车设施后经由最短路径到达泊位 i 时，在通道通行花费的总时间：

$$t_{ij} = \sum_k^{D_{ij}} \frac{L_k}{v_\beta^k} + x \, t_s$$

式中：D_{ij}——泊位 i 与机动车入口 j 之间最短路包含的通道的集合；

L_k——通道 k 的长度；

v_β^k——在通道 k 通行的速度。若通道宽度大于等于 3.5 m，取 $v_\beta^k = 10$ km/h；若通道宽度不足 3.5 m，需要对速度进行折减，则 $v_\beta^k = 10 - 6.5 \times (3.5 - W_k)$；

t_s——转向惩罚时间;

x——该路径包含的转向次数。

带权有向图的最短路算法已经趋于成熟,根据不同的最短路问题,主流算法有 Dijkstra 算法、Bellman-Ford 算法、Floyd 算法和 SPFA 算法[7]。在本研究的指标计算中 D_{ij} 的求解为从带权有向图内确定点到其他点最短路的单源最短路问题,且所有边权也即通道的长度都为正数,适用 Dijkstra 算法求解。

Dijkstra 算法的主要特点是以起始点为中心向外层层扩展,直到扩展到终点为止,是一种典型的广度优先算法。计算主要步骤如下:

(1) 引进两个集合 S 和 U。S 的作用是记录已求出最短路径的顶点(以及相应的最短路径长度),而 U 则是记录还未求出最短路径的顶点(以及该顶点到起点 s 的距离)。

(2) 初始时,S 只包含起点 s;U 包含除 s 外的其他顶点,且 U 中顶点的距离为"起点 s 到该顶点的距离"(例如,U 中顶点 v 的距离为 (s,v) 的长度,然后 s 和 v 不相邻,则 v 的距离为 ∞)。

(3) 从 U 中选出"距离最短的顶点 k",并将顶点 k 加入 S 中;同时,从 U 中移除顶点 k。

(4) 更新 U 中各个顶点到起点 s 的距离。之所以更新 U 中顶点的距离,是由于上一步中确定了 k 是求出最短路径的顶点,从而可以利用 k 来更新其他顶点的距离。例如,(s,v) 的距离可能大于 $(s,k)+(k,v)$ 的距离。

(5) 重复步骤(2)和(3),直至遍历完所有结点。

通过泊位级的指标计算得到了停车设施内使用每个泊位从进入到停放再到离开的期望行程时间作为可达性水平的表征。对于停车设施整体,可用平均可达性和可达性离散系数来描述整体的可达性水平和泊位性能均匀的程度,计算方法如下:

$$\overline{A_i} = \frac{\sum_{i}^{N} A_i}{N}$$

式中:N——停车设施内泊位总数。

$$V_A = \frac{\sigma_A}{\overline{A_i}}$$

式中:σ_A——可达性指标的标准差。

应用过程中需要注意的是,停车设施总体规模的扩大将不可避免地引起平均可达性的降低,因此不宜用平均可达性指标来对比两个总停车规模相差较大的综合体配建停车库,更适合用于比较不同的设施布局方案总体可达性水平。而离散系数考虑了该停车库的平均可达性水平,对于不同规模停车库的比较同样适用。

3.2 泊位便利性评价

对于选择小汽车为交通方式至综合体的出行者,将机动车停放至泊位后下车步行至电梯、电扶梯等人行出入口同样是在配建停车设施内交通活动的重要一环。步行距离的长短直接影响到停车者对于该泊位便利程度的认知,因此本文定义泊位便利性为停车者停放机动车后下车步行至人行出入口的期望行程时间,同样考虑综合体配建停车设施具有多个人行出入口,如图 3 所示。

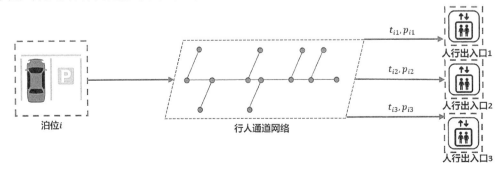

图 3 泊位便利性计算示意图

泊位的便利性指标计算方式为：

$$C_i = \sum_j^E p_{ij} \times t_{ij}$$

式中：E——该泊位可以到达的人行出入口的集合，若存在专用车位分区和专用人行出入口，E 可能不为停车设施内人行出入口的总数；

t_{ij}——停车者自泊位 i 停放后经由最短路线下车步行至人行出入口 j 所花费的总时间。综合体配建停车设施内的人行道通常沿通道两侧设置，故步行路径可直接使用通道网络获得，有所区别的是，即使通道通行规则为单向通行，行人在该路段的通行方向也可以是双向的。

$$t_{ij} = \sum_k^{D_{ij}} \frac{L_k}{v_p} + t_j^e$$

式中：D_{ij}——泊位 i 与人行出入口 j 之间最短路包含的通道的集合；

L_k——通道 k 的长度；

v_p——步行速度，取成人正常步行速度 $v_p = 1.2 \text{ m/s}$；

t_j^e——离开通道后抵达人行出入口 j 花费的时间，该值需根据人行出入口的具体设置形式确定；

p_{ij}——泊位 i 的使用者通过人行出入口 j 进出综合体的比例，计算方式与泊位可达性指标中类似。

当缺少数据确定 $P(V_j)$ 时，可以把所有人行出入口的分担比例视作是等同的。

类似的情形，可以用平均便利性水平和便利性离散系数来衡量停车设施的整体性能：

$$\overline{C_i} = \frac{\sum_i^N C_i}{N}$$

$$V_C = \frac{\sigma_C}{\overline{C_i}}$$

4 案例分析

苏州新区港龙城市商业广场（以下简称港龙城）位于长江路与华山路交叉口，占地面积 3.3 万 m²，总建筑面积 16 万 m²。综合体建筑包括地面四层商业中心、两栋写字楼和一栋公寓楼，综合体建筑共同配建有地下两层的机动车停车设施。港龙城是典型的集商业、办公、居住用地类型为一体的复合开发用地的综合体（图 4）。

图 4 港龙城市商业广场外景图

港龙城综合体 B2 层整层均为配建停车设施，共计 552 个泊位，并设有 1 个机动车入口、2 个机动车出口、6 个人行出入口。泊位布局规整，呈矩阵式排列，狭长的停车空间形成了多达数十个泊位的长停车带和长通道（图 5）。

图 5 港龙城 B2 平面图

4.1 泊位可达性评价结果

对港龙城 B2 配建停车泊位计算机动车期望行程时间,该停车库闸机进出数据未分出入口统计,无法直接获得各机动车出入口流量分担比例,故按照北出口连接的次干路华山路与南出口连接的支路津桥街的机动车流量比例 3∶1 估计两个出口的流量分担比例,结果统计如图 6 所示。

由图 6 可知,港龙城 B2 泊位的机动车期望行程时间分布在 80～220 s,其中 50.5% 的泊位机动车期望行程时间在 140～165 s 之间,表明条带形综合体配建停车设施中存在大量可达性相近的泊位。其余期望行程时间区间分布的泊位数量较为均匀,

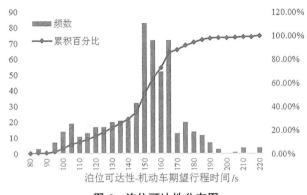

图 6 泊位可达性分布图

但大于 200 s 的泊位数量极少,仅占泊位总数的 1.63%,且时间上存在断层,表明该层停车设施存在 9 个可达性极低、难以被利用的相对孤立的泊位。

按泊位可达性计算结果所在区间着色形成平面可达性分布图并绘制等时线图研究泊位可达性在整个停车空间上的变化趋势,如图 7 和图 8 所示。

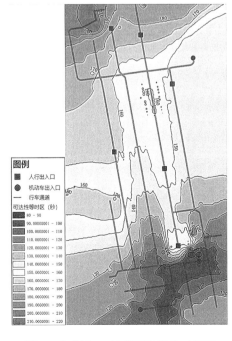

图 7 港龙城 B2 泊位可达性分布图　　　　图 8 港龙城 B2 泊位可达性等时线图

机动车期望行程时间较短也即可达性较高的泊位或区域以深绿色表示,结合两图可知,港龙城 B2 配建停车泊位南侧泊位可达性整体较高,这是由于南侧设有一个机动车入口和一个机动车出口,进入停车设施的机动车可以较快地在南侧泊位停放并驶离。西北角落的泊位是整个停车设施中可达性最低的,因为此片区泊位离所有机动车出入口都较远,且仅由一条通道单方向与路网相连。由于机动车出入口设置在南北两端,泊位可达性基本沿南北方向变化,在东西方向形成等时区,并在主要通道伸展方向附近变化较大。东南人行进出口处由于出现了一个路网不连通区域,泊位可达性变化最为剧烈,等时线密集且复杂。

4.2 泊位便利性评价结果

对港龙城 B2 配建停车泊位计算步行期望行程时间,按 6 个人行出入口包含的电梯数量计算行人流量分担比例,统计结果如图 9 所示。

由图 9 可知,港龙城 B2 泊位的步行期望行程时间分布在 0~165 s,其中步行期望行程时间少于 125 s 的泊位数量在各时间区间分布较均匀,大于 125 s 的泊位则数量较少,仅占泊位总数的 2.54%。表明该层停车设施存在约 28 个便利性极低的泊位,与其他停车设施的衔接极不顺畅。

按泊位便利性区间着色形成平面便利性分布图并绘制等时区图研究泊位可达性在整个停车空间上的变化趋势如图 10 和图 11 所示。

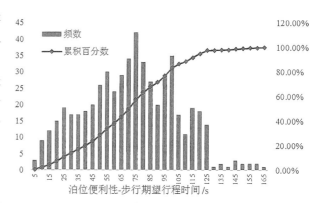

图 9　泊位便利性分布图

图 10　港龙城 B2 泊位便利性分布图

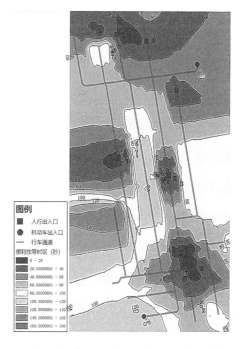

图 11　港龙城 B2 泊位便利性等时线图

结合图 10、11 可知,港龙城 B2 配建停车泊位便利性在几个人行出入口附近最高,步行期望行程时间等时区从几个中心向外扩散。整个 B2 层便利性较低的区域存在于由与路网单向连通的通道连接的泊位和中心位置需要绕行前往人行出入口的区域,期望行程时间在紧贴设置的两排泊位之间变化最为剧烈。

由综合泊位可达性和便利性的评价结果可以发现,案例停车设施在供给侧主要存在以下问题:泊位服务水平在空间上差异较大。西北侧整个片区泊位可达性都过低,难以被利用,有较高可能性造成停车需求在空间上的不均衡,导致该片区停车资源被闲置。综合便利性评价指标可以得出港龙城 B2 配建泊位服务水平存在三大"洼地"——西北孤立片区、西南"断头"通道两侧、中部长直通道中段。对该停车场的优化改善方案设计应当有针对性地围绕关键区域进行。

5　结论

本文提出了以时间为统一度量单位的综合体配建停车泊位空间布局评价指标。该指标以机动车期望行程时间反映泊位可达性，以步行期望行程时间反映泊位便利性。本文细化了过程中各时间组成部分的计算方式，定义了多条路径对指标贡献权重的计算方法，并通过案例分析验证了指标的合理性。指标量化体现了综合体配建停车泊位之间可达性和便利性两方面的差异性，通过泊位指标的统计量反映整体特征，可以为综合体配建停车设施的空间布局设计问题诊断或优化改进方案比选提供依据。

参考文献

［1］ Lou J，Xu J，Wang K. Study on Construction Quality Control of Urban Complex Project Based on BIM[J]. Procedia Engineering，2017，174：668-676.

［2］ 金书鑫.停车产业化环境下社会公共停车场建设效益评估[D].西安：长安大学，2014.

［3］ 梁先登，刘英舜，陈征，等.城市停车设施选择综合评价研究[J].城市交通，2011，9(3)：71-77.

［4］ 郑淑鉴，郑喜双，韦清波，等.停车场运行评价指标体系研究[J].交通信息与安全，2014，32(2)：68-71.

［5］ 蔡家明.城市停车场模糊评价研究[J].上海工程技术大学学报，2009，23(4)：304-307.

［6］ 宋媚琳.智能停车库车位引导系统的最优路径模型研究[D].上海：上海交通大学，2014.

［7］ 陈洁，陆锋.交通网络最短路径标号算法的实现与效率分析[J].中国图象图形学报，2005(9)：1134-1138.

公交＋共享单车联程出行票价策略研究

Research on the Fare Strategy of Bus ＋ Bike-sharing Intermodality

陈 铭 吴辰旸 陈 茜

摘 要：优先发展公共交通是可持续发展的必由之路，为了提升公共交通吸引力，设计了公交＋共享单车的联程出行模式，采用 SP 实验收集潜在用户行为，并基于 MNL 模型标定用户对联程出行各项因素的敏感程度。

关键词：MaaS；共享单车；联程出行

Abstract: Prioritizing the development of public transportation is the only way to sustainable development. In order to enhance the attractiveness of public transportation, a joint travel mode of bus ＋ bikesharing is designed, SP experiment is used to collect potential user behaviors, and parameters are calibrated based on the MNL model to analyze user's sensitivity of various factors.

Keywords: MaaS; bikesharing; multimodal transport

1 引言

国民经济的快速发展，使得人们的购买能力不断提升，受到传统思想的影响，许多居民更愿意购买一辆私家车来解决家庭的出行问题，从而导致城市的机动车保有量与日俱增。私家车越来越多不仅加剧了环境问题，如废气排放等，也使得不可再生能源消耗量剧增，同时城市交通日益严重的拥堵问题也与此紧密相关。在这样的背景下，发展公共交通成为一个城市、一个国家走向可持续道路的首选方案，实行优先发展公共交通策略，让民众更多地选择乘坐公共汽车是缓解这些问题的一个非常有效的措施[1]。

本文所研究的是一种将公交与共享单车整合在统一的服务体系中，以出行者为核心进行资源动态配置，提供交通组合、无缝衔接的高品质出行服务，打造一个方便、快捷、舒适、经济的出行环境，从而提升公交的吸引力，引导更多出行者转向公共交通，以达到缓解拥堵、节约资源、绿色出行的目的[2]。

马庚华等人，以二项 Logit 模型为基础，通过 SP 调查方法获取公共自行车和共享单车接驳轨道交通的方式选择影响因素的有关数据，构建了公共自行车及共享单车接驳轨道交通的方式选择模型，从而得到各轨道站点公共自行车及共享单车接驳轨道交通的方式选择概率[3]。

Jinhee Kim 和 Soora Rasouli 等人，通过集成混合选择模型（Hybrid Choice Model）和随机遗憾最小化模型（Random Regret-based Model），研究了风险条件下，人们对现有出行方式的潜在满意度和共享汽车固有的不确定性的影响，通过贝叶斯 D－efficient 设计 SP 实验调查数据，结果表明，满意度会显著影响人们选择汽车共享方案的决策，共享汽车的可用性对人们成为汽车共享用户的可能性有显著影响[4]。

Amalia Polydoropoulou 和 Ioannis Tsouros 等人，也通过建立混合选择模型（Hybrid Choice Model），利用从英国大曼彻斯特进行的问卷调查收集的数据，调查了个人对 MaaS 的偏好，同时估计了人们对 MaaS 套餐的支付意愿。结果表明，那些倾向于选择多方式联程出行的人更愿意为 MaaS 服务付费，分析结果同时还提供了有关个人对 MaaS 偏好以及不同用户群之间异质性的重要结论，可以被用来制订有价值的 MaaS 计划，并为成功实施 MaaS 做出了重要贡献[5]。

作者简介：陈 铭，东南大学交通学院本科生。
吴辰旸，东南大学交通学院助理教授，伦敦帝国理工学院土木与环境工程系统实验室名誉研究员。
陈 茜，工学博士，东南大学交通学院副教授，研究方向：交通行为分析、交通设计、公共交通规划与管理。

2 调查方案设计

联程出行方案实施的关键是用户的接受度,因此在进行联程出行票价策略和模型的研究之前,需要以充分了解用户的出行偏好为基础。

2.1 问卷设计

本文的问卷调查主要分成三个方面:
(1) 社会经济属性:出行者的性别、年龄、月收入、教育水平、职业等。
(2) 感知评价调查:主要调查出行者对当前公交服务的满意程度、对步行时间的态度、对出行费用与出行时间的权衡。
(3) SP 调查:设置不同的选择场景,对公交、地铁及联程方案分别设计不同的属性水平值,设计属性包括起点到乘车点时间、旅程时间、下车后到终点步行时间、出行费用及出行方式可用性[4]。SP 属性及水平值设置如表 1 所示。

表 1 SP 属性及水平值设置

属性	选项	Level1	Level2	Level3
Access Time/min	公交	3	5	7
	地铁	3	5	7
	联程	3	5	7
旅程时间/min	公交	20	28	35
	地铁	15	20	25
	联程	20	28	35
步行时间/min	公交	5	8	10
	地铁	5	8	10
	联程(骑行时间)	2	3	4
出行费用/元	公交	2		
	地铁	3	4	5
	联程	2.5	2.8	3
共享单车可用性	联程	50%	80%	100%

Access Time:出行者从出发地到乘车点(公交站、地铁站)的时间。

由于属性和水平值多样,SP 场景设计存在许多方案,问卷中给出的场景越多,收集的数据也越丰富,但问题过多易引起受访者反感,因此需要在众多方案中选择出最优的场景组合作为 SP 调查的内容。

SP 调查的设计方法有随机设计、正交设计、效率设计等,本文采用的是 D-efficient optimal design,即效率设计。

问卷调查采用网上调研形式进行,通过网络平台"credamo"发放和回收问卷。

2.2 调查结果初步分析

本调查问卷发放时间为 2021 年 5 月 10 日至 5 月 20 日,一共回收问卷 325 份。考虑到部分受访者答题的随意性,剔除了部分作答时间较短的问卷。由于 SP 调查是在虚拟的场景下让受访者做出选择,因此会存在可靠性较低的固有缺陷,需要对所得数据进行多方面校核,根据一致性与控制性原则,筛选无效数据并剔除,以提高模型拟合的准确度[6]。

样本描述性统计结果如表 2 所示。

表 2 受访者群体特征分析

属性	选项	占比	属性	选项	占比
性别	男	49.2%	月收入	<3 000元	13.0%
	女	50.8%		3 000~5 000元	23.7%
年龄	<20岁	5.3%		5 001~10 000元	48.9%
	20~30岁	62.2%		10 001~20 000元	13.0%
	31~40岁	29.0%		>20 000元	1.5%
	41~50岁	3.4%	职业	事业单位职员	13.4%
教育水平	高中/中专及以下	3.8%		公务员	3.4%
	专科	7.6%		企业职员	60.3%
	本科	77.9%		学生	15.6%
	硕士及以上	10.7%		个体经营者	5.3%
				自由职业者	1.9%

根据筛选后的数据,对受访者成分进行描述性统计分析,结果如表2所示。

从以上结果来看,受访者群体中受男女比例相差不大,女性略多于男性;受访者的年龄主要集中在21~40岁,约占91.2%;受访者教育水平主要为本科,约占77.9%;受访者主要为企业职员,具有通勤需求,月收入集中在3 000~10 000元的水平,占72.6%。

受访者日常使用公交与共享单车的频率的调查结果如图1所示。

从图1中可以看出,受访者日常使用公交及共享单车的频率是较高的,假设受访者是理性的,那么选择联程方案一个月将会节省很大一笔费用,这也一定程度上验证了联程方案推出的可行性与受众的广泛性。

本研究设置了三个感知评价问题,主要用于调查受访者对现有公交服务的满意程度、对出行费用的满意程度以及对旅程中步行时间的敏感性,调查结果如图2所示。

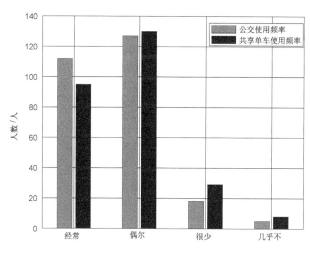

图1 公交及共享单车使用频率

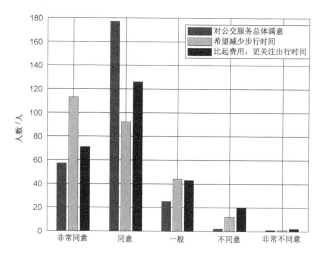

图2 感知评价分析

从图2的结果可以看出:

① 受访者对目前的公交服务总体是比较满意的,因此本研究的展开是有意义的,如果受访者对公交服务本身就十分不满意,即便推出公交+共享单车的联程出行方案,吸引力也十分有限。

② 绝大多数受访者希望可以减少出行中的步行时间,少量受访者对步行时间敏感性不强,而共享单车恰好弥补了公交的缺陷,即步行时间太长的问题。

③ 多数人们愿意多付出一定的经济成本,以换取时间成本的降低。

3 模型建立

本研究解释变量可以分成四类：社会经济属性、惯常出行方式变量、感知数据变量以及 SP 实验的设计属性。

随出行方式选择而变的变量包括 SP 实验的属性变量，如步行时间、出行费用、旅程时间等，不随出行方式选择而变的解释变量包括性别、年龄、教育水平、月收入水平、职业等出行选择的个体特征变量。

假设可供用户选择的方案为 $y = 1, 2, \cdots, M$，即共有 M 种互相排斥的选择，采用随机效用最大化理论，假设用户 i 选择方案 j 所能带来的随机效用为：

$$U_{ij} = x'_{ij}\beta + z'_i\gamma_j + \varepsilon_{ij} \quad (i = 1, 2, \cdots, n; j = 1, 2, \cdots, m) \tag{1}$$

其中，解释变量 x_{ij} 既随用户 i 而变，也随方案 j 而变；而解释变量 z_i 只随用户 i 而变。用户 i 选择方案 j 的概率为：

$$P(y_i = j \mid x_{ij}) = \frac{\exp(x'_{ij}\beta + z'_i\gamma_j)}{\sum_{k=1}^{M}\exp(x'_{ik})\beta + z'_i\gamma_k} \tag{2}$$

模型有关变量及其定义列于表 3。

从严格意义上来讲，所引入的这些解释变量之间许多也会存在共线性的问题[7]，比如受访者的职业和收入，对方式选择的影响是两者的共同作用，解决此问题的更准确的做法是将这些变量的交叉项也加入效用函数当中，考虑两者的交互作用，但如此一来效用函数就成了非线性函数，对参数的估计带来了很大挑战，因此为简化问题，本文仅考虑各个影响因素对出行方式选择的主效应，而忽略变量之间的交互作用。

表 3 模型变量及其定义

变量名	定义	类型
CHOICE	受访者选择的方案，如选择公交，公交对应的行 CHOICE=1	哑元变量
AT	Access Time，即出行者从起点到乘车点的时间	连续变量
TT	Travel Time，出行者在交通运具上的乘坐时间	连续变量
WT	Walking Time，出行者下车后到终点的步行时间	连续变量
PROB	出行方式可用性	连续变量(0~1)
CO	Cost，出行费用	连续变量
MALE	受访者性别，1—男，0—女	哑元变量
AGE	受访者年龄，具体分级见第 2 节	定序变量
EDU	受访者教育水平，具体分级见第 2 节	定序变量
INCOME	受访者月收入水平，具体分级见第 2 节	定序变量
JOB	受访者职业	名义变量
BUS_USE	使用公交的频率	定序变量
BIKE_USE	使用共享单车的频率	定序变量
ATT1	第一个感知评价变量	定距变量
ATT2	第二个感知评价变量	定距变量
ATT3	第三个感知评价变量	定距变量
BUSASC	公交虚拟变量	哑元变量
METASC	地铁虚拟变量	哑元变量
mode	备选项，1—公交，2—地铁，3—联程方案	名义变量

4 数据分析

Stata 对数据的结构有一定要求,为了便于模型拟合,需要先将数据处理成长数据形式,用 ID 对每个选择情况进行分组,Mode 表示选择枝,此处 1 代表公交,2 代表地铁,3 代表联程方案,CHOICE 代表该情况下受访者做出的选择。如第一组 CHOICE = [0,0,1],表示受访者选择了方案 3,也即联程方案。

进行参数标定之前,需要先筛选出对方式选择影响显著的变量,避免引入太多无关变量,因此需要对这些变量与方式选择的相关性进行考察,将那些相关性较弱的解释变量剔除出模型。

一般进行变量相关性检验采用的都是列联表检验的方式,考虑到 Logit 模型的非线性和 MLE 的复杂性,对变量的筛选不能太严格,因此一般不选用 95% 的置信度。本文选用了 70% 的置信度进行卡方检验[8]。

当 $x^2 > x^2_{0.3, df}$ 时,拒绝原假设,可以认为两变量具有较大的相关性;反之,即两变量相互独立。

使用 Matlab 编写程序分别对剩余变量进行检验,将结果列于表 4。

表 4 各变量列联表检验结果

变量	df	χ^2	$\chi^2_{0.3, df}$	是否相关
年龄	6	12.686 9	7.231 1	是
性别	2	0.207 0	2.407 9	否
教育水平	6	2.204 0	7.231 1	否
月收入	8	14.395 2	9.524 5	是
职业	10	18.528 5	11.780 7	是
公交车使用频率	6	14.889 2	7.231 1	是
共享单车使用频率	6	34.251 1	7.231 1	是

通过列联表检验将相关性不强的性别(MALE)和教育水平(EDU)移出模型,初步确定了将年龄(AGE)、月收入(INCOME)、职业(JOB)、公交使用频率(BUS_USE)和共享单车使用频率(BIKE_USE)这几个解释变量纳入模型。

首先建立不含协变量的 MNL 模型,参数估计结果如表 5 所示。

模型的似然比指数 Pseudo $R^2 = 0.118\,5$,说明模型中的自变量对因变量的解释效果较好。由表 5 的标定参数可知:BUSASC<0,因此当其他解释变量(AT、TT、WT 等)的取值相同时,出行者选择联程方案的概率大于常规公交;尽管 METASC<0,该参数的 p-value $= 0.142 > 0.1$,因此该参数不够显著,联程方案与地铁相比,没有显著优势。另外,因为对应的参数均为负数,一个方案的旅程时间越长、步行时间越长、出行费用越高,则出行者选择该方案的概率越低;一个方案的可用性越高,出行者选择该方案的概率也越高。同时注意到变量 TT(Travel Time)的系数尽管为负数,但却不显著,这同受访者的实际情况也是较为符合的,因为设定的场景中,三种出行方式都可以保证受访者及时到达目的地,此时受访者在行程中对旅程时间的敏感性并不强,更关注的是步行时间、Access Time 以及出行费用。

表 5 不含协变量拟合结果

CHOICE	Coef.	Std. Err.	z	p>z	95% Conf.	Interval
BUSASC	−1.142 828	0.153 984 4	−7.42	0.000	−1.444 632	−0.841 024 5
METASC	−0.502 318 9	0.342 319 3	−1.47	0.142 *	−1.173 252	0.168 614 6
AT	−0.069 959 2	0.017 094 2	−4.09	0.000	−0.103 463 3	−0.036 455 1
TT	−0.057 34	0.037 589 7	−1.53	0.127 *	−0.131 014 4	0.016 334 3
WT	−0.131 128 1	0.021 884	−5.99	0.000	−0.174 02	−0.088 236 2
CO	−0.475 984 4	0.083 442 2	−5.70	0.000	−0.639 528 1	−0.312 440 6
PROB	2.654 147	0.273 052 9	9.72	0.000	2.118 974	3.189 321

Pseudo $R^2 = 0.118\,5$

建立加入协变量的 MNL 模型,参数估计结果如表 6 所示。

表 6 含协变量拟合结果

特征变量		公交		地铁		
		θ	Sig.	θ	Sig.	
常数项		-1.182 735	0.000	1.091 841	0.349	
年龄	≤20 岁	0(fixed)		0(fixed)		
	21~30 岁	-0.042 171 3	0.921	-0.192 592	0.607	
	31~40 岁	0.172 191 8	0.704	-0.399 184 6	0.324	
	41~50 岁	-0.186 133 1	0.747	-0.185 215 9	0.733	
收入	<3 000 元	0(fixed)		0(fixed)		
	3 000~5 000 元	-0.006 352 9	0.989	0.285 329 2	0.483	
	5 000~10 000 元	0.183 349 6	0.706	0.589 006	0.187	
	10 000~20 000 元	-0.197 352 9	0.712	0.515 190 6	0.277	
	>20 000 元	0.636 554 9	0.426	1.513 327	0.029	
职业	事业单位	0(fixed)		0(fixed)		联程方案 (base alternative)
	公务员	-1.048 476	0.036	0.237 555 1	0.690	
	企业职员	-1.397 686	0.033	0.063 160 6	0.924	
	学生	-0.326 332 4	0.474	0.150 054 1	0.793	
	个体经营者	-0.374 496	0.551	0.224 289 7	0.743	
	自由职业	-0.503 253 5	0.361	0.730 147	0.255	
公交使用频率	几乎不	0(fixed)		0(fixed)		
	很少	-1.008 906	0.081	0.487 831	0.402	
	偶尔	-0.127 322 4	0.827	0.702 727 7	0.192	
	经常	-0.067 897 3	0.909	-0.031 690 6	0.954	
共享单车使用频率	几乎不	0(fixed)		0(fixed)		
	很少	0.608 685 6	0.405	-1.598 071	0.002	
	偶尔	-0.030 096 8	0.966	-2.292 761	0.000	
	经常	-0.576 015 4	0.424	-2.579 285	0.000	
ATT1		0.167 432 4	0.182	-0.071 912	0.526	
ATT2		-0.185 142 9	0.033	-0.205 555 6	0.014	
ATT2		-0.333 495 3	0.000	0.247 430 2	0.004	
Access Time		-0.079 366 3			0.000	
Travel Time		-0.062 219 7			0.116	
Walking Time		-0.146 968 1			0.000	
Cost		-0.537 273 8			0.000	
Prob.		2.855 787			0.000	

将性别与教育水平从模型中剔除,从表 6 可以看出,对于年龄变量,与前文分析的结果有出入,结果显示,年龄对方式选择并无显著影响。

对收入的初步分析得到,收入对公交的选择无显著影响,对地铁是有影响的,收入较高者(>20 000 元)更倾向于选择地铁;职业对公交的选择有显著影响,如公务员和企业职员,不倾向于选择常规公交,对地铁则无影响。

受访者对公交服务的满意度 ATT1 对出行方式选择无显著影响;受访者越希望减少步行时间,越倾向于选择联程方案;那些比起出行费用,更关注出行时间的受访者,更倾向于选择地铁,愿意多付出一定的经济成本,来换取时间成本的下降。

公交的使用频率对出行方式选择也无显著影响;共享单车的使用频率不影响常规公交的选择概率,但使用频率越高,越不倾向于选择地铁。

由于模型是非线性的,根据上述回归分析得到的系数不易进行边际效益评价,因此需要计算各变量的风险比率(Odds Ratio),结果如表7所示。

表7 风险比率结果

CHOICE	Odds Ratio	Std. Err.	z	$P>z$	95%Conf.	Interval
BUSASC	0.318 915 8	0.049 108	−7.42	0.000	0.235 832 8	0.431 268 5
METASC	0.605 125 8	0.207 146 2	−1.47	0.142	0.309 359 1	1.183 664
AT	0.932 431 9	0.015 939 2	−4.09	0.000	0.901 709 1	0.964 201 4
TT	0.944 272 9	0.035 494 9	−1.53	0.127	0.877 205 2	1.016 468
WT	0.877 105 4	0.019 194 6	−5.99	0.000	0.840 280 1	0.915 544 6
CO	0.621 273 2	0.051 840 4	−5.70	0.000	0.527 541 3	0.731 659 1
PROB	14.212 86	3.880 863	9.72	0.000	8.322 591	24.271 95

从表7可知,变量AT的优势比率为0.93,这表明在其他变量给定的情况下,一个出行方案的Access Time每增加1 min,则选择此出行方案的概率将乘以0.93,也即下降7%;变量WT的优势比率为0.88,在其他变量给定的情况下,一个出行方案的步行时间每增加一分钟,则选择此出行方案的概率将下降12%;变量CO的优势比为0.62,这是相对于变化一个单位来的,即这表明在其他变量给定的情况下,一个出行方案的出行费用每增加1元,则选择此出行方案的概率将下降38%,若只增加0.1元,选择此方案的概率将乘以 $0.62^{1/10}=0.953\,321$,也即下降5%。

公交与地铁不存在可用性的问题,当共享单车的可用性每增加10%,出行者选择联程方案的概率将乘以 $14.2^{1/10}=1.303\,85$,也即上升30%。

5 结语

研究发现出行者对各影响因素的敏感性排序为:出行费用>出行方式可用性>步行时间>Access Time。

模型拟合的结果表明,年龄、性别等特性变量对出行方式选择的概率没有显著影响,这或许是本次的样本存在偏性。样本较为集中,有60%以上的样本集中在20~30岁,有49%的样本月收入在5 001~10 000元,有78%的样本教育水平均为本科,有60%的样本均为企业职员,再加上样本量较小,导致统计分析出现偏差,需要进一步扩大样本量同时避免受访者集中于某一类群体,导致特性变量失效。

由于联程方案的设计需要与共享单车提供方合作,因此需要考虑其收益问题,在共享单车提供商的收益与出行者对联程方案的效用之间取得最优平衡。

未来可以考虑深化本文的研究,利用MNL拟合的参数结果建立双层规划模型,上层优化目标为共享单车提供商效益最大化,下层优化目标为出行者对联程方案的效用最大化,利用双层规划模型求解联程出行最佳票价方案。

参考文献

[1] 王天实,陆化普.MaaS出行选择偏好研究综述[J].交通工程,2019,19:16-21.
[2] 刘洋,温晓丽,谢振东,等.基于MaaS的城市绿色出行服务系统研究[J].城市公共交通,2020:47-52.
[3] 马庚华,孙祎峥,邢金洋,等.公共及共享自行车接驳轨道交通方式选择概率[J].贵州大学学报(自然科学版),2020,37:92-97.
[4] Kim J, Rasouli S, Timmermans H. Satisfaction and uncertainty in car-sharing decisions: An in-

tegration of hybrid choice and random regret-based models[J]. Transportation Research Part A: Policy and Practice, 2017, 95: 13-33.

[5] Polydoropoulou A, Tsouros I, Pagoni I, et al. Exploring individual preferences and willingness to pay for mobility as a service[J]. Transportation Research Record, 2020, 2674(11): 152-164.

[6] 王方,陈金川,张德欣. SP 调查在交通方式选择模型中的应用[J]. 交通运输系统工程与信息,2007,7: 90-95.

[7] 顾天奇. 基于 RP+SP 数据的轨道交通及其衔接方式的选择模型[D]. 南京:东南大学,2010.

[8] 胡纯严,胡良平. 如何正确运用 χ^2 检验:三种双向无序二维列联表资料的 χ^2 检验[J]. 四川精神卫生,2021,34: 111-115.

嘉兴有轨电车系统设计要点

Main Design Points of Jiaxing Tram System

黎冬平　陈　晖

摘　要：在分析有轨电车在系统类型、工程建设、功能层次等技术特征基础上，提出了选线布局、交通组织、土建工程、机电工程、运营衔接等五个方面的设计要点，并以嘉兴有轨电车项目阐述了具体的应用实践，为有轨电车发展提供了参考。
关键词：有轨电车；技术特征；设计要点；嘉兴
中图分类号：U482.1

Abstract: Based on the analysis of the technical characteristics of tramway such as system types, engineering construction, and functional levels, five design points of route selection, traffic organization, civil engineering, electrical and mechanical engineering, and operation connection were proposed. The Jiaxing tramway project was explained specific application practices and provided a reference for the development of tramway.
Keywords: tramway; technical characteristic; design point; Jiaxing

0　引言

截至2020年底，我国内地共有18个城市开通运营有轨电车，运营总里程464.6 km[1]，有轨电车正处于稳步发展状态；但与此同时，有轨电车的发展速度及成效仍尚未达到发展规划预期[2]。而从全球来看，截至2018年底有轨电车约占轨道交通运营里程的42.5%[3]，是全球主流的轨道交通制式。国内与全球发展的差异，其关键在于对于有轨电车技术特性认知的差异性，引起系统设计要点的偏差，导致实际效果偏差。

对于有轨电车设计要点方面，国内学者结合实际工程已有诸多研究。马强中[4]针对路基宽度、标准、基床、过渡段等主要路基工程技术要点进行了研究；史义雄[5]基于有轨电车整体道床、绿化铺装等特殊性，给出了典型排水断面以及设计要点；李平[6]针对有轨电车采用槽型轨、地面敷设的特点，针对平交路口混合段、钢轨防腐与杂散电流防护等提出了技术要点与措施；李伟[7]针对有轨电车的工程电源设计及供电方案进行了研究，提出了设计要点；陈国华[8]从概算角度，分析了有轨电车工程费用组成，并提出了概算编制技术要点；郝小亮[9]从工程角度，分析了沈阳浑南新区有轨电车的设计要点；李明等[10]对比了有轨电车与轨道交通的差异，提出了工程可行性研究编制的技术要点。从现有的研究来看，总体上是侧重于工程层面，且未能充分体现有轨电车系统的技术特点。本文认为有轨电车是一个系统工程，分析其技术特征以及系统设计要点，并结合嘉兴有轨电车工程设计规范[11]关键思路及工程应用实践进行分析。

1　有轨电车系统技术特征与设计要点

1.1　有轨电车系统技术特征

有轨电车的定义为：与道路上其他交通方式共享路权的中低运量城市轨道交通方式，线路主要敷设

作者简介：黎冬平，深圳市城市交通规划设计研究中心股份有限公司上海分院，博士、高级工程师。
　　　　　陈　晖，嘉兴市铁路与轨道交通建设发展服务中心。

在地面[11]。由此定义,决定了有轨电车系统技术特征主要有以下三个方面:

(1) 在系统类型上,有轨电车属于城市轨道交通方式,是采用了轨道车辆,运行在规定轨道上的交通方式;由此具备了轨道车辆连挂便利性、系统大容量以及乘坐舒适性等优势;但也必然要求对路基结构进行处理以适应轨道敷设,以及轨道灵活性相对不足等缺点。

(2) 在工程建设上,有轨电车以地面敷设为主,这是与其他轨道交通方式的根本差异。由此实现了造价的经济性,以及地面站点的便利性等优势;但也必然需要占用地面道路资源,以及需要平交,甚至与道路交通混行等要求。

(3) 功能层次上,有轨电车是中低运量城市轨道交通,其适合的客运能力是 0.5~1.2 万人次/h,总体介于轻轨与常规公交之间。因此有轨电车的建设需要有一定的客流需求,当客流量较少时,性价比过低;而客流量过大时,则将超出负荷,从而难以支撑运营。

总体上,有轨电车系统兼具了轨道交通和道路公交的特征,其优势和不足都十分突出,关键是要以系统思维指导规划设计,从而获取预期效益。

1.2 有轨电车系统设计要点

有轨电车系统的设计要点,是在对有轨电车系统认知基础上,进行的系统研究和工程设计,着重要注重以下要点:

1) 基于功能定位的网络规划和选线布局

有轨电车功能定位可以作为轨道交通的加密和延伸、城市骨干公交线和特色线。明确功能定位是开展有轨电车规划设计的关键基础,也是选线布局的根本依据。如作为轨道交通的延伸线,线路距离较长,则需要提高有轨电车建设标准,适当加大站间距离,提高运营速度,适宜布设在城市主干道;而加密线则更多应控制站间距离,提高站点覆盖率,则适宜布设在城市次干道等生活性道路。

2) 协调交通组织的道路网络梳理与优化

有轨电车布设在道路上,需要占用道路资源,需要协调好与道路交通的关系。因此,在开展有轨电车工程设计时,首先需要梳理道路网络与有轨电车网络的关系。由于道路交通已成网络结构,需要进行网络梳理,优化道路交通组织。尤其是要处理好有轨电车网络化结点的道路交通组织,通过网络组织减轻交叉口的交通压力。

3) 因地制宜及控制投资的土建工程设计

有轨电车的土建工程约占有轨电车工程投资的 40% 左右[8],主要包括路基、桥梁、轨道、车站、站场等结构工程,相对于轨道交通要简单。但由于当前有轨电车尚缺乏明确的分级标准,在土建工程上各项目差异不大,但对沿线市政配套工程的影响却很大。如路基处理方式对管线改迁的影响,交叉口轨道与路面的衔接等,导致市政配套工程差异很大。因此,总体上要根据功能定位和道路条件,做到因地制宜及控制投资,才能发挥有轨电车的经济性优势。

4) 面向全寿命周期的运维系统设计

运营及维护系统主要涉及车辆及机电系统,由于与其他系统交叉较少,在系统选型上需要依据后期运营及维护工作量综合确定。从全寿命周期的角度,系统设计要充分考虑后期的运营成本。如售检票系统,要适应后期逐步实现无人售检票、便于巡检的模式,从而降低运营人工成本;又如运营调度系统,要与网络规划相适应,既要有集成化利于集中管理,又要为后期功能拓展留有空间和开放接口条件。

5) 支撑网络化运营的多方式衔接设计

网络化运营是有轨电车的优势之一,是提高乘客直达性的重要方式,也是降低规模化成本的途径。在网络化运营组织基础上,要开展专题的有轨电车与常规公交、非机动车、小汽车等方式的换乘衔接设计,并预留好建设条件,从而实现地面公交系统整体效益的提升。

把握好选线布局、交通组织、土建工程、机电工程、运营衔接等五个方面的设计要点及方向,而在具体工程项目建设时,还需要做好平衡与取舍。

2 嘉兴有轨电车工程的实践应用

2.1 嘉兴有轨电车项目概况

嘉兴市综合交通发展战略提出轨道交通发展模式：构建"高速铁路—城际铁路—城际/市域轨道—有轨电车"多层次、一体化轨道体系，支撑嘉兴"外融、内聚、强心"发展策略，推动嘉兴高质量发展。

为此，嘉兴有轨电车功能定位为地面骨干公交。根据城市公交发展时序，在市域轨道交通建成前，有轨电车作为城市骨干公交，形成地面公交优先系统；在市域轨道交通建设后，有轨电车作为市域轨道交通的补充，形成多层次公交系统。

嘉兴有轨电车近期建设项目[12]包括3条线，线路总长35.7 km，共设站56座。其中，T1线，由秀园路站至嘉兴南站，长20.2 km，设站30座；T2线一期，由汽车北站至科技城站，长13.7 km，设站23座；T6线一期，由凌公塘路站至庆丰路站，长1.8 km，设站3座。其线路走向如图1所示。

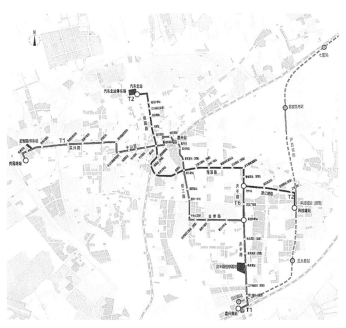

图1 嘉兴市有轨电车近期建设项目线路示意图

2.2 设计要点分析

嘉兴有轨电车近期建设项目结合嘉兴实际需求，把握有轨电车系统技术特征，明确了有轨电车系统的设计要点。

1）选线贯穿城市中心并形成网络，站间距分段控制

嘉兴有轨电车近期建设项目呈"8"字形网络结构，贯通城市中心布局，串联了城市中心、南湖区、秀洲区行政中心，以及主要的客流廊道，预测全部成网后，将承担日客流量约7万人次，约占城市公交11%，初步构建城市公交骨干架构如图2所示。

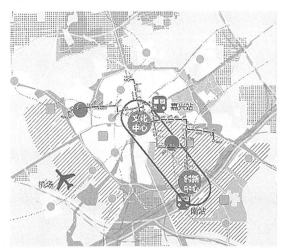
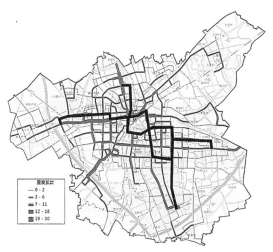

图2 嘉兴市有轨电车近期建设线路与城市空间结构、公交客流分布走廊的关系

近期建设线路规划平均站间距离约 660 m,但根据线路所处不同区位控制站间距离。如在城市中心的中山路和建国路,站间距离为 400～500 m,提高站点覆盖率,强化站点服务功能;而在外围的庆丰路,站间距离则为 800～1 000 m,甚至部分站点为控制预留,开通初期最大站间距离达到了 2.4 km,提高外围的运营速度,体现有轨电车的功能定位。

2) 协同做好路网梳理与交通组织,控制道路断面宽度

嘉兴市有轨电车近期建设线路依托快速路环线建设,开展了区域路网的交通组织,实现了有轨电车优先出行与道路交通组织的协调;在快速环路内,道路交通组织实行有轨电车优先;而快速环外,则更多地平衡有轨电车与道路交通的组织。由此,实现了在标准断面的总体设计上,有轨电车所在道路标准断面均不超过 4 条机动车道;主要是在快速环内,部分道路压缩了机动车道,而快速环外则侧分带改造恢复原有机动车道数量。有轨电车线路与路网的协调关系如图 3 所示。

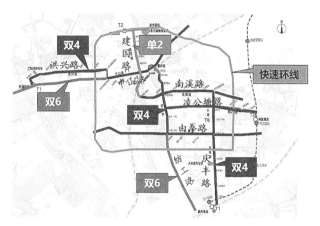

图 3 嘉兴市有轨电车近期建设线路与路网的协调组织

同时,在老城区范围内,中山路将双向 6 车道调整为双向 4 车道,建国路将机动车道由双向改为单向通行,打造中央商务大街和慢行街区,实现了有轨电车与客流需求、老城复兴、文化旅游的有机融合。实施后的效果如图 4 所示。

图 4 有轨电车在中山路和建国路与城市更新的融合

3) 用于提升耐久性的土建工程设计,改善运行环境

嘉兴有轨电车的土建工程为提升耐久性,减少后期运营维护工作,采用了多种创新技术。包括应用路基结构以桩板结构为主,减少沿线的管线迁改量,同时更好地适应嘉兴软土地基。钢轨表面喷涂钢轨防腐涂层,以提高绝缘性能;采用双块式模块化轨道包裹材料,以提高密封阻水、绝缘防腐、柔性隔离、减振降噪等功能。如图 5 所示。

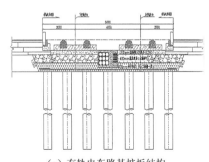

(a) 有轨电车路基桩板结构　　(b) 钢轨防腐涂层　　(c) 双块式轨道包裹材料

图 5 有轨电车提高耐久性的土建结构设计

4）面向智慧化的有轨电车运营调度系统，预留开放接口

嘉兴有轨电车采用了司机目视人工驾驶，但同时采用人工智能技术辅助司机驾驶，包括防疲劳、障碍物检测系统等；同时在调度中心建设了一体化智慧运营调度平台，实现监控、调度等功能；同时首次采用 5G 技术搭建专用无线通信系统；并首次建设有轨电车客流统计系统。如图 6 所示。

同时，该系统还预留了智慧有轨电车的开放接口，包括实现有轨电车实时自响应应急联动控制的运营管理、车辆自动驾驶与交叉口的协同控制等内容。

(a) 司机疲劳检测分析系统

(b) 乘客检票行为分析系统

(c) 基于5G的车地通信系统

图 6　面向智慧化的有轨电车机电系统设计

5）网络化运营组织及多种方式融合，提升服务效益

嘉兴有轨电车近期建设线路根据客流需求，开行了 4 条运行交路，见图 7，复线系数达 2.0，充分发挥有轨电车运营组织灵活的特点，满足了不同客流特征需求，如南湖站能够直达嘉兴南站、嘉兴站，并与建国路串联形成旅游特色交路。

在沿线主要车站，如嘉兴一中站、车辆基地站等，设置了微枢纽，实现有轨电车与常规公交、非机动车等无缝换乘，见图 8。

图 7　有轨电车近期建设线路的网络化运营组织

图 8　有轨电车嘉兴一中站的换乘衔接设计

而在嘉兴站和嘉兴南站综合交通枢纽，则分别采用下穿和站前布设方式，实现无缝换乘衔接和客流转换，见图 9。

(a) 有轨电车地下站与嘉兴站换乘

(b) 有轨电车错开侧式站与嘉兴南站换乘

图 9　有轨电车与综合交通枢纽实现无缝换乘

3 结语

有轨电车兼具了轨道交通和道路交通的特征,需要以系统的思维发挥有轨电车技术优势,统筹好选线布局、交通组织、工程设计及运营衔接等方面的关键技术。在国内有轨电车复兴发展约十年之际,本文在分析有轨电车技术特征的基础上,梳理设计要点,并以嘉兴有轨电车为例进行了应用实践分析,为国内有轨电车的可持续发展提供参考。

参考文献

[1] 中国城市轨道交通协会.城市轨道交通2020年度统计和分析报告[R].2021.
[2] 中国城市轨道交通协会现代有轨电车分会.中国有轨电车蓝皮书(2020)[R].2020.
[3] The International Association of Public Transport (UITP). The global tram and light rail landscape[R]. 2019.
[4] 马强中.现代有轨电车路基工程技术要点[J].甘肃科技,2017,33(6):109-111.
[5] 史义雄.现代有轨电车工程排水设计要点[J].给水排水,2017,53(11):69-72.
[6] 李平.现代有轨电车工程轨道系统特殊设计要点[J].都市快轨交通,2019,32(2):120-125.
[7] 李伟.现代有轨电车工程电源设计方案[J].通信电源技术,2020,37(7):285-288.
[8] 陈国华.有轨电车工程费用组成分析[J].中国市政工程,2017,(3):96-98.
[9] 郝小亮.沈阳浑南新区现代有轨电车工程设计技术[J].都市快轨交通,2013,26(6):116-119.
[10] 李明,王海霞.现代有轨电车工程项目可行性研究报告编制特点分析[J].城市轨道交通研究,2019,22(7):38-40.
[11] 嘉兴市市场监督管理局.有轨电车工程设计规范:DB3304/T 053—2020[S].2020.
[12] 上海市城市建设设计研究总院(集团)有限公司.嘉兴市有轨电车近期建设规划(2019~2023年)[R].2019.

经济原理视角的城市公共交通发展思考

朱 洁

摘 要:城市公共交通发展滞后于城市化的进程,这是一个不争的事实。如何优先发展城市公共交通,仁者见仁智者见智。从经济原理的视角思考公共交通的发展,不仅有利于拓宽视野和思维,而且有利于在工作中更加遵循经济规律,提高经济效益和社会效益。本文仅从经济原理中的等价交换原理、熵经济原理、资源配置原理三个方面对城市公共交通发展做一些思考和分析,从另一个角度提供一些发展公共交通的思维和思路。

关键词:公共交通;经济原理;发展思考

1 引言:经济原理视角的提出

近几年来,公交优先政策在城市建设和发展中得到积极落实,但是,也还存在落实不到位的现象,既有扶持资金、土地规划等方面的不到位,也有资源效用、管理服务的不到位。优先发展城市公共交通,不能仅从政治原理、社会原理的视角认识,还需要从多个方面深入理解。从经济原理的视角思考城市公共交通发展,不仅有助于认识公共交通发展的内在规律,而且有助于提高公共财政扶持的效用;不仅有利于提升政府对公共交通发展的认识,而且有利于促进公共交通的健康发展。本文仅从经济原理中的等价交换原理、熵经济原理、资源配置原理三个方面对城市公共交通发展做一些思考。

2 等价交换原理视角的城市公交补贴

等价交换是市场经济条件下所有商品(包括服务产品)生产、销售的基本原理,它要求商品的生产供应者和购买消费者之间是公平、自愿的交易关系,没有强买强卖现象。城市公交服务的生产、供给和消费,也应当遵循等价交换的原理。由于公交服务的公共产品属性,公交客运实行低票价政策,使得公交服务难以通过市场机制自发地实现有效供给,这就需要通过公共财政的扶持,保障公交服务的供给。

公交政策规定,对公交企业执行低票价政策、优惠乘车和免费乘车等客运服务造成的亏损,由公共财政给予票价补贴。票价补贴的本质是政府用公共财政购买公交服务,对市民乘公交车付费(按规定购票后)不足的部分,由政府代表广大乘客二次付费。票价补贴虽然是政府行为,但与公交企业之间也是市场经济条件下的买卖关系,也需要尊重价值规律,遵循等价交换,避免强买强卖。

在城市公交市场中,虽然会有公交服务的强卖现象,主要表现为国有公交企业吃财政"大锅饭",但更多的是公交服务的强买现象,表现为政府票价补贴的不到位。与企业相比,政府在公交服务的购买中,处于强势的市场地位,更容易违背等价交换原理。因此,在票价补贴工作中,政府应当按照公交服务的市场成本,确定合理的补贴标准,遵循等价交换的原理,主动执行票价补贴。这也是每一个市场主体商业道德的基本要求。

3 熵经济原理视角的公共交通发展

熵经济原理和熵变原理是经济理论研究领域的"新面孔",其独特的思维方式和原理,与城市交通问题似乎有着"心有灵犀一点通"的关系。在城市交通拥堵不断加剧的今天,人们也在不断地深化对交通拥

作者简介:朱 洁,籍贯江苏张家港市,淮安市政协社法民宗委员会主任,工程师。

堵的认识和探寻化解拥堵的路径，熵变原理或许可以给人们一个审视城市交通拥堵问题的全新视角。依据熵变原理的基本内涵和思维，能够帮助我们拓展思路，从交通秩序化的角度提出化解城市交通拥堵和发展公共交通的思路。

1) 熵和熵经济原理

熵，本是物理学中关于热力学的一个概念，是热力学第二定律的状态函数，也被称为熵原理。在管理学中，熵成为自然界所有系统内部无序化混乱程度的度量，是系统微观状态总概率的函数，任何孤立或开放系统内部微观状态的概率总和就等于熵。

尽管上面对熵的概念进行了一些描述，但是，熵原理还是那么"艰涩"和难以领会。在社会学家将熵原理引入经济学之后，便产生了一些熵的经济理论观——熵经济原理。熵经济原理强调：在相对稳定的市场经济条件下，国民收入的增长总是向着微观无序化方向发展，这个变化过程是不可逆的。国民收入规模越大，收入再支周转的微观混乱程度就越高，也就是熵值越大，这种微观混乱程度的增加最终会阻碍宏观总量的增长。

在熵经济原理中，还包含了熵变原理，是指一个系统会趋于微观的无序状态，这一变化趋势是不可逆的。依据这一原理，有助于我们认识城市交通问题及其发展的趋势，同时对于化解交通拥堵有着积极的指导意义。

2) 熵变原理与城市拥堵

城市交通显然是一个巨大的系统，包括道路、车辆等相关元素，而机动车则是城市交通系统中最为凸显的微观元素。目前，城市交通的首要问题是拥堵问题，主要体现在机动车通行的拥堵，无论是拥堵的现象、演变的过程，还是拥堵的发展趋势，都符合熵变原理的阐述，并得到较为充分的印证。根据熵变原理，我们可以将城市交通拥堵描述为以下两种现象：

一是城市交通的微观无序状态。熵变原理提出：一个系统会处于微观的无序状态。如果把城市交通作为一个系统，道路上行驶的机动车，则是城市交通系统的微观组成。面对大量的公务车、私家车，城市管理者既无法知道它们的流动去向，也无法安排它们的行驶线路，更无法让众多的机动车按照道路的畅通状况在时间上和空间上有计划地行驶，也就是说大量的机动车流动总体上是无序的，由此造成了城市交通系统中微观的无序状态。

二是交通拥堵的不可逆发展。熵变原理指出：微观无序状态的变化趋势是不可逆的。由于城市车辆流动中的无序状态，导致了交通拥堵，并且拥堵将日益严重，这一不可逆的趋势已经毫不留情地呈现在广大市民的生活中。为了化解城市交通拥堵，城市政府不断地拓宽道路，建设立交桥、地下通道，可交通拥堵在短暂的缓解之后，又进一步加剧。靠道城市路建设来解决拥堵问题，已被社会公认为不可持续的城市发展措施。

3) 化解交通拥堵的有序化措施

根据熵变原理可知，只要城市交通系统存在着微观的无序状态，交通拥堵的状况就必然呈现为不可逆的发展。因此，要化解城市交通拥堵，就需要改变微观的无序状态，建立微观层面的有序化，有序化程度越高，解决拥堵的效果就越好，相关的措施在城市交通管理中已经得到印证并取得一定成效。

一是交通规则化解拥堵的成效。在道路上，如果每辆机动车都可以自由选择靠左或靠右行驶，不仅会造成道路交通的混乱，而且也很容易造成道路的拥堵；在交叉路口，如果没有交通信号指挥，机动车自由通行，不仅容易造成交通事故，而且车流量稍大一些也会造成拥堵。交通规则是最一般的化解交通拥堵的措施，例如，车辆按照靠右行驶的规则通行，交叉路口按照交通信号要求通行，道路上按照行驶导向标志通行等。由于交通规则在一定程度上使得车辆通行有序化，也使交通拥堵在一定程度上得到缓解。但是，交通规则并不能解决众多的机动车在行驶线路和到达目的地的无序化问题，因而，随着机动车的增加，城市交通的拥堵现象还是难以避免。

二是公共交通化解拥堵的作用。交通规则只能使车辆在浅层次上有序化流动，而深层次的有序化则是对所有车辆的行驶线路和目的地等方面做统一计划和有序安排。由于各个车辆用途上的无序性，使得城市管理者不可能对所有车辆的流动实行深层次的有序化管理，但可以对部分车辆实行深层次的有序化管理——设立公共交通系统。城市公交和轨道交通车辆,不仅按照管理者指定的线路行驶,而且按照管理者指定的时间发车和到达指定的目的地。也就是说,公共交通系统是城市交通系统中有序的微观组成,它在交通规则缓解交通拥堵的基础上,进一步化解了交通拥堵。

三是公共交通化解拥堵的成效。公共交通系统的公交车辆、轨道车辆只是城市交通系统中机动车的一部分,它们使得城市交通系统的微观无序化部分地有序化,因而也成为各大城市解决城市交通拥堵的必选路径之一,而且也是目前可供采取的有限的积极措施之一。在城市交通系统的微观层面,公共交通车辆的客运量在所有机动车中所占的比例越大,有序化程度也就越高,无序化程度就越低,交通拥堵的程度就越低。因此,提高城市公共交通出行的分担率,一方面,减少了人们选择其他机动车出行的数量;另一方面,也降低了城市交通的微观无序化,提高了城市交通的有序化,较为有效地化解了交通拥堵。

4　资源配置原理视角的公共交通发展

当前,城市交通最突出的两大问题是交通拥堵和公共交通发展滞后,而发展公共交通又是化解交通拥堵的有效路径。交通拥堵在表象上是道路上机动车流动的无序和停滞状态,在本质上却反映为资源的稀缺。既有时间资源的稀缺,因为拥堵耗费了人们并不宽裕的时间;也有财富资源的稀缺,因为拥堵使人们财富流失,同时解决拥堵(如修路)也要消耗财富。然而,城市道路资源的稀缺,却是交通拥堵中最为稀缺的资源。

为了解决道路资源稀缺问题,较为一般的解决方法是加大资源的生产——修路。一是不断地拆迁、扩路,使道路又宽又大;二是建造立交桥、地下隧道,向空间要道路资源。然而,资源的增加是有限的,稀缺是永恒的。北京市以"摊大饼"的方式,先后建设了三环、四环、五环……道路虽然又宽又大,立交桥众多,但交通拥堵仍然日趋严重。可见,解决交通拥堵问题,仅靠增加资源已非良策,合理配置资源才是上上之策。

发展城市公共交通,是节约资源、化解拥堵的一举两得的机制,但需要对道路资源进行合理配置,使道路资源向公交车倾斜,才能取得事半功倍的效果。一是设立公交专用道,这一措施已被许多城市采用,但因为条件要求较高,普及有一定难度;二是设立公交专用等候道,即在有信号灯的交叉路口或交通拥堵的节点路段,划定公交专用等候车道,赋予公交车优先通过权;三是设立弹性公交专用道,即划定部分路段的行车道在交通高峰时期仅为公交专用道。

此外,优先发展城市公共交通,还需要其他相关资源配置的优化。一是交通时间资源的配置优化,在交叉路口信号灯的控制上,对有公交车通行的方向,或公交车通行多的方向,给予更多的绿灯时间;二是尾气排放权资源的配置优化,在城市空气污染日益加重的情况下,尾气污染的排放权也成为一种资源,面对城市机动车尾气的污染,赋予公交车更多的排放权,限制其他机动车的排放权;三是公共财政资源的配置优化,多数城市的公共财政并不宽裕,加大对公共交通的扶持,需要公共财政的更多投入。

5　结论

长期以来,正是因为缺少对发展城市公共交通经济原理视角的认识和思考,才导致对发展公共交通认识得不够深刻、不够全面,违背经济规律的现象时有发生;才导致公共交通在城市交通中的地位不高,在化解交通拥堵中发挥不足;才导致财政补贴机制的不健全,使得财政补贴管理行政化和官僚化,财政扶持效率不高;才导致各种资源配置错位,优先发展公共交通不到位。因此,深化从经济原理的视角思考公共交通的发展,有利于淡化各种形式主义、"政绩工程"的内容,遵循经济规律,提高公共财政的效用,优化资源的配置,促进公共交通事业的健康和可持续发展。

浅析微课在职业院校汽车维修专业教学中的应用探索

翁银燕

摘　要：微课深度融合了现代教学理念和信息化技术水平，符合汽车维修专业教学的需求特征。本文从微课和汽车维修专业教学的特点入手，分析微课在汽车维修专业教学中应用的优势、现状，进而探索出微课在本专业教学中的应用策略，从而提升职业院校汽车维修专业教学发展水平。

关键词：微课；汽车维修专业；应用策略

Abstract：The micro-courses deeply integrate modern teaching concepts and information technology levels, which meets the teaching demand characteristics of automobile maintenance major. This paper starts with the characteristics of the teaching of micro-classes and automotive maintenance majors, analyzes the advantages and current situation of micro-class application in the teaching of automotive maintenance, and then explores the application strategies of micro-classes in the teaching of this major, so as to improve the teaching development level of automotive maintenance major in vocational colleges.

Keywords：micro-course; automobile maintenance major; application strategy

1　微课的概述

1.1　微课的起源

微课的雏形来源于美国北爱荷华大学 LeRoy A. McGrew 教授在 1993 年所提出的 60 秒课程，以及英国纳皮尔大学 T. P. Kee 教授在 1995 年提出的一分钟演讲。在此基础上，2008 年美国圣胡安学院的 David Person 教授提出了微课程的概念。而在国内，2010 年广东省佛山市教育局胡铁生老师率先提出了以微视频为中心的新型教学资源微课的概念。此后 2012 年教育部举行的第一届全国高校微课教学比赛使得微课这种新型教学模式逐渐被高职院校教育工作者所重视与实践。

1.2　微课的内涵及特点

作为一种新型的教学手段，微课是指运用现代化信息技术手段，按照认知规律，呈现碎片化学习内容、过程及扩展素材的结构化教学资源，它具有以下特点：

1）时间短、内容精

微课顾名思义就是微型课堂，其教学时间一般控制在 10 分钟内，这主要是与"人类注意力十分钟法则"息息相关。微课的教学内容十分精练，通常只涉及某一至两个知识点，而涉及的知识点正是教学的重难点。

2）目的性、示范性

微课的教学目标相对单一，指向性明确，所有的教学设计与制作都是围绕某个知识点展开的。微课的选题通常都是教师较熟悉、较擅长的教学内容，因此制作出来的微课具有很强的示范性。

3）共享性、自主性

微课的容量很小，一般不超过 10 MB，很容易实现网络的传播与下载，具有广泛的共享性。教师将制作好的微课资源上传到教学资料中，学生可以在线观看或者下载视频，实现真正意义上的自主学习。

作者简介：翁银燕，江苏省淮安技师学院，硕士，讲师，研究方向为汽车检测与维修。

2 职业院校汽车维修专业教学特点

1）理实一体化、课程项目化

汽车维修专业应用型人才不仅要有扎实的理论根基而且要有较强的动手实践能力。因此教学中比较注重对实践操作课程的开展,在满足理论教学需求的同时,对符合企业要求的职业技能进行着重训练。将人才培养方案作为具体的教学指导,以企业最为常见的工作任务为依据制定工作单,将学生培养成为企业需求型人才。

2）课堂小班化、考试多样化

汽车维修专业每个班级的学生人数通常不超过30人,这样既可以拓宽学生的活动空间,又可以确保每位学生都能够进行实践操作。汽车维修专业每学期考试的形式并不是单一的理论考核,而是由过程阶段性实践考核和学期末理论考核组成。此外在五年的学习过程中还会穿插技能证书考核和企业认证考核等,对学生学习的最终成果进行鉴定。

3 微课在职业院校汽车维修专业教学中的应用

3.1 微课在职业院校汽车维修专业应用的必然性

汽车维修专业的学生大多基础知识比较薄弱,缺乏抽象思维,很难在短时间内掌握新技术、新工艺及新的检测维修手段。教师则在教学中由于受到场地、设备等条件的制约,实践操作演示往往变成口头说教,效果甚微。这些都给教学带来了不少挑战,而微课教学以其潜在的直观生动的教学优势更易受到广大师生的青睐,它为教师和学生提供了一个施展才能和展现个性的平台。微课教学模式使学生在短时间内能按需检索所需的相关资源,为自己确定个性化学习方案。同时微课教学模式也使教师从过去的重复性的教学中解脱出来,将一些难以理解的知识点技能点以动画视频的形式展示出来。因此将微课应用于汽车维修专业教学中已经成了一种必然的趋势,很好地解决了理论教学枯燥和实践操作盲目的问题,它已成为理论与实践一体化课程改革的新潮流。

3.2 微课在我院汽车维修专业应用的现状分析

以我院为例,从20个汽车维修专业班级中随机抽取了100名学生和20名专业课教师对微课的了解程度、接受程度、应用程度进行了抽样调查。

由图1可知：样本中有10%的教师和50%的学生对微课处于"完全不了解"的状态,有60%的教师和30%的学生对微课处于"初步了解"的状态,有30%的教师和20%的学生对微课处于"深入了解"的状态。这说明我院汽车维修专业教师对微课的了解认识较普及,而学生则关注得较少。

由图2可知：样本中有90%的教师和70%的学生"非常愿意"接受微课,有5%的教师和20%的学生对微课持有"无所谓"的态度,只有5%的教师和10%的学生"不愿意"接受微课。由此说明我院汽车维修专业师生接受学习新的教学资源微课的积极主动性较强。

样本中有70%的教师在教学中应用到微课,他们一致认为在教学中应用微课能充分调动学生的学习积极性、有助于实现教学目标。但只有5%的学生将微课应用于课前的预习和课后的复习中。由此说明我院汽车维修专业教师应多宣传指导学生利用好微课。

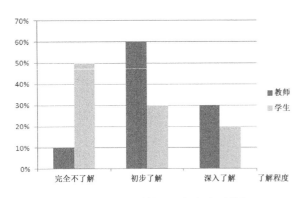
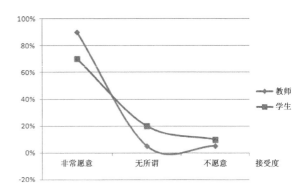

图1 我院师生对微课了解程度现状图　　　　图2 我院师生对微课接受程度图

3.3 微课在职业院校汽车维修专业的应用策略

3.3.1 微课内容的选取

一节成功的微课必须有吸引学生眼球的内容，能把学生感兴趣的、重要的知识内容展示出来。职业院校汽车维修专业的课程大部分以理论与实践一体化为主，既要有理论基础知识为依托，又离不开实践环节的指导。

1) 理论教学

为了帮助学生更好地吸收、消化并掌握重要的知识点，职业院校汽车维修专业课程每个模块的内容可以细分为若干个具体的知识点。教师可选取其中一两个重难点制作成微课播放出来，帮助学生理解掌握。以《汽车电气设备构造与维修》课程为例，讲解起动机的工作原理时，教师可以把相关的内容进行微化处理，将其拆分成"电动机的工作原理""传动机构的工作原理""控制装置的工作原理"三个微课，以动画及音频为载体，以便改善学生只能依赖书本和图片获取知识的静态学习方法。

2) 实践教学

由于受到实训场地及教学设备的制约，职业院校汽车维修专业教师容易将许多实践操作变成口头说教，而职业院校汽车维修专业学生以男生为主，其动手欲很强，都期待自己能"亲自动手上战场"。因此在实践教学中，以学生的学习需求及兴趣爱好为依据，职业院校汽车维修专业教师可以选取一些"传感器检测、汽车整车拆装、汽车维护保养、电路故障诊断"等经典案例制作成微课，以视频音频动画等为载体，直观形象地表达教学内容，便于学生在老师课堂实践的指导和微课学习的双重指导下快速提高认知能力和动手能力。

3.3.2 微课环节的设计

1) 微课的前期设计

微课本质上是一个完整的教学环节，不仅包含微视频，也应该由微教案、微课件、微练习等多元化内容组成。其中教案和课件是微视频的重要教学辅助手段。当学生在观看微视频时遇到疑问或者希望进一步了解知识点时，就可以参考微课教案和课件。因此微课的前期设计首先必须以教学大纲的要求为指导，确定教学目标，分析教学重难点，选择恰当的教学方法，编写一份教案。微课的教案虽然篇幅不多，但也应包括完整的教学环节，如引入新课、新课教学、课堂练习、总结反思等。其次根据写好的教案设计一个精美的课件，课件的文字应精干简练、言简意赅，尽可能多地选取图片、视频、动画、生活实例为素材，充分吸引学生的眼球。课件的思路一定要清晰，以教师原创的素材为主，也可以借鉴网络资料。例如在制作"氧传感器检测"的课件时，可以在汽车维修实训室拍摄氧传感器及其检测工具的实物图片，使学生对所学内容一目了然。

2) 微课的制作

微课的制作包括微课的录制和视频制作两个部分。微课录制的质量优劣直接影响其教学效果及推广使用。职业院校汽车维修专业教师录制视频资源时，一般可选汽车维修实训室或者办公室为拍摄场所，避免环境嘈杂。教师首先需要参考各类相关视频微课的拍摄技巧，使用的参数应尽量满足最大高清指标的要求；其次还应该尽量选择性能相对较好的录制设备，保证视频的清晰度。录制过程中教师还需要注意着装规范化、仪态自然、语言精练、语速不快不慢，给学生营造一种一对一教学的轻松氛围。

微课的视频制作也是一项极其重要的任务，不仅需要教师掌握会声会影、Windows Movie Maker 等软件的使用，能对视频进行简单的剪辑及字幕添加，还要学会使用 Windows 录音机、MP3 音频录音机、Adobe Audition 等软件对视频进行音频处理。当然完整的微课视频不仅仅是拍摄好视频的剪辑，也可插入课件 PPT，也可添加背景音乐等。制作好的微课视频还要注意将时间要控制在 5～8 分钟，格式要易于播放，容量不能太大，要便于学生可以在线观看或者下载保存，要具有广泛的共享性。

3.3.3 微课教学的评价

在设计制作微课完成后，职业院校汽车维修专业教师应邀请同专业的领导及同事们进行检查评价，也可邀请部分学生试听反馈，及时发现微课存在的不足并修改完善，最终成为一节可在本院校内甚至网络上推广使用的成功微课。如何制定合理有效规范化的微课教学评价标准是一节微课能否推广应用的至关重要的因素。

高职汽车维修专业微课的教学评价标准可以从教学环境筹备、教学实施效果、教学总结反思三个方面展开。

第一，微课教学环境筹备。主要考查教师教学实施平台的搭建，包括：①教学视频资源的示范性，即微课教学内容是不是学生普遍反映有难以掌控的知识要点或者难以操作的实践要点；②教学设计资料的完整性，即微课的教案、课件、微视频是否都是一一对应的；③教学实施训练资料的齐全性，即理论知识型的微课有没有包含对应的课堂小练习，实践操作型的微课有没有包含对应的实践操作表及评分表；④教学互动平台的可操作性，即师生间的互动情况，比如学生下载观看微课的次数、师生回答问题的比例等。

第二，微课教学实施效果。这也是衡量微课最关键、最根本的评价标准，它以学生对本节微课的认可度为依据。微课是学习者主动获取知识的便捷途径，学生可以下载微课视频反复观看，可供学生课前预习用，也可以课中自学用，更可以课后复习用。一节短而精的微课如果可以帮助学生快速理解某个知识点或者掌握某个技能操作点，那就是一节精彩的具有使用价值和推广意义的微课。

第三，教学总结反思。这也是成功的示范性微课必不可少的一个环节。通过教学总结反思教师可以记录下师生的疑惑、建议等，从而及时调整教学设计，更好地完善本次微课设计，提高教学质量；也可以记录下这节微课的成功之处，为以后的微课设计制作提供很好的指导帮助。

4 结束语

目前微课在汽车维修专业教学中的应用成果已经初见成效，越来越多的职业院校开始重视推广建设。微课是一种与汽车维修专业教学特点相匹配的新型教学资源，在汽车维修专业高素质技能型人才培养中发挥着重要的作用。如何研究出合理可行的汽车维修专业微课设计开发的新模式，探索出汽车维修专业微课教学的发展之路，还需要我们职业教育工作者不断地去探索和实践。

参考文献

[1] 王道林.刍议微课在技工院校汽车维修一体化教学中的应用[J].现代职业教育,2018(15)：17.
[2] 徐晨.浅谈微课在高技汽车维修专业中的应用[J].现代职业教育,2018(18)：256.
[3] 袁珺彦.浅谈微课在汽车维修专业教学中的优势[J].中小企业管理与科技,2019(10)：84-85.
[4] 孙锂婷.汽车检测与维修技术专业教学诊断与改进探索[J].南方农机.2019(18)：114-115.
[5] 武剑飞.浅谈微课在中职汽修专业中的设计与应用：以"汽车智能大灯的检测与调教"为例[J].现代职业教育,2019(14)：152-153.
[6] 叶丽珠.探究微课在汽车维修专业一体化教学中的应用[J].时代汽车,2020(13)：70-71.
[7] 于佳里.微课在汽车维修专业教学中的应用与效果分析[J].时代农机,2020(1)：146-148.
[8] 王东山.浅析微课在汽车维修专业一体化教学中的应用[J].时代汽车,2020(12)：40-41.

基于 GIS 的慢行交通可视化评价
——以盐城亭湖为例

Visual evaluation of slow traffic in Tinghu District of Yancheng based on GIS

张同硕　严文义　施　蕾　廖明军　徐玉中　张　宇

摘　要：目前慢行规划评价缺乏成果可视化表达，本文从慢行需求出发和从人性化的角度出发，选取评价指标，并将指标归类为步行交通路网、自行车交通路网、交叉口节点、公共基础设施四个层面。采用层次分析法软件对慢行交通网络进行评价。利用 GIS 实现慢行交通指标和调查结果以及评价结果的可视化，并应用于盐城亭湖某区域慢行评价分析。该成果可为慢行交通规划提供可视化评价方法。

关键词：慢行交通；层次分析法；GIS；可视化

Abstract: At present, the evaluation of slow traffic planning lacks visual expression of results. Based on the demand of slow traffic and from the perspective of humanization, this paper selects evaluation indexes and classifies them into four levels: pedestrian traffic network, bicycle traffic network, intersection nodes and public infrastructure. Analytic Hierarchy Process (AHP) software is used to evaluate the slow traffic network. GIS is used to realize the visualization of slow traffic index, survey results and evaluation results, and it is applied to slow traffic evaluation and analysis in a region of Tinghu in Yancheng. Research results can provide a visual evaluation method for slow traffic planning.

Keywords: slow traffic; AHP; GIS; visualization

0　引言

"慢生活"将成为时代进步的"代言人"。公安部统计数据分析显示，截至 2018 年底全国汽车保有量达 2.4 亿辆，比 2017 年增加 2 285 万辆，增长 10.51%。交通拥堵、空气污染、交通安全等问题使得城市不能快速、健康地发展。近年来，各地方政府开始不断地完善慢行交通设施和出行环境，大力发展慢行交通。慢行交通是相对于高速交通即机动车交通而言的，主要是指速度在 15 km/h 以下的交通出行方式，主要为步行和自行车出行。随着各地步行系统和自行车系统在不断的规划建设中日趋完善，迫切地需要对慢行交通系统进行深入探索和评价来指导慢行交通的良性发展。

国内外学者对其从多个角度进行研究。Gabriele D'Orso 等通过分析确定影响步行能力的因素并给予其重要性分级，找出这些因素中需要进行优先投资改进的因素后对其给出优化建议。Ahmed Osama 等使用宏观碰撞预测模型评估了人行道网络的连通性、连续性和地形对行人安全的影响。Adriana Sousa 等对葡萄牙中型城市进行慢行环境质量评估，选取评价因素为慢行环境中的人行道坡度、连续性、舒适度及其吸引力和安全性等，他们认为有轻微的坡度、连续、宜人，具有吸引力和安全的慢行环境是一

作者简介：张同硕，盐城工学院，硕士研究生，研究方向：智能交通控制。
　　　　　严文义，高级工程师，江苏射阳经济开发区规划建设局，研究方向：交通规划。
　　　　　施　蕾，工程师，江苏射阳经济开发区规划建设局，研究方向：交通规划。
　　　　　廖明军，盐城工学院，博士，教授，研究方向：交通规划。
　　　　　徐玉中，教授级高级工程师，盐城市规划政设计院，研究方向：交通规划。
　　　　　张　宇，盐城工学院，硕士研究生，研究方向：智能交通控制。

种享受,是一个社会化的空间。蒋献忠等以网络、空间、环境和衔接作为建立慢行交通评价体系的四大要素,以路网密度、机非隔离设施、慢道线形等 15 个指标对扬州市历史古城区进行慢行交通系统评价。董升等从行人、车辆、道路以及环境四个因素作为研究方向构建了慢行交通系统评价模型,涉及高峰小时行人流量、道路横断面形式、道路排水情况等 23 个评价指标,运用 AHP-DEA 法确定指标权重,对校园慢行交通系统进行评价。

以往的研究大多从某个角度进行定量的评价,但是在空间表达上非常不直观,很难应用到慢行系统网路规划中。本研究将全面考虑步行交通网路、自行车交通网路、交叉口以及公共基础设施四个方面构建评价体系。并利用 GIS 的空间可视化的优势,对慢行交通网路进行分析和可视化表达。本文以盐城市亭湖区中心的文港路、开放大道、人民路、解放路、毓龙路、建军路、大庆路、青年路、新都路等道路为评价对象进行研究,利用建立的慢行交通评价体系对上述路段进行评价,并对评价结果进行分析说明,找出需要进行优先投资的项目。

1 慢行交通评价体系的建立

1.1 评价指标的选取

通过对盐城市亭湖区区域内实际调查发现的问题进行综合分析选择,秉承科学、公正、以人为本的原则对指标进行划分,共分为四个方面:步行交通路网、自行车交通路网、交叉口节点、公共基础设施。四个方面的指标体系如图 1 所示。

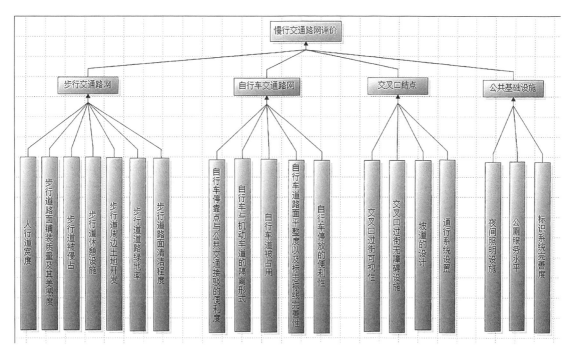

图 1 慢行交通系统评价指标体系

1.1.1 步行交通路网

我国《城市道路交通规划设计规范》中规定人行道宽度应按人行带的倍数计算,最小宽度不得小于 1.5 m。本文按照各级道路、商业或文化中心区域、火车站或码头附近、长途汽车站附近设定评分标准。

1) 人行道的宽度

我国《城市道路交通规划设计规范》中规定人行道宽度应按人行带的倍数计算,最小宽度不得小于 1.5 m。且不得小于表 1 人行道最小宽度中的数值。

表1 人行道最小宽度

分类	大城市	中小城市
各级道路	3 m	2 m
商业或文化中心区域	5 m	4 m
火车站或码头附近	5 m	4 m
长途汽车站附件	4 m	3 m

参考表1中人行道最小宽度的数值,可得人行道宽度评分表,见表2。

表2 人行道宽度评分表

评语等级	非常好	较好	一般	较差	非常差
人行道宽度	实际宽度大于3.5 m	实际宽度大于1.5 m 小于3.5 m	实际宽度等于最小宽度	实际宽度小于1.5 m 大于1 m	实际宽度小于最小m
得分	10	8	6	4	2

2) 步行道路面铺装质量及其美感度

人行道路面铺装质量及其美感度包含安全性、色彩、质感及铺装观感面,同时应该具有渗透性。本项得分用实际调查中该项得分的平均分来表示。该指标评分细则见表3。

表3 人行道路面铺装质量评分表

评语等级	非常好	较好	一般	较差	非常差
人行道路面铺装质量	路面色彩丰富鲜明,质感很好,铺装材料具有渗透性,观感舒适,防滑系数高	路面色彩丰富鲜明,质感很好,铺装材料具有渗透性,观感舒适	路面色彩、质感一般,铺装材料具有渗透性,观感一般	路面色彩单调、质感差,铺装材料不具有渗透性,观感不好	路面色彩单调、质感差,铺装材料不具有渗透性,观感不好,雨天易滑倒
得分	10	8	6	4	2

3) 步行道被侵占

该指标包含人行道被机动车停车侵占、被摊贩摆摊侵占、被市政设施(如报亭、警务厅、行道树、休憩设施等)侵占。使用每500 m被侵占的长度来进行分级。本项得分用实际调查中该项得分的平均分来表示。该指标来源于实际生活,具体见表4。

表4 人行道被侵占评分表

评语等级	非常好	较好	一般	较差	非常差
人行道被侵占(%)	[0,10)	[10,25)	[25,75)	[75,100)	≥100
得分	10	8	6	4	2

4) 步行道休憩设施

该指标主要评价休憩设施的布设合理性以及材料质地、样式等是否满足需求。布设合理性是指应该在人流量大的地区进行布设,且根据相关研究指出座椅间距设置为100 m时有利于满足老人与小孩的需求。本项得分用实际调查中该项得分的平均分来表示,具体见表5。

表5 人行道休憩设施评分表

评语等级	非常好	较好	一般	较差	非常差
人行道休憩设施	休憩设施布设间距合理,材料质地环保,座椅款式新颖独特	休憩设施布设间距合理,材料质地好,座椅款式一般	休憩设施布设间距满足需求,材料质地一般,座椅款式一般	休憩设施布设间距满足需求,材料质地一般,座椅款式老旧	休憩设施布设间距不合理,材料质地较差且不环保,座椅款式老旧
得分	10	8	6	4	2

5) 步行道周边土地开发

人行道周边土地开发是指人行道周边的土地在开发利用后能满足人们日常的生活需求,减少出行距离,增加生活的便利性。本项得分用实际调查中该项得分的平均分来表示,具体见表6。

表 6 人行道周围环境开发评分表

评语等级	非常好	较好	一般	较差	非常差
人行道周围环境开发	能很好地满足日常生活需求,且能提供优质的生活体验	能满足日常生活需求,且能提供较好的生活体验	能满足日常生活需求	不能满足日常生活需求	对日常生活造成负面影响
得分	10	8	6	4	2

6) 步行道道路绿地率

在《城市道路绿化规划与设计规范》中规定,道路绿地率指道路红线范围内各种绿带宽度之和占总宽度的比例。其中还给予了不同道路宽度的道路绿地率建议值,见表7。在此主要指人行道遮阳行道树的布设。本项得分用实际调查中该项得分的平均分来表示。

表 7 不同宽度道路绿地率建议值

道路宽度	道路绿地率/%
园林景观路	≥40
红线宽度＞50 m	≥30
红线宽度 40~50 m	≥25
红线宽度＜40 m	≥20

根据表7可得人行道道路绿地率评分表,见表8。

表 8 人行道道路绿地率评分表

评语等级	非常好	较好	一般	较差	非常差
人行道道路绿地率	达到《城市道路绿化规划与设计规范》中的建议值并有所超出	达到《城市道路绿化规划与设计规范》中的建议值	达到《城市道路绿化规划与设计规范》中的建议值的临界值	低于《城市道路绿化规划与设计规范》中的建议值的临界值	远低于《城市道路绿化规划与设计规范》中的建议值的临界值
得分	10	8	6	4	2

7) 步行道路面清洁程度

人行道路面的清洁程度很大程度地影响了步行者的出行体验,也是衡量一个城市是否是文明城市的重要指标。本项得分用实际调查中该项得分的平均分来表示。

依据《城市道路清扫保洁质量与评价标准》可得人行道路面清洁程度评分表,见表9。

表 9 人行道路面清洁程度评分表

评语等级	非常好	较好	一般	较差	非常差
人行道路面清洁程度	道路整体十分清洁,无较大污渍、垃圾、积水和冰雪,路面呈现本色,垃圾箱及其周围清洁无异味	道路整体十分清洁,无大面积污渍、垃圾、积水和冰雪,路面呈现本色,垃圾箱及其周围清洁	道路整体清洁程度一般,有零散垃圾,路面呈现本色,垃圾箱及其周围清洁	道路整体清洁程度差,有零散垃圾,路面呈现本色,垃圾箱及其周围清洁	道路整体清洁程度差,有成片垃圾、积水和冰雪,路面有成片污渍,垃圾箱堵塞
得分	10	8	6	4	2

1.1.2 自行车交通路网

1) 自行车停靠点与公共交通接驳的便利程度

该指标是指自行车交通与公交接驳的便利程度。城市的"最后一公里"问题可以通过慢行交通来解决。该指标考虑两个方面:自行车在接驳点的停放是否安全便利;接驳距离是否适宜。

2) 自行车道与机动车道的隔离形式

此指标依据自行车道与机动车车道的隔离形式对自行车交通的安全性以及自行车与机动车之间的

相互干扰性来进行分级。自行车道与机动车道隔离形式可分为专用自行车道、隔离自行车道(包含实物隔离、划线隔离、彩色铺装自行车道)、混行自行道。

3) 自行车道被占用

该指标是评价自行车道被机动车停车占用的问题。本文中以每 500 m 为计量单位。本项得分用实际调查中该项得分的平均分来表示。

4) 自行车道路面平整度以及标志标线完善性

该指标指的是自行车道路面平整度,它可以直接体现在骑乘的舒适性上。路面标志标线要求准确、清晰。

5) 自行车停放的便利性

自行车具有体积小、重量轻、可达性高、对道路环境要求低等特点。这些特点也导致自行车停放的随意性、无序性,甚至于失窃。完善的自行车停放机制会吸引更多的人投入到自行车的使用中来,以及解决自行车交通出行的停放难的问题。

1.1.3 交叉口结点

1) 交叉口过街可视性

该指标是指交叉口过街可视性是否良好。在过街过程中慢行交通使用者属于弱势群体。交叉口属于事故多发地带,应该给予机动车与非机动车使用者良好的可视性。

2) 交叉口过街无障碍设施

该指标主要指的是交叉口的信号灯语言提示装置、人行横道报警装置。一方面可以辅助老人及孩子过街,另一方面还可以督促行人遵守交通规则。

3) 坡道的设计

该指标指的是人行道和自行车道与机动车道、建筑物出入口相衔接处,以及在人行天桥和地道的出入口处,都应设置平缓的坡道,以保证弱势群体的安全通行,特别是乘轮椅者的通行安全。

4) 通行系统设置

《城市道路交通管理评价指标体系》中指出无障碍通行系统设置是人文关怀的体现,是城市文明程度的体现。它主要包括以下内容:①人行道上设置盲道;②人行道与非机动车道衔接处进行无障碍坡道处理;③人行天桥和地下通道设置无障碍坡道引道;④有适当的提示标识或警告信息;⑤各种无障碍通行设施之间连续;⑥综合交通枢纽、大型客流集散点等人流集中地区实现了无障碍通行。

1.1.4 公共基础设施

1) 夜间照明设施

夜间照明设施是慢行交通安全的重要一环,它主要考虑设施的间距以及实际应用情况。

2) 公厕服务水平

该指标主要指公厕的数量是否齐全,分布是否合理,是否干净、整洁、无异味,以及是否修建有无障碍设施。

3) 标志系统完善度

该指标主要是指能为出行者提供指引的设施,其应该准确、简洁、明了、醒目。参考《城市道路交通标志和标线的设置》,该指标包括:①专用道标志;②人行横道标志;③红绿灯标志;④提示标志;⑤禁令标志;⑥辅助标志;⑦可变信息标志。

2 慢行交通评价指标体系的权重确定

本文采用层次分析法软件 Yaahp 进行计算并进行一致性检验。图 2 为准则层 1~9 标度判断矩阵。依次构建步行交通路网、自行车交通路网、交叉口结点以及公共基础设施的判断矩阵,通过专家打分及实际生活调研进行重要性判断。而后进行结果计算，最终得出权重。图 3 为判断矩阵结果，图 4 为权重分布图。

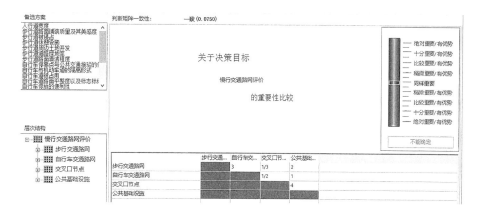

图 2　准则层 1～9 标度判断矩阵

慢行交通路网...	步行交...	自行车...	交叉口...	公共基...	Wi
步行交通路网	1.0000	3.0000	0.3333	2.0000	0.2614
自行车交通路网	0.3333	1.0000	0.5000	1.0000	0.1442
交叉口节点	3.0000	2.0000	1.0000	4.0000	0.4716
公共基础设施	0.5000	1.0000	0.2500	1.0000	0.1228

2. 步行交通路网　一致性比例: 0.0806; 对"慢行交通路网评价"的权重: 0.2614; λmax: 7.6576

步行交通路网	人行道...	步行道...	步行道...	步行道...	步行道...	步行道...	步行道...	Wi
人行道宽度	1.0000	2.0000	0.3333	3.0000	4.0000	2.0000	2.0000	0.1987
步行道路面铺...	0.5000	1.0000	0.3333	0.3333	0.5000	2.0000	2.0000	0.0941
步行道被侵占	3.0000	3.0000	1.0000	4.0000	3.0000	4.0000	3.0000	0.3227
步行道休憩设施	0.3333	3.0000	0.2500	1.0000	2.0000	2.0000	1.0000	0.1255
步行道周边土...	0.2500	2.0000	0.3333	0.5000	1.0000	3.0000	2.0000	0.1176
步行道道路绿...	0.5000	0.5000	0.2500	0.5000	0.3333	1.0000	0.5000	0.0566
步行道路面清...	0.5000	0.5000	0.3333	1.0000	0.5000	2.0000	1.0000	0.0849

3. 自行车交通路网　一致性比例: 0.0507; 对"慢行交通路网评价"的权重: 0.1442; λmax: 5.2272

自行车交通路网	自行车...	自行车...	自行车...	自行车...	自行车...	Wi
自行车停靠点...	1.0000	2.0000	1.0000	1.0000	0.3333	0.1505
自行车与机动...	0.5000	1.0000	0.3333	0.3333	0.2500	0.0728
自行车道被占用	1.0000	3.0000	1.0000	3.0000	0.3333	0.2138
自行车道路面...	1.0000	3.0000	0.3333	1.0000	0.3333	0.1423
自行车停放的...	3.0000	4.0000	3.0000	3.0000	1.0000	0.4206

4. 交叉口节点　一致性比例: 0.0814; 对"慢行交通路网评价"的权重: 0.4716; λmax: 4.2173

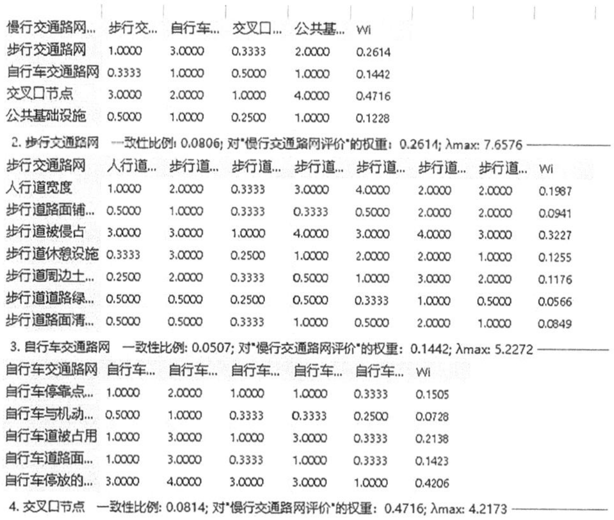

图 3　判断矩阵结果显示

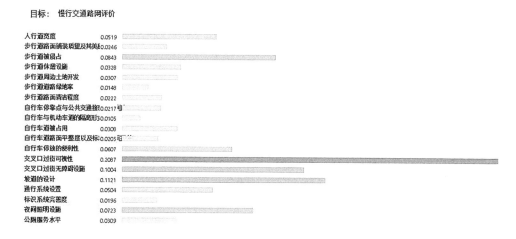

图 4　权重分布图

由图 4 可得，在步行出行过程中，人行道的通畅程度对居民的出行行为有较大的影响。出行过程中，通畅的道路是居民出行的基本要求，同时也反映出了人行道的通畅程度不高，居民需要人行道的低占用率甚至没有被占用。在自行车出行过程中，更多的是使用共享单车，较高的权重分布也体现了居民出行考虑较多的就是自行车停放的便利性。在过街过程中，安全是慢行者所需要的首要保障，所以经过判断矩阵构造、重要性评分得出的权重可看出交叉口过街可视性是最基本也是最重要的一项；夜间照明同理，满足夜间慢行所需要的视线要求也是重中之重。

3 盐城市慢行交通评价——以亭湖区为例

3.1 评价流程

本文数据皆通过实地调查获得。其中为减少主观因素的影响，每条路段的调查人员皆为 2 至 3 人，并且每个个体独立进行调查，最后将每人每项得分结果汇总，如公式 1 所示。一条路段将其以交叉口节点进行分隔分为若干小段进行得分调查，最后进行平均汇总，如公式 2 所示。并将得分因子乘以权重得到最后的得分结果如公式 3 所示。

$$A_j = \sum_{i=x} n_{ij} \div x \tag{1}$$

式中：A_j——某一条道路由交叉口节点作为分隔的某一段路第 j 个指标得分；

x——调查员人数；

n_{ij}——第 i 个调查员对第 j 个指标所给评分。

$$B_j = (A_{j1} + A_{j2} + \cdots + A_{jY})/Y \tag{2}$$

式中：B_j——第 j 个指标在某一道路的最终得分；

A_{jY}——此道路第 Y 段第 j 指标的得分；

Y——由交叉口节点所分得的路段总数。

$$S = \sum_{j=1}^{c} B_j \cdot W_j \tag{3}$$

式中：S——道路最终得分；

c——指标数目；

W_j——第 j 个指标的权重。

根据本文的评价准则，评价等级"一般"为 6 分（满分为 10 分），6 分以下则为差或者较差。由实地调查得知大多路段的最终得分在 6～7 分之间。则最终将得分分为小于等于 6 分、6～7 分、大于等于 7 分三个级别。

本文对不同的等级提出具有差异性的改善策略：

(1) 6 分及其以下的说明慢行交通环境恶劣，需要进行整体改造，对于较为恶劣的元素需要进行重点整治。

(2) 6～7 分说明慢行环境一般，但对于部分在一般与较好之间的因子，对于偏向一般的要对其进行治理。

(3) 7 分及其以上说明慢行环境较好或者很好，对于小范围内得分不高的元素可进行优化完善。

3.2 慢行道路调查得分

实际数据调查结果展示如图 5 所示。

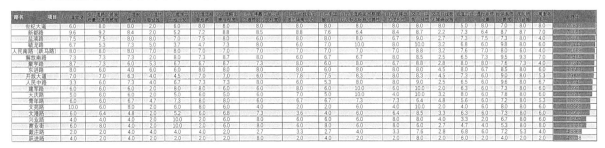

图 5 最终调查所得数据图

3.3 利用 GIS 实现结果可视化及评价结果分析

利用 GIS 强大的数据存储和可视化功能,弥补 CAD 软件的不足,为每条道路进行各项指标的赋值(可添加字段),通过颜色和线宽的不同来显示道路的各项指标数据,完成对道路的可视化评价和分级。最终得分结果可视化如图 6 所示。由于篇幅的限制其他评价指标无法展示。

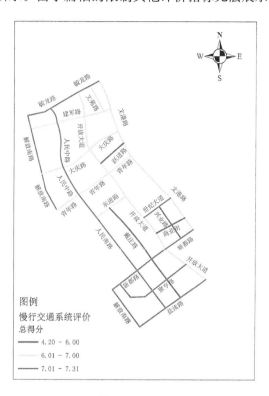

图 6 最终得分结果可视化

4 盐城市慢行交通存在的问题及原因分析

4.1 出行舒适性差

1) 步行出行舒适差

多数步行道的宽度只能满足两人并排行走,不利于人们结伴而行,且一些路边摊、报亭等设施会占用步行道大部分空间,加之地砖的破损、缺失,导致步行出行的舒适性差。

2) 自行车出行舒适性差

使用自行车出行的停放便利性严重影响了人们对于自行车出行的支持,且自行车专用道的缺失导致了使用自行车出行时容易受到电动自行车或者机动车的影响,使得自行车出行充满了不确定因素,对骑行人的心理影响较大。加之部分破损或者不平整的路面导致自行车骑行时易产生颠簸等不舒适的感受。

4.2 慢行出行安全系数不高

1) 机非隔离设施不完善

实际调查中发现盐城现阶段的机非隔离设施主要有以下几种形式:①道路两端为栅栏形式的实物隔离,中间部分为画线隔离;②高为 1 m 左右的木制实物隔离,且顶端放有绿植;③高为 30 cm 左右的混凝土实物隔离,其上安置了路灯;④全程划线隔离;⑤机非混行,无隔离措施;⑥专用自行车道。机非隔离设施的布设原因之一就是保护非机动车骑行不受机动车的影响或者减少机动车对非机动车骑行人的伤害,但目前盐城的机非隔离设施在很多路段都不能实现此目标。同时无隔离设施更易导致非机动车道骑行时需要变道,使得骑行更加危险。如图 7 所示。

图 7　无机非隔离设施及非机动车道被侵占

2）夜间照明设施老旧或者缺乏

夜间照明设施老旧或者缺乏主要表现在一些老街区或者老式住宅小区,其夜间照明设施对于道路照明效果很差,只能勉强看清近处的道路情况。

3）标志标线不清晰

标志标线不完善,禁令标志缺少,专用道标志缺失,大多数地方标志标线不清晰。如图 8 所示。

图 8　缺少道路标线及标线不清晰

4）过街安全系数低

缺乏地下通道和过街天桥,降低了人们过街的安全性以及舒适性。

5　慢行交通优化及优先投资治理建议

5.1　对机动车隔离设施进行改进

在实际调查骑行过程中发现,机非划线隔离是盐城市最普遍的机非隔离设施。骑车人的安全性得不到保障,并且非机动车道存在被机动车道侵占的情况。建议机非隔离设施尽量为实物隔离,在有条件的路段、公园等景区路段可铺设彩色自行车专用道。在实物隔离的路段可在混凝土隔离带上放置路灯等公共基础设施或者放置小型绿植。

5.2　增强自行车的便利性

可适当增加共享单车的停放点,以便居民出行选择自行车。

5.3 对人行道进行治理

人行道被侵占、路面铺装质量差等问题屡见不鲜。在下雨天由于人行道路面的排水以及铺设地砖的松动或者缺少会导致路面积水,稍不注意会溅起一身水,建议对其进行修理或者重新铺设。对于报亭等设施建议重新规划使其不占用人行道,并清理盲道障碍物,规划非机动车停车位,请勿占用人行道或者少占。

5.4 优先投资治理

利用构建的慢行交通评价体系对盐城市亭湖区进行慢行交通评价,验证了其可行性。并通过 GIS 实现了评价结果可视化,同时对评价结果加以分析。通过结果分析得出了各道路需要进行优先投资治理的项目。如图 9 所示。

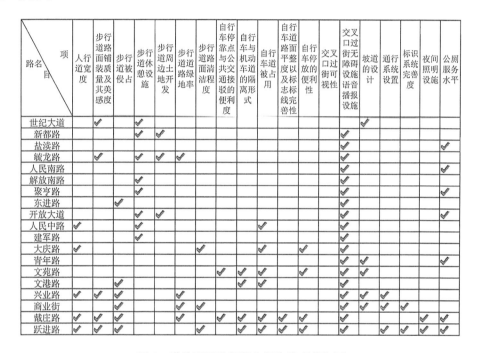

图 9 道路需要进行优先投资治理指标图

6 结语

本文通过对居民出行需求的研究,结合文献和实地调查构建了慢行交通评价体系。并使用其对盐城市亭湖区进行了评价,利用 GIS 实现了评价结果可视化,而后对相应的慢行交通指标得分情况进行评价分析、指出不足。实地调查发现城市道路所提供的慢行交通环境与其为机动车所提供的道路服务水平相差甚远,且结合调查结果显示居民选择慢行交通出行首要考虑的因素是安全因素,毕竟与其他交通方式相比,慢行交通处于弱势地位。其次是便携性与舒适性。慢行交通对于环境具有较高的要求,所以需要改善居民出行时的环境,提供高安全性、便捷性和舒适性的慢行环境。后续在指标选取方面,可以进行更多的科学检验及调查,把慢行交通工具电动自行车也加入研究,在慢行交通的建设路上提出更合理、合用的指导、研究、评价体系,为我国的慢行交通建设添砖加瓦。

参考文献

[1] D'Orso G, Migliore M. A GIS-based method for evaluating the walkability of a pedestrian environment and prioritised investments[J]. Journal of Transport Geography, 2020, 82: 102555.

[2] Osama A, Sayed T. Evaluating the impact of connectivity, continuity, and topography of sidewalk network on pedestrian safety[J]. Accident Analysis & Prevention, 2017, 107: 117-125.

[3] Sousa A, Santos B, Goncalves J. Pedestrian Environment Quality Assessment in Portuguese Medium-Sized Cities[C]//IOP Conference Series: Materials Science and Engineering. IOP Publishing, 2019, 471(6): 062033.

[4] 蒋献忠,陈振起,陆慰迟.城市慢行交通系统评价方法研究:以扬州市历史城区为例[J].交通与运输,2016,32(02):31-34.

[5] 许熙巍.基于AHP层次分析法的慢行交通评价研究[C]//中国城市规划学会,杭州市人民政府.共享与品质:2018中国城市规划年会论文集.2018:839-848.

[6] 董升,周继彪,朱鑫,等.基于AHP-DEA模型的校园慢行交通评估方法[J].科技通报,2019,35(6):204-207,215.

[7] 陈俊翰,汤天培,赵炎,等.南通市友好型城市慢行交通评价[J].交通与运输(学术版),2016(2):192-196,154.

[8] 赵迪,邵敏华.基于GIS的城市慢行交通系统连续性评价方法研究[J].交通科技,2016(3):186-189.

[9] 赵青.昆明慢行交通评价体系研究[D].昆明:云南大学,2016.

[10] 许植深,户佐安.基于BP神经网络的自行车道健康影响评价[J].综合运输,2018,40(10):60-64.

历史文化街区步行化改造交通系统研究与应用
——以南京路步行街东拓为例

Research and Application of Pedestrian Transportation System in Historical and Cultural Blocks
— A Case Study of the East Extension of Nanjing Road Pedestrian Street

顾啸涛　张俊杰　黄　良

摘　要：上海黄浦区以南京路步行街开街20周年为契机，落实市委、市政府打响上海"四大品牌"要求，对标世界一流商业街区，实施南京路步行街东拓改造工程，巩固和提升南京路"中华商业第一街"的标杆地位。本文通过系统梳理步行街改造的交通影响关键因素，借鉴国内外优秀案例经验，针对南京路步行街特殊定位，以及所处历史文化街区风貌特点，提出打造完美步行体验感的商业步行街交通组织目标、策略及方案，并利用交通仿真技术进行评估，帮助南京路步行街东拓段成为城市有机更新的典范。

关键词：步行；交通组织；历史文化街区

Abstract: Shanghai Huangpu District takes the 20th anniversary of the opening of Nanjing Road Pedestrian Street as an opportunity to implement the requirements of the municipal government to promote Shanghai's "Four Major Brands", to implement the East extension project of Nanjing Road Pedestrian Street, and consolidate and enhance the benchmark position of Nanjing Road — China's "first commercial street". This paper systematically combs the key factors affecting pedestrian street transformation, and draws lessons from domestic and foreign excellent case experience. Based on the special location of Nanjing Road Pedestrian Street and the characteristics of its historical and cultural blocks, it puts forward the traffic organization objectives, strategies and plans to create a perfect pedestrian sense of experience, and makes use of traffic simulation technology to evaluate it, to help the east extension section of Nanjing Road Pedestrian Street become a model of city organic renewal.

Key words: pedestrian; traffic organization; historical and cultural district

0　引言

　　步行街最早起源于德国，通过禁止机动车通行来改善中世纪形成的商业街空间不足的问题。20世纪60年代以后，欧美国家由于小汽车爆炸式增长带来日益严重的城市问题，如交通混乱、步行安全受到威胁、空气污染、中心区衰退等，城市规划师和社会学家们根据欧洲早期步行街发展的启示，将商业步行街建设作为摆脱上述困境、复兴城市中心的对策，从而在许多城市掀起建设高潮。步行街建设对增进社会效益、刺激经济发展和改善物质环境等方面起到了积极作用。

　　南京路始建于1851年，是上海开埠后最早建立的一条商业街，享有"中华商业第一街"的美誉。1999年南京东路正式改建为全天候的商业步行街，全长1 033 m，对促进上海中心商务区完善、重塑和强化南京路形象和地位发挥了重要作用。早年曾有专家提出过将南京东路全段改建为步行街的构想，但限

作者简介：顾啸涛，华建集团华东建筑设计研究院有限公司交通咨询总监，高级工程师，注册咨询工程师，长期从事交通规划咨询。
　　　　　张俊杰，华建集团华东建筑设计研究总院院长、总建筑师，教授级高工，研究方向为全过程咨询、城市规划、建筑设计等。
　　　　　黄　良，华建集团华东建筑设计研究总院全过程咨询研究中心主任，教授级高工，研究方向为项目全过程管理、建筑结构设计等。

于当时交通条件和基础设施的制约,1999年南京路步行街东端止于河南中路,距外滩仅"一步之遥"。

作为上海最著名的城市地标之一,南京路步行街发挥着重要的旅游功能,步行街客流与外滩观光客流关联度十分紧密,也正因如此,南京东路东段(河南中路至外滩)高峰时段人流量规模巨大、步行拥挤,极易发生交通事故,沿途交通警察需时刻指挥交通运行,管理压力很大。同时,随着时代发展,尤其是近几年互联网电商的兴起,传统商业面临着转型升级的压力,为此,上海黄浦区以南京路步行街开街20周年为契机,落实市委、市政府打响上海"四大品牌"要求,对标世界一流商业街区,实施南京路步行街东拓改造工程,巩固和提升南京路"中华商业第一街"的标杆地位。为保障实施效果,需要系统开展交通研究,以减少对沿线单位及周边道路交通产生影响。

1 步行街区改造的交通影响关键因素分析

1.1 面临的主要问题和研究思路

原有机动车道被取消,改为全天候步行街,势必影响整个区域的交通组织和交通流量分布。考虑到南京路步行街在上海旅游商业中的地位,以及沿线建筑规模和业态布局,其影响范围与一般城市相比会更广,甚至影响整个城区路网。

南京路步行街东拓改造之前(图1),经过对沿线业主、租户、政府主管部门多轮的访谈,以及对研究范围内交通设施及运行状况的地毯式排摸,总结了各方对交通最关心的问题主要有以下4点:

一是步行化改造前,区域内多为单向交通组织道路,南京东路是外滩区域中唯一一条机动车自西向东到中山东一路可以左转的道路,改造后该区域交通组织如何调整?是否会造成出行不便?

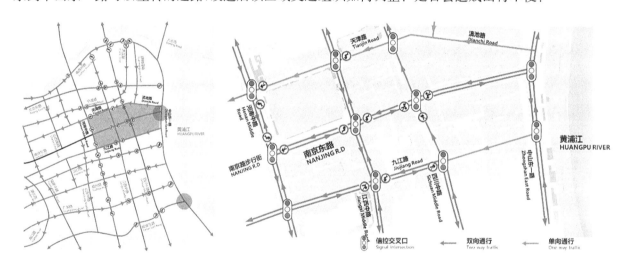

图1 改造前道路交通组织情况

二是原有途经的公交线路、双层观光巴士、旅游巴士,其线路与站点,包括停车区如何调整,才能不降低对游客的友好性?

三是东拓段要跨越河南中路、江西中路、四川中路、中山东一路,向东延伸到外滩,四个道路交叉口如何设计优化,以弱化对南北车行和人行组织的影响?

四是步行化改造对沿线单位,特别是对和平饭店、艾迪逊酒店、新黄浦金融大厦等重要的沿线单位影响较大,相应的这些单位的进出交通与车辆落客如何解决?

针对上述问题,参考交通影响评估的一般方法,结合南京路步行街东拓段特殊的区位和设计要求,提出了总体研究思路:结合现状调查及文献研究,对南京东路步行街现状车行及人行交通进行仔细且深入的调查分析,对标国际一流案例及经验借鉴,从中观层面和微观层面提出南京东路步行街改造方案,并采用车行仿真与人行热点模拟相结合的研究方法,对重要节点进行系统评估,通过评估后方能推荐实施。

研究内容包含中观和微观两个层面,其中中观层面主要针对区域交通组织、交通设施布局;微观层面主要针对路段交叉口服务水平评估与预测、机动车路侧停车及上落客点、配建机动车停车设施及出入口、非机动车停车设施、公交、旅游巴士线路及停车等各类细节设计。

1.2 路网分析

南京东路东段位于外滩历史文化风貌保护区,具有典型的"窄马路、密路网"特征,路网密度达 18 km/km²,是上海路网密度最高的区域之一。从道路等级和断面来看,大部分道路都是红线宽度在 20 m 以下的支路(图 2)。整体路网的机动车容量有限,同时受历史风貌保护、成本等因素制约,拓宽、新建道路的可能性比较小。

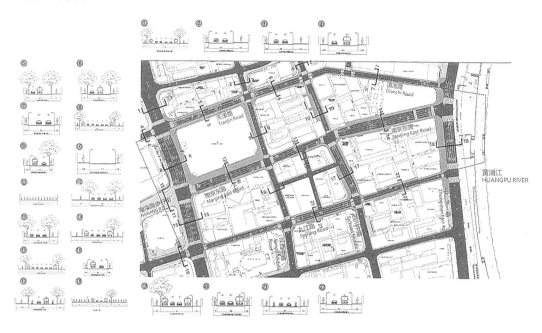

图 2 改造前南京东部周边道路断面情况

1.3 南京东路交通运行分析

根据现状工作日及节假日晚高峰人行流量统计调查,南京东路高峰时段 15 min 西向东步行流量达 4 000 人次,东向西达 2 500 人次,现状步行人流以通过性为主,与两侧建筑互动较少。根据美国《道路通行能力手册》(HCM2010),南京东路现状高峰时段人行流率服务水平大多处于 F 级,即人均空间面积小于 1 m²,步行速度受到极大限制,经常性发生与其他行人之间的肢体接触,步行体验十分恶劣(图 3)。

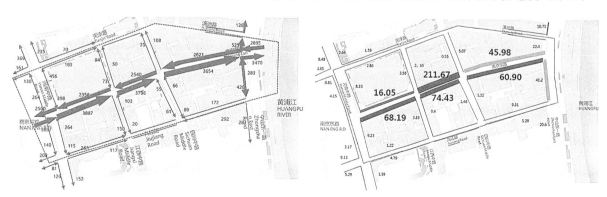

图 3 改造前南京东路步行人流量及流率服务水平

根据机动车流量观测,周末晚高峰时段最大断面流量出现在河南中路至江西中路段,达到 866 标准车次/h,服务水平均在 C 级或以上,与行人服务水平相比,机动车整体运行状况较好。根据对沿线 4 个主要交叉口的信号灯相位分析,除中山东一路与南京东路交叉口余地比较小外,其他 3 个交叉口信号相位均有优化提升空间(图4)。

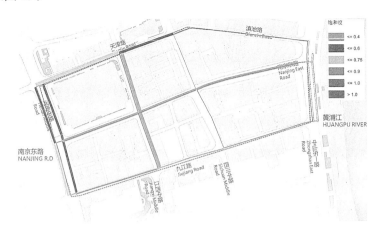

图 4　改造前南京东路及周边道路机动车流量饱和度分布情况

1.4　地面公共交通分析

东拓段西端为地铁2号线、10号线换乘站——南京东路站,是上海节假日客流量最大的站点之一。改造前,南京东路东段地面有4条公交途经线路,分别是20路、37路、330路(夜班)和旅游1号线(包括主线和支线),同时设有1个旅游公交站点(图5)。江西中路、四川中路等相交道路上也各自有3~4条公交线路和站点。高峰时段,南京东路公交流量为单向21车次/h,江西中路、四川中路分别达到40车次/h和17车次/h。东拓段步行化改造后,这些线路都需要转移或调整。

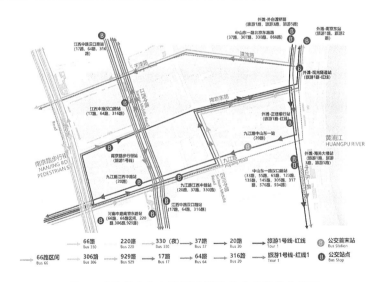

图 5　改造前南京东路周边道路公交线路分布情况

对于旅游大巴的停车,规划的停放点设在十六铺综合停车场,但由于步行距离较远,实际使用率较低,而在江西中路靠近宁波路、虎丘路靠近南苏州河路自发形成了两处旅游大巴临时停靠点,使用频率相对较高。

1.5　出入口和落客点分析

改造前,南京东路沿线设有3个停车库出入口及2个酒店落客区(图6)。其中,工联大厦停车库和新黄浦金融大厦停车库的南京东路出入口为唯一出入口,和平饭店车库出入口为主宾出入口。由于九江路出入口不具备通车条件,河南中路出入口内侧存在建筑阻碍,艾迪逊酒店的南京东路落客区对于酒店经营非常重要。因此,解决这些沿街业主、商户的交通出入成为非常棘手的问题。

此外,对于非机动车停车,南京东路由于禁行非机动车,因此不设非机动车停车区。相应地,区域内

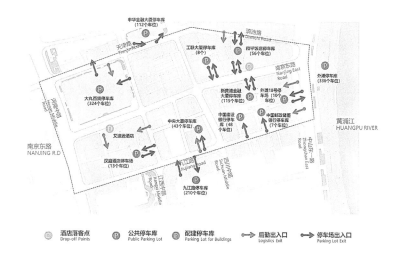

图 6　改造前南京东路沿线出入口及机动车停车设施分布情况

非机动车停放点主要位于河南中路、天津路-滇池路和四川中路。

2　步行街交通组织策略

2.1　国际案例对标

1）纽约时代广场

纽约时代广场是美国纽约市曼哈顿的一块繁华街区,地处百老汇大道和第七大道的交叉口处,夹在 42 号街与 47 号街之间,日均人流量达 33 万人次。纽约时代广场步行化改造将一片拥挤的车行区域转变成了一处约 1 ha 面积的公共空间,从而极大地改善了步行环境和体验,人行流率从 50～60 人次/(min·m^{-1}),降低到 15～30 人次/(min·m^{-1})。

改造前　　　　　　　　　改造后

图 7　纽约时代广场步行化改造前后对比

2）新加坡乌节路

乌节路商业街位于新加坡城市中心区域,全长约 2.2 km,道路红线宽度约为 40 m。乌节路不仅仅是新加坡重要的交通主干道,还是衔接城市休闲、公众活动、文化生活的重要商业走廊,对当地居民与外来旅客兼具吸引与凝聚的功能。新加坡政府通过城市设引导，形成混合的交通模式、无缝连接的步行网络、人性化的公共空间，最终实现了多重功能复合的街道空间形态。

3）日本心斋桥

心斋桥是大阪最大的购物区，主商业街长度660 m。它通过轨道交通与步行街紧密结合，步行街的南北两端均设有地铁站，且地铁站部分出入口设置在步行街中段，方便行人访问步行街的不同区段。

几个案例对比见表1。

表1 案例对比

步行街区名称	高峰断面单向流量/(人次·h^{-1})	步行宽度/m	流率/(人次·min^{-1}·m)	人均空间/(m^2·人$^{-1}$)
纽约时代广场	15 000	8~16	15~31	4
伦敦牛津街	4 500	北侧4.5~7，南侧4~5.5	12~19	3
新加坡乌节路	5 000	北侧4~7，南侧10~11	7~11	6
大阪心斋桥	7 000	5	约23	3
南京路步行街(河南路口)	7 000	5	38~48	1.5

2.2 交通组织策略

根据与国际一流的商业街区对标，总结步行街区应具备的共性特点应包括两大方面：一是对于步行人流方面，需要提供能够自由行走的足够空间；二是对于交通设施的供给及交通组织方面，必须强调步行优先、公共交通优先，并且各类换乘设施要相对完善，对步行者友好。

为此，针对南京路步行街东拓工程，提出了打造完美步行体验感的商业步行街的建设目标，并制定了相应的五大交通组织策略：

一是充分利用外滩地区窄密路网特点，加强外部交通的引导和转移，均衡路网交通负荷；

二是交通与商业策划、景观、建筑等多专业紧密结合，实现整体设计一体化，充分挖掘内部空间，增加步行面积，增强步行乐趣；

三是合理调整公交线路敷设，保持公交服务水平，优化站点布局，提高出行接驳的便利性；

四是结合地块改造，妥善处理沿线单位的到发交通组织，实现步行环境提升与商业运营双赢的局面；

五是加强各类交通方式同步行街的衔接。利用步行街两侧动态交通功能弱化的道路，合理布设旅游大巴、出租车路内临时停车泊位，实现步行街与人行道、轨道站、公交站的有机衔接。

3 步行街交通组织方案

3.1 转移机动车交通

经交通流量预测，南京路东拓段机动车禁行后，原有交通量的转移对区域路网服务水平影响有限，因此原有道路的交通组织方案维持不变。原本调研中有人提出担心北向交通绕行的问题，研究分析认为由于外滩通道建成后，快速分流了南北向过境交通，因此原有南京东路的少量在中山东一路左转的交通流量可通过河南中路—延安东路—外滩隧道（或中山东一路），或河南中路—天潼路，即可快速分流，对路网交通产生的影响较小。

3.2 保留必要的非机动车穿越通道

考虑南北向交通联系的需要，保留河南中路、中山东一路地面道路对步行街连续性的分割和穿越，利用信号相位配时的优化处理，保障行人过街通行效率。

考虑非机动车的使用便捷性，保留江西中路、四川中路交叉口的通行条件，近期利用信号控制加交警指挥的方式，远期采用智慧交通管控手段，保障步行街人流与穿越的非机动车流的分离，确保行人安全

(图8)。

图 8 原南京东路交通分流方案

3.3 调整公交线路布局

对于公交调整,一方面,取消了南京东路旅游公交站点,与中山东一路站点合并;另一方面,将原江西中路的公交线路全部转移至河南中路,原南京东路线路转移至九江路和汉口路(图9)。

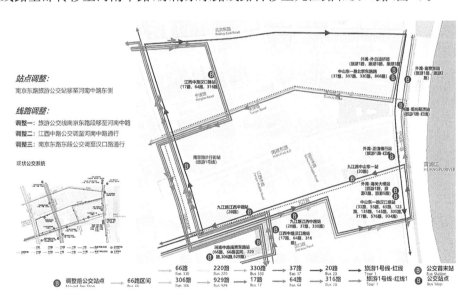

图 9 公交调整方案

3.4 优化出入口管控

对步行街沿线单位交通出入实施强管控措施(图10):
(1) 将艾迪逊酒店落客区移至江西中路路口附近,住宿宾客步行前往酒店;
(2) 将和平饭店停车库出入口及落客区移至滇池路出入口;
(3) 在四川中路步行街尽端开辟新通道,新黄浦金融大厦停车库通过四川中路出入口进出;
(4) 取消工联大厦停车库,建议车辆停放在圆明园路路侧。

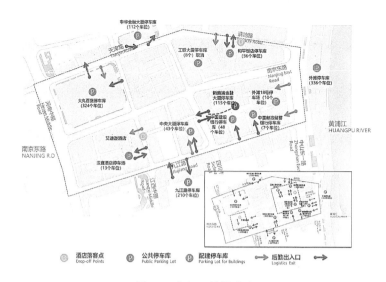

图 10　出入口管控方案

3.5　设置特种需求设施

针对南京路步行街的重要地位及安保等要求,为便于节假日高峰期间对步行街人流的管理,分别在四川中路、中山东一路、南京东路预留特种车辆停放点(图 11)。

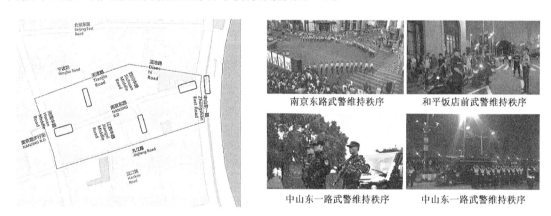

图 11　特种车辆停放区规划方案

4　交通组织效果评价

为增强方案的落地性和保障实施效果,需要对方案进行模型评价和仿真评价。对于南京东路步行街东拓方案,在工作流程上特别针对区域道路交通组织和步行街改造慢行空间提升,增加了交叉口车行仿真和路段行人仿真的研究和分析评估环节(图 12)。

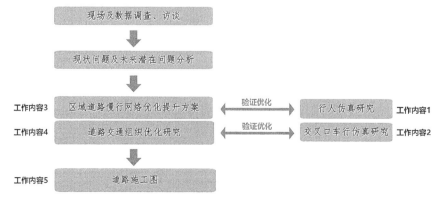

图 12　仿真评估环节

在交通预测方法上，采用传统四阶段交通模型理论，以建筑、景点单体为颗粒度，详细计算研究范围内交通生成、分布、方式划分和流量分配，在交通调查的基础上，参考国内外案例，合理标定模型参数，为行人仿真、交叉口仿真提供数据支撑。

结合 Legion 软件，采用 agent-based module 算法技术，针对步行化改造实施前后南京东路步行街东拓段的车行、人行交通进行了仿真效果分析对比（图13），结果显示，改造后，河南路至中山东一路全路段以及江西中路、四川中路交叉口的服务水平均有显著提高，河南中路交叉口也比现状有所改善，但中山东一路交叉口受南北向机动车交通需求及东西向行人流量双重饱和的制约影响，交叉口服务水平难以显著改善，高峰时期需要加强安全管理和引导。

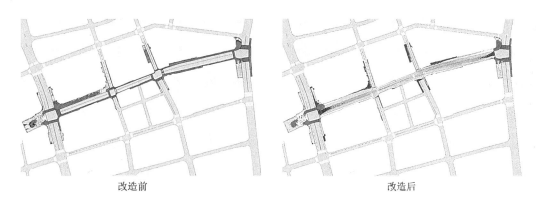

改造前　　　　　　　　　　　　　　　改造后

图 13　步行化改造前后南京东路行人仿真效果对比

5　结语

南京东路步行街东拓段已于 2020 年 9 月正式投入使用，开街后受到各界人士广泛好评，沿线商店业态经过新一轮升级，经济集聚效应、商业辐射效应逐步显现。东段的开通不仅使得市民、游客可以沿着步行街从外滩一路走到人民广场，极大地提高了步行体验，同时东拓段承载了许多"网红打卡点"，成为传播上海旅游城市形象的重要平台。步行街东拓段在设计上预留了不少公共空间，成为可漫步可阅读的街区，广场可以举办活动，交叉口成为公共艺术品的展陈场所，让游人在这里休闲购物的同时，也更好地领略城市的文化魅力。此外，东拓延伸不仅带动了主街的活力，同时还带动了沿线后街的发展。最重要的是，东拓段步行化改造后，不仅未对周边交通产生严重影响，相反，还极大地改善了交通微循环，提高了行人安全，取得了良好的社会效益。

当然，由于历史的原因，东拓段两端的交叉口未能预留地下空间的连通，使得步行的连续性受到了一定的影响，不得不说这是个遗憾。但笔者相信，未来随着新技术的发展，在新一轮的城市更新中或许可以实现上述梦想，让南京路的步行体验更加完美。

参考文献

[1] 郑时龄,齐慧峰,王伟强.城市空间功能的提升与拓展:南京东路步行街改造背景研究[J].城市规划汇刊,2000(1):13-19.

[2] 张俊杰,黄良,顾啸涛,等.南京东路步行街区改造交通系统研究与应用[R].华东建筑设计研究院有限公司,2021.

[3] 查君,王溯凡."新风淳貌,向史而新":以南京路步行街东拓为例的上海历史文化风貌区公共空间更新实践与思考[J].建筑实践,2020,40(10):72-81.

动态交通标志标线数字化提升精细化交通管理能力研究

Study on the Improvement of Traffic Management by Digitizing Dynamic Traffic Signs and Markings

赵 方 朱 昊

摘 要：本文分析了制约交通精细化管理提升的驾驶员的因素,并提出了破解驾驶员接收和处理信息能力瓶颈的思路,得出导航图、智能网联汽车、动态交通标志标线需要信息高度融合的结论。通过对典型应用场景下动态交通标志标线解决关键交通问题的分析,体现出动态交通标志标线的必要性,也为车路云架构中的路侧设施必要性提供了另一个视角。

关键词：动态交通标志标线；智能网联汽车；交通管理；车路云架构

Abstract: This paper analyzes the factors of drivers that restrict the improvement of traffic management, and puts forward the idea of solving the bottleneck of drivers' ability to receive and process information, and comes to the conclusion that navigation map, intelligent connected vehicle(ICV), dynamic traffic signs and markings need highly information fusion. Through the analysis of key traffic problems solved by dynamic traffic signs and markings in typical application scenarios, it reflects the necessity of dynamic traffic signs and markings, and also provides another perspective for the necessity of road-side facilities in vehicle-road-cloud architecture.

Keywords: dynamic traffic signs and marking; intelligent connected vehicle; traffic management; vehicle-road-cloud architecture

1 引言

交通标志标线动态化是交通管理和服务提升的内在需求。交通标志标线是传递道路交通管理信息的重要载体,在交通需求不强烈、交通管理相对粗放的情形下,道路上大部分的交通标志标线都是静态的。但是,交通标志标线静态的特征,天然地和交通需求在空间、方向、时间等方面的动态,以及交通环境的动态相矛盾。

交通研究者和管理者不断尝试用动态的交通标志标线来应对此类交通需求和环境的动态的问题,比如,为应对交通早晚高峰的方向不均衡,而设置了潮汐车道[1-2],通常要通过车道指示灯和特殊标线来动态管理车道的通行方向。为应对高速公路上不同可见度的限速的变化,采用动态交通限速标志。为应对交叉口交通专向比例随时间的变化,采用车道箭头灯的方式来指示可变转向车道。还有诸如综合待转区、借对向车道左转[3]等管理措施,都是用道路资源动态分配的方式来弥补静态交通标志标线的不足,突破静态交通标志标线的限制,进而挖掘道路潜力,提升交通管理和服务水平。

但是,在当前人工驾驶为绝对主体的道路交通环境下,以交通标志标线的动态化为手段来提升交通管理和服务水平的做法遇到了瓶颈。交通标志标线的动态化,势必要求道路上要竖立更多交通标志,地面上的交通标线也会更加复杂。而驾驶员接收和处理信息的能力受生理条件的限制,过多的信息会造成信息的误读、漏读,反而会带来交通安全隐患。道路交通管理者也深知这一点,不得不简化交通管理信息。例如,一个城市市中心和郊区的公交专用道的时段设置应该是不同的,但是为了方便驾驶员记忆,一般在一个城市都采用相同的时段。货车的通行限制一般也都采用相对粗放的区域和时段划分。这种做

作者简介：赵 方,上海市城乡建设和交通发展研究院项目主任,高级工程师,主要从事智能交通相关研究。
朱 昊,上海城市综合交通规划科技咨询有限公司副总经理,高级经济师,研究方向为智能交通。

法考虑了驾驶员的需求,但是却限制了交通管理进一步的精细化。

2 解决思路

要进一步提升交通精细化管理和服务水平,打破驾驶员信息接收和处理的生理瓶颈,需要从信息提供和信息接收处理两方面来进行突破。

1)车载导航

从信息提供的角度看,道路上如此多的交通标志标线信息,针对的是所有交通出行者信息需求的合集。具体到某一个交通出行者,他并不需要所经过路线的所有信息。目前车载导航服务越来越受到驾驶员的喜爱,其最大的特点在于能够在适当的地点和时间,提供给驾驶员其出行路径上与己相关的信息。在驾驶员设定好目的地之后,导航地图会根据车辆的当前所处位置做出方向选择、车道选择等提示,在驾驶员的出行过程中,把正确的路径和车道信息一步步地指示给驾驶者,从而将车辆导向目的地。对于一些限速标志、禁止超车标志等在一定区段内都有效的信息,导航地图会实时跟踪车辆状态,采取定期提示、超出阈值提示等恰当的方式对驾驶员做出提示,相比静态的交通标志仅在一个点进行提示有更大的优势。它所提供给驾驶者的信息都是相关、可用的信息。而在无导航的情况下,驾驶员要在路径上所有标志标线信息中挑选出对自己有用的信息,并根据目的地做出路径和车道选择,驾驶员要接收和处理的信息明显更多。因此,可以借用车载导航的这种"过滤"信息、只提供有用信息的优势,将动态标志标线信息和导航图相结合,导航图将根据动态的交通标志标线信息,更加精准地来规划和指引出行。

2)智能网联自动驾驶

从信息接收处理的角度,智能网联自动驾驶汽车的信息接收和处理均由计算机和人工智能算法自动完成,其信息接收能力和数据处理能力远超人工驾驶,自然解决了人工驾驶的信息接收和处理瓶颈问题。此时,动态交通标志标线信息要能够和智能网联自动驾驶所使用的高精地图相结合,使车辆可以基于动态标志标线信息规划路径和实现自动驾驶。

综上,要提升精细化交通管理和服务水平,在人工驾驶还占绝对主体的当下,需要动态交通标志标线和车载导航的结合;而在未来智能网联自动驾驶逐渐普及后,可以借助于智能网联自动驾驶车辆自身强大的信息接收和处理能力。要实现动态交通标志标线和车载导航、智能网联自动驾驶的结合,需要通过车路云的协同架构,由路侧或云端向车辆提供信息。下面所阐述的相关应用,都是基于车路云的架构,因此其中会提到诸如路侧计算设施、车载设备等概念。

3 典型应用场景

动态交通标志标线的应用范围十分广泛。首先,当前静态标志标线中所显示的时段信息都可以用动态的方式更加灵活地显示和设置。其次,动态标志标线在某些交通复杂场景下的应用能够解决常规静态标志标线所不能解决的问题。例如,高速公路收费站车道和路段车道对应关系不明确导致收费广场区域交通紊乱问题,可以通过车道动态导流线引导的方式来解决;在施工区域或者事故发生地点,可以采用动态虚拟围合区域设定的方式,提前引导车辆避开该区域,进而为施工或事故处理留出充足的空间。下面列举快速路下匝道和间距较近交叉口两个场景,来阐述交通标志标线的动态化在解决关键节点交通问题方面的作用。

3.1 快速路下匝道排队拥堵场景

1)现象及问题

受到下匝道衔接地面道路交叉口通行能力限制,高峰期快速路下匝道车流排队到主线车道,占据主线最右侧车道。同时部分车辆不了解车辆排队原因,行驶到下游后强行插入排队车辆,进而造成下匝道处通行能力瓶颈,如图1所示。

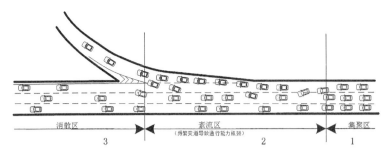

图 1　下匝道区域交通紊乱原因分析示意图

在 1 处,由于主线直行车辆没有提前预判到下匝道拥堵,在发现前方为下匝道排队车辆之后强行变道进入主线直行车流,造成通行瓶颈。

在 2 处,下匝道车辆发现下匝道车流形成排队,并道进入下匝道车队。由于并入过程缓慢,造成对主线和下匝道车流的双重影响。

在 3 处,部分车辆恶意驶到下匝道和主线分流点,强行插入下匝道排队车辆。

2）基本解决思路

针对第 1 种和第 2 种情况,可以采取引导的方式。提前告知"下匝道车流形成排队",并建议直行车流提前并入左侧两车道,下匝道车流提前排队到下匝道排队的队尾。对于第 3 种情况,采用违法抓拍和告知的方式进行管理。

3）设备布设和工作原理

基于以上思路,在下匝道附近布设相应检测、引导设备,设备布设的示意图见图 2。

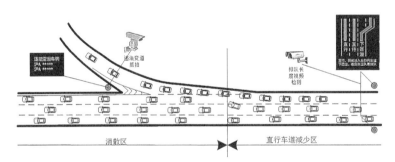

图 2　快速路下匝道排队拥堵场景设备布设示意图

（1）设置主线车流(含下匝道车流)检测设备,检测主线车流通行状态(含下匝道车流排队长度)。由路侧计算设施生成排队管理策略。

（2）在通常的最长排队末尾安装路侧动态提示设施,提示"直行车辆,提前进入左侧两车道";"下匝道车辆,右侧车道队尾排队"等信息,如图 3 所示。

（3）路侧计算设施将出口下匝道范围内车道选择的引导信息及道路几何信息传送给车辆,车载设备对车辆的车道选择进行提示,引导车辆进行合理的车道选择,如图 4 所示。

  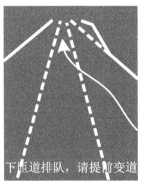

图 3　路侧诱导屏版面示意图　　**图 4　车载设备的车道选择引导示意图**

3.2　间距较近交叉口动态车道引导场景

1）现象及问题

两个相距较近交叉口之间的变道长度较短,特别是在交通繁忙时期,车流密集,变道机会更少。如果车辆在上游没有选择好合适的车道,驶向下游交叉口过程中就不得不强行变道,进而对交通流通行效率造成很大的影响,如图5所示。

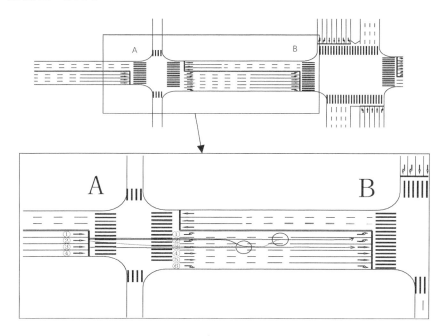

图5　相距较近交叉口示例图

在交叉口A,①②③④车道都为直行车道。由A向B行驶的车辆中,对于道路熟悉的驾驶员(对B交叉口车道分布熟悉),如果在B交叉口直行,则在A交叉口会选择车道A②、A③或A④,并驶入B交叉口的B③、B④或B⑤车道;如果在B交叉口左转,则在A会选择车道A①或A②,并驶入B交叉口的B①、B②车道;如果在B交叉口右转,则会在A交叉口选择车道A④,并驶入B交叉口的B⑥车道。

这种车道选择能保证两个交叉口之间车流顺畅通行,变道最少,但是却不是强制性的。如果车辆不了解前方车道分布,或者开车时不够用心,其车道选择就不符合上述的理想状态。一辆在B交叉口直行的车辆可能由A②驶入B②,并变道到B③,进而阻滞B③车道上车流的通行。一辆在B交叉口左转的车辆可能由A②驶入B③,然后变道到B②(可能是恶意加塞,也可能是判断失误),进而阻滞B②车道上车流的通行。总之,各种车道选择和变道行为,虽然还没有达到交通违法的程度,但是由于其不合理性,导致交叉口A和B之间交通流紊乱,形成如图6所示的情形,这不仅仅影响通行效率,而且还带来安全隐患。

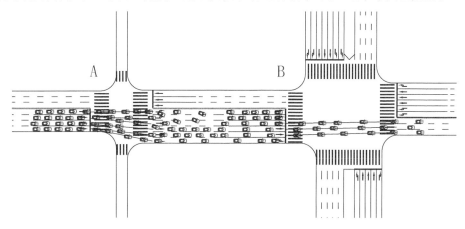

图6　车道选择不合理导致的交通流紊乱示例图

2）基本解决思路

针对上述车道选择不合理导致的交通流紊乱问题,可以采用车道选择引导的方式。通过通盘考虑上下游交叉口的流向关系,指引车辆合理选择车道,进而达到车流顺畅高效的目的。

3）设备布设和工作原理

基于以上思路,在交叉口 A 和 B 附近布设相应检测、车道引导设备,设备布设的示意图见图 7。

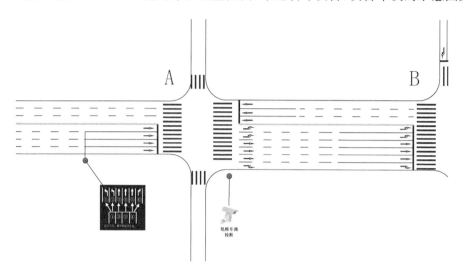

图 7　间距较近交叉口动态车道引导场景设备布设示意图

（1）设置交叉口 B 的排队检测设备,路侧计算设施通过交叉口拥堵情况,确定交叉口 A 各进口车道功能分配。

（2）交叉口 A 入口适当位置设置本交叉口车道分布和下游交叉口车道分布的指示标志,并动态给出不同路径车辆(A 直行 B 直行、A 直行 B 左转等)的车道选择建议。

当交叉口 B 左转车流较少时,车道选择指示牌版面如图 8(1)所示,只有交叉口 A 的 A①车道对应交叉口 B 的左转车道 B①和 B②。当交叉口 B 左转车流较多时,车道选择指示牌版面如图 8(2)所示,交叉口 A 的 A①、A②车道分别对应交叉口 B 的左转车道 B①、B②。

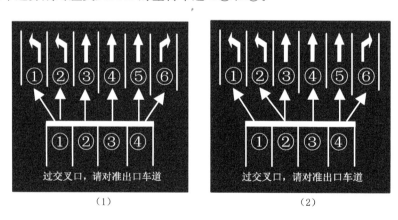

图 8　车道选择指示牌版面示意图

（3）路侧计算设施将交叉口范围进出口车道对应关系及导流线几何信息(MapData)传送给车辆,车载设备对车辆的车道选择进行提示,对偏离导流线进行报警,引导车辆按照车道对应规则行驶。车辆将自身位置信息实时发送给路侧边缘计算设施,边缘计算设施计算判断车辆是否按照管理规定行驶。

4 结语

目前业界对车路协同在自动驾驶中的作用存在不同观点,这些观点的核心分歧是:车辆是否需要路侧支撑,以此来判断路侧设施的必要性。也有研究者跳出这一思路,从交通管理的角度来分析车路协同[4]。本文分析了交通标志标线动态化,是从交通精细化管理需求的角度出发,得出导航图、自动驾驶车辆、动态交通标志标线需要信息高度融合的观点,为路侧设施必要性的判断提供了另一个视角。

参考文献

[1] 施晶.潮汐车道的改造方案[J],上海建设科技,2020(2):39-41.

[2] 郑桂传,严凌.潮汐车道的设置条件分析及运行效果评价[J].物流科技,2020,43(1):115-117.

[3] 陈松,李显生,王运豪,等.借对向出口车道左转交叉口交通控制方案优化[J].哈尔滨工业大学学报,2018,50(3):74-82.

[4] 代磊磊,何广进,刘东波,等.公安交管视角下的车路协同技术探讨及应用[J].中国人民公安大学学报(自然科学版),2020,26(1):46-50.

三亚南山景区交通系统提升改造研究

周永刚　张　蕾

摘　要：三亚南山景区位于海南自由贸易港,发展定位为全国文明风景区旅游示范点、国家5A景区,是中国旅游业优先发展项目。近几年随着三亚冬季旅游热潮,南山景区的客流出行井喷式增长,交通配套设施不足造成旅游交通混乱、拥堵现象,严重影响景区的服务体验和旅游示范区的建设。本文在深入剖析现状问题和把握未来景区交通发展趋势的基础上,借鉴国内外旅游度假区交通系统规划和建设的经验,立足南山景区自身高品质的休闲旅游特点,秉承"可落地、可实施、可操作"的思想,尊重个体出行选择,构建南山景区内外通达、区域协同的对外交通,集约低碳、高度覆盖的公共交通,畅通易达、宜游宜行的道路交通、动静协调、集约化的静态交通、以人为本、智能化的交通引导交通。

关键词：三亚南山；旅游交通；交通提升改造

Abstract: Sanya Nanshan Scenic Area is located in Hainan Free Trade Port. It is developed as a national civilized scenic spot tourism demonstration spot and a 5A scenic spot. It is a priority development project for China's tourism industry. In recent years, with the upsurge of winter tourism in Sanya, the number of tourists in Nanshan Scenic Area has increased rapidly. Insufficient transportation facilities have caused chaotic and congested tourism traffic, which has seriously affected the service experience of scenic spots and the construction of tourism demonstration areas. Based on the analysis of the current situation and the future traffic development trend of the scenic spot, this article draws on the experience of the transportation system planning and construction of tourist resorts. Based on the characteristics of high-quality leisure tourism in Nanshan Scenic Area, and adhering to "Operable" thinking, it respects individual travel choices, and builds external transportation that is accessible within and outside of Nanshan Mountain with regional coordination, intensive, low-carbon, and highly covered public transportation, smooth, easy-to-reach, easy-to-travel road traffics, dynamic and static coordination, intensive static traffic, people-oriented, and intelligent traffic guides traffic.

Keywords: Sanya Nanshan; tourist traffic; traffic improvement

0　引言

2018年4月13日,习近平在庆祝海南建省办经济特区30周年大会上郑重宣布设立海南自由贸易港,海南全岛将建设自由贸易试验区和中国特色自由贸易港。自由贸易港的成立将彻底改变海南旅游业的格局,优美的自然景观不再是唯一吸引游客的地方,来自世界各国的免税商品、国际一流水平的医疗设施、世界顶尖的文化娱乐服务,将使海南省的旅游产业更加蓬勃地发展[1]。根据《2018—2024年中国海南省旅游综合体行业市场深度分析及投资前景预测报告》,三亚和海口依旧是热门旅游目的地,其中2017年三亚市接待过夜游客人数最多,共计1830.83万人,同比增长10.9%。

三亚城市发展定位为国际滨海旅游精品城市、"一带一路"海上丝绸之路的排头兵和主力军、"海上夏威夷"旅游胜地。三亚市旅游资源丰富,数量类型和规模(参考旅游规划),其中5A级旅游景区有3个,最为著名的景区是南山文化旅游区,也是三亚市地标景区。

南山文化旅游区位于海南省三亚市西南40 km处,是中国最南端的山,旅游区生态恢复与保护规划面积33.7 km²,是建国以来批准兴建的最大的佛教文化主题旅游区。南山文化旅游区是国家5A旅游景区、国家重点风景名胜区、全国文明风景旅游区示范点、中国佛教名山胜地、中国旅游业发展优先项目、海

作者简介：周永刚,上海城市交通设计院有限公司高级工程师,从事交通规划和设计。
　　　　　张　蕾,上海城市交通设计院有限公司高级工程师,从事交通规划和设计。

南省生态旅游示范景区,并荣获中国人居环境范例奖。南山景区主要景点有南山寺、海上观音、不二法门、观音文化苑等。其中108 m高的海上观音是当之无愧的亮点之一,是世界首尊金玉观世音菩萨塑像,是闻名全海南的镇岛之宝(图1)。

2018年春节期间,三亚南山景区2个5A景区日均游客量近6万人次,特别是南山文化旅游区的最高日客流达到5.6万人次。大规模的客流造成景区周边的高速公路和国道的交通拥堵、停车混乱无序,严重影响景区的正常运行,游客怨声载道,不利于三亚国际滨海旅游精品城市的创建与发展。

与此同时,自贸区的设立,南山文化旅游景区计划改扩建,远期三亚新机场、第二高速公路等大交通资源将逐步落地,如何解决现状南山景区交通瓶颈等问题,应对未来持续增长的旅游大客流,协调景区交通与规划大交通设施之间的关系,提升南山景区旅游交通服务水平,需要系统规划布局三亚南山景区的交通配套设施,进行一体化规划研究和改造提升。

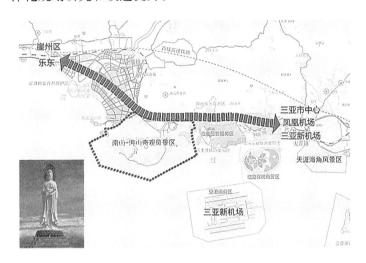

图1 南山文化旅游区区位图

1 南山景区现状交通问题

1.1 客流规模分析

根据三亚旅游局统计数据分析得出,海南省的游客量同比增长较快,三亚成国内第一旅游目的地。2017—2018年春节黄金周7天,海南省的游客接待量500万人次,高峰日为80多万人次,全省进港小汽车约9万辆,增长率28%。其中,三亚市游客接待高峰日为16万人次/天,南山景区大年初一游客量达到5.6万人次/天。

根据三亚南山景区管理公司客流监测数据显示,近三年,南山景区全年游客总量保持在360~375万之间。通过统计分析,可将南山景区的客流规模划分为两种类型、三种特征日,即旺季的极端高峰日和一般高峰日、淡季的平峰日。旺季:极端高峰日出现在春节黄金周,客流规模为4~6万人次/日;一般高峰日出现在国庆、五一等假期,客流规模为1~2.5万人次/日。淡季:平峰日的客流规模小于1万人次/日。游客团队和散客的占比分别为39%和61%,呈现出"散客为主、团队为辅"的特征,特别是自驾游、自助游和高铁游等越来越成为旅游出行亮点。

1.2 现状道路交通分析

在极端高峰日客流规模达到5~6万人次的情况下,现状交通设施供给已经不能适应现状高峰日的交通需求,现状交通出现混乱、拥堵现象,并且存在安全隐患。

道路设施方面:在极端高峰日下,环岛高速公路的南山互通出入口拥堵,景区入口处的225国道严重拥堵。停车设施方面:停车泊位数量不足,停车场出入口严重拥堵,出入停车场交通流线混乱,违章停车频现,影响车辆通行,交通管理难度大。公共交通方面:集约化的公共交通分担率较低,缺失机场、高铁直通景区的巴士,常规公交准点率低,信息化水平低,公共交通服务水平与游客对高品质服务需要不相匹配。

南山景区对外联系的主要道路为 G98 环岛高速和 225 国道,是三亚市中心城区与南山景区、大小洞天景区联系的主要通道,承担了片区间联系需求。G98 高速和 225 国道通过崖城互通和南山互通实现联系。G98 环岛高速为双向 4 车道,目前实行免费通行,南山互通部分匝道双向通行,通行能力低,交通安全存在隐患。

大小洞天风景区与 225 国道通过一条港口公路承担,其中 225 国道和港口公路现状双向 2 车道,每年 5~9 月旅游旺季游客高峰期道路负荷较高,道路拥堵严重,尤其高速公路上下匝道和 225 国道景区段。

南山景区北侧有一条旅游铁路通过,设有南山北站,1 列车绿皮火车,每天往返三亚站至南山北站,现状客流较低,可以解决极少部分往返景区与三亚中心城游客的交通需求(图 2)。

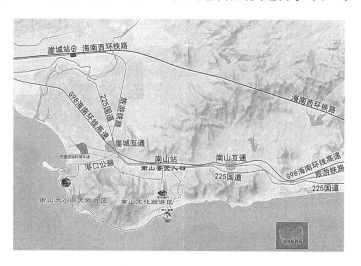

图 2　南山景区周边交通设施现状图

根据三亚市崖州区旅游文体局和三亚交警支队提供数据,2017 年春节长假期间,有 5 万余辆次涌入南山景区。在春节期间高峰时段的机动车交通量达到 5 598 pcu/h,再加上国道和高速的过境交通,南山景区周边的国道和高速交通压力非常大,使得通往景区的唯一通道 225 国道、南山互通立交节点产生严重的交通拥堵。极端高峰日通往景区的 225 国道拥堵严重,景区周边 80% 左右路段产生拥堵,特别是高速出入口和景区入口处道路位置(图 3)。

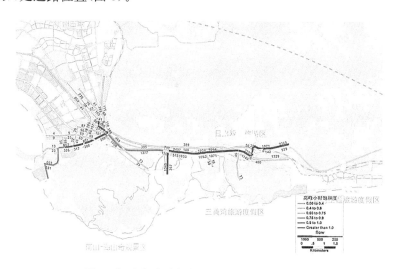

图 3　极端高峰时段南山景区现状交通运行图

1.3 现状停车分析

停车突出问题主要是南山文旅游景区,目前在景区入口处设置有大巴车、公交车、出租车和小汽车四类停车设施。南山景区现状配置停车位 3 000 个,其中大车停车位 250 个,小车停车位 2 750 个。停车数量基本可以满足一般高峰日和平峰日停车需求,但是在极端高峰情况下,机动车停车需求达到 8 000 个,因此固定停车泊位缺口达到 5 000 个。同时,景区非标准停车场的使用,给车辆行驶造成安全隐患,随意停车上下客现象导致进出停车场交通组织混乱。因此,南山景区需要新建固定停车场、合理划分临时停车场。

1.4 现状公共交通分析

现状线路方面,经过南山景区的有 1 条旅游铁路、6 条公交线路(3 条站站停、2 条大站线、1 条崖州线)。其中,南山景区拥有 1 条旅游铁路、6 条常规公交线路(16 路、25 路、57 路、29 路、55 路、崖州 1 路)。大小洞天景区拥有 2 条公交线路(25 路、崖州 1 路)。

景区公交与对外交通枢纽的联系不足,缺少与机场、高铁站和城区交通枢纽直达线路;现有景区线路对市区服务覆盖不足;发车班次密度不够,吸引力不强,极端高峰部分公共交通运力配备不足;旅游线路的准点率低,乘客等待时间长;三亚公交智能化发展水平不高,缺少景区公交出行 APP 服务。

2 南山景区交通提升改造发展战略

2.1 南山景区发展目标

2.2 交通提升改造指导思想

根据南山景区现状交通问题,立足南山景区自身高品质的休闲旅游特点,秉承"可落地、可实施、可操作"的思想,以体现景区交通服务的"人性化、舒适度、便捷性"为核心,尊重个体出行选择,常态下采取低限制性交通组织的总体思路[2],科学、合理地配置交通设施,确保交通运行的安全、有序。

2.3 交通发展目标

总体目标是实现南山景区交通系统"高效性、畅达性、集约性、人文性"。具体目标为打造"内外通达、区域协同的对外交通系统""集约低碳、高度覆盖的公共交通系统""畅通易达、宜游宜行的道路交通系统""动静协调、集约化的静态交通系统""以人为本、智能化的交通引导系统"和"舒适高效、可预期的旅游客运系统"六大系统(图 4)。

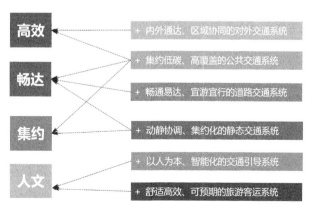

图 4 交通规划目标分析图

2.4 交通提升改造策略

（1）实现三大转变：个体交通到集约交通的转变、临时设施到固定设施增能的转变、粗放管理到精细化管理的转变。

（2）改善五大问题：①改善大客流情况下国道225拥堵；②改善高速南山互通拥堵；③改善停车泊位数量不足，停车交通组织混乱；④改善公共交通服务水平低、分担比例不高；⑤改善极端高峰应急保障不足，大面积交通瘫痪。

（3）实施七大工程：铁路扩建提升工程、公路新建扩容工程、重要节点优化提升工程、道路拓宽增能工程、静态交通扩容工程、公共交通优化工程、强化应急保障工程。

3 南山景区交通提升改造规划

3.1 铁路扩建提升工程

从通过硬件设施改造增能、软件设施管理提升两方面出发，实现铁路运输增能提速的服务，吸引乘客向集约化的交通方式转移。

1）硬件设施增能

（1）推进旅游铁路西延：根据未来大三亚旅游交通圈出行需求，结合上位规划，继续推进三亚—南山段旅游铁路向西延伸的建设，最终实现贯通三亚至乐东旅游铁路，实现三亚与乐东旅游资源共享与发展，加快推进大三亚旅游经济圈的建设。

（2）增设铁路站点：由于现状旅游铁路仅有三亚站和南山两处站点开通，服务地区有限，也是导致吸引力不足的另一原因。因此在南山景区及周边应预留新机场站，强化旅游铁路与新机场的联系，增设崖城站，实现旅游铁路与高铁的无缝换乘，同时也能满足崖城片区的游客通过旅游铁路到达各大景区（图5）。

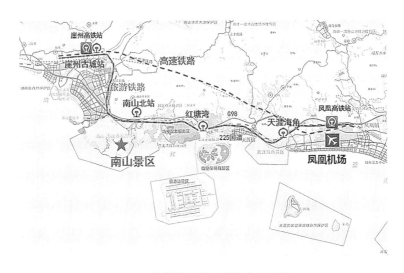

图5 旅游铁路线路及站点布局图

（3）规划新机场铁路支线：为满足远期临空经济区发展、新机场客流集疏运的需求，规划一条铁路支线连接新机场和既有西环铁路。

（4）远期提升为大三亚都市圈轨道快线：远期结合大三亚旅游经济圈，建议将既有的旅游铁路进行复线改造，提高速度和运输效能，进一步促进大三亚旅游产业和经济的发展。

2）软件设施提升

在改善铁路运输效率、提升服务质量等软件方面可以采取以下五大措施：

（1）加强旅游火车与景区、旅游团的票价联动：为了吸引旅游铁路的客流，建议铁路公司可以和南山景区、旅行社合作，推出景区和旅游铁路联票，旅游团开展旅游铁路游览三亚—南山观光体验。

（2）开发手机APP查询和购买车票：现在三亚—南山旅游铁路车票还不能网上购买，现场购买排队时间长，因此有必要尽快启动此段铁路网上查询和购买服务功能。

（3）车厢环境提升：现状铁路列车是租用的老旧车厢，内部环境较差、座位等内饰差、空调通风差、有异味，造成旅游铁路吸引力不足。因此未来更换车厢、车厢内部环境可以融入景区元素，提升车厢环境。

（4）加强宣传力度：旅游铁路宣传不足，市民和游客知晓度不高，建议今后在交通枢纽和大型人流密集点，可以现场海报、电视、广播等方式进行宣传。

（5）适时提升运能：旅游旺季班次加密，根据客流量预测，极端高峰下轨道交通出行人数为1.5万人次/日，入园高峰小时为4500人次/h，根据客流需求合理配置旅游铁路的运力。

3.2 公路新建扩容工程

规划第二高速通道、增设南北联络线等措施，进一步完善南山景区对外公路网络（图6），提升其对外辐射疏解能力。

（1）规划三亚第二高速通道：根据远期交通发展需求，结合三亚多规合一，在环岛高速北部规划一条三亚第二高速通道，分流现状环岛高速交通的压力，同时可以将现状环岛高速改造为城市快速路，打造三亚"旅游快速通道"。

（2）增设南北向联络线：在南山景区东西两侧分布规划1条联络线，实现与第二高速通道联系，满足远期新机场和南山景区的交通需求。

（3）西侧联络线增加直通景区道路：在西侧的高速联络线，规划新增一条道路连接西侧联络线和225国道，实现第二高速通道与景区西侧通道的联系，分流从景区东部道路的交通压力。同时也可以联通南山景区和崖城南滨南片区起步区。

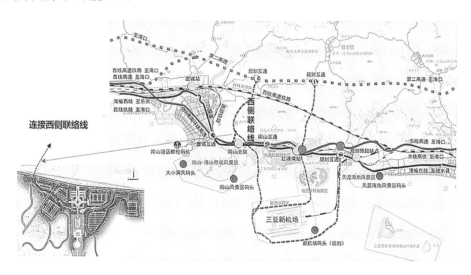

图6 南山景区公路网规划图

（4）重要节点优化提升工程（图7）：近期南山互通扩能改造，提高通行能力，满足未来通行需求。互通立交改造节点位于现状G98南山互通，在现状立交西侧新建立交。废除原高速出入口匝道，新建立交连接线与225国道平交，并设置西向北定向匝道。立交匝道设计速度为30~40 km/h，匝道路基宽度为8~10 m，其中ES与SE匝道与三亚市区方向连接，为主要流向，匝道规模均采用单向2车道，WS与SW匝道采用单向1车道规模。

远期改造崖城互通、新增机场互通，满足片区发展需要。崖城互通立交的现状为异型交叉口，存在路口间距小（匝道出入口与道路交叉口间距太近）、通行能力低、安全性差等问题。因此，建议远期结合崖城片区发展对此立交匝道进行改造，提高立交的通行能力和安全性，更好地服务崖城片区和南山景区的发

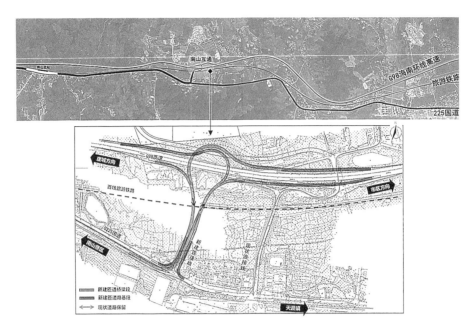

图 7 节点优化提升工程方案图

展。具体提出以下两个改造方案。

3.3 道路拓宽改造工程

道路拓宽增能工程通过道路拓宽改建、新建工程,提高道路通行能力,破除交通瓶颈。主要工程包括拓宽改造 225 国道、港口公路,启用南山景区与大小洞天沿海内部通道,南山景区入口处规划下穿通道等内容。

(1) 225 国道拓宽改造:根据现状分析,选定交通拥堵严重的 225 国道拓宽改造范围,即南山互通到崖城互通的路段,全长 7.224 km,将这段道路的一块板道路改造为两块板,双向 2 车道拓宽为双向 4 车道,同时,十分重视道路景观设计,两侧行道树树种以选用三亚本土植物品种大叶榕树作为骨干树,充分体现当地海岛风情,提高游客的旅游体验(图8)。

由于 225 国道是进出南山景区的唯一通道,且现状 225 国道的过境交通量较大,因此,为保障施工期间南山景区交通量得到有效疏解,本次拓宽改造方案根据时间节点分为两期方案。一期方案:2018 年春节前通车,拓宽改造为双向三车道。225 国道目前已经开始实施,考虑到施工周期较长,为保障施工期间南山景区交通量得到有效疏解,尤其是 2018 年春节期间,南山景区会迎来客流高峰,拟在 2018 年春节前先完成 11 m 宽半幅机动车道,作为双向 3 车道通行,提高目前国道南山景区段的道路通行能力。二期方案:按照规划道路红线实施,红线宽度为 40 m,双向 4 车道,中央设置隔离带。非机动车道 3.5 m,与机动车道划线隔离,南侧有 6 m 防护绿地。预计 2019 年春节通车。

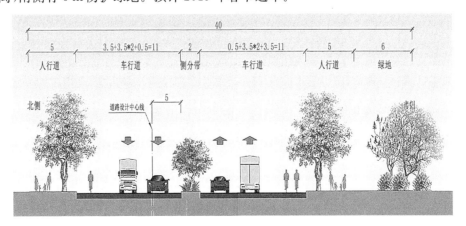

图 8 225 国道标准段绿化横断面图

(2) 启动南山景区与大小洞天沿海内部通道：现状大小洞天景区南侧滨海地区有一条内部道路，供大小洞天游览电瓶车使用，在南海观音附近形成断头路。建议充分利用这条内部通道，实现沿海两大景区内部通道连通，缓解景区外部225国道的部分交通压力。内部通道仅供内部接驳巴士使用，在景区交界处分别设置一处售票窗口和闸机，两大景区内部连通，方便游客观光游览，节约时间，同时也可实现两大景区的停车资源共享，同时推出交通旅游一卡通或联票等服务。

3.4 灵活的停车设施保障

规划新建5处固定停车场，增设多处临时应急停车场，应对极端大客流情况下小汽车停车需求。新建5处固定停车场为5 029个泊位，规划15处临时停车场为9 000个泊位，整个停车设施规模达到14 029个停车泊位，可以满足南山景区扩建停车泊位需求（图9）。

（1）新建5处固定停车场：结合南山景区改扩建方案，综合考虑景区旅游客流的时间波动性，按照满足全年大部分时间的停车需求进行配建（即一般高峰日停车需求），因此在南山景区北侧共配置5处固定停车场（P1～P5停车场），可供应小汽车泊位4 320个、大巴车位244个、出租车候客泊位99个。

（2）规划15处临时停车场：15处临时应急停车场，主要应对极端高峰日（国庆和春节假期）大客流停车需求。其中，崖城创业产业园4 500个，国道沿线1 870个，南山互通北2 630个。借鉴"P＋R"理念[2]，在景区临近的道路、关键节点处的停车设施，划定景区的临时应急停车场，保障景区停车需求和外围道路交通顺畅，景区区域的路权优先供给集约的公共交通和接驳巴士。

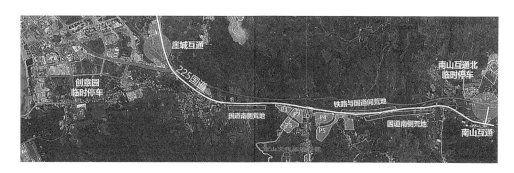

图9 停车场规划布局图

在极端高峰日，结合临时停车场的布局，临时开通两条接驳巴士线路，即接驳东线和接驳西线，满足临时停车场的游客到达景区入口处的短距离出行需求。接驳西线连接南山景区与创意产业园临时停车场，线路长度为4.5 km；接驳东线连接南山景区与南山互通北临时停车场，线路长度为5.5 km。

3.5 集约、特色的公共交通服务

公共交通规划主要是通过公共交通优化工程，"水陆两栖"并进，提高公共交通吸引力。具体措施为开辟"商旅快线"、开通"水上巴士"、优化调整现状公交、开通接驳巴士。

（1）开辟"商旅快线"（图10）："商旅快线"是以服务南山景区游客为主的，以高速公路、国道等为载体，按照"五统一"的要求（统一景区调度、统一服务标准、统一车型标准、统一车辆标识、统一票价体系），将旅客安全、舒适、便捷地送达景区的一种快速直达的客运服务品牌。强化南山景区与三亚交通枢纽以及旅游集散中心的联系；预期远期将承担25%以上客流；拟通过"市场化运作、公交化运营、高品质服务"来为景区提供集约交通服务，引导乘客绿色出行。

开通6条"商旅快线"，连通一个景区、六大枢纽、一处旅游集散中心；其中六大枢纽为三亚火车站、三亚汽车总站、崖州站、凤凰机场和新机场，一个旅游集散中心为三亚旅游集散中心。

（2）开通"水上巴士"：依托南山景区的港口、水上巴士码头设施，开通水上巴士航线，与"商旅快线"共同形成"水陆两栖"并进的旅游公交服务线路。水上巴士航线可以连通大小洞天、南山景区、天涯海角、西岛四大景区，以及南山港、三亚新机场、三亚港三大交通枢纽。预计水上交通的运输能力可以达到3 000人次/日，可以有效缓解陆上交通压力和满足游客出行方式多样化选择的要求。

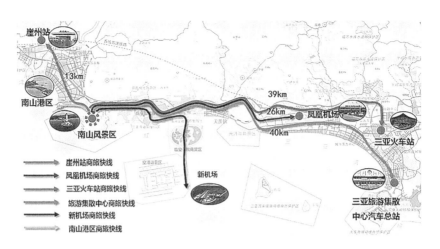

图 10 "商旅快线"线路规划图

3.6 智慧交通应急保障

为应对"国庆""春节"旅游极端高峰,以及大型主题活动时的大客流出行需求,考虑交通配套设施的弹性使用,启动应急管理方案,应对紧急情况。

(1) 大客流应急预案。按照客流分级、停车场使用情况,启动三级应急预案。

三级:黄色预警客流 6~8 万人。景区 5 处固定停车场使用接近 80%,停车诱导屏发布停车饱和信息,启用国道两侧临时停车场,约 1 800 车位,通过临时"P"牌引导车辆分散停放,安排警力和管理人员加强现场指挥。二级:橙色预警客流>8~10 万人。国道两侧临时停车使用接近 80%,启用崖城创意园、南山互通北的应急停车场,高速南山互通实行交通管制"只进不出",即高速上的车辆不允许从南山互通出来,国道上的车辆可以从南山互通进入到达高速公路。运行临时停车场—景区的接驳巴士,安排警力和管理人员现场指挥。一级:红色预警客流>10 万人。应急临时停车使用接近 80%,通过平台远端发布景区大客流预警,小汽车停车位泊位饱和,请游客选用公共交通出行,南山、崖城互通实行交通管制"只进不出",所有小汽车停车场实行车辆"只出不进"的交通管制。

(2) 应急交通配套设施。南山景区停车诱导按照三级诱导设置,发布停车实时动态信息。一级引导发布总体信息,二级诱导发布就近停车信息,三级诱导显示单个停车场实时信息。停车诱导示意图如图 11 所示,在高速上、国道上分别设置一级停车诱导屏,在临近南山景区停车场设置二级停车诱导屏,在单个停车场入口处设置三级停车诱导屏。其中一级诱导屏设置有信息版,可以显示"停车位已满,225 国道拥堵,南山匝道封闭"的信息。

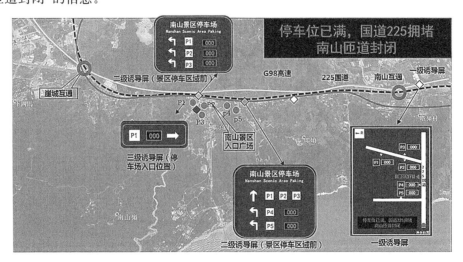

图 11 南山景区停车诱导方案布局图

（3）智能交通管理平台。为了更好地维持三亚南山片区的交通秩序，提升交通服务水平，建议将南山片区的交通信息接入三亚交通综合信息平台。通过平台整合三亚交通运输系统信息资源，实现南山片区交通信息的接入、存储、处理、交通、发布等功能，并面向应用服务，实现交通运输、交通管理等部门间信息共享、科学决策。其中交通发布可以采取以下三种形式：基于路侧诱导屏的发布、手机 APP 发布、微信或微博发布。

4 总结

通过南山景区旅游交通系统提升改造研究，总结出以下三方面的经验，可供参考：(1)基于问题导向和目标导向，从实际问题出发，注重全面统筹区域交通一体化，确保交通设施建设在保障景区旅游交通集散的同时，可以更好地服务整体区域城市发展需求；(2)景区交通设施的配套要根据不同的客流规模，合理划分为固定交通设施和临时交通设施，保证交通设施投资建设的可操作性和实用性；(3)当景区在大客流的情况下，一方面采用"P＋R"的交通组织模式，另一方面要充分利用信息化设施，智慧、科学引导交通，做实交通组织应急保障，最终实现游客满意、舒适的交通出行体验。

参考文献

[1] 国务院.国务院关于印发中国(海南)自由贸易试验区总体方案的通知[EB].中华人民共和国国务院公报,2018(30)：22-28.

[2] 顾煜.上海市综合交通发展和规划思路的一些转变[J].交通与运输,2009,25(2)：8-10.

[3] 刘增华,江捷,李军,等,金丝峡景区交通规划及游线设计方案研究[J].交通标准化,2010,38(17)：189-192.

光储充微网及智慧交通研究

李 雪　何海斌　朱明辉　魏忆凡

摘　要：低碳绿色产业快速发展，智慧绿色出行势在必行。上海电气公司运用大数据、无人驾驶、新能源优化调度、人工智能等新技术，打造集光伏发电、储能、充电桩、自动驾驶智慧交通于一体的智慧园区。智能电子轨道交通系统（IERT），是上海临港园区智慧交通体系高度智能化的重要一环，无人驾驶商用车在园区自动运行，系统采用智能调度、信号控制、高效定位、智能协同等技术，达到接近轨道交通对运量、运行速度、发车频次和运行精准性的要求。以微网综合利用为依托，采用光伏、储能、充电桩形式，完成汽车动力供应，搭载强大的上海电气综合能源管理云平台，实时准确获取光储充设备运行数据，应用大数据决策分析引擎，进行海量数据的分析与挖掘，筛选价值数据，进行丰富多元的智能化控制，降低园区运维成本，实现"安全、高效、绿色"的现代产业园区。

关键词：智慧交通；智能电子轨道交通系统；微网；综合能源管理云平台

Abstract: With the rapid development of low-carbon and green industries, smart and green travel is imperative. Shanghai Electric using big data, driverless technology, new energy optimal scheduling, artificial intelligence and other new technologies to build a smart park integrating photovoltaic power generation, energy storage, charging piles, automatic driving and intelligent transportation. Intelligent electronic rail transit system (IERT) is an important part of the intelligent transportation system of Shanghai Lingang park. Driverless commercial vehicles operate automatically in the park. The adoption of intelligent dispatching, signal control, efficient positioning, intelligent coordination and other technologies made the system meet the requirements of rail traffic for traffic volume, running speed, departure frequency and operation accuracy. Photovoltaic, energy storage and charging pile are adopted to complete the power supply of automobiles, relying on the comprehensive utilization of microgrid. The system has been equipped with the powerful Shanghai Electric integrated energy management cloud platform, which can accurately obtain the operation data of optical storage and charging equipment in real-time. The system also applies a big data decision analysis engine to analyze and mine the massive data, and screens the valuable data to realize rich and diversified intelligent control. It can reduce the operation and maintenance cost of the park and realize a "safe, efficient and green" modern industrial park.

Keywords: intelligent transportation; IERT; microgrid; integrated energy management cloud platform

引言

随着新能源技术革命发展，全球出行领域正经历一场前所未有的深刻变革，新能源产业的快速发展，大数据、自动驾驶、5G、人工智能[1]等前沿技术的不断应用，正在重塑我们的出行方式。以新能源为根基，以绿色化、智能化、网联化、共享化为特征的跨界融合浪潮，加速推进新能源汽车科技创新和科技产业发展。上海电气公司打造综合新能源、电动汽车、移动充电桩[2]、自动驾驶的临港智慧园区，用电更绿色，交通更智能。本文针对能源、电网、交通、环境的友好互动和智能化调度进行研究和实践[3]，对未来出行方式有重要的参考意义。

作者简介：李　雪，上海电气分布式能源科技有限公司，硕士，研究新能源与大数据挖掘。
　　　　　何海斌，上海电气分布式能源科技有限公司，硕士，研究新能源及微电网系统。
　　　　　朱明辉，上海电气分布式能源科技有限公司，学士。
　　　　　魏忆凡，上海电气分布式能源科技有限公司，硕士，研究新能源及微电网系统。

1 光储充微网及智慧交通背景与意义

1.1 光储充微网及智慧交通政策

2020年9月22日,国家主席习近平在第七十五届联合国大会辩论会上宣布:"中国将提高国家自主贡献力度,采取更加有力的政策和措施,二氧化碳排放力争于2030年前达到峰值,努力争取2060年前实现碳中和。"当前,交通运输部正在紧锣密鼓部署《交通运输碳达峰碳中和行动方案》的研究和编制,交通运输行业是能源消耗、碳排放大户。对于交通行业及全产业链条来说,实现碳达峰、碳中和目标是机遇和挑战并存,包括交通制造、能源供给、超级计算、数字交通,都将纳入新业态、新模式、新技术范畴。未来以"双碳"为牵引,将激发交通各要素的迭代升级,待碳达峰乃至碳中和实现,整个交通系统将迎来颠覆性变化。

1.2 光储充微网及智慧交通前景

根据麦肯锡预测,到2025年自动驾驶车辆可以产生0.2万亿~1.9万亿美元的产值;到2030年,自动驾驶车辆将占据机动车销售总量的15%[4]。自动驾驶车辆将在21世纪中叶实现大规模使用。

无人驾驶汽车在能源上有较大的创新,电动机、电池技术、充电、能量回收和燃料电池等技术满足时代需求。此外,在全球变暖和温室气体排放增加的大背景下,新能源的应用更是迫在眉睫。因此,该领域的研究是广为关注的热点话题。

2 光储充微网及智慧交通研究

上海临港智慧园区运用大数据、无人驾驶、新能源优化调度、人工智能等新技术,依托强大的上海电气公司综合能源管理云平台,实时准确获取光储充设备运行数据,应用大数据决策分析引擎,进行海量数据的分析、统计、诊断,筛选价值数据进行丰富多元的智能化控制,实现园区运维成本的降低,实现"安全、高效、绿色"的现代产业园区(图1)。

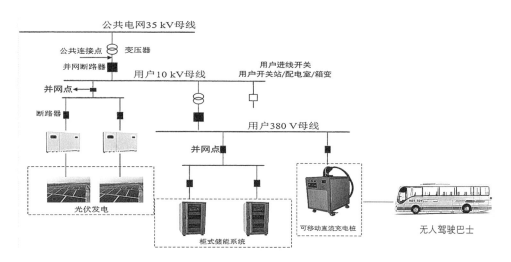

图1 微网系统架构图

2.1 智能电子轨道交通系统(IERT)

智能电子轨道交通系统(IERT)是一种新型、大容量、高效率的自动化主干交通运输系统,是上海临港园区智慧化交通体系高度智能化的重要一环,它是园区交通通勤的新亮点,既高效又环保。系统采用智能调度、信号控制、高效定位、智能协同等技术,具备精准驾驶、节省空间、编组运营量大且灵活、车路协调安全稳定、道路环境适应性强等优势特点,实现轨道交通对运量、运行速度、发车频次和运行精准性的要求。

在 PATH 电子轨道技术的基础上,针对国内常用车型、混行路权、客流变化特征、智能调度系统、信号控制系统进行了深入开发,形成了一整套技术研究、项目设计、建设与运营的解决方案。通过磁钉实现虚拟电子轨道技术,导向十分精准,公交车辆直道运行轨迹距离磁钉轨迹的偏移量左右不超过 15 cm,30 m 半径的弯道偏移量可维持在 30 cm 以下,进站停靠位置偏移量小于 10 cm。采取非实体的电子隐形轨道,IERT 系统可通过智能调度系统灵活改换线路,配合电子挂钩技术,实现了车间协调与车队编组。IERT 系统现已建立起"路、车、人、站、信号"五位一体的管理系统,利用全程实时定位,可与信号灯、车站实现高效通信与控制,并实现车辆和道路基础设施之间、车辆与车辆之间的智能协同与配合,大大提高交通出行安全。利用道路埋设的磁钉进行定位,能够在不利天气、微弱光照、路面覆污、电磁干扰环境下可靠运行的自动驾驶落地方案。其主要功能如下:

1) 精准驾驶

实现高精度定位与引导,真正实现厘米级的控制轨迹;适用于精确停站、窄道通行、精准入库等驾驶场景;实施信号优先、动态路权等智能调度技术,支撑精准运营。

2) 安全运行

采用自动驾驶安全技术,消除人为因素的安全问题;借鉴轨道交通安全设计,形成不依赖于复杂环境感知的控制闭环;遵循汽车开发安全流程,实现架构、算法、集成、测试全过程功能安全。

3) 轻量系统

轻量基础设施,以低成本、少建设、长寿命的方案实现普通车辆的轨道化;轻量网联设备,相比其他车路协同方案,路端耗能接近于零;轻量车载系统,对传感器的要求可以最小化、定制化。

4) 高效运输

减轻驾驶强度,转变为轨道交通的驾驶服务职能;通过电子挂钩实现车车之间的灵活组合,真正实现以高效换乘和按需调度为特征的智能运营;面向主干公共交通系统,通过路权、线路、交通控制的综合设计来保障系统运量与效率。

2.2 光储充智能微网系统

2.2.1 光伏系统

微网中光伏容量配置 4 MW·h,光伏采用"并网不上网"的运行方式。根据屋顶分布及安装容量,将光伏发电系统分为若干个子系统,每个子系统相对独立,分别由光伏组件、组串式逆变器、交流汇流箱、箱式变压器、配电系统、检测与显示系统、安装结构系统等组成。整个光伏电站安装一套综合自动化监控系统,负责整个电站的电力监控、调度、故障报警等功能;每组光伏阵列的运行数据及工作状态,通过通信接口连接到主监控室进行实时监控、故障报警、电力监测等功能。

2.2.2 退役电池储能系统

储能电池采用电动汽车上的退役磷酸铁锂电池作为储能,延长电池生命周期,实现电力、用户与环境的多方共赢。

微网中储能系统由电池、电池架、电池管理系统、温控系统、动环监控系统、PCS、电池组回流、二次系统配电组成[5]。集装箱中,由基本模组与 BMS 串联成单电池柜,将多个单电池柜并联扩展成多电池柜,储能电池所发电量经过汇流柜、PCS 逆变后接入电网。PCS 可实现电能的双向转换:在充电状态时,PCS 作为整流器将电能从交流变成直流储存到储能装置中;在放电状态时,PCS 作为逆变器将储能装置储存的电能从直流变为交流,输送到电网。通过 EMS 对电池柜系统进行精确管理,储能系统电池管理系统 BMS 具备与综合监控系统(或微网监控保护系统)协调、配合,接受综合监控系统(或微网监控保护系统)的运行调度。电池管理系统对储能系统进行电池层的监控和管理,完成对储能电池组的电压、电流、电池运行温度、SOC 参数的实时监控和计算,并将数据上传至综合监控系统(或微网监控保护系统),具备电池运行工况实时监控和紧急情况的报警和保护功能。

2.2.3 充电桩系统

两台额定容量为 60 kW 的可移动式直流充电桩，为自动驾驶电动巴士充电，并可以移动到不同位置。其执行功能主要的是：直流充电、交流充电系统；监控主要是由配电检测、充电检测，以及安防系统组成。计量计费系统属电站用电量管理系统。配电系统属充电站电源管理设备。

2.2.4 智能管控部分

综合能源智慧管理平台（图 2），以电力系统为核心，利用现代物理信息技术、大数据技术、云计算技术、预测性维护及节能决策等前沿技术，实现园区光储充微网智能监控与远程运维，致力于为能源用户提供高效、清洁、低成本、全方位的综合智慧能源解决方案。主要功能如下：

（1）远程监控：远程集中观测多个系统运行状态。
（2）故障定位：快速定位故障设备，缩短故障时间。
（3）数据分析：多角度呈现系统周期性运行情况。
（4）资产分析：分析项目经济及设备资产情况。

图 2　上海电气公司综合能源智慧管理平台界面

2.3 光储充微网及智慧交通运营策略

该微网由储能系统、光伏系统、充电桩、大电网、无人驾驶巴士等组成。光伏发电功率具有波动性、不稳定性以及不可控性，光伏输出功率的波动性不能满足微网对供电质量以及供电可靠性的要求，而配备储能系统可平抑光伏波动。微网中光伏发电系统所发电量全部优先供负载使用，当光伏系统发电量不足以支撑全部负荷用电时，储能系统放电；当光伏出力过剩时，将电能存储到储能系统中。储能系统的配备，可以保障园区无人驾驶车辆的电力供应。

1）优化调度技术

根据负荷和可再生能源的预测值、用户的用电需求、市场峰平谷电价等信息通过先进的优化算法，实现分布式电源的发电调度、大电网的购电计划、储能的出力分配，实现微电网运行的经济性最优。

2）微网系统数据预测

通过对用电、发电设备数据的实时采集和存储，可对未来某段时间内设备的用电负荷、可再生能源发电功率等进行预测。根据调度计划的时间尺度不同，有短期（72 h 内）预测和超短期（几小时内）预测。神经网络算法在复杂非线性预测方面有着良好表现,适用于光伏发电功率预测这样的场合。将天气、温度、季节等影响因素作为输入,选择历史相似日对模型进行训练,最终可实现光伏发电功率的预测。

3)系统运行控制

运行控制包括:并网功率阈值控制、电能质量(电压、频率)调节控制、逆变器控制模式切换等。通过对分布式供能系统的控制,可以平抑可再生能源的波动,满足用户用能质量的需求,同时也保障微网系统与大电网系统的安全、可靠运行。

3 结语

光储充微网及智慧交通采用源网荷协同调度控制系统,优化传统调度及运行模式,将充电桩纳入统一调度,通过电源、电网、充电桩多种交互形式,实现能源高效利用,是含有多种模块、技术更为先进的微电网项目,为后续推广提供宝贵经验。退役磷酸铁锂电池储能系统,延长电池使用寿命,有效降低企业用电成本,达到节能降本的目的,实现经济生态环境友好互动。

智能电子轨道交通系统(IERT)新建基础设施少、车辆选择广泛、对原有市政设施破坏少,工程适应性强、运营灵活、建设成本和运营成本低;相对于BRT,IERT编组灵活,客流兼容性好,相同条件下虚拟轨道占用更少道路资源,运行更加可靠、舒适、安全;IERT自身具备实现自动驾驶、车路协同的核心技术,是人工智能在交通领域的重要实现形式,具有良好的示范意义。

综上所述,光储充微网及智慧交通临港园区采用多能互补、无人驾驶、集成优化,在经济性上节本增利,助推技术创新发展与能源产业转型升级,并将绿色能源带进园区,实现"节能减排",助力上海2030年实现"碳达峰",共创绿色、低碳、美丽中国。

参考文献

[1] 米胜凯.试析5G通信技术应用场景及关键技术探讨[J].数字技术与应用,2019,37(4):21.

[2] 于进才.电动汽车快速充电站选址定容问题的研究与应用[D].哈尔滨:东北农业大学,2019.

[3] 王盛强,李婷婷.新能源光伏汽车充电站发展现状与分析[J].科技创新与应用,2016(2):106-107.

[4] Mckinsey Company. Self-driving car technology: when will the robots hit the road [R/OL]. [2018-08-30]. https://www.mckinsey.com/~/media/McKinsey/Industries/Automotive%20and%20Assembly/Our%20Insights/Self%20driving%20car%20technology%20When%20will%20the%20robots%20hit%20the%20road/Self-driving-car-technology_When-will-the-robots-hit-the-road.pdf.

[5] 王鹤,李国庆.含多种分布式电源的微电网控制策略[J].电力自动化设备,2012,32(5):19-23.

基于多源大数据公交线网优化关键技术与应用

陈 龙

摘 要：随着数字化转型的不断完善和深入，城市常规公交运营过程中各类大数据资源日益丰富，通过对多源数据（手机信令数据、公交与轨道IC卡刷卡扫码数据、公交车辆GPS轨迹数据、公交车辆到离站数据、公交线网站点矢量数据等）进行数据处理与算法开发，形成包含大数据环境下一人多卡识别技术、大数据环境下个体出行道路轨迹提取技术、基于GPS轨迹数据的公共交通线路识别技术等在内的成套关键技术，应用于常规公交线网优化，对浦东新区两网融合特征、出行需求与供给的匹配特征等进行分析，提出相应的公交优化方案，对于推进浦东新区及周边地区常规公交与轨道交通两网融合具有重要意义。在浦东新区"两网融合、自成体系、转型发展、精准服务"的线网优化实践中发挥了重要作用。

关键词：多源大数据；公交线网优化；两网融合；精准施策；后评估

Abstract: With the continuous improvement and deepening of digital transformation, various kinds of big data resources are increasingly abundant in the process of urban normal public transport operation. Through the data processing and algorithm development of multi-source data (mobile signaling data, card swiping data of public transport and tracking IC card, GPS track data of public transport vehicles, data of bus arrival and departure, vector data of bus line website, etc.), a set of key technologies including one person multi card identification technology in big data environment, individual travel road track extraction technology under big data environment and public transport line identification technology based on GPS track data is formed. It is applied to the optimization of conventional bus network, and the integration characteristics of two networks, matching features of travel demand and supply in Pudong New Area are analyzed. It is of great significance to propose the corresponding bus optimization scheme for promoting the integration of the two networks of conventional public transport and rail transit in Pudong New Area and surrounding areas. It has played an important role in the practice of optimizing the network in Pudong New Area with "two networks integration, self-forming system, transformation and development, and precise service".

Keywords: multi-source big data; public transportation network optimization; integration of two networks; accurate policy implementation; post evaluation

1 概述

《上海市交通发展白皮书（2013版）》强调：把公共交通发展放在城市交通发展的首要位置。《交通强国建设上海试点实施方案》提出推进公交都市建设，构建以轨道交通为骨干、公共汽（电）车为基础、轮渡与定制班线为补充的公共交通系统，增强轨道交通运营管理能力，优化公共交通线网结构。浦东新区在践行公交优先的过程中，一方面结合浦东新区土地利用和综合交通体系特征，强调了公共交通服务便捷舒服与融合衔接，同时在公交线网优化过程中着重于人民公交出行的体验和公交运营效率的提升，通过大数据的应用实现精准施策。

目前，公交领域涉及的大数据主要包括：手机信令大数据、公交线网数据（含线路、站杆站牌、运营时刻表）、公交IC卡刷卡扫码数据、公交车辆GPS轨迹数据与公交车辆到离站数据、公交日常管理统计数据、轨道交通相关数据（包括轨道交通线网、轨道交通IC卡刷卡扫码数据）等，应用上述多源大数据进行分析计算，一方面可以对人口职住分布、全方式通勤出行需求特征进行分析，把握区域出行需求特征；另

作者简介：陈 龙，上海浦东建筑设计研究院有限公司副总工程师（交通）兼交通研究中心主任，高级工程师，主要专业方向为综合交通规划、大数据在交通领域深度应用、交通专项研究及交通设计、智能交通与车路协同应用。

一方面可以全面感知公交运行状态,将基于手机信令数据分析的全方式出行需求特征与基于公交大数据分析的公交线网供给进行匹配,找出现状公交线网布局的服务薄弱区域、运力投入与居民出行的不匹配,以及运营与居民出行时间的不匹配等问题,精准配置公交资源以满足居民出行需求。

公交线网优化的需求客观存在,多源大数据的数据源基础也已经具备,但如何把多源大数据应用到线网优化中并发挥积极的作用仍待解决。在浦东新区线网优化过程中,不断积累形成了一批算法,研发形成了若干关键技术,通过这些关键技术将"大数据"变为"特征分析指标",进而成为指导应用的重要支撑,在浦东新区,形成了全区、重点地区、乡镇地区不同层面、不同类型的多样性应用。在行业管理、公交公司运营调度、乘客日常出行方面都得到了良好的反馈。

2 多源大数据在公交线网优化中的关键技术

多源大数据在公交线网优化中应用总体的技术原理与技术路线如图1所示。主要为:首先,针对上述多源大数据开展独立数据的数据处理、清洗、扩样等工作后,进行出行或运行特征分析。其次,基于公交线网与轨道线网拓扑关系与运行信息,梳理现状公交供给能力,结合手机信令大数据获取人口职住分布、全方式出行需求及潜在偏好公交出行需求等,从中宏观层面把握公共交通供给与需求平衡关系。再次,基于公交线网与轨道线网拓扑关系与运行信息,分析公交与轨道现状接运、补充与竞争关系。最后,基于以上量化诊断信息的公交与轨道两网融合优化,包括制定线路优化改善策略、分析受影响客流、方案执行后评估等。

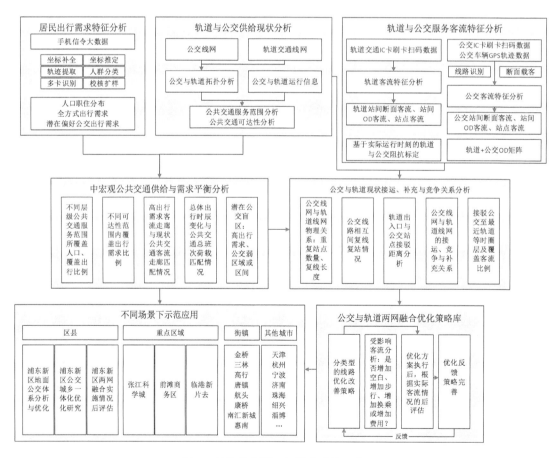

图1 总体技术原理与技术路线示意图

2.1 基于最陡坡的固定传感器空间位置启发式空间运筹推算算法

针对利用相互匹配的固定传感器的通信记录和车载 GPS 数据,通过计算个体与固定传感器发生通信行为时,其 GPS 所记录的空间位置,获得固定传感器服务范围之间的分界点,以此为基础,设计了一种最陡坡算法思想的启发式空间运筹算法,得到所有固定传感器的空间位置,并计算得到各固定传感器的服务范围(图2、图3)。

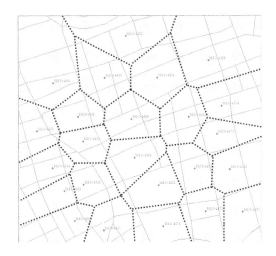
图 2　固定传感器空间服务范围(虚线)

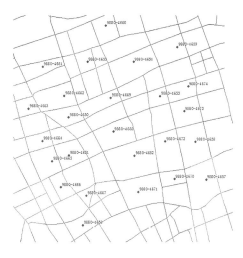
图 3　固定传感器道路服务范围

2.2 基于最可几路径的个体出行道路轨迹提取算法

通过个体出行起讫点(OD点)识别,将个体出行时空序列拆分为单个的 OD 出行记录;通过计算个体在 OD 路径上通信节点之间的时间和速度,挖掘通信节点之间在空间道路交通网络上的最可几路径;在得到两两通信节点之间最可几路径的基础上最终获得个体在 OD 点之间的在空间道路交通网上的移动轨迹。本算法充分依托现有的用户持有的移动终端与传感器之间的通信大数据资源,利用通信网络中已有海量匿名移动终端持续的加密位置信息,即能低成本、自动化、便捷地获取指定时间范围内大量个体的出行时空序列,采用空间分析和空间运筹的方法,根据个体与固定传感器之间的通信记录,挖掘出个体在通信节点之间的最可几的网络路径,最终整理得到个体在 OD 点之间的移动轨迹(图4、图5)。

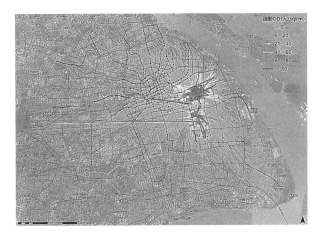
图 4　基于最可几路径的个体出行道路
　　　轨迹提取 OD 集计示意图

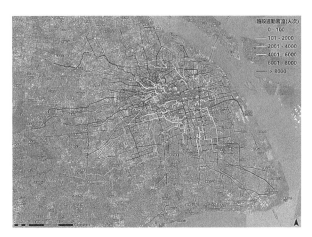
图 5　基于最可几路径的个体出行道路
　　　客流量集计示意图

2.3 基于公交与轨道实际运行信息的可达性分析技术

传统可达性分析主要依赖拟合多参数的统计分布函数,如对数正态、对数、伽马(Gamma)、韦伯(Weibull)等函数。本项工作基于轨道交通实际运行时刻表与公交车辆GPS轨迹数据,结合已标定了的轨道与公交节点与边的阻抗,获取不同时间出发后任意出行端点间整条公共交通出行链的实际总耗时,并基于此,得到各个区域在不同时段的各个方向的实际可达范围。公共交通出行链,可仅为轨道或公交,也可为轨道与公交相互换乘路径(图6、图7)。

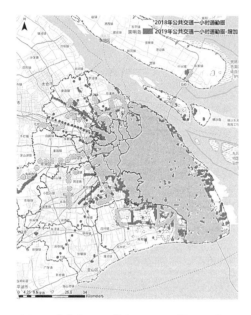 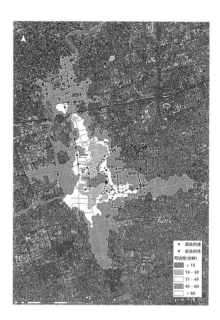

图6　浦东新区公共交通1 h通勤圈示意图　　图7　单点公共交通可达性(等时圈)范围示意图

2.4 基于公交与轨道实际运行信息的轨道与公交阻抗标定技术

以时间成本作为主要可量化依据,进行阻抗标定。轨道和公交的阻抗包括节点阻抗和边的阻抗。节点阻抗指的是乘客候车或换乘耗时;边的阻抗指的是站间耗时。基于轨道交通实际运行时刻表与公交车辆GPS轨迹数据,推算轨道车辆或公交车辆在各个站点的到离时间,再根据实际换乘步行距离及乘客到站的非时齐泊松分布,推算乘客平均换乘耗时与候车耗时,从而标定不同线路数量、不同配车和不同发车间隔情况下的节点阻抗;推算得出的不同时段各个路段的公交运行状态与实际耗时,标定不同线路数量、不同配车和不同发车间隔情况下的站间阻抗(图8、图9)。

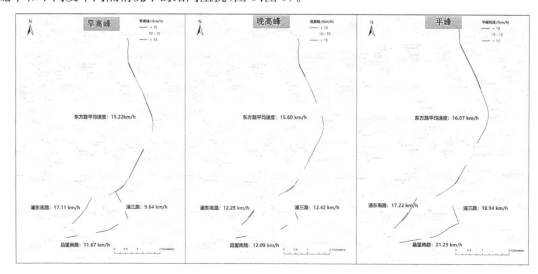

图8　路段公交阻抗示意图

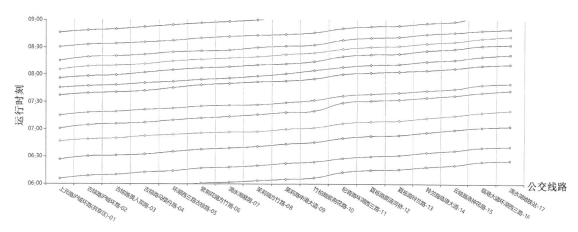

图 9　公交线路车辆班次和运行时刻示意图（中港 1 路上行）

2.5　基于轨道和公交 OD 客流重分配的受影响公交客流分析技术

在现状公交客流基础上，基于设定的公交线网优化方案，以乘客总体最少换乘次数、最短换乘距离、最短步行距离、公共交通总体耗时最短为目标，以站点空间位置、站间阻抗等为约束条件，使用改进 Dijkstra 算法搜索乘客潜在路径，将现状轨道和公交 OD 客流重新分配至优化后公交与轨道线网上，从而分析评估潜在受到影响的客流。例如：是否增加空白站点（周边无其他公交线路可乘坐）、增加步行距离、增加换乘或增加费用等（图 10、图 11）。

图 10　受影响公交客流分析示意图

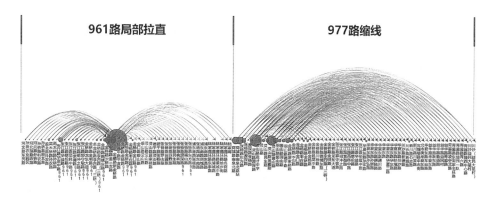

图 11　受影响公交 OD 客流与站点 PA 成果示意图

3 浦东新区公交线网优化应用

3.1 面向空间和对象的浦东新区公交线网分类重构

为了更好地实现不同线路服务功能、服务对象的区别对待，根据浦东新区空间规划和功能分区，考虑跨江乘客、中心城区乘客、轨道交通接驳乘客、城乡区域乘客、村村通乘客等不同类型服务对象对于公交使用需求、敏感度的不同，将浦东新区公交线路重新分为以下四大类，分别是最后一公里线路、村村通线路、其他线路和特殊线路。其中，结合空间特性其他线路又可以细分为对外线路、市区线路、郊区线路三类，分类情况如图12、图13所示。

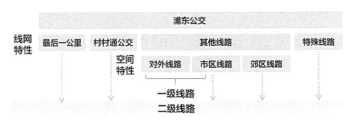

图12　浦东新区公交线路分类

图13　浦东新区公交线路分类重构后的拓扑图

3.2 浦东新区公交线网优化总体策略与顶层设计

浦东新区线网优化总体策略："两网融合、自成体系、转型发展、精准服务"。

"两网融合"——公交线网的优化调整要强化与轨道交通的深度融合，进一步提升整体公共交通系统的运营效率和服务水平。基于轨道交通线网与常规公交的三重关系——竞争关系、补充关系以及接驳关系的梳理，提出常规公交与轨道交通线网融合的五项策略：减少与轨道交通线网的重复系数、补充轨道交通客运走廊空白、补充轨道交通服务区域空白、线网层面与轨道交通站点衔接、运营层面与轨道交通运营配套，最终实现竞争更少、补充更多、接驳更好。

"自成体系"——基于多源大数据，对主要客运走廊进行识别匹配，构建由基本网、保障网和辅助网组成的多层次功能清晰的公交体系。针对每一个层次的公交线路，提出相适应的优化策略。

"转型发展"——在轨道交通网络不断完善、共享单车、网约车等交通方式爆发式增长的背景下,常规公交的转型发展是实现公交更好发展的前提。通过公交线网优化,能够减少低效运营里程,提高线网效率,促进公交更高质量发展,从而实现公交的转型发展。

"精准服务"——常规公交事关民生,常规公交的优化调整要以居民的出行体验为核心,切实提升公交的服务水平,提升居民公交出行感受度。精准服务是从居民出行需求出发,缓解公交服务与出行需求之间的矛盾,保障运营层面和线网层面的供需匹配。

3.3 形成公交线网优化实施储备库

浦东公交的线网优化形成了"一类多储备、一线一方案"的三年线网优化实施储备库,储备线网优化方案 123 条,截至 2020 年初,两网融合公交线网调整计划共计实施线路 76 条。其中,1045 路和浦东 32 路优化方案及分析示意图分别如图 14 和图 15 所示。

图 14　1045 路优化方案及分析示意图

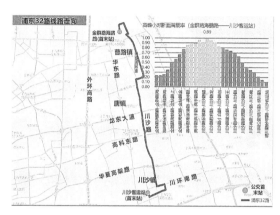

图 15　浦东 32 路优化方案及分析示意图

4 浦东新区两网融合评估

4.1 两网融合效益更突显

(1) 竞争更少。近期共计优化 22 条与轨道交通线网重复率较高的常规公交线路。这批线路优化后,常规公交与轨道交通的竞争更少了,优化了整体公交资源配置。

(2) 补充更多。中心城区未有轨道交通覆盖的四条骨干客运走廊通过常规公交提质增效的方式进行有力补充,并且实现了无轨道交通站点覆盖的乡镇区域干线全覆盖。

(3) 接驳更好。接驳的集中度低了:调整前与轨道交通站点衔接线路在 10 条以上的站点数 7 个(7%),调整后与轨道交通站点衔接线路在 10 条以上的站点数为 6 个(6%),减少 1 个(2 号线龙阳路站,调整前 100 m 范围内 11 条线路,调整后减至 9 条),如图 16、图 17 所示。接驳的离散度高了:调整前与轨道交通站点衔接线路站点 500 m 覆盖范围占比 51.9%,调整后与轨道交通站点衔接线路站点 500 m 覆盖范围占比 61.3%。

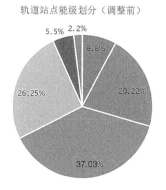

图 16　调整前轨道交通站点 100 m 范围内衔接公交线路数

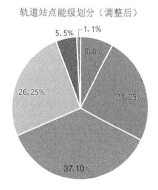

图 17　调整后轨道交通站点 100 m 范围内衔接公交线路数

4.2 常规公交体系更清晰

浦东新区公交线网构建由主要客运走廊、区域线、短驳线、特殊线组成的多层次常规公交体系。其中主要客运走廊核心是剥离竞争、弥补空白、减少重复;区域线核心是覆盖连通片区间的中距离公交出行,发挥轨道交通延伸拓展的作用;短驳线主要是指短距离公交线路,包括主要服务于镇里的线路以及最后一千米线路;定制线聚焦个性化、特色化、定制化,提供多元、灵活的公交服务。调整前后的常规公交体系分布比例见图18,19。

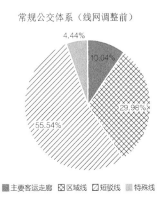 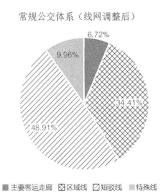

图18 调整前常规公交体系分布比例　　图19 调整后常规公交体系分布比例

4.3 客流总体保持稳定的同时运营效率更高

基本网+轨道交通网客流从2018年的120 413万人次上升至2019年125 252人次,提升4.0%(同期基本网运营里程下降0.96%)。保障网客流从2018年的1 770万人次上升至2019年1 842人次,提升4.0%(同期运营里程下降0.21%)。辅助网客流从2018年的17 543万人次上升至2019年17 901人次,提升2%(同期运营里程下降5.30%)。浦东新区调整前后路段公交线路数量差和站点覆盖情况见图20、图21。

图20 浦东新区调整前后路段公交线路数量差　　图21 浦东新区调整前后路段站点覆盖情况

5 结语

通过应用多源大数据,实现更为精细化的公交线网优化,推进与轨道交通两网融合,提高居民出行感受度;实现轨道交通与常规公交两网融合发展,提升公共交通整体运行效率;针对行业管理部门,提供科学合理的辅助决策依据。通过浦东新区的研究与实践,未来大数据随着上海市数字化转型的不断深入,将会持续赋能。

上海市轨道客流特征变化分析

Characteristics of Urban Rail Transit Passenger Flow in Shanghai

汤月华

摘　要：本文在上海市第六次综合交通大调查(2019年)的基础上，通过统计数据分析了客流规模与客流强度、站点进出站与换乘规模；并对客流的时辰分布、周变、月变规律进行研究，分析了线路运距与网络乘距的变化特征；提出了服务水平的差异性和高断面客流的不均衡性，挑选全日最高客流断面与早高峰最高客流断面进行典型案例分析，并与第五次综合交通大调查(2014年)的客流特征对比，为轨道交通政策、规划、管理等研究提供定量分析依据。

关键词：客流特征；综合交通大调查；上海轨道交通；对比

Abstract: Based on the sixth Comprehensive Transportation Survey of Shanghai (2019), this paper analyzes the scale and intensity of passenger flow, the scale of station entrance and exit and transfer through statistical data. The temporal distribution, cycle variation and monthly variation of passenger flow are studied, and the variation characteristics of line distance and network distance are analyzed. This paper puts forward the difference of service level and the imbalance of high section passenger flow, selects the daily maximum passenger flow section and the morning peak passenger flow section for typical case analysis, and compares with the passenger flow characteristics of the fifth Comprehensive Transportation Survey (2014), so as to provide quantitative analysis basis for rail transit policy, planning, management and other research.

Keywords: passenger flow characteristics; comprehensive transportation survey; Shanghai rail transit; contrast

1　引言

为支撑"十四五"综合交通规划、新一轮交通白皮书编制，为城市总体规划、交通发展战略、综合交通规划、两轮城市交通白皮书的编制和进博会交通组织方案的制定等提供了数据保障，上海于2019年启动第六次综合交通调查，全面调查全市各类交通方式出行特征。根据总体调查方案开展轨道站点客流出行特征专项调查。

轨道交通已成为上海城市客运交通的主体，是居民出行，尤其是通勤出行的主要载体。随着城市的不断发展、轨道网络的不断完善及居民出行特征的变化，轨道客流也相应地发生变化。通过统计数据分析客流规模、时间分布、平均运距、服务水平等方面特征信息，并为车辆发展政策、交通规划、交通管理等研究提供定量分析依据。

2　客流规模

2.1　客流规模与客流强度

2019年全网年日均客流量达到1 064.2万乘次，较2014年增长37%（图1）。其中工作日客流达1 163万人次，休息日客流达813万人次。客运周转量达到9 736万人/km。

作者简介：汤月华，上海市城乡建设和交通发展研究院，硕士研究生，工程师，研究方向：公共交通模型研究。

图 1　2014 与 2019 年客流对比图

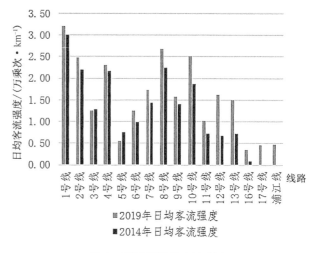

图 2　不同线路的客流强度

从客流强度看(图 2),1 号线最高,达到 3.2 万乘次/km,5、9、13、17 号线和浦江线为近几年新开通线路或延长线路,客流仍有增长空间。其中,3 号线客运量略微下降,5 号线向南部延伸,因此 3、5 号线的客流强度有所下降。

2.2　站点进出站流量

1) 全日

根据调查月工作日轨道客流数据(表 1),从进出站站点看,与 2014 年相比,人民广场日进出站客流 25.7 万乘次仍然是进出站量第一的车站。徐家汇跌出前三降至第六,虹桥火车站由第十升至前三。

2014 年进出站前十名中有八个车站在 2019 年依然排在前十名,但是排名发生了较大的变化,排名上升的车站包括南京东路、虹桥火车站、南京西路(首进前十)、世纪大道(首进前十),排名下降的车站包括上海火车站、徐家汇、静安寺、陆家嘴、中山公园、莘庄(跌出前十)、上海南站(跌出前十),人民广场站排名保持第一不变。虹桥火车站轨道站点进出站客流上升明显,对外交通客流增长迅速,上海与长三角乃至全国地区的联系愈发紧密。

2014 年进出站量第八的莘庄站在 2019 年已经跌出前十,排名第九的上海南站也跌出了前十。2019 年分别排名第七、第十的南京西路和世纪大道首次进入了进出站量排名前十的车站。

表 1　2014 年与 2019 年站点、进出站量前十名对比　　　　　　　　　　　　单位:万乘次

排名	2019 年		2014 年	
	站点	进出站量	站点	进出站量
1	人民广场	25.7	人民广场	26.2
2	虹桥火车站	22.9	上海火车站	19.0
3	上海火车站	20.7	徐家汇	17.2
4	南京东路	20.7	静安寺	17.2
5	静安寺	20.4	南京东路	16.5
6	徐家汇	19.0	陆家嘴	15.9
7	南京西路	18.7	中山公园	15.1
8	陆家嘴	17.4	莘庄	14.0
9	中山公园	15.8	上海南站	13.6
10	世纪大道	15.2	虹桥火车站	13.0

2) 早高峰

从早高峰进站客流看(表 2),泗泾站一跃成为早高峰进站量第一的车站,而其 2014 年早高峰进站量

仅为0.7万人次,说明泗泾站周边地区5年来发展极为迅速。其他几个车站如莘庄、九亭、彭浦新村、通河新村等仍然是早高峰进站高流量车站,新增的车站包括泗泾、金运路、佘山、南翔的进站客流也有较大提升。早高峰进站客流排名也对限流措施具有一定的参考价值。

除了泗泾站外,9号线松闵段排名靠前的站点还包括九亭、佘山、松江大学城、七宝,客流压力十分严峻。

表2 2014年与2019年站点早高峰进出站量前十名对比(7~9点)　　　　单位:万乘次

排名	(1)进站量				排名	(2)出站量			
	2019年		2014年			2019年		2014年	
	站点	进站量	站点	进站量		站点	进站量	站点	进站量
1	泗泾	2.0	莘庄	1.8	1	陆家嘴	3.6	人民广场	3.3
2	莘庄	1.9	上海南站	1.6	2	人民广场	3.1	陆家嘴	3.1
3	九亭	1.7	莲花路	1.4	3	漕河泾开发区	2.6	漕河泾开发区	2.4
4	上海南站	1.7	九亭	1.3	4	徐家汇	2.6	静安寺	2.4
5	金运路	1.5	淞虹路	1.3	5	南京西路	2.6	徐家汇	2.1
6	莲花路	1.4	彭浦新村	1.2	6	静安寺	2.5	浦电路	2.1
7	通河新村	1.4	通河新村	1.2	7	虹桥火车站	2.4	南京东路	2.0
8	彭浦新村	1.3	龙阳路	1.1	8	浦电路	2.4	上海火车站	2.0
9	佘山	1.3	中山公园	1.0	9	南京东路	2.3	宜山路	1.6
10	南翔	1.3	广兰路	1.0	10	世纪大道	2.0	张江高科	1.6

商务区方面,陆家嘴、人民广场、漕河泾开发区稳居前三,虹桥火车站、南京西路、世纪大道同比增幅较高。

2.3 站点换乘客流

描述调查月轨道网络中各个换乘站的客流情况,并按照换乘站类型展开分析。同时,对2014年与2019年网络换乘客流的变化趋势进行分析(图3)。

根据2019年9月日均数据,轨道网络中共有58个换乘站,比2014年新增18个;其中4线换乘站1个,与2014年持平;3线换乘站15个,比2014年新增5个;2线换乘量42个,比2014年新增13个。网络调查月日均换乘总量达到461万乘次/日,比2014年新增130万。

如表3所示,与2014年相比,世纪大道超过人民广场成为换乘第一的车站。2014年换乘量前三名的车站依然稳定在前三名。2014年换成量排名第第四、第五、第六的车站在2019年排名分别下降为第六、第七、第八名。2014年第六名以外的车站全部跌出前十,2019年汉中路和龙阳路的换成量跃居第四、第五,力压南京东路、老西门和陆家浜。排名第九、第十的虹桥火车站和东方体育中心首次进入了换乘量排名前十的车站。

表3 2014年与2019年换乘车站换乘量前十名对比　　　　单位:万乘次

排名	2019年	换乘量	2014年	换乘量
1	世纪大道	42.8	人民广场	35.8
2	人民广场	32.8	世纪大道	35.4
3	徐家汇	22.3	徐家汇	21.8
4	汉中路	20.4	南京东路	14.9
5	龙阳路	16.2	老西门	14.4
6	老西门	15.3	陆家浜路	13.3
7	陆家浜路	14.2	静安寺	10.9
8	南京东路	13.7	江苏路	10.8
9	虹桥火车站	13.0	曹杨路	10.6
10	东方体育中心	13.0	莘庄	9.4

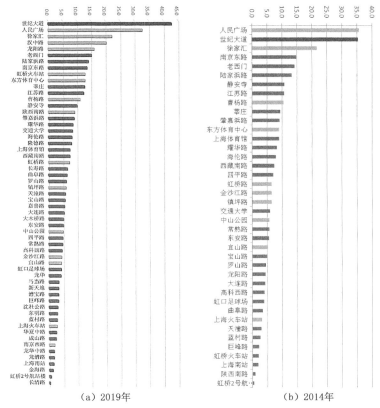

图 3　2014 年与 2019 年调查月轨道交通换乘站日换乘量规模（单位：万乘次）

注：红色为 4 线换乘站，绿色为 3 线换乘站，蓝色为 2 线换乘站

2.4　全网客流单日之最

2019 年全年单日最高客流出现在 3 月 8 日国际妇女节当天，日客流量为 1 329 万人次，最低日为 2 月 4 日大年三十，客流为 346 万人次。2019 年单日客流超过 1 250 万人次的天数多达 33 天，全年超过 1 300 万人次客流的天数仅 3 天（图 4）。

相比往年，2018 年的单日最高客流出现在 9 月 21 日中秋节前，2017 年的单日最高客流出现在 4 月 28 日五一劳动节前。

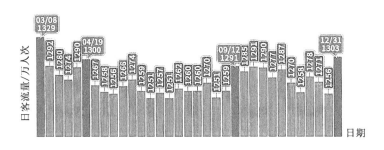

图 4　2019 年大客流日汇总（单位：万乘次）

3　客流时间分布

3.1　轨道客流时辰变化

根据 2019 年 9 月 11 日的调查统计，上海 16 条轨道交通全日进站客流总量为 688 万乘次。与 2014 年调查时一致，进站客流时段分布具有明显的早晚高峰特征。最高客流出现在 8:00～9:00，达到 92 万

乘次,占全日进站量的 13.4%;晚高峰客流出现在 17:00～18:00,进站客流达到 70.5 万乘次,占全日进站量的 10.3%。时段分布特征与 2014 年调查时一致(图 5)。

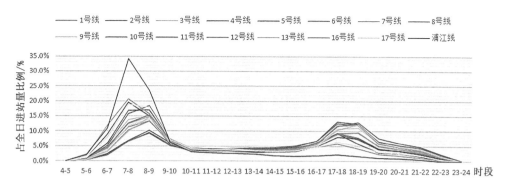

图 5　上海市轨道交通分线路进站客流时段分布

就调查日每条轨道交通线路的客流时段分布特征而言(图 6):

轨道交通 1、3、6、7、8、9、11、12、13 号线的高峰小时客流都出现在 8:00～9:00;2014 年大调查中 9 号线的进站高峰出现在晚上;轨道交通 5、16、17 号线和浦江线高峰小时客流都出现在 7:00～8:00;

轨道 2、4、10 号线的客流分布情况较为特殊,高峰小时客流出现在晚上,原因是这三条线:周边用地以岗位为主,晚高峰下班进站时间更为集中。2 号线为 18～19 点,高峰小时系数为 13.0%,时段与 2014 年大调查一致,系数上升 0.2 个百分点,差

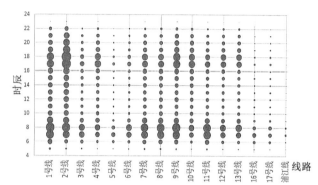

图 6　调查日上海市轨道交通进站量时段分布情况

异不大;4、10 号线的高峰小时客流出现在 17～18 点,高峰小时系数分别为 13.2%、12.6%。

其中,轨道交通 5、6、16、17 号线和浦江线的高峰小时特征最为显著,高峰小时系数在 18% 以上,这与其线位分布特征及主要承担换乘功能的服务特点有密切关系,轨道 5 号线是沟通闵行区与市中心区轨道网络的连接线,而轨道 6 号线作为唯一一条贯穿整个浦东新区的轨道线路,是沟通浦东与浦西轨道网络的连接线,16、17 号线也同样是沟通南汇、青浦与中心区的连接线,线位特点决定了这两条线路主要为居民承担换乘的功能。此特点与 2014 年大调查一致。

同时注意到,3、8、11 号线的高峰小时系数也很明显,均在 15% 以上,同样与线位有关,其中 3、8、11 号线是北部、南部、西部地区进入中心城的快速通道,沿线分布有大量人口,且线路可与多条线路换乘。

轨道交通 2 号线早高峰出现在 8:00～9:00,晚高峰出现在 18:00～19:00,这两个时段通勤客流占多数,与 2 号线贯穿浦东和浦西最繁华的商务商业区有关系。2 号线连接两大机场,承担了机场的集疏运功能,服务对象更加广泛,客流构成也更加丰富。轨道 1 号线由于是运营最为成熟的一条线路,客流相对稳定,服务区域贯穿南北,因此,高峰小时特征相对其他线路最不显著,此特征与 2014 年一致。

3.2　轨道客流周变化

根据 2019 年全年的调查统计,上海市轨道交通网络日均客运量在工作日与休息日有一定的差别,工作日明显高于休息日。受到周末夜生活影响,客流最高日出现在周五,最低日出现在周日,周日客流仅为周五客流的 65.8%,2014 年为 71.5%。

五年来工作日的增幅达到 41% 左右,休息日增幅仅为 27% 左右。工作日增幅大幅领先于休息日(图 7、图 8)。

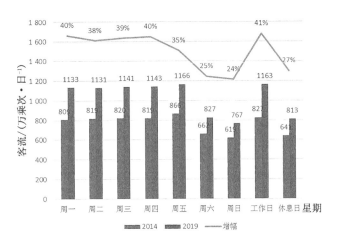

图 7 2014 年和 2019 年周轨道交通网络日均客运量变化

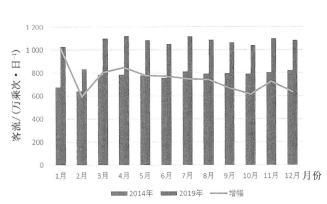

图 8 2014 年和 2019 年月轨道交通网络日均客运量变化

3.3 轨道客流月变化

2019 年 1~12 月网络日均客流为 1 063 万乘次/日，较 2014 年增长 37% 左右。其中，工作日为 1 163 万乘次/日，非工作日为 813 万乘次/日，工作日比日均客流大 9%。

从各月客流变化看，基本与 2014 年一致，即 1、2 月份受春节影响，客流量基本为全年最低；3、4 月份进入正常工作期间，客流较前两个月有较大增长；5、6 月份受到节假日和学生考试等影响，客流会有一定下降；7、8 月份学生放假，客流基本稳定，10 月份受国庆节影响，客流较低，11 月份受进博会影响客流较大，之后到年底，客流持续上涨。

4 运距与乘距

4.1 轨道线路平均运距

线路工作日的乘距要短于休息日。原因可能是休息日客流以生活购物为主，其活动范围可至任何吸引力大的商圈，所以出行距离要长一些。而到局域性的商圈消费不需要乘行地铁，所以地铁短距离乘客要少些。

休息日平均运距和工作日运距的差别各线表现不一(图 9)。差别最大的是 16 号线，差距在 2 km 左右，11 号线和 17 号线差距基本在 1 km 左右。这三条线都具有郊区性质。这种情况提示，对郊区线路可能休息日也需要多加关注，它们比工作日无论是运输量还是运输距离可能都大些。

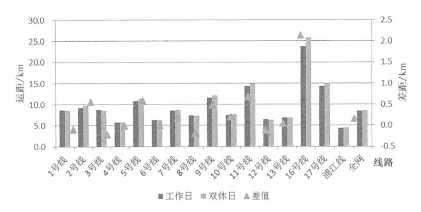

图 9 调查周轨道交通线路工作日与双休日运距比较

4.2 轨道客流乘距变化

出行距离是反映居民采用轨道交通出行距离远近的一个主要指标,主要与成熟规模、用地布局、线网规模等因素有关。2019年轨道线路的平均运距为9.2 km,比2014年减少0.2 km;轨道网络的平均乘距为16 km,比2014年增加1.11 km。换乘率从1.70提升到1.75(图10)。

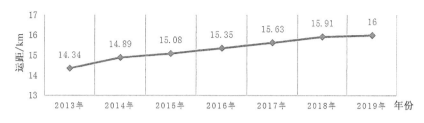

图10 主要年份乘距变化

5 客流特征评价指标

5.1 服务水平

早高峰全网双向拥挤断面累积长度为170 km,较2014年180 km减少5.5%。主要由于线网更加完善,客流更为均衡、缩短发车间隔,提升运能,比如12号线的开通对1号线的漕宝路—上体馆断面有所分流,1号线该断面客流压力有所缓解。总体来看,1、3、7、11号线的北向进城方向早高峰拥挤程度有所改善。部分线路增长显著,拥挤度加剧,比如8、16号线的南向进城方向。2019年和2014年早高峰服务水平见图11、图12。

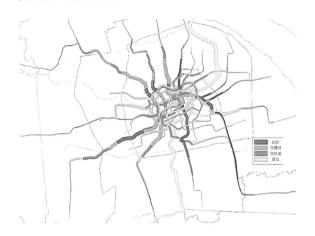

图11 2019年早高峰服务水平

图12 2014年早高峰服务水平

5.2 轨道客流三高断面分布

对2019年调查日16条运营轨道线路的客流断面情况进行统计可知(表4),16条线路全天最高断面的客流量从1.9万到27.6万不等,其中轨道2号线的全天最高断面出现在陆家嘴—南京东路站间,达到27.6万人次,而浦江线的全天最高断面出现在三鲁公路—沈杜公路断面,客流仅为1.9万人次。

上海市轨道交通早高峰小时最高断面的客流量在0.7万到5.7万的范围内,早高峰小时系数从14%到37%不等,16条线路的早高峰都出现在8:00~9:00。其中,浦江线断面高峰小时积聚效应最为明显,高峰小时系数达到37%,主要服务通勤。10号线的高峰小时系数最小,为14%,除通勤以外还有大量的其他出行服务。

晚高峰最高断面的客流量在0.4万到3.8万的范围内,晚高峰小时系数从10%到21%不等。与早高峰相同,浦江线断面高峰小时积聚效应最为明显,高峰小时系数达到21%,10号线的高峰小时系数最小,仅为10%。除浦江线外,15条线路的晚高峰都出现在18:00～19:00,浦江线为19:00～20:00。

高峰高断面中,9号线的星中路—合川路断面以5.7万乘次/h的断面量居在首位。就早晚高峰客流的差异而言,9号线和11号线的早高峰断面客流与晚高峰断面客流的差值最大,幅度为2.1万乘次/小时内,浦江线的早晚高峰小时系数的差异最大,为16个百分点。

表4　2019年上海市轨道交通线路三高断面客流统计

	全日断面/(万乘次·日⁻¹)		早高峰/(万乘次·h⁻¹)			晚高峰/(万乘次·h⁻¹)		
	客流	位置	客流	位置	高峰小时系数	客流	位置	高峰小时系数
1号线	25.4	汉中路—上海火车站	5.4	中山北路—上海火车站	20%	3.8	汉中路—上海火车站	15%
2号线	27.6	陆家嘴—南京东路	4.8	人民广场—南京东路	17%	3.7	南京东路—人民广场	13%
3号线	12.1	赤峰路—虹口足球场	2.8	赤峰路—虹口足球场	23%	1.9	虹口足球场—赤峰路	16%
4号线	10.5	宝山路—海伦路	2.5	宝山路—海伦路	23%	1.6	海伦路—宝山路	15%
5号线	8.2	春申路—莘庄	1.8	春申路—莘庄	22%	1.1	莘庄—春申路	13%
6号线	11	源深体育中心—世纪大道	2.7	源深体育中心—世纪大道	25%	1.7	世纪大道—源深体育中心	15%
7号线	17.8	岚皋路—镇坪路	5	岚皋路—镇坪路	28%	3.4	镇坪路—岚皋路	19%
8号线	21.3	陆家浜路—老西门	4.2	成山路—耀华路	20%	2.6	老西门—陆家浜路	12%
9号线	22.8	桂林路—宜山路	5.7	星中路—合川路	25%	3.6	合川路—星中路	16%
10号线	18.2	虹桥路—宋园路	2.6	虹桥路—宋园路	14%	1.9	宋园路—虹桥路	10%
11号线	20.4	枫桥路—曹杨路	5.5	枫桥路—曹杨路	27%	3.4	曹杨路—枫桥路	17%
12号线	11.5	汉中路—曲阜路	2.4	江浦公园—大连路	21%	1.5	大连路—江浦公园	13%
13号线	12.1	江宁路—汉中路	2.6	长寿路—江宁路	21%	1.8	江宁路—长寿路	15%
16号线	9.1	周浦东—罗山路	2.2	周浦东—罗山路	24%	1.4	罗山路—周浦东	15%
17号线	7.5	诸光路—虹桥火车站	2	诸光路—虹桥火车站	27%	1.2	虹桥火车站—诸光路	16%
浦江线	1.9	三鲁公路—沈杜公路	0.7	三鲁公路—沈杜公路	37%	0.4	沈杜公路—三鲁公路	21%

5.3　典型案例:全日高断面("陆家嘴—南京东路"断面)

通过对"陆家嘴—南京东路"断面进出站OD客流进行分析(图13),2019年调查月工作日(9月11日)单向断面客流27.1万人次,主要发生在内环内浦西和内环内浦东之间,占比25%。图中可以比较直观地看出通过该断面的客流主要进出于2号线。

(a)断面相关的客流分布　　　　　　　　(b)断面相关的进出站客流分布

图13　断面相关的客流分布和进出站客流分布

从行政区层面看,通过该断面的客流交换主要发生在浦东新区与其他行政区之间,其中黄浦区、长宁区、闵行区、静安区与浦东新区的客流交换为16.9万,占比61%。这四个区均为2号线途径的行政区。

通过"陆家嘴—南京东路"单向断面的客流中(图14),进站量排名前三的车站为陆家嘴、东昌路和广兰路,出站量排名前三的车站为虹桥火车站、南京东路和南京西路。

通过该断面的客流,基本集中在世纪大道和龙阳路换乘上车,换乘下车集中在人民广场站、南京东路和静安寺。在换乘上下客流集中的区间合理地增加小交路可以缓解该断面的客流压力。

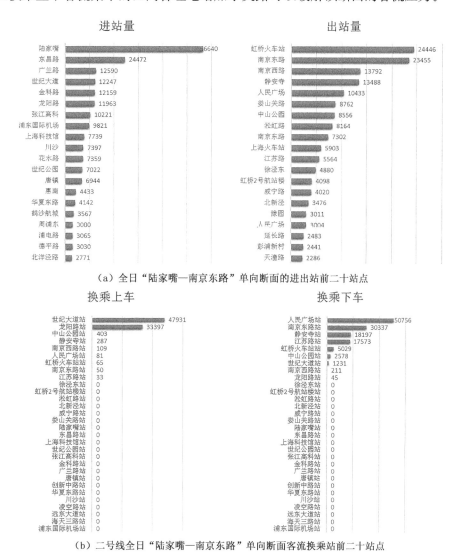

图14 单向断面客流分析

5.4 典型案例:早高峰轨道高断面["星中路—合川路"断面(7:00~9:00)]

通过对"星中路—合川路"断面进出站OD客流进行分析,可知2019年调查月工作日(9月11日,7:00~9:00)双向断面客流7.4万人次,主要发生在远郊、近郊至中心城浦西,占比80%。由图15可以比较直观看出通过该断面的客流主要进出于9号线。

从行政区层面看,通过该断面的客流到达主要发生在9号线沿线的闵行区、松江区与其他行政区之间,其中松江区与徐汇区、浦东新区、黄浦区、闵行区的客流交换为4.8万人次,占比64.6%。这四个区均为9号线途径的行政区。

同样,通过"星中路—合川路"断面的客流中(图16),进站量排名前十的车站均属于地铁9号线,出站量排名前十的车站中前九名在9号线沿线,第十名静安寺站在2/7号线。9号线松闵段为该断面客流主要上客集中点,下客主要集中于漕河泾开发区和桂林路,如果在该区间增设有轨电车等中运量公交,可以缓解早高峰该断面的客流压力。

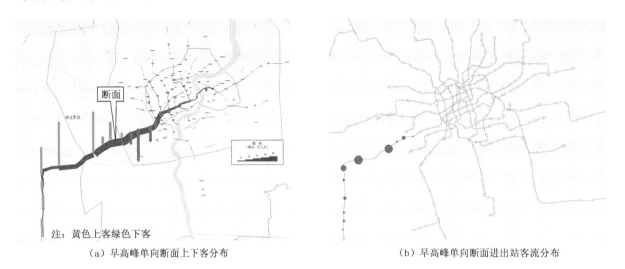

（a）早高峰单向断面上下客分布　　　　（b）早高峰单向断面进出站客流分布

图 15　早高峰单向断面上下客分布和进出站客流分布

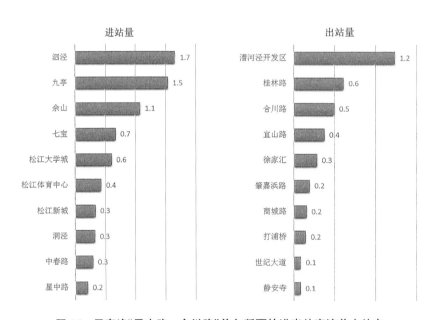

图 16　早高峰"星中路—合川路"单向断面的进出站客流前十站点

6　启示与结论

目前各线路的高峰小时系数基本在 15%～28%，相比国外其他城市较小，仍处于客流增长阶段。高峰时间段之外的时间，运能没有得到充分的利用；上海市轨道网运营里程初具规模，但郊区轨道线路承担客流依然较低，客流分布不均衡。建议以轨道交通线路为生长机理，优化城市用地布局，将轨道交通沿线打造为城市高强度开发廊道，大幅提高直接吸引范围的人口岗位密度；关注高断面客流，在换乘上下客流集中的区间合理地增加小交路可以缓解该断面的客流压力，或增设有轨电车等中运量公交，可以缓解早高峰该断面的客流压力；依据客流变化规律，对极端日客流进行预判与预案，精准掌握重点区域的客流变化情况，以采取相应的管控措施，做好保障工作。

本文在对上海市既有轨道交通客流特征分析的基础上，一方面为上海市城市轨道交通规划、建设及运营管理提供相关建议；另一方面为国内同类城市提供经验借鉴，促进城市轨道交通系统建设的科学性和合理性，以便更好地发挥轨道交通在城市客运系统中的骨干作用，促进城市健康快速地发展。

参考文献

[1] 陈必壮,王忠强,王祥.上海市轨道交通网络化客流特征分析及启示[J].城市交通,2013,11(6):28-34.

[2] 上海市城乡建设和交通发展研究院.上海市综合交通年度报告(2018)[J].交通与运输,2018,34(6):10-12.

[3] 马超群,王玉萍.城市轨道交通客流特征与规律分析[J].铁道运输与经济,2015,37(6):85-91.

电动自行车出行安全保障策略研究

钟志伟

摘　要:近年来,电动自行车凭借其轻巧、灵活、价格优惠等特点而发展迅速,但也带来了许多问题。本文从电动自行车的交通特征入手,研究电动自行车车辆特征、驾驶人特征、交通环境特征。发现影响电动自行车的安全因素主要包括超标电动自行车多、驾驶人安全意识不足、出行环境不佳、交通违法成本低等。最后,本文结合实际情况,针对电动自行车的生产、驾驶人安全意识、出行环境、电动自行车的管理四个方面提出具体的电动自行车安全出行保障策略,最大限度地保障群众利用电动自行车出行安全。

关键词:电动自行车;出行安全;保障策略

Abstract:In recent years, electric bicycles have developed rapidly by virtue of its lightness, flexibility, preferential price and other characteristics, but they also bring many problems. Starting from the traffic characteristics of electric bicycles, this paper studies the vehicle characteristics, driver characteristics and traffic environment characteristics of electric bicycles. It is found that the safety factors affecting electric bicycles mainly include excessive number of electric bicycles, drivers' safety awareness, poor travel environment, and low cost of traffic violations. Finally, combined with the actual situation, this paper proposes speirfies electric bicycle safe travel security strategies in four aspects, i. e. the production of electric bicycle, driver safety awareness, travel environment, management of electric bicycle, to maximize the protection of the public use of electric bicycle travel safety.

Keywords:electric bicycles; travel safety; security strategy

1　引言

近年来,电动自行车凭借着小、快、灵等优点而迅速普及,中国电动自行车在2019年总产量就已经超过3 609.3万辆[1]。利用电动自行车作为出行工具可以满足人们的日常出行需求。但存在部分因素影响着电动自行车的安全出行。例如:(1)超标电动自行车问题;(2)交通环境不佳;(3)驾驶人的安全意识不足;(4)电动自行车的交通违法成本较低。据工信部统计,2019年中国有8639人因电动自行车发生交通事故而死亡。因此本论文从实际出发,研究电动自行车自身特征、电动自行车驾驶人特征和出行环境特征,分析电动自行车安全影响因素,最后提出可行的出行保障策略,以保障电动自行车的安全出行。

1.1　研究目的、意义及必要性分析

1.1.1　研究目的

电动自行车是以电能作为能量来源,它之所以受到人们青睐是因为其环保。电动自行车出行方便,驾驶资格与机动车相较而言相对宽松,因此通常成为个人首选的出行交通工具。电动自行车保有量增加,导致电动自行车出行时所占有的道路面积增多,利用电动自行车出行的人数也在增长,导致电动自行车发生交通事故次数越来越多,其安全出行面临着严峻的挑战。数据显示,一些城市电动自行车交通事故占事故总数比已达到了20%～50%,死亡人数占比高达20%～40%[2]。为了减少电动自行车的交通事故数和死亡人数,本文主要研究分析影响电动自行车的安全因素,通过完善相关策略达到保障电动自行车安全出行的目的。

作者简介:钟志伟,湖南警察学院交通管理工程专业本科生,研究方向为交通安全。

1.1.2 研究意义及必要性分析

电动自行车的迅速发展是国家经济发展水平的体现。分析影响电动自行车行车安全因素,完善电动自行车安全出行保障策略具有以下三点意义:第一,号召更多人使用电动自行车作为日常出行交通工具,绿色出行减少了对环境的污染;第二,多部门联动共同整治超标电动自行车,能够节约公共资源,保证电动自行车的出厂质量,从源头保障电动自行车的安全出行;第三,对电动自行车进行规范化管理,保障了电动自行车行车秩序,缓解道路交通压力,减少交通拥堵。

1.2 电动自行车交通特征分析

1.2.1 电动自行车车辆特征

1) 蓄电池安全

当前因蓄电池不符合标准,充电时发生火灾报道越来越多。蓄电池的优劣程度决定着电动自行车的安全出行。电动自行车的蓄电池质量太差在高温天气时容易短路,车辆行驶过程中发生自燃会给人们带来恐慌心理,心理压力过大不利于驾驶人专心驾驶。电动自行车蓄电池的安全生产是一个重大问题。现如今,虽然对电动自行车蓄电池有严格的标准,但是市场上的黑心商家仍然存在,导致超标电动自行车依然活跃在市场上,蓄电池的安全问题不可忽视,超标电动自行车问题应该及时得到解决。

2) 行驶轨迹不规范

电动自行车质量轻盈,整车质量不超过 55 kg,质量轻导致驾驶人能够轻易移动车辆。这意味着电动自行车可以随意穿行在大街小巷,不受道路交通标志和交通信号灯的控制。

3) 车辆稳定性差

电动自行车有两个轮子,其驱动轮为后轮,车辆稳定性低。

4) 非法改装电动自行车

随着电动自行车的的普及,部分驾驶人为了让电动自行车具有更好的驾驶体验私自改装电动自行车。

1.2.2 电动自行车驾驶人特征

国家相关法律规定驾驶电动自行车必须年满 16 周岁。当前,电动自行车驾驶人年龄段主要分为三大类。

1) 低于 16 周岁的青少年

低于 16 周岁的青少年,这一类人通常为在校学生,驾驶电动自行车的主要用途是方便上下学,他们使用电动自行车出行的用车距离在 3 km 范围之内,由于日常学习压力过大,日常所接触的也是课本知识,对于电动自行车的驾驶年龄以及在行驶过程中所需要的注意事项不熟悉,不能严格按照法律条文规定安全驾驶电动自行车。这也是在上下学时段,马路上随处可见学生驾驶电动自行车的原因。

2) 16～30 周岁的成年人

16～30 周岁的成年人。他们骑电动自行车上下班,不用去挤地铁和公交,能够节省大量时间。电动自行车最高行驶速度为 25 km/h,对于上班族来说,这种速度完全能够满足其日常出行的需求。他们的用车距离一般为 3～5 km,这也是比较合理的用车范围,如果超过这个范围,他们不会首选电动自行车,因为远程驾驶电动自行车比较累,出行体验感差。这部分人对交通法规比较熟悉,也清楚在驾驶电动自行车过程中需要佩戴头盔,不得在机动车道上行驶。但是,仍有部分人不遵守法律规定,闯红灯、横穿马路等违法行为层出不穷。

3) 30～60 周岁的成年人

30～60 周岁的人群,这些人中 30～45 周岁的人使用电动自行车的主要目的为日常出行代步。而年龄为 45～60 周岁的人会购买电动自行车用来接送小孩上下学。他们在冬天会在电动自行车上安装挡风被,以保障接送小孩时有个舒适的环境。这种做法一定程度上能够避免风寒,但是会影响电动自行车在发生突发情况时驾驶人的操作,导致发生事故的风险变大。总之,电动自行车驾驶人需要加强对安全驾驶的正确认识。另外,电动自行车驾驶人的视力障碍会影响电动自行车的安全驾驶[3]。

1.2.3 电动自行车交通环境特征

1) 非机动车道缺乏及其基础设施落后

目前,我国的城市道路发展日趋完善,但是部分道路的通行能力相对较低。在经济发展落后的城市中部分道路缺乏非机动车道,导致电动自行车在机动车道与其他车辆混行。交叉路口红绿灯等信号控制设施时间分配不合理。绿灯时间太短导致电动自行车在人行横道穿过马路时不能一次性过街。在一些道路宽敞的交叉路口,没有设置二次过街的安全岛。非机动车道路基础设施建设落后,机动车道与非机动车道之间缺乏相应的隔离设施,非机动车道没有安装电子监控不能实时监控电动自行车的驾驶全过程。

2) 非机动车道与人行道之间的连续性差

非机动车道与人行道之间有坡度差,造成电动自行车从非机动车道上人行道比较困难。

2 电动自行车安全影响因素分析

2.1 超标电动自行车多

超标电动自行车之所以出现并在市场上快速流通,是因为电动自行车生产厂家思想不重视,对新国标电动自行车缺乏正确的认识。在这些生产厂家看来,生产超标电动自行车的成本低、工期短,能够带来更多的利润。另外还有一些非法改装的电动自行车[4],主要包括改装电机功率,提升行驶速度。电动自行车最大行驶速度为 25 km/h,这种设计时速对于存在求快心理的驾驶人而言,不能满足其日常出行的心理需求。因此通过改装电动自行车的电机,加大电机功率提高电动自行车的行驶速度,高速驾驶电动自行车能够给驾驶人带来刺激感,心理需求得到满足。另外我们在生活中经常看到电动自行车安装遮阳伞,遮阳伞的主要作用是遮风挡雨。因为遮阳伞能够提升驾驶人出行体验感所以许多人抱有侥幸心理,私自安装遮阳伞,他们认为这种做法不会导致电动自行车发生交通事故。

2.2 电动自行车驾驶人安全意识淡薄

电动自行车驾驶人群体广泛,驾驶人年龄低至 16 周岁,高至 60 周岁以上,每个年龄段的人对电动自行车的安全驾驶认识不同,低于 16 岁的未成年人心理不成熟,对电动自行车的安全驾驶不重视,往往在驾驶电动自行车过程中发生的违法行为最多,他们在驾驶电动自行车时一味地追求速度,高速驾驶电动自行车随意穿行马路。闯红灯、不佩戴安全头盔(如图 1 所示)等违法行为常常发生,驾驶电动自行车在道路上追逐行驶,打闹嬉戏,对电动自行车的安全驾驶认识不够深入全面。而 60 周岁以上的老年人驾驶电动自行车为图"方便",只要道路上行人少、车辆不多就能够"灵活"驾驶电动自行车快速穿越车流人流。闯红灯、随意变道行驶、逆行等违法行为比比皆是。这些行为在道路上很容易与正常行驶的其他车辆发生冲突,甚至引发交通事故威胁驾驶人的生命安全。

图 1 驾驶人未佩戴安全头盔图

2.3 电动自行车出行环境不佳

我国十分重视车辆之间的分道行驶,但是由于每个地方的经济发展水平不同,道路建设中着重于机动车道的建设与管理,所以很多路段没有设置非机动车道,导致机动车与非机动车都在机动车道上行驶,道路交通行驶秩序十分混乱而且极易发生交通事故。城市规划发展进程迅速,电动自行车的飞速发展是近几年的成果。现如今,非机动车数量越来越多,而且电动自行车的数量也在成倍数增加。很多道路两侧都只有一条非机动车道,但是仅靠一条非机动车道不足以保证所有的非机动车都具有对应的道路通行面积,出现电动自行车与其他非机动车路权分配不均的现象。非机动车道路段没有隔离装置,导致其他小型摩托车在非机动车道行驶,其车速快,一旦与电动自行车发生碰撞,电动自行车驾驶人受伤程度会加重。缺乏限速标志,电动自行车行驶速度越快,发生交通事故的概率也会增加。城市道路中的非机动车道往往都是直线道路,直线上驾驶车辆容易让驾驶人出现麻痹大意心理,而且驾驶过程中驾驶人容易打瞌睡,这在一定程度上影响着电动自行车的安全出行。加强非机动车道的基本设施与各种交通标志完善,让人民群众有交通的参与感,能够满足日常出行需求[5]。

2.4 交通违法成本较低

目前路面交通警察执法重心主要是机动车,对于电动自行车的违法行为处罚相对宽松,交通警察本着以"教育为主,惩罚为辅"的原则对电动自行车的违法行为进行处罚。电动自行车驾驶过程中所出现的各种违法行为通常只会面临 20~50 元不等的罚款。交通违法成本相对较低,处罚金额处于驾驶人可接受的范围内导致驾驶人对自己的违法行为抱有无所谓的心理。而国外出台的法律则十分严格,以法国为例,违法改装电动自行车的行为人将会面临巨额罚款,最高罚款可至 3 万欧元,严重者甚至需要判处一年监禁,还要吊销驾驶证三年。在加拿大的安大略省,如果交通警察在执法过程中发现有未满 16 周岁的人骑电动自行车,将对该驾驶人进行罚款。罚款金额非常高,最高可至 500 加元,换算成人民币约 3 200 元,处罚相当严重,付出的代价也较大[6]。

3 电动自行车安全出行保障策略

3.1 生产规范化

超标电动自行车是指不符合新国家标准的电动自行车,但是对超标电动自行车的具体概念定性模糊[7]。市场监督管理部门要加大查处力度,对不符合新国家标准的电动自行车生产厂家进行严格管理,对违规生产的厂家进行警告和处罚,加大对生产企业和经销商的监管,经常进行异地交叉检查[8-9]。另外,号召各厂家参加电动自行车安全生产知识讲座也是十分必要的,让厂家重视电动自行车的生产,从生产源头保证电动自行车的质量,从而减少事故的发生。在查处过程中,发现现成的"超标车"进行统一销毁,防止不良厂家钻空子,严格规范管理电动自行车的生产源头,做到生产规范化、材料来源标准化、出厂去向明确化。市场监督管理部门应该号召各大厂家对出厂的电动自行车做严格的登记制度,保证电动自行车上道路行驶后能够准确查到其生产源头。不定期地抽查电动自行车生产产地,加大对违规生产超标电动自行车的处罚力度,提高违规生产电动自行车的成本,让生产厂家重视电动自行车的安全生产,只有违规生产的成本增加,电动自行车的安全才能在源头上得到有力的保障。"超标电动自行车"的管理是重中之重,这项工作的开展需要以政府为主导,各部门联合执法,统一规划进行管理,建立有效的管控机制,从生产源头管控电动自行车,保障电动自行车的安全出行。

3.2 强化电动自行车使用者安全意识

电动自行车驾驶人覆盖范围广,强化电动自行车使用者的安全意识必须有针对性地开展宣传教育。对于在校学生来说,公安机关交通管理部门需要开展法治课堂进校园工作,在学校定期开展安全宣讲的讲座,以案说法引起学生们的重视,普及交通法律法规。另外公安机关交通管理部门要与时俱进,通过微博、抖音等平台直播普及交通安全法律知识,利用微信公众号适当公布驾驶人违法案例,提高驾驶人对法律规章的正确认识[10]。利用自媒体平台与群众进行沟通,开通电动自行车违规驾驶举报渠道,充分利用群众的力量对电动自行车驾驶人进行管理。另外,公安机关交通管理部门还可以通过在社区举办知识抢答竞赛,设置一定的奖励,吸引群众参加活动,通过知识抢答比赛,在比赛中宣传法律法规。活动的形式更符合群众心理,更有利于对交通法律法规的宣传。作为路面执法交通警察,交通警察对电动自行车驾驶人的安全教育也是十分重要的,作为执法者本着教育与处罚相结合的原则,单纯的小额罚款不会引起电动自行车驾驶人对安全意识的重视。运用喜闻乐见的方式,例如:安全宣讲小助手的形式能够帮助我们解决此类问题。即电动自行车驾驶人在等待红绿灯时对其发放宣传单,主要包括电动自行车驾驶安全保障条例。发放动漫版的法律知识手抄报对行人进行法律知识的普及[11]。这样既能起到对违法驾驶人员的警示作用,而且更容易让电动自行车使用者接受,还能够让群众重视电动自行车的安全出行。只有电动自行车驾驶人正确认识违规驾驶电动自行车会侵犯人身安全,他们才能把安全意识铭记在心,电动自行车的安全出行才有保障。

3.3 出行环境的完善

道路交通基础设施不完善,机动车与电动自行车混行,电动自行车与行人在人行道上混行,多种隐患共存,导致电动自行车的安全出行受到影响。电动自行车的保有量越来越多导致交通拥堵,道路通行能力下降[12]。交叉路口设置安全岛能够给电动自行车提供二次过街的机会,从而避免电动自行车在横穿马路过程中因红绿灯时间太短与其他车辆发生碰撞。设置非机动车专用车道(如图2所示),让电动自行车在专用车道上正常行驶,能改善电动自行车的行车秩序,减少车辆冲突[13]。非机动车专用车道入口处安装告示牌,告知行人和机动车驾驶人此条车道的行驶条件。交通限速标志用来警示电动自行车驾驶人需要遵守交通规定,按照正常速度行驶能够极大地减小交通事故发生的风险。在非机动车专用车道路段安装电子监控,对具有号牌的车辆进行实时监管。对违法行为

图2 非机动车专用车道图

进行抓拍,然后针对违法行为做出相应的处罚。非机动车专用车道出入口要加强管理,禁止机动车进入本条道路行驶,对于不遵守规定的行人和机动车驾驶人进行教育和罚款。路段中红绿灯等基础设施建设也是道路交通出行环境的重要保障。非机动车专用车道的建立不仅仅是为了给电动自行车出行提供一个良好的出行环境,同时也要保障电动自行车在行驶过程中遵守相关法律规定。非机动车专用车道与其他车道严格区分需要安装对应的隔离设施,这是避免其他车辆占道行驶的一个重要前提。只有严格管理非机动车专用车道,才能提高电动自行车出行安全。只有完善非机动车道的基础设施,才能保障电动自行车在非机动车专用道路上安全有序行驶。

3.4 管理规范化

《湖南省电动自行车管理办法》明确规定共享电动自行车中必须装备安全头盔,电动自行车驾驶人在骑行过程中必须佩戴安全头盔。这项制度正在逐步落实,并取得了一定的成效。但是私人拥有的电动自行车却没有严格落实此项规定。公安机关交通管理部门有义务对私人电动自行车车主发放安全头盔,这是保障驾驶人安全的重要举措。提醒车主出行时佩戴安全头盔,完善电动自行车的驾驶资格管理机制,对未获取公安机关交通管理部门发放的电动自行车驾驶证的驾驶人上道路行驶进行严厉的批评教育,对情节严重者进行罚款。同时要落实对驾驶资格证分数管理制度,扣分严重者需要定期参加电动自行车安全驾驶法律条文的学习。对于表现良好的电动自行车车主进行奖励,以此来号召群众安全驾驶电动自行车。开车不能喝酒,饮酒后不得驾驶电动自行车[14]。因此,对于饮酒后驾驶电动自行车的酒驾行为应当从重处罚,而不仅仅是通过教育电动自行车驾驶人遵守规定"切勿酒后驾驶电动自行车"。当前公安机关交通管理部门针对电动自行车驾驶人现状没有相应的研究和备案,在需要使用电动自行车驾驶人相关资料时无法快速调取资料。要对电动自行车实行登记管理,逐车建立档案[15]。加强路面交通警察对电动

自行车的管控意识，而不仅仅是把重心放在机动车上。因为电动自行车没有厚重的金属外壳庇护，发生交通事故后电动自行车驾驶人的受伤程度一定会比机动车驾驶人的受伤程度严重。对电动自行车的出行进行规范化管理，是一项非常重要的工作。对于电动自行车在出行过程之中存在的各种违法行为，不能仅仅通过采取20~50元的罚款去解决，还需要有奖惩分明的管理机制。

4 结论

虽然电动自行车的普及也会带来一些问题，引发交通事故，造成财产损失甚至是生命安全。但是电动自行车的发展是国内经济水平发展的体现，它能够减少对环境的污染。电动自行车的安全出行，不仅仅需要政府各个部门齐心协力共同监管，还需要驾驶人对电动自行车的安全驾驶有正确认识。电动自行车的安全出行与每个人的生命财产安全有着紧密的联系，与每个群体息息相关。只有我们共同参与到电动自行车的安全驾驶，正确利用电动自行车的优点，取长补短才能够保障电动自行车的安全出行，才能更有效地减缓城市拥堵程度，减少交通事故[16]。根据电动自行车出行所存在的各种问题，提出有效的保障策略。保障群众的生命财产安全和人民群众的日常出行安全。

参考文献

[1] 林虹,曹开颜.2020年我国电动自行车电池市场现状与展望[J].电池工业,2020,24(1):47-49.
[2] 徐锦涛.让电动自行车安全规范上路:《甘肃省电动自行车残疾人机动轮椅车管理办法》解读,[N].甘肃日报,2017-04-26(11).
[3] Jelijs B, Heutink J, de Waard D, et al. How visually impaired cyclists ride regular and pedal electric bicycles[J]. Transportation Research Part F: Traffic Psychology and Behaviour, 2020, 69:251-264.
[4] 陈杰.长沙:3月起电动自行车上路,头盔和牌照一个都不能少[J].中国自行车,2021(2):8.
[5] 王克.中国自行车协会助力车专委会就电动自行车管控首次发声电动自行车管控应当更具理性[J].中国经济周刊,2016(15):70-71.
[6] 王进雨.国外骑电动自行车的技术规定[J].电动自行车,2013(1):20-21.
[7] 彭飞.超标电动车定性难题[J].法人,2016(11):34-36.
[8] 安徽:开展电动自行车强制性国家标准实施监督检查[J].市场监督管理,2019(9):8.
[9] 李伟权,翁文祥.电动自行车篡改乱象之我见[J].中国自行车,2021(2):60-61.
[10] 唐洪.电动自行车的交通安全现状分析及管理对策[J].湖北警官学院学报,2010,23(3):84-86.
[11] 李晴.中国电动自行车治理的经验与挑战研讨会综述[J].公安学刊(浙江警察学院学报),2019(3):54-58.
[12] 孙佳欣.浅议电动自行车的交通安全管理:以江苏省为研究对象[J].法制与社会,2015,(36):219-221.
[13] 倪春明,刘郑国,肖娟,等.国内电动自行车专用道设置的经验与启示[J].交通世界,2020(Z1):20-21.
[14] 电动自行车安全出行必须遵守哪些交通法规及原则[J].汽车与安全,2017(02):78-79.
[15] 张小华,吴华宝.电动自行车管理现状及对策建议[J].科技经济导刊,2018,26(21):242.
[16] 刘燕.破解电动车管理之"痛"[J].防灾博览,2019(4):74-75.

新北市智驾电动巴士系统测试运行计划

朱建全　吴政谚　刘容姗　蔡佳燕

摘　要：新北市向交通事务主管部门申请于 2019—2021 年淡海新市镇推动"智驾电动巴士系统测试运行计划",为全台第一个将智驾电动巴士纳入运输系统接驳;从淡海轻轨崁顶站至美丽新影城站来回 1.2 km,全台首创"新北智驾电巴 168"启动公共运输新服务,透过 C-V2X 车联网、地图定位、影像辨识、路侧信息,测试智驾车持续运行可能遭遇情境、车辆与环境监测系统行控中心联动程度、智驾车感测系统受天气影响程度,以评估后续发展之可行性。收集完整智驾电动巴士测试运行期间人、车、路数据,调查民众接受度。

经过 3 阶段测试运行从封闭、半封闭到全开放式的混合车流,淡海轻轨接驳载客 5 个月总搭乘人数 15 462 人次,总里程 6 768 km。本计划区分 4 个面向针对岛内智驾电动巴士政策规定、基础建设、科技创新及消费者接受度,以探索智驾电动巴士未来发展方向,发展岛内 ITS 系统和国际运输的连接。并提出新北智驾车技术手册建议报告,作为智驾车政策、规定、技术、保险的参考依据。

关键词：智驾车;车联网;监控平台

Abstract: New Taipei Autonomous Electric Bus Route No. 168, the first autonomous shuttle bus for public transit in Taiwan area. Route: from Danhai Light Rail Kanding Station to Danhai Miranew Square, the total round trip is 1.2 kilometers. Major deployment: an autonomous vehicle, a monitoring center and roadside units. Purpose: collecting practical operation data from users, vehicles and roadside units as reference for further promotion. Highlight: 5 months scheduled test with passengers, from semi-opened testing to full-opened testing circumstance, collecting database from people, vehicle and roads, building intelligent crossroads, and collecting system acceptance and satisfaction from public. Total: 15,462 passengers, accumulated mileage 6,768 km. Expected Benefits: 1. Collecting public acceptance and passenger satisfaction for Autonomous Bus. 2. Setting up a foundation for the development of autonomous vehicle plan and autonomous technique handbook in future. 3. Developing domestic ITS systems and the connection of international transportation. 4. Acting as a reference for autonomous vehicle policy, regulations, technique and insurance.

Keywords: autonomous cars; Internet to vehicle; monitoring center

1　前言

1.1　计划背景

新北市致力发展低碳永续节能环保之运输,淡海轻轨运输系统绿山线已建置完成并于 2018 年底正式启用。本市打造全台第一个智驾电动巴士 168 纳入公共运输系统接驳淡海轻轨测试运行计划。测试路线从淡海轻轨崁顶站至美丽新广场站,来回距离共 1.2 km,测试智驾电动巴士持续运行可能遭遇情境、智驾车感测系统受天气影响程度,以评估后续发展之可行性。

本计划于淡水地区先行进入智驾电动巴士系统、智驾巴士监控中心及相关路侧设施并进行运行测试,除可扩大淡海轻轨运输系统的服务范围、提供优质的全程无缝转乘接驳运输服务外,还能带动岛内智驾车、通信等相关产业技术及智慧运输系统学术发展,以提升经济效率为目标。本计划更是岛内第一个

作者简介：朱建全,新北市政府交通局综合规划科主任秘书。
　　　　　吴政谚,新北市政府交通局综合规划科科长。
　　　　　刘容姗,新北市政府交通局综合规划科股长。
　　　　　蔡佳燕,新北市政府交通局综合规划科科员。

整合C-V2X蜂巢式车间通信、智驾电动巴士、路侧感测器及云端监控平台。主要希望运用新兴科技强化运行安全,并从基础建设、政策规定、科技创新及消费者接受度等4个方面,以探索智驾电动巴士未来发展方向。期望中长期缓解运输业劳动力短缺问题,克服偏远地区的运输调度困难,以延伸大众运输路网服务。

1.2 计划目的

路线以淡海轻轨崁顶站为起点至美丽新广场,单趟路程约600 m,如图1所示。在服务路线规划上以双向四车道之最外侧车道运行,内侧双向两车道则提供一般机动车车辆通行,并于起讫路线两端进行掉头,智驾电动巴士可持续执行绕行载客服务。

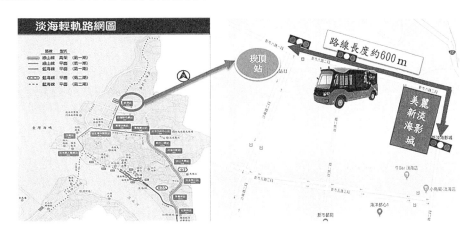

图1 智驾巴士运行路线示意图

(1) 目的:为发展淡海轻轨周边接驳,前期以轻轨崁顶站及大型购物中心作为起讫点,测试智驾车持续运行可能遭遇情境、车辆与环境监测系统控制中心联动程度、智驾车感测系统受天气影响程度,以评估后续发展之可行性。收集完整智驾电动巴士测试运行期间人、车、路数据,并调查民众接受度,作为未来新北市推动智驾电动巴士政策方向及制定规范标准的参考依据。

(2) 站点:轻轨崁顶站至淡水美丽新广场,共2站。

(3) 行驶路线长度1.2 km(来回单路线)。

(4) 测试时间:

① 不载客测试运行:2020年4月24日至8月2日。

② 载客测试运行:2020年8月3日至12月30日。

(配合轻轨班次进行接驳服务。)

1.3 本计划特点

1.3.1 除智驾电巴本身运行功能外,亦结合路侧设备、监控中心

本计划于淡海新市镇建立监控中心,透过平台可即时得知智驾电动巴士位置、车内外影像、车流及天气状况等,并采用智驾电动巴士透过C-V2X(Cellular vehicle-to-everything)蜂巢式网络技术通信方式,将周遭环境的信号灯状态与其他车辆、行人通行信息传送至监控平台进行运算,让智驾电巴除了透过本身的摄影机、光达得知环境状况外,亦可额外透过C-V2X的通信方式及路侧摄影机、雷达等获得道路资讯,提升智驾电巴行车安全,此外,建立的监控中心亦可查阅历史资料,作为智驾电巴运输效益分析,有效提升服务品质(图2、3)。

图 2　智驾电动巴士设备图　　图 3　监控中心、智驾电动巴士及路侧设施串接示意图

1.3.2　路侧设备规划

图 4 为路侧设备整体规划示意图,其中包含环境监测摄影机 6 组、行人侦测摄影机 6 组、LED 告示牌 1 组,以及 RSU 1 组,路侧设备可提供路口状况监测、行人辨识,以及即时信息传递等功能,并依智驾巴士运行路线的路况环境需求,分别配置在 8 处点位上。

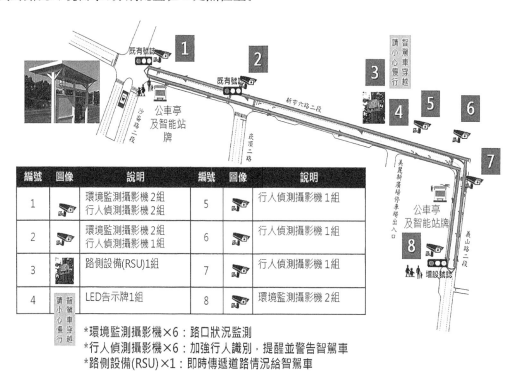

图 4　路侧设规划图

1) 电信环境监测功能(环境监测摄影机)

因淡水地区夏季气候多日照,冬季气候多雨潮湿,对智驾车的感测、通信及定位系统影响甚大,故以淡水作为测试路线区域更能了解智驾电动巴士系统于真实道路(新市六路 2 段)运行限制及其运输特性。于编号 1、2、8 三处路口位置增设监视摄影机,透过 AI 影像辨识技术来侦测车流与人流,以取得更精准物件位置。

2) NOKIA 设备监测功能(行人侦测摄影机)

本案 V2X 应用技术采用 SPAT(Signal Phase and Timing)交通信号提示,主要透过 RSU 设备将路口信号灯即时信号传送给车上的 OBU 车载机设备,将此信息通知智驾平台对当前交通信号的状态和剩余时间作为智驾策略的判断与决策,进而提高交通路口的通行效率与安全。另一项 V2X 应用技术则是弱势交通参与者碰撞预警(Vulnerable Road User Collision Warning,VRUCW)的应用,透过相关辨识设备与技术将道路两侧的行人与车辆的冲突进行判别得到信息,透过 RSU 传送给相关的路人进行预警,以降低交通碰撞事故发生的可能。V2X 架设于图 4 中编号 1、2、5、6、7 路段/路口位置。

3) 监控中心(图 5)
- 地点:新北捷运公司行政大楼 3 楼。
- 功能:监控智驾巴士、路口信号灯、路口影像、智能站牌等信息。

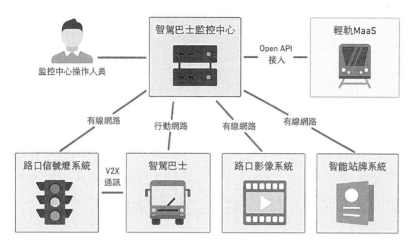

图 5　监控平台规划图

2　计划执行及步骤

测试运行规划路线(图 6)封闭场域→半封闭场域→开放场域,智驾电巴循序渐进测试。本计划将是推动智驾电巴运行政策的参考依据,提高社会大众接受度进而扩大推广的开放式场域案例。

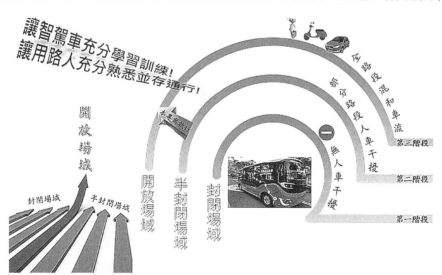

图 6　智驾电动巴士测试场域环境

第一阶段：封闭场域（图7）

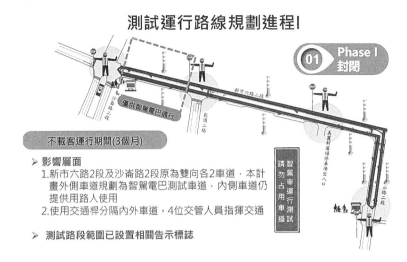

图7　智驾电动巴士于封闭测试场域进行不载客测试运行

第二阶段：半封闭场域（图8）

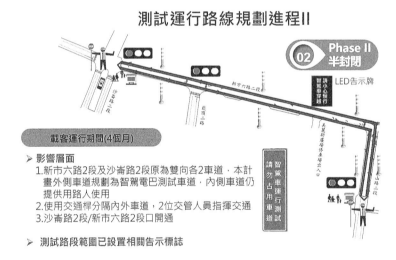

图8　智驾电动巴士于半封闭测试场域进行载客测试运行

第三阶段：开放场域（图9）

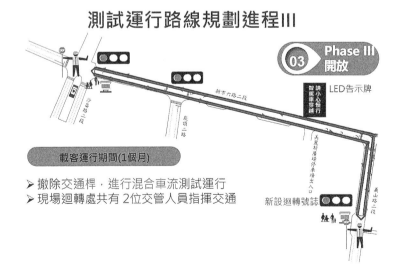

图9　智驾电动巴士于开放测试场域混合车流进行载客测试运行

3 AI(人工智能)应用及创新指标

3.1 整体应用场域

3.1.1 弱势交通参与者碰撞预警

透过相关辨识设备与技术将道路两侧的行人与车辆的冲突可能的判别信息,通过 RSU 传送给相关路人进行预警,以降低交通碰撞事故发生的可能(图 10)。

图 10　停车场前的 AI 侦测图

3.1.2 车流影像分析

通过摄影机设备以及技术,判别车辆形体大小及推测行驶速度,可计算车流信息(图 11)。

图 11　车流影像分析图

3.1.3 车辆影像辨识

使用摄影镜头的影像辨识可以同时针对画面中的物件种类,追踪特定物件并判定该物件与自身未来可能的行为。

3.2 创新指标

3.2.1 全台首个结合路侧设施、智驾电动巴士、监控平台

(1) 智驾电动巴士本身功能已可于道路上运行,本案结合路设设备,提供 SPAT 交通信号灯信号提示(Signal Phase and Timing, SPAT)给车辆,让驾驶人可以提前知道下一路口信号灯信息并及早做出反应(图 12)。

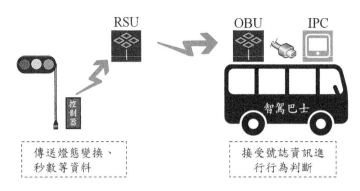

图 12　提供 SPAT 交通信号灯信号提示图

（2）另一项则为 VRU 弱势路人碰撞警报，透过路侧设施辨识行人，并发布警讯给智驾电巴（图 13）；此外，所有车辆感测资讯皆会回传至监控平台并翔实记载，监控中心亦配置进驻人员，通过车内外及路口影像，随时监看智驾电巴运行状况以便及时通报异常。

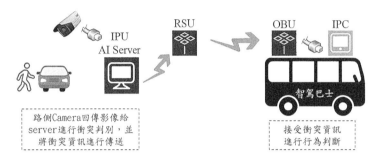

图 13　提供 VRU 弱势用路人碰撞告警图

3.2.2　采用智能站牌

智能站牌采用电子纸，提供搭乘智驾电动巴士民众所需信息。

图 14　智能站牌示意图

3.2.3 全台首创"新北智驾电巴 168"启动公共运输新服务

纳入正式公车营运路线与记者会照片见图 15。

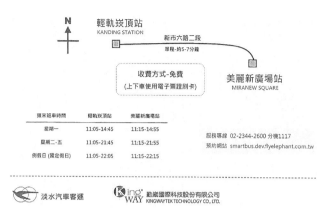

图 15 纳入公车营运路线及记者会照片

3.2.4 进行 3 个月不载客测试运行及 5 个月载客测试运行

经 2020 年 4 月 24 日起于封闭场域进行约 3 个月无载客测试,包括系统整合、运行舒适性、车道跟随、公车靠站、自动紧急刹车及障碍物辨识等情境演练,8 月 3 日起于半封闭场域进行载客测试,11 月 28 日起进行全开放场域测试(图 16)。截至 12 月 30 日载客人数 15 462 人次搭乘、运行 7 422 趟次及行驶约 6 768 km,以完整收集测试期间人、车、路资料,证明智驾电动巴士于 V2I 及 V2N 的技术面及结合客运业实务营运面的可行性。

图 16 新北智驾电动巴士测试运行划图

4 成果发表及未来建议

4.1 研讨会暨成果发表会

本计划于淡水地区将智驾电动巴士作为公共运输服务,于 2021 年 3 月 10 日于电信学院板桥所实验大楼七楼会议室举办"新北智驾电动巴士研讨会暨成果发表会"(图 17),以基础建设、政策规定、科技创新等 3 个面向,研拟智驾电动巴士未来发展方向作为研讨会探讨主轴,并展示新北智驾电动巴士 168 运行成果,广邀产、官、学、研代表进行智驾电动巴士相关议题讨论与意见交流。

图 17 "新北智驾电动巴士研讨会暨成果发表会"主视觉设计

4.2 未来发展建议——技术建议架构

本计划为岛内第一个整合 C‐V2X 蜂巢式车间通信、智驾电动巴士、路侧感测器及云端监控平台。主要希望运用新兴科技强化运行安全，并从基础建设、政策规定、科技创新及消费者接受度等 4 个方面，以探索智驾电巴未来发展方向，并将执行经验进行总结与记录，希望可对岛内自驾车发展与营运做出贡献。有关于未来技术发展建议，架构初拟如下所述。

4.2.1 基础建设与功能

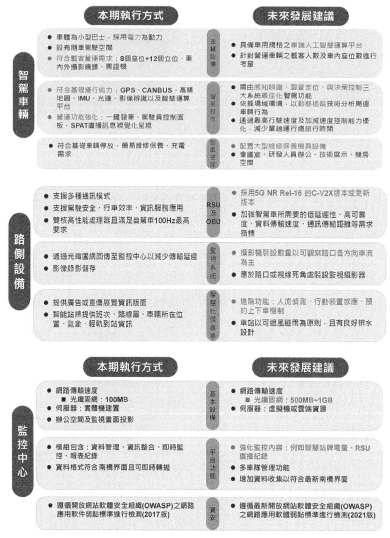

图 18　基础建设与功能

4.2.2 创新科技

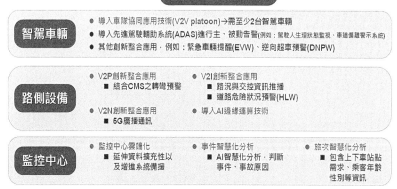

图 19　创新科技

4.2.3 政策规定

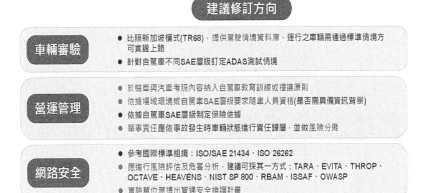

图 20　政策规定

4.2.4 营运管理

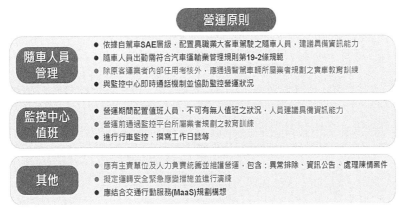

图 21　营运管理

5　结论与建议

发展智慧交通是新北市非常重要的政策，智驾电动巴士的优点是节省人力、自动化驾驶安全性高、营运弹性大，也是智能交通的趋势，而淡水具有发展智驾巴士的优势潜力，包括路幅宽、道路笔直，加上淡海新市镇发展日益蓬勃，并配合轻轨扩大大众运输服务范围规划于淡水地区率先引入智驾电动巴士系统，以了解民众接受度，作为该市未来推动智驾电动巴士基础。

新北智驾车在测试过程中，曾遇到了很多异常天气，那在侦测系统反应的情况下，车子会紧急刹车，虽然说侦测技术上看起来是没有问题，但是这可能会让站立的乘客感到不舒服，或者是会产生原先真人驾驶不会产生的任何状况。建议未来针对搭乘人数多寡与刹车距离、刹车力道等情况变化的影响进行优化研究。本次测试车速平均为 15 km/h，与现行市区公车平均车速 30~40 km/h，有明显差距。未来若作为通勤运具使用，应提高车速，这样才有机会吸引民众来搭乘。

未来除了要将车速拉高并确保安全之外，车型的重新设计，或是乘坐规则改变，也可能会是重点。若须实际商业运转，应针对智驾车的安全性、车速、无障碍设计及舒适度进行提升。

后疫情时代交通服务转型政策

Transformation Strategies for Transportation Services in the Post Pandemic Era

杨静婷　洪瑜敏

摘　要：2020年初以来，COVID-19疫情在全球蔓延，大幅改变了民众日常的生活习惯。在疫情严峻时期，民众减少外出或降低搭乘群聚密闭的大众运输工具。台北市整体公共运输载客量明显下降，而外送服务大幅成长，衍生外送员交通安全问题及临停需求等议题，种种转变之因以及如何开创具未来性的发展需要，都是交通政策上须深思探讨的课题。

众多专家学者认为疫情在短期间内无法平息，而"交通"是民众日常生活基础，面临进入后疫情时代，应通过公私部门协力合作以及交通政策、产业的调整，学习与疫情共存，提供让市民安心搭乘的公共运输环境、加强共享运具与大众运输接驳整合、因应道路运具特性变化建立更安全交通环境，以及通过智能化交通管理措施降低群聚或接触性感染风险等，并透过系统性及有效率的执行方式，将疫情危机转化为交通产业转型契机，创造更优质的交通环境以及服务模式。

关键词：交通政策；交通产业转型；疫情

Abstract: Since the COVID-19 outbreak in 2020, the epidemic has fundamentally upended people's behavior patterns. During the severe period of the epidemic, people reduced their outings and avoided using public transportations which caused a decrease in passenger volume. However, the delivery service traffic had a substantial growth which lead to the issues such as traffic safety and temporary parking needs of deliverymen. The response to various changes and how to create futuristic development are topics that need to be considered and discussed in transportation policy.

Numerous experts and scholars don't think the epidemic will be slowed down anytime soon. Traffic is the daily basis of people's lives. Entering the post pandemic era, we need cooperation from public and private sectors on traffic strategies, industry adjustments, and learn how to coexist with the epidemic by providing a safe public transportation system, reinforcing the transfer integration between shared mobility and public transportation, creating a safer traffic environment, and reducing the risk of contact infection and clusters through intellectualized traffic management measures, systematic and efficient manners of execution. The risk of epidemic could be an opportunity for the transformation in transportation industries that will lead to a high quality traffic environment and service model.

Keywords: transportation policy; transformation in transportation Industry; COVID-19 virus

1　前言

2020年初以来，COVID-19疫情在全球蔓延，大幅改变民众日常的生活习惯。在疫情严峻时期，民众减少外出或降低搭乘群聚密闭的大众运输工具。台北市整体大众运输载客量明显下降，台北市公共自行车系统（YouBike）以及共享汽、机车的使用量则受疫情影响较小，在疫情较为趋缓时，提供更多元外出运具选择，其使用量反而呈增长趋势。另外，疫情期间外送服务亦大幅增长，同时衍生外送员交通安全问题及临停需求，以及在交通服务上如何减少接触降低感染风险等议题，种种转变之因以及如何开创具未来性的发展需要，都是交通政策上须深思探讨的课题。

作者简介：杨静婷，台北市政府交通局科长。
　　　　　洪瑜敏，台北市政府交通局股长。

2 疫情对交通环境的影响

2.1 大众运输使用量下降

由于2020年COVID-19疫情较为严峻时期,民众减少外出或降低搭乘群聚密闭的大众运输工具,台北市整体大众运输载客量明显下降(如图1),2020年以4月运量下降幅度最大。

自疫情发生以来,台北市要求大众运输业者要针对车厢及民众频繁接触设备(如刷卡机等)加强消毒作业,并配合疫情指挥中心防疫要求持续检讨相关防疫措施及加强宣传。随着防疫工作成效显著及疫情趋缓,运量也呈现逐步回升趋势,2020年9月的大众运输运量也回复到去年同期的98%。

另外,台北市自2018年4月16日启用公共运输定期票,定期票售价1 280元,于30日内不限次数,可搭乘台北捷运、双北公车、淡海轻轨及使用YouBike前30分钟免费。持定期票搭乘大众运输之旅次约占总旅次20%,在疫情期间其使用情形并无明显下降,亦值得关注,显示实施定期票措施确实可增加大众运输使用的黏着度。

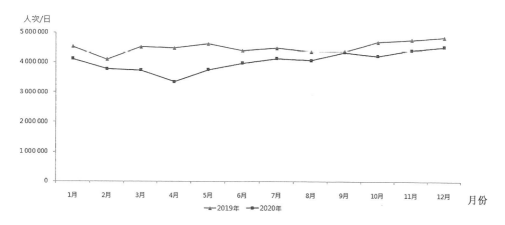

图1 2019年及2020年大众运输运量

注:上图大众运输运量为台北都会区(台北市及新北市)捷运、市区公车及公共自行车之总计

2.2 共享运具使用量成长

台北市公共自行车系统YouBike在2017年完成设置400站、13 072辆车的规模,并自2019年起试办YouBike 2.0升级服务,2020年YouBike使用量持续稳定增长(图2);台北市近年来亦积极推动共享汽、机车,希望通过一车多人使用模式,以减少私人运具持有及弥补公共运输不足或不均的缺口,且将其定位为公共运输的辅助运具,并分别于2018、2019年制定《台北市共享运具经营业管理自治条例》及《台北市共享运具经营业管理办法》,2020年底计核准1 000辆共享汽车、12 956辆共享机车于市境内营运。

经观察,台北市共享汽、机车使用量如图3、图4所示,2020年疫情期间使用量呈增长趋势,除共享业

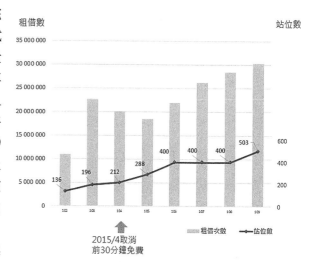

图2 台北市YouBike租借数

者因应疫情确实执行车辆及各项设备的消毒作业外,并加强宣传及公开相关防疫措施资讯,而得以让消费者可以安心骑乘。此外,于2021年5月推出《公共运输定期票加价购共享机车》优惠方案,以吸引更多定期票使用者使用共享机车作为大众运输接驳运具,减少私人运具的使用。

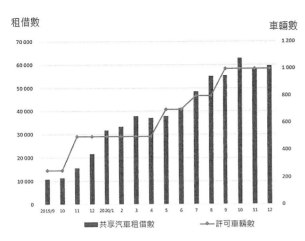

图3 台北市共享汽车许可数与使用量

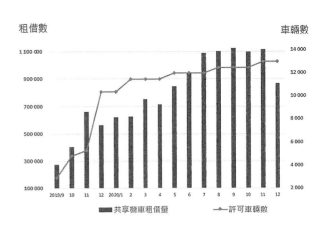

图4 台北市共享机车许可数与使用量

2.3 外送平台服务蓬勃发展

随着网际网络发展及手机等科技进步，消费者的购物形态逐渐转型增加电商平台购物频率，疫情更使该产业加速发展，例如外送美食服务已经成为一种新常态，相对衍生交通相关课题，包含外送员交通安全以及临停需求增加等。

经统计，台北市2020年1月至12月机车外送餐饮服务，外送员涉入交通事故件数占所有机车涉入交通事故件数比例约4%，针对此特定族群交通事故应有更积极的改善作为。

另外，由于道路空间资源有限，无法满足各类停车需求，外送服务车辆于执行外送任务时为争取时间，强调及时性之快速移动，且大多会在目的地附近临时停车，无法至较远停车空间停车，故经常在禁止临时停车区产生短暂违规临停现象，因此如何解决停车需求，是值得思考谋求解决的重要课题之一。

2.4 智能交通管理系统强化防疫措施

台北市一直致力推动智能化交通管理系统以及建置相关基础设施，近来实施重点政策包含停车费非现金支付、停车场月票线上购买及抽签、停车场3A智能进出服务、预约公车机制、智能行动票证、转运站加值消费整合服务APP及智驾巴士等，这些智能运输系统也在疫情期间成为防疫利器，减少民众群聚以及降低接触感染风险。

例如台北市公有停车场停车月票原采用现场购买方式，因此有民众彻夜排队情形，为改善此现象以及配合台北市政府推动无现金政策，自2018年7月建置试办线上购票及抽签系统并分阶段实施，在2020年2月因应疫情，台北市公有停车场全面实施线上月票购买及抽签方式，避免市民群聚感染风险。因此，智能交通管理系统未来发展策略上，亦应融入防疫意识及措施以迎接后疫情时代来临。

3 迎接疫情时代调整交通政策及服务模式

台北市交通政策自2015年起以"共享""绿能""E化""安全"作为愿景，以提升绿运输使用率为目标，鼓励及引导民众多使用绿色运具，逐步减少汽、机车之持有及使用。

台北市绿运输系统(详图5)以捷运为骨干，公车为辅，步行及自行车以及共享运具为第一及最后一公里服务，并鼓励多使用绿能环保运具，通过补助或优惠措施，推动公车车辆全面电动化，针对仍有使用私人运具的需求，则鼓励汰换使用电动汽、机车。

近年来也推动共享运具，共享运具是通过一车多人使用并可弥补公共运输不足或不均缺口，故定位为公共运输的辅助运具。

另外，配合发展智能城市及无现金政策，在交通管理上，也持续建置相关设备提供智能化交通服务，包含停车场3A智能进出、停车费行动支付、停车场月票线上登记及抽签、扩建智能型公车站牌、实施公车上下车刷卡、预约公车以及发展智驾巴士等。

疫情发生后，台北市完善了绿运输系统以及智能化服务等，在民众外出时，提供了多元公共运输选择并降低群聚、接触风险，使交通以及防疫需求得以兼顾。因应进入后疫情时代，则在既有的交通服务基础设施下，将持续推动以下交通策略，期建构更稳定、有效率，让民众可以更安心、方便的交通系统。

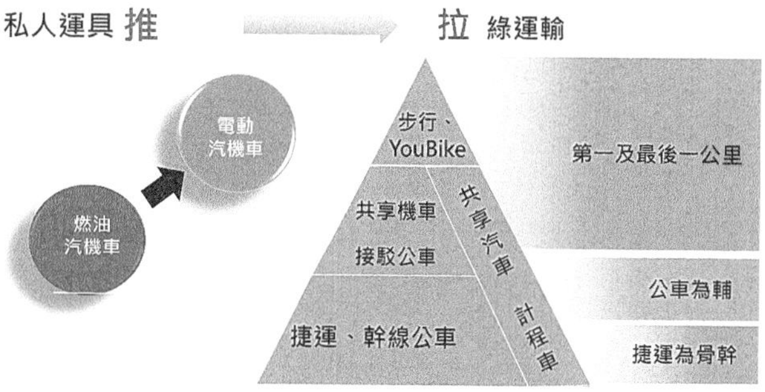

图 5　台北市交通运具定位

3.1 推动 4U 共享交通服务

3.1.1 公共自行车

为推动绿色运输发展并鼓励民众使用自行车作为生活化交通工具，提供第一公里及最后一公里的转乘接驳服务，台北市已设置 400 站、13 072 辆车规模的公共自行车系统，在疫情期间，提供对于使用密闭群聚公共运具有疑虑的民众另一项公共运输替代选择。

为使台北市公共自行车系统发展能符合未来趋势，于 2020 年 5 月正式营运 YouBike2.0 系统，以车上机租借及轻桩设计，免除过去须市电需求问题，不需大规模整地或开挖，可依地形或可现地空间状态进行车柱数量或位置调整，大幅提升设站弹性增加站位密集度，提供更近更密的公共自行车服务。

未来建置将以分区概念快速转换新旧系统，借由广布服务据点方式减少转换障碍，通过现有 400 站借还车资料及旅次分布连接度将台北市划分为 25 个区域，且参考区域集中特性，采 6 组同步进行各区域会勘，以加速系统升级服务及作业，预计 2022 年底完成 YouBike2.0 租借站 1 200 站设置及使用。

3.1.2 共享汽机车

共享运具通过一辆车多人使用并作为大众运输第一最后一公里的接驳等概念，亦可取代部分民众既有私人运具旅运行为需求，逐步改变市民用车习惯。

共享运具的服务模式，是由公部门提供场域，由业者提供车辆及营运服务，使用者可以在路边或路外停车场寻找车辆，并使用手机 APP 进行租借，到了目的地之后即可于附近的路边或路外停车场还车，即甲地借乙地还且可随处借还租车模式，以租借时间计费，并以手机 APP 绑定信用卡付费。

台北市制定有《台北市共享运具经营业管理自治条例》及《台北市共享运具经营业管理办法》，共享运具业者应依规定向台北市政府交通局申请许可，始得依许可内容于台北市营运。另为避免共享运具营运影响其他汽机车用路人的停车需求，台北市已依自治条例公告共享运具小客车 2 200 辆、机车 22 000 辆的总量上限。至 2020 年底，iRent 投放 1 000 辆共享汽车；iRent、WeMo 及 GoShare 等 3 家业者共投放 12 956 辆共享机车。

在疫情期间，对于原使用公共运具且未持有私人运具民众，如对密闭群聚的运具使用有所疑虑，共享汽、机车可满足其临时用车需求。另为鼓励民众使用共享运具作为连接大众运输场站的接驳工具，台北市 2021 年 5 月推出定期票结合共享机车优惠方案，并将持续收集使用者意见及业者营运情形，强化政府、业者、民众三方间的沟通管道，持续辅道业者提供更优良、完善的服务并维护民众权益。

3.1.3 共享停车位

共享停车位是将既有停车位之闲置时段释出或是有效活化畸零地作为停车空间，因应后疫情时代民众对于运具的选择行为上，会因疫情趋势有较剧烈变动，相对于停车需求变化亦较大，未来将以每年增加 3 000 席位持续推动共享停车位，增进共享停车空间使用率。

在有效活化畸零地作为停车空间部分，已建议放宽 6 座以下小型车停车空间条件，免设置身心障碍停车位，以增进土地使用效益。另为提供共享车位资讯，目前完成台北市 112 处所属机关、学校开放停车场与 118 处平面停车场之即时车位资讯连接"台北市好停车 APP"，将持续推动共享资讯智能化，便利民众查询使用，减少民众寻找车位时间与增加车位共享使用。

3.2 提升公共运输服务效率

3.2.1 公车路线优化及预约公车机制

台北市自 2020 年 2 月 1 日起正式实施公车上下车刷卡,乘客上下车刷卡比例已超过 9 成,并通过该资料分析民众搭乘公车旅运起讫特性,据以调整公车路线或班次,期增加民众使用便利性,也适度缩减无效率路线或班次,达到优化整体公车路网之目的。在疫情发生后,民众的交通运具选择产生较大幅度变化,也借由分析乘客上下车站位资料作为调整公车营运的依据,至 2020 年 12 月底计划调整 138 条公车路线及班次,并将 139 线列入 2021 年至 2022 年的观察名单,并制定调整原则进行滚动式检讨。

另外,针对山区、社区等相对偏远或公共运输需求不稳定的地区,为服务及维持既有民行,因规划针对运量低且搭乘需求不固定的路线班次试办预约制,有人预约才发车,借此增加资源配置弹性。

试办计划同时搭配预约公车系统开发,由台北市公车联营管理委员会建置预约公车平台("台北市预约公车"APP 及网页),通过此系统以友善操作界面提供民众方便快速查询及预约路线班次。

后续并请补贴路线营运业者每半年提报精进方案,并筛选 1 周达 5 班次载客为 0 的路线,检讨纳入预约公车机制,减少无效益班次,提升公车营运效率。

3.2.2 智能票证行动 APP 客运整合系统

为落实智能城市的长远发展,台北市亦协助及鼓励客运业者研发智能票证行动支付 APP 工具,目前台北转运站业者已自行开发整合现行客运 5 家业者票证资讯,让旅客由手机载具完成购票与登车流程,达成一票到底(整合查、订、付、取、退、验)之作业流程,提供旅客 24 小时线上购票且不用排队的便民服务,亦降低群聚风险。该系统提供完整设定功能及完备售票功能,亦有助于客运业者强化管理效益。

至 2020 年底,该 APP 系统已有超过 13 万名会员,期在 2023 年利用该行动支付购票使用率可达 5%,并以此作为范例将服务扩展至其他客运转运站场域。

3.2.3 智驾巴士试办计划

为补足夜间公共运输缺口,解决公共运输驾驶人力不足问题,已于台北市信义路公车专用道进行夜间智驾巴士测试,并自 2020 年 9 月 30 日起开放民众试乘体验至 2021 年 2 月;亦于 2021 年 3 月 17 日核准展延本计划至 2022 年 2 月 20 日止,并自 2021 年 5 月 8 日起重新开放民众试乘体验。

台北市已设置 15 条、总长约 60 公里的棋盘式公车专用道,具有利用半封闭的公车专用道协助智驾巴士发展优势,后续将再视前述试验状况逐步推广至其他场域,并积极媒合新创自驾车业者与台北市客运业者合作,以求将智驾巴士产业落实为可以正常商转营利的营运模式,使该产业可长久经营,促进台北市大众运输发展,智驾巴士营运模式由于可节省驾驶人力,亦可更弹性迎接面临疫情大众运输旅客搭乘量有较大幅度变化时的营运调整。

3.2.4 推动接驳型自行车道标线及自行车道建置计划

配合推动自行车作为大众运输第一及最后一公里之接驳运具政策,为提供自行车更友善安全的通行环境,完善市区自行车路网,推动接驳型自行车道标线,整理捷运站旁 YouBike 站点周边 500 米范围内道路,设置箭羽型标线及自行车图示,提醒汽机车用路人注意自行车,2020 年已完成捷运行天宫站等 25 处自行车道标线,预计 2021 年完成 23 站、2022 年 22 站。

台北市 2016 年已完成南京东西路、信义路及仁爱路为横向、中山南北路、松江路(含新生南路)及复兴南北路为纵向之市区自行车整体路网,至 2020 年底市区已完成人车分道 87.53 公里及人车共道 305.26 公里(合计 392.79 公里),加上河滨自行车道 112 公里,全市自行车道总长 504.79 公里。

2020 年重新通盘检视既有自行车路网,以"串联既有自行车路网""衔接跨市及河滨自行车道"及"既有自行车道优化"等主轴,勾勒未来自行车愿景路网,并将 81 条需求路段依道路宽度分为 3 个优先顺序,分年进行地方沟通,达共识路段则纳入后续人行环境改善工程分年办理,预计未来自行车愿景路网总长可达 593.45 公里(图 6)。

图 6　未来自行车道路网

3.3　强化 E 化交通服务

3.3.1　月票线上登记及抽签

因应推动 E 化政策,台北市自 2018 年 7 月推动公有停车场月票抽签,并依各停车场状况检讨抽签数量;另因应防疫需求,为降低售票期间民众于相对封闭的停车场空间排队购票产生群聚感染风险,故原公有自营停车场月票贩售自 2020 年 2 月起采全面线上登记及抽签,以保障民众健康并减少民众长时间排队之不便,未来将持续推广至全市公有停车场全面实施。

3.3.2　3A 智能进出服务

为提供民众更便捷的停车环境,自 2019 年 1 月起运用车牌辨识结合智能支付,提供汽车车主"自动辨识、自动开启闸门、自动扣款"之"3A 智能进出服务",民众进出停车场免靠卡(悠游卡)或到缴费机缴费,车辆进出停车场仅须 3 秒钟,目前全市公有自营停车场均已提供该项智能化服务。

3.3.3　非现金支付停车费优惠措施

推广非现金支付、打造无现金城市系台北市政府重要的政策目标,唯现金支付仍是多数民众最主要的消费习惯。疫情的来临提升了民众使用非现金支付的诱因,可避免临柜现金缴费的实体接触,降低病毒传染风险。台北市目前已提供金融电信代扣缴服务及手机智能支付 APP 两种非现金缴费管道,并通过优惠活动方式鼓励民众使用。为鼓励民众以智能支付 APP 缴费,乃推动相关优惠措施,如在 2018 年 8 月 16 日至 2020 年 12 月 31 日期间享 9 折优惠,2021 年 1 月 1 日至 6 月 30 日享 95 折优惠至 2020 年底止,停车费采非现金缴费比例为 47.58%,2021 年预计提升至 50%。

3.3.4　多元支付停车

为使民众停车缴费更便利,提供多元的支付管道,可以在停车场缴费机使用现金、悠游卡及行动支付等多元支付方式缴纳停车费,于 2020 年底前完成台北市 28 处公有自营停车场多元支付缴费机的建置,以及提供汽机车全面车牌自动辨识等智能化服务,预计 2021 年公有自营停车场将全面完成建置。

3.3.5　机车停车自主开单

为提升机车停车开单效率,台北市自 2019 年 4 月开始于公馆商圈推出机车停车自主开单措施,可由车主使用手机 APP 登录自主开立机车缴费单,并提供使用 APP 自主开单后通过非现金管道缴费折减 5 元的优惠,目前于 15 处商圈与捷运站实施。2020 年自主开单张数约 36 万张,目标 2021 年达 40 万张、

2022 年达 45 万张。

3.3.6 交通智能监控

因应后疫情时代交通运具使用习惯变化快速之特性以及 5G 技术蓬勃发展,采取通过号志智能控制方式,提升道路运作效率,减少用路人旅行时间及空汙的碳排放量,采行方案如下:

1) 建置动态号志

侦测即时车流量并利用电脑系统演算,依各方向实际车流调整信号灯时制,达到干道车流续进,并且能最大限度地减少旅行时间、路口停等延滞及停等次数,以提升干道行车效率及整体路廊车流运作绩效。2019 年于内科、南软 9 处主要路口设置,旅行时间减少 10%、平均延滞时间降低 14.5%。2020 年于基隆路、信义路及光复南路等 10 处路口设置,整体旅行时间可缩短 13% 及平均延滞时间缩短 13%,2021 年预计增设 16 处、2022 年预计增设 20 处。

2) 建置感应性信号灯

考量路口路幅宽度较大,须提供行人安全穿越通行时间之路口,离峰时段会有干道空等红灯之情形,故以 AI 影像侦测支道有无行人及行车判断给予干道持续绿灯运作或保持红灯状态,提供行人安全最短绿灯,减少干道车辆红灯空等现象。2019 年于文林北路中正高中前路口实施,设置后夜间干道车辆空等率减少 35%,干道旅行时间可缩短 29%。2020 年已于重庆南路及宁波西街等 12 处路口设置,夜间时段干道车辆空等率减少 32%、干道绿灯时间可增加 29%;2021 年预计增设 12 处、2022 年预计增设 13 处。

3) AI 事件侦测应用

借由 AI 影像辨识技术,自动侦测事故、施工、堵塞等交通事件并及时应变与提供资讯,以利用路人及时应变并提升道路交通顺畅。

3.4 打造安全友善交通环境

3.4.1 设置外送机车临时停车区

前述因应后疫情时代而致外送服务需求激增,外送平台产业蓬勃发展,为兼顾外送机车临停服务需求,台北市已于夜市商圈、办公场所、学校等 19 处设置 124 格限停 15 分钟路边机车格,以有效提升格位停车周转率;另有 23 处机关学校利用自有畸零地提供 115 格外送机车暂停使用。

未来仍将依需求检讨增加路外及路边机车停车格,并滚动式检讨主次要道路之路边禁止临时停车红线,视交通条件局部改为禁止停车黄线,以利车辆短暂临停,维持交通安全及停车秩序。

3.4.2 机车外送平台交通事故防制

为提升外送员之交通安全,台北市业从规范面、教育面、管理面、宣传面及执法面等面向提出相关因应作为,配合自治条例规定公告台北市外送平台外送员交通事故统计数据,并持续追踪外送平台外送员交通事故数据变化,加强外送平台交通事故防制,维护交通秩序与安全。

3.4.3 邻里交通环境改善计划

交通环境受到产业变化(例如共享运具、外送业兴起等)以及运具更多元化,道路使用者特性更为复杂,为提供安全友善人行环境,台北市自 2020 年起推动"台北市邻里交通环境改善精进计划",针对过去办理交通环境改善完整度未达 80% 或邻近学校、医院行人量较高之处优先改善,引入交通宁静区及通学巷概念,整顿巷弄交通空间,新增岔路警示标线,加强提醒用路人巷口路型以减速慢行,强化交叉路口行车安全,以期更完整维护巷弄居民生活及友善通行环境。

4 结语

台北市交通政策将持续在"共享、绿能、E 化、安全"愿景下推动,并持续以减少私人运具、发展公共运输为目标,虽疫情严峻期间造成大众运输使用量骤降,唯通过加强实施大众运具消毒清洁及宣道相关防疫资讯，建立民众乘车信心，并创造多元公共运具选择环境，包含公共自行车系统及共享汽机车服务等，依据数据显示，在这些措施下，台北市在疫情趋缓后大众运输使用量也逐步回升，公共运输使用者并未大量流失。

另疫情变化快速，在相关交通政策也应该超前部署建立可快速回应，包含积极推动 E 化作业、鼓励多使用无现金交易、发展智驾巴士等以及促使外送业者强化外送员交通安全的自主管理等，更重要的是政策执行力，需仰赖公私部门合作以及加强追踪管控各项政策执行进度，因此台北市亦建立市级专案平台整合及管控各部门因应后疫情时代行动方案及执行时程，期望将危机化为转机，在后疫情时代掌握转型契机，提升竞争优势，创造更永续宜居环境并健全产业发展。

新竹县市区客运路网检讨规划

Bus Route Review and Planning for Hsinchu County

游志祥 陈柏君 林佩霖 谢馨颐 赖家伟

摘　要：新竹县因新竹科学园区之发展，人口逐渐朝向竹北市及竹东镇聚集，形成双核心都市发展趋势，竹北市、竹东镇为未来新竹县发展核心市镇，考量大新竹生活圈未来重要建设发展和重要活动据点（如新竹火车站、新竹科学工业园区、竹北火车站、新竹高铁站等）之串联，建立竹北与竹东之公共运输发展，加强双核心之连接更显重要。本研究将透过电子票证、手机信令资料及舆情资料处理分析，找出新竹县的公车旅次特性、潜在需求及转乘特性，同时整合既有公路客运路线，提出以竹北及竹东为端点之双核心路网架构，新辟1干线、转型1快线、新辟2支线、移拨2支线及新辟3微循环之路线调整建议，以完成新竹县市区客运路网合适发展架构与推动策略。

关键词：新竹县；公车路网检讨；大数据资料；推动策略

Abstract: With the development of Hsinchu Science Park, the population of Hsinchu County gradually gathers towards Zhubei City and Zhudong Township. The phenomenon forms a development trend of dual-core cities, which means that Zhubei City and Zhudong Township served as the economic cores of Hsinchu County in the future. Considering the connection of major infrastructure projects and activity nodes (e. g., Hsinchu Train Station, Hsinchu Science Park, Zhubei Railway Station, HSR Hsinchu Station), it is more necessary to strengthen the public transportation between Zhubei and Zhudong. This study plans to use electronic ticketing, cellular signaling and public sentiment to conclude trip behavior, potential demand and transfer behavior in Hsinchu County. Simultaneously, this study tends to integrate existing transit routes and propose a dual-core network of public transport. Besides the hierarchical network of public transport, the objective is to propose appropriate complementary measures and promotion strategies.

Keywords: Hsinchu County; review of bus network; big data; promotion strategies

1　前言

新竹县于2012年起，前后共计有21条市区公车投入新竹县公共运输服务，其中快捷2号、快捷3号与观光3号因搭乘率不佳而终止服务，至2021年减少为18条市区公车服务；公路客运则共计有46条路线服务，部分公路客运路线也因营运绩效不佳而逐年缩减营运班次，新竹县境内之客运服务范围虽涵盖新竹县13个乡镇（如图1所示），但仍无法满足民众之旅运需求。

竹北市、竹东镇为未来新竹县发展核心市镇，与新竹市共同组成大新竹生活圈，考量未来重要建设发展和重要活动据点（如新竹火车站、新竹科学工业园区、竹北火车站、新竹高铁站等）之串联，建立竹北与竹东之公共运输发展，加强双核心之连接更显重要。

作者简介：游志祥，新竹县交通旅游管理部门负责人。
　　　　　陈柏君，鼎汉国际工程顾问股份有限公司协理。
　　　　　林佩霖，鼎汉国际工程顾问股份有限公司规划师。
　　　　　谢馨颐，鼎汉国际工程顾问股份有限公司助理规划师。
　　　　　赖家伟，鼎汉国际工程顾问股份有限公司助理规划师。

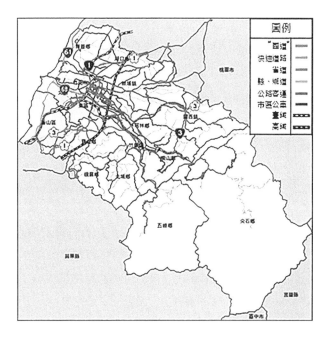

图 1　新竹县公车路网

2　新竹县公共运输发展课题

1）公共运输使用率低

交通事务主管部门于 2009 年至 2016 年持续进行"民众日常使用运具状况调查",根据"运具次数（stage of transport）市占率"检视新竹县公共运输市占率及使用族群,新竹县 2016 年公共运输市场占有率为 10.0%（低于全台湾地区平均值 18.2%）,显示公共运输使用程度仍有培养空间;其中各年龄搭乘比例以 15 岁至未满 18 岁为最高（61.9%）,其次为 18 岁至未满 20 岁（38.6%）,65 岁以上仍存有 10.6% 需求,显示公共运输之使用族群仍集中在高龄族群及学生族群。

2）交通尖峰时段壅塞问题

随新竹科学园区近年持续活络县内产业发展,伴随的人口红利促使新竹县人口数稳定增加,吸引壮年人口前来寻找就业机会,并带动第二、第三级产业就业人口数持续成长,其良好经济水准也导致车辆持有率逐年攀升,于 2020 年小汽车持有率 395 辆/千人,远高于全台湾地区平均 297 辆/千人。

交通尖峰时段常涌入大量通勤、通学车流,造成新竹县境内重要道路瓶颈问题,且因公车客运路线服务无法满足民众实际搭乘需求,而无法有效转移私有车辆改搭乘大众运输系统,导致私有车辆及公车客运于交通尖峰时段同时堵塞于主要交通廊道,实为新竹县主要交通课题。

3）县境内多为亏损补贴路线

新竹县辖内共有 46 条公路客运路线,31 条为亏损补贴路线,2019 年受领亏损补贴之金额为 28 053 599 元,另加上市区公车 2019 年亏损补贴之金额 43 450 164 元,每年接受公路总局亏损补贴金额高达 71 503 763 元。由于公车客运路线营运绩效不佳造成财务亏损,在业者减班以降低营运成本的恶性循环下,县政府在编列推动公共运输相关计划之预算,除向台湾当局申请资源帮助、财源支持外,更应思考如何让公车路网营运更有效率,激励业者逐步提升服务品质以增加民众搭乘意愿,维护公车路线经营财政永续。

3 双核心路网规划

3.1 大数据分析应用

1) 票证资料分析：境内既有旅次需求集中于竹北市与竹东镇

本研究收集行经新竹县境内公车路线 2019 年 5 月电子票证资料，共计有 52 条路线、6 330 035 笔有效资料，进行运量与旅次特性之分析，其票证资料分析结果如下：

（1）县内市区公车、公路客运与新竹市往来关联性密切，旅次主要为竹东镇、竹北市与新竹市（东区）之间的移动。

（2）县内公车班次集中于竹北—新竹与竹北—竹东廊带，上下车需求热点集中于竹北市东侧及竹东镇县道 122 线路廊，主要集中于人口稠密区或交通节点，路廊班次数与上下车热点分布如图 2 所示，可以看出现况公车班次供给与上下车需求集中于竹北竹东路廊上。

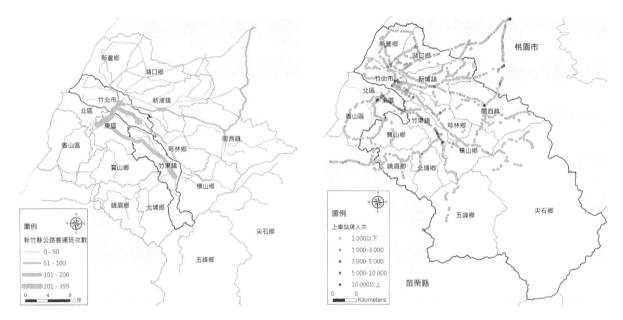

图 2　新竹县公车客运路廊班次数与上下车热点分布

2) 信令资料分析：竹北市与竹东镇联外活动往来频繁

采用手机行动数据资料分析研究范围内之旅次活动情形，不仅可大量节省传统旅次特性调查的作业时间，同时大样本的数据资料在抽样上亦较传统调查更具代表性。本研究分析 2019 年 5 月平、假日信息资料结果如下：

（1）新竹县市往来活动频繁，旅次起讫集中于竹北市，其次为竹东镇，竹北市与竹东镇平日对外起讫分布如图 3 所示。

（2）联外旅次与新竹市东区关系密切，显示竹北市至新竹市、竹东镇至新竹市大众运输服务需求数高。

（3）新竹县蕴含丰富观光资源，其假日旅次较平日旅次横跨区域范围较广，假日旅次活动范围遍及北埔乡、峨眉乡及五峰乡，如图 4 所示。

3) 舆情资料分析：民众保持中立且正面态度有利于后续政策推动

本研究收集 2019 年公车客运相关陈情案件，并分析社群论坛及各大新闻网以掌握网络讨论内容，借由舆情分析收集民众关心的交通议题，除了公车服务班次不符合民众搭乘需求外，另也提出新兴社区尚缺乏公共运输服务，应加强竹北市、竹东镇与新竹市之间的联系（图 5）。

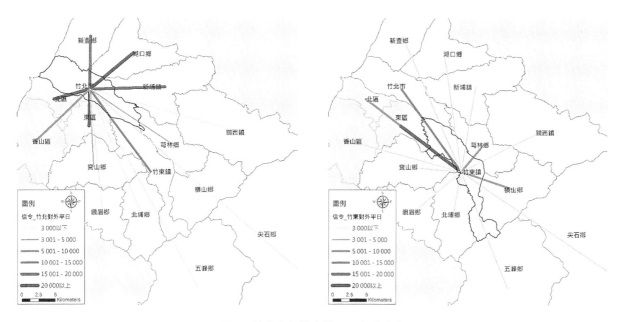

图3 竹北市与竹东镇平日起讫分布

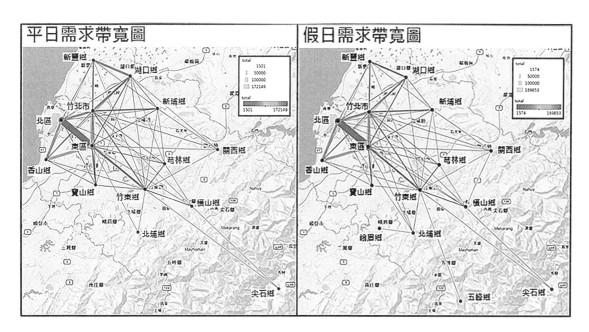

图4 新竹县市境内平、假日需求分布图

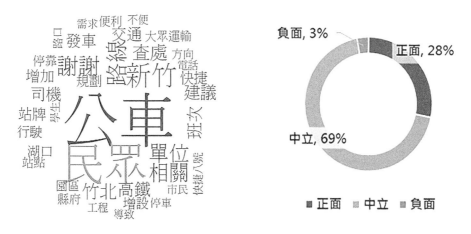

图5 民众陈情案词云分析与情感分析结果

3.2 路网规划原则与构想

由新竹县信令资料与票证资料分析结果显示,竹北市及竹东镇为交通服务之主要供给与需求点,符合公车路网双核心发展之概念。因此建议新竹县公车路网架构可分为干线、支线、微循环等三层级,以竹北市至竹东镇为主要廊带,支线则由双核心辐射至周围邻近乡镇,透过微循环公车服务乡镇内旅次及偏乡基本民行,如图 6 所示,详细层级定位说明如下:

1) 干线/快线公车:行经主要据点,服务高旅次量路廊

竹北市、竹东镇两大核心区往来旅次需求高,建议以干线公车串联竹北市与竹东镇,服务高旅次量之骨干路廊,路线行经主要据点、人口密集地区,提供快速直捷之路线服务。

2) 支线公车:扩大骨干服务范围

支线公车服务一般路廊,或可横跨多条主要干道,提供串联生活据点与交通节点间往返,能扩大骨干服务范围。建构于公车路网之双核心基础下,以竹北市、竹东镇至邻近乡镇之需求,以支线公车连接邻近地区中心提供路线服务。

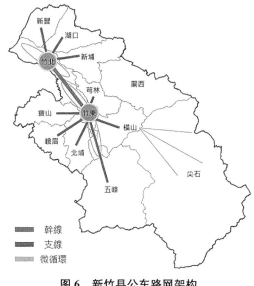

图 6　新竹县公车路网架构

3) 微循环公车:服务乡镇区内旅次,提供第一公里与最后一公里之服务

针对偏乡地区则跳脱传统公车定线定班之服务,依据旅次需求的时间与空间分布,使用需求反应式(DRTS)提供合适的运输服务。现有之竹北市市民公车路线、尖石乡公所基本民行路线、DRTS 即属于微循环路线。

3.3 公车路网调整结果

本研究以健全新竹县公车路网与提升公共运输使用量为目标,提出以竹北及竹东为端点之双核心路网架构,并依据电子票证及信息资料推估各乡镇潜在需求,依循干支线、微循环客运路网架构新辟 1 干线、转型 1 快线、新辟 2 支线、移拨 2 支线及新辟 3 微循环,调整结果说明如下:

1) 干线公车/快线公车

干线公车建议班距 10～15 分钟一班,快线公车则建议整点发车,每日皆开行至少 14 小时,提供直捷路线、密集之班次服务,路线调整结果如图 7 所示。

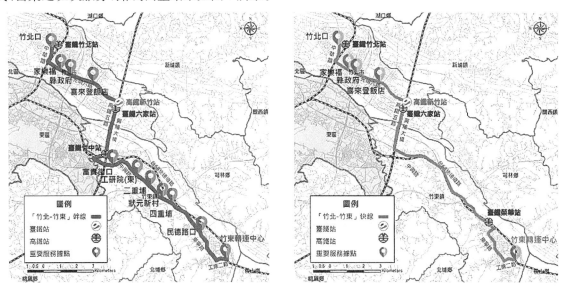

图 7　干/快线公车规划成果

（1）"竹北—竹东"干线公车

干线公车主要服务竹北、竹东双核心干线路廊间重要据点，包括竹北端家乐福、新竹县政府、喜来登饭店及竹东端工研院、二重埔区、竹东转运中心等重要据点。

（2）"竹北—竹东"快线公车

快线公车由快捷8号与快捷8号支线转型提供路线服务，在干线路廊上，行驶台68快速道路，提供跳蛙式的公车服务，直捷来往竹东及竹北两大核心。

2）支线公车

支线公车建议班距30～60分钟一班，每日开行至少10小时，补足公共运输潜在需求，路线调整结果如图8所示。

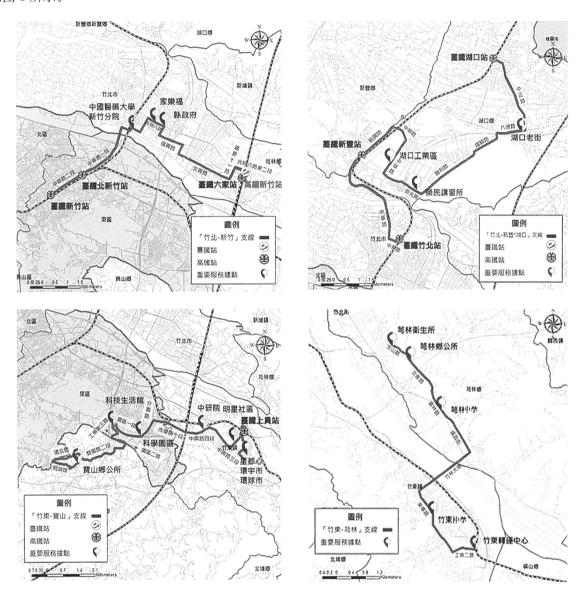

图8 支线公车规划成果

（1）"竹北—新竹市"支线

提供来往竹北及新竹市的公车服务，串联主要活动据点，包括新竹县政府、家乐福、中国医药大学新竹分院及新竹县市内台铁车站等重要据点。

（2）"竹北—新丰—湖口"支线

以现有公路客运5613路线为基础进行调整，提供来往竹北市及新丰乡、湖口乡之公车服务，串联包括湖口老街、湖口工业区及台铁车站等重要据点。

(3)"竹东—宝山"支线

提供来往竹东镇二重埔地区及宝山乡之直捷路线服务,沿途行经科学园区、科技生活馆、中研院及多个社区。

(4)"竹东—芎林"支线

以现有公路客运5633路线为基础进行调整,提供来往竹东镇及芎林乡之公车服务,串联包括芎林行政公所、芎林中学、竹东中学及竹东转运中心等重要据点。

3) 微循环公车

微循环公车建议班距至少60分钟一班,每日开行至少10小时,服务人口聚集之社区,串联服务缺口,路线调整结果如图9所示。

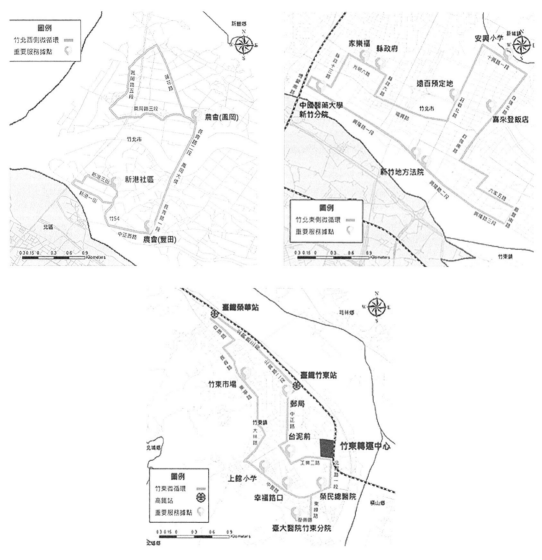

图9 微循环公车规划成果

(1) 竹北西侧微循环

路线串联竹北市西侧服务缺口,并提供西侧南北向联通路线服务,串联地方会及社区等重要据点。

(2) 竹北东侧微循环

路线串联竹北市东侧服务缺口与重要活动据点,包括新竹县政府、家乐福、竹北大远百及地方法院等重要据点,为环状行驶路线。

(3) 竹东微循环

竹东转运中心为双核心路网规划重要之转乘端点,借由竹东微循环路线串联竹东镇内医院、市场、社区及其他重要活动据点来往中心。

考量新辟路线营运初期为运量培养阶段,服务水准未来可视营运状况及实际需求调整。各路线服务水准调整如表 1 所示,新竹县公车双核心路网结果如图 10 所示。

表 1 新竹县公车干支线路网调整结果

路线层级	路线名称	里程/公里	双向班次/日	配车数/辆	单趟行驶时间/分
干线	竹北—竹东干线	20.7	92	9	70
	竹北—竹东快线	19.9	28	3	60
支线	竹北—新竹市	11.4	40	4	40
	竹北—新丰—湖口	18.3	40	5	45
	竹东—宝山	15.2	40	4	40
	竹东—芎林	7.8	40	3	25
微循环	竹北西侧微循环	14.0	20	2	25
	竹北东侧微循环	12.7	10	2	40
	竹东微循环	10.0	20	2	40

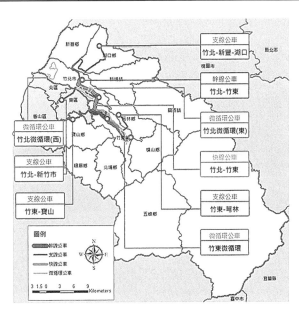

图 10 新竹县公车干支线路网调整结果

4 公共运输发展策略

本研究提出之双核心路网架构,后续由县府推动路网骨干的干、快、支线,并协助地方乡镇公所争取公路总局"公路公共运输多元推升计划"补助项目,申请微循环路线、推动幸福巴士路线,以完善偏乡基本民行,期望以竹北、竹东双核心,发展由干支线公车路线接驳微循环路线,建立新竹县公车路网,提升整体路网效率。

计划路线推动之优先顺序,建议县政府可依财源人力及政策推动考量,参酌路线重要性与民众需求,采取分阶段方式逐步推动双核心路网,计划推动建议如图 11 所示。

1) 短中长期亮点计划

(1) 短期推动路线

新竹县公车干支线路网调整计划以"竹北—竹东"干线公车、"竹北—竹东"快线公车为优先推动目标,借由干线与快线公车之密集班次与直捷服务提高公共运输使用率,其次推动路线为新辟之"竹北—新竹"支线公车。

(2) 中长期推动路线

"竹东—宝山"支线公车建议于中期推动,另考量县政府财源分配,建议与公路客运重叠度较高之支线公车,路线营运期程延至前述干支线公车通车后。

(3) 微循环路线

依循整体路网层级发展大众运输服务,乡镇联外接驳由县政府推动,乡镇内区域接驳由公所推动,新辟微循环公车路线补足服务缺口及满足民众基本民行。

2) 推动路网计划之必要措施

(1) 客运业者及公路事务主管机构沟通

新辟路线与移拨路线应与客运业者及公路事务主管机构新竹区监理所沟通协调,确认经营意愿与移拨相关费用、补助款等。

(2) 新购车辆

建议新购电动巴士或低地板公车,提供无障碍服务及车辆汰旧换新,并可作为公车行销宣传之用途。

3) 其他亮点计划(图 11)

(1) 干线路廊意象打造

借由双核心路网之推动,结合地区特色打造干线路廊意象,提升路线自明性。

(2) 转运端点规划与建置

配合竹北、竹东双核心发展,竹北、竹东之干线端点应设置转运中心,竹北转运中心建议以竹北市后火车站广场作为转运端点,相关部门正研议加速进行竹北交通转运中心规划,期以缓解新竹科学园区、台元科技园区及工业区上下班交通尖峰时段塞车问题;竹东转运中心预计于 2022 年完工营运。

(3) 观光公车服务强化

竹东转运中心完工营运后,针对邻近观光景点拟定行销方案及观光路线强化,加开假日班次,透过行销与便利接驳服务强化新竹县内观光能量。

(4) 计划推动财源

配套措施均有赖相关资源之投入,建议县政府编列推动公共运输相关计划之预算,并向台湾当局申请资源帮助。

图 11　新竹县公共运输发展计划建议

自驾巴士满意度与乘客特性之研究

Passenger Characteristics and Satisfaction on Autonomous Bus

林泓志　张学孔　陈雅雯

摘　要：近来由于自动驾驶技术之发展，各方期盼借由其技术应用将可望优化整体运输环境，除了提升运输安全与营运效率，并能提高服务品质。尤其面对传统公车司机高龄化以及员工成本等挑战，以及推动低碳交通的政策，发展自驾巴士已是台湾地区推动自驾技术的优先考量项目。除了技术创新与政策法规层面，乘客之满意度与期望心态亦是影响自驾巴士的发展及其应用模式之关键因素。本研究以台中丽宝乐园自驾巴士的乘客为研究对象，除回顾岛内外自驾巴士的发展现况，并应用"科技接受模型"（TAM），分析乘客特性与满意度之组成构面。研究结果显示，有79.6%的乘客对于搭乘的体验表示满意且愿意持续搭乘。在民众认知和安全性方面，有61.8%的受访者认为自驾巴士可带来"节省能源"效益；有72.6%的乘客担心"若车内没有司机操控方向盘，自动驾驶技术会无法应付交通突发状况"。在设备方面，有70.1%的乘客期望能在自驾巴士上得知"车辆定位位置"的资讯，其次分别为"行经站点转乘资讯""车上人数或剩余座位数""潜在危险警示画面"。在付费机制方面，乘客有88.4%和54%期望实现"电子支付"以及"手机行动支付"。使用者对于满意度主要来自服务期望、安全性，其次为特定之情境。最后，本研究并根据分析成果提出自驾巴士发展之对策及建议，可有助于政府相关单位及营运单位掌握自驾巴士乘客特性，据以研议自驾巴士发展与相关营运策略之参考。

关键词：自驾巴士；满意度；乘客特性；科技接受模式

Abstract: With the advancements of autonomous vehicle technologies, it is expected that transportation safety and efficiency will be dramatically improved while service quality can also be enhanced. Especially, due to aging drivers and the high labor cost as well as the policy of low carbon mobility, the autonomous bus system has been considered as the major focus of autonomous vehicle development in Taiwan area. In addition to innovative technologies, regulations and policies, passengers' satisfaction and expectation are highly correlated to the development of autonomous buses. This study aims to analyze public acceptance and satisfaction based on the survey conducted in autonomous bus trials in Li-Bao Recreation Park in Taichung. A literature review has been conducted on the autonomous buss systems while Technology Acceptance Model (TAM) is applied to analyze passengers' characteristics and satisfaction on autonomous buses. The results indicate that 79.6% of passengers are satisfied with the autonomous bus experience. With respect to the perception and the safety, 61.8% of the passengers agree that autonomous buses can bring benefits in "energy saving". However, it is also shown that 72.6% of passengers are worried, "If there is no driver to control the steering wheel in the autonomous bus, autonomous technology can't work well under the situation of emergency." In terms of the equipment and services, 70.1% of passengers expect to get the information about "vehicle location" on the autonomous bus. In terms of payment scheme, 88.4% and 54% of passengers expect to use "electronic payment" and "mobile payment". The results of this research will be helpful for authorities and operation companies to formulate policy and operation strategies of autonomous bus systems.

Keywords: autonomous bus; satisfaction; passenger characteristics; technology acceptance

1　前言

近年来各地争相发展"自动驾驶车"（Autonomous Vehicle，以下简称自驾车），除了希望在自驾车产业链相关领域占有一席之地外，也期待借由自驾技术的发展而达到"低碳交通、降低交通事故和减少拥

作者简介：林泓志，台湾大学土木工程学系硕士生。
　　　　　张学孔，台湾大学土木工程系教授。
　　　　　陈雅雯，台大先进公共运输研究中心执行长。

挤"之愿景目标,因此自驾技术运用于运输层面的相关研究也与日俱增。例如2015年,OECD国际运输论坛(ITF)以葡萄牙里斯本为研究地点,就深入探讨共享自驾车是如何影响都市交通形态。在2019年,美国国际汽车工程师学会(SAE International)与各大车厂共同成立自动驾驶汽车安全联盟(Automated Vehicle Safety Consortium),致力于为无人驾驶汽车制定安全和测试原则,定义候选路线和位置、运营计划、自驾巴士规范、财务计划和部署策略等,也积极测试自驾巴士之可行性。

各地方政府将自驾技术运用在公共运输上,以提升交通安全及推动低碳交通,发展自驾巴士已是优先考量的选项。KPMG全球总部发布的"自动驾驶汽车准备度报告"中,透过四项标准进行评比及排名,其中"消费者接受度"已被列为自驾车发展的重要指标。此外,Raj也提到"消费者接受度"是影响民众使用自驾车的重要因素。但是岛内对于自驾巴士接受度的研究不多,对于民众有搭乘自驾巴士经验的调查研究更是少数。基于此,本研究期望通过问卷设计与发放,以台中丽宝乐园自驾巴士的乘客为研究对象,分析影响乘客搭乘意愿之因素,成果将有助于政府及营运单位推动自驾巴士发展及营运策略之参考。

2　文献回顾

本研究主要探讨影响乘客搭乘自驾巴士之因素,因此针对三个部分进行文献回顾。第一个部分概述岛内外自驾巴士发展;第二个部分国外乘客体验自驾巴士之调查;第三个部分探讨自驾车搭乘的影响因素及模式。

2.1　自驾巴士岛内外发展现况

"自动驾驶车辆"(Autonomous Vehicle,又称无人驾驶车辆,以下简称自驾车),自动驾驶车能以雷达、光学雷达、GPS及电脑视觉等技术感测环境,并利用控制系统能将感测资料转换找出适当的行驶路径、辨识标志以及闪避障碍物。自动驾驶车辆技术分类,参考了美国汽车工程师协会(Society of Automotive Engineers,SAE)所进行的技术分类方式,依车辆自动化程度区分为6等评价,L0至L5,针对行驶转向基础操作、周边环境监控、复杂情况动态驾驶任务接管、自动驾驶系统可应用环境等来进行分类。以下概述岛内外自驾巴士发展现况。

2.1.1　国外自驾巴士发展

国外自驾巴士发展业者主要为法国的Navya及EasyMile、美国的Local Motors、May Mobility及Auro、德国的Oxbotica以及日本的SB Drive,但目前还是以法国新创公司Navya及EasyMile主道主要的市场。EasyMile是全球第一个部署Level 4全自驾载客服务的接驳巴士厂商。Level 4自驾巴士EZ10可独立处理诸如辨识交通信号灯、分辨行人与建筑物等大多数的行车环境,不需基础设施辅助就能在各种交通状况及各种天气下安全地行驶,根据预设的路线或依照需求来选择运行方式,并利用感测器侦测与避让潜在障碍物。

EasyMile首先在法国部署全自驾的商业应用,其次2020年10月在挪威的全自驾载客服务先道计划,此计划采用EZ10乘客接驳巴士载运工业园区的员工往来大门、餐厅及贩卖区,行驶道路上也会有巴士、汽车、脚踏车骑士、卡车、行人等障碍物,途中还会经过两个交叉路口,此全自驾车载服务提供的经验,将可建构设施零排放、安全性及体验更好的移动解决方案。另外,德国为了促进当地自驾技术创新,使Level 4自驾巴士能尽早上路,于2021年3月底启动"KelRide"专案,专案的目标为整合自驾共乘服务与当地的公共交通系统,在同个交通平台上执行。该专案也配合电动和高度自动化班车,并规划重点路线图,可望增加公车的涵盖率及推动低碳交通。

在加拿大多伦多目前也正在筹备自驾接驳巴士服务试营运计划,Local Motors将提供名为Olli 2.0全电动车自驾巴士服务,由Pacific Western公司负责自驾巴士服务。Olli 2.0自驾巴士一次最多能乘载8位乘客,试运行期间每台车上将有两位随车服务员及一位安全操控人员,车上的资讯系统也提供即时路线资讯。营运范围将从多伦多市Scarborough社区的West Rouge至Rouge Hill Go站,乘客可搭乘自驾巴士至主要轻轨干道站或是转乘长程交通服务。

日本软银集团旗下智慧交通运输子公司 BOLDLY 自驾巴士经过 3 年实测运行，正式在 2020 年 12 月茨城县境町上路，此次公共道路实现自驾巴士商用化行驶，也成为日本地方自治区首例。以固定班次长期提供免费搭乘服务，路线单程 2.5 公里，行驶时间约 10 至 15 分钟，营运时间为平日上午 10 点到下午 3 点 30 分，每天共 8 班次，途经的站点邻近超市、医院、小学、银行等。BOLDLY 进行道路实测的车款多达 16 种，其中也有引进自法国 NAVYA 的自驾巴士"NAVYA ARMA"，曾在日本北海道、长崎县、东京都立芝公园、羽田机场等场域或公共道路测试运行。NAVYA ARMA 共设置 11 个座位，含站位共可载客 15 人；每次充电可自主行驶平均 9 小时，最高时速可达 25 公里/小时。此方案主要在弥补人口老龄化、驾驶人手不足等问题，改善交通机能并为年长者提供安全便利的移动方式。

2.1.2 岛内自驾巴士发展

目前台湾地区在自动驾驶车辆申请测试审查主要分两部分，第一部分为交通事务主管部门协助岛内自驾产业发展，于 2018 年颁布《自动驾驶车辆申请道路测试作业规定》，完成测试车牌领取后可展开道路测试作业；第二部分为经济事务主管部门鼓励自驾载具科技之创新，公布《无人载具科技创新实验条例》，提供各界所需的创新实验环境及测试运行作业。

表 1 为岛内主要计划及道路测试场域。

表 1　岛内自驾巴士主要测试计划

计划	单位	地点	时间
台北市信义路公车专用道自驾巴士创新实验	台湾智慧驾驶股份有限公司	信义公车专用道	2020 年 5 月至 2021 年 5 月
新北市自动驾驶电动巴士系统测试计划	勤崴国际科技股份有限公司	淡海新市镇	2020 年 5 月至 2020 年 12 月
桃园市青埔地区自驾巴士创新实验计划	台湾智慧驾驶股份有限公司	青埔机厂及联外道路	2020 年 5 月至 2021 年 5 月
新竹市南寮港区与周边道路之自驾车路试计划	工业技术研究院	南寮渔港周边道路	2019 年 9 月至 2020 年 9 月
自驾巴士彰滨鹿港观光接驳计划	勤崴国际科技股份有限公司	鹿港镇/彰滨工业区	2020 年 2 月至 2021 年 2 月
成功大学自驾车辆试验计划	成功大学	绿能科学城/台南高铁站区周边道路	2020 年 8 月至 2021 年 8 月
台南市自动驾驶快捷公车上路营运实验计划	丰荣客运	南科园区/沙仑绿能科学城	2020 年 4 月至 2021 年 4 月

资料来源：本研究整理

2.2 国外自驾巴士体验之调查

由于岛内对于自驾巴士体验之研究甚少，因此本研究期望通过国外乘客对于自驾巴士之接受度调查，将有助于后续建构乘客特性之调查构面（表 2）。

表 2　国外乘客对于自驾巴士接受度之问卷调查

作者（年份）	题目	样本数	主要发现
Piao et al. (2016)	Public views towards implementation of automated vehicles in urban areas	$N = 425$ (La Rochelle, France)	1. 有 2/3 的受访者愿意再次乘坐自动驾驶巴士 2. 若在晚上或深夜，受访者会有安全的疑虑

续表

作者(年份)	题目	样本数	主要发现
Madigan et al. (2017)	What influences the decision to use automated public transport? Using UTAUT to understand public acceptance of automated road transport systems	N = 315 (Trikala, Greece)	(1)享乐性动机对于自驾巴士的使用有很大的影响 (2)自驾巴士的预期绩效、社会影响以及便利性有显著的影响 (3)性别对于使用者接受度没有太大关联
Nordhoff et al. (2017)	User Acceptance of Driverless Shuttles Running in an Open and Mixed Traffic Environment	N = 326 (Berlin Schoeneberg, Germany)	有用性、易用性以及社会影响是影响自驾巴士接受度的主要因素
Nordhoff et al. (2018)	User acceptance of automated shuttles in Berlin-Schöneberg: a questionnaire study	N = 384 (Berlin Schoeneberg, Germany)	(1)整体上,受访者对自驾巴士抱持肯定的态度 (2)受访者在自驾巴士的满意度低于现有的交通工具,主要因为速度不如预期 (3)年龄较大的受访者更倾向使用自驾巴士 (4)性别对于使用者接受度没有太大关联
Wintersberger et al. (2018)	Man vs. machine: comparing a fully automated bus shuttle with a manually driven group taxi in a field study	访谈 N = 12 (Germany)	搭乘过自驾巴士后,接受度和满意度有所提升
Salonen (2018)	Passenger's subjective traffic safety, in-vehicle security and emergency management in the driverless shuttle bus in Finland	N = 197 (Vantaa, Finland)	(1)乘客认为传统整体巴士的安全性比自驾巴士要高 (2)乘客认为自驾巴士在复杂车流行驶时,会感到不安全 (3)年轻男性(18～24岁)比年长女性(55岁以上),更愿意搭乘自驾巴士
Anania et al. (2018)	Why people are not willing to let their children ride in driverless school buses: a gender and nationality comparison	N = 50, N2 = 600 (United States and India)	(1)与传统的校车相比较,父母较不愿意让孩童搭乘自驾校车 (2)两地相比之下,美国家长较不愿意让孩童搭乘自驾巴士
Bernhard et al. (2020)	User acceptance of automated public transport. Valence of an autonomous minibus experience	N = 942 (Mainz, German)	(1)性能期望对于使用自驾巴士有正向的影响 (2)付出期望对于自驾巴士使用没有显著影响 (3)乘车舒适度对于自驾巴士使用有正向影响 (4)低碳运输对于自驾巴士使用有正向影响

资料来源:本研究整理

2.3 自驾车使用之影响因素

Nordhoff 探讨在 Level 4 的情境下,影响民众对于自驾车接受度之因素,分别为社经特性、出行移动特性、车辆特性等二十多项要素,如表 3 所示。使用者接受模型中则以社经特性、出行移动特性、车辆特性、行驶情境 4 个影响因素为基础因素,进而衍生到心理层面、系统层面以及感知层面,最后得到的综合影响因素包含效率、效用、公平、满意度、可用性、愿付价格、社会接受度以及行为意向。

表 3 影响自驾车使用之因素

社经特性	性别、年龄、所得、居住地、国家/地区、自动驾驶技术认知程度
出行移动特性	交通工具使用类型、行驶时间、载具使用频率、驾照有无、有无私有车辆
车辆特性	自驾车辆科技技术发展程度、车速、车型以及车商服务品质
行驶情境	城际长途行驶、都市或乡村内行驶、高速公路或平面道路行驶等

续表

心理因素	掌控度	掌握自驾车辆驾驶的程度
	感受追求	驾驶自驾车辆的兴趣
	信任度	自驾车辆性能的信任
	疲劳度	使用自驾车辆对于身心疲劳感受
系统因素	性能期望	交通安全、自驾车辆行驶所花费的时间、能源消耗以及环境污染等影响
	付出期望	自驾车辆操作难易度
	社会影响	周遭人之接受度以及社会地位等象征
感知因素	享乐感	使用自驾车辆而多出时间所带来之愉悦感
	鼓励感	使用自驾车辆而多出时间所带来之动力
	控制感	规划自驾车辆行驶时间之掌握度
综合因素	效率	自驾车辆使用之运输以及能源效率
	效用	自驾车辆使用之运输经济以及环境能源效益
	公平	自驾车辆产生之成本及利润分配公平性
	满意度	自驾车辆使用之满意程度
	可用性	自驾车辆之实用程度
	愿付价格	使用者之愿付价格
	社会接受度	自驾车普及之接受程度
	行为意向	对自驾车使用之渴望程度

资料来源：Nordhoff

Zmud 利用问卷及面谈方式依个人社经特性、自驾车的使用意愿等影响因素，提出了 CTAM（Car Technology Acceptance Model）车辆科技接受度模型，如图 1 所示，以此架构评估民众使用自驾车的因素及行为之影响。

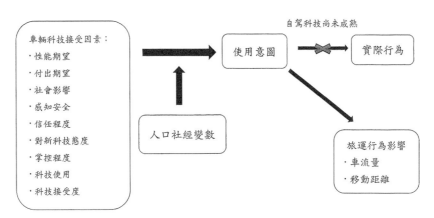

图 1　CTAM 车辆科技接受度模型
资料来源：Zmud et al.（2016）

3　研究方法

本研究在回顾相关文献的基础上，归类整理了主要测量指标，并通过专家的建议，初步获得影响乘客搭乘因素之五大构面，分别为"服务期望""感知安全""设备需求""搭乘满意度""搭乘情境与愿付价格"。本研究以问卷调查方式分析乘客搭乘自驾巴士之主要因素，而为了增加受访者填答动机与意愿，在问卷填答设计合并采用单选题、复选题以及李克特五级量表，并使用图片辅佐说明。

3.1 研究架构

本研究资料取得方式系以问卷调查法收集研究资料,取得民众对于使用自驾巴士的因素包含服务期望、感知安全、搭乘满意度、设备需求以及愿付价格资料。后续主要利用 SPSS 统计软件分析各项目之间的关系是否显著,并推测搭乘行为。

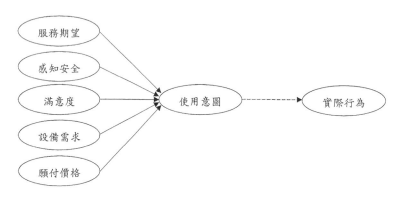

图 2　本研究架构图

3.2 问卷设计与规划

3.2.1 问卷设计

问卷设计分成 6 个部分,分别为"服务期望""感知安全""设备需求""搭乘满意度""搭乘情境"及"社经特性"。在"服务期望"方面,主要了解受访者对于自驾巴士的服务可以改变何种交通现况;在"感知安全"方面,了解受访者对于自驾巴士行驶期间所担心的事项;在"设备需求"方面,了解受访者在使用自驾巴士的服务时,期望能获得何种资讯以及搭乘收费方式;在"搭乘满意度"方面,受访者主要针对车体的平稳度、行驶噪声、车内环境,以及是否愿意持续搭乘等项目给予反馈;在"搭乘情境"方面,设计 6 种行驶场域,期望了解受访者在各类场域的搭乘意愿、预约划位、候车时间以及愿付价格(单程、来回、套票)。

3.2.2 抽样方法

1) 调查方法

本研究于台中丽宝乐园自驾巴士各个站点进行问卷调查,为了提升问卷的回收率与有效率,此次调查皆采用纸本问卷,并采用人员访问调查方式进行。本研究在问卷的效度方面是利用因素分析法来加以检验,在信度方面则是用 Cronbach's alpha 系数来检验。

2) 抽样方式

本研究采用便利抽样方法进行问卷的抽样,一共发放 605 份问卷,扣除无效问卷 27 份后,有效问卷为 578 份,整体有效回收率为 95.53%。调查期间为 2020 年 1 月至 2020 年 4 月。

4 问卷调查结果

此部分将针对六大构面进行分析,包含"服务期望""感知安全""设备与服务需求""搭乘满意度""搭乘情境与愿付价格",并于最后章节叙述分析结果。

4.1 乘客特性分析

1) 社经背景资料

本研究受访者具有下列特性:女性比例略高于男性;年龄以 25～34 岁居多;教育程度以大学以上居多;职业以学生、商业、服务业三者居多;每月可支配所得以 20 000 元以下及 30 000～50 000 元间居多;

居住地以中部居多。如表 4 所示。

表 4 受访者个人基本资料统计

人口变项	类别	样本数	百分比/%	人口变项	类别	份数	百分比/%
性别	男	279	48.3	职业	学生	129	22.3
	女	299	51.7		商业及服务业	167	28.9
年龄	18 岁以下	42	7.3		工业	94	16.3
	18~24 岁	109	18.9		军人	12	2.1
	25~34 岁	159	27.5		公务员	36	6.2
	35~44 岁	141	24.4		教职	31	5.4
	45~54 岁	88	15.2		农林渔牧	9	1.6
	55~64 岁	32	5.5		家管	42	7.3
	65 岁以上	7	1.2		其他	58	10.0
教育程度	初中(含)	25	4.3	每月平均收入	2 万以下	131	22.7
	高中/职	109	18.9		2 万~3 万	89	15.4
	二专/五专	95	16.4		3 万~5 万	221	38.2
	大学	242	41.9		5 万~8 万	92	15.9
	硕士	96	16.6		8 万~10 万	28	4.8
	博士	11	1.9				
居住县市	北部	192	33.2		10 万以上	17	2.9
	中部	322	55.7				
	其他	64	11.1				

2) 服务期望

受访者普遍认为自驾巴士的可以达到"降低交通事故""节省能源""免找停车位"以及"降低交通阻塞"4 项优点。详细如表 5 所示。

表 5 受访者服务期望

你期望自驾巴士服务可改善何种交通现况?	次数	百分比/%
降低交通事故	273	46.0
节省能源	357	61.8
降低交通阻塞	273	47.2
节省开车时间	184	31.8
免找停车位	325	56.2
提供夜间接驳	232	40.1
增加偏乡班次	205	35.5

3) 设备与服务需求

民众最期望得到资讯为"车辆定位位置""行经站点转乘资讯""车上人数或剩余座位数""潜在危险警示画面"(表 6)。另外,有部分乘客在开放性问题中建议提供"旅游道览"的资讯。结果显示乘客对于路线规划之资讯最感兴趣。

表6 设备与服务需求

	设备与服务需求	百分比/%
期望提供的资讯	车辆定位位置	70.1%
	沿途辨识画面	37.9%
	车上人数或剩余座位数	48.6%
	潜在危险警示画面	43.8%
	附近商店资讯	31.3%
	行经站点转乘资讯	52.8%
	Wi-Fi 网络	39.4%
	到站资讯	52.9%
	其他	0.3%
支付方式	现金购票	27.2%
	电子支付(悠游卡/一卡通)	88.4%
	手机行动支付	54.0%
	信用卡	24.2%
收费方式	比照捷运	43.8%
	比照公车	69.9%
	人脸辨识	14.2%

4) 感知安全

本调查构面共有四个问项,期望能够了解受访者是否会担心自驾巴士的安全性问题,可由统计报表得知民众对于"担心与周围的同行车辆产生擦撞"的填答平均值为3.69;民众对于自驾科技能否精确地应付较复杂车流还是存有疑虑。详细如表7所示。

表7 乘客感知安全平均得分

构面	题项	平均得分
感知安全	担心与周围的同行车辆产生擦撞	3.69
	担心无法应付复杂交通	4.1
	担心没有司机操控方向盘	4.13
	担心车内没有司机	3.97

5) 搭乘满意度

民众对于行车舒适性的整体平均值为3.97,乘客对于持续搭乘自驾巴士持肯定态度,平均值为4.08。详细如表8所示。

表8 受访者之乘车满意度

构面	题项	平均得分
搭乘满意度	行进中保持平稳	3.94
	没有发出车辆行驶噪声	3.99
	没有急加减速造成车辆太大晃动	3.78
	车内提供舒适空调	3.97
	速度保持稳定没有忽快忽慢	3.97
	是否愿意持续搭乘	4.08

6) 各情境搭乘意愿

(1) 情境一:乐园停车场—乐园售票口

① 搭乘意愿与预约划位

大部分受访者是有意愿在此情境中搭乘,"很有意愿"及"有意愿"占了整体的74.7%;在预约划位方面,"普通"占了28%,"没意愿"及"完全没意愿"占了整体34.1%,可知受访者对于预约划位功能不感兴趣。详细如表9所示。

表9 情境一搭乘意愿与预约划位次数分配表

情境一 乐园停车场 — 乐园售票口	完全没意愿	没意愿	普通	有意愿	很有意愿
搭乘意愿	百分比/%	百分比/%	百分比/%	百分比/%	百分比/%
	2.1%	5.2%	18.0%	54.5%	20.2%
预约划位	16.8%	17.3%	28.0%	27.9%	10.0%

② 候车时间

在候车时间方面,有33.0%的受访者选择了2分钟,34.8%的受访者选择了4分钟,整体平均值为4.16分钟。详细如表10所示。

表10 情境一候车时间次数分配表

候车时间	次数	百分比/%
2分	191	33.0%
4分	201	34.8%
6分	135	23.4%
8分	51	8.8%

③ 愿付价格

在单程愿付价格方面,大部分落在"5元"及"10元"的选项,平均价格为8.75元。在来回方面,只要购买门票就可加购来回自驾巴士接驳服务,大部分受访者选择"门票＋5元"的选项,占了53.1%,其次为"门票＋10元",占了31.1%,平均价格为"门票＋8.15元"。详细如表11所示。

表11 情境一愿付价格次数分配表次

票种	愿付价格	次数	百分比/%
单程	5元	239	41.3%
	10元	244	42.2%
	15元	95	16.4%
来回	门票＋5元	307	53.1%
	门票＋10元	180	31.1%
	门票＋15元	91	15.7%

(2) 情境二:度假区接驳

① 搭乘意愿及预约划位

受访者是有意愿在此情境中搭乘,"很有意愿"及"有意愿"就占了整体82.5%;在预约划位方面,整体平均值落在3.26,代表受访者对于情境二的预约划位功能没有太大意愿。详细如表12所示。

表12 情境二搭乘意愿与预约划位次数分配表

情境二 度假区接驳	完全没意愿	没意愿	普通	有意愿	很有意愿
	百分比/%	百分比/%	百分比/%	百分比/%	百分比/%
搭乘意愿	0.7	2.6	14.2	60.2	22.3
预约划位	12.8	13.0	26.8	30.6	16.8

② 候车时间

在候车时间方面,有49.5%的受访者选择了"5分钟",其次41.5%的受访者选择了"10分钟",整体平均值为8.05分钟。详细如表13所示。

表13 情境二候车时间次数分配表

候车时间	次数	百分比/%
5分	286	49.5%
10分	240	41.5%
15分	45	7.8%
20分	7	1.2%

③ 愿付价格

在单次计价方面,价格为13.1元。在日票方面,平均价格为36.45元。在套票方面,只要游客在度假区内消费,就享有车票折扣的优惠,平均价格为车票6.02折(表14)。

表14 情境二愿付价格之次数分配表

票种	愿付价格	次数	百分比/%
单次	10元	303	52.4%
	15元	192	33.2%
	20元	83	14.4%
日票	30元	372	64.4%
	45元	162	28.0%
	60元	44	7.6%
套票	车票5折	329	56.9%
	车票7折	201	34.8%
	车票9折	48	8.3%

(3) 情境三:公车专用道载客

① 搭乘意愿与预约划位

大部分受访者很有意愿在此情境中搭乘,"很有意愿"及"有意愿"就占了整体的83.4%。在预约划位方面,整体平均值落在3.46。详细如表15所示。

表15 情境三搭乘意愿和预约划位之分配表

情境三 公车专用道	完全没意愿		没意愿		普通		有意愿		很有意愿	
	百分比/%		百分比/%		百分比/%		百分比/%		百分比/%	
搭乘意愿	4	0.7	8	1.4	84	14.5	319	55.2	163	28.2
预约划位	35	6.1	60	10.4	174	30.1	225	38.9	84	14.5

② 候车时间

在候车时间方面,最多受访者选择了"10分钟",占了48.4%,整体平均值为9.5分钟。详细如表16所示。

表16 情境三候车时间之次数分配表

候车时间	次数	百分比/%
5分	188	32.5%
10分	280	48.4%
15分	87	15.1%
20分	23	4.0%

③ 愿付价格

在愿付价格方面,最多受访者选择"15元"的选项,占了48.8%,而整体平均值为14.35元。详细如表17所示。

表17 情境三愿付价格之次数分配表

票种	愿付价格	次数	百分比/%
单程	10元	186	32.2%
	15元	282	48.8%
	20元	110	19.0%

(4) 情境四:交通场站周边生活圈接驳

① 搭乘意愿及预约划位

就情境四搭乘意愿而言,"很有意愿"及"有意愿"就占了整体的84.3%,而整体平均值为4.11。在预约划位方面,整体平均值落在3.58。详细如表18所示。

表18 情境四搭乘意愿与预约划位之次数分配表

情境四 交通场站 生活圈接驳	完全没意愿		没意愿		普通		有意愿		很有意愿	
		百分比/%		百分比/%		百分比/%		百分比/%		百分比/%
搭乘意愿	0	0	8	1.4	83	14.4	323	55.9	164	28.4
预约划位	19	3.3	67	11.6	156	27.0	233	40.3	103	17.8

② 候车时间

在候车时间方面,最多受访者选择了"10分钟",占了50.5%,整体平均值为9.5分钟。详细如表19所示。

表19 情境四候车时间之次数分配表

候车时间	次数	百分比/%
5分	166	28.7%
10分	292	50.5%
15分	101	17.5%
20分	19	3.3%

③ 愿付价格

单程愿付价格方面,最多受访者选择"20元"的选项,占了46.4%,整体平均值为18.5元。在月票愿付价格方面,最多受访者选择"449元"的选项,占了72%,整体平均值为478元。详细如表20所示。

表20 情境四愿付价格之次数分配表

票种	愿付价格	次数	百分比/%
单程	15元	240	41.5%
	20元	268	46.4%
	25元	70	12.1%
月票	449元	416	72.0%
	599元	158	27.3%
	749元	4	0.7%

(5) 情境五:长程重要场站/市区接驳

① 搭乘意愿及预约划位

就情境五搭乘意愿而言,"很有意愿"及"有意愿"就占了整体的82.5%,整体平均值为4.11;预约划位方面,最多受访者选择"有意愿",占了52.1%,整体平均值落在3.8。详细如表21所示。

表 21 情境五搭乘意愿和预约划位之分配表

情境五 长程重要场站/ 市区接驳	完全没意愿		没意愿		普通		有意愿		很有意愿	
	百分比/%		百分比/%		百分比/%		百分比/%		百分比/%	
搭乘意愿	4	0.7	12	2.1	85	14.7	293	50.7	184	31.8
预约划位	20	3.5	24	4.2	121	20.9	301	52.1	112	19.4

② 候车时间

在候车时间方面,最多受访者选择了"10分钟",占了38.9%,整体平均值为11.3分钟。详细如表22所示。

表 22 情境五候车时间之次数分配表

候车时间	次数	百分比/%
5 分	126	21.8
10 分	225	38.9
15 分	176	30.4
20 分	51	8.8

③ 愿付价格

在单程愿付价格方面,最多受访者选择"30元"的选项,占了48.8%;整体平均值为29.25元。在月票愿付价格方面,最多受访者选择"799元"的选项,整体平均值约为835元。详细如表23所示。

表 23 情境五愿付价格之次数分配表

票种	愿付价格	次数	百分比/%
单程	25 元	192	33.2
	30 元	282	48.8
	35 元	104	18.0
月票	799 元	374	64.7
	888 元	178	30.8
	999 元	26	4.5

5 结论与建议

5.1 结论

(1) 整体而言,乘客对于自动驾驶巴士的整体满意度持肯定的态度。在行车满意度方面,受访者对于自驾巴士在整体的舒适性持肯定的态度。以满分5分计,其平均值约为3.97分;持续搭乘自驾巴士方面,平均值为4.08,显示受访民众大多有意愿再次搭乘自驾巴士。

(2) 在行车舒适度方面唯行驶忽快忽慢方面的满意度较低,建议在刹车时须保持缓和平稳,并于车内站立区设立标语或由安全员来提醒乘客在车辆行进中抓紧把手或拉环,可避免突然刹车造成乘客忽然失去重心而站不稳的情况发生。

(3) 在感知安全方面,民众对于自驾巴士的安全信心不高,不过普遍愿意尝试再次搭乘自驾巴士,此结果与国外研究产生矛盾。推测其可能原因,相较于国外已有不少研究探讨民众实际搭乘自驾巴士的感受,对于这项新科技已不陌生,然而岛内民众可能普遍缺乏体验自驾科技的机会,因此对于自驾科技运用在大众运输上还是存有不少安全疑虑。不过,从另一层面可以看出民众对于新科技技术的接受度很高,在自驾巴士推广上是一大优势。

(4) 女性对于自驾巴士没有驾驶司机或随车安全人员的状况下,对于安全保障之担心程度普遍高于男性,建议设法增加各式的安全措施,可提高女性搭乘时的安全认知。

(5) 在服务期望方面,受访者期望自驾巴士对于整体环境可以提供的效益包含"节省能源"为最高,其次为"免找停车位""降低交通事故"以及"降低交通阻塞"。而受访者认同度最低的为"弥补偏乡班次不足"。结果显示,民众期待自驾巴士带来的服务包含交通安全、低碳运输以及解决停车方面困扰;对于弥补偏乡交通运输能量的不足较不感兴趣。

(6) 在自驾巴士的设备服务需求方面,受访者期望自驾巴士提供的资讯分别为"车辆定位位置""行经站点转乘资讯""车上人数或剩余座位数""潜在危险警示画面"。结果显示民众对于路线规划以及交通安全的资讯提供会较感兴趣。

(7) 在支付方式上,民众最期望的支付方式为"电子支付"以及"手机行动支付"。在进出自驾巴士方面,民众大多期望能够比照"传统公车"的进出方式即可。结果显示,民众在支付偏好上已逐步取代传统现金支付,而目前正受疫情影响,民众会更倾向使用电子及手机行动方式支付。

(8) 在搭乘意愿方面,受访者皆有意愿在设定的六种情境中搭乘,平均值为3.9,但预约划位方面,受访者意愿较低,平均值为3.26。结果显示,民众较不偏好使用预约划位功能,推测原因可能与过去使用相关预约划位经验如有用性、易用性等因素有关,可能没有得到很好的回馈。

(9) 在愿付价格方面,在大多数情境中并无显著关系。推测目前乘客在自驾科技运用在巴士上,并没有太多意愿支付更高价格。因此未来如何通过使用者需求找到自驾巴士特有价值以及定位,促进这个新兴科技带动的市场,是各方须持续关切的重要议题。

5.2 建议

(1) 民众对于自驾巴士在复杂车流的信心度普遍较低。在推广自驾巴士的初期,应选择车流相对单纯的场域,同时宣传相关安全认知,可提升民众搭乘信心及整体满意度。

(2) 乘客对于自驾巴士可能更加关注于是否提供更好的路线弹性,过去也有研究结果表示,路线和灵活性等因素会影响自动驾驶巴士的使用与否。建议未来自驾巴士除了固定班次之主干线服务外,同时能提供弹性路线弯绕之服务,弹性班次之设计,提高可及性及便利性,给民众提供更好的体验。

(3) 本研究利用假设情境方式,调查乘客于各情境下的搭乘意愿,未来自驾巴士正式上路,可尝试于各式不同行驶场域进行实地调查。由于民众有了实际的体验,可能会帮助提升研究中各变数如票价、候车时间等显著性。

(4) 将来自驾巴士的普及性提高,对于整体运输环境会有实质影响,建议可扩大研究民众出行方式的改变,以及这些变化对于经济社会之影响,以利后续各方发展相关设施规划及产业布局。

参考文献

[1] 张学孔,等. 台湾发展自驾车之挑战与影响:经济社会之影响[R]. 财团法人中技社专题报告,2018:5-42.

[2] 蔡至诚,罗希哲. 无人车试乘之使用行为意图探讨:以整合型科技接受模式观点[J]. 科技工程教育学刊,2018,49(1/2):1-32.

[3] Piao J N, McDonald M, Hounsell N, et al. Public views towards implementation of automated vehicles in urban areas[J]. Transportation Research Procedia, 2016, 14: 2168-2177.

[4] Madigan R, Louw T, Wilbrink M, et al. What influences the decision to use automated public transport? Using UTAUT to understand public acceptance of automated road transport systems[J]. Transportation Research Part F: Traffic Psychology and Behaviour, 2017, 50: 55-64.

[5] Nordhoff S, van Arem B, Merat N, et al. User Acceptance of Driverless Shuttles Running in an Open and Mixed Traffic Environment[C]// 12th ITS European Congress, 2017.

[6] Eden G, Nanchen B, Ramseyer R, et al. Expectation and experience: Passenger acceptance of

autonomous public transportation vehicles[C]//Human-Computer Interaction — INTERACT 2017. DOI:10.1007/978-3-319-68059-0_30.

[7] Wintersberger P, Frison A K, Riener A. Man vs. machine: Comparing a fully automated bus shuttle with a manually driven group taxi in a field study[C]//Adjunct Proceedings of the 10th International Conference on Automotive User Interfaces and Interactive Vehicular Applications. Toronto ON Canada. New York: ACM, 2018.

[8] Salonen A O. Passenger's subjective traffic safety, in-vehicle security and emergency management in the driverless shuttle bus in Finland[J]. Transport Policy, 2018, 61: 106-110.

[9] Anania E, Rice S, Winter S, et al. Why people are not willing to let their children ride in driverless school buses: A gender and nationality comparison[J]. Social Sciences, 2018, 7(3): 34.

[10] Bernhard C, Oberfeld D, Hoffmann C, et al. User acceptance of automated public transport: Valence of an autonomous minibus experience[J]. Transportation Research Part F: Traffic Psychology and Behaviour, 2020, 70: 109-123.

[11] Raj A, Kumar J A, Bansal P. A multicriteria decision making approach to study barriers to the adoption of autonomous vehicles[J]. Transportation Research Part A: Policy and Practice, 2020, 133: 122-137.

[12] Nordhoff S, van Arem B, Happee R. Conceptual model to explain, predict, and improve user acceptance of driverless podlike vehicles[J]. Transportation Research Record: Journal of the Transportation Research Board, 2016, 2602(1): 60-67.

[13] Zmud J, Sener I N, Wagner J. Self-driving vehicles determinants of adoption and conditions of usage[J]. Transportation Research Record Journal of the Transportation Research Board, 2016, 2565(2565): 57-64.

电动公交车发车与充电排程模拟优化之研究

The Study on Optimization of Dispatching and Charging of Electric Buses

叶柔君　朱致远　周谚鸿　黄惠佩　张耀仁　林幸加

摘　要:本研究为探讨电动公交车发车与电池充电排程之优化,其中电池充电排程乃考虑电池容量、用电效率、充电效率、充电成本、车体成本、电池成本、充电桩成本、安全电量、电价等营运重要因素,并运用离散型事件模拟进行分析。本研究所建构之电动公交车充电排程优化模式,可在给定车辆与充电桩型式下,分析所需电动公交车与充电桩数量及公交车营运计划与充电时间排程,采用模拟优化方法求得总成本最小之车辆与充电桩组合,并通过敏感度分析,探讨各因子改变对结果产生之影响。

关键词:电动公交车;充电;排班;离散事件模拟;优化

Abstract: The research studies the optimization of dispatching and charging of electric buses-using discrete-event simulation. It considers major factors in the operation of electric buses, including capacity of battery, power efficiency, charging efficiency, cost of buses, batteries, and chargers, safety level of electricity, and electricity price. Given the bus and charger type, the discrete-event simulation model of electric bus dispatching and charging calculates the required numbers of buses and chargers and the dispatching and charging plans of each bus. Through the simulation optimization approach, the combination of bus and charger types with the minimum total cost can be found. Finally, the research will conduct a sensitivity analysis to understand the change of result.

Keywords: electric bus; charging; dispatching; discrete event simulation; optimization

1　前言

1.1　研究动机

随着科技的发展与进步,工厂或交通工具所排放的废气严重影响到气候,造成全球暖化及生态议题,根据联合国2014年之研究显示,汽车排放之废气至2050年将成为全球暖化之主因。各地为了改善受污染的环境,均积极鼓励使用对环境较友善的电动运具。根据2018年台湾地区电动车产业政策与推广措施之探讨,欧亚各地纷纷在2025至2040年开始禁售柴油车,转而提倡使用电动车,而台湾地区也不遗余力,相关行政管理机构2017年宣布,台湾地区于2019年禁售二行程机车,于2030年公务车辆全面电动化,于2035年机车全面电动化及于2040年汽车全面电动化,显见各地对于空气污染展现积极作为。

电动运具意即使用电力作为能源的运具,相较于以汽柴油作为能源之运具,使用电动运具较为环保,

---

① 第一与第二作者承蒙鼎汉国际工程顾问股份有限公司提供研究课题与资源,以及港都汽车客运股份有限公司提供实际数据,特在此表示感谢。

作者简介:叶柔君,台湾大学土木工程学系交通工程组硕士。
　　　　　朱致远,台湾大学土木工程学系交通工程组教授。
　　　　　周谚鸿,鼎汉国际工程顾问股份有限公司副总经理。
　　　　　黄惠佩,鼎汉国际工程顾问股份有限公司数据师。
　　　　　张耀仁,台湾大学土木工程学系交通工程组硕士生。
　　　　　林幸加,台湾大学土木工程学系交通工程组博士生/鼎汉国际工程顾问股份有限公司副董事长。

能降低煤炭燃烧后产生的PM2.5,有效改善空气质量。此外,根据联合国政府间气候变迁小组(IPCC)提出之报告,能源相关活动所产生之二氧化碳就超过全球二氧化碳总排放量的八成,约占全球温室气体的六成五,为全球气候变迁的主因。相较于使用石化能源,使用电力等较环保的能源,可减缓气候变迁以及全球暖化。电动运具主要可分为电动机车、电动汽车及电动公交车等,而电动运具虽然具有环保优点,但其缺点为有限的电池蓄电量随使用时间逐渐消耗,需进行充电或是更换电池,唯因充电时间不像柴油车加油来得快速,也未必有足够的充电桩可以提供充电,再加上电价费用有尖离峰的差别,故充电时段的安排也是影响营运与成本的重要因素。即便电动运具采用更换电池方式也需考虑电池交换站是否有充满电力的电池可供及时替换。这些缺点均影响电动运具的发展。因应电动公交车载运量大、运输效能高,有助于减少废气排放,为推动大众运输重要运具,故本研究以电动公交车为研究对象,考虑如何配合电动公交车营运服务需求下之车辆发车及充电排程,以提升电动公交车营运效率与降低成本。

由于现行公交车业者大多以柴油公交车之班表供电动公交车使用,但由于两种车辆之加油与充电特性差异,使得适合柴油公交车的班表却未必适合电动公交车(配合电池容量、充电方式与电价等)依循。此外,现况许多电动公交车皆实行夜间一次进行充电,忽略于班次与班次之间亦可以进行充电的可能性,若能善加利用班次间的时段进行充电,势必可以提升充电效率。加上现行电动公交车设有电量安全门槛,若电量低于安全门槛,则整辆公交车将不能行驶而直接影响发车需求,且不同的充电时间点,也会造成不同的充电效率。故本研究将建立一套适合电动公交车营运的优化班表仿真模式,以提升电动公交车发车与充电排程效率。传统上使用启发式算法及数学规划法虽然皆考虑到发车频率、路线长度、充电桩数量、安全电量及不同充电类型,但许多研究之充电桩数量乃事先给定,充电时间也设为一定值且不考虑电价之差异,较无法完全符合实务状况与弹性。因此为了使电动公交车充电排程可以随电量调整充电时间,及容许考虑更多实际因素之弹性,如电价、用电效率、成本等,本研究使用离散事件模拟,除了可以在客运路线汰旧换新下决策电动公交车充电时间,未来若有新辟路线之需求时,也可以在尚未确定班表下,通过班次以及班距等数据,仿真出电动公交车发车与充电排程之结果,有效提升客运服务效率与推动大众运输。

1.2 研究目的

(1) 本研究以电动公交车为研究对象,考虑如何配合电动公交车营运服务需求下之车辆发车及充电排程,以提升电动公交车营运效率与降低成本。

(2) 本研究使用离散事件模拟电动公交车发车与充电排程之结果,可以在客运路线汰旧换新下决策电动公交车充电时间,亦可因应未来新辟路线时,在尚未确定班表下,通过班次及班距等数据进行仿真,可有效提升客运服务效率与推动大众运输。

(3) 本研究在给定电动公交车营运班表下,建构优化充电桩及电动公交车型式与数量,并产生各车辆营运发车及充电时间的排程。而于充电策略方面,除了满电状态下,将不限制充电时间点,任何电量状态都有可能进行充电,以增进充电效率。

1.3 研究范围与流程

本研究针对电动公交车进行充电排班模拟优化,考虑单一车种、单一场站、单一充电桩种类以及多路线之情况,考虑因素包含安全电量、用电效率、充电效率、尖离峰电价、班距及路线长度。模式结果为公交车营运与充电排程,以及车辆与充电桩之数量,最后针对电池容量、安全电量、充电效率、用电效率、充电规则、营运时间、路线班次及长度等细项进行敏感度分析。

本研究首先借由相关资料之搜集,整理大众运输排班使用之方法;其次了解现行电动公交车主要的问题以及可以改善的部分,再通过文献回顾熟悉电动公交车的基本背景知识,并搜集过去电动公交车排程的求解方法及搜集案例资料及相关参数,以建构离散事件仿真模式,其中考虑多路线及单一车种;接着进行电动公交车班表排程的模拟;最后分析案例的结果,提出改善充电效率的方法,修改原来建构的离散事件仿真模式,并根据分析结果提出结论与建议。

1.4 研究贡献

(1) 本研究使用模拟求解电动公交车充电排程,可以探讨与处理班次延误的可能性,并加入真实数据,能够仿真给定班表下各式排班的状况,较为符合实际情况。以往电动公交车排班模拟主要使用数学规划法或启发式算法求解排程,而文献中也只有电动公交车电池模拟或其他运输工具之排班模拟,几乎没有文献使用模拟方法求解电动公交车排班。

(2) 本研究探讨电动公交车充电排班模拟,可依照路线长度及用电效率计算损耗之电量,且借由记录各班次之公交车电量,以改善排班及充电排程之优化应用。由于以往电动公交车排班几乎无使用模拟之案例,而模拟排班也大多针对柴油车或火车,故无法记录电量变化。

(3) 本研究可产生电动公交车自动化营运班表且适用于有支线或是无支线的案例。只要初步输入总班次数、班距以及尖离峰时间,程序会判断何时发车及应发出的班次数,若有数据不相符之情况,会自动调整为合理数据,无须人工调整,亦会针对尖离峰时段的不同调整班次密集度。

2 文献回顾

文献回顾主要分为两大类。第一大类针对不同大众运输系统的排班方法进行文献回顾,其中可汇整成三种方法,分别为启发式算法(邱宝慧等,2009;陈惠筑,2006)、数学规划法(Bunte & Kliewer,2009;Hassold & Ceder,2014;Wen et al.,2016)以及模拟优化(陈浩祥,2005;江品莹,2013;张恩辅,2002)。在文献当中,大众运输之讨论涵盖捷运、轻轨与公路公交车等,而排班问题主要处理班次之排程,大部分不需或并未考虑补充燃料之时长。此外,较多大众运输排班采用数学规划法,在较小之案例中能求得较精确之解,而较少文献使用模拟处理排班问题,但模拟方法能够考虑更多细节且较有弹性,能更符合实际情形。第二大类则是回顾电动公交车的营运(张朝能等,2016;赖文泰,2017)与排班问题(陈玥心,2013;李佳芸,2015),其中涵盖诸多不同考虑因素及使用方法,而成本方面主要包含车辆、充电桩、电池与充电行为。排班方面,较多为单一车种、单一场站与单一路线之设定,主要考虑到不同充电桩的类型与数目,但当中在充电桩数量之设定较缺乏弹性,而充电行为也更需要考虑到实际电价之情形。文献中排班问题较多采用启发式算法求解,例如,陈玥心(2013)使用之变量产生法与李佳芸(2015)使用之禁忌搜寻法等。

3 研究方法

3.1 问题定义

本研究是探讨多路线、单车种之电动公交车充电排程问题。电动公交车与一般公交车不同在于主要动力来源是电力,故电动公交车需要充电,而充电时间也比一般柴油公交车的加油时间长,故充电时间的排程相当重要。电量方面的假设,本研究设置安全电量为20%,当电动公交车之电量低于20%,公交车将不能行驶,故执行完任一班次后,电量都必须大于安全电量。若判断公交车执行完下一班次后,电量将小于安全电量,则该车必须进行充电,充电时机除了满电以外,任何电量都有可能进行充电,以增进充电效率,且充电必须充到满电才能结束。充电桩种类使用快充式,一个充电桩只能同时充一台公交车,且充电桩数量不得大于车辆数。

3.2 模式建构

电动公交车之充电与发车模式之建构采用离散事件模拟,该方法可高效率仿真复杂系统之运作,适用本研究之电动公交车充电与发车调度优化。此外,本研究建立自动化班表之程序,只需输入公交车路线名称、总班次数、班距以及尖离峰时间,程序会自动判断何时发车、应发出的班次数,自动产生班表供模拟使用。而影响电动公交车充电排程一大重要因素为充电规则,本研究之充电规则中,若判断公交车距离表定发车时间仍有余裕,则可利用充电桩闲置之时段进行充电,以提升充电效率。

1) 对象属性及功能

程序可大约分成四个主要对象,分别为时刻表、充电桩、延误发车以及公交车。时刻表下有四个属性,分为可派车队列、延误班次队列、回程抵达队列及任务结束队列。可派车队列用以存放电量足够且当下无任务须执行之车辆;延误班次队列用以存放延误班次之信息,包括车号、发车时间、距离以及行驶时间;回程抵达队列则会存放执行完任务后返回场站之车辆;任务结束队列则是存放执行完当日班次且充满电之车辆,当车辆进入任务结束队列也代表当日该车已不会再执行班次任务或进行充电。

而充电桩对象下有三个属性及一个功能,分别为等待充电队列、充电队列及充电桩资源。等待充电队列用以存放需要充电但是没有可用充电桩可供充电之车辆;充电队列则是存放正在使用充电桩充电之车辆;充电桩资源意指充电桩数量,数量会随着是否被车辆占用而有不同。而充电桩对象下之功能为根据路线里程及各时段之电价计算出充电成本。

延误发车对象包含和延误发车相关的信息,例如车号、发车时间、距离以及行驶时间。而公交车对象的属性则为电量(State of Charge,SOC),电量会随行驶里程不同而有所减少。本研究将利用这些元素进行电动公交车排班的模拟,以下将详细说明各个对象在仿真过程中的运作。

2) 主流程

主流程为仿真过程的主要逻辑,主要用以判断事件属于哪一种类型(图1)。仿真模式首先会初始化公交车及充电桩,并判断公交车数是否超过总发车数,总发车数意指总班次数,若公交车数超过总发车数,代表车辆数本身就大于班次数,不会产生延误之情况,且因为一辆车可执行一趟班次,故有部分的公交车不会执行任务。为了避免有多余车辆之情况发生,必须将这些多出的公交车加入任务结束队列,也意味目前不会使用到这些多余的车辆。若公交车数没有超过总发车数,代表不会产生一辆车只跑一个班次之情况,此时先记录公交车表定发车时间,并将公交车依序插入可派车队列,接着安排首班发车时间事件,安排完发车时间事件后,在时间轴中取得下一个事件,并判断该事件是否属于发车时间事件,是则执行发车时间事件,执行完再回到时间轴取得下一个事件并进行判断,否则继续判断是否为回程抵达事件。依此类推,持续判断直到结束模拟。其中,模拟时间包含全部电动公交车执行完班次且皆充满电之时间,而非班表执行完成之时间,如此可以避免公交车尚未充满电但隔天早上又必须执行任务之情况,消除隔日循环之问题。模拟时间可由使用者决定,例如,可以设定为该日下班时间,也可以设定为第二天最早班次发车时间。

3) 发车时间事件(Time to Dispatch)

发车时间事件主要用以发车并执行路

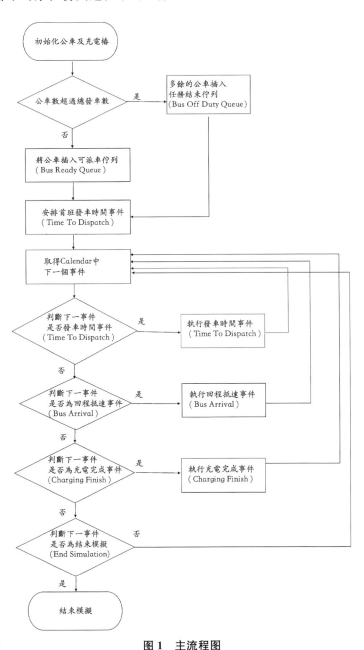

图 1 主流程图

线任务。当发车时间与班表符合,必须先取得该班次之信息,并判断可派车队列中是否有可用公交车。若可派车队列中有车辆可供执行班次,则由可派车队列取出公交车,并将该公交车依照回程抵达时间插入回程抵达队列,接着安排公交车回程抵达事件,并依照行驶的路线长度更新电量,接着判断是否还有班次尚未服务,若有班次尚待服务,则必须继续安排下次发车事件,否则结束。若取得该班次之信息后,可派车队列中无可用公交车,代表该班次产生延误,则必须记录该延误班次之信息,包含车号、发车时间、距离以及行驶时间,并将该信息插入延误班次队列,等待回程抵达之公交车服务该延误班次,接着判断是否还有班次尚未服务,是则安排下次发车时间事件,否则结束。具体流程见图2。

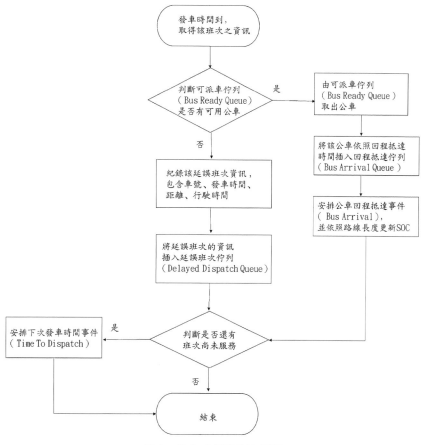

图2 发车时间事件流程图

4) 回程抵达事件(Bus Arrival)

当公交车回程抵达场站,就属于回程抵达事件。为提升充电效率,公交车抵达场站时必须先判断是否需要充电,此次判断意指车辆是否能在不充电的情况下完成下一趟发车之任务,若该车辆不充电就无法完成下一次之发车任务,则表示该车需要充电,接着仍需判断充电桩数量是否足够,若数量足够则让该车进行充电,并依照充电完成时间插入充电队列,接着安排充电完成事件,累计充电成本后结束。若该车需要充电,但充电桩数量不足,则将该车插入等待充电队列,待充电桩被释放后,等待充电队列之公交车将会依序进行充电。

若公交车回程抵达时不需要充电,代表公交车还有足够电量服务下一班次,此时判断是否有班次延误,是则将公交车依照回程抵达时间插入回程抵达队列,接着安排公交车回程抵达事件,并依照路线长度更新电量,并且记录总延误时间,此流程即为派出公交车服务延误班次之意。若公交车回程后不需充电,且没有班次延误,代表该公交车目前不需执行任务,则将公交车插入可派车队列,此时该公交车应该为闲置状态,只需等待下一次发车时间到再执行班次即可。虽然此时车辆电量仍足够服务下一趟班次,但本研究为改善充电效率及成本,认为该车应可利用该时间进行充电,此时仍需判断充电桩数量足够与否,若充电桩数量足够,则判断可派车队列中最后一台公交车之表定发车时间是否比该车充电完成时间晚,若该车充完电的时间早于该车下次表定发车时间,则代表该车充完电后还有时间执行表定班次,则此时可以利用时间让车辆进行充电。虽然在第一次判断充电时该辆车被归类为电量足够,但此次判断后仍让该车进行充电,是由于车辆闲置,且增加此次充电时机可以提升充电桩之使用。接着依照充电完成时间插入充电队列,安排充电完成事件并累计充电成本。而若该车充完电时间比下次表定发车时间还晚,则代表该车若先进行充电,则会造成下次要发车时无法执行班次,进而产生延误。具体流程见图3。

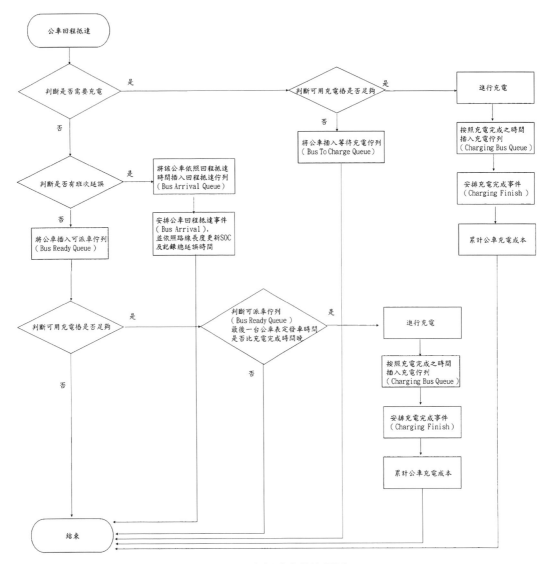

图3 回程抵达事件流程图

5) 充电完成事件(Charging Finish)

当公交车充电完成,则将该充满电之公交车自充电队列移除,接着判断是否有延误的班次,是则依照回程抵达时间将公交车插入回程抵达队列,并安排公交车回程抵达事件,及依照路线长度更新电量,此流程为派出公交车服务延误班次之意。若无延误的班次,则判断是否有仍需被服务的班次,意即班表在未来时间是否有尚未服务之班次,是则代表班表尚未营运结束,则将公交车插入可派车队列,待表定时间抵达时发车。若未来时间无需被服务的班次,则代表当日所有路线及班次皆已被服务完成,接着将该公交车插入任务结束队列。

而为了解决隔日循环之问题,所有公交车皆充满电才能结束模拟,以利隔天公交车营运时为满电状态。故所有公交车任务结束后,会先判断是否有公交车还在排队等待充电,是则该公交车进行充电,并将该充电之公交车依充电完成时间插入充电队列,并安排待充电之公交车充电完成事件,累计该公交车充电成本后结束。由于公交车充电一定会充满才离开,故在充电开始时就先累计充电成本,可以省去追踪开始充电之时间。若所有公交车任务结束后,没有公交车在排队等待充电,则将可用充电桩数量加一,充电桩数量加一是因为触发该充电完成事件之公交车使用完毕后所释放出。

为了改善充电效率及降低成本,可以利用班表与班表的间隔时间进行充电,能大幅减少充电时间。此时应先判断可派车队列是否有车,是则代表未来班表仍有尚未服务之班次,故自可派车队列挑选最后一台公交车,并判断该车电量是否为满电,若为满电则结束。若不为满电,则判断该公交车充完电时间是否比下次表定的发车时间早,是则代表该车充完电后还能执行下一班次,且比较时以最后一台车之发车时间为基准可以避免耽误班表之情况。若充电完成仍早于下次发车时间,则将该公交车自可派车队列中移除进行充电,并将可用充电桩数减去一,接着将公交车依充电完成时间插入充电队列,安排待充电之公交车充电完成事件,累计该公交车充电成本后结束。具体流程见图4。

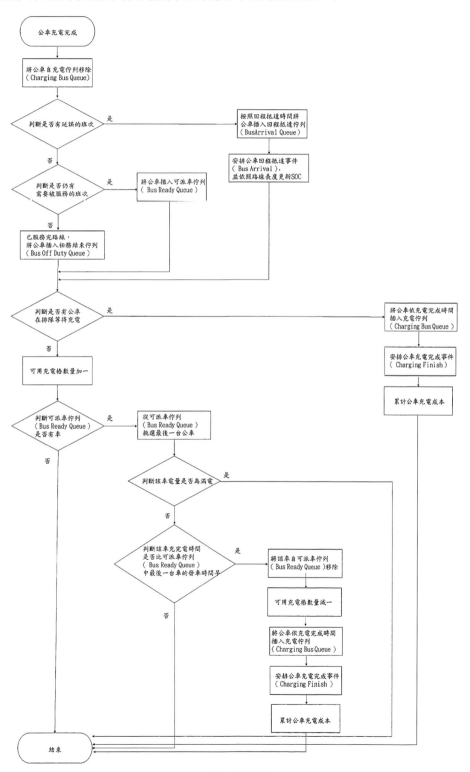

图 4　充电完成事件流程图

6) 模拟优化

本研究采用仿真优化之方法进行模式建构。仿真优化较为少见，与数学规划法相比，优化较为困难，但却可以模拟较多细节，较符合实际情形。以本研究为例，由于只考虑单一充电桩以及单一车种，故解的空间较为有限，因此可采用穷举法将所有可行的组合进行仿真（图5）。

穷举的组合包含公交车数量及充电桩数量。举例来说，公交车数量最多可以和班次数量相等，相当于一个班次就指派一辆公交车服务；而充电桩数量最多可以和公交车数量相等，相当于每辆公交车都有一个充电桩可以充电，如此一来不用担心班次延误的情况，但是此组合的成本一定最高且不符合实际。故碍于成本的考虑，模拟优化会将公交车数量以及充电桩数量递减，并计算出成本最低之组合，且此组合必须符合发车无延误且可在限定时间内将公交车充满电之条件，组合中最低总成本者，即为最接近最佳解的答案。

```
for 車種資料 in 所有車種：
    if 該車種站位及座位相加 < 尖峰需求：
        跳出迴圈尋找下一車種
    for 充電樁資料 in 所有充電樁種類：
        if 充電樁資料 在 車種資料內且充電場站皆為同一場站：

            最小車輛數 = 於(1,已有車輛數)取較大者
            最小充電樁數 = 於(1,已有充電樁數)取較大者

            最大充電樁數 = 平假日中最大班次數
            最大車輛數 = 最大充電樁數

            for 充電樁數 in range(最小充電樁數,最大充電樁數+1):
                for 車輛數 in range(最小車輛數,最大車輛數+1):
                    取出平日班次資料
                    計算一日充電成本及延誤
                    if 無產生延誤 且 任務完成佇列之車輛數 = 車輛數 :
                        計算一年充電成本
                        取出假日班次資料
                        計算一日充電成本及延誤
                        if 無產生延誤 且 任務完成佇列之車輛數 = 車輛數 :
                            計算一年充電成本
                            加總平假日充電成本並計算總成本
                            if 總成本 < 最佳成本：
                                最佳成本 = 總成本
                                紀錄最佳成本中各機具資料(車輛數、充電樁數等等)
                        else：
                            輸出結果
```

图5　穷举法之伪码

3.3 自动化产生班表

对于规划当中而尚未有实际班表之路线，为了方便模拟排班，本研究建立一套自动产生班表之程序，只需输入公交车路线名称、总班次数、班距以及尖离峰时间，程序会判断何时发车、应发班次数、属于有支线或是无支线的案例，并自动产生班表。除了需考虑到班次数和班距是否合理，还需考虑尖峰及离峰的比例，并分配班次到尖离峰时段中，完整流程可参见叶柔君（2019）研究。

4 案例分析

4.1 案例说明

本研究之案例分析以港都客运实务上运行之路线为例，测试路线包含36号、红9、黄2。进行电动公交车充电排程之仿真需要输入车辆行驶数据，包括一辆车从起站行驶至讫站所花费的时间、行驶里程数，以及路线一日班次数，用以记录每辆车电量之变化，并进行充电排程。由于客运网站公告之班表为提供乘客候车使用（如图6），故时刻表只

黄2		往長庚醫院	
小港站			
平常日		例假日	
時	分	時	分
05	45	05	45
06	15 35	06	15 35
07	00	07	00
08		08	
09		09	
10	00 ◎45	10	00 ◎45
11	25	11	25
12	45	12	45
13	-	13	-
14	30	14	30
15	00 45	15	00 45
16		16	
17	00 45	17	00 45
18	30	18	30
19	25	19	25
20		20	
21		21	
22		22	
23		23	
24		24	

◎:延駛圓山版店
・分雙位顯示不符號，－表示該時段無班次行駛
・公車易受車潮干擾及交通阻塞影響，本時刻表僅供參考
・確切到站時刻，請使用「高雄i bus」公車APP或上高雄市公車動態系統網站查詢。　・108.04.04起

图6　客运网站之黄2路线班表

数据来源：http://www.gdbus.com.tw/

有列出各站发车时间,无法从客运网站的班表得知车辆实际行驶时间及里程,故需要取得实际班表并进行转换。

取得路线实际班表后(如表1),因为三支线互为去返程,故可由班表推出车辆行驶各支线的时间及里程(如表2)。而由于每趟行驶时间未必完全相同,举例来说小港站到忠诚路口有时需要60分,有时需要55分,故处理资料时会折中计算行驶时间,平均数值后估算出58分钟,作为排班仿真的输入数据。

表1 黄2路线实际班表

小港站—忠诚路口	前镇高中—忠诚路口	忠诚路口—小港站	行驶里程(公里)
5:45	6:00	6:40	32.6
	6:10	6:55	24.6
	6:20	7:05	24.6
6:15	6:30	7:15	32.6
	6:40	7:25	24.6
6:35	6:50	7:35	32.6
(以下省略)	(以下省略)	(以下省略)	(以下省略)

表2 黄2路线支线行驶时间及里程

行驶资料	小港站—忠诚路口	前镇高中—忠诚路口	忠诚路口—小港站
行驶时间(分)	58	43	58
行驶里程(公里)	32.6	24.6	32.6

4.2 敏感度分析

为了测试模型的稳健程度以及深入探讨不同变量对结果的影响,本研究进行敏感度分析,先针对不同路线进行探讨,分析单一路线或多路线的里程数以及班次改变对充电排程模拟之影响。里程数越长行驶的距离就会越长,可能会较为耗电,进而影响充电排程的结果。

探讨完单一路线或多路线的因素后,本研究将针对电池容量、安全电量、用电效率、充电效率、充电桩年限、车体年限、营运时间及新旧充电规则进行各项的细部分析,期望通过分析了解不同因素产生之影响。

为符合实际情况,本研究之敏感度分析采用港都客运实际班表数据,路线分别为36号、红9,其头末班车时间及班距皆依照港都客运网站数据。而班次数、行驶里程数及行驶时间由港都客运提供,上下午尖峰时段则是依照交通局所制定,平日晨峰为上午六点至上午七点三十分,平日昏峰为下午四点至下午六点。

而车体及充电桩使用年限也为实际数据。车种参数资料见表3,车体一辆费用为7 200 000元;电池方面皆为实际数据,电池费用为1 100 000元,电池容量为72度,安全电量20%,用电效率为1.3公里/度,即一度电可行驶1.3公里;充电桩的充电效率为实际数据,为1.35度/分,代表一座充电桩一分钟可以充1.35度电,见表4。此外,不同时间亦会有不同充电成本,尖峰时段充电通常最贵,而离峰时段充电通常最便宜,本研究之尖离峰电价及时段为实际资料,见表5。

表3 车种参数资料

车种名称	车体费用(元)	电池费用(元)	电池容量(度)	用电效率(公里/度)	安全电量	使用年限(年)	场站
车型一	7 200 000	1 100 000	72	1.3	20%	8	小港站
车型二	7 200 000	1 100 000	72	1.6781	20%	8	前镇站

表4　充电桩参数数据

充电桩名称	充电桩费用(元)	充电效率(度/分)	使用年限(年)	场站
快充一	800 000	1.35	8	小港站
快充二	800 000	1.35	8	前镇站

表5　各时段之充电成本

时段名称	起始时间	终止时间	费用(元/度)
尖峰	07:30	22:30	3.29
离峰	00:00	07:30	1.41
次离峰	22:30	00:00	1.97

成本方面，电价为实际数据，车体成本、电池成本及充电桩成本为港都客运业者估算，误差只占机器设备成本的0.1%左右，故可以忽略不计。此外，无论是新辟路线或汰旧换新，政府都会补助添购机具的成本，补助方式有两种，但一辆车最高只补助5 500 000元。例如，分类选择新辟路线，并购买车型一，原充电公交车一辆为7 200 000元，补助费用为5 760 000元，比最高车体补助5 500 000元多，故此时只能补助5 500 000元，将车体原价格与最高车体补助价格相减后，一辆车需花费1 700 000元(表6)。而由于电池和电动公交车之成本为合并计算，故电池补助和车辆数相关，若购买10辆电动公交车，则电池将会补助10 000 000元。充电场站之补助同样与电动公交车数量相关，若购买10辆电动公交车，则充电站将补助30 000 000元，计算上将以总成本减去补助款。表7为原案例输出之结果。

表6　购买设备之补助

分类	车种	最高车体补助(元/辆)	车体补助比例	电池补助(元/辆)	最高充电场站补助(元/辆)
新辟路线	车型一	5 500 000	80%	1 000 000	300 000
新辟路线	车型二	3 000 000	80%	1 000 000	300 000
汰旧换新	车型一	4 038 000	49%	1 000 000	300 000
汰旧换新	车型二	2 500 000	49%	1 000 000	300 000

表7　原案例资料之结果

公交车(辆)	充电桩(座)	车辆成本(元/年)	电池成本(元/年)	充电桩成本(元/年)	充电成本(元/年)	总成本(元/年)
41	8	36 900 000	5 637 500	800 000	11 285 452	19 772 952

1) 路线

首先对不同路线进行敏感度分析，分析项目共两大类，分别为单一路线及多路线。以下将针对路线之里程数及班次进行敏感度分析。

(1) 单一路线

单一路线所指为一次分析只有一条路线作为输入数据。

① 36号

路线数据为36号路线的情况下，分别进行里程数及班次之分析，与原里程数及班次资料相比，路线一趟里程数加倍会比原数据多添购2辆公交车，充电桩数量则同为2座，由于里程数加倍会增加路线行驶一趟消耗之电量，故造成充电成本上升约1 400 000元，总成本也随之上升约1 800 000元。而里程减半后，发现公交车只需购买5辆，充电桩只需购买1座，充电成本更是下降约750 000元，总成本也下降将近1 100 000元。除了充电成本减少之外，减少添购机具也是总成本大幅下降的原因(表8)。

除了里程数，本研究也分析班次改变对结果的影响。班次加倍后，所需购入的公交车数量与原来相比增加4辆，充电桩数量则同为2座。这是由于班次加倍后，车队将有更多班次需要执行，故车辆需多添购。而当班次加倍后，充电成本上升到将近两倍，总成本也上升到将近两倍。而当班次减半后，公交车只需购买 5 辆,比原本案例减少购买一辆,充电桩也只需购入 1 座,也因为班次减半,车队需执行任务之次数变少,导致充电成本减少约一半,总成本也下降约 1 000 000 元(表 9)。

表 8 路线敏感度分析——36 号里程比较

里程(公里)	公交车(辆)	充电桩(座)	充电成本(元/年)	总成本(元/年)
里程加倍	8	2	2 972 716	4 672 716
原里程	6	2	1 508 516	2 833 516
里程减半	5	1	757 359	1 794 859

表 9 路线敏感度分析——36 号班次比较

班次(班)	公交车(辆)	充电桩(座)	充电成本(元/年)	总成本(元/年)
班次加倍	10	2	2 934 947	5 009 947
原班次	6	2	1 508 516	2 833 516
班次减半	5	1	760 532	1 798 032

② 红 9

路线数据为红 9 路线的情况下,分别进行里程数及班次之分析。与原里程数及班次数据相比,路线一趟里程数加倍会比原数据多添购 2 辆公交车,充电桩数量需多添购 3 座,由于里程数加倍会增加路线行驶一趟消耗之电量,故造成充电成本上升约 3 400 000 元,总成本也随之上升约 4 100 000 元。而里程减半后,发现公交车只需购买 9 辆,充电桩只需购买 2 座,充电成本更是下降至原充电成本的一半,总成本也下降将近 2 200 000 元。除了充电成本减少之外,减少添购机具也使总成本大幅下降(表 10)。

除了里程数,本研究也分析班次改变对结果的变化。班次加倍后,公交车需购入 21 辆,与原案例相比需多购入 10 辆,充电桩数量则需多购入 4 座,充电成本增加 3 500 000 元左右,约为原案例的两倍,而总成本则上升约 6 000 000 元,同样约为原案例的两倍。而班次减半的情况下,由于车队需要执行之趟次减少,故车辆及充电桩数量皆下降,车辆数下降 3 辆,充电桩数则下降 1 座,充电成本下降到原班次的一半左右,总成本也大幅下降(表 11)。

表 10 路线敏感度分析——红 9 里程比较

里程(公里)	公交车(辆)	充电桩(座)	充电成本(元/年)	总成本(元/年)
里程加倍	13	6	6 948 434	9 985 934
原里程	11	3	3 509 846	5 872 346
里程减半	9	2	1 745 900	3 633 400

表 11 路线敏感度分析——红 9 班次比较

班次(班)	公交车(辆)	充电桩(座)	充电成本(元/年)	总成本(元/年)
班次加倍	21	7	7 030 111	11 667 611
原班次	11	3	3 509 846	5 872 346
班次减半	8	2	1 784 014	3 484 014

(2) 多路线

多路线意指输入之参数数据不只一条路线。为了了解多路线之情况并验证模式可行性,以下将分析多路线的模拟结果。混合两条无支线的路线,分别为 36 号以及红 9,原里程数以及班次下,需要 17 辆公交车和 4 座充电桩,充电成本为 5 005 113 元,而总成本为 8 592 613 元。但里程数加倍后,需要多添购 4 辆公交车以及 4 座充电桩,充电成本也上升 4 900 000 元左右,此情况是由于里程数加倍会增加路线行驶一趟消耗之电量,故属于合理之情况,而总成本则是上升约 6 000 000 元。里程数减半后,车辆可以减少购买 3 辆,充电桩可以减少购买 1 座,由于里程数减半会减少路线行驶一趟消耗之电量,故充电成本也随之下降约 2 500 000 元,而总成本也下降约 3 100 000 元(表 12)。

除了里程数，本研究也分析班次改变对结果的影响，班次加倍后，公交车需购入30辆，与原案例相比需多购入13辆，充电桩则需多购入5座，充电成本增加5 000 000元左右，约为原案例的两倍，而总成本则上升约8 000 000元，同样约为原案例的两倍。而班次减半的情况下，由于车队需要执行之趟次减少，故需购入车辆及充电桩数量皆下降，车辆数下降4辆，充电桩数则是下降2座，充电成本下降一半左右，总成本也大幅下降(表13)。

表12 路线敏感度分析——混合36号及红9之里程比较

里程(公里)	公交车(辆)	充电桩(座)	充电成本(元/年)	总成本(元/年)
里程加倍	21	8	9 948 974	14 686 474
原里程	17	4	5 005 113	8 592 613
里程减半	14	3	2 509 220	5 434 220

表13 路线敏感度分析——混合36号及红9之班次比较

班次(班)	公交车(辆)	充电桩(座)	充电成本(元/年)	总成本(元/年)
班次加倍	30	9	10 031 415	16 556 415
原班次	17	4	5 005 113	8 592 613
班次减半	13	2	2 523 143	5 160 643

执行完路线敏感度分析后，为了更符合实际需求，本研究将针对各个相关因素进行细部分析，包含电池容量、用电效率、安全电量、充电效率。而路线选择部分，本研究采用多路线之参数，更符合实际营运情况。

2) 电池

电动公交车必须使用大型电池方能营运，而电池容量、用电效率、安全电量以及使用年限皆会影响到营运状况以及成本，故以下将针对电池各项特性进行探讨。

(1) 电池容量

本研究案例使用之电池容量为72度，以下分别改变电池容量进行分析(表14)。原电池容量乘以1.5后，电池容量为108度，仿真结果发现可以减少购买2辆公交车，而充电桩数量则同为8座，但由于电池容量提升，公交车营运一趟的耗电量变少，也造成行驶一趟讫点电量变高且讫点剩余里程与原来相比变高，可得知讫点剩余里程是随讫点电量计算的。由于起点剩余里程由电量计算，随着电池容量上升，电量亦上升，起点剩余里程也上升，且提升电池容量后，车辆能跑更多趟次后再进行充电，故充电成本节省15 000元左右，总成本减少约400 000元，除了充电成本减少之外，主要减少的金额来自购买车体的成本。

原电池容量除以1.5后，电池容量为48度，但因里程数过长，且充电场站只有在起站设置，车辆行驶一趟就会完全用完电量，造成无法发车的情况，故电池容量为48度时为无解。

表14 电池容量敏感度分析

电池容量(度)	公交车(辆)	充电桩(座)	充电成本(元/年)	总成本(元/年)
48	车辆从起站至讫站就消耗完电量，故无可行解			
72	41	8	11 285 452	19 772 952
108	39	8	11 269 054	19 381 554

(2) 电池用电效率

电池用电效率为一度电可以营运之公里数，数字越大则表示一度电下公交车能行驶的距离越长。本案例之电池用电效率为1.3公里/度，以下将改变电池用电效率并进行敏感度分析(表15)。

用电效率提升2倍后，用电效率为2.6公里/度，只需要购买31辆公交车和5座充电桩，即可完成班表。且因为一度电可行驶的公里数增加，与原用电效率相比，行驶一趟所消耗的电量变少，造成起点剩余里程提升2倍，且讫点电量上升，讫点剩余里程也随之上升。由于耗电量较少，且充电规则不限制要低于安全电量才能充电,即使车辆电量仍高于安全电量,也可以在不延误下次发车的情况下进行充电,造成充电时间大幅缩短,充电费用年约减少 5 600 000 元,此外车体及充电桩购入成本也下降许多,总成本的部分年约下降 7 800 000 元。若未来车辆用电效率提升,可以衡量车辆及充电成本,决策要购入用电效率高的车辆或是购入原本的车辆。

用电效率除以 2 后,用电效率为 0.65 公里/度,一度电可以行驶的公里数变少,与原用电效率相比,行驶一趟的耗电量变多,故讫点电量及讫点剩余里程都变低,车辆必须常充电,导致现有车辆数无法满足班表。且因里程数过长,车辆行驶一趟就会完全用完电量,造成无法发车的情况,故用电效率除以 2 时为无解。

表 15　用电效率敏感度分析

用电效率(公里/度)	公交车(辆)	充电桩(座)	充电成本(元/年)	总成本(元/年)
0.65	车辆从起站至讫站就消耗完电量,故无可行解			
1.3	41	8	11 285 452	19 772 952
2.6	31	5	5 662 317	11 974 817

(3) 安全电量

安全电量为公交车能营运之最低电量,若低于安全电量,公交车将失去动力,必须进行充电。本研究原案例之安全电量为 20%,是参考现行电动公交车所制定,由于不同安全电量会影响充电时间及电费,故以下将更改安全电量并进行分析(表 16)。

安全电量更改为 30%,车辆能行驶的里程变少,但结果却跟安全电量为 10% 时相同,推测可能是因为两者皆未触发安全电量,且案例中路线里程数去返程一趟就消耗超过 40% 电量,故在还未触发安全电量之前程序就会判断先让车辆充电。为有效测试不同安全电量的影响,应更改路线里程数。

将路线里程数减少后,安全电量同样为 30%,发现结果需购入 35 辆公交车和 4 座充电桩,一年总成本为 12 177 152 元,与原安全电量 20% 相比,多购入 2 辆车,总成本上升约 400 000 元,电费只稍微减少 3 000 元左右。虽然需多购入 2 辆车,但由于补助款项也上升,故总成本没有上升太多。而与安全电量 10% 相比,需多购入 4 辆公交车,电费稍微高出约 20 000 元,车体及电池成本虽然高 4 000 000 元,由于补助款项是依照车体及电池购买总金额做计算,故补助将近 4 000 000 元,造成一年总成本只高出近 800 000 元。若未来安全电量 30% 的车辆相比安全电量 10% 的车辆较为便宜,或许可以衡量车体成本,考虑购买较便宜之车辆。

安全电量更改为 10%,车辆理应可以多行驶里程后再进行充电,但结果跟安全电量 30% 相同,可能是因为两者皆未触发安全电量,案例中跑一趟班次的里程数所消耗的电力通常都超过 40%,为了避免车辆行驶中没电,故模式判断后决定不会再让车辆执行路线,而是先进行充电,故才会与安全电量 30% 相同。此情况需要减少里程数以检测安全电量的改变是否有影响。

减少路线里程数后,安全电量同为 10%,发现一年总成本比安全电量 20% 少 400 000 元左右,购入车辆减少 2 辆,比安全电量 30% 的案例减少 700 000 元左右,且车辆购买数量也减少 4 辆,只需购入 31 辆公交车和 4 座充电桩,一年总成本为 11 402 579 元,电费稍微减少约 27 000 元,车体及电池成本也减少 4 000 000 元。但由于补助款项是依照车体及电池购买总金额计算,故补助也减少将近 4 000 000 元,造成总成本只减少 800 000 元左右。

表 16　安全电量敏感度分析

安全电量(%)	公交车(辆)	充电桩(座)	充电成本(元/年)	总成本(元/年)
30	35	4	5 214 652	12 177 152
20	33	4	5 217 073	11 804 573
10	31	4	5 190 079	11 402 579

3）充电桩效率

本案例充电效率为 1.35 度,意指一座充电桩一分钟能充 1.35 度电,由于充电效率会影响充电时间及成本,故以下将更改充电效率进行分析(表 17)。

原充电效率乘以 1.5 后,充电效率为 2.025 度,模拟后发现需购买 38 辆公交车及 6 座充电桩,电费每年约增加 35 000 元。观察资料后发现是因为充电效率较高时,整体车辆会比较早充完电,主要会在尖峰及次离峰的时段就充满电,但尖峰及次离峰的电费相对较昂贵,故电费稍微增加。但充电总时间却减少 2 376 分钟,由原本 7 127 分钟变为 4 751 分钟,时间大幅下降,而总成本减少 700 000 元左右,大部分是来自于购买机具设备成本的下降。

原充电效率除以 1.5 后,充电效率为 0.9 度,模拟后共需购买 45 辆公交车及 12 座充电桩,电费约减少 40 000 元,主要是由于充电效率较低时,整体车辆会比较晚充完电,会在离峰及次离峰的时段就充满电,而离峰及次离峰的电费相对较便宜,故电费稍微下降。虽然电费减少,但充电总时间却增加 3 564 分钟,由原本 7 127 分钟变为 10 691 分钟,时间大幅上升,而总成本增加将近 1 000 000 元,大部分是来自购买机具设备成本的上升。

表 17　充电效率敏感度分析

充电效率(度)	公交车(辆)	充电桩(座)	充电成本(元/年)	总成本(元/年)
0.9	45	12	11 245 292	20 882 792
1.35	41	8	11 285 452	19 772 952
2.025	38	6	11 319 544	19 044 544

5　结论与建议

5.1　结论

(1) 本研究建立之电动公交车充电排程模拟可以在给定车辆与充电桩型式的条件下,提供电动公交车安排充电时间与执行路线之时刻,以及所需之车辆与充电桩数目,经由模拟优化可最小化营运总成本。模拟中考虑许多真实营运因素,如路线考虑单一路线或者多路线,以及是否有支线等,并进一步探讨不同里程数及班次产生的影响。而于电池的部分则考虑电池容量、安全电量、用电效率等;于充电桩部分则考虑充电效率;于成本面则考虑充电成本及车体、电池、充电桩等机具成本。

(2) 本研究通过敏感度分析得知所建立的充电排程模拟可以排出一有效的充电排程,考虑到的因素也较完善,符合实际营运状况,也能提供决策者规划路线及添购机具之依据,且与人工排班相比,可以降低所需时间及成本。

(3) 本研究建立的自动化班表可以在没有既有班表之情况下,对新辟客运路线进行规划,且节省人工输入数据的时间及工作量。

5.2　建议

(1) 可纳入混合车队下之模式建构。由于车型不同会造成电池续航力不同,且营运路线特性不同。所使用车型亦可依照承载人数区分,即当路线乘客数较少则可运用较小车型公交车,乘客数较多则可运用较大车型公交车,让车辆运用可以较具弹性。

(2) 可合并考虑驾驶员排班之模式建构。由于车辆排班亦同时牵涉驾驶员之班表,故若能一并考虑驾驶工作时数及驾驶员排班,可令结果更贴近营运实务。

参考文献

Bunte S, Kliewer N, 2009. An overview on vehicle scheduling models[J]. Public Transport, 1(4): 299-317.

Hassold S, Ceder A A, 2014. Public transport vehicle scheduling featuring multiple vehicle types[J]. Transportation Research Part B: Methodological, 67: 129-143.

Wen M, Linde E, Ropke S, et al, 2016. An adaptive large neighborhood search heuristic for the electric vehicle scheduling problem[J]. Computers & Operations Research, 76: 73-83.

江品莹,2013.以多重代理人为基础之轻轨列车运行调度仿真模式研究[D].新北:台湾淡江大学.

李佳芸,2015.充电式电动公交车排班模式之研究[D].新竹:台湾交通大学.

邱宝慧,汪进财,2009.台北捷运班表制作:以板南线为例(Doctoral dissertation)[D].新竹:台湾交通大学.

张恩辅,2002.捷运系统运转整理之模拟分析[D].台南:台湾成功大学.

张朝能,黄国修,张学孔,等,2016.公路公共运输电动客车经营与运作绩效调查[R].台湾地区交通事务主管部门运输研究所.

陈玥心,2013.应用变量产生法求解电动公交车车辆排程问题[D].新竹:台湾交通大学.

陈浩祥,2005.公交车排班之模拟应用:以个案公司为例[D].新北:台湾明志科技大学.

陈惠筑,2006.公路汽车客运多场站人员与车辆排班问题[D].新竹:台湾中华大学.

赖文泰,2017.电动公交车营运指标、财务效益分析与发展策略之研究[J].运输计划季刊,46(4):377-397.

叶柔君,2019.电动公交车充电排程与优化:离散型事件模拟之应用[D].台北:台湾大学.

需求反应式运输服务(DRTS)
——以台北市预约公交车系统为例

Demand Responsive Transit Service(DRTS)
— Taipei City Bus Reservation

张元榜　张佑华　翁瑎镁

摘　要：需求反应式运输服务(Demand Responsive Transit Service，DRTS)系指可以根据民众想要的起讫地点或时间，提供比较弹性的运输服务。台北市的公共运输发展为六城第一，但由于偏远地区需求分布不均，固定班次路线的营运模式造成公交车业者亏损及资源浪费，政府需进行补贴。因此，为兼顾偏远地区大众运输服务及地方政府财务永续，台北市自2020年7月1日起试办预约公交车计划同时搭配预约公交车系统(APP)开发，通过大数据观察其运量，优先针对载客较低且搭乘需求不固定的路线班次，纳入公交车预约，预约班次有人预约才发车，若无人预约则不发车；另民众亦可通过预约公交车系统(APP)自划及募集路线，由台北市公共运输处偕同公交车业者评估路线辟驶效益与可行性，以降低无效车公里成本、增加路线资源运用效率。

关键词：DRTS；公交车；预约公交车APP

Abstract: Demand Responsive Transit Service (DRTS) refers to a flexible transportation service that can be provided according to the starting and ending locations or time people want. The development of public transportation in Taipei is the most convenient in six municipalities. However, due to the uneven distribution of demand in remote areas, the fixed-time route operation mode has caused losses and waste of resources. The government needs to provide subsidies to the bus operators. Therefore, under the sustainability of finances, the bus reservation plan has started from July 1, 2020 for the routes with a few passengers and irregular demand. The scheduled bus service will depart when someone makes an appointment. Also, the passengers can plan and recruit routes by the bus reservation application. Taipei City Public Transportation Office will evaluate the efficiency and feasibility of route with bus operators to reduce the cost of ineffective vehicle kilometers and increase the efficiency.

Keywords: DRTS; bus; the bus reservation application

1　前言

台北市以"共享、绿能、E化、安全"为概念，强调环境永续与人本关怀之理念，通过发展低碳运输系统、加强运输需求管理与提升运输能源使用效率等方针，以及公共运输发展导向规划、先进资通讯与绿能科技应用等方式，达成环境保护、节能减碳、便捷无缝等目标之运输。在捷运为骨干、公交车为辅，步行及自行车完成短距离接驳之交通系统下，推广各项交通政策，层层建构完善的绿运输路网，以期打造以人为本的交通环境。台北市绿运输架构如图1所示。

公交车因具有短程运输、站点密集及路线较为弹性等

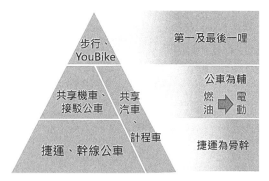

图1　台北市绿运输架构

作者简介：张元榜，台北市公共运输处科长。
　　　　　张佑华，台北市公共运输处股长。
　　　　　翁瑎镁，台北市公共运输处技士。

特性,可作为分担捷运运量、补足公共运输服务的重要推手,因此,台北公交车路网结构确立了"快速、干线、支线、微循环"层级式公交车高辨识系统规划。台北市目前有288条公交车路线,其分类层级如表1所示。同时,针对偏远(如山区或小区)或公共运输需求替代性少的地区,考虑其搭乘需求低或分散之特性,故通过大数据分析,针对部分固定班次及行经偏远地区之公交车路线,倘无替代之公交车路线且搭乘需求不固定者,评估于既有之固定班次择选部分班次试办采预约制,有人预约才发车,希冀兼顾维持既有民行需求及增加资源分配弹性,以真正落实"需求反应式运输服务"(Demand Responsive Transit Service,DRTS),并完善台北市公交车路网的服务。

表1 台北市联营公交车层级架构

台北市联营公交车路线共计288条						
快速公交车	干线公交车	支线公交车		微循环公交车		
		一般公交车	休闲公交车	捷运接驳公交车	小型(山区)公交车	市民小巴
14条	16条	165条	5条	51条	25条	12条

备注:统计至2021年3月31日止。

2 背景及缘起

2.1 公交车路网通盘检讨

1) 路网层级式架构

为简化现有公交车网络复杂程度,增加民众使用便利性,及引导民众建立使用公交车换乘之行为并达到整体公交车路网调整之目的,台北市联营公交车朝向功能明确的"快速、干线、支线、微循环"层级式公交车高辨识系统规划,于2018年完成快线及8横8纵干线路网推动,公交车路网如图2所示。

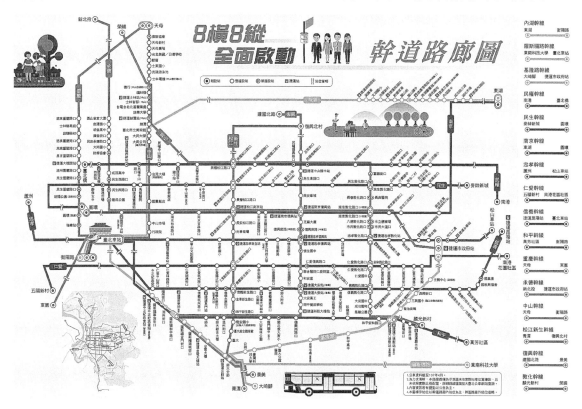

图2 台北市8横8纵干线公交车路网

通过干线公交车上路,因应民众换乘行为改变,亦持续并通盘检讨与捷运或干线公交车平行或相接之公交车路线,分析各层级路线营运现况,并探讨其营运型态与功能定位,针对不同层级公交车路线,研拟合适之调整、转型方案。

同时,进一步检视支线公交车及微循环公交车路线,搭乘需求未满足路线进行路线/班次调整与增加,同时整并效率不佳路线,以加强支线公交车辅助干线功能并确保市民的直捷性需求,达到大众运输资源有效利用之目标。

2) 调整微循环路线之服务模式

微循环路线多以衔接住宅小区、医院、学校、商办大楼至捷运或干线公交车车站,提供至骨干系统"第一里"与"最后一里"之公交车服务,包含捷运接驳、市民小巴、山区路线等,通常为非以营利为目的而是以服务为导向,提供基本民行。经过路网通盘检讨结果分析,在维持路网涵盖率的前提下,第一阶段降低资源无效率的重复投入,实际推动时可先行以减班、缩驶为主,观察营运情形,进一步进行路线整并或裁撤,并引入新型态服务,推动预约制公交车服务。

3) 利用大数据规划调整路网

配合 2019 年 7 月 1 日实施上下车刷卡政策,能够有效掌握民众的公交车旅运搭乘习惯,搭配公交车业者提供之营运数据,可更聚焦于各路线实际空间、时间服务情形,了解业者投入资源与实际效益之间的关系。针对服务性亏损补贴公交车路线,以维持基本民行不中断为前提,结合大数据分析研拟各层级路线检讨原则,使本市整体公交车路网朝提升价值及效率化转型。

4) 引入新型态之公交车服务

随着智慧科技应用、共享经济概念之兴起,有别于传统公交车,以提高资源使用效率、降低营运成本为目的的新型态营运模式已逐渐发展成型,包含跳蛙式停靠路线、增加路线直捷性、共乘出租车与共享运具提升运具服务效率、需求反应式服务等。

因此,台北市研拟既有公交车路线转型计划,以试办方式推动 9 人座小巴以及预约公交车新型态服务,已于 2019 年 12 月 23 日及 12 月 30 日分别于小 14 路及 542 路各配置 1 辆 9 人座巴士上路。另于 2020 年 7 月 1 日起提供叫车 APP 需求反应式服务,开创台北市新型态公交车服务。

5) 小结

综上评估分析结果,台北市联营公交车支线及微循环路线中,有相当高比例为服务性路线,属偏远山区或需求不稳定之营收不佳路线,需仰赖亏损补贴支撑路线。若以公交车固定路线、班次、站牌之服务模式,部分路线偶有班次空驶、站牌使用率低之现象,造成资源无法妥善使用,徒增营运成本。

鉴于此,乃研拟公交车路网调整执行计划,自 2019 年第 4 季度开始,分 2 阶段执行,包含既有路线调整、车型调整以及实施预约制公交车,于此时确立服务性路线 DRTS 发展策略及建立台北市预约公交车试办计划之雏形,各项计划推动期程如图 3 所示。

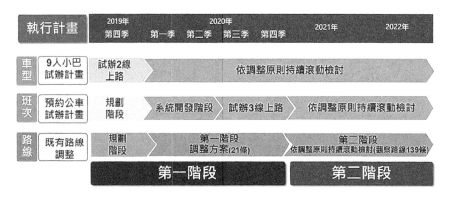

图 3 公交车路网调整执行计划图

2.2 服务性路线 DRTS 发展策略

1) 功能定位与特点

根据乘客实际需求,进行班次、路线、车辆派遣,相较传统定线定班公交车服务更有弹性,更可有效地满足运输需求较不稳定、聚落分散等低密度地区、低运输需求情况之运输服务,提升公共运输服务质量,并可减少无效的营运成本投入,改善以往公交车使用率偏低加剧的路线亏损情形,达到双赢的局面。

2) 服务方式

需求反应式运输服务之特点在于提供特定范围内具弹性的运输服务,以满足不同的旅运需求。因此,乘客需通过预约方式传递需求,服务方则依据所收到的预定决定车辆的派遣、路线的行驶等,提供具有班次/路线弹性之服务。现况各地提供之服务方式如下:

- 电话拨招:考虑部分路线因服务地区为小区或大多为年长者,通过专线电话进行预约较为简易。
- 按钮:将按钮设置于站牌,搭乘者至车站按钮进行叫车,获取实时出车服务。
- 预约平台及 APP:建置在线预约平台或是 APP,搭乘者可通过预约系统选取预约时间及路线。

上述服务方式均需仰赖后台系统传递服务需求,若为全弹性路线,则需进行媒合以决定车辆行驶动线与时间,故车辆需搭配装设公交车定位装置,使后台掌握车辆位置以利系统进行路线及时间规划。另一方面,定位系统亦可连接公交车动态显示信息系统,供用户查看车辆位置。

3) 小结

由于公共部门多年来针对偏远地区推动需求反应式公共运输服务,通过弹性化的运输服务,降低业者不必要之营运成本,同时亦可维持民众基本搭乘需求。结合实时通讯、行动装置等智能运输技术,让基本民行服务更加弹性与客制化,提升资源使用效率。

经参考各地反应式公共运输服务推动案例,台北市针对偏远地区或山区公交车班次空驶、站牌使用率低之路线,由公交车业者们共同建置开发预约平台(含网页及 APP),通过大数据观察其运量,评估纳入公交车班次预约或站牌预约模式之规划,以降低无效车公里,增加公交车资源运用效率。后续亦视推动情形,评估扩大实施路线。

3 预约公交车试办计划

3.1 目的及期限

降低无效车公里以增加路线资源运用效率,以试办方式培养民众与业者对于预约式服务之使用习惯,提高接受度。本试办计划自 2020 年 7 月 1 日起试办 2 年,另得视其试办情形,滚动式检讨修正。实施对象则针对台北市偏远小区、山区及搭乘需求不确定之既有联营公交车路线,并由台北市联营公交车业者负责其路线班表规划、车辆调度、人员训练以及客诉处理等事宜。

3.2 营运模式

依据路线实际营运状况,采班次预约及站牌预约,以增加民众搭乘便利性及业者调度灵活度,营运模式如图 4 所示。

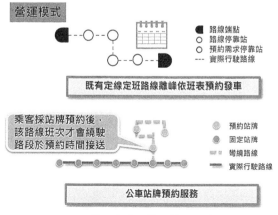

图 4 预约公交车班营运模式示意图

1）预约服务方式

（1）班次预约

公交车路线之班次搭乘需求非常态性,常有空驶情形,尚无法以减班方式进行调整之路线,可针对空驶班次试办预约制度,优先针对离峰、晨间及夜间班次推动。

（2）站牌预约

因绕驶某地产生的弯绕路段,经检讨若绕驶之站牌使用率偏低,可针对绕驶路线试办预约制度,试办路线有棕20,如图5所示。

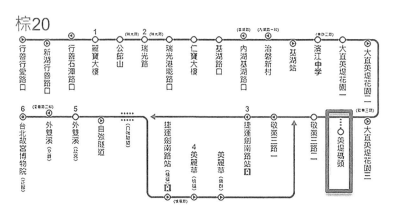

图 5　棕 20 路公交车路线图（站牌预约示意）

（3）预约时间

考虑车辆调度及人力配置,搭乘者可于乘车前 30 天（最迟为乘车前 2 小时）进行预约,如无人预约,该班次将不发车。

2）营运亏损补贴方式

营运亏损补贴路线于试办期间得依 2018 年度核定之车公里亏损为计算基准,以实际行驶里程计算补贴款。

3.3　自划路线

提供由民众自行规划通勤路线需求之功能,起讫点均需位在台北市内,如果相同起讫点路线募集达 20 人,将由台北市公共运输处依目前路线重叠性评估路线辟驶可行性。若经评估已有既有路线可提供通勤需求,为免运输资源浪费,仍建议利用既有公交车路线,并通过 APP 及网页推播给募集民众;若评估可行,后续将征求业者辟驶通勤专车,简化原申请及审议程序,流程如图 6 所示。

图 6　自划路线流程图

3.4　执行成效

预约公交车班次试办迄今,合计 12 条路线曾实施预约公交车共 20 班次,唯经试办结果有搭乘人数少裁撤班次,或有固定乘客搭乘需求而恢复原班次等情形,经滚动式检讨,目前计 7 线在系统上可预约,执行情形如表2所示。

截至2021年4月底,原定固定发车数为1 076班次,民众预约且实际发车385班次,不但满足民众搭乘需求,亦节省691公交车班次之人力、燃油成本,并降低了空气污染之影响。

表2 预约公交车执行情形

路线名称	试办班次	备注
28	08:20(平)、14:20(平)、17:00(假)	试办中
542	12:00(平)、06:30(平)、14:00(平)	12:00(平)已裁撤
小12区	19:00(平)	已裁撤
小14	14:30	已裁撤
小26	08:30	恢复班次
市民小巴12	09:30(平)	已裁撤
市民小巴9	11:00(平) 07:40(假)、11:30(假)、12:30(假)	11:00(平)恢复原班次
市民小巴10	18:20(平)	试办中
市民小巴15	22:00	试办中
红34	10:00(假)、16:00(假)	试办中
棕20	20:10、21:20	试办中
市民小巴1	06:30	试办中

3.5 预约公交车精进作为

1) 调整停权机制

预约公交车计划试办初期系采"倘累计达3次预约而未搭乘者,将停止预约资格30日",民众倘预约后因行程变动不需搭乘,须于乘车前2小时取消预约,唯试办期间有因"临时有事忘记取消""测试功能忘记取消"及"预约错日期"等忘记取消之样态发生,为避免浪费运输资源,调整停权机制为"1次预约未搭乘即停权7日,累计3次则停权30日"。

2) 实施实名制

"台北通"(Taipei Pass)系将个人身份识别结合多项市政服务,除了是开启服务的入口,更是专属台北市的数字身份识别。为真正落实停权机制,调整过去多元管道登入预约公交车系统之型式,自2021年7月1日起改由"台北通"注册方式采实名制预约公交车班次(如图7),希冀可以大幅改善民众预约后忘记搭乘及取消之情形。

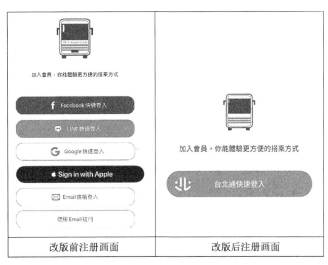

图7 预约公交车系统改版前后注册画面差异

3）主动推拨通知功能

针对已有预约者主动提醒，APP 于预约搭乘班次发车前 2 小时主动发送推拨通知，提醒民众搭乘时间，倘无须搭乘者应取消预约，如图 8 所示。

自划路线超过 1 个月募集未达门槛，系统主动推拨募集民众"未达门槛，若有需要请重新募集"。

图 8　预约公交车 APP 推拨通知画面

4　结语

台北市公交车班次预约制自 2020 年 7 月 1 日起试办，试办初期亦遭遇到民众不熟悉预约系统操作方式及预约未搭乘导致浪费大众运输资源之情形，已通过加强倡导使民众了解"台北市预约公交车"系统操作方式，并通过停权机制及系统主动提醒功能减少民众预约不搭乘之情况，预约未搭乘状况已有改善。

另将于 2021 年 7 月 1 日起实施实名制，希冀真正落实停权机制，并将持续观察民众预约情形及搭乘态样，透过试办停损门槛机制以裁撤无效益路线班次，朝向兼顾民众搭乘需求及运输资源有效运用之目标，以真正落实需求反应式运输服务，并完善台北市公交车路网的服务。